ज्ञान गरिमा के

65 वर्ष

भारतीय ज्ञानपीठ

AF632966

पगले मन के दस चेहरे

(आत्मकथा)

प्रकाशक / लेखक की अनुमति के बिना इस पुस्तक को या इसके किसी अंश को संक्षिप्त, परिवर्धित कर प्रकाशित करना या फ़िल्म आदि बनाना कानूनी अपराध है।

पगले मन के दस चेहरे

शिवराम कारन्त

भारतीय ज्ञानपीठ

राष्ट्रभारती/लोकोदय ग्रन्थमाला : ग्रन्थांक 443

ग्रन्थमाला सम्पादक

रवीन्द्र कालिया

सह-सम्पादक

गुलाबचन्द्र जैन

ISBN 978-81-263-1663-2

प्रकाशक :
भारतीय ज्ञानपीठ
18, इन्स्टीट्यूशनल एरिया, लोदी रोड
नयी दिल्ली-110 003

मुद्रक : क्वालिटी प्रिंटर्स, दिल्ली - 110 032

आवरण : अशोक भौमिक

तीसरा संस्करण : 2009
मूल्य : 320 रुपये

© भारतीय ज्ञानपीठ

PAGLE MAN KE DAS CHEHARE
(Autobiography)
by Shivram Karanth

Published by
Bharatiya Jnanpith
18, Institutional Area, Lodi Road
New Delhi-110 003
e-mail : jnanpith@satyam.net.in, sales@jnanpith.net
website : www.jnanpith.net

Third Edition : 2009
Price : Rs. 320

हिन्दी पाठकों के नाम

भारतीय ज्ञानपीठ, नयी दिल्ली के प्रति मैं हार्दिक आभार व्यक्त करता हूँ कि उसने मेरी आत्मकथा (एक प्रकार की) के हिन्दी में प्रकाशन की दिशा में पहल की। यह योग्य संस्थान सावधानीपूर्ण चयन एवं उपयुक्त मान्यता-पद्धति के द्वारा अखिल भारतीय स्तर पर निपुण लेखकों की खोज करने और उन्हें राष्ट्रव्यापी प्रतिष्ठा दिलाने के लिए निरन्तर प्रयत्नशील रहा है। समय-समय पर मेरी कुछ पुस्तकों के न्यासों, निजी प्रकाशकों एवं संस्थाओं द्वारा हिन्दी रूपान्तर प्रस्तुत किये जाते रहे हैं, किन्तु मैं पाता हूँ कि ज्ञानपीठ द्वारा चुनी गयी पुस्तक 'मूकज्जी' ने मुझे सच्ची राष्ट्रव्यापी प्रतिष्ठा दिलायी है। जो व्यापक प्रचार मुझे उससे प्राप्त हुआ है उसे मैं अपना अहोभाग्य मानता हूँ। किन्तु इस तथ्य का अर्थ यह तो नहीं है कि वे मेरे लिए अतिरिक्त कष्ट उठाएँ । मेरा तात्पर्य यह है कि इससे उन्हें यह कैसे लगा कि मेरी आत्मकथा भी बृहत्तर पाठक-वर्ग को रोचक प्रतीत होगी। बहरहाल, जिस भी योग्य हो, यह कृति भारतीय ज्ञानपीठ के अतिरिक्त अनुग्रह के कारण हिन्दी पाठकों के सामने है।

इस पुस्तक का नाम 'पगले मन के दस चेहरे' मैंने पाठक को जीवन के अनेक क्षेत्रों में अपनी मानसिक साहसिकताओं का आभास देने के लिए तय किया है। अपने सार्वजनिक जीवन की चौथाई शताब्दी (1923-1948) पूर्ण हो जाने पर मैंने अनुभव किया कि कन्नड़ जनता को, जिसके बीच रहकर मैंने इतने लम्बे समय तक संघर्ष किया, अपनी आप-बीती कह सुनाऊँ। अनेक लोगों ने मेरी आरम्भिक गतिविधियों पर छींटाकशी की थी और मेरे निकट के लोगों तक ने महसूस किया था कि मैं 'हरफनमौला' तो था, मगर किसी भी फन का उस्ताद नहीं। निश्चय ही दक्षता का दावा मेरा किसी भी दिशा में नहीं है।

सबसे पहले तो मैंने यह अन्वेषण करना चाहा कि मुझमें क्या-कुछ करने

की क्षमता थी, तदुपरान्त मैंने अपनी क्षमता का विस्तार अपने साथियों को जानने एवं उनकी सेवा करने के लिए किया। कन्नड़ में इस आत्मकथा का प्रथम संस्करण 1948 में प्रकाशित हुआ। मैं इतना ही कह सकता हूँ कि इसका व्यापक स्वागत हुआ।

लगभग 1962 में इसकी सामग्री को अद्यतन करते हुए इसका दूसरा संस्करण प्रकाशित किया।

छठे दशक में मैंने अपने अतीत की झलकियाँ विषयानुसार प्रस्तुत करने की एक भिन्न पद्धति अपनायी। मैंने उनके शीर्षक इस प्रकार रखे—'मैं और मेरा मूल स्थान', 'मैं और मेरा साहित्य', 'मैं और शिक्षा', 'मैं और नाटक' आदि-आदि। वे तीन भिन्न-भिन्न जिल्दों में 'स्मृति-पटल' शीर्षक के अन्तर्गत प्रकाशित हुई हैं। तिथि-क्रमानुसार आत्मकथा को विस्तार देने का मेरा कोई इरादा न था।

किन्तु कुछ मित्र उसमें भी रुचि रखते थे। अतः अपने जीवन का वर्णन बढ़ाते-बढ़ाते 1983 तक खींच लाने के लिए मैं बाध्य हो गया। सच, जीवन-पथ में मेरी यह पर्याप्त लम्बी यात्रा है। यदि हिन्दी पाठक इस प्रकार की पुस्तक पढ़ने में रुचि दिखाएँगे तो मुझे पूरा विश्वास है कि यह उनकी हृत्तन्त्री के कुछ तारों को अवश्य छेड़ेगी।

कोई मनुष्य अपने समकालीनों से और चाहता भी क्या है!

—शिवराम कारन्त

(प्रथम संस्करण 1985 से)

अनुक्रम

पगले मन के दस चेहरे

प्रस्तावना

क्षमा-याचना की आवश्यकता नहीं

ऐसी एक रचना के लिए प्रस्तावना लिखनी चाहिए अथवा क्षमा-याचना करनी चाहिए यह मेरी समझ में नहीं आ रहा है। लिखना ही मेरी वृत्ति होने के कारण मुझे उसके बारे में क्षमा-याचना करने की आवश्यकता नहीं है। जिन विषयों को मैं जानता हूँ और जितना जानता हूँ उनके बारे में लिखना मेरी आदत-सी हो गयी है। यह वह अधिकार है जो एक लेखक अपने आप को देता है। यह बिना किसी प्रत्यक्ष गुरु के प्राप्त दीक्षा है। विश्व में जीनेवाले किसी भी व्यक्ति का यदि कोई गुरु न भी हो तो भी वे सारे अनुभव, शिक्षा उसे विश्व से प्राप्त हो जाते हैं। निसर्ग की प्रत्येक वस्तु, प्रत्येक जीव, व्यक्ति के चैतन्य होकर जीनेवाला प्रत्येक क्षण, लेखक की मनोवृत्ति को सदा निरूपित करते रहते हैं। वैसे दूसरे भी उस नियम के बाहर नहीं हैं। जन्म से ही मिलनेवाली यह शिक्षा उसके जीवन के अन्त में ही समाप्त होती है। इन दोनों के बीच के दीर्घ या अल्पावधि में, वह अपने लेखन की दीक्षा प्राप्त करता है। वैसे वह किसी एक व्यक्ति को अपने गुरु के रूप में स्वीकार भले ही न करे, पर सैकड़ों व्यक्ति, सैकड़ों जीव और असंख्य घटनाएँ उसके लिए गुरु ही होते हैं। इनसे परिपुष्ट, स्फूर्ति वाला एक लेखक अनेक कृतियों को जन्म दे सकता है। इनमें अगर सौ खराब हों तो कुछ अच्छी भी होंगी। अच्छे-बुरे के बीच की भी कुछ कृतियाँ हो सकती हैं। मूलत: लेखक अथवा कोई भी कलाकार अपनी आत्मतृप्ति के लिए अपने मन के भाव को व्यक्त करता है। वह मूकजीवी नहीं होता है। दूसरे मानव भी मूक नहीं होते हैं। अत: उसकी कृतियाँ उसके समान ही अनुभव वाले दूसरे व्यक्तियों और अनुभवापेक्षियों के लिए उपयोगी हो सकती हैं और पर्याप्त रूप में सन्तोष भी दे सकती हैं। परन्तु कलाकार को पहला सन्तोष और सबसे बड़ा सन्तोष उसकी कृति के निर्माण के समय ही मिलना चाहिए। लोगों की पसन्द, आलोचना अथवा प्रशंसा से मिलनेवाला आनन्द तो एक पर्याय मात्र है। उसी प्रकार निन्दा या उपेक्षा से मिलनेवाला दुख भी एक

पर्याय ही है। उनकी परवाह मुझे है नहीं। मेरा जीवन मेरे अधिकार की वस्तु है। मेरा जीवन मेरा अपना है। उसका सुख, सौन्दर्य, दर्द, पीड़ा और सौन्दर्य का अभाव ये सब मेरे हैं। दूसरे उसमें भाग लेना चाहें तो अच्छा, उसे स्वीकार करें तो अच्छा, न भी करें तो भी अच्छा। मैंने जो जीवन बिताया वह मेरा है, केवल मेरा है। इसका मतलब यह नहीं कि मैं दूसरों को तुच्छ समझता हूँ। इसका यह भी मतलब नहीं कि उनकी आलोचना के सत्यांश की ओर मुझे ध्यान नहीं देना चाहिए। उसके बिना कोई भी मनुष्य प्रगति नहीं कर सकता। फिर भी जिसने जो जीवन बिताया, उसे उसके अलावा भला और कौन जान सकता है? यह लेखन ही मेरे पगले मन के दस चेहरे हैं। इस लेखन के बारे में यदि मुझे किसी से क्षमा माँगनी हो तो मेरे जीवन के साथ मुझे उठाकर, जिस जीवन-प्रवाह ने संचार किया उससे माँगनी चाहिए।

एक अर्थ में मैंने अपने जीवन को अपना कहा है। परन्तु विस्तृत अर्थ में, सत्य देखने चलें तो वह जीवन दूसरों के साथ घुला-मिला है। मैं समाज के जीवन का एक अंश हूँ न! उसके सुख-दुख मेरे हैं न! मेरा सदा का जीवन समाज का हिस्सा है न!

सम्पूर्णता की बात नहीं

यह एक सम्पूर्ण आत्मकथा नहीं है। सम्पूर्ण तो मैं भी नहीं हूँ। सम्पूर्णता का एक अंश भी नहीं बन पाया हूँ। यह मैं जानता हूँ कि यह विश्व ही सम्पूर्णता के लिए संघर्षरत है अतः सर्वज्ञ पद को मैं वहन नहीं कर सकता। दूसरे अर्थ में भी यह परिपूर्ण नहीं है। मैं अब ढलती उमर पर पाँव रख चुका हूँ। अतः अपने जीवन के जिस समय यह वर्णन कर रहा हूँ, वहाँ तक का ही चित्र उपस्थित कर सकता हूँ। पूरे जीवन का चित्र नहीं दिखा सकता। मुझे सौ वर्ष जीने की इच्छा नहीं है। पर यह इच्छा अवश्य है कि दूसरों पर शारीरिक रूप से एक भार बनकर न जीऊँ। यदि बाद में जीवित रहा तो शायद मेरी स्थिति वैसी ही हो सकती है जैसी ताण्डव मुनि के बेटे उसे काँवर में उठाकर भटकते थे। दूसरों की सहायता न करनेवाले व्यक्ति को दूसरों पर बोझ नहीं बनना चाहिए न!

लिखने की इच्छा

खैर, कोई भी मुझसे यह पूछ सकता है कि ऐसी आत्मकथा लिखने का पागलपन क्यों? मैं पहले ही यह स्वीकार कर चुका हूँ कि मेरा मन पगला है, तो यह प्रश्न ही व्यर्थ हो उठता है। कुछ वर्ष पहले मेरे मित्र नेगलूर रंगनाथराय ने मुझसे कहा था, 'मैं जागीरदार की जीवनी लिख रहा हूँ, मैं आपसे उसकी भूमिका लिखवाना

चाहता हूँ।' वे दोनों ही मित्र हैं। 'अच्छी बात है' कहकर मैंने भूमिका के चार शब्द लिख दिये। बाद में उन्होंने कहा, "मैं आपकी भी जीवनी लिखना चाहता हूँ। उसके लिए आप सामग्री दे सकेंगे?" तब मैंने हँसकर कहा, "दूसरों की लेखनी से हत्या कराने की इच्छा मुझे नहीं है। मैं अपनी हत्या अपने आप ही कर लूँगा।" यह बात हुए कुछ ही साल हुए। मेरे कई मित्रों ने ही नहीं, पत्नी लीला ने भी मेरी जीवनी के बारे में लिखा है। मेरा एक गहरा विश्वास है कि यदि किसी व्यक्ति की जीवनी बढ़िया लिखनी है तो लिखनेवाले का और उस व्यक्ति का निकट का परिचय अवश्य होना चाहिए तभी वह सजीव बन पड़ेगी। केवल पुरानी खोजों से लिखा जानेवाला जीवन-चरित्र एक व्यक्ति का केटेलॉग मात्र हो सकता है। वह हमें तभी सरस लग सकता है जबकि उसमें लेखक की मनोवृत्ति प्रतिबिम्बित हो। तभी सही मायनों में लेखक की आत्मकथा होगी।

नेगलूर के मेरा ध्यान उस ओर आकर्षित करने के बाद से आत्मकथा लिखने की इच्छा हुई। एक-दो मित्रों ने कहा, "लिख क्यों नहीं डालते?" तब "एकदम मरने की इच्छा नहीं है" कहकर मैंने मजाक भी उड़ाया था। कुछ वर्ष पूर्व मित्र राजरत्नम् ने 'दस वर्ष' नाम से अपनी आत्मकथा लिखकर जनता को प्रदान की। 'दस वर्ष' में तो एक 'निकल जुबली' भी नहीं होती। भला मैं उतना छोटा हूँ क्यों लिखूँ? यह सोचकर मैं पच्चीस वर्ष पूरे होने की प्रतीक्षा करता रहा। ये पच्चीस वर्ष मेरे पूरे जीवन के पच्चीस वर्ष नहीं। जबसे मैं 'मैं' बना और अपने को समझने लगा तब के पच्चीस वर्ष हैं। बिना दूसरे की सहायता के समाज के प्रवाह में मैंने जो पच्चीस वर्ष काटे उनकी प्रतीक्षा करता रहा। इस लेखन का पहला संस्करण समाप्त होने के पन्द्रह वर्ष बाद दूसरा संस्करण निकला। अब यह तीसरा है।

इतना जीना काफी नहीं?

सन् 1921 में कॉलेज से मुक्त हुआ। तब मैंने केवल ब्रिटिश सरकार से ही सम्बन्ध नहीं छोड़ा, कहना चाहिए कि अपरोक्ष रूप में मुझसे कहने और पूछनेवाले सभी से सम्बन्ध तोड़ लिये। मेरा ऐसा 'बे-लगाम' जीवन रहा है। पर उस पर जो बाहरी नियन्त्रण था वह 'बे' नहीं था। अब वह जमाना पूरी तरह बीत गया है। 1983 चल रहा है। इस बारे में मेरे मन में एक और ही बात उठ रही है—भारतीयों को यदि जीवन-चरित्र लिखना हो तो उसे मेरी आयु से पहले ही लिख डालना चाहिए। भारतीयों की औसत आयु करीब 23 वर्ष है तो उनके पास उस पर लिखने को ही भला है क्या? अब मुझे इस बात पर गर्व है कि मैं उससे तिगुना जी चुका हूँ और चौगुने तक जा सकता हूँ कौन जाने! मेरे माता-पिता, दादी सभी जिद करके इतने समय तक जीये थे। मुझे क्यों नहीं इतना जीना चाहिए?

आत्मकथाओं का अभाव

कन्नड़ में जीवनियों का अत्यन्त अभाव है। श्री डी. वी. गुण्डप्पा ने गोखले की जीवनी लिखकर एक मार्गदर्शन किया। उन्होंने श्री गोखले के राजनीतिक जीवन का गहरा अध्ययन किया था। वैसे उच्चकोटि के गुण और संख्या के हिसाब से देखा जाए तो कन्नड़ में जीवनियों का सर्वथा अभाव है। तब आत्मकथा की बात कहाँ से उठी? विदेशी साहित्य में ऐसी सैकड़ों पुस्तकें हैं। जिन्होंने ऊँचा जीवन बिताया हो यदि वे स्वयं ही लिखें तो उनकी आत्मकथा सशक्त होगी। विदेशों में अनेक वैज्ञानिकों, राजनयिकों, और विविध क्षेत्रों में साहस दिखानेवालों ने रोचक आत्मकथाएँ लिखी हैं। हमारे यहाँ भी गाँधी की आत्मकथा, जवाहरलाल की आत्मकथा मिलती है। उनका व्यक्तित्व महान होने से उन पुस्तकों को अन्तरराष्ट्रीय ख्याति भी मिली है। उन्हें पढ़कर मैंने भी आनन्द का अनुभव किया है, और कुछ सीखा भी है। विदेशियों की आत्मकथाएँ मैंने अधिक नहीं पढ़ी हैं। लेकिन जिन दो-चार को पढ़ा है उनसे मुझे बहुत सन्तोष मिला है। इनमें एच. जी. वेल्स की आत्मकथा, एडमिरल बर्डन की आत्मकथा ने मुझे विशेष रूप से प्रभावित किया है। ऐसी रचनाएँ पढ़कर यह महसूस होने पर भी कि मुझ जैसे व्यक्ति को ऐसे काम में हाथ नहीं डालना चाहिए, मन में यह आशा अवश्य हुई कि एक बृहद् आत्मकथा के बदले एक छोटी-सी आत्मकथा क्यों न लिखी जाए। मैंने अपने उपन्यासों में बीसियों अनाम व्यक्तियों के जीवन को चित्रित किया है। फिर भला अपनी कलम का शिकार मैं स्वयं क्यों न बनूँ। यह शरारत, साहस, विनोद इस रचना में प्रतिबिम्बित होना चाहिए। इस भूमिका को पहले लिखकर वास्तव में कहना चाहिए कि लिखवाया अर्थात् मुँह से बोलकर लिखवाया है। ऐसा यह मेरा पहला प्रयास है। अब आगे इसके कुछ और भी अध्याय लिखने हैं।

हम स्वयं देख नहीं सकते

इसका नाम मैंने 'पगले मन के दस चेहरे' रखा है। अपने मन के पागलपन का बोध हर समय नहीं होता है। दूसरे का पागलपन जितनी सरलता से दिखाई देता है क्या उतनी ही सरलता से हमें अपना पागलपन दीखता है? उसे देखने की इच्छा तो मुझे है। जिस प्रकार मैं अपने समाज से दूर खड़े होकर उसे देखकर, समझने का प्रयत्न करता हूँ उसी प्रकार मैं अपने जीवन को देखकर समझना चाहता हूँ। यदि वह आशा पूरी हो तो यह एक अपूर्व सन्तोष की बात है। यदि इसे साध्य करना है तो मुझे अपने भीतर का अहंकार छोड़ना होगा। दूसरों के सामने झूठी सज्जनता दिखाने की दुराशा छोड़नी होगी। इसके अतिरिक्त अपने आपको धोखा देने का भी हमारा एक स्वभाव होता है। जब मनुष्य अपने आपको सफलतापूर्वक

धोखा देना सीख लेता है तभी उसमें दुनिया को धोखा देने की शक्ति आती है। यह भी एक बात है। हम अपनी गहराई को नाप नहीं सकते। अपना छिछलापन हमें दिखाई नहीं देता। अपने थोड़े गुण अथवा चाहे वे न भी हों, वे ही हमें बहुत नजर आते हैं।

प्यारा-सा पागलपन

मैं अपने मन को पगला क्यों कहता हूँ? इसका कारण यह नहीं कि मैं यह पागलपन नहीं चाहता बल्कि उसे मैं पसन्द करता हूँ। ऐसे पागलपन के कारण ही अनेक ऐसे साहस करके जिन्हें करना नहीं चाहिए, मुझे अपनी और दुनिया का पागलपन समझ में आया है। इसके अलावा इसका एक और भी विशेष कारण है। मैं अपना सारा बचपन अपने दिशाहीन विद्यार्थी जीवन में ही खो बैठा। जब मैंने अपना सार्वजनिक जीवन आरम्भ किया तब देशाभिमान ने अपनी ओर आकर्षित किया। मैं असहयोग आन्दोलन में कूद पड़ा। विष्णु के यदि दस अवतार हैं तो मेरे ध्येय ने सोलह अवतार लिये। देशप्रेम, स्वदेशी प्रचार, व्यापार, पत्रकारिता, अध्यात्म साधना, कला के विभिन्न रूप—फोटोग्राफी, नाटक, नृत्य, चित्रकला, वास्तुकला, संगीत, सिनेमा—इतना ही नहीं समाज-सुधार, ग्रामोद्धार, शिक्षा के नये-नये प्रयोग, उद्योग—यह सब मेरे कार्यक्षेत्र रहे। और भी नये-नये प्रयोग चल ही रहे हैं। कभी मैं एक प्रेस का मालिक भी रहा हूँ। पुस्तक-लेखन से लेकर उसे छापकर बेचने तक का काम किया है। स्वतन्त्र जीवन से लेकर संन्यास के जीवन से गुजरकर गृहस्थ भी बना हूँ। केवल अपनी खिड़की से बाहर झाँकनेवालों को भले ही इन सब परिवर्तनों में कोई परस्पर सम्बन्ध न दीखे पर वास्तविकता ऐसी नहीं है। इस यात्रा में कोई और व्यक्ति यदि मेरे साथ होता तो उसे पता चलता कि यह सब यात्रा के अलग-अलग पड़ाव हैं। वैसे भला मेरे साथ मित्र ही कितने थे? उनमें से मुझे केवल एक व्यक्ति की याद आती है। उस व्यक्ति का चित्रण मैंने अपने चिक्क-दोड्डवरू (बड़े-छोटे) में किया है।

परन्तु मेरी प्रवृत्ति उनसे एकदम भिन्न है। अतः वे मुझे आसानी से समझ नहीं सकते। वे इतने तेज भी नहीं हैं। केवल अभिमग्न और स्नेह से हमारी मित्रता चली आ रही है। तो यह निश्चित हुआ कि अपनी आत्मकथा लिखने को मैं अकेला ही उपयुक्त हूँ।

नवीनता में आसक्ति

यहाँ आत्मकथा के केवल कुछ ही रूप आप देख सकते हैं। मैंने भी कुछ ही देखे हैं। इस आठ दशक की अवधि में मेरा जीवन और मन इतनी सारी दिशाओं में

बहा है। और इससे आगे की यात्रा कैसी होगी इसकी कल्पना मैं कैसे कर सकता हूँ? यदि मेरा उद्देश्य इतना निश्चित होता तो मेरे इस तरह जीने की आवश्यकता ही नहीं होती। तब क्या जीवन का उद्देश्य पूरा हो जाता? विश्व का 'कल' जितना विचित्र प्रश्न है, हम सब लोगों के 'कल' का रहस्य भी उतना ही गूढ़ और विचित्र है। ऐसे कल के लिए नवीनता है, उत्साह है। यह मेरी इच्छा है कि मेरे चारों ओर की दुनिया चिर नवीनता के लिए अवकाश देती रहे। मन को सदा ताजा होना चाहिए, तेज होना चाहिए, साँप की जीभ के समान आगे का रास्ता खोजते रहना चाहिए। परिचित रास्ते पर अन्धे के समान चलने से क्या लाभ? तात्पर्य यह है कि तब से लेकर अब तक मेरे भीतर जितने परिवर्तन आये हैं उतने ही परिवर्तन आज से कल में भी आ सकते हैं। परन्तु कइयों के लिए वह अनिश्चित जीवन भयंकर दीख सकता है।

यश की गाथा नहीं

यह आत्मकथा मेरे जीवन के विविध साहसों के यश की कहानी दीखने की जगह हार की कहानी के रूप में दीख सकती है। परन्तु मनुष्य को जीवन में अनुभव प्राप्त करने के लिए सफलताएँ जितनी आवश्यक होती हैं असफलताएँ भी उतनी ही आवश्यक हैं या उससे भी ज्यादा। क्योंकि तराजू के एक पलड़े में अपना भार और दूसरे में परिस्थितियों का भार होने पर उसमें वह अपनेवाले भार को हल्का पाता है।

यशार्थी अपने समाज संघर्ष करनेवाले दूसरे प्राणियों के सामने अपना बड़प्पन दिखा सकते हैं। उस बड़प्पन से गर्व पैदा हो सकता है। पर वह व्यक्ति का सही वजन बता नहीं सकता। समाज के प्रवाह के अनुकूल बह जाने, हवा के रुख के मुताबिक छतरी पकड़नेवाले को यश जितना आसानी से मिल सकता है। उतना दूसरों को नहीं। दुनिया में चाहे जो भी यश क्यों न हो वह केवल हम पर ही निर्भर नहीं होता है, यह मैं अच्छी तरह जान चुका हूँ। विधि कहिए, भाग्य कहिए, अनुकूल परिस्थिति कहिए या और कुछ, कभी-कभी हमारे प्रयत्न से भी अधिक यश हमें मिल जाता है। कभी-कभी जब हम अत्यन्त परिश्रम करते हैं तो भी वही यश हमें ठोकर मार मजाक करके चला जाता है। पर एक बात सत्य है, पराजित को बार-बार कार्य करने का अवसर मिलता है। विजेता के लिए वह कार्य समाप्त होने के बराबर ही है। जब तक हम कार्य में आसक्ति रखते हैं, उसकी आवश्यकता समझते हैं, उसके सौन्दर्य का अनुभव करते हैं, तब तक कार्य ही आनन्द होता है। हार से दुनिया का अनुभव करते हैं, उसमें भी एक प्रकार का आनन्द होता है। व्यक्ति यदि सचेत है तो हार से मिलनेवाला अनुभव व्यर्थ

नहीं जाता। भावी जीवन में वह सहायक होता है। यह सब हारे हुए व्यक्ति के कहने के दर्शन हैं—चाहे ऐसा ही समझा जाय, खैर मेरा दृष्टिकोण तो यही है।

बहुमुखी होना

इस आत्मकथा में विविधा का मुख्य कारण मेरे मन का बहुमुखी होना है। मेरी इच्छा यह रही है कि मैं अपने शील को, स्वभाव को, इन्द्रियजन्य लालसाओं को, सभी प्रकार की चेतनाओं को विकास के लिए अवकाश दूँ। अपने जीवन को एक ही ओर मोड़कर, एक ही ध्येय की साधाना के लिए स्वयं को अर्पित करके उसके लिए निरन्तर परिश्रम करना कुछ लोगों का स्वभाव है। ऐसा परिश्रम करते समय, व्यक्ति की कुछ शक्तियाँ ज्यादा विकसित होती हैं, पर साथ ही अनेक शक्तियाँ मन्द पड़ जाती हैं। सदा लकड़ी काटनेवाले की बाँह, छाती और पीठ की मांसपेशियाँ अधिक पुष्ट हो जाती हैं, पर पाँव की मांसपेशियाँ क्षीण रह जाती हैं। यह मैं पसन्द नहीं करता। विकासवादियों का कहना है कि मनुष्य का विकास बन्दर से हुआ। मैं अपने मन के स्वभाव से परिचित हूँ। उसकी बहुमुखी चेष्टाओं को देखकर इस वाद को स्वीकार करने के सिवा मेरे लिए और कोई चारा है?

लम्बी प्रस्तावना लिखने के बदले, आत्मकथा को ही आगे बढ़ाते हुए, अपनी पूर्व स्मृतियों को पिराने का प्रयत्न करता हूँ। इसके सारे अंश सबको भले ही पसन्द न आएँ, पर कुछ अंश तो कुछ लोगों को अवश्य पसन्द आ सकते हैं। एक बात और है, चाहे किसी को पसन्द आएँ या न आएँ, पर मुझे पसन्द हैं, अतः उनके लिखने में मुझे क्यों डरना चाहिए?

अण्डे के भीतर

कूपमण्डूक

हमारा गाँव समुद्र के किनारे बसा है। दक्षिण कन्नड़ के उत्तर में 'कोट' नाम का एक ग्राम समुदाय है। हमारे बुजुर्गों ने तो उस 'कोट' को कभी एक गाँव नहीं समझा। आज भी बूढ़े लोग उसे 'कोट जगत्त' ही कहते हैं। भला कितना बड़ा रहा होगा मेरे उन लोगों का वह जगत! 'कोट' कोट नहीं, वह एक 'कूट' है, चौदह गाँवों का एक समुदाय। वहाँ का एक मुख्य समुदाय ब्राह्मणों का है जिसे 'कूट ब्राह्मण' कहते हैं। हमारा इतिहास बहुत छोटा है। प्रसिद्ध पुराण सह्याद्रिखण्ड में उसका वर्णन भी है। हमारे लोग समुद्र के तट पर या गाँव के किसी तालाब में खड़े होकर 'संकल्प' करते समय, 'गोदावरी-तीरे' कहा करते हैं। साथ-साथ 'परशुराम-क्षेत्र' भी कहते हैं। इस प्रान्त के लोगों के उद्धार के लिए ही 'वनवासियों' के राजा मयूरवर्मा ने अहिच्छत्र से कुछ ब्राह्मण परिवारों को लाकर यह प्रान्त बसाया था। उन्हीं से हम उच्च ब्राह्मणों का विकास हुआ। पहले आये हमारे पूर्वजों ने यहाँ के ब्राह्मणों से मिलकर अपने परिवारों की वृद्धि की, फिर भी उनका दृढ़ विश्वास है कि कोट ब्राह्मणों के समान शुद्ध ब्राह्मण और नहीं हैं। मैं अपने मामा के साथ सन् 1922 में काशी गया था। उन्होंने वहाँ के ब्राह्मणों को देख अपना निर्णय देते हुए कहा, 'ब्राह्मणत्व यदि कहीं बचा है तो वह हमारे कोट में ही है।' उनके इस निर्णय को हाईकोर्ट भी नहीं बदल सकता। मुझे भी अपने बचपन में ऐसा ही लगता था। मैंने अपने 'मरळि मण्णिगे' (माटी की ओर) उपन्यास में अपने लोगों की गरीबी, चाल-चलन और आचार-विचार का काफी विस्तार से चित्रण किया है। उनके स्वभाव में घमण्ड, द्वेष, ओछापन मैंने अपने 'हल्लिय हत्तु समस्तरल्लि' में चित्रित किया है। मेरे समाज के स्थूल परिचय के लिए इतना पर्याप्त है।

सौन्दर्य के आगार में

मेरा गाँव बड़ा सुन्दर है। दक्षिण कन्नड़ जिले में एक दुर्लभ मैदानी इलाका है। उस समतल भूमि में खेती-बाड़ी होती है। बीच-बीच में नारियल के झुरमुट में घर हैं। वहाँ दो छोटी खारियाँ (Backwaters) बहती हैं। पश्चिम में हँगार-कट्टे की 'कोडी' से कुन्दापुर की 'कोडी' तक बारह मील के क्षेत्र में फैला समुद्र का सुन्दर विस्तार है। एक चट्टान तक नहीं है वहाँ। बचपन से अब तक हमारे घर से दो मील दूर के उस तट पर जब तक मैं घूमता नहीं, उस खारे पानी में कुलाटें नहीं मार लेता और सूखी मछली की गन्ध (अनिवार्य रूप से) सूँघ नहीं लेता, मुझे तृप्ति नहीं मिलती। ऐसा शान्त तट और कहाँ है! अपने कई दोस्तों को भी वहाँ साथ लेकर गया हूँ। 'राशि' ने लिखा है कि मरने से पहले वहाँ जरूर आऊँगा। वी. सीतारामय्या वहाँ पता नहीं कितनी बार खड़े होकर लम्बी-लम्बी साँसें लेकर बेहद खुश हुए थे। वे वहाँ की रेत चुराकर अपने साथ ले भी गये हों तो कोई आश्चर्य नहीं। वहाँ पर सृष्टि के सौन्दर्य का कोई अन्त ही नहीं। वहाँ के समुद्र की प्रशान्तता और विस्तार मन पर जो प्रभाव डालते हैं, उसका कोई हिसाब नहीं। समीप से देखने पर तो वह चकाचौंध कर डालता है। वह कभी जड़ नहीं, निस्तब्ध नहीं है। जरा दूर ऊँचाई पर खड़े होकर उसका विशाल दृश्य देखने पर परम सन्तोष मिलता है।

कमल के साथ कीचड़

हमारे गाँव में स्नान के लिए, छोटे-बड़े तालाब हैं। रेतीली धरती को गहरा खोदकर चारों ओर पत्थर बाँधकर पुराने लोगों ने तालाब बनाये थे। अब सीढ़ियाँ ढीली पड़ चली हैं। पत्थर टेढ़े-मेढ़े हो जाने से उनके नीचे साँपों और मेंढकों के लिए बिल बन गये हैं। मेरी एक बुआ ऐसे ही एक तालाब के किनारे साँप के काटने से मर गयी थी। अब भी वह चित्र मेरे मन पर से मिटा नहीं। तब मैं कोई चार-पाँच का रहा हूँगा। फिर भी हम लोगों का नित्य स्नान वहीं होता था। हमारे घर के बहुत समीपवाले तालाब का नाम 'वरुण तीर्थ' है। उस पवित्रोदक में असंख्य भैंसें और भैंसे आनन्द लेते हैं। मैंने भी गले तक डूबकर गर्मी का शमन करने का प्रयास किया है। वहाँ के कमलों और कुमुदनियों को देख-देखकर मन ही मन आह्लादित हुआ हूँ। उस तालाब के हर एक किनारे पर अलग-अलग जाति के लोग स्नान किया करते थे। अब समतावाद आ गया, जाति-भेद चला गया है। सभी जहाँ जी चाहे स्नान करते हैं। तालाब को स्वच्छ रखने को भले न सही, उसे गन्दा करने का सभी ने समान अधिकार पा लिया है।

हमारे तालाब के पानी का रंग सभी की पसन्द का है। सदा हरे रंग की

काई से भरा रहता है। जब भी उस तालाब को देखता हूँ, अपने लोगों की उदासीनता देखकर दुखी होता हूँ।

बिना मठ के लोग

हमारे गाँव की मुख्य जाति ब्राह्मण ही है। हम स्मार्त ब्राह्मण हैं। यहाँ के लोगों के भाग्य में केवल कौपीन ही बदा है। उनकी गरीबी का कोई ठिकाना नहीं। आजकल तो गाँव के लोग उडपि के कृष्ण की कृपा से दूसरे गाँवों में जाकर होटल के व्यापार से खूब पैसा कमाकर गाँव भेज रहे हैं। तब से अब उनकी आर्थिक स्थिति में काफी सुधार हो गया है। पैसे का घमण्ड भी आ गया है। सट्टेबाजी में भी उत्साह लेने लगे हैं। हमारा ब्राह्मण वर्ग एक दृष्टि से बड़ा ही विचित्र है। हमारा कोई मठ नहीं है। हमारे लिए संन्यासियों की झंझट ही नहीं। एक जमाने में हमारे 'कूट' में ही हमारे आचार-विचारों का निर्णय हो जाता था। लोग उडपि की भोजनशाला में घुसने पर भी वहाँ के संन्यासियों को नमस्कार नहीं करते थे। पहले एक बार श्रृंगेरी मठ के स्वामीजी आये थे तब उनके पाँव छूने से बचने को गाँव के पासवाली नदी में नावों में खड़े होकर ही उनका स्वागत किया था। शायद बाद में स्वामी जी हमारे गाँव आये ही नहीं होंगे। हमारे गाँव में 'माता' का एक मन्दिर है। विष्णु की भी मूर्ति है। एक बड़ा-सा शिवालय भी है। हम लोग समान रूप से उन सबकी पूजा करते हैं। लेकिन हमारे कुलदेवता लक्ष्मी-नरसिंह हैं। लक्ष्मी की कृपा भले ही हमारे गाँववालों पर अधिक नहीं रही, पर नरसिंह से क्रोध तो पर्याप्त मिला है। मुझमें जो क्रोध है, उसका कारण शायद वही नरसिंह रहा होगा जिसे मैं गाँव में ही छोड़ आया हूँ।

मेरे पूर्वज

सुना है कि हमारे पूर्वजों ने भी पहले बहुत गरीबी देखी थी। मेरे जन्म के समय परिस्थिति में थोड़ा सुधार हो चुका था। एक बड़े से घर में मेरा जन्म हुआ था। मेरे पिता शेष कारन्त आठ आने मासिक वेतन पर अध्यापन कार्य किया करते थे। उन्हें अपने पिता से केवल तीन रुपये लगान की भूमि विरासत में मिली थी। मेरे पैदा होने से पहले मेरे दादा चल बसे थे। उनकी स्थिति जरा अच्छी थी, परन्तु नागार्जुन के समान, उनमें रसायन विद्या का बड़ा पागलपन था। सारे लोहे को गलाकर सोना बनाने के चक्कर में सारी सम्पत्ति गँवा बैठे थे। मेरे पिता ने कुछ धनी मित्रों की सहायता से कपड़े का व्यापार आरम्भ किया, आगे उसी से फूले-फले।

हमारा घर मुख्य रास्ते पर था। वहीं मेरा जन्म हुआ। मुझसे पहले चार भाइयों का जन्म हो चुका था। उनमें से एक का बचपन में ही निधन हो चुका था। मेरे

बाद भी चार भाई और तीन बहनें पैदा हुए। घर में सबसे बड़ी दादी ही थीं। उनका नाम ही था महालक्ष्मी। उसके बाद पिताजी और माँ लक्ष्मीदेवी थे। माँ और दादी बड़े कष्ट में पली थीं। उनका जीवन अपार श्रद्धा और भक्ति से भरा था। तालाब पर स्नान को जाते समय हम कभी शरारत से मेंढकों को पत्थर मारते तो वे कहतीं 'मेंढक ब्राह्मण होता है उसे मारना नहीं चाहिए।' यदि किसी भी प्राणी को हम सताते तो हमें उसका दण्ड मिलता था और फिर दादी, माँ दोनों हमारी शरारत, हिंसा और पापकृत्यों के लिए अपना-अपना जप आधा घण्टा और बढ़ा देती थीं। हमारे लिए भगवान से क्षमा भी माँगती थीं।

मेरी माँ के इस घर में पाँव रखने के बाद से घर की स्थिति सँभली। वे सौजन्य की मूर्ति थीं। धनागम के मामले में वास्तव में लक्ष्मी ही थीं। वे लगभग चालीस वर्ष पहले गुजर गयीं। जब उन्हें याद करता हूँ तो ऐसा लगता है कि बारह बच्चों के जन्मने के कारण ही उनका जीवन ढल गया। फिर भी किसी प्रकार सत्तर साल तक जीवित रहीं। मेरी दादी जब गुजरीं तब पचहत्तर बरस की थीं। हम सब बच्चे गरीबी में भले ही न सही, पर ऐश्वर्य की गोद में नहीं पले। हमारे पिता हमें ज्यादा पैसे नहीं देते थे। उनकी बच्चों के साथ घनिष्ठता भी कम थी। यदि हमें एक-दो आने की आवश्यकता होती तो दादी या माँ के द्वारा अर्जी लगानी पड़ती। बाद में उनकी वकालत से ही मंजूर होती। गाँव के मेले के समय एक या डेढ़ आना हमारे हिस्से पड़ता तो हमें वही एक रुपये के बराबर दीखता था। हमारा घर 'कपड़ेवालों का घर' कहलाता था। गरीबी होने पर भी कभी खाने-पीने की तंगी नहीं रही।

बचपन की यादें

मेरे बचपन के दिनों में मेरे गाँव में पुराने ढंग की पाठशालाएँ चलती थीं। अध्यापक बाँस में डण्डा फँसाना, मुरगा बनाना आदि सजाएँ दिया करते थे। वहाँ गणित, पहाड़े, यक्षगान आदि सिखाया जाता था। रेत पर 'श्री गणाधिपतये नमः' लिखना सिखाते थे। उसके बाद पट्टी पर लिखाई शुरू होती, फिर स्लेट पर और बाद में भोज-पत्र पर और फिर कण्ठस्थ कराते। मैं तो इस युग का था (जन्म 1902) मैं तो उन पाठशालाओं में पढ़ा नहीं। मेरी उमर के बच्चे वहाँ पढ़ा करते थे। हम तो वहाँ की यज्ञशाला में जाते जहाँ धरती पर बिठाकर पढ़ाई होती थी। मेरे प्रथम गुरु रंगराय थे। वे कल्याणपुर तोन्से के थे। रंगरायजी ने मुझे क्या पढ़ाया अब याद नहीं, पर उनके हाथ की बलखाती छड़ी अब भी याद है। मेरे साथ कृष्णप्पा नाम का एक लड़का पढ़ता था। उसके डराने के लिए वे "तुझे ढोल के भीतर बन्द करवा दूँगा!" कहा करते थे। गाँव के मन्दिर के आँगन में एक बड़ा-सा ढोल

रखा रहता था। उसकी ध्वनि बड़ी गम्भीर हुआ करती थी। भला उसके गर्भ में पहुँचने में किसे खुशी होती! यज्ञशाला में सदा चमगादड़ लटके रहते थे। हम उनके नीचे बैठते थे। वहीं आस-पास उल्लू, जंगली कबूतर, चमगादड़, बिल्ली हमारे संगी-साथी थे। 'मन्दिर में कभी-कभार मदारी वगैरह लंगूर आदि लेकर आते तो वे भी हमारे प्रिय पात्र बन जाते थे। आजकल तो गाँवों में लंगूर दीखते ही नहीं।'

यज्ञशाला में ही दो-तीन बरस मेरी शिक्षा चली। उन्हीं दिनों उडपि ताल्लुक बोर्ड ने हमारे गाँव में एक स्कूल के लिए भवन बनाया। हमें उस स्कूल में बैठने को बेंच मिलीं। किताबें पढ़ने के लिए पुस्तकालय भी खुल गया। 'बोधनी' नाम की शिक्षा सम्बन्धी पत्रिका तभी मैंने देखी। स्कूल में सत्तर-अस्सी विद्यार्थी और तीन-चार अध्यापक थे। काशप्पय्या मेरे प्रिय अध्यापक थे। वे हमें बागवानी, रंगीन कागजों से फूल बनाना, चटाई बुनना आदि काम सिखाकर खुश होते थे। तभी हमारे स्कूल में हाथ-पैर चलाने की कला यानी ड्रिल नयी-नयी शुरू हुई थी। कुछ दस्तकारियों का प्रशिक्षण भी दिया जाने लगा था। यदि कभी स्कूल का इन्स्पेक्टर आता तो वह दिन हमारे लिए एक उत्सव जैसा होता था। वह एक नयी कमीज पहनने का अवसर होता था। हम उन्हें इन्स्पेक्टर साहब नहीं पुकारते थे। पहली बार आनेवाले इन्स्पेक्टर विश्वेश्वर राय का नाम ही आगे उस पद के लिए चलता चला। उस शाला में मैं कोई तीन-चार वर्ष पढ़ा हूँगा। तब की एक घटना मुझे अच्छी तरह याद है। मेरे एक सहपाठी सोमयाजी नाम के लड़के ने अपने पिता की ऐनक चुरा ली। जब स्कूल में उसे धमकाया गया कि ऐनक किसे दी, उसने मेरी ओर इशारा कर दिया। उस दिन मेरा सौभाग्य कहिए या दुर्भाग्य, मैंने चश्मा बनवाकर पहना था। अध्यापक ने धमकाते हुए पूछा, "क्या चश्मा तुम्हारे पास है?" मैंने 'नहीं' कह दिया। उन्होंने छतरी की डण्डी से मेरी खूब पिटाई की। उस मार से डरकर मैंने 'हाँ' कर दी। 'जब तक गर्म नहीं किया जाए मक्खन पिघलता नहीं' यह दर्शन वे पहले से ही जानते थे। मैं दोपहर की छुट्टी में जो घर गया तो वहीं रह गया। चश्मा भला कहाँ से लाता। वह चश्मा बाद में उस लड़के के घर में ही मिल गया। उस दिन मेरे पल्ले तो मार पड़ी। आगे से हमारे उस अध्यापक ने सत्य की परीक्षा करने के उस रास्ते को मुझ पर नहीं आजमाया।

मेरे पुत्तूर आकर बसने के काफी दिन बाद, मेरे एक सम्बन्धी ने कल्याणपुर के समीप के एक गाँव केम्मण्ण के एक घराने में रिश्ता किया। उस घर में शादी पर आये एक व्यक्ति से पता चला कि मेरे प्रथम गुरु रंगराय जी अभी उनके गाँव के समीप ही हैं। बहुत दिनों से उन्हें देखने की इच्छा पूरी नहीं हो पा रही थी। एक बार जब मैं उडपि गया था तब मेरे मित्र हरिदास भट्ट मुझे साथ लेकर केम्मण्ण के पास ही 'तोन्से' ले गये थे। हम समुद्र-तट के उस गाँव में रंगराय का घर खोज

कर जा पहुँचे। तब वे अस्सी से ऊपर के हो चुके थे। दूसरे लोग तो उनका नाम तक भूल चले थे। हम किसी तरह उनके घर पहुँचे थे। दरवाजा खोलने आयी महिला से मैंने कहा, "जाकर कह दो कि उनका एक शिष्य आया है।" तत्काल उस वयोवृद्ध व्यक्ति ने आकर मेरा स्वागत किंया। बुढ़ापे के कारण उनके मुख पर कोई पुरानी छाया शेष न थी। मेरे "मैं शिवराम हूँ" कहते ही वे मुझे पहचान गये। उसका कारण यह था कि शुरू में जब वे हमारे गाँव आये तब वे हमारे घर पर ही ठहरे थे, उन्होंने मेरे बड़े भाइयों को भी पढ़ाया था। मेरे स्कूल जाना शुरू करने के पहले ही वे मुझे गोद में ले जाते और अपनी कुर्सी पर बिठा लेते थे।

उन्होंने एक कहानी सुनायी जो मुझे मालूम नहीं थी। जब मेरा स्कूल में दाखिला कराया गया तब भी मैंने उस कुर्सी पर बैठने की जिद नहीं छोड़ी। इस पर गुरुजी ने अपने अधिकार का प्रथम परिचय कराया। एक चपत जमाकर मुझे अपनी जगह दिखायी।

मेरी वह भेंट लगभग साठ साल के बाद हुई थी। उस दर्शन के सुख को मैं कभी नहीं भूल सकता। उन्हें एक शाल ओढ़ाकर, उनके पाँव छूकर, इस कृतज्ञ भाव से नमस्कार करके लौटा कि दूसरों ने भी मेरी बुद्धि रूपी बीज को शिक्षा के जल से सींचा था। ज्यों-ज्यों हम बड़े होते जाते हैं, त्यों-त्यों समाज के ऋण का भार भी ज्यादा होता जाता है न!

उन दिनों पाँचवीं क्लास पूरी होने तक हमें, माँ-बाप को पत्र लिखना सिखाने के अतिरिक्त, डिमाण्ड नोट, प्रोनोट, खरीददारी के कागज आदि व्यवहार के लिए आवश्यक बातें लिखनी सिखायी जाती थीं। हस्तलेख पढ़ने का भी अभ्यास कराया जाता था। पता नहीं शायद इसीलिए मेरी लिखाई इतनी खराब हो गयी कि उसे ब्रह्मा भी पढ़ नहीं पाता।

बचपन का स्वप्न साम्राज्य

हमारे स्कूल से बाहर की दुनिया बहुत सरल और सुन्दर थी। हम गाँव के मेले में बिना नागा जाते। कोटेश्वर का मेला, माता का मेला, शालिग्राम का मेला, घर के पास बड़े मन्दिर का मेला—इन सबमें जाते। उस बड़े मन्दिर का नया रथ हमारे घर पर ही तैयार हुआ था। हमारे घर की घुड़साल के पास ही एक छप्पर डाला गया था। उन दिनों हमारे गाँव में घोड़ा-गाड़ी रखनेवाले सबसे पहले आदमी मेरे पिताजी ही थे। सफेद और भूरे दुरंगे घोड़े को मेरे पिताजी 'पंच कल्याणी' कहते थे। यह बात मुझे अब भी याद है। घोड़े की बात छोड़कर अब रथ की बात कहता हूँ। रथ तैयार करने के लिए कई बढ़ई साल भर काम करते थे। उस पर चित्र तराशने, छीलने और उकेरने के काम देखने में मुझे बड़ी आसक्ति थी। एकाध

रथ आज भी हमारे घर में है। मेला शुरू होते ही रथ को फिर से सजाकर उसे खींचने तक हम उसे देखा करते। शाम की बलि, दीपोत्सव, रथारोहण, गाँव में भगवान की परिक्रमा लगाना यह सब एक भी बिना छोड़े हम देखा करते। ऐसे मौकों पर हमें अपने सम्बन्धियों के बच्चों से मिलने का अवसर मिल जाता था। मेला शुरू होते ही दुकानें लग जातीं। हम खिलौनों की दुकानों के सामने खड़े होकर प्रत्येक वस्तु का भाव-ताव करते और चवन्नी का माल एक पैसे में खरीदने की कोशिश करते। भड़भूजे की दुकान की चीजों को चख-चखकर देखने में ही पेट भर लेते। पास तो एकाध इकन्नी ही होती पर व्यापार सैकड़ों का करने के समान दिखावा करते। चाँदनी में खेतों से फलियाँ चुराकर सुबह अलाव तैयार करके उन्हें भूनकर खाते। स्नान को तालाब पर जाते तो गँदले पानी को और भी गन्दा करके गाँव की स्त्रियों से डाँट खाते। अकेले रहते हुए हम बड़े सभ्य रहते थे, पर लड़कों का झुण्ड बनते ही हर प्रकार की लूट में सुध-बुध भूलकर भाग लेते।

मृत्यु का वैराग्य

दीपोत्सव हमें बड़ा अच्छा लगता था। दीपमाला, आतिशबाजी में सुर्री, बाण, चकरी, अनार, पटाखे आदि तो हमें दूसरे लोक की सैर ही करा डालते। सुखद इन यादों के साथ ही एक याद और चली आ रही है। हमारे घर के पासवाले शिव मन्दिर के मेले में आतिशबाजी करने को बम-पटाखे हमारे घर की एक कोठरी में लाकर भर दिये जाते थे। एक बार मेरी बड़ी मौसी का बेटा, जो हमारे ही घर में रहा करता था, हत्थेवाला दीया लेकर उस कमरे में गया। उसके हाथ से दीया छूट गया। बारूद में आग लग जाने से विस्फोट हो गया और उसका सारा शरीर जल गया। उसके झुलसे शरीर का चित्र आज भी मेरे सामने है। दो दिन बाद ही वह चल बसा था।

छुआछूत

अब गाँव की पाठशाला और घर के आचार-विचार तथा सार्वजनिक जीवन के बारे में दो बात कहूँगा। गाँव के मेलों में सैकड़ों लोग इकट्ठे होते थे। लेकिन उनका व्यवहार-व्यापार अपनी जातियों तक ही रहता था। ब्राह्मण जाति में पैदा होने के कारण अड़ोस-पड़ोस के एक-दो लड़कों के सिवा मेरे और ज्यादा दोस्त नहीं थे। छुआछूत माननेवाले हमारे घरवालों को शूद्रों के साथ हमारा खेलना पसन्द न था। तब भीलों (शराब उतारनेवालों) के बच्चों को स्कूल में दाखिला नहीं मिलता था। उन्हें छूने पर हमें नहाना पड़ता था। जब हम स्कूल जाते थे तब सामने

से यदि होलेय (अछूत) आ जाता तो उसकी छाया से भी बचकर जाना होता था। दोपहर की धूप के समय जरा पास से निकला जा सकता था। स्कूल के कपड़े बाहर बरामदे में उतारकर हाथ-पाँव धोकर केवल कौपीनधारी होकर ही हम घर में भीतर घुस सकते थे। वह कौपीन भले ही कितना ही गन्दा क्यों न रहे, पर हमारा विश्वास था कि वह सदा शुद्ध ही रहता है। बच्चों के कपड़े छू जाने से हमारी माँ और दादी को कभी-कभी सात आठ बार नहाना पड़ जाता था। पिता जी जब दुकान से आते थे तब दुकान की छूत वाले कपड़े बाहर उतारकर पीताम्बर पहनकर भीतर खाना खाने घुसते थे। हम ही उनसे अच्छे थे। समुद्र के किनारे मेरी ताई का घर था। उनके घर का वाातवरण बिल्कुल वैसा ही था जैसा कि मैंने अपने उपन्यास 'मरळि मण्णिगे' (माटी की ओर) में राम ऐताल के घर को दिखाया है। वे हमसे भी ज्यादा छुआछूत मानती थीं। उस घर के लोग अध्ययन, होम और यज्ञ में ही समय बिताते थे। वहाँ या अपने मामा के घर श्राद्ध आदि का बुलावा आने पर हमें खूब मौज उड़ाने का मौका मिलता। हमारा सारा समय समुद्र या तालाब में ही गुजरता। समुद्र में कूदना, बाहर रेत में लोटना, फिर पानी में कूदना यही हमारा धन्धा रहता, जो हम भूल ही नहीं सकते। उस उपन्यास के नायक 'राम ऐताल' ने जिस नदी को पार किया था हम उसमें किसी-न-किसी की नाव चुराकर नौका विहार करते थे। दो अलग-अलग नावों में खड़े होकर दल बाँधकर रेत के गोले बनाकर एक-दूसरे से युद्ध करते। उस समय हमारा जो रंग बिगड़ जाता था और कपड़े गन्दे होते थे वह सब हम माटी की सन्तानों को बड़ी ही पसन्द आनेवाली चीजें थीं।

खेती और खेल

हमारे यहाँ खेती-बाड़ी के सब काम मजदूरों द्वारा होते थे। पर हाई स्कूल की पढ़ाई खत्म होने पर छुट्टियों में हम भी घर के कामों में लग जाते। क्रिसमस की छुट्टियों में घर के चार बड़े आँगनों को पत्थर से रगड़-रगड़कर साफ-सुथरा करके चिकना कर देते। कुल्थी और उड़द के पौधे खेतों से उखाड़ने जाते। गर्मियों में ढोर चराते, मुर्गे-मुर्गियों से धान की पंजीरी बचाते, उसकी रखवाली करते। मैदानों में गर्मी महसूस करने के बदले हमें मजा ही आता था। गाँव के खेल गुल्ली-डण्डा, कबड्डी, पिट्ठू, शेर, गाय—आदि हमारे मनोरंजन के साधन थे। बहुत सुविधाएँ न होने पर भी मन को प्रसन्न रखने को ये खेल हमारे लिए काफी थे।

भैंसा-दौड़ की स्पर्धा

गाँव में भैंसा-दौड़ होने पर हम ब्राह्मण होने के कारण देखने नहीं जाते थे। तब

हमारा विश्वास था कि वह शूद्रों का खेल है। हमारे गाँव से तीन कोस दूरी पर 'बण्डार' नाम का एक गाँव है। वहाँ की प्रसिद्ध भैंसा-दौड़ मैंने अपने चालीस पार करने के बाद देखी। उस खेल के उत्साह के क्या कहने? एक दिन पहले ही बुलावा जाता और दूर-दूर से भैंसों की जोड़ियाँ उस बाजी में भाग लेने आ जाती थीं। सारी रात होलेय (अछूत) ढोल पीटते और बाजे बजाते हुए उनके साथ जाते। अगर कभी भैंस बीमार पड़ जाए तो लोग मन्नत मनाते कि हम बण्डार के स्पर्धा के मैदान में भैंसे को उतारेंगे। करीब-करीब हजार जोड़ियाँ उस स्पर्धा में भाग लेती हों तो कोई आश्चर्य की बात नहीं। पाँच-छ: एकड़ के कीचड़ भरे मैदान में उन भैंसों की दौड़ हमारे गाँव के भैंसप्रिय लोगों के लिए एक उत्सव होती थी।

सार्वजनिक मनोरंजन

इसके अलावा हमारे गाँव का सार्वजनिक मनोरंजन दशावतार के नाटक थे। उनमें 'वर्धन्ती' और 'मारण कट्टे' आदि नाटक के रूप आज भी प्रसिद्ध हैं। हमारे गाँव में नाटक मण्डलियाँ अकसर आती रहती थीं। जब हम छोटे थे तब बयलाट (खुले मैदान में खेले जानेवाले नाटक) की वेष-भूषा देखने की बड़ी इच्छा रहा करती थी। जब मैं कोई तीन बरस का रहा हूँगा तब मैंने महाकाली (चण्डी) का वेश देखा था जो आज भी मेरे मन पर अंकित है। नाटक में रंग-बिरंगे वेष-भूषा पहने सुबह-सुबह आनेवाले पात्रों को देखने की प्रतीक्षा में हम छोटे-छोटे बच्चे खेल के मैदान में सोकर प्रतीक्षा करते। उप्रल्ली शेष की वेष-भूषा उस जमाने में हमें राक्षस लोक पहुँचा देती। वैसे हम गन्धर्व, किरात, कर्ण, शल्य आदि अद्‌भुत और आकर्षक वेष धारण करनेवाले पात्रों की उत्सुकता से प्रतीक्षा करते। वे पात्र आज भी रंग-सज्जा और वेष-भूषा के अति उत्तम उदाहरण हैं। आजकल इस कला का स्तर घट गया है। उन दिनों पाण्डेश्वर पुट्टय्या का नृत्य बड़ा प्रसिद्ध था। उसी पुट्टय्या के एक बेटे ने आगे चलकर सिनेमा के क्षेत्र में खूब नाम कमाया। समय कला के प्रेम में भी परिवर्तन लाता है। वर्षा के दिनों में हमारे घर में रोज भागवत का वाचन चलता था। हमारे पड़ोसी एक मित्र भागवत पढ़ा करते थे और पिताजी उसका अर्थ बताया करते थे। मेरी दादी और माँ आदि सभी बड़ी भक्ति से सुना करतीं। हम भी कहानियों में उतनी ही रुचि लेकर सुनते। ऐसी कहानियाँ सुनने का हमें पूरा आनन्द तब आता जब हम अपने सम्बन्धियों के यहाँ जाते। हम सब वयस्क लड़के आधी रात तक कहानियाँ कहते और सुनते। उनमें दादी, राजकुमार और सूत-सीढ़ी वाली कहानियाँ कम होती थीं। कहानी के हास्य भाग को मजाक की बातों से पूरा कर लेते। इसी प्रकार पहेलियों में भी हमें बड़ा रस आता था।

अद्भुत में विश्वास

मैंने अपने बचपन में अद्भुत घटनाएँ न ज्यादा सुनी थीं न देखी थीं। जब हम अपनी बड़ी मौसी के यहाँ जाते तब ऐसी बातें सुनने को मिलतीं। वहाँ 'अरम देव' के मन्दिर के पास रेत के टीले पर सैकड़ों चिकने बड़े-बड़े पत्थर थे। उस भगवान के चमत्कार से समुद्र में जाता एक जहाज टूट गया। उससे बचकर किनारे लगे नाविकों ने वहाँ पड़े पत्थरों से चूल्हा बनाया तो चावल के बर्तन में खून उबलने लगा। ऐसी ही एक और कहानी है। हमारे मौसा का अनिष्ट करने के लिए किसी ने 'मारण होम' किया था। स्थानीय मन्दिर, पीपल और बरगद के पेड़ों पर बसनेवाले भूतों की कहानियाँ भी प्रचलित थीं। यह सब हमारे मन को बहुत आकर्षित करतीं। उन्हीं दिनों एक बार हमारे पड़ोस का एक चौदह बरस का लड़का गुम हो गया। गाँववालों का कहना था कि यह सब भूत का उपद्रव है। तीन दिन बाद वह गाँव के मन्दिर की दुछत्ती में मिला। वह वहाँ बेहोश पड़ा हुआ था। ऐसी कहानियों के कारण हमें अदृश्य शक्तियों में एक विशिष्ट विश्वास जाग गया था।

शक्ति ही मृत्यु

अपने बचपन की एक और अद्भुत घटना मुझे याद है। हमारे गाँव में सुब्बण्णा होल्लर नाम के एक ब्राह्मण थे। मैंने जब उन्हें देखा था तब वे करीब पचास वर्ष के हो चुके थे। नाटा और गेहुँआ शरीर, कोई विशेष बात न होने पर भी यह प्रसिद्ध था कि उनके हाथ में गरुड़ रेखा है। प्रसिद्ध ही क्या, वे बीसियों बार नाग साँप अपने हाथ और गले में लपेटकर हमारे घर ले आये थे। वे बाँबी में हाथ डालकर नाग पकड़ लेते थे। सड़क के पासवाले हमारे घर के आँगन में उसे छोड़कर खिलाते भी थे। यदि साँप उनसे छूटकर भागने का प्रयास करता तो वे गुस्सा नहीं करते थे। उन्हें साँपों ने कई बार काटा भी था। काटे हुए शरीर की वे स्वमूत्र से चिकित्सा कर लेते थे। सर्पदंश की मूत्र-चिकित्सा और भी बहुत से लोग करते हैं। एक दिन उन्होंने एक साँप को खूब छेड़कर बहुत गुस्सा कर दिया था। उन्होंने उसे काटने को एक पान का पत्ता आगे कर दिया, बाद में वह पान वे चबा गये। लोगों के सामने तो उन्होंने ऐसे प्रदर्शन किये पर अन्त में वे उसी के शिकार हो गये। यह प्राकृतिक शक्ति अन्तिम समय में उनकी सहायक क्यों नहीं हुई, यह मेरी समझ में नहीं आया।

नाग-नृत्य

हमारे गाँव के लोग नागपूजक हैं। नाग देवता पर उन्हें बड़ा विश्वास है। वे नागवन

की पूजा करते हैं। यह नाग देवता दूसरों की तरह कुछ लोगों के शरीर में आता था। हमारे गाँव के नारायण ऐताल प्रसिद्ध नागपात्री या माध्यम थे। जब वे नाग के समान काँपते तो बिल्कुल कालिंग नाग ही लगते। उनके शरीर का रंग भी वैसा ही था। यह कोई विशेष बात न थी। 'नाग मण्डल' नाम की एक विशेष सर्पाराधना के समय उनका सर्पनृत्य देखने में बहुत अच्छा लगता था। पौ फटने के समय एक अलंकृत छप्पर के तले विचित्र आकार की रंग-बिरंगी रंगोली रची धरती पर यह नृत्य होता था। सामने एक-दो वैद्य (पुजारियों के दल) नाग सम्बन्धी गीत गाते हुए डमरू बजाकर गोल घूमते। उनके सामने नागपात्री (नाग माध्यम) कालिंग सर्प की भाँति नाचता। तीन घण्टे तक अनेक भंगिमाओं में फँसने और छूटने का प्रयत्न करता-सा नाचता। वह सब देखने में अपूर्व था। तीस-चालीस वर्ष बीत जाने पर बचपन में देखा नाग-नृत्य आज भी याद है। आस्ट्रोलॉयड का सर्पनृत्य क्या ऐसा हो सकता है? मुझे लगता है कि हमारे दक्षिणापथ की द्रविड संस्कृति का सही अवशेष ऐसी ही भूताराधना में है। इसके अतिरिक्त हमारे गाँव की दैवाराधना में निम्न जाति के पुजारी भूतों के वेष धारण करके कोल नाम के (छोटी जाति का एक उत्सव) उत्सव में नृत्य करते हैं। यह उत्सव मैंने अपने बचपन में नहीं देखा था। बाद में मैंने वह नृत्य अलग से देखा है।

अंग्रेज़ देवता

हमारे गाँव में दो-चार बरस में एक बार अंग्रेज़ लोग आया करते थे। घोड़े की बग्घी में बैठकर जिला अधिकारी वेल्स आये थे; जो मुझे अब भी याद है। तब हमारे लोगों के द्वारा उनके स्वागत की शान शौकत याद करें तो आजकल हमारे गवर्नर को भी वैसा सम्मान नहीं मिलेगा। पूरे रास्ते पर तोरण बँधते थे। एक बार उनका स्वागत नदी के किनारे हुआ। एक अलंकृत नौका पर बैठकर उन्होंने एक मील की यात्रा की। बाद में हमारे गाँव के प्रमुख गणपय्या हन्दे के घर उन्हें ले जाया गया। मैंने वह भव्य स्वागत देखा है। वहाँ भी बन्दनवार सजे थे। मण्डप अलंकृत किया गया था। रंग-बिरंगी और तरह-तरह की झण्डियाँ बँधी थीं, बन्दनवार बँधे थे। सिंघ, तुरही, नृसिंह आदि वाद्य सुनने और हाथी देखने को हजारों अधनंगे लोग इकट्ठे हो गये थे। जिन्होंने उनका स्वागत किया था उन्होंने उस रात के समारोह का आयोजन भी किया था। बाद में आनेवाले अंग्रेज़ अफसरों की ऐसी आवभगत नहीं हुई। हमारे बड़े-बूढ़े लोगों में कोचमैन साहब बड़े प्रसिद्ध थे। उन्होंने सारस्वत समाज की कहानी बतानेवाले 'इन्दिरा' नाम के उपन्यास का अँग्रेजी में अनुवाद किया था।

धूमकेतु

सन् 1910–11 में आकाश में बहुत दिनों तक एक बड़ा धूमकेतु दो-दो बार दिखाई पड़ा। हमारे लोगों का विश्वास था कि इससे राजा का अनिष्ट होगा। शायद उनके विश्वास को ही सत्य करने को सप्तम एडवर्ड चल बसा। दूसरे वर्ष जार्ज पंचम गद्दी पर बैठा। उस धूमकेतु ने शुभ और अशुभ दोनों फल दिखाये। जार्ज पंचम के दिल्ली दरबार के समय (सन् 1911 दिसम्बर में) हमारे गाँव में भी उत्सव हुआ। तब अपनी कक्षा में शायद मैं ही होशियार रहा हूँगा या कोई बात होगी। जार्ज की तस्वीरवाले निकल का सिक्का मुझे मैडल के तौर पर मिला था। बहुत दिन तक मैं उसे पदक के रूप में गले में लटकाये रहा। उस उत्सव की रात की एक और घटना की याद मुझे अब भी है। हम सब रात का उत्सव देखकर लौट रहे थे कि तभी हमारे गाँव के ट्रेवलर्स बँगले को किसी ने आग लगा दी। तब एक अग्नि-उत्सव देखने को भी मिला। मैंने पहली बार ऐसी भयानक आग देखी थी।

तोतारटन्त विद्या

मेरा जन्म 10 अक्टूबर, सन् 1902 में हुआ। उस दिन अष्टमी थी। लगभग सन् 1912 से कुन्दापुर के हाईस्कूल में पढ़ने गया। उससे पहले एलिमेण्टरी स्कूल में पाँचवीं तक पढ़ चुका था। पर अँग्रेजी की वजह से पुन: चौथी से आरम्भ करना पड़ा। कुन्दापुर हमारे गाँव से केवल सात-आठ मील दूरी पर है। मेरा सबसे बड़ा भाई तब कॉलेज में पढ़ता था। छुट्टी में आने पर ही उसके दर्शन होते। मेरे और दो बड़े भाई तब हाईस्कूल में पढ़ते थे। हमारे पिताजी ने सब बच्चों को अँग्रेजी पढ़ाने का प्रबन्ध किया था। उन दिनों हमारे गाँव में बच्चों की पढ़ाई के लिए ऐसी व्यवस्था करनेवाले थे ही नहीं। अच्छी जनसंख्या वाले गाँवों से भी सात-आठ घरों के लड़कों से ज्यादा उन दिनों अँग्रेजी पढ़ने नहीं जाते थे। हमारे गाँव के रईस 'हन्दे' घराने के सभी बच्चे अँग्रेजी स्कूल में जाते थे। उनके अलावा ऐसा करनेवाले हमारे घर के लोग मुख्य थे। गाँव के शेष सात-आठ घरों से मिलकर भी हमारे एक घर के बराबर लड़के अँग्रेजी पढ़ने नहीं जाते थे। जब मैं हाईस्कूल में पढ़ने गया तब हमारे पिताजी ने हमें पढ़ने के लिए काफी सुविधाएँ दी थीं। मेरे भाइयों के भाग्य में बहुत समय तक होटल का खाना ही बदा था। मेरे कुन्दापुर जाने के बाद वहाँ हमारे लिए एक घर बनवाया गया। एक रसोइया रखा गया। वहाँ का वास सुविधाजनक था। उन दिनों हाईस्कूल के विद्यार्थी आज की तरह बन्दरों की-सी हरकतें नहीं करते थे। संसार के सुख-दुख से उनका परिचय रहता था। देखने में तो वे बड़े-बड़े दीखते थे, पर उनमें काफी लोग मूर्ख भी थे। जब मैं हाईस्कूल गया तब मेरे भाई के सहपाठी मेरे भी सहपाठी बने। जब मैं वहाँ की पढ़ाई पूरी करके निकला, तब भी कुछ लोग वहीं जमे रहे थे। उन्हें एक-एक क्लास में तीन-तीन वर्ष पढ़ने पर भी तृप्ति नहीं होती। उनके साथ फुटबाल खेलना हमारे जैसे लड़कों के लिए सम्भव ही नहीं था। उन मुश्टण्डों के साथ यदि हम खेलने जाते तो हमारी चटनी बन जाती।

हमारे स्कूल के खेल के मैदान में एक ऊँची सीढ़ी थी। स्लाइड; ट्रैफेज भी

थे। डबल बार, सिंगल बार हार्स—यह सब कसरत की सामग्रियाँ भी थीं। कसरत को भी ड्रिल के समान ही प्रमुखता प्राप्त थी। इसके साथ क्लब, डम्बेल्स आदि कसरत के साधन थे। जब हम हाईस्कूल के फोर्थ फार्म पहुँचे तो यह सब खतम हो गये, केवल ड्रिल ही रह गयी थी। आजकल तो किसी भी स्कूल में ऐसे सर्कस के खेलों के समान खेलों के उपकरण हैं ही नहीं।

नींद प्यारी थी

स्कूल की पढ़ाई के बारे में कुछ ज्यादा कहने को नहीं है। शुरू से मैं स्कूल की किताबें कम पढ़ा करता था। उन दिनों एक आने में मिलनेवाली 'बुक्स फॉर दी बैराज' की कहानियाँ मुझे काफी प्रिय थीं। उन्हें मैं रात के समय पढ़ा करता था। यूँ कहिए कि उन्हें भी बहुत सरलता से नहीं पढ़ा। टेबल पर एक दीया होता था। वह चिमनी का नहीं होता था। बच्चों की आँखें खराब न हों यह कहकर होन्नहेण्णे वाला दीप ही रखा जाता था। उसकी एक तरफ मेरा भाई, दूसरी ओर मैं बैठा करते थे। सात बजे खाना खाकर पढ़ने बैठते ही निद्रादेवी मेरा पीछा करने लगती। मेरी पलकें मुँदते ही मेरे भाई का एक जोर का धौल पीठ पर पड़ता। इस प्रकार नौ बजे तक मुझे पढ़ाने का काम उसका था। उस भाई पर का गुस्सा मैं गाँव में जाकर उतारता था। वहाँ मैं ही पहले उसे मारकर साथ ही रोने लग जाता। दादी का निर्णय सदा मेरी तरफ ही होता। जब मैं नौवीं कक्षा में पहुँचा तभी मुझे भाई के अधिकार से मुक्ति मिली। वह और उससे छोटा मेरा दूसरा बड़ा भाई भी मंगलूर चले गये। तब मैं ही घर का राजा बन गया। मेरे साथ और दो छोटे भाई भी आ मिले।

मेरे बड़े भाई

मेरे बड़े भाइयों में दूसरा लक्ष्मीनारायण, विद्यार्थी जीवन में कसरत की जगह पर लकड़ी चीरता। बागवानी का उसे बहुत शौक था। उसे मेहनत के काम बहुत आते थे। वह सब कामों में एक समान उत्साह से भाग लेता, पर उतनी ही जल्दी उद्विग्न भी हो उठता। उसके बाद वाले भाई का नाम वासुदेव था। वह पढ़ने में बड़ा तेज था। मेरी और उसकी ज्यादा पटती थी। पर एक रहस्य की बात थी—वह सुँघनी का सेवन करता था। वह सुँघनी सबकी आँख बचाकर दुकान से लाने का काम मेरे जिम्मे था। उसने बी. ए. (आनर्स) करके एल. टी. की। एक-दो वर्ष अध्यापक भी रहा। आगे टाटा इन्स्टीट्यूट से इंजीनियर बना। बाद में मद्रास सरकार का चीफ इलेक्ट्रिकल इन्स्पेक्टर बना। इस प्रकार कॉलेज की पढ़ाई शुरू होते-होते मुझसे भाई अलग होते चले। गर्मियों की छुट्टियों में ही हम सब घर में मिलते। प्रति सन्ध्या

समुद्र के किनारे जाते। उन दिनों समुद्र का पागलपन हमारे घर के सब लोगों के अलावा और किसी को नहीं था। अमावस्या के दिन हमारे गाँववाले वहाँ स्नान के लिए अवश्य जाते थे। परन्तु समुद्र देखने की चीज है, यह बात उनकी परमार्थक बुद्धि को कभी सूझी नहीं।

यह अहंकार है

स्कूल में दूसरों की पढ़ाई में और मेरी पढ़ाई में कोई अन्तर नहीं। इतनी याद है कि जब मैं हाईस्कूल के दूसरे वर्ष में था तो अपनी क्लास में प्रथम आया था। मेरे भाई का कहना था कि इसीलिए मेरा सिर फिर गया और मैंने अपना बेड़ा गर्क कर लिया। क्या मैं अपने घमण्ड को आप जान सकता था? उसके बारे में लिखने के बदले अपने गुरु, मित्र और शरारतों के बारे में लिखना उचित होगा न!

नन्दलिके से तुलना

सबसे पहले मुझे अपने एक पुराने गुरुजी के बारे में कहना है। नन्दलिके लक्ष्मीनारायणप्पा और मेरे दोनों के गुरु एक ही थे, कहूँ तो आपको असूया हो सकती है। वे थे मळ्ळी सुब्राय। वे बड़े नाटे थे, चौड़ा मुँह था, बड़ी-बड़ी मूँछें थीं। क्लास में बैठते तो उनका स्वर उन्हीं को सुनाई देता था, आँखें बन्द करके ही पढ़ाते थे। उनके हाथ में सदा एक सोटा रहता था। उसी से अपराधियों को सजा देते। उन्होंने यक्षगान के कुछ प्रसंग लिखकर प्रकाशित करवाये थे। पता चला है कि कवि मुद्दण्णा को यक्षगान में रुचि उन्हीं से पैदा हुई थी।

हाईस्कूल की पढ़ाई माने मेरे कितने अध्यापक नहीं रहे होंगे? यहाँ तो केवल स्मरण करने लायक कुछ लोगों की ही बातें बता रहा हूँ। जब मैं हाईस्कूल की पहली कक्षा में पढ़ता था तब एक कैथोलिक अध्यापक अँग्रेजी पढ़ाने आते थे। वे एक हाथ भर लम्बी छड़ी के बिना पढ़ा ही नहीं सकते थे। सुबह पढ़ाने आते समय ही खूब धुत्त होकर आते थे। नशा उतारने के लिए हमारे घर से छाछ मँगवाकर पीते थे। तभी जाकर विद्यार्थियों को शान्ति मिलती। ग्यारहवीं कक्षा तक उन्होंने हमारा पीछा किया। उनकी आँखें सदा लाल रहतीं। मुँह भी ऐसा ही रहता था। वे हमें अँग्रेजी पढ़ाते थे। इससे ज्यादा और कोई बात याद न होने पर भी मैं उन्हें भुला नहीं पाया। कुछ वर्ष पहले एक बार वे पौ फटने से पहले ही हगारे घर आये। आते ही "मैं तुम्हारा मास्टर रहा हूँ। तुम्हें याद है?" कहकर मुझे अचरज में डाल दिया। भला मुझे कैसे अचरज न होता? तब वे पचहत्तर के हो चुके थे। उनका स्वागत करके कुछ भेंट देकर उन्हें विदा किया। उसके बाद वर्ष-

दो वर्ष में एक बार शिष्य को आशीर्वाद देकर ही जाते। अस्सी वर्ष की आयु में भी वे मंगलूर से पुत्तूर तक बत्तीस मील पैदल चलकर आते रहे। उनकी शारीरिक चुस्ती से मैं हैरान रह गया। यह तो मैं कल्पना तक नहीं कर सकता। पता नहीं उन्हें किस शक्ति ने इतने समय तक उत्साहित रखा।

विद्यार्थी कुलगुरु

गैब्रियल कौण्ड्स अनेक पीढ़ियों से कुन्दापुर के विद्यार्थी समुदाय के लिए कुलगुरु थे। वे ड्राइंग सिखाते थे। ड्राइंग में पास न होनेवाले लड़कों को वे 'सूअर, कूर्म' की उपाधि देते। उनका निर्णय था कि ऐसा कूर्म और किसी विषय में पास नहीं हो सकता। विद्यार्थियों के हाथ के फुट रूलर ही उनकी शिक्षा का हथियार होता था। अपने विद्यार्थियों से वे बहुत प्यार करते थे। अपने पचासवें वर्ष में वे बम्बई में रहने लगे थे। वे जहाँ भी रहते ढूँढ़कर अपने विद्यार्थियों के यहाँ पहुँच जाते। उनके सुख-दुख को अपना समझकर उनसे पूछताछ करते रहते। बम्बई से कुन्दापुर आते-जाते। जब भी हमारे घर आते तब खट्टी लस्सी पीकर जाते थे। उनका उत्साह और प्रेम कभी नहीं घटा। उनके समान शिष्यों पर वात्सल्य रखनेवाले अध्यापक मैंने और कहीं नहीं देखे। शिष्यों की एक डायरेक्टरी ही उनके पास रहती थी। ऐसा कोई विद्यार्थी न था जो उनसे प्रेम न करता हो। दिल्ली से साहित्य अकादमी का पुरस्कार लेकर जब मैं बम्बई गया तब बम्बई में मेरे स्वागत के लिए एक बृहद् आयोजन किया गया था। उस स्वागत समारोह के समय अपने गुरु श्री कौण्ड्स को वहाँ देखकर मुझे अत्यन्त सन्तोष हुआ था।

भूत की करामात

एक अद्भुत घटना हमारे कौण्ड्स मास्टर साहब के घर में घटी जो मैंने अपनी आँखों से देखी। वे नये-नये प्रोटेस्टेण्ट क्रिश्चियन बने थे। फिर भी ब्राह्मणों के घर का साँबार और रसम् चखकर काफी सुधर चुके थे। उन्होंने एक बार गाँव के एक देवता का पत्थर लाकर अपने गुसलखाने में लगा लिया। तब से एक महीने तक रात-दिन उनके घर में उस देवता का उपद्रव जारी रहा। कोटेश्वर के मेले में पादरियों के साथ मिलकर 'मूर्तिपूजा' के विरुद्ध भाषण देनेवालों में वे भी एक थे। उन्हीं को वही पत्थर का देवता तंग करने लगा। घर के पिछवाड़े लगायी गयी सारी साग-सब्जी उजड़ गयी। कपड़े, बर्तन रखे-रखे चूर-चूर होने लगे। कुछ दिन को घर में खाने के भी लाले पड़ गये। जहाँ-तहाँ आग का उत्पात होने लगा। वह उत्पात करनेवाला प्रेत केवल उनके घर की नौकरानी को ही दीखता था। वह दूसरों को दिखाई नहीं पड़ा, पर उसका प्रभाव जरूर दिखाई देता था। उसका उत्पात

सहना उनके लिए असम्भव हो गया। हमारे मास्टर साहब ने एक दिन उस नौकरानी को भूत दिखाई देने की दिशा में गोली चलायी। बाद में तो उपद्रव सौ गुने बढ़ गये। लगभग एक मास तक स्कूल के बच्चों के लिए उनका घर एक यात्रा-स्थल बना रहा। वहाँ कई अजीब-अजीब दृश्य दिखाई दिये। हमारे मास्टरजी के घरवालों को दूसरों के घरों में खाना खाना पड़ा। बाद में उनके उस भूत की शरण में जाने के बाद से ही उसका उपद्रव कम हुआ।

भोजन-भट्ट

कौण्ड्स महोदय पेटू लड़कों के लिए एक आदर्श अध्यापक थे। एक बार एक स्पर्धा में उन महाशय ने सात सेर हलवा खाया था। शायद उन्हीं की स्फूर्ति से मैंने भी उनका शिष्यत्व सिद्ध करने को भोजन के बाद एक स्पर्धा में बत्तीस होळिगे (पूरन पूरी) खाये थे। मुझसे भी एक छोटा लड़का सैंतीस तक पहुँचा था। कौण्ड्स साहब ने एक बार एक छोटी-सी तलवार से एक चीते पर हमला किया। उसमें उन्हीं की जीत हुई। ऐसे गुरु को पसन्द करने के सिवा और किसे पसन्द किया जा सकता है?

कन्नड़ के गुरु

कुन्दापुर स्कूल में मेरे पढ़ाई शुरू करने से पहले से ही शिवरामय्या कन्नड़ के पण्डित थे। उन्होंने हनुमद्रामायण का सम्पादन भी किया था। वे मंगलूर के थे। वे क्रोध के अवतार थे। उनके बाद उनके स्थान पर श्री ए. सीतरामय्या आये जो उतने ही शान्त थे। उन्होंने बड़े परिश्रम से विद्यार्जन किया था। काफी समय तक वे हमारे घर में ही रहे। उन्होंने हमारे लिए 'कर्नाटक पुस्तक भण्डार' नाम से एक पुस्तकालय खोला। पहली बार उन्होंने हमें कन्नड़ साहित्य के रस का पान करने का अवसर दिया। तभी मैंने वेंकटाचार्य, पुट्टण्णय्या, वासुदेवाचार्य, तिरुमलाब और चामराज नगर के वेंकटरमण शास्त्री आदि की रचनाएँ पढ़ीं। तब मैं हाईस्कूल के दूसरे साल में पढ़ता था। कृष्णसूक्ति, कादम्बरी संग्रह, सत्यवादी आदि पत्रिकाएँ मँगवाकर हम पढ़ते थे। इस प्रकार कन्नड़ साहित्य के प्रति रुचि अंकुरित करनेवाले पहले व्यक्ति श्री शिवरामय्या ही थे। तब मेरे पढ़े उपन्यासों में मैसूर के पुट्टण्णय्या का 'मडिद्दुणों महाराज' (जैसा करोगे वैसा भरोगे) और बोलार बाबूराम का लिखा 'वाग्देवी' प्रमुख हैं। दोनों ही सामाजिक उपन्यास हैं। 'वाग्देवी' में उडुपि मठों का यथार्थ चित्रण है।

संस्कृतमय शैली का मोह

श्री शिवरामय्या के पुस्तकालय द्वारा ही तब मुझे पता चला कि कन्नड़ में पुस्तकें प्रकाशित होती हैं। प्राथमिक शाला में पढ़ते समय 'सेन-फ्रैण्ड्स और मेरटन' की कहानी और चिन्तामणि के कुछ भाग पढ़े थे। बाद में मैंने कन्नड़ पुस्तकें उनके पुस्तकालय से ही लेकर पढ़नी शुरू कीं। मेरा ध्यान कहानी की ओर ज्यादा था। शैली पर मेरा मोह बंकिमचन्द्र के उपन्यासों का कन्नड़ अनुवाद पढ़ने के बाद ही शुरू हुआ। मूल के समान कन्नड़ के अनुवाद में भी संस्कृत शब्दों का बाहुल्य था और बंग भाषा का विशिष्ट प्रभाव था। वेंकटाचार्य के 'रजनी' के (अँग्रेजी से अनुवाद) कन्नड़ अनुवाद में और 'विषवृक्ष' तथा 'मृणालिनी' आदि की भाषा में बड़ा अन्तर है। रजनी 'लास्ट डेज ऑफ पॉम्पी' का अनुवाद था, मूल शैली के अनुकरण के लिए उसमें अवकाश ही नहीं था। उस जमाने के गलगनाथ की रचनाएँ मैंने पढ़ी थीं, पर वे ज्यादा पसन्द नहीं आयीं।

नन्दलिके के गुरु कौन थे

शिवरामय्याजी पुस्तक के कीड़े थे। उनका घर कुन्दापुर से बारह मील ऐरोडे में था। वहाँ से पैदल जाते-आते समय पुस्तकों के बड़े से एक गट्ठर को उठाकर लाये बिना उन्हें तसल्ली नहीं होती थी। उन्होंने संस्कृत और प्राचीन कन्नड़ का विशेष अध्ययन किया था। नन्दलिके (कवि मुद्दण्णा) जी से उनका अच्छा परिचय था। शिवरामय्याजी द्वारा उपलब्ध करायी गयी सामग्री की सहायता से ही बेनगल रामराय ने नन्दलिकेजी के बारे में एक लेख लिखा। लिखते समय विषय के साथ पूरी सच्चाई बरत नहीं पाये। यह तो सच है कि नन्दलिकेजी को मळ्ळि सुब्बाराय साहित्य के अध्ययन में सहायक थे।

संस्कृत से संघर्ष

शिवरामय्या उस जमाने की कन्नड़ पत्रिकाओं में लिखा करते थे। यह देखकर कन्नड़ पत्रिकाओं के प्रति मेरी भी रुचि बढ़ी। उनका संस्कृत पाण्डित्य देखकर मुझे उनसे संस्कृत सीखने की इच्छा हुई। दो वर्ष तक मैंने उनसे संस्कृत पढ़ी। भण्डारकर की एक-दो पुस्तकें, रघुवंश के कुछ भाग, माघ के कुछ भाग, ऋतु-संहार, समास चन्द्रिका—ये सब कण्ठस्थ करने का यत्न किया गया। कण्ठस्थ करना मेरी मन्दमति को कभी पसन्द नहीं आया इसलिए उन्होंने जो संस्कृत पढ़ायी वह उन्हीं के पास रह गयी और मैं केवल कन्नड़वाला ही रह गया।

गम्भीर लोगों से

मेरे एक गुरुजी थे। नाम था 'श्री पुराणिक'। एक जमाने में हम दोनों साथ पढ़ते थे। वे बड़ी कक्षा में थे और मैं छोटी कक्षा में। कभी-कभी एक साथ गाँव आया करते थे। वे ही, जब मैं नौवीं कक्षा में पढ़ता था, अध्यापक बनकर आये। भला मुझे कैसे मालूम होता? मैंने मजाक में पूछा, "कहिए जनाब, कैसे हैं?" वे गम्भीरता से मेरी ओर देखते हुए स्कूल के भीतर चले गये। एक घण्टे के बाद मेरे ही अध्यापक बनकर हमारी कक्षा में आकर बैठे। मैं हैरान हो गया। एक बार रेखागणित का सवाल हल करते समय कुछ गलती हो गयी। उन्होंने उसे दुबारा करने को कहा। भला मेरे अहम् को क्यों न दुख होता? मैंने दुबारा किया नहीं। दूसरे दिन उन्होंने पूछा, "वह सवाल दुबारा किया?" मैंने 'नहीं' कहा। उन्होंने पूछा, "करोगे नहीं क्या?" मैंने फिर कह दिया, "नहीं"। आगे से उन्होंने मुझे वैसी सजा नहीं दी। उनकी गम्भीरता को तोड़ने के लिए कुछ विद्यार्थियों ने खुजली बूटी उनकी कुर्सी पर रगड़कर उन्हें खूब तंग किया।

शाला की पढ़ाई में कैमिस्ट्री के अतिरिक्त मुझे और किसी विषय में रुचि पैदा न हो पायी। हमारे विज्ञान के अध्यापक शिराली सुब्राय पूछा करते—"डिड ही वेण्ट"। उनका अँग्रेजी का पाण्डित्य इतना ही था। परतु रसायनशास्त्र बहुत बढ़िया पढ़ाते थे। उनसे मैंने सिर्फ कैमिस्ट्री ही नहीं सीखी बल्कि दूसरे लड़कों की भाँति प्रयोगशाला से सामान भी चुराया था।

मुख्याध्यापक

जो भी कुन्दापुर शाला में पढ़ चुका है वह हमारे मुख्याध्यापक बँटवाल रघुनाथराय को भूल नहीं सकता। सदा लाल पगड़ी और काली कमीज पहनकर आते थे। मैंने कभी उन्हें कपड़े बदलकर आते देखा ही नहीं। हमें वे हर प्रकार का विषय पढ़ाते थे। जनवरी, फरवरी तक गाँव की गली-गली घूमते रहना उनका स्वभाव था। अन्त में सारे पीरियड लेने लग जाते। कभी-कभी वे रात को आठ-साढ़े आठ तक भी पढ़ाते थे। नाचते-कूदते, हँसते-मजाक करते और किसी-न-किसी तरह परीक्षा में हमारी नाव पार करा देने की जितनी शक्ति उनमें थी उतनी और किसी में न थी। शाला में विद्यार्थी, उनसे जितना द्वेष रखते थे उतना और किसी से नहीं। उनके विरोधी अध्यापकों के साथ मेल-जोल रखनेवाले विद्यार्थियों पर उन्हें बड़ा गुस्सा आता था। रात में कौन-सा विद्यार्थी पढ़ता है और कौन-सा नहीं, इस बात की सी. आई. डी. का काम भी वे करते थे। रास्ते में घूमते-फिरते विद्यार्थी यदि हाथ पड़ जाते तो वे वहाँ उनकी पिटाई करने में नहीं चूकते थे। एक बार उन्होंने एक इतवार के दिन दो बजे पढ़ने को बुलाया था। हमने सवा दो तक उनका

इन्तजार किया पर वे न आये। मैं चला आया। घर लौटते वक्त दूसरों को उकसाया। मेरे साथ वे भी चले आये। जब गुरुजी आये तब एक-दो के अलावा कोई न था। उस दिन बेचारों को अपना गुस्सा आप ही पीना पड़ा।

उन्हें शाला में लड़कों का अँग्रेजी के सिवा दूसरी भाषा में बात करना कतई पसन्द न था। यदि कोई बोलता तो वे छड़ी से उसकी मरम्मत कर देते। उनकी यह बात रोकने को मैंने एक दिन एक उपाय निकाला। जब वे पास के कमरे में थे तो मैंने एक लड़के से हँसने को कहा। वह लड़का जोर से हँसने लगा। तब मैंने उसे डाँटते हुए कहा, ''यू सिली ऐस, व्हाई आर यू लाफिंग इन कन्नड़, लाफ इन इंगलिश?'' वह बात उन्हें चुभ गयी। आगे से उनका अँग्रेजी का नियम जाता रहा। हमारी शाला की घड़ी को उन्हीं के साथ चलना होता था। वे चाहे कितनी भी देर से क्यों न आएँ, सुइयों को घुमाकर वहीं ले आते जिस समय उनको आना चाहिए था। वह घड़ी उनसे दुगुनी उमर की थी।

अनासक्ति योग

घर में भैया के नियन्त्रण से छुटकारा मिलने के बाद, हाईस्कूल में तीन-चार वर्ष बड़े सन्तोष से बिताये। पढ़ाई पर मेरा ध्यान कम था। शरारत, मजाक मुझे प्रिय थे। एस. एस. एल. सी. पढ़ते समय तो मैंने पुस्तकें ही कम खरीदी थीं। परीक्षा से दस दिन पहले मैंने अँग्रेजी की पुस्तक एक बार पलटकर देखी थी। शेष आठ दिन अन्य लड़कों को तंग करता रहा। परीक्षा की पहली वाली रात को कोटेश्वर में यक्षगान देखने के लिए अपने कुछ मित्रों को जगाकर साथ लेकर गया था। खैर परीक्षा में ज्यादा अंक लेकर हाजमा खराब न करने पर भी औसतन नम्बर लेकर पास हो गया। तभी मुझे कुन्दापुर की शाला के ऋण से छुटकारा मिला।

शाला से बाहर

शाला के भीतर के कार्यक्रम का केवल मुझसे सम्बन्ध था क्या? वे ही गुरु, वे ही पाठ, वही शाला! समझ में नहीं आता था कि आठ वर्ष की हाईस्कूल पढ़ाई कैसे पूरी हो गयी। इसीलिए शाला के बाहर की हलचल के बारे में बताऊँगा। हलचल कहाँ से आती? हमारे कुन्दापुर ने तो भैंस का दूध पी रखा था। मेरे मित्रों में कइयों ने खेल में नाम कमाया था। क्रिकेट और फुटबाल हमारे गाँव में खेले जाते थे। मैं बड़ा होते-होते खेलों में रुचि लेने लगा। फुटबाल में गेंद रोकने, दूसरों को पास देने और गोल करने की ओर मेरा ध्यान नहीं होता था। चाहे कैसा बलवान क्यों न आए, उसकी टाँग पर लात मारकर अपनी शक्ति दिखाने की इच्छा रहती थी। उसी प्रकार पास आयी गेंद को पाँव से खेलने के बदले सिर से खेलना ज्यादा

प्रिय लगता। क्रिकेट में थोड़ा-बहुत फील्डिंग कर लेता। खैर, मैंने कुछ क्रिकेट मैचों में भाग लिया। खेल में मेरी दक्षता के कारण मेरा चुनाव नहीं हुआ करता था, चीखकर खिलाड़ियों को जोश दिलाने की शक्ति मुझमें थी इसीलिए चुन लिया जाता था।

जब मैं चौथे फार्म में आया तब कई मित्र तो एकदम मुश्टण्डे थे, कई छोटे भी थे। तभी मुझे पता चल गया कि विद्यार्थियों में कुछ शृंगार-प्रिय भी हैं। हमारे गाँव के एक क्रिश्चियन परिवार से बड़ी-बड़ी लड़कियाँ पढ़ने आया करती थीं। लड़कों को कैन्वासिंग करके गृहस्थाश्रम की दीक्षा देती थीं।

जलक्रीड़ा

मुझे पानी का खेल बहुत अच्छा लगता था। उन दिनों हमारे घर के समीप एक तालाब का जीर्णोद्धार हुआ। प्रतिदिन सुबह और शाम मैं वहीं बना रहता। ऊपर से कूदता, बहुत देर तक पानी में डूबता, उतराता, तैरता। एक बार मैं एक लड़के को तैरना सिखा रहा था। वह पानी में डूब गया। उसे किनारे पर लाने में मैंने जो परिश्रम किया उसका बयान नहीं कर सकता। मृत्यु की विचित्र अनुभूति पहली बार मुझे तब हुई। उसे वहाँ छोड़कर पार हो जाना मेरे लिए सम्भव था। ऐसा करूँ तो? यह प्रश्न भी तब मेरे सामने आया था। खैर जैसे-तैसे उसे पार लगाकर मैं भी पार हो गया।

मेरे विद्यार्थी काल में राजनीति की हवा ज्यादा नहीं बही थी। यूरोप का प्रथम महायुद्ध समाप्त हो गया था। मैं अँग्रेजी पढ़ रहा था। डॉ. एनीबेसेण्ट की 'न्यू इण्डिया' पत्रिका पढ़ा करता था। उनके द्वारा चलाये गये राष्ट्रीय आन्दोलन में आसक्ति पैदा हो गयी थी। एनीबेसेण्ट, बाडिया और अरुदेल की गिरफ्तारी की खबर सुनकर मन को चिन्ता हुई थी। उन दिनों में डॉ. बेसेण्ट के चित्रवाला बिल्ला कमीज पर लगाकर घूमनेवाला मैं अकेला ही था।

दार्शनिकों के साथ

जब मैं फोर्थ फार्म में पढ़ता था तब तेनालि के नारायण स्वामी अय्यर आध्यात्मिक ज्ञान प्रचार के लिए हमारे यहाँ आये थे। वे थियोसोफिकल पन्थ को मानते थे। हमारे घर में काफी समय तक रहे। तब वे लगभग साठ साल के थे। तेजस्वी मुख, रवीन्द्रनाथ ठाकुर के समान दाढ़ी रखते और सदा रेशमी कपड़े ही पहनते थे। उनका रूप बड़ा भव्य था। वे अच्छे वाग्मी थे। उन्होंने दस-पन्द्रह अच्छी पुस्तकें लिखी थीं। बड़े सवेरे उठकर स्नान, ध्यान और प्राणायाम करते। दिन में दो बार गेहूँ की बनी उपमा ही उनका भोजन था। वे हमें सनातन धर्म सिखाते थे। दो-तीन वर्ष तक मैंने उनसे बड़ी रुचि से पढ़ा। जब से वे हमारे गाँव आये तब से

उनकी हमारे हैड मास्टर रघुनाथ से बड़ी मित्रता हो गयी। आगे एक दिन अय्यर ने उनसे पूछ ही डाला : सुना है कि तुम बहुत व्यभिचारी हो। परिणाम यह हुआ कि मुझे हैडमास्टर साहब के गुस्से का शिकार बनना पड़ा। अय्यर हमारे घर में रहते थे न!

स्काउट

हाईस्कूल में पहले या दूसरे वर्ष में पढ़ते समय मैं उडुपि गया था। तब सुजीर उमानाथराव से मेरा परिचय हुआ। हिन्दुस्तान में डॉ. बेसेण्ट ने तभी स्काउट का प्रचार शुरू किया था। उमानाथराव मंगलूर के गणपति स्कूल में अध्यापक थे। उन्हें स्काउट बड़ा प्रिय था। उनकी प्रेरणा से मैं विद्यार्थी जीवन में ही गाँव में स्काउट दल तैयार करने लगा। उससे सम्बन्धित लड़कों पर हैड मास्टर रघुनाथराय की वक्र दृष्टि पड़ी। फिर भी हमारा दिल शिरली गाँव के मेले में जाता और शान से अपना काम करता रहा। एक बार चूड़ियों, मालाओं और खिलौनों की दुकान में लगी आग हम लोगों ने ही बुझायी। साँप के काटे एक व्यक्ति की चिकित्सा की, गुडटर्न पाया। शिराली में हमारे साथ आये सारस्वत लोग अपने मठ में जाकर भोजन करते थे। हमारे लिए रसोई का सामान आ जाता था। मेरे साथ आया सदाशिव नाम का एकमात्र सारस्वत लड़का भोजन करने मठ नहीं जाता था। उसका जीजा डॉ. हट्टियगंडी एल. आर. सी. पी. करने विलायत गया था। इसलिए वे मठवालों से बहिष्कृत थे। आनन्दाश्रम के आजकल के स्वामी जी ही तब भी थे। तब वे बहुत छोटे थे। इस दीर्घावधि में उनकी धार्मिक दृष्टि काफी उदार हो गयी है, यह मैंने देखा भी है और सुना भी है।

मेरा स्काउट दल बहुत दिन चल नहीं पाया। उसका कारण यह था कि सरकार द्वारा एक और दल शुरू कर दिया गया था। स्काउट नियमों के अनुसार उसमें ईश्वर, ताज और देश के प्रति भक्ति व्यक्त करना आवश्यक था। ताज अथवा राजा का सम्मान करने को मेरा मन नहीं करता था। इसलिए उससे मैं दूर हट गया। बाद में हमारे रघुनाथराय जी ने ही उस स्काउट दल को अपनी शाखा में ही आश्रय दिया।

अकाल की पुकार

उन दिनों मुझे सार्वजनिक सेवा करने का अनुभव ही नहीं था। केवल एक छोटी घटना याद आती है। उस घटना से रघुनाथराय और मुझमें मित्रता हो गयी। मुझे शाला के पुस्तकालय की चाबी दे देने तक वे उदार हो गये। तब हमारे जिले पर अकाल का कुप्रभाव पड़ा था। हाईस्कूल के दूसरे वर्ष में पढ़ रहा था तब मैं।

गाँववाले जगह-जगह पर अन्नदान कर रहे थे। मुझे भी एक दिन ऐसा करने का जोश आया। लड़कों से चन्दा उगाहकर दान करने का एक दिन निश्चय किया। कोई उपयुक्त स्थान न मिलने से रघुनाथराय के स्कूल में ही जगह माँगी, जहाँ वे खुद यही काम कर रहे थे। उसके लिए उन्होंने सहर्ष स्वीकृति दे दी। उस दिन हमने अपने खर्च से चावल दिये और उन्होंने अपनी तरफ से गुड़ का प्रबन्ध किया। इस प्रकार हमने गरीबों को खीर परोसी।

नाटक में रुचि

इस दशा में, कला के मोह ने और एक मोड़ लिया। यक्षगान पर का प्रेम जाता रहा और मेरा ध्यान नाटकों की ओर मुड़ गया। हमारी शाला के समीप अडप की 'राजेश्वरी नाटक मण्डली' ने डेरा डाला। सन् 1913-14 के लगभग मैंने उनके कालिदास, प्रभावती, दरबार, युवतीविजय जैसे पुराने नाटक देखे थे। ''सोने की अँगूठी किस के वश में चली गयी'', ''कान्ता सुनो... !'', ''ओह चन्द्रोदय हो रहा है!'' गीतों ने हमें उन दिनों आकर्षित किया था। ए. बी. वरदाचार्यजी की कम्पनी दूसरी, तीसरी बार हमारे गाँव आयी थी। वे अपनी कम्पनी के लड़कों का विशेष ध्यान रखते थे। मुझे उनके नाटकों का वैभव, संगीत, अद्भुत, ट्रांसफर सीनरी ने बड़ा आकर्षित किया। अपने भाई के सो जाने के बाद मैं उनके नाटक देखने जाता और अगले दिन मार भी खाता, ऐसे सन्दर्भ भी आये थे। मैंने वरदाचार्य और कृष्णमूर्ति का अभिनय पहले भी देखा था और पसन्द भी किया था। तब मरिराय ने बड़ी-बड़ी चोटियाँ रख रखी थीं। मरि और नगेन्द्र आदि बाद में सिनेमा साम्राज्य में चले गये। परन्तु अडप जी की कम्पनी के अभिनेता गोपालाचार्य और सुब्बण्णा भट्ट तो 1950 तक नाटक खेलते रहे। वरदाचार्य के नाटक देखने के बाद मैं कई बार घर में कागज काटकर समुद्र की तरंगें बनाकर छलाँग लगाता। उस जमाने में नाटक के अद्भुत दृश्य ही मन को ज्यादा पसन्द आते थे। बाद में, मेरे बेटे हर्ष ने जब मेरी ही तरह एक पेटी में रंगभूमि का निर्माण कर हैण्डबिल बाँटकर, गरुडवाहन विष्णु को ऊपर से उतारा तो उसे देखकर मुझे महसूस हुआ कि बच्चों की मनोवृत्ति सदा एक-सी होती है।

बाद में हमारे गाँव में गुब्बी कम्पनी, शिरहट्टी के बैंकोंबराय की कम्पनी आदि कम्पनियाँ आती रहीं। इन कम्पनियों को काफी पैसे भी मिलते थे। शिरहट्टी कम्पनी का नारद, लक्ष्मणपुरी का मजाक, असुण्डी की अन्तहीन तान, होब्बल वासुदेवराय के अलाप—यह सब देखकर नाटकों के प्रति झुकाव मेरे भीतर भी उत्पन्न हुआ। गुब्बी कम्पनी भी हमारे गाँव आयी थी। उनके नाटकों में केवल प्रभामणि विजय नाटक देखने की ही मुझे याद है। तब नवयुवक वीरण्णा का

साइकिल के पैडलों पर खड़े होकर सारा गाँव घूमने की याद है। धारवाड के अभिनेताओं का भी हमारे गाँव में आगमन हुआ। उसके बाद से तो मराठी संगीत हमारे यहाँ ज्यादा प्रचलित होने लगा। उन नाटकों की कविताएँ खरीदकर हम सब उन्हें कण्ठस्थ करते थे।

हमारे गाँव में जब-तब सर्कस भी आया करते थे। उन्हें देखने के कुछ दिन बाद तक गाँव के मैदान में हमारे करतबों के क्या कहने? छाती पर चार-पाँच लोगों को बिठाना, दाँतों से अपने मित्रों को उठाना, पिरामिड बनाना—यह सब हमारे प्रिय मनोरंजन बन गये थे। दसवीं में पढ़ते समय भी बिल्ली के बच्चे में शेर के रूप की कल्पना करके उसके साथ खेलने की याद है।

नगर का मूषक

रेवड़ से बिछड़ी बकरी

मेरा कुन्दापुर का जीवन आठ वर्ष तक बिना किसी हलचल के अपने आप बीत गया। उसके बाद कॉलेज जाने की सोची। पिताजी अपने सारे बच्चों को कॉलेज में पढ़ाने को तैयार थे। इसलिए मुझे मंगलूर जाने में कोई कठिनाई नहीं हुई। उनका इतने सारे बच्चों को गाँव में ही बनाये रखने का विचार भी नहीं था। शायद होता भी तो तब रखना सांध्य न होता। मंगलूर में रहने को मेरे भाई का घर भी था। उसने एल. एल. बी. पास करके तब वकालत शुरू कर दी थी। मंगलूर के संन्यासी गुड्डे में उसका घर था। वहाँ से गवर्नमेण्ट कॉलेज ज्यादा दूर नहीं था। दाखिला लेने के लिए जब मैं पहली बार गया तो मैं पिताजी का अलपाक का कोट पहनकर गया था, यह याद है। उस कोट की महिमा से या किसी और कारणवश दाखिला मिल गया। चौथे फार्म के बाद से मैंने कभी कोट नहीं पहना था। कॉलेज में दाखिला मिलने के बाद दुबारा वह कोट मैंने नहीं पहना। कॉलेज के अहाते में आठ-दस लड़कों के साथ बैठना पड़ा। वहाँ एक खास बात देखने में आयी। कॉलेज में केनरा हाईस्कूल के लड़के और मिशन स्कूल के लड़कों का झुण्ड अलग-अलग बैठा करता था। कुन्दापुर से आये पाँच-छह लड़के एलोसियस कॉलेज में पढ़ते थे। इस प्रकार मेरी स्थिति रेवड़ से बिछड़ी बकरी के समान हो गयी थी। कॉलेज के अध्यापक अपना भाषण झाड़कर चले जाते—कहना चाहिए कि वे गप्पें मारकर ही चले जाते। मुझे इतना ही याद है। कन्नड़ सिखानेवाले पण्डित सीतारामाचार्य के अतिरिक्त मुझे किसी पर कोई खास अभिमान पैदा नहीं हुआ। हाईस्कूल के जमाने के विद्यार्थी मित्र दूर-दूर हो गये और दूसरों से मित्रता भी नहीं हुई। आजकल अपने पुराने सहपाठियों से मुलाकात ही कम होती है। कॉलेज के दिनों में अपने साथ के पाँच-छह जनों से ज्यादा मेरा परिचय नहीं हुआ। उनमें एक हाईकोर्ट का जज बना और तीन वकील बन गये, दूसरे पता नहीं क्या-क्या बने। मेरे अध्यापकों में प्रिंसिपल सबूर रामराय शिक्षा विभाग में उपनिदेशक

के पद से निवृत हुए। फिजिक्स के प्रोफेसर श्रीनिवासजी मैटिरियलोजिकल विभाग के एक वरिष्ठ अधिकारी बने। शेष पता नहीं कहाँ-कहाँ हैं। वर्षों बाद पुत्तूर में ही एक दिन मुझे अपने अध्यापक श्री सीताराम चार्लु के दर्शन हुए। वह अपूर्व भेंट वास्तव में एक सुखद अवसर था।

व्यासंग, विरक्ति

कॉलेज में क्रिकेट खेलनेवाले लड़कों पर प्रिंसिपल को अधिक अभिमान था। मैं बढ़िया खिलाड़ी नहीं था इसलिए मैं अध्यापक और सहपाठियों से जरा दूर ही हो गया था। पढ़ाई में भी मेरी विशेष आसक्ति न थी। हाँ, कॉलेज के पुस्तकालय का खूब उपयोग करता था। हमारे अँग्रेजी के प्रोफेसर श्रीराम अय्यर ने कौन-कौन-सी किताबें पढ़नी चाहिए, इसकी एक सूची दी थी। उसमें से रेडयार्ड किपलिंग का 'लाइट देट फैल्ड' उपन्यास लेकर पढ़ने लगा। उसे पढ़कर समाप्त करने के बाद उनकी सूची से मैं ऊब गया। मुझे कोई भी किताब पसन्द न आयी। पर हमारा पुस्तकालय बहुत बड़ा था। सभी किताबें किपलिंग की ही तो नहीं थीं ? न जाने क्यों मैंने एक क्रम बनाया! वह यूँ था कि वह किताब भारतीय विचारधारा की होनी चाहिए या फिर हिन्दुस्तानियों की ही लिखी हुई होनी चाहिए। इस संकुचित दृष्टिकोण से किताबें लेकर पढ़ने लगा। रवीन्द्रनाथ की अधिकांश पुस्तकें मैंने तभी पढ़ीं। कॉलेज की पढ़ाई के बारे में मेरी विरक्ति तब और पक्की हो उठी थी।

सन् 1921 सितम्बर में नागपुर में काँग्रेस का अधिवेशन हुआ। मेरे मित्र पद्मराज आरिग वहाँ गये थे। गाँधीजी का असहयोग आन्दोलन सब जगह फैल गया। शायद अक्तूबर का माह था, बाल गंगाधर तिलक की मृत्यु से हम लोगों को बहुत दुख हुआ। मेरे एक विद्यार्थी मित्र ने उनको श्रद्धांजलि देने के लिए छन्द लिखे। उसकी एक दिन में ही हजार प्रतियाँ बिक गयी थीं। उसके कुछ ही दिन बाद खिलाफत आन्दोलन के लिए गाँधीजी अलीभाइयों सहित मंगलूर आये थे। इससे विद्यार्थियों को स्वदेशी, स्वराज्य आन्दोलन ने अपनी ओर आकर्षित किया। कॉलेज के प्रति मेरी विरक्ति अब पूर्ण हो उठी। शायद रवीन्द्रनाथ ठाकुर की रचनाएँ पढ़ने के कारण मुझमें शान्ति निकेतन जाने की इच्छा प्रबल हो उठी थी। वहाँ रेवरेण्ड सी. एफ. एण्ड्रूस थे। मैंने उनसे पत्र व्यवहार किया। उन्होंने आने को लिखा। मैंने अपने पिताजी को इस बारे में बताया। उन्होंने कहा, "बंगाली ब्राह्मण मछली खाते हैं। वहाँ जाने की जरूरत नहीं।" श्री एड्रूस ने वहाँ से लिखा भी कि यहाँ रहनेवाले मैथिल ब्राह्मण (गुजराती) मछली नहीं खाते। पर अन्त तक इस बारे में मैं अपने पिताजी का मन बदल नहीं सका।

एक सहचर

उन्हीं दिनों हमारे घर के पास के आर्यसमाज के प्रचारक पण्डित अमरनाथ से भेंट हुई। उनके सम्पर्क से, हिन्दू धर्म के सुधार के बारे में अधिक आसक्ति पैदा हुई। उनके रविवार के हवन में मैं जाया करता था। उनसे हिन्दी सीखने लगा। मन में स्वदेशी आन्दोलन, सुधार, शान्ति निकेतन भरे थे। अत: कॉलेज में जाकर बैठना दूभर हो गया। जनवरी तक किसी रूप में जाता रहा। कॉलेज से चलकर घर आते समय रास्ते में 'बाउटे गुड्डे' मिलता। ऊब जाने पर उस टीले पर जा बैठता और समुद्र को निराशा भरी दृष्टि से निहारता। उन्हीं दिनों एक और छोटा-सा विद्यार्थी भी वहाँ कभी-कभार आया करता था। वह गणपति हाईस्कूल में तीसरे वर्ष का विद्यार्थी था। नागेश था उसका नाम। हम दोनों में गहरी मित्रता हो गयी। उसी स्नेह के कारण हम आगे सहचर भी बने। हम दोनों बहुत साल पुत्तूर में रहे। उससे मैंने जितना प्यार किया, उतना और किसी से नहीं। स्नेह और मानसिक विचार-धारा के हिसाब से हम दोनों में उत्तर-दक्षिण जितना अन्तर है।

अशान्ति के तुमुल में

फरवरी के आते-आते मेरा मन एकदम उलझने लगा। मन में यह विचार उठ रहा था कि मुझे राष्ट्रीय आन्दोलन में कूद पड़ना चाहिए। कुछेक ने मेरे इस विचार पर पीठ ठोंकी। कॉलेज जाने पर भी मैं पढ़ता नहीं था। किसी-न-किसी कोने में बैठकर भविष्य की चिन्ता किया करता। एक दिन हमारे फ्रेंच के प्रोफेसर कण्णप्पा मेरी मुक्ति में सहायक हुए। उन्होंने पास आकर पीठ थपथपाकर पूछा, "क्या सोच रहे हो ? पढ़ाई छोड़ना चाहते हो ?" मैंने "जी हाँ" कहा। तब उन्होंने कहा, "पढ़ाई से कोई लाभ नहीं ?" मैंने कहा, "उसमें कोई मूल्य दिखाई नहीं देता।" वे बोले, "सोचो !" उनके जाते ही मैंने एक पत्र में प्रिंसिपल को यह लिखकर भेजा कि मैं कॉलेज से असहयोग कर रहा हूँ। सुना है उन्होंने उसे देखकर कहा, "उस लड़के को बुलाओ। यह क्या ? छुट्टी के आवेदन के समान लिखकर भेज दिया ?" मैं उनके पास गया नहीं। उस दिन फरवरी (1922) की दस तारीख रही होगी। कॉलेज जाने का मेरा वही अन्तिम दिन रहा। घर जाने पर भाईसाहब को पता चल चुका था, मैं जरा घबराया। वे स्वयं कोर्ट का बहिष्कार करने की सोच रहे थे। पर पिताजी के डर से चुप थे। इसकी भनक पड़ते ही मैं उनका घर छोड़कर चला आया।

राष्ट्रीयता का ज्वर

श्री कार्नाड सदाशिव राय तब तिलक महाविद्यालय चला रहे थे। डी. के. भारद्वाज वहाँ के अध्यापक थे। वहाँ खादी और चरखे का ही बोलबाला था। मैं वहाँ केवल एक दिन गया था ऐसा मुझे याद है। मेरे बड़े भैया ने फिर से मुझे घर बुला भेजा। कॉलेज जाने का उपदेश भी नहीं झाड़ा। उन्होंने भी एक साल को कोर्ट का बहिष्कार कर दिया। हमारे लिए उस जमाने की सबसे बड़ी घटना यही थी कि मंगलूर में अखिल कर्नाटक राष्ट्रीय परिषद् की बैठक हुई। 'शेट्टी गुड्डे' के जैन अहाते में उसके लिए मण्डप बनाया गया था। भारतकोकिला सरोजिनी देवी ने उसकी अध्यक्षता की। उसमें कर्नाटक के शेर गंगाधरराव देशपाण्डे, कौजल्गी श्रीनिवासराव आदि ने भाग लिया था। उनके जोश भरे भाषण सुनकर राष्ट्रभक्ति की स्फूर्ति हम सबके खून में ठाठें मारने लगी। तब पहली बार होलेय लोग हम सबके साथ आकर बैठे थे। तब से मंगलूर के मैदान में प्रतिदिन सभाएँ होने लगीं। उस जमाने में मंगलूर के एक महाशय एक श्रेष्ठ वक्ता के रूप में प्रसिद्ध थे। अँग्रेजों को भगाने के लिए वे अपने भाषण में 'हरामजादे' और 'हरामखोर' का धारा-प्रवाह प्रयोग करते। एक बार उन्होंने खड़े-खड़े अपनी कमीज फाड़कर फेंक दी और खादी की कमीज पहन ली। "भारत के तैंतीस करोड़ लोग यदि अपनी रेंट सिनक दें तो उसमें बह जाएँगे यह सारे अँग्रेज" कहकर वे धमकाते। तब के उन महाशय के दिये भाषण में और हाल में पच्चीस साल बाद एक कम्युनिस्ट मित्र के तुलू में दिये भाषण में एकदम कोई अन्तर दिखाई नहीं दिया। 'ब्रिटिश' शब्द के स्थान पर 'पूँजीवाद' का प्रयोग किया गया था। मात्र यही अन्तर था। शेष सभी अमृतवाणी वैसी की वैसी थी। इतना ही नहीं, 1950 के आसपास श्री कृपलानी जी का भाषण सुना था। उनके मुँह से 'चोर डाकू' आदि अहिंसात्मक शब्द सुनकर आश्चर्य हुआ था। बाद में कई राजनीतिक और सार्वजनिक भाषण सुने। विषय होता 'तत्कालीन परिस्थिति' और कर्म होता 'ब्रिटिशों की अवहेलना'। पेट के दर्द से लेकर प्रत्येक सामाजिक बीमारी का कारण भारत की स्वतन्त्रता का अभाव ठहराया जाता। यह उस जमाने के भाषणों का अमूल्य सार हुआ करता था।

कार्यक्षेत्र का चुनाव

जब मैंने कॉलेज छोड़ा तब कुछ अध्यापकों ने भी अपनी नौकरियाँ छोड़ दी थीं। मेरी ही तरह कुछ विद्यार्थियों ने भी कॉलेज छोड़ दिया था। उनमें दो-तीन तो जीवन की अन्तिम साँस तक सार्वजनिक कार्यों में लगे रहे। हाँ, कुछेक फिर से नौकरी में लग गये। कॉलेज छोड़ने के बाद मैं ज्यादा दिन मंगलूर में नहीं रहा, उडुपि चला गया। एक सप्ताह उडुपि की राष्ट्रीय पाठशाला में चरखे का प्रोफेसर

रहा। तब मेरे मित्र रामराय मल्य और हिरियड्क नारायणराय ने उडुपि को अपना कार्य-क्षेत्र बनाकर 'सत्याग्रही' नाम की पत्रिका शुरू की। मैं अपने विद्यार्थी काल के केन्द्र कुन्दापुर पहुँचा।

इस राष्ट्रीय आन्दोलन से हम सबको एक लाभ हुआ। हम सबने कन्नड़ में भाषण देना सीख लिया, सब काँग्रेस के प्रचारक बन गये। भाषण के लिए विषयों की कमी होती है क्या? गाँधीजी की 'यंग इण्डिया' पत्रिका पढ़कर स्वदेशी, सत्याग्रह, खादी, असहयोग, नमक का कर, विदेशी कपड़ों का बहिष्कार, विदेशी चीनी का बहिष्कार आदि विषयों पर भाषण झाड़ा करते थे। हमारे क्रोध के शिकार सदा जलियाँवाले बाग के प्रसिद्ध जनरल डायर और माइकेल ओडायर हुआ करते थे। अमृतसर के हत्याकाण्ड का हम अपनी आँखों देखी से भी अधिक वर्णन करते थे। विदेशी कपड़ों की होली को प्रोत्साहन देते थे। उस विषय पर रवीन्द्र ठाकुर और गाँधीजी के बीच विवाद चल पड़ा था। मेरी सारी सहानुभूति तो गाँधीजी की ओर अर्पित थी। श्री ठाकुर ने 'कल्ट आफ दी चरखा' लेख में गाँधीजी का विरोध किया। तब मुझे लगा कि शान्ति निकेतन न जाना अच्छा हुआ। ठाकुर और गाँधीजी के विवाद के बीच दोनों के प्रिय सी. एफ. एण्ड्रूस की स्थिति बड़ी शोचनीय थी।

पुनः कुन्दापुर

मैंने स्वग्राम भक्ति से कुन्दापुर को अपना कार्यक्षेत्र बनाया। गाँव के व्यापारी और प्रमुख पुण्डरीक कामत अपने सगे भाई के समान मेरे सहायक बने। खाने-पीने की कोई चिन्ता नहीं थी। मेरे भाइयों के रहने के लिए पहले से प्रबन्ध था ही । परन्तु मैं अपने गाँव कोट जा नहीं सकता था। मेरे असहयोग आन्दोलन में भाग लेने पर पिताजी को बड़ा असमाधान था। वे सपना देखा करते थे कि मैं पढ़-लिखकर वकील बनूँगा और कुन्दापुर में एक शेर की तरह जीवन बिताऊँगा। उनका यह सपना पूरी तरह टूट गया। उन्होंने मुझे घण्टों उपदेश दिये। मेरी दादी माँ और सब गिड़गिड़ाये। पिताजी ने रिश्तेदारों से भी कहलाकर देखा; उन सबकी बातें सुनकर मैं कोई उत्तर नहीं दे सका, मैं मूक हो गया। अन्त में पिताजी ने, तुझसे बात करना एक पत्थर के खम्भे से बात करने के बराबर है, मेरी आशा छोड़ दी। अन्त में खम्भे की ही जीत हुई। मेरे पिताजी भी हार माननेवाले नहीं थे। उन्होंने गाँव के सोमयाजी को घर बुलाकर मेरी पत्री दिखायी। सोमयाजी ने फल बताया, "इस लड़के को बुद्धिभ्रम हो गया है। थोड़े समय में ठीक हो जाएगा।" वह समय खतम होने के बाद मैंने एक बार उसी सोमयाजी से मजाक में पूछा, "महाराज, मेरी बुद्धि तो अब भी दुरुस्त नहीं हुई है, वैसी ही है!"

पिताजी की निराशा

मेरे पिताजी को मुझसे और किसी चीज की जरूरत नहीं थी। वे केवल इतना ही चाहते थे कि मैं जेल नहीं जाऊँ, घर में आराम से बना रहूँ।

मुझे बुरे ग्रहों से मुक्त कराने के लिए उन्होंने शान्ति पाठ कराया। होम के समय मैं नहीं बैठा तो उस स्थान पर उन्हीं को बैठना पड़ा।

आपको तब के राष्ट्रभक्त कारन्त को देखना चाहिए था। तब मैं खादी की तनियों वाला कुर्ता पहनता था। उस पर विदेशी बटन नहीं लग सकते थे। सिर पर टोपी लगाता था। देशभक्ति का प्रतीक एक चरखा पास रखकर मैंने एक फोटो भी खिंचवाया था। उन्हीं दिनों हमारे गाँव में बम्बई टेक्सटाइल शाला का एक विद्यार्थी दत्तात्रेय और विज्ञान का विद्यार्थी शंकरराव असहयोग करके आये थे। उन्हें साथ लेकर मैं गाँव-गाँव घूमने लगा। एक सप्ताह में ही वे दोनों मित्र बम्बई को 'रिटर्न्ड विद थैंक्स' हो गये। बाद में उनके बारे में पता चला—दत्तात्रेय बम्बई के एक कारखाने में नौकर हो गये। शंकरराव रेडियो और केबिल कम्पनी के एक बड़े पद पर काम करने लगे। जीवन के यश में और लावारिस देशभक्ति में भला कैसे सम्बन्ध हो सकता है? आज के समान तब की देशभक्ति लाभदायक उद्योग नहीं थी।

विश्वविद्यालय का स्नातक

जीवन का आरम्भ

मंगलूर का कॉलेज छोड़कर कुन्दापुर में आकर बसने के बाद से ही कहना चाहिए कि मेरा असली जीवन शुरू हुआ और असली शिक्षा शुरू हुई। बड़ों के पोषण का सहारा छोड़कर तथा शाला का मोह छोड़कर समाज के विशाल विद्यालय में पाँव धरने पर ही मेरे व्यक्तिगत जीवन को रंग मिला। इसलिए अब तक सोचने पर भी उस समय जो मैंने निर्णय किया था वह गलत नहीं लगता। ऐसा मुझे लगता है कि शाला और कॉलेज से बाहर जो कुछ मैंने सीखा उसका सौवाँ भाग भी मैंने उनमें रहकर नहीं सीखा। पढ़ाई-लिखाई छोड़कर कॉलेज और शाला ने मुझे दूसरी कोई कला नहीं सिखायी। मुझे महसूस हुआ कि शाला की दीवारों के बाहर जो कुछ मैंने सीखा वही मेरे जीवन को आगे बढ़ा रहा है। जो भी हो, वास्तविक 'विश्व' विद्यालय का स्नातक मैं अभी तक नहीं बना हूँ फिर भी कैसे बन रहा हूँ यह आगे के पृष्ठों में चित्रित करता हूँ।

आदर्श का घूँट

असहयोग आन्दोलन में कूदकर जब मैं कुन्दापुर पहुँचा तब गाँधीजी के आदर्शों से ओत-प्रोत था। उन्होंने 'हिन्दी स्वराज्य' नाम के ग्रन्थ में जो बातें लिखी थीं वे मेरे लिए वेद-वाक्य थीं। वे यन्त्र-युग के एकदम विरोधी थे। मैं उनके ऐहिक जीवन से तिरस्कार और ब्रह्मचर्य आदि के आदर्श को एक ही घूँट में पीकर जीर्ण करके जीवन में बड़े-बड़े सपने देखने लगा। किसी भी चीज को खाते ही जीर्ण या अजीर्ण का प्रश्न नहीं उठता। खाने के कुछ देर बाद ही वह प्रश्न उठता है। मेरे बारे में भी वही बात रही।

गले की करामात

कुन्दापुर में मेरा पहला कार्यक्रम काँग्रेस के सिद्धान्तों का प्रचार करना था। सरकार

से असहयोग करने को लोगों से कहना, खादी का प्रचार आदि-आदि। यह काम मैंने गले की ताकत से शुरू किया। कुन्दापुर के आस-पास कोई ऐसा गाँव नहीं जहाँ मैं नहीं गया। शेट्टीमने, और कोल्लूर जैसी घाटी के पास से लेकर कारावली तक मालूम नहीं मैं कितनी बार भटका हूँ। पहले सप्ताह तो मैंने जिन दो मित्रों का जिक्र किया था वे मेरे साथ थे। रोज सात-आठ कोस चलने पर थककर चूर होकर ऐसे ग्रामीणों के सामने भाषण दिये जो सुनना नहीं चाहते थे। उसी से मेरे वे मित्र निराश होकर चले गये। पर मैंने अपनी हठ नहीं छोड़ी। गाँव में भाषण सुनने के लिए आठ-दस लोगों को भी इकट्ठा करना कठिन था। एक घटना सुनाता हूँ—'अमावस्ये बैलु' घाटी से सात-आठ मील की दूरी पर है। कृष्णराय कोडगी वहाँ एक रईस थे, वे काँग्रेस के भक्त थे। हम दोनों ने मिलकर सारा दिन उस गाँव का चक्कर लगाया, दूर-दूर के दस-बीस घरों में जाकर लोगों को अपने भाषण सुनने को आमन्त्रित किया। ऐसी सभाओं के द्वारा ही मुझे काँग्रेस कमेटियों की स्थापना करनी थी। उस साँझ मेरा भाषण एक टूटे-फूटे मन्दिर में होना था। शाम को 'जंगली लोग' जमा हुए। मैं, मेरे अन्नदाता कोडगी और एकमात्र ग्राम के प्रतिनिधि इकट्ठे हुए। उसी में मैंने अपना भाषण दिया और भी मैंने ऐसे कई भाषण दिये। अन्त में यह महसूस किया कि इस तरह काम नहीं चलेगा। जहाँ लोग इकट्ठे होते हैं जैसे जलसों में, विवाहों में, और कई समारोहों में मैंने अपने गले का प्रयोग किया। मैंने उन अनुभवों को अपने एक उपन्यास 'औदार्यद अरुळल्लि' में चित्रित किया है। इधर-उधर एकाध काँग्रेस कमेटियों का भी जन्म हुआ। जब हम उन ग्रामों में जाते तभी उनमें जरा-सी जान दिखाई देती अन्यथा नहीं। कुछ स्थानों पर चरखे का भी प्रचार किया। उन दिनों लोगों को ब्रिटिश सरकार पर ही विश्वास था। हमारे गाँववालों को यह पक्का विश्वास था कि ब्रिटिशों के जाते ही लोग यहाँ एक-दूसरे को मारकर खा जाएँगे। इस बात का अपवाद सैकड़ों में एक-आध ही मिलता था।

बाप का बोया बरगद

अस्पृश्यता निवारण तो हमारे कुन्दापुर के लोगों के गले में उतरने की बात नहीं थी। कारण इतना ही था कि वे एकदम पुराने ढंग के थे। रीति-रिवाजों से एकदम जकड़े हुए थे। उनके अन्धविश्वासों की कोई हद नहीं थी। ऐसे लोगों के सामने 'पिता के लगाये बरगद से मत चिपको' कहकर गाँधीजी का तत्त्वोपदेश, स्वामी दयानन्द की शास्त्र-चिकित्सा यह सब मिलाकर कहें तो क्या वे लोग मान लेते? चाहे गाँधीजी हों या स्वामी दयानन्द—ये लोग भला हमारे बाप-दादाओं से अधिक समझदार हैं?

परन्तु एक-दो बातों में हमारा चातुर्य लाभदायक रहा। ग्रामीणों को इकट्ठा करके मैंने कई जगह मद्यपान निषेध के बारे में भाषण दिये। गाँव के प्रभावशाली व्यक्तियों को अपने साथ-साथ रखा। सैकड़ों पियक्कड़ों ने 'आज से शराब छोड़ दी' कहकर हमारे सामने प्रतिज्ञा भी की। कुछ सप्ताह या मास तक ऐसा लगा कि उन्होंने छोड़ भी दी। कुन्दापुर में वार्षिक शराब के ठेके की नीलामी के समय ठेकेदारों को बोली के लिए खड़ा नहीं होना चाहिए, यह बात हमने गाँव के प्रमुखों द्वारा कहलवायी। पुण्डरीक कामत जैसे व्यक्तियों का गाँववालों पर पूरा प्रभाव था। इसीलिए कई बार शराब के ठेके की नीलामी रुकी भी रही। परन्तु धीरे-धीरे पहले की तरह गाँव में ही शराब के ठेकों की नीलामी होने लगी और लोग फिर से पीने लगे।

परदेशी बुद्धि

मेरे स्वदेशी प्रचार के कार्य में चीनी और कपड़ा मुख्य थे। लोगों को ढाके की मलमल की कहानी भी सुनाया करता था। बाद में यह भी बताता कि मैनचेस्टर का कपड़ा हमारे देश में भर गया है, जिससे हर वर्ष चौंसठ करोड़ रुपया देश से बाहर चला जा रहा है। इसलिए विदेशी कपड़ा जला डालना चाहिए। जहाँ कौपीन भी लोगों को दुर्लभ हो, वहाँ कपड़े जलाने की बात भला कौन सुनता? सस्ता कपड़ा मैनचेस्टर तो क्या, परलोक से भी आता तो भी यहाँ के लोग खरीदते ही।

उन दिनों हमारे देश में सोलह करोड़ रुपये की चीनी प्रतिवर्ष विदेश से आती थी। शादी-ब्याहों में चीनी से बनी चीजें हमारे लोगों को बहुत प्रिय होती थीं। उनके सामने 'चीनी तैयार करने में हड्डियों का प्रयोग किया जाता है' कहने पर उन छुआछूत माननेवालों की आत्मा को दुख हुआ। बहुत से लोगों ने कम-से-कम थोड़े समय को चीनी छोड़ दी। आगे के कुछ ही वर्षों में मोतीचूर के लड्डू और बेसन के लड्डुओं को पहले जैसी विजय मिली।

चन्दा इकट्ठा करना

उन्हीं दिनों गाँधीजी ने तिलक स्वराज्य निधि के लिए एक करोड़ रुपये जमा करने का प्रण लिया था। मुझे उस कार्य में बड़ी उत्सुकता हुई। लोगों के पास जाकर झोली फैलाता और उनसे निन्दा की बातें सुनकर लौटता था। मेरी झोली में तो कुछ भी नहीं पड़ा। बाद में मैंने सोचा कि हर एक के माँगने से लाभ नहीं होगा। कुछ खास लोगों को पकड़ना चाहिए जो एक मुश्त पैसा देंगे। ऐसे कितने लोगों से मेरा परिचय था? मेरे कुन्दापुर में रहते समय पड़ोस के एक घर के लड़कों

के साथ परिचय हुआ था। वे तीर्थ हल्लिह तालुक के एक गाँव के साहूकार के लड़के थे। उनकी अपनी गाड़ी थी। वे एक बड़े जमींदार भी थे, पैसे का लेन-देन भी करते थे। बड़े धार्मिक थे। दिन में तीन बार जाप किया करते थे। जप के समय वे नवरत्नों का जो हार पहनते थे उसी की उन दिनों में एक लाख रुपये कीमत रही होगी। अपने बच्चों की पढ़ाई के लिए वे उनको कुन्दापुर में रहने की व्यवस्था करके खूब धन खर्च करते थे। मैंने सोचा उनके पास जाकर माँगें तो एक साथ एक गठरी मिल जाएगी। उनसे मेरा काफी परिचय भी था। वहाँ जाने से पहले, पता नहीं क्यों, मैं अपने गाँव भी गया था। तब मेरे पिताजी घर में बीमार पड़े थे। मेरी यात्रा निश्चित हो चुकी थी। 'पिता से देश-सेवा मुख्य है' कहकर वहाँ बिना रुके मैं आगे चल पड़ा। बाद में पता चला कि उससे मेरे पिताजी को बड़ा दुख हुआ।

मैं अपने गाँव से कुन्दापुर लौटा, वहाँ से आगे चल पड़ा। उस समय की सारी बातें चिरस्मरणीय हैं। रात में बारह मील नाव की यात्रा करके 'सौड' नाम के स्थान पर जा उतरा। मेरी थैली में एक कमीज, एक धोती और एक तौलिया शरीर पर के कपड़े; मेरे पास बस मेरी यात्रा का इतना ही सामान था। वहाँ से पन्द्रह मील दूर पर 'अमावस्ये बैलु' नाम का गाँव है। एकदम जंगली प्रदेश। रास्ते में कोई भी दिखाई नहीं दे रहा था। एकदम चक्करदार रास्ता। प्रात:काल के सूर्य की ओर मुँह करके जिस रास्ते पर ज्यादा लोग चल चुके थे उसी पर चल पड़ा। खैर, दोपहर तक मैं 'अमावस्ये बैलु' के कोडगी के घर पहुँच गया। वहाँ से उन्होंने एक आदमी मेरे साथ कर दिया। दूसरे दिन सुबह उठकर, मैं उसे साथ लेकर चल पड़ा। दो घण्टे चलकर पश्चिमी घाटी के पास जा पहुँचा। साथ आया आदमी लौट गया। वह भीतरी घाटी थी। उसका नाम 'उलतद घाट' था। वहाँ एक आदमी चलने भर की सँकरी पगडण्डी थी। घने जंगल के कारण रास्ता भी बड़ा कठिन था। जंगल की उस दीवार पर चढ़ने में मैंने पूरे तीन घण्टे लगाये। वह सूर्य रश्मिहीन घना जंगल था। बीच-बीच में पक्षियों का घोर कलरव मात्र सुनाई देता था। उस दिन के डर का मैं बयान नहीं कर सकता। तीन घण्टे के बाद चढ़ाई कम हुई। मैं चारों ओर से जंगल से घिरी एक जगह जा पहुँचा था। वहाँ जमीन से ठण्डा पानी रिस रहा था। उसमें मुँह धोया, वही जल पीया। थकावट से दिल जोर से धड़कने लगा। सामने और कोई भी रास्ता दिखाई न देने से घबराहट हुई। लगा कि रास्ता भूलकर मैं कहीं शेर के माँद में तो आ नहीं पहुँचा! बाद में जरा इधर-उधर भटकने के बाद एक छोटा-सा रास्ता दिखाई दिया। उससे जंगल में घुस गया और कुछ देर में बाहर निकल आया। तब सूर्य एकदम सिर पर आ गया था। वहाँ से पूर्व की ओर मुँह करके चल पड़ा। वहाँ मैं किससे पूछता कि मुझे जिस गाँव

जाना है वह कहाँ है? सीधे रास्ते पर पूर्व की ओर मुँह करके चल पड़ा। बीच-बीच में अलग-अलग रास्ते दिखाई दिये। जो रास्ता ज्यादा चला था उसी पर चलने लगता। एक घण्टा चलने के बाद कम्बल ओढ़े गाय चरानेवाला एक गौडा दिखाई दिया। उससे पूछा, "शीरनाळ कहाँ है?" सुबह से दिखाई देनेवाला वही एकमात्र आदमी था। उसने "यहीं एक आवाज की दूरी पर है" कहा। मैं आगे चल पड़ा। उसके हिसाब से वह 'राक्षस की आवाज' रही होगी। गाँव के मील तो चुटकियों के होते होंगे। चाहे कितना भी क्यों न चलो वह रास्ता ही खत्म होने को नहीं आता।

शीरनाळ के साहूकार के घर पहुँचने तक दोपहर के दो बज गये। वह एक अच्छे अमीर का घर लगता था। कई नौकर-चाकर काम कर रहे थे। एक बहुत बड़ा सुपारी का बाग था। उनके रसोईघर और गुसलखाने में एक दिन में जितनी लकड़ी जलती थी उतनी हमारे जैसे लोगों के घर के लिए एक वर्ष भर को पूरी होती। मलेनाड का वैभव वहाँ के वातावरण से पूर्णरूप से व्यक्त हो रहा था। उस घर से बाहर आते ही प्रतिक्षण बड़ी-बड़ी चींटियों की दोसे बनाते समय जैसी आवाज आती है वैसी आवाज आ रही थी।

पर्वतीय यात्रा

साहूकार के बेटे गर्मी की छुट्टियों में घर पर आये हुए थे। मैंने उनके साथ दस दिन बड़ी खुशी से बिताये। वहाँ से उनके साथ श्रृंगेरी भी हो आया। तुंगा तट और शारदाम्बा का मन्दिर देखकर बड़ा सन्तोष हुआ। शीरनाळ से निकलते समय मैंने अपना भिक्षुक हाथ उनके सामने फैलाया। उन्होंने दस रुपये का एक नोट रख दिया। मैंने जितना सोचा था उसमें केवल दो शून्य की कमी थी। मुँह लटकाकर मैं वहाँ से चल पड़ा। घाटी के बीच आने-जानेवाली उनकी एक बैलगाड़ी में ही मैं चल पड़ा। उसी में रात को सो गया। सुबह मैं नौ बजे सीता नदी पहुँचा। वहाँ उतरते समय उन्होंने जो रुपये दिये उससे केवल आठ आने ज्यादा मेरे पास थे। वहाँ से कोक्करणे चौदह-पन्द्रह मील दूर है। जलती धरती पर धूल चाटता मैं आगे चल पड़ा। पहले ही मन मर गया था। अब शरीर भी थक गया। थका-माँदा मैं रास्ते में केवल पानी पीता चलता रहा। स्कूल में पढ़ा था कि गर्म वस्तु फैलती है शायद इसीलिए गर्मी के कारण रास्ते की लम्बाई भी बढ़ती-सी लगी। मेरा शरीर तो एकदम शिथिल हो गया था। रास्ते में कोई दुकान या मकान कुछ भी नहीं था। दोपहर तक चलते रहने पर भी कोक्करणे एक कोस दूर था। रास्ते में किसी ने कहा, "वहाँ एक ब्राह्मण का घर है। वहाँ जाने पर भोजन मिलेगा।" उस भिक्षा की ओर मेरा मन नहीं गया और आगे चल पड़ा। अन्त में थककर हर फर्लांग

पर बैठता-लेटता कोक्करणे पहुँचा। अन्तिम एक मील चलने में दो घण्टे लगे। वहाँ एक आना देकर दूध पिया। नदी के पास पहुँचा। आगे की यात्रा के लिए नाव तय की। शेष सात आने उसे देने पड़े। सन्ध्या को खाली पेट उस नाव पर सवार हुआ। सुबह तक वह नाव बंगारकट्टे पहुँची। वहाँ एक परिचित के घर में एक दिन बिताया। उस रात मुझे मलेरिया का प्रथम दर्शन हुआ। यह सोचकर कि वहाँ बैठे रहने से काम नहीं चलेगा, अपने घर चल पड़ा जो वहाँ से पाँच मील दूरी पर था। तीन महीने तक मियादी बुखार ने जान नहीं छोड़ी। इसके अलावा पिताजी के गुस्से का भाजन बनना पड़ा। पिताजी ने कहा, ''पता नहीं कहाँ-कहाँ जाकर बुखार चढ़ा आया है। यहाँ घरवालों की भी आफत।'' उनका ताना सुनकर मन को बड़ा दुख हुआ। बाद में एक बार जब मुझे निमोनिया हुआ तब भी वही बात याद करके मैंने घर में पाँव नहीं रखा। मैंने ऐसी कई यात्राएँ की हैं और उनके सुख-दुख देखें हैं। निसर्ग के मोह ने मुझे उन्हें सहन करने का साहस जो दिया था।

खादी का उत्पादन

शुरू-शुरू के दिनों में खादी का प्रसार ही मेरा प्रमुख उद्योग था। चरखे तैयार करके बाँटता था। स्वयं कई बार बढ़ईगिरी करके चरखे तैयार भी किये। कुन्दापुर में कातनेवाली को पूनियाँ उपलब्ध कराना मेरा काम था। कुन्दापुर से तीन मील दूर बसरूर में मेरे एक मित्र थे। धनी परिवार से सम्बन्ध रखते थे और हाईस्कूल में मेरे सहपाठी थे। उनका नाम सूरप्पा शेट्टी था। वे अपने गाँव के जुलाहों से कपड़ा बुनवाकर मुझे पहुँचाते थे। गाँव के लोग हाथ का कता सूत देते थे। ऐसा नहीं लगता था कि किसी ने एक दिन में दस तोले से अधिक काता हो। वह सूत भी हर एक का अलग-अलग नमूने का होता था। उससे बना कपड़ा एकदम झन्ना होता था। ऐसा खादी का कपड़ा लादकर घर-घर घूमने पर भी बिक्री नहीं होती थी। इस कारण खादी की दुकान रखने को दूसरे गाँव से खादी मँगानी पड़ी।

उन्हीं दिनों उत्तर भारत से मुझे एक पत्र मिला। वह मध्यप्रदेश से आया था या बिहार से यह मुझे याद नहीं। उस पत्र में पूछा गया था, ''हमारे यहाँ सारे मुसलमान ही सूत कातते हैं। उनके सूत का कपड़ा मुझे नहीं चाहिए। आपके यहाँ हिन्दुओं के काते सूत का कपड़ा हो तो भेज सकेंगे?'' यह वह समय था जब गाँधीजी शौकत अली को अपना बड़ा भाई मानते थे। परन्तु मैं जो सूत कतवाता था उसमें मुसलमान स्त्रियाँ भी काता करती थीं। उसको मुझसे कोई लाभ न पहुँचा।

मेरे मित्र सूरप्पा अकस्मात् विषमज्वर का शिकार होकर चल बसे। उनकी सौजन्य भरी आकृति मैं कभी भूल नहीं पाऊँगा। उनकी मृत्यु से खादी केन्द्र का

दायित्व मुझ पर आ पड़ा। वहाँ जुलाहों का सहयोग भी मिलना बन्द हो गया। सूरप्पा के लिहाज से उनके रैयत जुलाहे खादी बुनने को तैयार थे, देशभक्ति के कारण नहीं। उसके बदले मिल का कता सूत बुनना उनके लिए सरल और लाभदायक था।

रंगों की दुनिया

मेरी तैयार करायी गयी रंगहीन खादी ही हमारे गाँव की खादी थी। दाम के अनुसार ही उसका काम था। भला बिकती कैसे? तब मैंने लकड़ी के छापे बनवाकर कपड़ा छपवाना शुरू किया। पी. सी. रे की लिखी 'देसी रंग' नाम की पुस्तक मँगवाकर स्वदेशी रंग बनाना सीखा। खादी की तरह यह रंग भी महँगा था इसलिए कम कीमतवाली रँगरेजी की मुझे आवश्यकता थी। दूसरों से सल्फर के रंग और एनलाइन रंग मँगवाकर कपड़े रँगना सीखा। जब काम जरा चलने लगा तो कपड़े की बुनवाई में बाधाएँ आने लगीं। मेरी दुकान सूत की बोरियों से भर उठी। समझ में न आया कि उस सूत का क्या किया जाए? नया कपड़ा बनवाने का काम रुक गया। सूत मंगलूर भेजा। वह बेकार ठहराया गया। इसलिए छह महीने बाद मुझे सूत वापस मँगाना पड़ा। बाद में पास के एक खड्डीवाले को पकड़कर मिल का सूत ताने में और हाथ का कता सूत पेटे में लगाकर कपड़ा तैयार कराया। इस प्रकार अर्ध खादी का निर्माण हुआ। इस कपड़े के लिए फिर से ग्राहक खोजने थे। शाला के लड़कों को साथ लेकर कई बार गली-गली बेचने गया। उधार देने से लोग कपड़ा खरीदते। उधार का पैसा खाते में ही रह गया। वसूली के लिए चक्कर काटता-काटता थक गया और एक दिन उस खाते को ही फाड़कर फेंक दिया। तब से खादी उद्योग के बारे में मेरा अभियान जाता रहा। आज के युग में खादी दृढ़ नींव पर खड़ी रह सकेगी मेरा यह विश्वास जाता रहा। लगता था कि अखण्ड देशभक्ति ही उसे जीवित रख सकती है। वह ऐसा जमाना था कि देशभक्ति का भ्रम पूर्णरूप से जा नहीं सकता था। खादी अगर चली गयी तो क्या हुआ? क्या मैं अपनी दुकान छोड़ सकता था? मुझे बैठने को एक जगह चाहिए थी। इसलिए मैंने अपनी दुकान को स्वदेशी भण्डार बना दिया। उसमें स्वदेशी कागज, पेन्सिल आदि का व्यापार शुरू किया। शायद कुल पाँच सौ रुपये का सामान रहा होगा। शाला के चार-छह लड़के वहाँ आकर बैठते और गप्पें मारते। दुकान खोलने के बाद दुकान का मालिक आधा वक्त भी वहाँ नहीं बैठता था। कोई ग्राहक आने पर कोई-न-कोई विद्यार्थी-सहायक सामान देता। इन सब कामों से काफी कर्ज चढ़ गया। खादी और स्वदेशी प्रकरण के बीतते-बीतते पाँच साल बीते गये। तब तक स्वदेशी आन्दोलन हमारे गाँव में ठण्डा पड़ चला था।

जेल से बाहर ही जेल का राज

काँग्रेस की ओर से काम करते समय साधारणतः पुलिस के मुखबिर पीछे लगे रहते थे। इसलिए राजनीति में काम करने के आरोप में किसी भी समय जेल जाने का अवसर आ सकता था। पर पता नहीं क्यों मंगलूर उडुपि से आगे कुन्दापुर तक हमारी सरकार ने जबरदस्ती नहीं की। उस समय के नेता कार्नाड सदाशिवराय, उनके अनुयायी हिरियड्क नारायणराय, रामराय मल्य—इन लोगों को जेल भुगतनी ही पड़ी। रामराय मल्य की 'सत्याग्रही' पत्रिका को मैंने एक लेख भेजा था। वह लेख 'नमक कर' के बारे में था। इसलिए राजद्रोह का आरोप लग सकता था। कार्नाड सदाशिवराय ने पत्र लिखा था कि उस लेख के कारण तुम मुसीबत में फँस सकते हो। पर ऐसा कुछ हुआ नहीं। मैं तो जब से राजनीति में उतरा था तभी से जेल जाने को तैयार था। जेल में मिलनेवाले खाने से कम खाना खाने की आदत डाल ली थी। कॉफी, चाय तो मैं छूता भी नहीं था। गाँधी मार्ग के कारण नमक मिर्च भी त्याज्य थे। उन दिनों मैं जहाँ भी जाता दूसरों को कष्ट न देने के विचार से अपना खाना आप पका लेता था। आगे यह कठिन तपस्या जेल में सहायक भले ही न हुई पर दो वर्ष गरीबी का सामना करने में अवश्य सहायक हुई। मेरे भाइयों की पढ़ाई समाप्त हो जाने से उन्होंने कुन्दापुर छोड़ दिया। मैं उस मकान में अकेला ही रह गया। तब मेरा कोई भी नहीं था। और मैं घर से सहायता भी नहीं लेता था, अतः मुझे दारिद्र्य के सुख का अनुभव भी हुआ। यह सिलसिला लगभग आठ वर्ष चला। तब मैं कंगाल स्थिति में ही था। खाने पर दिन में एक-दो आने से अधिक खर्च नहीं किया। कई बार तो होटल में दूध और इडली से पेट भर लेता। लम्बे अरसे तक पानी में भीगा चना ही मुख्य आहार रहा। मेरी कई अखिल भारतीय यात्राओं में यही आहार साथी था। यात्रा में केवल रेल-भाड़े के पैसे खर्च करता था। भोजन के लिए पैसे बचते तभी तो खर्च करता न? दो-एक मित्र उतना खर्च उठाने को आगे आये भी, लेकिन उनकी भिक्षा को मेरा मन नहीं माना। उस अवधि में मैंने अनुभव किया कि जो व्यक्ति स्वतन्त्र रूप से अपनी जीविका नहीं चला सकता उसके द्वारा की गयी किसी भी सेवा का कोई भी मूल्य नहीं। समाज में आर्थिक वर्चस्वहीन व्यक्ति शून्य कहलाता है। जो व्यक्ति अपनी रोटी आप नहीं कमा सकता उसका समाज में सम्मान नहीं।

यात्रिक के अनुभव

उस जमाने की एक-दो घटनाओं का वर्णन करके, आगे अपने जीवन का एक-एक पक्ष चित्रित करता हूँ। शायद सन् 1922 की बात होगी। मेरे पिता, दादी, माँ और मामा काशी यात्रा पर चले। साथ में अँग्रेजी जाननेवाला रहे तो सुविधा रहेगी

सोचकर उन्होंने मुझे साथ चलने को कहा। मैं शुरू से प्रवास-प्रिय था। पर वह प्रवास तो देश के धार्मिक क्षेत्रों के दर्शन के लिए किया जा रहा था। उसमें मुझे विशेष उत्साह नहीं था। हम पहले मद्रास गये, वहाँ से कलकत्ता, बीच में एक दिन विजयनगर में बिताया। कलकत्ता नगर के हावड़ा स्टेशन की भीड़ व शोरगुल से आधुनिक नागरिकता की हलचल का प्रथम परिचय मिला। वहाँ हम एक ही दिन ठहरे। मेरे बुजुर्गों को नगर देखने की इच्छा नहीं थी इसलिए मैं अकेला उस नगर की सड़कों पर चक्कर लगा आया। वहाँ से आगे इलाहाबाद गये। प्रयाग पहुँचते ही पण्डे हमारे पीछे पड़ गये। वे ब्राह्मण थे। उनकी वेशभूषा देखने पर जुगुप्सा पैदा होती थी। वहाँ के विधि-विधान पूरा करने के लिए दो सौ रुपये में सौदा बैठा। सारे क्षेत्रों का वर्णन करने के बाद पण्डे ने आधे घण्टे में सारा काम निपटा दिया। त्रिवेणी संगम में किसी पण्डे ने पता नहीं स्नान भी किया था या नहीं, उसने पाँव से जूते तक नहीं उतारे, आधे घण्टे में ही पितरों को हमारे सामने ही स्वर्ग पहुँचा दिया। कोई जैसे ही डुबकी लगाता तुरत चारों ओर से पण्डे उसे घेर लेते, मन्त्रोच्चारण करते और दक्षिणा ले लेते। एक बुढ़िया ने डुबकी लगानी शुरू की ही थी कि दक्षिणा के लिए पण्डों ने शोर मचाना शुरू कर दिया।

हम तीन दिन वहाँ रहे, मौका मिलने पर मैं नगर घूमने निकल गया था। पण्डित मोतीलाल का आनन्द भवन देखकर बड़ा सन्तोष हुआ। प्रयाग की यात्रा के बाद हम काशी गये। वहाँ की गन्दी गलियों, मक्खियों से भिन-भिनाती सड़कों, भीड़ भरे स्नान घाटों, असंख्य भिखारियों से भरे देवालयों को देखकर मेरे मन से काशी के प्रति अभिमान सदा के लिए जाता रहा। हम सितम्बर मास में गये थे। तब गंगा पूरे यौवन पर थी। पानी एकदम गन्दा था। नदी में ऊँची-ऊँची लहरें उठ रही थीं; डुबकी लगाकर उठने तक दो-तीन फुट पानी घट-बढ़ जाता था।

विश्वेश्वर के नगर में

काशी के विश्वेश्वर के मन्दिर के बारे में क्या कहूँ। उस मन्दिर की दीवारें दिखाई नहीं देती थीं। लोगों की धकापेल का ठिकाना नहीं था। ऐसा लगा कि यदि विश्वेश्वर वहीं हैं तो जरूर उनका दम घुट गया होगा। काशी में चाहे किसी भी मन्दिर में जाएँ, पण्डों से छुटकारा नहीं। चाहे कितना भी धन क्यों न लुटाएँ, उनकी तृप्ति नहीं होती। बाहर आकर किसी भिक्षुक को कुछ देने के लिए जेब में हाथ डालते ही भिक्षुकों की फौज ही ऊपर टूट पड़ती। अपने पैसे की थैली भी क्यों न उन्हें पकड़ा दें तो भी उन्हें तृप्ति नहीं। देने पर भी गालियाँ मिलतीं, नहीं देने पर भी मिलतीं। हमारे यहाँ श्राद्ध कराने आये एक पण्डे का भोजन के समय मिठाई भक्षण देखकर मैं दंग रह गया। उसने एक बार में जितना खाया उतना हमारे पूर्वजों

ने सारे जीवन में नहीं खाया होगा।

भूख लगने पर वहाँ हमारे यहाँ की भाँति कॉफी-चाय की दुकानें हैं क्या? केवल दूध की दुकानें हैं। कुल्हड़ों में दूध मिलता है। दूध पीने के बाद कुल्हड़ों को फेंक देते हैं। वहाँ से मिठाई के लिए दूसरी दुकान पर जाना पड़ता है। जीर्ण-शक्ति हो तो भी मिठाई खरीदकर खायी जा सकती है। उत्तर भारत के लोग इतनी मिठाई खाते हैं! यह देखकर मुझे आश्चर्य हुआ कि उन्हें चींटियों ने खाये बिना कैसे छोड़ दिया!

काशी देखकर, आगे गया पहुँचे। वहाँ भी ठहरने के लिए एक पण्डे का घर ही गले पड़ा। सारे बुज़ुर्ग फाल्गुणी नदी में स्नान करने गये। ''मुझे वह पुण्य भी नहीं चाहिए और वह स्नान भी नहीं चाहिए'' कहकर निवास पर ही रह गया। पैसे छीनने में गयावालों का कोई जवाब नहीं। लौटते समय भी हमने मद्रासवाला रास्ता लिया। गुडूर से वे सभी तिरुपति गये और वहाँ की यात्रा करके मद्रास लौटे। ''मुझे और किसी धार्मिक क्षेत्र नहीं जाना'' कहकर सीधा मद्रास पहुँचा। बाद में मद्रास से चलकर हम सब अपने-अपने घर पहुँचे। मेरी दादी को काशी जाकर आने की उत्कट इच्छा थी। उनकी आशा पूरी हुई। बाद में वे कहने लगीं कि अब मुझे और जीने की इच्छा नहीं। पश्चात् एक-दो महीने में ही वे स्वर्गगामिनी हुईं। उनके निधन से पहले की एक घटना याद हो आती है। बहुत समय से उनकी एक गरीब सहेली थी। उसका नाम पार्वती था। किसी कारण दोनों में मनमुटाव हो गया और वे एक-दूसरे से दूर हो गयीं। काशी से लौटने के बाद दोनों ने मिलकर खूब आँसू बहाये। बचपन की सखी से मन में कड़ुवाहट रखकर नहीं मरना चाहिए। शायद यह बात दादी को सूझ गयी होगी। उस पार्वती के मन में जो आस्था हमारे घर के प्रति थी उसे मैं शब्दों में नहीं बता सकता।

शबरी का सत्कार

पार्वती का घर हमारे घर से आधा मील दूर था। तब यानी सन् 1922 में उसका बचपन ही रहा होगा। वह सन् 1950 के आस-पास गुजर गयी। मैं जब भी गाँव जाता था उसके घर अवश्य जाता था। अन्तिम बार (1943-44 में) मैं जब वहाँ गया तब वह पकी बुढ़िया हो गयी थी। आँखों से ठीक दिखाई नहीं देता था। हड्डियाँ चमड़ी से चिपक गयी थीं। उसकी एकमात्र बेटी सावित्री घर पर ही थी। वह मेरी ही आयु की थी। उसका घरवाला कहीं और था। उसके दो-तीन दुर्बल बच्चे थे। उन्हें कभी पेट भर खाना नहीं मिला था। मेरा मन कहता है कि जीवन भर गरीबी की ऐसी सजा मनुष्य को नहीं मिलनी चाहिए। मेरी माँ या दादी को—जब भी घर में अच्छा खाना बनता—बिना पार्वती के घर भेजे तसल्ली न होती।

'मरळि मण्णिगे' लिखते समय मैं वहाँ गया था। एक शाम समुद्र तट से लौटते समय उसके घर गया था। पार्वती अकेली थी। मेरी आवाज से मुझे पहचान कर उसने मुझे बुलाकर बिठाया और पापड़ भूनकर खाने को दिया। झटपट चूल्हा सुलगाकर काषाय तैयार किया। आँगन (मण्डल) में नारियल की चटाई बिछाकर आग्रह से बिठाया। अपने पोते के लिए सहेजकर रखे दूध में से थोड़ा उसमें डालकर पीने को मजबूर किया। मुझे उस आतिथ्य को स्वीकार करना पड़ा। उस गरीबी में भी उसके द्वारा किया गया अतिथि-सत्कार भूलने की चीज नहीं।

मैंने अपने जीवन में ऐसा प्रेम और कहीं नहीं देखा। उसकी गरीबी याद करके, उसकी दी चीज खाते समय गले से उतर नहीं रही थी। वह प्रत्येक क्षण मृत्यु की प्रतीक्षा में ही थी। एक टुकड़े जमीन की खेती भी उसी को करनी पड़ती थी। तब वह अस्सी साल की रही होगी। उसके घर में बेटी और दोहते थे जो सूखकर काँटे हो चुके थे। उसके उस जमीन के एक टुकड़े पर भी पड़ोसियों की आँखें जमी थीं। उनके बारे में उसने मुझे बताया भी। यह देखकर मैं सोचने लगा कि भगवान पर भरोसा रखनेवाली और प्रतिदिन उसकी शरण जानेवाली को मिला ही क्या? मैं उसे कभी-कभी पैसे या साड़ी आदि भेजा करता था। परन्तु उसके प्रेम के सामने इसकी क्या कीमत। प्रेम की कोई कीमत हो तो ऐसे अमूल्य प्रेम की कीमत मैं कभी अदा नहीं कर पाया। सुदैव से वह मर गयी, कम-से-कम मृत्यु के कारण वह इहलोक के दुख से मुक्त हुई। ऐसे और भी कुछ बन्धु हैं, परिचित भी हैं। उनके दारुण जीवन ने ही 'मरळि मण्णिगे' की कथावस्तु को जन्म दिया और विकसित किया।

श्री कार्नाड

इस प्रसंग में हमारे काँग्रेस समिति के वरिष्ठों से जो मेरा सम्बन्ध था उनके बारे में लिख रहा हूँ। जिले के प्रमुख कार्नाड सदाशिवराय कभी-कभी कुन्दापुर आया करते थे। उनसे मेरी बड़ी मित्रता थी। उन्हीं के कारण मेरा अखिल कर्नाटक राजनीति से परिचय हुआ। कार्नाड का चरित्र मैंने अपने उपन्यास 'औदार्यद उरळल्लि' में परोक्ष रूप से प्रस्तुत किया है। मैं जब कुन्दापुर में काँग्रेस का काम करता था तब उनसे मिलने कई बार गया था। वे भी कुन्दापुर आया करते थे। गाँधीजी की इस बात पर कि एक वर्ष में ही स्वराज्य मिल जाएगा उन्हें जितना विश्वास था उतना किसी दूसरे को नहीं। जब वह वर्ष पूरा हुआ तो उनकी निराशा का कोई ठिकाना न रहा। वे सब पर विश्वास कर लेते थे। परोपकार में सर्वस्व अर्पण करके उनको एक दिन दूसरों के दान पर जीने की नौबत आ गयी।

अखिल कर्नाटक

उत्तर कर्नाटक के नेताओं और दक्षिण कन्नड़ जिले की जनता के बीच कभी गाढ़ा आत्म-भाव दिखाई नहीं दिया। देशपाण्डे गंगाधर राय, कौजल्गी श्रीनिवास राव आदि नेता उन दिनों यहाँ के लोगों का विश्वास नहीं जीत सके। आज भी लोगों को उत्तर कन्नड़ से दक्षिण कन्नड़ में घूमते समय 'यह जिले उत्तर कर्नाटक की पूँछ हैं' कहते हुए मैंने सुना है।

पहले मैं केवल स्वयंसेवक था। कई बार तालुक समिति का मन्त्री भी बना। पर बड़ी-बड़ी समितियों में घुसने का प्रयास नहीं किया। उन सबके लिए, चाहे कुछ भी हो, अपने से बड़े कोडगी, पुण्डलीक कामत जैसे मित्रों को आगे करके मैं पीछे हट जाता।

हमारे जिले में एक खादी केन्द्र खोलने के लिए जितनी अड़चनें दी जा सकती हैं, उतनी कर्नाटक के हमारे नेताओं ने दीं। अपने आप मरनेवाले उस केन्द्र ने उन नेताओं की मेहरबानी से चार दिन पहले ही दम तोड़ दिया। 'हुद्दलि' (वेलगाँव) में खादी तैयार की जा सकती है तो 'नीलेश्वर' में तैयार करने की जरूरत नहीं है, यह उन नेताओं का संकुचित दृष्टिकोण था। और एक बड़ा झगड़ा काँग्रेस के अधिवेशन स्थान को लेकर चला। यह प्रश्न उठा कि काँग्रेस का अधिवेशन वेलगाँव में होना चाहिए या मंगलूर में। मंगलूर के लिए जितने मत मिले उतने वेलगाँव को नहीं। यही मनमुटाव का कारण बना। इस बहस के शुरू होने के दूसरे वर्ष मैंने कुन्दापुर में जिला राष्ट्रीय सम्मेलन के आयोजन का प्रबन्ध किया। उसमें मैंने स्पष्ट रूप से भाग लिया। नेता बनकर नहीं, सहायक के रूप में। गंगाधरराव देशपाण्डे जी को अध्यक्ष पद स्वीकार करने के लिए तार दिया। उस विषय में आया उत्तर मुझे आज भी याद है। "योर पीपल हैव नो फेथ इन माई गाइडेंस, हेन्स रिग्रेट।" हम लोगों ने यत्न किया था कि काँग्रेस का अधिवेशन वेलगाँव के बदले मंगलूर में हो। इस बात से दुखी होकर उन्होंने ऐसा उत्तर दिया था। हम लोगों के यह लिखने के बाद "यह आप जैसे लोगों से कहने की बात नहीं", उन्होंने सम्मेलन में आना स्वीकार किया था।

अपार जीर्णशक्ति

कर्नाटक के उन दिनों की एक शक्ति को तो मैं अच्छी तरह जानता हूँ। बाकी बातों में वे कैसे भी रहें, सम्मेलनों में शेर की तरह गरजते थे। हमारे ये नेता खाने-पीने में काशी के पण्डों को भी मात करते थे। हमारे सम्मेलनों के समय सौ आदमियों के लिए बने लड्डुओं को वे तीन-चार लोग ही चट कर जाते, अतः उन्हें वास्तव में देशभक्त स्वीकार करना पड़ा।

डॉ. हार्डीकर

हमारे नेताओं में डॉ. ना. सु. हार्डीकर से मेरा विशेष परिचय था। मैंने उन्हें पहली बार मंगलूर की 'कर्नाटक प्रान्तीय परिषद्' के सम्मेलन के अवसर पर देखा था। सरोजिनी नायडू के लिए आयोजित जुलूस में हाथ में बेंत पकड़े, बड़ी शान से और बड़े अहिंसात्मक ढंग से सबको अनुशासन में रखा था। मैंने एक बार उनके सेवा दल के प्रतिज्ञा-पत्र पर हस्ताक्षर किये थे। हम राष्ट्र के लिए प्राण देने को तैयार हैं—यह उस प्रतिज्ञा का सार था। हार्डीकर जी ही सेवादल के कप्तान थे। एक दिन अकस्मात् उनसे तार मिला। "तुरन्त गदुग आओ।" हार्डीकर की भाषा के अनुसार मुझे ताबड़तोड़ चल पड़ना चाहिए। दूसरे दिन ही छोटी बहन का विवाह था। तो भी तार देखते ही मैं निकल पड़ा। उसी बस से मेरे पिताजी कुन्दापुर से गाँव जा रहे थे। वे कोट में उतरे। उन्होंने पूछा, "तुम किधर?" मैंने कहा, "मैं हुब्बल्ली जा रहा हूँ।" तब उनके असन्तोष का ठिकाना नहीं रहा। मैं तो सीधा हुब्बल्ली चला गया। वहाँ से स्वयंसेवकों के लिए निश्चित सफेद निकर-कमीज पहनकर थैला लटकाये, टोपी पहन, मेरी ही तरह के अनेक शूरवीरों के साथ राष्ट्रभक्ति के गीत गाता गदुग पहुँचा। वहाँ एक और भी सभा चल रही थी। गदुग के जालीहाल वकील के घर उस दिन 'कर्नाटक प्रान्त समिति' की सभा हुई। साथ ही, हम स्वयंसेवकों की सभा भी होनेवाली थी। उसमें यह निर्णय करना था कि कर्नाटक में कानून भंग करने का आन्दोलन शुरू करना चाहिए या नहीं। हम लोगों ने सोचा था कि हम लोग ही उसका निर्णय करनेवाले हैं। परन्तु जालीहाल के घर एक कोने में प्रान्तीय समिति के सदस्यों ने घण्टों विचार-विनिमय करके यह निर्णय लिया कि फिलहाल 'कानून भंग करो' आन्दोलन नहीं छेड़ना चाहिए। नेताओं ने हमें केवल इतना ही सूचित किया। हमें कोई पूछने-ताछने वाला ही नहीं था। मैं यह समझ नहीं सका कि केवल इतनी बात बताने भर को तार देकर हमें इतनी दूर से क्यों बुलाया गया। मैंने गाँव लौटते ही हार्डीकर को एक कड़ा पत्र लिखा। मैंने उसमें पूछा कि प्रान्तीय समिति के निर्णय को सुनाने भर के लिए हमें अपने-अपने खर्च पर आने को क्यों कहा गया, इतने लोगों को बुलाकर समय क्यों नष्ट किया गया। आगे यह भी लिखा, 'कृपया आप अपने अधिकार का दुरुपयोग मत कीजिए।' आगे उनसे और भी अच्छा परिचय हुआ। उनके उत्साह और शक्ति से मेरा कार्य बहुत प्रभावित हुआ।

मेरे परिचित देशभक्तों में अत्यन्त निःस्वार्थी होकर व्यवस्थित रूप से कार्य करनेवाले वे अकेले ही थे। हिन्दुस्तानी सेवा दल का आरम्भ करके उन्होंने उसे बहुत दिनों तक संचालित भी किया। आगे देश-सेवा की अपेक्षा 'जाति वात्सल्य' की भावना जोर पकड़ने से उन्हें 'शरशय्या' ही प्राप्त हुई।

अध्यात्म—अश्लील

एक बार बीजापुर की एक सभा में मैं भी गया था। कौजल्गी श्रीनिवास राय, दिवाकरजी, मजलिजी आदि शाम को घूमने निकले तो उनके पीछे-पीछे मैं भी हो लिया। मजलिजी और दिवाकरजी के प्रति मेरे मन में बड़ा गौरव था। श्रीनिवास राय और देशपाण्डे बड़े निरंकुश स्वभाव के थे। पर ये दोनों तो अहिंसा की मूर्ति थे। उनके आध्यात्मिक विचार ही मेरी इस भावना के कारण थे। उस सैर के समय दिवाकर के मुख से कुछ अश्लील मुक्ताफल टूटे। तब उनके बारे में मेरा अभिमान काफी घट गया। मैं प्रथम असहयोग आन्दोलन के ही समय में राजनीतिक आन्दोलन में उतरा था। आगे कइयों से निकट से परिचय हुआ। श्री सदाशिव राव उनमें एक थे। उन जैसे त्यागी व्यक्ति को बाद में काँग्रेस में आये श्रीनिवास मल्य जैसे चालाक द्वारा स्थानच्युत किया जाना देखकर मुझे बहुत बुरा लगा।

ऐसे भी कुछ लोग हैं जिन्होंने स्वतन्त्रता प्राप्त होने के बाद अपने स्वार्थ त्याग का खूब फल पाया। इस सन्दर्भ में श्री दिवाकर का नाम लिया जा सकता है। स्वतन्त्रता प्राप्ति के बाद मैं कर्नाटक के एकीकरण के आन्दोलन में भी बड़ा उत्साहित था। श्री दिवाकर केन्द्र सरकार में मन्त्री बने। तब उन्होंने हम सबको तसल्ली का मन्त्रोपदेश दिया। बाद में वे हमारे राजनीतिक क्षेत्र में काँग्रेस की ओर से कर्नाटक में प्रचार करने भी आये। सन् 1952 के चुनाव के अवसर पर मैं काँग्रेस के विरुद्ध असेम्बली की सीट के लिए खड़ा हुआ। मेरे भाई पार्लियामेण्ट की सीट के लिए चुनाव लड़े। तब दिवाकर जी ने वेणूर के भाषण में, मौके के मुताबिक कहा, ‘‘पुस्तक लिखनेवालों को चुनाव से क्या वास्ता और वकील भी भला क्यों इस झमेले में पड़ें?’’ वे यह भूल गये थे कि वे स्वयं भी एक वकील थे, पुस्तकें लिखते थे और साहित्य सम्मेलन के अध्यक्ष रह चुके थे। काम साधनेवालों को अपनी पुरानी बातें याद नहीं रखनी चाहिए, इसका वे एक अच्छा उदाहरण हैं।

संन्यासी सी. आई. डी.

पहले जब मैं खादी के कपड़े पहनता था तब जहाँ मैं जाता वहाँ मेरा पता, मैं कहाँ जाता हूँ, यह सारी खबर पुलिस रखा करती थी। इसके अलावा यह भी पता चला कि मेरे पीछे गुप्तचर भी लगे थे। एक दिन कुन्दापुर में गेरुवे वस्त्र पहने एक संन्यासी आया। काँग्रेस कमेटी की पूछताछ करता मुझ तक पहुँचा। दो-तीन दिन मेरे साथ रहा भी। एकदम हृष्ट-पुष्ट था, साथ ही जवान भी। उसके चेहरे पर विरक्ति के भाव नाम को भी न थे। सोते समय दरवाजा बन्द करके सोता था। उसके लम्बे चोगे में कमर पट्टी के पास कुछ आवाज हुआ करती थी। उस संन्यासी को स्थानीय काँग्रेस के बारे में पूछताछ करते देखकर हमें उसपर सन्देह

हुआ। एक दिन तीन-चार मित्र उसे साथ लेकर एक मैदान में जाकर बैठे। उसका उपदेश सुनने के लिए लोग इकट्ठे किये। केवल भगवे कपड़े पहन लेने से ही आध्यात्मिक उपदेश मुँह से निकलने लगते क्या? उसके मुँह से राजनीतिक बातें निकल रही थीं। मेरे एक मित्र ने तुरन्त उसकी बात रोककर उससे पूछा, ''यह सब तो ठीक है, पर तुम संन्यासी हो यह बात निरी झूठी है। तुम सी. आई. डी. हो न? तुम्हारी कमर में क्या बँधा है? हम छः आदमी तुम्हें पकड़कर तुम्हारी गर्दन दबा दें, तो तुम क्या करोगे?'' तब वह घबरा गया। वह उसी रात गाँव से अदृश्य हो गया।

यहाँ मुझे एक और बात याद आ रही है। उस जमाने में सरकार हमारे पीछे पुलिस लगाती थी तो हम सोचते थे कि हम कैसे गुलाम हैं? परन्तु उस घटना के पैंतीस वर्ष बाद भी उसी काँग्रेस संस्था के शासन में यह क्या हो रहा है? 'लगान नहीं बढ़ाना चाहिए' इस बारे में एक सभा हुई। उसमें भी काँग्रेस को गुप्तचर लगाने चाहिए थे क्या? अधिकार का नशा ही कुछ ऐसा होता है। प्रजा के प्रभुत्व काल में प्रजा से अधिकार प्राप्त करके मस्ती छाननेवालों को क्या यह ध्यान नहीं होना चाहिए कि प्रजा क्या चाहती है? क्या उन्हें केवल प्रजा के 'वोट' ही चाहिए?

समाज का परिचय

बाढ़ का प्रकोप

मेरे कुन्दापुर के जीवन ने मुझे कई प्रकार के सामाजिक कार्य करने का अवकाश प्रदान किया। सन् 1924 में हमारे जिले में भयानक बाढ़ का प्रकोप हुआ। उसकी कुछेक घटनाओं का चित्रण मैंने अपने उपन्यास 'औदार्यद उरुळल्लि' में किया है। तब मैं कुन्दापुर में रहता था। वह भी समुद्र का तटवर्ती प्रदेश है। एक दिन बाढ़ का प्रकोप दिखाई देने लगा। उससे सैकड़ों घर नष्ट हो गये। आरम्भ में उससे क्या-क्या नुकसान हुआ, इसका जायजा लेने के लिए मैं एक बार नदी के तटवर्ती गाँव में घूम आया। उस काम में मेरे मित्र सूरप्पा शेट्टी मेरे सहायक रहे। कुन्दापुर से लगभग पन्द्रह मील दूर हलाडि में करीब चालीस फीट पानी चढ़ गया था। सभी ओर की स्थिति का जायजा लेने मैं निकल पड़ा था। सौड़ नाम की जगह से नाव पर बैठकर आठ-दस मील दूर तक नदी यात्रा बाढ़ के समय में ही की। नदी के पागलपन ने मुझे भी पागल बना दिया था। मैं निसर्ग का कोप देखना चाहता था। बाढ़ के पानी में नाव लता की तरह बहती थी। उस समय नदी-यात्रा खतरनाक थी पर उसको भर-आँख देखने की इच्छा से मैं यात्रा करना चाहता था।

कुन्दापुर से केवल डेढ़ मील पूर्व में आनेगल्लि नाम का गाँव है। वहाँ की धरती बहुत नीची है। उस बाढ़ में वहाँ के सैकड़ों घरों में से एक भी नहीं बचा कहूँ तो कोई आश्चर्य की बात नहीं। बाढ़ उतरने को थी कि तभी मैं जायजा लेने गया। मेरे देखते-देखते, एक लड़का एक नाले में गिर पड़ा। मैंने उसे बचाने का साहस भी किया। बाढ़ से मुझे सबसे अधिक अहसास हुआ क्षेत्र प्रदेश की भयंकर गरीबी का। जब मैंने यह जानने का प्रयास किया कि लोगों का कितना नुकसान हुआ तब अन्दाजा नहीं लगा सका कि वहाँ कितनी गरीबी है। वर्षा में रोपाई के बाद, लगभग तीन मास हमारे यहाँ के लोगों के आहार की कमी का वर्णन करना कठिन है। तब गरीबों को खाने के लिए अन्न नहीं जुट पाता। कटहल के बीज, शकरकन्दी, अवड़े (एक जाति का मोटा धान्य) खाते हैं। यह सब वायु पैदा

करनेवाली चीजें हैं। पेट भरा है यह महसूस करने के लिए काफी है। छोटी जाति के सभी घरों में यही आहार होता है। पर वह भी बाढ़ में नष्ट हो चुका था। चार जन के रहने योग्य घरों में तीन माह के आहार के लिए पाँच-छ: रुपये का अनाज भी नहीं होता था। उनके घरों में खाना खाने को एक-दो काँसे की थाली और कटोरे के अलावा बर्तन भी नहीं थे। ऐसी घोर दरिद्रता थी। ऐसे लोगों के लिए धर्मार्थ चावल बाँटनेवाली डिपो में बैठकर मैंने काम किया। नुकसान के आँकड़े मैंने स्वयं तैयार किये थे। इसलिए उन सबका अच्छा परिचय था जिन्हें नुकसान हुआ था। फिर भी कुछ विचित्र आदमी मिले। एक किसान जो दो सौ रुपये सालाना लगान देता और जिसने तीन हजार रुपये कर्ज दे रखे थे, वह भी गरीबी का दिखावा करके डिपो से धर्मार्थ चावल ले जाता था।

उन लोगों को बाहर से सहायता मिलने में देर लगी। एक वर्षा ऋतु के बाद जब दूसरी वर्षा ऋतु आरम्भ हुई तभी उनके लिए आये कपड़े हम बाँट सके। केवल कुछ ही लोगों की हम पैसे से सहायता कर पाये। दूसरों से मिला पैसा बाँटना मेरे लिए कोई कष्ट का काम न था। उस अवसर पर जिले के मुखिया कार्नाड सदाशिवराय ने विशेष रूप से परिश्रम किया। उसी समय दक्षिण कन्नड़ में बाढ़ के शिकार हुए लोगों की सहायता करने के लिए जिले में एक समिति का गठन हुआ। उसके सदस्यों में आज मैं अकेला ही बचा हूँ।

उस बाढ़ के बारे में जब भी मैं याद करता हूँ मुझे अपने एक मित्र की याद आ जाती है। वे दिवंगत कोच्चिकार पाण्डुरंग पै थे। वे असहयोग के दिनों के मेरे साथी थे। उन्होंने उडुपि में रहकर बाढ़-निवारण समिति के मन्त्री के रूप में बहुत काम किया। शुरू के दिनों में मुझमें आत्मविश्वास जगानेवाले वे एकमात्र व्यक्ति थे।

वेश्याओं की समस्या

एक विषय में तो कुन्दापुर के मेरे जीवन ने मुझे बहुत तृप्ति दी। पर वह तृप्ति प्राप्त करने में लम्बा समय लगा। कष्ट भी बहुत उठाना पड़ा। फिर भी 'कुछ काम किया' यह सन्तोष उससे मिला। मैंने उस समय जो काम किया उसका वर्णन अपरोक्ष रूप से 'कन्या-बलि' में किया है। मैंने बताया कि तब का मेरा जीवन गाँधी-दर्शन पर आधारित था। कठोर ब्रह्मचर्य का पालन करना मेरा आदर्श था। लैंगिक प्रश्नों के बारे में विचार केवल मेरे अपने ही नहीं थे, बल्कि उस आदर्श के मार्ग पर बहुत लम्बे समय तक चलता चला गया। यहाँ जिस विषय का उल्लेख कर रहा हूँ वह समाज में वेश्याओं का प्रश्न है। लगभग 1930 तक हमारे गाँव के बड़े घरों के विवाहों में वेश्याएँ बुलाकर नचाने का रिवाज था। 'मरळि मण्णिगे'

में एक गुरिकार (मुखिया) के घर के विवाह में उनका वर्णन किया है। मैं और मेरा भाई लक्ष्मीनारायण विवाहों में वेश्याओं को बुलाने के घोर विरोधी थे। उसका हमने प्रचार भी किया। उस प्रचार के कारण गाँव का यह रिवाज उठ गया। वेश्यावृत्ति तो नहीं गयी, पर उन्हें नचाने का रिवाज जाता रहा। कुन्दापुर, बसरूर, बारकूर में घुँघरू बाँधनेवाले घराने भी हैं। उनके मोहजाल में पड़कर सबकुछ लुटा देनेवाले भी कुछ घराने हैं। हमारी समाज में वेश्याओं का बाहरी रूप से सम्मान न होने पर भी भीतर-ही-भीतर बहुत मान है। इसलिए पीढ़ियों से वेश्यावृत्ति करनेवाले कुछ घर हैं। व्यभिचार मानव-कुल रहते तक चलता ही रहेगा—इस समय से मैं परिचित हूँ। परन्तु इसको अपनानेवाले घरों के प्रति लोगों द्वारा दिखाया गया बाह्य तिरस्कार और भीतरी इच्छा में कोई सम्बन्ध नहीं।

कुन्दापुर में रहते मुझे संगीत सिखाने को रामकृष्ण नाम के एक व्यक्ति आया करते थे। वे अच्छे संगीतकार थे। वे कारवार के बालकृष्ण बुआ के शिष्य थे। लोग उनकी जाति के लोगों को हेय दृष्टि से देखते थे। वेश्याओं के किसी लड़के को देखते ही कोई भी उसे 'दस आदमियों की औलाद' कह देता। वे दस आदमी समाज में हम ही हैं यह बात भूल जाते हैं। इसके अतिरिक्त कोई व्यक्ति अपने जन्म को स्वयं तो नहीं बदल सकता? ऐसी बात भी नहीं कि हममें कोई वेश्या के पेट से जन्म नहीं ले सकता था। हम यह बात भूल जाते हैं। उसी समाज का एक लड़का मेरा मित्र बना। उसके गुणों को देखकर मुझे बहुत सन्तोष हुआ। वह एक-दो साल मेरे साथ रहा। एक बार पता चला कि वह कौन है। यह भी पता चला कि उसकी बहन के कारण हमारे गाँव का एक अमीर घराने का लड़का घर से ही दूर हो गया। उसकी एक बहन और भी थी। उसकी और भी दो मौसेरी बहनें थीं। उन दिनों वे तीनों बाजार में बड़ी बिकाऊ चीजें थीं। आमतौर पर उनमें पाँव में 'पायल बाँधने' की आयु की युवतियाँ होते ही कोई एक अमीर खूब पैसा देकर सुहागरात मनाता है। बाद में वह उसी की कहलाती है। जब तक वह उसको निभाता है तब तक वह उसकी प्रेयसी रहती है। बहुत-से घरों में ऐसे प्रणयी जोड़ों ने विवाहित दम्पतियों से भी सुखी जीवन बिताया है, यह मेरी आँखों देखी बात है। जो इस रास्ते को भी छोड़कर चलती है उसे गाँव में 'छुट्टी वेश्या' कहते हैं। मेरा मित्र रा—ऐसे ही वेश्या कुल में जन्मा था। उसके बारे में लोगों का घटिया व्यवहार देखकर मुझे दुख होता था। एक दिन मैंने उससे कहा, "यदि तुम अपनी बहनों को क्रय की चीज न समझो तो मैं उनके लिए कहीं से भी उपयुक्त वर खोजकर उनका विवाह कर दूँगा।" रा—को बहुत सन्तोष हुआ। वह मान गया फिर भी उसके घरवाले मान जाएँगे ऐसी उम्मीद मुझे नहीं थी। उसने जाकर घरवालों से प्रार्थना की। वे लोग और घर की लड़कियाँ विवाह के लिए मान गये।

तब से मुझे अपनी बात के दायित्व का बोध हुआ।

गाँधीजी द्वारा समाधान

लगभग तीन वर्ष तक, वेश्याकुल में विवाह की इच्छा रखनेवाली लड़कियाँ हैं या नहीं यह पता लगाने के लिए मैं घूमता रहा। उत्तर कन्नड़, बम्बई और मैसूर प्रान्त के चक्कर लगाये। मेरे प्रयत्न सफल न हो सके, मैं अपनी जिम्मेदारी समझता था अत: अत्यन्त निराशा से मैंने गाँधीजी को पत्र लिखा। उस पर उन्होंने लिखा, ''ऐसी लड़कियों को जीवनभर ब्रह्मचर्य का पालन करना चाहिए।'' उससे मुझे बहुत निराशा हुई। आँसू आ गये। मैंने सोचा, मनुष्य के स्वभाव का परिचय गाँधीजी को नहीं है। उन्होंने सोच रखा है कि उन्होंने जो साध लिया वह सबसे हो सकता है। ऐसी स्थिति में मेरी तसल्ली कैसे होती? अथवा रा—के घर के लोग जवान लड़कियों को घर में यूँ ही रखकर रह सकते हैं? अन्त में, मैंने सोचा कि यदि ऐसा अवसर आ ही पड़े तो कम-से-कम उनमें से एक से मैं विवाह कर लूँगा।

तब ब्रह्मचर्य मेरे जीवन का आदर्श था। इस प्रकार काफी दिन बीत गये। एक दिन उत्तर कन्नड़ का मेरा एक मित्र अपने बड़े भाई के लिए लड़की खोजने हमारे यहाँ आया। मैं उसे रा—के घर ले गया। मेरी बात विश्वास कर रा—की एक बहन के साथ उसके भाई का विवाह निश्चित हुआ।

उस कार्य पर जाने से पूर्व मैं अपनी माँ से मिला। पता नहीं क्या सूझा, उन्होंने कहा, ''शिवराम, तुम्हें वहाँ नहीं जाना चाहिए।'' मैं अपने मन को जानता हूँ, कहकर मैं उनके घर गया और एक दिन रहकर लौटा। उस प्रयत्न के फल ने मुझे सन्तोष दिया। पहला विवाह भी हो गया। उसके पीछे और दो बहनों का भी विवाह हो गया। तब मेरे सन्तोष की सीमा न रही। पहलीवाली सात-आठ बच्चों की माँ बनी और सुखी गृहस्थी बिताकर मर गयी। साल में कम-से-कम एक बार मैं उनके घर हो आया करता था।

माँ के लिए बेटी?

रा—के गाँव में ही और एक सुन्दर किशोरी थी। वह भी क्रय के लिए रखी चीज थी। एक दिन मैं रा—को लेकर उसके घर गया। उसकी माँ के सामने अपना गला खाली किया। उसका मन अपना रास्ता बन्द कर लेने को तैयार नहीं था। उसे डर था कि अगर बेटी की शादी करा दी तो उसका बुढ़ापा कैसे कटेगा। उसने वैसा व्यवहार भी किया। वह लड़की आगे एक अमीर की शिकार हुई। उसी अमीर की बातों में आकर एक दिन वह अपनी माँ से दूर हो गयी। माँ ने बेटी के जीवन को तो नष्ट किया ही, साथ ही, उसके गले गरीबी ही पड़ी।

मेरे इस कार्य से मुझे बदनामी मिली जो स्वाभाविक था। कुछ मित्रों को यह कहते सुना कि मैं लड़कियों की शादी कराने का दलाल बन गया हूँ। अपने हाथ से शिकार जाने से भला वे मुझे छोड़ते?

मेरे एक डॉक्टर मित्र की एक वेश्याकुल की प्रेयसी थी। उनसे परिचय कम होने पर भी, जब मैं दावणगेरे में रह रहा था, तब कुन्दापुर के उनके पते पर एक पत्र लिखा—"आप समझदार आदमी हैं। आपकी गलती कुछ भी रहे, क्या आप अपनी बेटियों को बाजारू जीवन बिताने को छोड़ देंगे?" उनसे उत्तर मिला, "इज्जत से जीवन बितानेवाले लड़के हों तो बताना।" तब तक मेरा उस समाज के कई लड़कों से परिचय हो गया था। इसलिए उनकी बड़ी बेटी को अच्छी जगह देकर विवाह करना सम्भव हुआ। आगे उसकी बहनों को भी बड़ी बहन की सहायता से ढंग के वर मिल गये।

कीचड़ में कमल

वेश्या जीवन की गन्दगी में मैंने जीवन की सुन्दरता भी देखी है। हमें ऐसा लग सकता है कि क्या वहाँ सौन्दर्य के लिए भी स्थान है। समाज में एक घटिया रिवाज होने से जीवन को ही हेय क्यों समझें? रा—के पिता ने—पिता नहीं—माँ के प्रेमी ने ही उसे और उसकी बहनों को रख लिया था। उनके लिए उसने न केवल अपनी गृहस्थी झोंक दी बल्कि घर-बार भी उसके हाथ से जाता रहा। बुढ़ापे में उसे वेश्याओं के घर में ही जीवन काटना पड़ा। रा—की माँ यदि कुलटा होती तो उस सूखते जीव को लात मार सकती थी। पर उसने ऐसा नहीं किया। उसे रा—और दूसरे बच्चे 'पाळा' (पिता जी) पुकारते थे। उसे बुढ़ापे में मधुमेह हो गया था। जब मैं उससे मिला तब उसके हाथ की एक उँगली जाती रही थी। उसके मरने तक रा—की माँ उसका सड़ा घाव धोकर पट्टी बाँधती रही। सभी के सभी उसी सहज प्रेम से उसकी देखभाल करते रहे। कितनी विवाहिता स्त्रियाँ पति की इतनी सेवा करती हैं? उसकी मृत्यु तक रा—की माँ ने उसके प्रति जो भक्ति और प्रेम दिखाया था वह एक वेश्या को दिखाने की आवश्यकता नहीं थी। काम जीवन का एक ही पक्ष नहीं है। काम पशु-सहज होने पर भी प्रेम के लिए एक सहज मार्ग है। वे अन्योन्य सहायक शक्तियाँ हैं। जहाँ सहज प्रेम रहता है वहीं सही दाम्पत्य की राह बनती है। जहाँ वह नहीं, दाम्पत्य भी वेश्यावृत्ति हो सकता है। मानव कुल के निर्माण के लिए आवश्यक मानवीय काम भाव उसकी मनोवृत्ति के फलस्वरूप श्रेष्ठ भी हो सकता है और अत्यन्त निकृष्ट भी हो सकता है। वह एक ऐसी कसौटी है जिस पर स्त्री-पुरुष के सम्बन्धों की नीति की महत्ता और लघुता को आँका जा सकता है।

समय बीतते-बीतते आयु में मुझसे भी छोटा रा—योगी बन गया, नब्बे से भी ज्यादा आयुवाले अपने माता-पिता को छोड़कर महात्मा बन गया।

एक और समस्या

जब मैं यह सब सोच रहा था कि तभी हमारे समाज की बाल-विधवा की समस्या भी मेरे ध्यान में आयी। उस विषय में सोचते समय जो प्रसंग आया उसका उल्लेख यहाँ कर रहा हूँ। सन् 1925 के लगभग मेरा परिचय एक नाटक मण्डली से हुआ। मैं कभी-कभी वहाँ जाया करता था। मेरे एक अभिनेता मित्र ने मुझे अपने यहाँ बुलाया। मुझे बुलाने का कारण भी बड़ा विचित्र था। उसने लिखा था कि उसका और एक मित्र, जो खुद अभिनेता है, मैसूर प्रान्त से एक लड़की उठा लाया है। उसके बारे में जरा झगड़ा हो गया है।

वहाँ जाने के बाद मुझे सारी बातें मालूम हुईं। शा—नाम की लड़की कोई अठारह की रही होगी। वह बहुत सुन्दर थी। विवाह के दो वर्ष बाद ही उसका पति मर गया था। उसे एक नट सार्वभौम प्रेम करके, उसके घरवालों से आँख बचाकर अपने घर ले आया था। लड़की को भय था कि पता नहीं उसके घरवाले क्या कर डालें। उसे दूसरों की असूया में जीना था। मैं उन दोनों से तिपटूर में मिला। मेरा उस कलाकार से निकट का परिचय था। उसमें कोई विशिष्ट गुण नहीं थे। शा—को अलग बुलाकर उस मित्र के बारे में अपना अभिप्राय बताया। बाद में यह भी कहा—"यदि तुम उसी को चाहती हो तो ऐसे रहने की अपेक्षा, उससे शादी कर लो।" अपने मित्र को भी मैंने जिम्मेदारी बतायी, और उन्हें शादी करने की सलाह दी। मुझे ऐसे प्रश्न उठने पर तुरन्त सलाह देने का साहस नहीं होता था। ऐसे मौकों पर मैं अपने सम्मानित व्यक्तियों से पूछता था। पहले एक बार गाँधीजी से पूछने का उल्लेख कर चुका हूँ। अतः इस बार उनसे पूछने का मन नहीं हुआ। स्वामी श्रद्धानन्द के सामने यह प्रश्न रखा। उनके पुत्र प्रो. इन्द्र ने उनकी तरफ से उत्तर लिखा था। स्वामीजी का आदेश था कि उस लड़की का उस आदमी से विवाह कर देना उचित है, शास्त्र की दृष्टि से वह गलत नहीं होगा। उसके पन्द्रह दिन बाद ही स्वामीजी की हत्या हो गयी। उस बात को मैं अपने मित्र तक पहुँचाता कि तभी सुनने में आया कि शा—को उसके माता-पिता जबर्दस्ती लिवा ले गये। शा—ने अपने घर के बड़ों की कही बात मुझे बतायी, "तुम घर में इसी प्रकार रहो, बाहर किसी के साथ भाग गयी तो बाहर हमारा क्या होगा?" खैर वे उसके पुनर्विवाह के लिए तैयार नहीं हुए।

शा—की मृत्यु

वह मारे दुख के आगे के चार-पाँच महीने में ही मर गयी। शा—की कहानी ने मेरे मन को बड़ा दुखी किया। मुझे लगा कि यहाँ लोग विधवाओं पर जबरन संन्यास लादते हैं। बाद में एक-दो बार अपने मित्रों को विधवाओं से विवाह करने के लिए बहुत प्रेरित किया लेकिन हमारे तरुण उसके लिए आगे नहीं आये। इस कारण बहुत निराशा हुई। आज भी दहेज के लिए लार टपकानेवाले तरुणों में, कन्याओं की दुरवस्था देखकर उनसे विवाह करने को भला कितने लोग आगे आएँगे?

इसी तरह और एक बाल-विधवा थी। उसके विवाह के लिए मैंने बहुत प्रयास किया। वह तो मेरे लिए एक प्रयास मात्र ही रह गया। कारण यह था कि उसे बाजार की हवा लग चुकी थी। कुछ वर्ष बाद उसने अपने आप दूसरा विवाह कर लिया। परन्तु उसने यह विवाह उस व्यक्ति से किया जो पहले से विवाहित था। वह तो हतभाग्य थी ही, लेकिन इसके साथ ही उसने दूसरी का भी दाम्पत्य जीवन नष्ट कर दिया।

लैंगिक प्रश्न से जुड़ी यह दाम्पत्य नीति अत्यन्त जटिल समस्या है। हमारे समाज के धर्मकार मनु, या अर्वाचीन नीतिकारों के वर्णन करने के समान आसानी से टुकड़ों-टुकड़ों में नियमों को अपनाने का प्रश्न नहीं है यह।

आँखें खोलनेवाली लैंगिक समस्या

जो आदर्श मेरा नहीं

मैं जब स्वतन्त्र हो जीवन-निर्वाह करने लगा तब मैं गाँधीजी के उपदेशों को पूर्ण रूप से और भक्तिपूर्वक मानता था। तब मैं अनुभवी न था। लोगों से और पुस्तकों से प्राप्त मेरा ज्ञान भी बहुत कम था। जो मन को पसन्द आया उसी पर अनुरक्त हो जाना मेरे तरुण मन का स्वभाव था। शायद उस आयु का ही यह गुण रहा होगा कि जो उसे अनुकूल लगा वही सत्य है, दूसरे सारे विचार अर्थहीन हैं। इसके अतिरिक्त तब हमारे भावावेश तीक्ष्ण होते हैं। जिस आदर्श को हम पसन्द करते हैं उसी में उद्वेग से मोह भी रखते हैं। कुन्दापुर में रहते हुए मेरा जीवन उसी प्रकार था। यदि यह कहा जाए कि मेरा आदर्श अपना ही था तो कहना चाहिए कि तब मैंने गाँधीजी के जीवन दर्शन को पूर्णरूप से अपना लिया था। इस प्रकार के आदर्श से कष्ट नहीं होता। अनुभव से, विचार या तर्क से किसी निर्णय पर पहुँचने का वहाँ प्रश्न नहीं उठता। पहले ही किये गये निर्णय के लिए कारण ढूँढ़ने का काम रह जाता है। कारण गाँधीजी बना चुके थे। परन्तु उनके अनुभव, उनके विचार मेरे नहीं हो सकते, यह समझने में मुझे काफी समय लगा। मुझे अपने आप अनुभव प्राप्त करने, दूसरों के विचारों को अलग रखकर सोचने के बाद ही वह सम्भव हो सका। धीरे-धीरे मैंने वह भी सीखा। आज मैं जैसे कह सकता हूँ कि यह मेरे विचार हैं वैसे लगभग चालीस वर्ष पूर्व कहने का साहस भला कहाँ से आता? इस अध्याय में लैंगिक समस्याओं के बारे में लिखना चाहता हूँ। गाँधीजी की विचारधारा हम सबको मालूम है ही। उनके लिए तो लैंगिक समस्या जैसी कोई चीज नहीं थी। यावज्जीवन ब्रह्मचर्य का पालन करना चाहिए। केवल सन्तान प्राप्ति के लिए भोग है—यह उनकी घोषणा थी। अथवा यह निश्चित निर्णय भी था। इसके लिए उन्होंने विस्तार से बताया था कि हमारा व्यवहार, आचार-विचार कैसा होना चाहिए। यह विचारधारा हमारे देश में कोई नयी बात नहीं थी। हमारे देश के आदर्श में परमार्थ साधना ही मुख्य रही है। ऐहिक जीवन उसी के लिए समर्पित

होना चाहिए, इस संसार के समस्त भोगों को बन्धन समझना चाहिए, यह सब ज्ञान का विषय है। उस दृष्टि से संसार एक सबसे बड़ा बन्धन है, उस बन्धन से दूर होना ही मानव का कर्तव्य है।

निग्रह का प्रतिरोध

मुझे यह विश्वास हो गया था कि संसार के मोह, काम के बन्धन हमें कलुषित जीवन की ओर ले जाते हैं। अत: मुझे ऐसा नहीं लगा था कि विवाह की आवश्यकता है। इसलिए संयमी जीवन के लिए आवश्यक खान-पान का मैंने अभ्यास कर लिया था। परन्तु मन और आदर्श कुछ भी रहे, जितने समय मैं बाह्य जीवन से सम्पर्क रखता था उतना मैं उससे प्रभावित होता था। संन्यासी बनकर अरण्य चल भी दे फिर भी कोई प्राणी जीवन में पक्षी जीवन के शृंगार के दृश्यों से बच नहीं सकता। हम अपनी मनोवृत्ति को जितना दबाने का प्रयत्न करते हैं वह उतना ही प्रतिरोध करती है। जो दिन में नहीं दीखता उसे रात में देखते हैं। जिसे स्मृति में नहीं देखते उसे सपनों में जीते हैं। इसका लैंगिक परिणाम जीवन पर होता ही है।

विद्यार्थी जीवन में कुछ समय के लिए ये प्रश्न दूर थे। तारुण्य के उदय के साथ-साथ मित्रों की बातों से, पढ़ाई से, बाह्य जगत के अवलोकन से मन धीरे-धीरे काम की ओर प्रेरित होने लगा। बाह्य रूप से मैं इस सबसे दूर रहा। परन्तु अन्तरंग भला चुप रहेगा? उस आयु में मैंने अपने आप एक अनैसर्गिक चाल सीखी। यहाँ अनैसर्गिक शब्द का प्रयोग कर रहा हूँ। आगे उसी की तार्किक चर्चा करूँगा। असहयोग आन्दोलन में कदम रखने के बाद ब्रह्मचर्य के उस आदर्श से, उस चाल से छुटकारा मिला होगा। उन दिनों मैंने गाँधीजी की 'Self restraint vs self indulgence' पुस्तक पढ़ी। दूसरी सम्बन्धित कुछ अँग्रेजी पुस्तकें भी पढ़ीं। हैवलॉक एलिस की पुस्तकें भी पढ़ीं। लैंगिक समस्याओं के प्रति तिरस्कार होने पर भी जीवन में न दीखनेवाले मुख को सपने में देखने के समान ये पुस्तकें मन की आशाओं को एक सीमा तक तृप्त भी करती थीं। लेकिन उनके निर्णयों को मैं मानने को तैयार नहीं था। हैवलॉक एलिस या मेलेनोविस्की द्वारा एकत्रित मानव स्वभाव की रिपोर्टों को मैं नकार भी नहीं सकता था। शुरू में लगता था कि उन्होंने जो उदाहरण दिये हैं वे ऐसे हैं जो साधारण जीवन में प्राय: मिलते नहीं। उन्होंने ऐसे ही आँकड़े इकट्ठे किये होंगे। इसके अलावा मैंने यह भी सोचा कि ऐहिक जीवन को ही सब कुछ माननेवाले पाश्चात्यों में अथवा एकदम आदर्शहीन उन गरीबों में ऐसे उदाहरण मिल सकते हैं। उन पुस्तकों से यह महसूस होता था कि यह दुनिया काम की दुष्टताओं से भरी है। पर साथ ही मेरा विचार

था कि हमारे देश में ऐसा विशेष नहीं है। जज लिण्ट्स की Companionate Marriage अमेरिका के तरुण समाज के लैंगिक जीवन का चित्रण करती है। अगर ऐसे लोगों की बात सही मान ली जाए तो यह सिद्ध होता है कि सौ में निन्यानवे प्रतिशत लोग (ऊपर से एक भी) चाहे स्त्री हो या पुरुष, कामी जीवन जीते हैं। इससे ऐसा लगा कि विवाह से पूर्व या विवाह के बाद वैज्ञानिकों के कथनानुसार स्वाभाविक या अस्वाभाविक रूप से मानव में लैंगिक समस्या जटिल ही है।

अन्वेषण

लगभग सन् 1923-24 के बीच मैं स्वामी शिवानन्द की लिखी 'ब्रह्मचर्य है जीवन, वीर्यनाश है, मृत्यु' पुस्तक पढ़कर बहुत प्रभावित हुआ। जब मैंने यह पढ़ा कि बहुत से तरुण अनैसर्गिक ढंग से शारीरिक शक्ति नष्ट करते हैं और अत्यन्त अशक्त, दुर्बल मन, रोगी और यहाँ तक कि पागल भी हो जाते हैं। तब मुझे लगा कि इस प्रश्न की ओर ध्यान देना आवश्यक है। स्कूल में पढ़ते समय जितने मित्र थे उनसे अधिक बाद में बने। पहले बताये रा—और कई लड़के मेरे मित्र बने। उनके साथ किसी भी बात की चर्चा करने में मुझे झिझक नहीं थी। फिर भी लैंगिक विषयों पर उनसे बात करने के लिए मुझे साहस बटोरना पड़ा। अधिक कामी जीवन बितानेवाले तरुण के शरीर में मुख पर क्या विशेष परिवर्तन बहुत होते हैं यह बात मैंने पुस्तक पढ़कर जानी। उस ज्ञान को कसौटी पर कसने का समय भी आया। मैंने बहुत से किशोरों और तरुणों से उस बारे में चर्चा की। मेरे विचारों और उन लोगों से प्राप्त उत्तरों में मुझे समानताएँ दीखीं।

उपदेशक

बाद में मैं ब्रह्मचर्य का उपदेश देता हुआ गाँव-गाँव घूमता रहा। शुरू-शुरू में कुन्दापुर को छोड़कर मैंने अपने जिले की दूसरी जगहों पर इसका अधिक प्रचार नहीं किया। उत्तर कन्नड़, अनन्तपुर, सेलम आदि स्थानों पर जाता रहा। जहाँ जाता वहाँ मुझे एक यही काम था—ब्रह्मचर्य के बारे में भाषण देना। उनके न अपनाने से होनेवाली हानियों की भी चर्चा करता। सैकड़ों विद्यार्थी मेरे परिचय में आये। एक-दो को छोड़कर किसी ने भी अपना गुप्त जीवन मुझसे छिपाया नहीं। इससे बहुत हिम्मत बढ़ी। ऐसा लगा कि बहुतों ने मेरी बात सुनी। उन्होंने मुझसे सलाह लेने को पत्र भी लिखे। यह पत्र-व्यवहार जोरों से चला। इसी काम के लिए उन परिचित लोगों के जीवन के अनुभवों का संग्रह करने लगा। कम-से-कम पाँच तरुणों के इतिहास मुझे पता चले। अति के कारण क्षय के शिकार बननेवालों को भी देखा। पागल होनेवालों को भी देखा। अपनी आँखों के सामने मृत्यु के ग्रास

बननेवालों को भी देखा।

उन दिनों लगभग 1926 में मैं गाँधीजी के साबरमती आश्रम गया और कुछ दिन वहाँ रहा। उनके साथ इस बारे में चर्चा करने का अवसर भी मिला। इस विषय में पुस्तक के लिए उनसे दो शब्द भूमिका में लिखने की प्रार्थना भी की। उन्होंने 'अच्छा देखेंगे' कहकर आश्वासन भी दिया।

आसन, प्राणायाम

स्वामी शिवानन्दजी ने अपनी पुस्तकों में बताया था कि इन्द्रिय-निग्रह के लिए आसन प्राणायाम का अभ्यास बहुत आवश्यक है। उसे सीखने के लिए मैं लोनावाला भी गया। वहाँ के कैवल्यधाम में श्रीगुण आसन आदि के बारे में वैज्ञानिक प्रयोग कर रहे थे। वहाँ कुछ दिन रहकर मैंने आसन आदि में प्रशिक्षण प्राप्त किया। उनकी पुस्तकों से उन आसनों की वैज्ञानिक उपयोगिता के बारे में जानकारी प्राप्त की। गुरुकुल काँगड़ी के एक मित्र ने मुझे प्राणायाम सिखाया। इस प्रकार मैं अपने भाषणों के साथ योगासान का प्रदर्शन भी करने लगा था।

जब मैं होन्नावर गया तो वहाँ एक भिक्षुक ने बच्चों में वितरण के लिए रखे कुछ प्रकाशन दिखाये। उनसे पता चला कि इंगलैण्ड और अमेरिका में भी कुछ लोग मेरी तरह काम कर रहे हैं। उनसे यह भी पता चला कि वहाँ विद्यार्थियों में, चाहे लड़का हो या लड़की, सभी में काम चेष्टाएँ पायी जाती हैं।

कन्नड़ के मेरे इस भ्रमण से मेरे मन को बड़ा समाधान मिला। उससे सम्बन्धित कुछ अन्य प्रश्नों के बारे में सोचने को मैं मजबूर हुआ। उनके बारे में लिखने से पहले मैं कुछ चित्र प्रस्तुत करना चाहता हूँ।

काम-चित्र

सन् 1924 से लगभग पाँच-छः साल तक, नाटक के पागलपन के कारण कई नाटक मण्डलियों से मित्रता हुई। अतः कभी-कभी उनके पास जाया करता था। यह कहना चाहिए कि तारुण्य में काम के अनेक रूपों को देखने का जितना अवकाश मुझे वहाँ मिला उतना और कहीं नहीं मिला। स्वरति की लत एक सार्वजनिक आदत है। नगर और गाँव सब जगह यह दिखाई देती है। समलैंगिक व्यभिचार जहाँ ज्यादा लोग इकट्ठे होते वहाँ पाया जाता है। पर छोटी आयु के लोग भी इसके शिकार होते हैं। यह बात नाटक मण्डलियों में विशेष रूप से दिखाई देती है। कारण केवल इतना ही है कि परदे के सामने नाचनेवाले नटों को देखकर मोहित होनेवाले प्रेक्षक बहुत होते हैं। कोई किशोर कृष्ण या नारद का अभिनय करे तो उससे प्रभावित होकर उसके पीछे पड़नेवाली गोपी कन्याएँ बहुत होती

हैं। ऐसे दो-चार लड़कों को मैं जानता हूँ। मद्रास की एक स्त्री कृष्ण का अभिनय करनेवाले एक लड़के के पीछे जहाँ वह जाता वहीं पहुँच जाती थी। दावणगेरे की महिला ने अपने पोते की आयुवाले एक लड़के को अपने जाल में फँसा लिया था। यहाँ मैंने दो विषम चित्रों के बारे में बताया है। दूसरी आयुवाले प्राणियों की संख्या भी बहुत है। मोहपूर्ण जीवन को नाटक का विस्तार आकर्षित करता है। स्त्री की भूमिका निभानेवाले पुरुष को चाहने वाले पुरुष भी बहुतेरे मिल जाएँगे।

वेश्या से उपदेश

एक बार मैं कोल्लेउतल गया था। वहाँ एक मित्र मिला। वह केवल सोलह वर्ष का था। उसके घरवाले उसकी शादी की तैयारी करने लगे। यह सुनकर वह एक वेश्या के घर जाकर सब सीख-साख कर आया। यह बात उसी के मुख से सुनकर मुझे बड़ा आश्चर्य हुआ।

एक दिन कारवार में एक लड़के से मेरी भेंट हुई। वह बहुत हट्टा-कट्टा और सुन्दर नवयुवक था। उसने हँसते हुए मुझसे पूछा, ''क्या आप बता सकते हैं मैं कैसा हूँ?'' मुझे बड़ी हँसी आयी। मैंने दो मिनट तक उसको गौर से देखा, और कहा, ''तुम भी काम की लत की बलि चढ़ चुके हो।'' आगे उसने बिना कुछ इधर-उधर की कहे अपने बारे में सब कुछ सही-सही खोलकर कह दिया।

एक बार साँझ को मेरे दो दोस्त मेरे साथ घूमने के लिए निकले। उनमें एक बड़ा था और दूसरा छोटा। गाँव के बाहर जाकर हम लोग बहुत देर तक बैठे बातें करते रहे। अँधेरे में छोटे का मुख साफ नहीं दीख रहा था। बड़ा वाला मेरा परिचित था। जाते समय छोटा वाला मुझसे हाथ मिलाकर चला गया। उसके स्पर्श से मन को अजीब-सा लगा। मैंने उसके घर का पता लगाया। दूसरे दिन मुझे गाँव छोड़ दूर के गाँव जाना था। दूर के गाँव से मैंने उसके घर एक पत्र लिखा जिसमें मैंने उसके व्यवहार के बारे में शिकायत की थी। वह मेरा लिखने का उद्देश्य समझ गया। उसने अपना दोष स्वीकार कर लिया और लिखा कि वह अपनी गलती को सुधारने का प्रयास करेगा।

कुछ समय तक मैंने अपना स्कूल चलाया। उसमें आठ-दस बरस के बच्चे थे। उनमें एक लड़की भी थी। उत्तर कर्नाटक का एक लड़का उन सबमें उमर में बड़ा था। शायद बारह का रहा होगा। अधिकतर मैं उनके साथ नहीं रहता था। फिर भी समय मिलते ही मैं उनके जीवन का सूक्ष्मता से अवलोकन किया करता था। तब मैंने अनुभव किया कि ऐसी छोटी आयु में भी कामवृत्ति भरी रहती है। वह संस्था मुझे किसी कारणवश बन्द करनी पड़ी। परन्तु जीवन के कई मुख्य प्रश्नों में एक लैंगिक समस्या भी है जिसकी उपेक्षा नहीं की जा सकती, यह बात मुझे

उन दिनों भी समझ में नहीं आयी।

अनुभवों से प्राप्त निर्णय

मेरी शिक्षा और मेरे अनुभव दोनों से मेरे सामने यह प्रश्न उपस्थित होते हैं। मुझे ऐसा नहीं लगता कि सार्वजनिक प्रश्न में हमारे बाह्य निर्णय, नीति और वस्तु स्थिति में कोई सम्बन्ध हो। इसलिए मुझे हैवलॉक एलिस, बर्ट्रेण्ड रसेल, वालटर ह्विटमैन द्वारा उपस्थित तर्क को सोचना ही पड़ा। गाँधीजी के आदर्श पर इतनी दूर की यात्रा मेरे लिए केवल तर्क से ही सम्भव हुई। तर्क करनेवाले मन को तर्क ही मुख्य नहीं होना चाहिए। तर्क में जीतना मुख्य नहीं है, तर्क से सत्यांश जानना मुख्य है। मुझे अपने इतने सारे अनुभवों को भूल जाना मुझसे यदि सम्भव नहीं है तो मुझे अपने अनुभवों के महत्त्व को अस्वीकार करना पड़ेगा। एलिस मेलिनोवस्की, आदि विचारकों के तर्क किसी सिद्धान्त विशेष के प्रतिपादन को लेकर नहीं चले। उन्होंने वैज्ञानिक दृष्टि से यह दिखाने का यत्न किया है कि वे सब दूसरे देशों के चित्र हैं, सच है, लेकिन वे झूठे आँकड़े नहीं। हम इस तरह अपनी तसल्ली कर सकते हैं कि हमारा भारत ऐसा नहीं, पर भारत को थोड़ा बहुत भी मैंने जानने का प्रयत्न किया है और यहाँ के सैकड़ों चित्रों को मैंने संगृहीत किया है। आदर्श के चक्कर में मैं अपने अनुभवों को झूठा नहीं ठहरा सकता। इस विस्तृत जीवन में जो सत्य देखा वह कम-से-कम मेरे लिए तो सत्य है ही। इस सबके आधार पर लोग चाहे जो भी निर्णय दें, मेरा निर्णय तो यह है :

आधुनिक भारत में काम-वासना अधिक दीखने पर भी, प्राचीन भारत तो आकण्ठ डूबा था, यह बात मैं आँखें मूँदकर अस्वीकार नहीं कर सका। इतिहास में तो हमें केवल सात-आठ प्रमुख लोगों के दर्शन होते हैं। उसमें जनसाधारण के दर्शन नहीं होते। मैं यह विश्वास नहीं कर सकता कि सारे भारतवर्ष में अत्रि, गौतम और विश्वामित्र भरे थे। प्राप्त साहित्य और विज्ञान के आधार पर यह कहना चाहूँ कि प्राचीन हिन्दुओं का जीवन श्रृंगारविहीन था, ब्रह्मचर्य से पूर्ण था तो मैं यह नहीं कह सकूँगा। हमारे ऋषि, राजा तथा कृष्ण, शिव, ब्रह्मा जैसे देवता काम में तैरते हुए दिखाई देते हैं। देवता चाहे जैसे रहे हों उनकी कल्पना करनेवाली मानवशक्ति यदि काम प्रेरित न होती तो देवताओं का ऐसा चित्रण न कर पाती।

वात्स्यायन ने कामसूत्र पर एक बड़ा-सा ग्रन्थ ही लिख मारा। विरह के वातावरण में ऐसा ग्रन्थ लिखा नहीं जा सकता। ऐसे लोग भी हैं जिनका कहना है कि सारे गुप्त रोग विदेशों से ही भारत में आये हैं। सिफलिस (फिरगी रोग) तो हमारे देश में बाहर से आया होगा परन्तु ये अन्य जननेन्द्रियों के रोग तो हमारे देश में चल रहे होंगे; नहीं तो उन रोगों की चिकित्सा कैसे बतायी जाती ? आयुर्वेद

में ऐसी कई बीमारियों का उल्लेख है। एक विद्वान ने मुझे यह भी बताया कि पहले वाले गुप्त रोग आजकल नहीं हैं। इसके अतिरिक्त हम जगन्नाथ, देवालय, काशी के पाली मन्दिरों में जाएँ तो रतिशास्त्र के चित्र देख सकते हैं। हलेबिड में भी उनकी कमी नहीं। लैंगिक प्रश्न मानव कुल का प्रश्न है, मानव स्वभाव का प्रश्न है। मनुष्य एक प्राणी है—एक बुद्धिशाली पशु। पशुत्व को त्याग कर मात्र बुद्धिशाली नहीं हो सकता।

पर लगता है, अपने समय के प्रतिनिधि रचनाकारों ने मत और सम्प्रदायों की चर्चा करते समय वास्तविकता को भूलकर ही अपने नीतिशास्त्रों की रचना की होगी।

काम और प्रेम से दाम्पत्य की साधना

दो प्रश्न

मेरे मन में दो प्रश्न मुख्य रूप से उठते हैं। एक—मनुष्य की काम भावना यौवन में एकदम दिखनेवाली वस्तु है, अथवा शैशव से आनेवाला एक स्वाभाविक गुण है? दूसरा—मनुष्य दूसरे कुछ प्राणियों के समान सन्तान प्राप्त करने के लिए ही ऋतुगामी होने के बदले, उसके बाहर भी शृंगारपरक क्यों होता है? इस दूसरे प्रश्न को मैं पहले और एक ढंग से देखता था। उसका मुख्य कारण यह था कि मैं शुरू में ब्रह्मचर्य को ही 'आदर्श जीवन' मानता था। मैं अपने भाषणों में यह कहा करता था कि मानव को ऋतुगामी पक्षी के समान अथवा कुछ और पशुओं के समान सन्तान के लिए भोगापेक्षी होना चाहिए। गाँधीजी का मत भी यही है। मैंने यह सिद्धान्त उन्हीं से प्राप्त किया था। बाद में मैंने इस प्रश्न के उत्तर के लिए पशु-जीवन का निरीक्षण किया, प्राणी-जीवन के बारे में लिखी गयीं विद्वानों की पुस्तकें भी पढ़ीं। पहले उस प्रश्न का उत्तर देकर, बाद में दूसरा प्रश्न लेता हूँ।

जीवन चाहे मानव का हो या किसी और प्राणी का; वह एक निरन्तर चलनेवाला प्रवाह है। हमारा सारा स्वभाव, क्रियाकलाप, मानसिक आवेग आदि का विकास जन्म से ही होने लगता है। प्रणय और काम भी इससे अलग नहीं। शिशुओं का प्यार, अनेक प्रकार की स्पर्श चेष्टाएँ कभी आगे चलकर आकर्षण या प्रणय चेष्टाएँ बन सकती हैं। उसका आरम्भ बचपन से ही हो जाता है। स्नेह व्यक्त करने को कुछ लोग दूसरों को चिकोटी काटते हैं। वह भी प्रणय व्यक्त करने का ही एक रूप है। मानव बात कर सकनेवाला प्राणी है। उसकी बातों में; बुद्धि की पृष्ठभूमि में अनुभव से एकत्रित स्मृति ही उसकी सहायक बनती है। इसलिए व्यक्ति के अन्दर प्रेम की इच्छा पुरुष के साथ, तथा पुरुष जब स्त्री के साथ रहता है तब, बातों से भी व्यक्त होती है। बचपन में अश्लील कहलानेवाली बातें, वार्ता, कहानी, हास्य बच्चों को अच्छा लगता है। बच्चे के विकास के साथ ही वह पुष्ट होता है। मन की पृष्ठभूमि में जितनी कामासक्ति रहती है उतना ही अधिक बातों

से और स्पर्श चेष्टाओं से यह स्वभाव व्यक्त होता है। लैंगिक विषय में प्रतिबन्ध रहने से मन बहिष्कृत विषयों में आसक्ति लेता है। जननेन्द्रिय में आसक्ति लेनेवाला बालक आगे चलकर काम में भी आसक्त होता है। कुछ समय तक उस बारे में कोई लुकाव-छिपाव नहीं रहता। बालक की उन चेष्टाओं को हम भोली चेष्टाएँ समझते हैं। उनके बड़े होने पर उन्हीं भोली चेष्टाओं का खण्डन करते हैं अथवा उन्हें दण्डित भी करते हैं। हमारे कपड़े-लत्ते भी इस खण्डन का ही एक रूप हैं। लैंगिक चेष्टाएँ तब गुप्त रूप अपनाती हैं। बाहरी रूप से काम लज्जा का रूप ले लेता है। वह लज्जा ही दूसरों में काम भड़काती है। निसर्ग में काम और लज्जा का स्थान भी वही होता है।

इन्द्रियासक्ति

बच्चे में, चाहे लड़की के रूप में हो या लड़के के रूप में, बढ़ते-बढ़ते इन्द्रियासक्ति बढ़ती जाती है। उसकी इस आसक्ति का समाज खण्डन करता है। लेकिन बड़ों के सामने उनके मौन रहने पर भी उनका मन सोता नहीं। स्पर्श चेष्टा से तृप्त होनेवाला मन का आवेग, जब उसका कौतूहल बढ़ता है तब लज्जा, नीति अथवा खण्डन के आवरण में समाप्त नहीं होता। उसमें और अधिक आसक्ति बढ़ जाती है। सृष्टि में दीखनेवाले पशु जीवन से, अश्लील गालियों और बातचीत से वह कल्पना और अधिक पुष्टि पाती है। तब ज्ञात विषय को अज्ञात रंग मिलता है। तारुण्य प्राप्त करते-करते काम, आनेवाली सन्तान प्राप्त करने का मार्ग बन जाता है। यह जान पाने से पूर्व ही उसमें काम प्रकट हो उठता है। कितने दिन तक निसर्ग की शक्ति मौन रहेगी? ऐसी कल्पना दाम्पत्य में ही सफल होती तो दुनिया में इतनी आबादी नहीं बढ़ती।

सन्तान प्राप्त करने के लिए स्त्री को चौदह से बीस वर्ष के बीच में होना चाहिए। मातृत्व और पितृत्व की शक्ति पर उससे पहले मनुष्य का स्वभाव मूक नहीं रहता। लैंगिक आसक्ति स्वाभाविक रूप से पैदा हो जाती है, विषय ज्ञान के सभी रूप भी समझ में आ जाते हैं। गुप्त रूप से अपने कौतूहल को तृप्त करने की सभी चेष्टाएँ तभी से शुरू हो जाती हैं। आदिवासियों में कन्या और तरुणों के घर अलग-अलग होते हैं, अस्वाभाविक बन्धनों के बिना वे बढ़ते हैं। उनकी दाम्पत्य नीति हमसे निकृष्ट भी नहीं है। मैं आदर्श की दृष्टि से यह बात नहीं कर रहा हूँ, केवल वास्तविक दृष्टिकोण से यह कह रहा हूँ।

प्रतीक्षा न करनेवाला काम

मनुष्य सन्तानजीवी होने पर, अपेक्षित शारीरिक शक्ति, मानसिक स्थिरता पाने तक

उसमें काम भाव चुपचाप बैठा नहीं रहता। वह बचपन से, काम का नाम प्राप्त करने के पहले से ही, बात से, मन से, और शारीरिक चेष्टाओं से प्रकट हो जाता है। यौवन को अभी प्राप्त न हुए, बछड़ों, अन्य जानवरों के बच्चों में काम-चेष्टा का कौतूहल देखने पर यह बात समझ में आ सकती है। मनुष्य कृत्रिम जीवन चलाने लगा है। अपनी नैसर्गिक शक्ति को वह एक हेय वस्तु समझने लगा है, परन्तु जीवन की अन्य अनेक आवश्यक क्रियाओं के समान काम भी एक है। हमारे सोचने के समान वह हेय नहीं है; अत्याराध्य भी नहीं है। उसका एक अपना स्थान है। उसकी अवहेलना करने से वह शक्ति कम नहीं होती, बल्कि उसकी प्रतिक्रिया और भी तीक्ष्ण हो सकती है। इस विषय में मानव की कल्पनाएँ स्वाभाविक होने के स्थान पर, कल्पना और रंगों से भरी रहती हैं। उसका परिणाम होता है—उच्च आदर्श; नीच जीवन। संयम और ब्रह्मचर्य नित्य जीवन में दिखाई न देकर केवल 'आदर्श' बनकर रह जाते हैं। मानव स्वभाव की ही अवहेलना करनेवाली सेतियाँ-नीतियाँ तो बन जाती हैं, पर वे आचरण में कहीं भी दिखाई नहीं देतीं।

जैसे पहले कहा गया, असंख्य तरुण और तरुणियों की प्रवृत्ति में काम की लत दिखाई देने पर भी क्या उसे 'अनैसर्गिक' कहना उचित होगा—यह प्रश्न उठता है। स्वभावत: यानी जो सन्तान उत्पत्ति का कारण नहीं बनती ऐसी क्रिया को हम अनैसर्गिक क्रिया कह सकते हैं। अन्य शब्द में ऐसी लत को परवर्शन कहते हैं। वह सहज रास्ता नहीं है—इस बात का यह अर्थ होता है। शत-प्रतिशत लोगों में दिखाई देनेवाली प्रवृत्ति को अस्वाभाविक कहते समय भी हमें जरा सोचना पड़ता है। तब तो उससे बचनेवाले सात-आठ लोगों की प्रवृत्ति को ही अस्वाभाविक कहना पड़ेगा। हमारे समाज में अनेक लोगों के स्वभाव का अध्ययन करने के बाद एक समय मैं जिस बात को लेकर दु:खी हुआ था, अब सोचने पर ऐसा लगता है कि उतना दुखी होने का कोई कारण नहीं था। मनुष्य-स्वभाव को भूलकर, नीतिशास्त्र की दुहाई देनेवालों को ही वे अपराध के रूप में दिखाई दे सकते हैं। पेनल कोड की दृष्टि से भी वे स्वभाव के अनुकूल ही व्यक्त होते होंगे। पशु-जीवन में, उसमें भी बाड़ों में पड़े चिड़ियाघर के प्राणियों में, अनेक प्रकार की असहज चेष्टाएँ हम देख सकते हैं। यह जब अपनी सीमा लाँघ जाती है तब वह व्यक्ति दुख और भ्रम का शिकार बन जाता है। कई प्रकार की प्रवृत्तियाँ मनुष्य को पागल बना देती हैं, बीमार बना देती हैं, दुर्बल बना देती हैं। उसी दृष्टिकोण से हमें इस प्रश्न पर चिन्तन और समाधान करना चाहिए।

निम्नवर्ग में

अब मैं दूसरा प्रश्न उठाता हूँ। कुछ प्राणियों के जीवन में यह दिखाई देता है कि

भोग सन्तानोत्पत्ति के लिए है। लेकिन वैक्टीरिया जैसा अणुजीवी अपनी सन्तान लिंग के प्रश्न के बिना ही पैदा कर लेता है। वह अपने शरीर को अपने आप दो भागों में विभाजित कर लेता है। उसका एक ही कोशवाला शरीर है। ऊँचे वर्ग के जीवों में दिखाई देनेवाली विविध प्रकार की क्रियाएँ और प्रवृत्तियाँ उसमें नहीं हैं। बहुकोश-जीवियों में नर-मादा जैसे प्रभेद दिखाई देते हैं। कुछ कीटों में तो नर-मादा एक ही होते हैं। वह अपने आप मिलता है और सन्तान उत्पत्ति कर लेता है। एककोश-जीवी से बहुकोश-जीवी का विकास हुआ। उसके शरीर के काम-व्याप्ति के विस्तार से नर-मादा का भेद शुरू हुआ। ऐसे जीवों में अण्डा देने या बच्चा पैदा करने के बाद खुद सन्तान की रक्षा करनेवाले भी हैं; नहीं करनेवाले भी हैं।

प्रेम और दीर्घ दाम्पत्य जीवन

मधुमक्खियों में नर-मादा के मिलने के बाद सन्तान तो उत्पन्न हो जाती है। पर नर मक्खी मर जाती है। कुछेक जीवों में माँ अण्डे देने या बच्चे देने के बाद मर जाती है। उस पर सन्तान के पोषण का भार नहीं रहता। बहुकोष-जीवी पशु-पक्षियों के समान ही विकसित हुए हैं। पशुओं से ही कपिकुल का विकास हुआ, और उससे मानवकुल का विकास हुआ है। यदि इस सिद्धान्त को स्वीकार करें तो हम सन्तान और सम्भोग के बीच दीखनेवाले स्नेह, आकर्षण और शृंगार को समझ सकते हैं। जिनमें सन्तान के पोषण का दायित्व नहीं है; वहाँ केवल सन्तान भर के लिए कामवृत्ति पर्याप्त रहती है। बाकी समय में उसकी आवश्यकता नहीं रहती। जहाँ मादा को अपनी सन्तान पालनी होती है वहाँ नर का काम कम हो जाता है। उसमें शृंगार का आकर्षण सम्भोग तक सीमित होता है। नर मादा से दूर भी रह सकता है। यदि झुण्ड में रहता हो तो भी ऋतुकाल आने तक भोग की इच्छा उसमें नहीं होती। पक्षियों में अण्डे देकर, सेकर बच्चे निकलने के बाद, बच्चों के पंख निकलने के बाद उड़ने की शक्ति आने तक और अपना आहार स्वयं जुटा पाने तक नर और मादा का दायित्व अधिक रहता है। ऐसे समाज में नर-मादा के बीच दाम्पत्य दिखाई देता है। बहुत बार नरपक्षी अण्डे सेता है। बच्चों को चुग्गा भी लाकर देता है। केवल मादा को ही वह काम नहीं करना पड़ता। नर मादा का सहायक होता है। प्रकृति का उद्देश्य सन्तानोत्पत्ति होने पर भी उद्देश्य पूर्ति के लिए नर और मादा दोनों को मिलकर गृहस्थी चलानी पड़ती है। इस कारण पक्षियों में, आकर्षण और शृंगार का विशेष महत्त्व है। नर और मादा में लम्बी दोस्ती आवश्यक है। सम्भोग तो केवल ऋतुकाल में ही होता है। परन्तु उनका स्नेह अण्डे फूटकर, बच्चे निकलकर उनके बड़े होने तक, आवश्यक होता है।

पशु जीवन इससे भी तनिक विकसित है अथवा विकास के रास्ते पर कुछ अलग ही है। कुछ प्राणी पक्षियों की दाम्पत्य नीति पर ही चलते हैं। नर और मादा दोनों, बच्चों को पालते हैं। बच्चे को शिकार खेलना सिखाना पड़ता है। यहाँ भी उनका स्नेह और दाम्पत्य दीर्घकाल तक चलता है। नर अपने आकर्षण से मादा को अपनी ओर आकर्षित करता है। काटना, चाटना उनके श्रृंगार की चेष्टाएँ हैं। शेर और चीते में भोग भयंकर रूप धारण कर लेता है। उस समय नर मादा को जान से भी मार सकता है। झुण्ड में रहनेवाले पशुओं का जीवन कुछ और ही ढंग का होता है। हिरण आदि प्राणियों में, जो प्रायः झुण्ड में रहते हैं, मादा को प्रतिस्पर्धा के द्वारा जीतना होता है। मादा को बच्चे देने में सात-आठ मास लग जाते हैं तब पक्षियों के जीवन में दीखनेवाला दाम्पत्य यहाँ नहीं दीखता। वह आवश्यक भी नहीं। नर मादाओं के साथ कभी-कभी झुण्ड में रहते भी हैं और नहीं भी; रहते समय उनका कार्य मादाओं की रक्षा करना होता है। शेर या भेड़िया आने पर उसका प्रतिरोध करते हैं। मादा माँ बनते ही बच्चे के पालन के काम में जुट जाती है। झुण्ड में रहकर अनुकरण करने के कारण बच्चा जल्दी स्वतन्त्र हो उठता है। ऐसे समाज में केवल ऋतुगामित्व हो तो चल जाता है।

कपि जीवन

कपियों में भी, वह भी जरा अच्छी नस्ल के कपियों में, जैसे पूँछहीन गोरिल्ला, बेबून आदि का जीवन झुण्ड का जीवन होता है। वहाँ काम-चेष्टाएँ बचपन से दिखाई देती हैं। उस झुण्ड की मादा सरदार बन्दर के अधीन होती है। वह सरदार ही पति होता है। सब बन्दरियों को उसके अधीन रहना पड़ता है। उस झुण्ड में पलनेवाले नर बन्दरों को कृत्रिम ढंग से अपना काम-जीवन बिताना पड़ता है। नहीं तो अपने सरदारों के कोप का भाजन बनना पड़ता है। सरदार के झुण्ड के बन्दरों की काम-चेष्टाओं के प्रति उदासीनता दिखाने पर भी उस परिवार में बढ़े हुए अन्य बन्दरों को अपने अन्तःपुर की बन्दरियाँ छूने नहीं देता। तो निसर्ग की नीति क्या है? दूसरे बन्दरों को सन्तान प्राप्त करने का अधिकार नहीं है? उन्हें सम्भोग सुख नहीं चाहिए? कपि समाज के झुण्ड के जीवन की रीति अनुसार उन्हें सरदारों के शासन में जीना पड़ता है। इस परिस्थिति में उनके मादा के प्रति आकर्षण में और लैंगिक जीवन में बाधा आती है न? प्रत्येक जीव को सन्तान की इच्छा होती है। पैदा होनेवाली सन्तान को जीना भी चाहिए—इस दूसरे हित को साधनेवाले कपिराज पहलेवाले हित के विरुद्ध होता है न? पहला उद्देश्य तो उसमें पूरा हो जाता है। परन्तु दूसरे बन्दरों से भोग का अधिकार छीन लिया जाता है। तब मादाओं के हिस्से में प्रेम करने का लाभ नहीं मिलता। जबरदस्ती का पति ही उनके हिस्से

में आता है। मुखिया बन्दर के मरने के बाद दूसरा उसका स्थान ले लेता है। ऐसी सन्तति से ही आगे के कपि-मानव और मानवों का जन्म हुआ होगा।

कपि-मानव, मनुष्य

कपि-मानव ने कपियों के दाम्पत्य जीवन का अनुसरण किया। कपि से विकसित मानव, मूल में उसके समान ही जीया होगा। परन्तु ऐसे समाज के और आज के समाज के रूप में आने के लिए हजारों वर्ष लगे होंगे। तब भोग से सम्बन्धित समाज की नीति रूपान्तरित हुई होगी। आज मनुष्य कुटुम्बजीवी है। दाम्पत्य जीवन चला रहा है। इसलिए हमें अब सोचना है कि 'सन्तान के लिए ही भोग' क्या यह निर्णय ठीक है? पहली बात यह है कि मनुष्य की सन्तान को स्वतन्त्र-जीवी होने के लिए एक लम्बी अवधि की आवश्यकता होती है। कम-से-कम दस-पन्द्रह वर्ष तक आश्रय के बिना मानव सन्तान रह नहीं सकती। मानव की साधारण आयु साठ-सत्तर की होती है। उसमें से जवान होने में ही बीस वर्ष लग जाते हैं। शेष पचास वर्षों में वह आमतौर पर सात-आठ बच्चों का पिता बन सकता है। इतना भारी भोग और सुख उसे तृप्त कर सकता है तो ऐसे एक मानव को सम्पूर्ण संन्यासी कहना गलत नहीं होगा।

एक बात और—यह ऋतुगामित्व से सम्बन्धित है। निम्नवर्ग के प्राणियों के जीवन में ऋतुकाल का एक निश्चित समय होता है। तभी उनमें काम प्रवृत्ति नजर आती है। मानव में यह नियम एकदम बदल गया है। स्त्री के रजस्वला होने पर भोग निषिद्ध है। तो इसका अर्थ यह हुआ कि ऋतुकाल भोग का समय नहीं है। स्त्री ऋतुमती होती है परन्तु यह नियम-सा बन गया है कि वह ऋतुकाल छोड़कर ही भोग का समय है। यह बात अर्थपूर्ण हो या अर्थशून्य पर है विचारणीय विषय। स्त्री की देह परिपक्व होने के बाद माहवारी बन्द होने तक गर्भ धारण करने योग्य रहती है। उसका निर्माण ही इस प्रकार का हुआ है। ऋतुत्व से स्त्री-पुरुष में काम जागकर सन्तान की प्रक्रिया होनी चाहिए। उसके बिना भी काम चलता है। भोग की इच्छा जाग्रत करनेवाली निसर्ग की इस व्यवस्था का मानव समाज में महत्त्व ही नहीं रहा। ऐसे जीवन में ऋतुत्व द्वारा प्रेरित करनेवाली काम क्रिया को आकर्षण और श्रृंगार प्रेरित करते हैं। यह शक्तियाँ बुद्धिजीवी मानव में नष्ट नहीं हुई हैं। दूसरी प्रक्रिया में तो थोड़े समय को—यानी ऋतुकाल में ही दिखाई देनेवाला काम-जीवन मानव में लम्बे समय तक दीखना सम्भव हो सका। काम, स्नेह को प्रेरित करनेवाली शक्ति है। मानव की यौवनावस्था में उसका प्रभाव रहता है। अथवा उसके पहले से उसमें दिखाई देने पर भी यौवन में सम्भोग की इच्छा और सन्तान

प्राप्ति की इच्छा दोनों का एक न हो पाना आश्चर्य की बात नहीं। इस सन्तान व ऋतुकाल के सम्बन्ध में, मानव में हुए दैहिक क्रियाओं के अन्तर में हजारों वर्ष लगे होंगे। निसर्ग ने ही ऐसा परिवर्तन क्यों किया होगा?

दीर्घकालीन शिशु-संरक्षण

मनुष्य जीवन में सन्तान के लालन-पालन के लिए लम्बी अवधि चाहिए। इस कारण स्त्री-पुरुष के प्रेम के लिए दीर्घकाल की आवश्यकता होती है। शृंगार, आकर्षण, काम, और उससे बढ़नेवाला प्रेम यह सब लम्बी योजना के अंग बन चुके हैं। आकर्षण और शृंगार यह तो केवल स्त्री-पुरुष के मिलाप पर ही समाप्त नहीं होता, यदि उन्हें दीर्घकाल तक के स्नेह में बदलना हो तो सदा रहनेवाली प्रेरणा होनी चाहिए। अधिकार प्रदत्त विवाहों में क्या हमें यह दीखता है? अथवा हमारे समाज के परम्परागत दाम्पत्य जीवन में क्या हमें यह दिखाई देता है? मानव की काम-भावना ऋतुकाल समाप्त होने के बाद पूर्ण होती है—यह भी दीर्घ दाम्पत्य के लिए आवश्यक स्नेह और प्रेम की प्रेरणा है। प्रकृति में मनुष्य के ऋतुत्व को पार करने का यही उद्देश्य होगा। भोग से सन्तान उत्पत्ति तो होती है परन्तु मानव कुल की जो परिस्थितियाँ हैं उसमें भोग और काम सन्तानोत्पत्ति से भी अधिक व्याप्त हैं। काम स्नेह सम्बन्ध को अवकाश देने और साथ-साथ जीवन चलाने और स्नेह को बनाये रखने का कारण है। सन्तान उत्पन्न करना ही काम का सर्वस्व है, यह नैतिकवाद भी जीवन में दिखाई नहीं देता। प्रकृति सन्तान उत्पादन की राह में बहुत ही बड़ी उदार शक्ति है। एक पेड़ पर हजारों फल लगते हैं। उन हजारों बीजों में कितने कम पौधे निकल पाते हैं। सभी कष्ट व अड़चनें पार कर पौधे का वंश बचाये रखने को कितने फूल-फल निकलते हैं? मानव की बीजोत्पत्ति भी वैसी ही है। भोग में व्यय होनेवाले लाखों वीर्यकणों में एक ही फलता है; कहीं-कहीं दो या तीन भी। निसर्ग बहुत उदार है, इसका यह एक उदाहरण है। एक वीर्यकण के फलित होने के बाद शेष सब व्यर्थ होते हैं। अति भोग भी व्यर्थ होता है। स्त्रियों के लिए प्रायः एक पुरुष ही पर्याप्त है। काम के लिए केवल सन्तान ही उद्देश्य नहीं, प्राणी जीवन में शिशु-संरक्षण भी उसमें सम्मिलित होता है। मनुष्य जीवन में लम्बी अवधि तक शिशु-संरक्षण का काम रहता है। इसलिए भोग केवल सन्तानोत्पत्ति का साधन न होकर स्त्री-पुरुष के दीर्घ स्नेह का कारण बन जाता है। तब काम का विस्तृत कर्तव्य और विस्तृत अर्थ हो जाता है। काम और आकर्षण मानव के सहज सन्तान-संरक्षण और लालसा को बनाये रखने में सहायक होते हैं। इनमें से एक भी कम हो जाने पर दाम्पत्य अतृप्त हो उठता है।

वह तृप्ति, आकर्षण, शृंगार, काम के व्यापक रूप हैं। इसी पर दाम्पत्य की नीति का स्वरूप एक रूप लेता है।

विस्तृत जीवन

मानव जीवन में आकर्षण और शृंगार का अधिक महत्त्व होना चाहिए यानी शेष प्राणियों के जीवन से मानव का जीवन विशेष अर्थपूर्ण होना चाहिए। उनका मिलन अल्पकालीन होता है जबकि मानव का दीर्घकालीन। शेष प्राणीकुल में अपने बच्चे पैदा करके उसे पालकर, आहार देना और उसे शत्रुओं से बचाकर बड़ा कर देना ही बहुत है। प्राचीन काल का गुहामानव भी उतना ही काम करता था। स्त्री-पुरुष के मिलन के लिए, स्नेह के लिए, ऐसे उद्देश्यों की एकता होना सरल है। आज का मानव समाज गुफामानव का समाज नहीं रहा। उसकी आशा-आकांक्षाएँ—आहार अर्जन, शत्रुओं से बचना—इतने में ही समाप्त नहीं होतीं। उसका सुख कई रास्ते चुनता है। अनेक प्रकार के हास विलास, उद्यम, अभ्यास, अभिरुचियाँ आदि अनेक बातें उसके मानसिक संसार में भरी हैं। उसकी आहार समस्या भी गुहामानव के समान सुलभ नहीं। स्त्री-पुरुष का, समाज में उसके भार को वहन करने का ढंग ही कुछ और बन गया है। अन्न प्राप्त करने के साधन बदल चुके हैं, क्षेत्र बदल चुका है। समाज में स्त्री-पुरुष को इन सब कारणों से अपने परिवार से बाहर, गाँव से बाहर दिन बिताने पड़ते हैं। सीमित आवरण में अपना साथी चुनकर प्रेम करके जीवन चलाना एक सरल काम है। उसमें भी स्पर्धा दिखाई देती है। लेकिन मानव समाज में विभिन्न प्रकार की अभिरुचियाँ, विस्तृत आहार-क्षेत्र आदि से उत्पन्न होनेवाली समस्याएँ और भी बढ़ गयी हैं। दीर्घकाल तक साथ रहने का प्रयत्न करने से स्त्री-पुरुष के काम में बहुत समस्याएँ और जटिलताएँ पैदा होती हैं।

शृंगार का स्थान

इसलिए शृंगार और आकर्षण से स्नेह प्राप्त करके, उस स्नेह को बचाये रखना और कठिन है। स्त्री-पुरुष का स्नेह केवल शारीरिक मोह से ही पूर्ण नहीं होता। मात्र मानसिक मोह स्त्री-पुरुष को शास्त्र की डोरी से बाँध सकता है यह समझना भी अज्ञान है। नैसर्गिक जीवन में यदि प्रेम से दाम्पत्य शुरू हो तो उस दाम्पत्य के करार को स्वीकार करके, बाद में हम स्नेहपूर्वक ही जीवन बिताएँगे कहना सरल है क्या? यह बात नहीं कि वह सम्भव नहीं है, अपितु सम्भव होना कठिन है। भोग से बच्चे पैदा हो ही जाते हैं। पर माता-पिता का पूरा प्रेम उन्हें प्राप्त होगा? पिता के बिना और पिता को देखे बिना भी माँ सन्तान प्राप्त कर सकती है। परन्तु

उस बच्चे की बाढ़ के लिए, विकास के लिए प्रेममय वातावरण अवश्य होना चाहिए। मनुष्य अन्न–जीवी है पर सुख के लिए उसे स्नेह–जीवी भी होना पड़ता है।

हित–शत्रु

यदि स्वीकार किया जाए कि स्त्री–पुरुष के लिए दीर्घकाल का स्नेह आवश्यक है तो यह भी मानना पड़ेगा कि उसमें आकर्षण और शृंगार हो तो अधिक हितकारी होगा। पर एक क्षण भर का काम–मोह, प्रेमियों को क्षण भर के लिए समीप लाये भी तो उतने से ही वह मित्रता दीर्घकाल तक नहीं चल सकती। तात्कालिक मोह को यदि दीर्घकाल तक बनाये रखना है तो स्त्री–पुरुष की मनोवृत्ति, आसक्ति, उद्देश्य, स्नेह में मेल होना चाहिए। उनकी शारीरिक मानसिक इच्छाएँ भी मिलनी चाहिए, नहीं तो विवाह शब्द का कोई अर्थ नहीं है। इसीलिए पाश्चात्य देशों में विवाह विच्छेद की दौड़ लगी रहती है। पति–पत्नी का, बच्चों के सामने झगड़ने की अपेक्षा, उनका दूर रहना ही बेहतर है। हमारे समाज में दाम्पत्य को विधाता द्वारा बनाया गया मानते हैं।

हमारे यहाँ शुरू में आकर्षण और शृंगार के लिए स्थान ही नहीं होता, आगे भी शायद वह प्रकट न हो। इस विषय की आन्तरिक तृप्ति और अतृप्ति के बारे में विवाहित स्त्री–पुरुष चर्चा ही नहीं करते। स्त्री अधिकतर काम की पूर्ति के लिए शरीर देनेवाली दासी के समान है। उसमें उसके मन का प्रश्न ही नहीं उठता। जहाँ मन के लिए स्थान होता भी है, वहाँ दोनों के मन की प्रवृत्ति और मनोभाव न मिले तो वहाँ झगड़ा भी हो सकता है। रोज लड़ते–झगड़ते एक ही घर में रहते हित–शत्रु की भाँति दाम्पत्य जीवन चल सकता है ?

इतना सब होने पर भी मन की इच्छा और तन की इच्छा चुप रहेगी ? तब दमित आकर्षण व विलास दाम्पत्य–जीवन से बाहर दीखने लगते हैं या असहज रास्ते पर चलने लगते हैं। यह स्त्री के जीवन में भी हो सकता है। दाम्पत्य जीवन में जब तृप्ति नहीं मिलती तब तन और मन बाहर तृप्ति खोजने लगते हैं। नीति के डर से, अवसर के अभाव से, जब वह सम्भव नहीं हो पाता तो मन विपरीत मार्ग अपनाने लगता है। क्रोध, उद्रेक, हिंसा–प्रियता, अश्लील भाषण और भ्रम आदि में इसका अन्त होता है। हमारे नित्य जीवन में निसर्ग की सहज मनोवृत्तियों को अवकाश न मिले तो विचित्र प्रतिक्रियाएँ होने लगती हैं।

समाज में एक प्रकार के दाम्पत्य और भोग–नीतियों के प्रश्न को ध्यान में रखकर ही आदर्श खोजना पड़ता है। उनको छोड़कर कोई भी नीति व्यावहारिक नहीं हो सकती; केवल किताबी रह जाएगी। यदि जबरन उसे थोपना चाहें तो हमें

उसकी प्रतिक्रिया भुगतनी पड़ती है।

विस्तृत काम

काम शैशव से लेकर यौवन आने तक विकसित होनेवाली एक शक्ति है। उसका उद्देश्य सन्तान और संरक्षण है। उस कार्य साधन में श्रृंगार और आकर्षण सहायक होते हैं। मानव समाज में आवश्यक दीर्घ दाम्पत्य जीवन के लिए यह काम और आकर्षण सहायक होते हैं। मानव समाज को विशिष्ट अभिरुचियाँ और शारीरिक मुद्राएँ स्त्री-पुरुष के दूर-दूर रहने के कुछ सन्दर्भ, दोस्त या सहेलियों से दूर रहते समय किसी अन्य आवरणों में पनपनेवाले दूसरे प्रसंग, इन सबको ध्यान में रखकर नीति की रूपरेखा बनानी चाहिए। इन बातों की ओर ध्यान दिये बिना थोपे गये आदर्श व्यावहारिक नहीं हो सकते।

अप्रकट विरक्ति

कितने संन्यासी और संन्यासिनियों के मठ नहीं हैं! जबरन थोपा गया वैधव्य नहीं है! उनमें रहनेवाले क्या काम दहन कर चुके हैं? मैंने मुख देखकर ही कुछ ऐसे व्यक्तियों का परीक्षण किया है। जैसा कि पहले बताया कि बच्चों के बारे में मैंने जैसे परीक्षण किये वैसे यहाँ भी किये। उनका आदर्श जो चाहे रहे उनके मुख उनके आदर्श चित्रित नहीं करते, यह मेरा निश्चित विश्वास है। ऐसे संन्यासी और संन्यासिनियाँ क्या करती हैं यह उनसे पूछकर देखिए।

लगभग बारह वर्ष की खोज, विचार-विनिमय और अनुभवों के आधार पर मैं उपर्युक्त निर्णय पर पहुँचा। यह निर्णय मैंने अपने लिए किया है। परोपकार के लिए ब्रह्मचर्य का उपदेश देनेवाले व्यक्ति का ही बारह वर्ष के अन्त में इस निर्णय पर पहुँचना आपको आश्चर्य में डाल सकता है। उसे विशद रूप में बताने के लिए और बारह वर्ष लग सकते हैं। परन्तु अनुभव के आधार पर सही बात कहने के लिए डर की आवश्यकता नहीं। मैंने जो बात पहले कही उसी को सिद्ध करने का हठ भी नहीं है। मुझे अपने में ईमानदार होने की बात ही मुख्य है।

आदर्श बदल गया

इतना मानसिक संघर्ष करने के बाद अपने बारे में निर्णय लेने में मुझे कोई मुश्किल नहीं हुई। शुरू में विवाहित जीवन मेरे दृष्टिकोण से दूर था। इसके अतिरिक्त सार्वजनिक सेवा में लगे व्यक्ति को यह एक भार भी हो सकता है। मुझे उससे एक सहायता भी मिली। वह यह थी कि निश्चिन्त होकर अपना काम करने और

अपनी शक्ति और मन को उद्देश्य की प्राप्ति के लिए प्रयोग में लाने में सहायता हुई। एक निष्ठुर आदर्श मेरे सम्मुख होने से ही चाहे मैं कैसे भी मित्रों के साथ रहा, चाहे जहाँ भी भ्रमण करता रहा यौवन के सहज शृंगार की बलि होने से बचे रहने में सहायता मिली। ऐसे उद्वेगों के करतब को जाननेवाला मैं, अब उनकी कीमत तो जानने लग गया हूँ, पर तब तो मैं उन्हें निन्दनीय समझता था। मेरे सैकड़ों मित्रों में तरह-तरह के आदमी थे। नीतिवान, उसका दिखावा करनेवाले नीतिहीन— सबसे मेरा परिचय था। इससे मेरे जीवन का पथ बदला नहीं। उस जमाने में ही मैंने ब्रह्मचर्य पर 'जीवन रहस्य' नाम की पुस्तक लिखकर प्रकाशित करायी थी। तब का मेरा जीवन मेरी मानसिक प्रवृत्ति के अनुकूल था। गाँधीजी और रामकृष्ण आदि की रचनाओं के प्रभाव और अन्य प्रभावों से मन का झुकाव तब भगवान की ओर अधिक था। वह एक स्वतन्त्र विषय के रूप में आगे लिखूँगा। यहाँ तो केवल इतना ही कहूँगा कि ऐसी इच्छा के लिए वही जीवन अनुकूल था।

सहचरी का मिलना सरल है?

मेरे उद्देश्य में परिवर्तन आने से पहले, लोगों के शादी के लिए मजबूर करने पर भी मैं तैयार न था। यदि मैं तभी स्वीकार कर लेता तो मेरे जीवन का यह रूप न बन पाता। बारह वर्ष की लम्बी अवधि में मेरे पुराने आदर्श बदल गये। विवाह न करने का हठ जाता रहा। ऐसा लगा कि सांसारिक जीवन व्यक्ति के संस्कार के लिए आवश्यक है। यह संस्कार जाति के चाहे बाहर हो या भीतर दीर्घ मित्रता से बनना चाहिए। जीवन पत्नी और बाल-बच्चों में गुजारना होता है, परन्तु उसकी सफलता या असफलता सही सहचरी के मिलने पर ही सम्भव है। ऐसी सहचरी के मिलने तक विवाह की आशा लगाये रहा। आँखें मूँदकर रीति के शरणागत होकर, जन्मपत्री मिलाकर विवाह करना मेरे लिए सरल था। पर वह मेरे जीवन की कल्पना के साथ मेल नहीं खाता था। मेरे जीवन को, मेरी बात को समझने की बुद्धि-शक्ति मेरी सहचरी में नहीं होनी चाहिए? वह चुनाव कैसे सम्भव था? हमारे समाज में स्त्री-पुरुष को अपने-अपने आवरण में जीना पड़ता है। अगर उस सीमा को लाँघें तो निन्दा के शिकार बनते हैं। यह मालूम है कि ऐसी स्थिति में साधारणतः हमारे युवक-युवतियों के लिए सरल स्नेह और परिचय के लिए अवकाश ही नहीं है।

मैं शुरू से जाति के बन्धनों को नहीं मानता था। जब से सार्वजनिक काम शुरू किया तब से जाति या मत मेरे रास्ते में बाधा नहीं बन पाये। परन्तु मेरा विचार है कि मत, धर्म और संस्कृति हमारी मानसिकता को प्रभावित करते रहते हैं। दूसरे

मतावलम्बियों में विवाह करना हितकर नहीं रहेगा। परन्तु हिन्दू समाज में ही मुझे अन्तर्जातीय विवाह में कोई दिक्कत नहीं दिखाई दी।

मेरा संचार क्षेत्र बड़ा विस्तृत था। दोस्तों का दायरा भी बड़ा विस्तृत था। परन्तु उन विषयों में मेरे और उन लोगों के विचारों में काफी अन्तर था। बहुत घनिष्ठ मित्रों से भी ऐसे विषयों के बारे में चर्चा करना कठिन काम था। इस कारण गृहस्थी बनाने का निश्चय कर लेने के बाद गृहस्थ बनने में तीन-चार वर्ष लग गये। तब तक मैं अपने समाज के हिसाब से परिपक्व हो चुका था। वैसे अपने हिसाब से मैं अभी लड़का ही था। अन्तर केवल इतना था कि मैं मूँछों वाला लड़का था।

पत्रकारिता

स्वप्नलोक से

पिछले एक अध्याय में मैंने खादी प्रचार के साहस और उसकी इतिश्री के बारे में लिखा है। उस प्रयास में मुझ पर कर्ज हो गया था। यह काम बन्द करते-करते मुझे दूसरे काम के लिए अवकाश मिला। कॉलेज छोड़ने के बाद गुजारे गये चार-पाँच वर्ष में मुझे अपने कल्पनालोक और वास्तविकता के साथ काफी संघर्ष करने का मौका मिला। तब मैंने यह जाना कि अनुभव की पृष्ठभूमि के बिना आशा और अभिरुचियाँ सुदृढ़ आधार प्राप्त नहीं कर सकतीं।

सेवक?

अब तक मैं यह सोच रहा था कि मैं एक देशभक्त हूँ। 'देश-सेवा' जैसी बात बहुत बड़ी चीज है। एक अर्थ में वह सब कुछ लेकर चलती है। दूसरी ओर उससे कुछ भी अर्थ नहीं निकलता। यह बड़ी बात अर्थ की अस्पष्टता होने से पैदा हुई। क्या उसका यह अर्थ है कि देश की उन्नति यानी अमुक उन्नति के लिए प्रयत्न करना चाहिए? देश की स्वतन्त्रता—क्या वही एक काम है? राजनीतिक स्वतन्त्रता, साम्प्रदायिकता से मुक्ति, अन्धविश्वासों से छुटकारा, इन सब बन्धनों में फँसी मानसिकता एवं व्यवहारों से मुक्ति—इनमें से कौन-सी बात देश-सेवा नहीं है? केवल राजनीतिक स्वतन्त्रता ही वह सेवा है? देश जैसी बात ही बहुत बड़ी है। किसी एक गाँव में बैठे व्यक्ति के लिए अपना देश, अपना समाज कूपमण्डूक जैसा ही होता है। हम चाहे जो भी काम करें वह परिचित आवरण में ही होना चाहिए। हमारे क्रियाकलापों, चाल-चलन के लिए वहाँ ज्यादा मौका नहीं मिलता। मुझ जैसे के लिए वह एक ग्राम हो सकता है। ज्यादा से ज्यादा एक तालुक हो सकता है। अब 'सेवा' शब्द भी मुझे एक आडम्बर ही लगता है। सेवक बनने में दिखावा नहीं है। पर अपने आपको काम में लगानेवाला व्यक्ति कैसा सेवक? वह किसी की सेवा करता है? जब कोई स्वयं को, अपने समाज का

अंग समझे तो उसमें सेवा की बात ही नहीं उठती है। वह तो ऐसा ही हुआ जैसे हम अपने घर के काम आप करते हैं। क्या वह सेवा हुई? उस समाज का ही विस्तार किया जाए तो वह देश-सेवा होती है। देश स्वतन्त्र होता है तो हम भी स्वतन्त्र होते हैं। उसके लिए किया जानेवाला काम सेवा है? बड़े-बड़े शब्दों के मोह में पड़कर हम कई बार अपना कर्तव्य ही भूल बैठते हैं। हम 'सेवा करते हैं' कहना केवल एक झूठे गर्व की बात होती है।

कन्नड़-सेवा

मैंने जो एक काम शुरू किया वह कन्नड़-सेवा थी। कन्नड़ हमारे घर की भाषा थी। मेरा तुळुनाड से सम्पर्क भी नहीं था। अपनी भावनाओं को कन्नड़ में प्रकट करने के सिवा मैं क्या कर सकता हूँ, फिर भी एक जमाने में मुझे यह भ्रम था कि 'मैं कन्नड़ की सेवा' कर रहा हूँ। वह भ्रम भंग होने में काफी दिन नहीं लगे। काम करने के आरम्भ में यह भ्रम होता है। काम करते चलो तो भ्रम अपने आप मिट जाता है। कुन्दापुर में देवण्णा पै नाम के एक मित्र थे। वे एक वकील के मुनीम थे। उन्हें पढ़ने का बहुत शौक था। कई मराठी और बंगाली पत्रिकाएँ मँगवाते थे। मराठी के मासिक मनोरंजन, नवयुग और बंगाली का भारतवर्ष आदि पत्रिकाएँ मँगवाकर पढ़ा करते थे। अगडी की शेषाचल ग्रन्थमाला के भी वे चन्दादार थे। मैं कन्नड़ की पत्रिका 'कादम्बरी' मँगवाता था। उसके और बंगाली तथा मराठी पत्रिकाओं के स्तर में अन्तर देखकर हम दोनों को दुख हुआ। हमें ऐसा लगा कि कन्नड़ पत्रिका में न तो बाह्य आकर्षण है और न भीतरी आकर्षण। तब मेरी यह इच्छा हुई कि क्यों न एक अच्छी कन्नड़ पत्रिका शुरू करें। हमने योजना बनायी कि उस पत्रिका में उपन्यास और कहानियाँ भी होनी चाहिए; अच्छे लेख होने चाहिए और काफी चित्र भी होने चाहिए। 1924 में हमने यह निर्णय किया कि मेरे सम्पादन में 'वसन्त' नाम की एक पत्रिका शुरू की जाए। सम्पादक शब्द से मुझे बड़ा मोह था। मुझे ऐसा लगा कि चाहे कोई विरुद न मिले पर सम्पादक का विरुद मिल जाए तो बड़ा व्यक्ति हो जाऊँगा। मैंने वह काम करना स्वीकार कर लिया। मेरे पास पैसे नहीं थे। देवण्णा पै ने कहा, "चलो कर्ज लेकर एक साल के लिए किसी प्रकार चलाएँगे।" दिमाग में विचार उठते ही हमने वसन्त कार्यालय की स्थापना करके, 'वसन्त' मासिक पत्रिका चलाने का निश्चय कर लिया। मेरे और एक मित्र थे बी. आनन्द भण्डारी। वे एक स्कूल के मास्टर थे। पढ़ाई के नाम पर वे केवल मैट्रिक थे, फिर भी हमने भण्डारकर बी. ए. की उपाधि देकर उन्हें सम्मानित व्यवस्थापक बनाया। सम्पादक बनने के बाद मैं 'हम' बन गया। स्वयं को 'हम' कहने की सम्पादक की तलब अब भी मुझमें बाकी बची है।

पृष्ठ भरना

पत्रिका चलाने के बाद उसमें लेख नहीं भरने चाहिए? तब शुरू हुई असली मुसीबत। स्थानीय मित्रों से तकादा कर-करके लेख लिखाये। अधिकांश लेख मैं ही लिखता था। पहले दो वर्षों में 'विचित्र कूट', 'भूत' नाम से दो जासूसी उपन्यास प्रकाशित किये। आज भी उसकी प्रसिद्धि शेष है। कई लोग बहुत दिनों तक 'विचित्र कूट की प्रतियाँ हैं?' कहकर पत्र लिखते रहे। वह सेक्सटन ब्लेक की कहानियाँ पढ़ने की प्रेरणा थी। उन जासूसी कहानियों में पता नहीं मैंने कितनी गोलियाँ चलायीं, कितने कत्ल कराये हैं, यह मुझे याद नहीं। उस समय जैसी मनोवृत्ति थी वैसी मनोवृत्ति वालों को आज भी वे कहानियाँ पसन्द आ सकती हैं। परन्तु मैं तो उससे बहुत जल्दी ऊब गया। एक बुजुर्ग श्री उग्राण मंगेश राय ने मुझसे एक दिन पूछा, ''ऐसी कहानियों से देश का क्या उद्धार होगा?'' तब मुझे उस प्रश्न के बारे में सोचना ही पड़ा। उन्हीं दिनों 'निर्भाग्य जन्म' नाम से एक सामाजिक उपन्यास लिखकर प्रकाशित किया। तब उस पर मैंने लेखक का नाम नहीं दिया था।

खाली स्थान पर कविता

पहले दो वर्ष तक तो पत्रिका में किसी प्रकार लेख भरे। मेरे गुरु श्री ऐ. शिवरामय्या जी उसके लिए लेख लिखते थे। मैं मंजेश्वर गोविन्द पै से कविता लिखने का तकादा करता था, ''पै जी, लेखों के बीच में स्थान बच जाता है। उनमें कविता हो तो सुन्दर लगेगा। मुझे तो कविता की गन्ध तक मालूम नहीं है। आप एकाध कविता दे दें तो बहुत उपकार होगा।'' उन्होंने भी ऐसे सम्पादक पर अभिमान रखकर कुछ कविताएँ भेजीं। कुछ दूसरों से लिखवायीं। खाली स्थान कविता से पूरा किया। बम्बई, कलकत्ता से रंगीन और अन्य चित्र मँगवाकर, अपनी पत्रिका की ज़गह भरा करता था। अँग्रेजी की 'शिशिर' मासिक पत्रिका की तरह कार्टून और व्यंग्य चित्र मैं खुद लिखता था। कुछ विशेषांक भी निकले। उसमें एक सी. आर. दास के बारे में था। पत्रिका में सन्त निहाल सिंह के लेख का अनुवाद करके छापने की अनुमति प्राप्त की। बाबू भगवान दास का आशीर्वाद भी प्राप्त किया। जो भी हो, पत्रिका के प्रथम दो वर्ष बड़े संघर्ष से बीते।

ग्राहकों की तलाश में

पत्रिका का सम्पादन करने में संघर्ष करने से ही काम पूरा हो जाता है क्या? उसे बेचना नहीं चाहिए? ग्राहक बनाने के लिए मैंने मैसूर, बैंगलूर, मद्रास, बम्बई, उत्तर कर्नाटक आदि स्थानों के कई-कई चक्कर लगाये। उससे राह खर्च के लिए भी पैसे नहीं जुट पाते थे। लोगों के घर जाता तो वे भिक्षुकों के साथ जैसा सलूक

करते। मुसीबत को टालने के लिए 'वी. पी. भेज दीजिए' कहते। वी. पी. में तीस पैसे का खर्च बेकार जाता। कई बार अगले स्टेशन तक पहुँचने के लिए भी पैसे नहीं हुआ करते थे। तब कोई-न-कोई चन्दादार पेशगी में चन्दा दे देता और मुझे आगे जाने में मदद करता। कई बार ऐसा भी हुआ है। मैं एक बार गदग गया था। वहाँ के एक होटल में ठहरा। हाथ में केवल एक अठन्नी थी। आगे हुब्बल्ली जाने के लिए पैसे की जरूरत थी। पर होटलवाले को पैसे दिये बिना काम कैसे चलता। होटल छोड़ते समय मैंने पूछा, "कितने पैसे हुए?" उन्होंने "कोई बात नहीं, जाइए" कहा। उनकी कृपा से मैं हुब्बल्ली पहुँचा। कई बार इस प्रकार मेरे साथ घटित हुआ है जिसे देखकर मुझे आश्चर्य हुआ। साल के अन्त तक हमारी पत्रिका को चार सौ चन्दादार भी नहीं मिल सके। अगले वर्ष के आरम्भ में चार सौ में केवल एक सौ रह गये थे। इन यात्राओं से एक लाभ तो हुआ। हमें हपे आदि गाँव देखने का अवसर मिला। उससे लेख लिखने के लिए सामग्री मिली।

जातिवादी पत्रिका

दो ही वर्षों में मेरे मित्र हार गये। मैं भी कर्जदार हो गया। मित्र भण्डारी का हमारे लिए परिश्रम करना व्यर्थ गया। उनके पास मेरी ओर से उन्हें प्रदान की गयी बी. ए. की डिग्री रह गयी। पत्रिका बन्द करनी पड़ी। बाद में 'अरे आपकी पत्रिका अच्छी थी। आपने उसे बन्द क्यों कर दी?' यह बात पूछनेवाले भी मिले। इसके बाद लगभग तीन वर्ष तक अज्ञातवास में रहा। उसकी कहानी और कभी बताऊँगा। बाद में मैं मंगलूर आ गया। सन् 1927 में मेरे भाई रामकृष्ण कारन्त वहाँ वकील थे। 'भू-स्वामी और अरण्य' के बारे में काम कर रहे थे। तब वे मद्रास विधानसभा के सदस्य थे। उन्होंने कहा, "मेरे काम में सहायक होनेवाली एक पत्रिका चाहिए। अगर तुम यहाँ रहकर पत्रिका चला सको तो शुरू कर दो।" तब मैंने उन्हें उसके लिए आवश्यक प्रबन्ध करने की बात कही। उसके बारे में दूसरों में भी अभिरुचि पैदा करने, उस पर मद्रास के मित्रों से चर्चा करने के लिए वे मद्रास गये। वहाँ के मित्रों ने भी सहमति दे दी। भैया खुशी-खुशी गाँव लौटे। उनकी सहायता करने के लिए एक सज्जन मद्रास से बेंगलूर आये। पर वे अपना वचन भूल गये। उन्होंने दूसरी ही एक पत्रिका की नींव रखी। उसे उन्होंने मेरे भाई के मित्र भिंडे शेषभट्ट को सौंपा। वे उस पत्रिका को ब्राह्मणों के उद्धार के लिए प्रयोग में लाना चाहते थे। मद्रास में उन बुजुर्ग मित्र ने पहले काँग्रेस के विरोध में जस्टिस पार्टी के लिए काम किया था। भिंडे जी ने मुझसे ही पूछा, "क्या तुम हमारी पत्रिका की मदद करोगे?" मुझे शुरू से ही ब्राह्मणों से कोई मोह नहीं था। अतः मैं उसके लिए तैयार नहीं हुआ। उन्होंने दूसरा ही सम्पादक नियुक्त किया। धीरे-धीरे भिण्डे भी

उनसे दूर हो गये।

सम्पादकीय द्विज

इससे निराश होने पर भी अपनी 'वसन्त' पत्रिका को फिर से चलाने की इच्छा हुई। मंगलूर में और एक बार 'वसन्त कार्यालय' की स्थापना हुई। वहाँ एक वर्ष तक पत्रिका चलाता रहा। तब पैसे की जिम्मेदारी या यूँ कहना चाहिए कि कर्जे की जिम्मेदारी मेरी ही थी। धर्मप्रकाश प्रेसवाले छापने को तैयार हो गये। पैसा सुविधा के अनुसार दिया जा सकता था। वास्तव में उन्हीं को मालिक कहना चाहिए। पत्रिका देखने में मनोहर थी। अनेक विषयों से उसे भरने का प्रयास किया। अनेक मित्रों ने उसके लिए लेख लिखे। तब जर्मनी में रहनेवाले पं. आचार्य से पत्र द्वारा ही परिचय हुआ। वे वहीं से अराजकतावाद पर लेख लिखते थे। मैं इंगलैण्ड के लेबर पार्टी कार्यालय से रूस के बारे में पुस्तकें प्राप्त करके लेख लिखने लगा। चीन से Agnes Smedley नाम की महिला लेख भेजा करती थी। जो भी हो, एक पत्रिका को विषयों से भरना एक कठिन कार्य होता है। ऐसा लगता है कि विषय का अध्ययन करके लिखने का गुण हमारे लोगों में नहीं है। उन्हीं दिनों मेरे भाई वासुदेव ने भारतीय वास्तुकला पर लेख लिखे। उनसे मैं चित्रकला की ओर आकर्षित हुआ। उस विषय का अध्ययन करके मैंने भारतीय चित्रकला पर एक लेखमाला तैयार की। बाद में उसे पुस्तक के रूप में भी प्रकाशित किया। उसे देवराज बहादुर निधि का प्रथम पुरस्कार भी मिला। मेजर वसु की Rise of the Christian Power in India के सार को लेख माला के रूप में देने का मन हुआ। उनकी अनुमति प्राप्त करके, 'भारतवर्ष में ब्रिटिश लोग' नाम की लेखमाला प्रकाशित की। उसे भी बाद में मैंने पुस्तक के रूप में प्रकाशित किया। तब 'सूळेयर संसार' (वेश्याओं की दुनिया) नाम का मेरा एक सामाजिक उपन्यास तभी प्रकाशित हुआ। 'बैबरिगे जयवा गलि' (पसीने की विजय हो) नाम से एक नाटक भी प्रकाशित किया। 'वसन्त' में ही मेरा 'कृष्णार्जुन' नाटक प्रकाशित हुआ।

सिद्धव्वनहल्ली कृष्ण शर्मा ने 'निर्भाग्यद बोरेगौड' शीर्षक से अर्थशास्त्र सम्बन्धी एक लेखमाला दी। और भी कई मित्र मेरे सहायक हुए। फिर भी ऐसा लग रहा था कि पत्रिका के लिए पर्याप्त लेख नहीं मिल रहे हैं। कठिनाई यह थी कि लिखनेवालों को पर्याप्त प्रोत्साहन नहीं था। चन्दादारों की संख्या भी बढ़ी नहीं, तीन सौ पर ही खतम हो गयी। तब एक सचित्र पत्रिका चलाना कैसे सम्भव था?

कृतिचौर्य

उन दिनों में और भी एक-दो कटु अनुभव हुए। हमारे लेखक किसी विषय पर

अच्छी तरह पढ़कर लिखने का कष्ट नहीं उठाते। वे केवल यश चाहते हैं। यश भी जो आसानी से मिल जाए। कृतिचौर्य से ही उसे प्राप्त करनेवालों की संख्या ज्यादा रहती है—अल्पमति सम्पादक को वह कैसे समझ में आए? उसे इस बात का भी ध्यान नहीं रहता कि ऐसे लेखकों को छापकर वह भी उस चोरी में सहायक बनता है। मेरी पत्रिका को, पहले ही वर्ष में एक महाशय ने 'भीष्म की भयानक भूलें' नाम का एक लेख भेजा। वह युक्तिपूर्ण था। उसमें यह तर्क था कि भीष्म के विवाह न करने से ही महाभारत युद्ध हुआ। उस लेख की प्रशंसा में एक-दो मित्रों ने पत्र भी लिखे। पर एक मित्र ने यह लिखा कि वह मराठी के लेख 'भिष्मांचे भयंकर भूल' का अनुवाद है। और एक बार एक लेखक ने 'कटुक रोहिणी संवत्सर दल्लि' नाम का एक नाटक दिया। मैंने उसे भी प्रकाशित किया। कइयों ने उसकी प्रशंसा की। कुछ समय के बाद पता चला कि वह मराठी पत्रिका 'गृह लक्ष्मी' में प्रकाशित 'काहे वर्षांचे नंरत' नाटक का अनुवाद है। वहाँ का 'रोना पन्त' यहाँ 'नरशय्या' हो गया था।

कन्नड़ में आजकल कृतिचौर्य खूब जोरों पर है। प्रायः अँग्रेजी से और हिन्दी पत्रिकाओं से चोरी होती है। कन्नड़ वाले राष्ट्रभाषा से स्फूर्ति पाकर अपने नाम पर उसे कन्नड़ में छपवा देते हैं। इस प्रकार चोरी बार-बार प्रकट हो जाती है। एक बंग साहित्यकार ने चेकोव की कहानी को अपना बताया था। उसके कन्नड़ के अनुवाद से उसका चौर्य कर्म प्रकट हो गया। इसी प्रकार एक ग्रन्थ में एक लेखक ने Will Durant की 'Mansions Philosophy' से एक अध्याय का अनुवाद करके, अपने नाम से निकाल दिया। एक लेखक मित्र ने 'Sixth Beattitude' कहानी को 'छठा स्वर्ग' या 'सातवाँ स्वर्ग' नाम से अनुवाद करके अपने नाम से प्रकाशित किया। और एक ने 'सेवन ओ क्लाक' कहानी को अपनी कहकर प्रकाशित कराया। इस तरीके से अपनी पत्रिकाओं को भरने से बड़ा अपमान देश के लिए और नहीं है। इस बारे में मुझे और एक व्यक्ति की याद आती है। एक महान साहित्यकार का प्रत्येक साहित्यिक स्पर्धा में प्रथम स्थान पाना देखकर मुझे आश्चर्य हुआ। एक बार मैं एक कहानी प्रतियोगिता का निर्णायक था। उसमें भी उसे प्रथम स्थान मिला। बाद में मुझे पता चला कि वह कन्नड़ के एक बड़े लेखक की कहानी का रूपान्तर है। यह बात मैंने साहित्य परिषद् के अध्यक्षीय भाषण में कही। उस भाषण को सुनकर वह लेखक मुझसे झगड़ने लगा। उस विवाद के निर्णय का काम मैंने श्री डी. वी. जी. पर छोड़ दिया। उन्होंने निर्णय दिया कि ऐसे मौकों पर हमें कम-से-कम यह तो बताना ही चाहिए कि हम किसके ऋणी हैं। हमारे उन महान साहित्यकार को यह बात हजम नहीं हुई। उन्होंने पत्रिकाओं में भी विरोध किया। उनका विचार रहा होगा कि प्रसिद्धि प्राप्त

करने के मार्ग में प्रामाणिकता की आवश्यकता नहीं होती।

हमारी 'वसन्त' का पुनर्जन्म तो हुआ लेकिन दो वर्ष तक ही चल सकी। उससे और भी कर्ज बढ़ गया। यह विचार स्वाभाविक रूप से उठा कि जब पाठक ही नहीं हैं तब भला पत्रिका किसके लिए निकाली जाए। इसलिए उसे बन्द कर देना पड़ा। 'वसन्त' नाम की वह मासिक पत्रिका मेरे वैभव की स्मृतियों में से एक है।

कभी समाप्त न होनेवाली आशा

आज भी मेरा मन पत्रिका चलाना चाहता है। नुकसान से भी उसे चलाने का उत्साह है। जब विदेशी पत्रिकाओं को मँगवाकर पढ़ता हूँ तब कन्नड़ की पत्रिका-जगत् का दारिद्र्य अच्छी तरह स्पष्ट हो जाता है। हमारे सम्पादकों में अध्ययन और विद्वत्ता दोनों पर्याप्त मात्रा में दिखाई नहीं देते। ऐसा लगता है कि वे इस अनुभव के लिए अपवाद हैं। अलग-अलग विषयों के लिए समर्पित पत्रिकाएँ भी नहीं हैं और सामान्य पत्रिकाएँ भी नहीं हैं। 'कन्नड़ की सेवा के लिए पत्रिका चला रहे हैं, लेख भेजिए' इस अधिकार से लिखनेवालों की संख्या ही ज्यादा है। एक-दो ही लेखकों को पारिश्रमिक दे पा रहे हैं। परन्तु अपने लिए आवश्यक लेख हेतु नोटिस भेजनेवाले सम्पादक ही ज्यादा हैं। उनका विचार है कि लेख एक अक्षयपात्र है, उसे तो किसी चीज की जरूरत नहीं होती। एक विशेषांक निकालकर सिने जगत् की चार तारिकाओं के फोटो और सिनेमाओं की चर्चा करने से उन्हें पैसे मिल जाते हैं और पत्रिका चलाना भी सम्भव हो जाता है। और, कुछ तो जन्म से ही सर्वज्ञ होते हैं। दुनिया के ज्ञान की आँख और कान खोले बिना ही बड़ी-बड़ी बातें लिखने लग जाते हैं। चार लोगों की निन्दा करके पत्रिका को प्रसिद्ध करने की घटिया पत्रकारिता भी सिर उठा रही है। अच्छी पत्रिकाओं से अच्छी अभिरुचि पैदा करने की इच्छा कितनों में है? उस इच्छा से परिश्रम करने का मन कितनों में है? फिर भी हमारा देश बड़ा है, पत्रिकाएँ भी बड़ी हैं। आत्म-विमर्श से मुँह मोड़कर ऐसा बड़प्पन रखनेवालों की कमी नहीं है इस देश में।

अपने पास आनेवाले लेखों की सही जाँच करने, अपनी आवश्यकता के अनुसार सहायता पाने के लिए सम्पादक में आवश्यक संस्कार, अभ्यास और विद्वत्ता नहीं होनी चाहिए? अपने पत्रिकोद्यम से मैंने यह अनुभव किया कि मैं अभी अबोध विद्यार्थी ही हूँ। उस उद्यम से तो कोई यश प्राप्त नहीं हुआ।

परोक्ष लाभ

पत्रिका व्यवसाय से यश प्राप्त नहीं हुआ। पर विषय भरने के लिए जो अभ्यास करना पड़ा उससे मेरे भीतर कुछ अभिरुचियाँ अपने आप जागीं। उसके साथ

फोटोग्राफी की ओर भी मेरा मन गया। इसके अतिरिक्त मेरा प्रधान कार्य-क्षेत्र लेखनवृत्ति उसी से पुष्ट हुई। मैंने एकदम शुरू में जासूसी उपन्यास में कदम रखा।

लघु साहित्य

मेरी वसन्त पत्रिका तो रुक गयी। पर पत्रकारिता वहीं नहीं रुकी। उसके बाद भी मैं लेखन व्यवसाय करता रहा। मंगलूर में 'स्वदेशाभिमानी' का सम्पादन कई वर्षों तक मेरे मित्र वामन कुडुव करते रहे। उन्होंने पहले मेरी पत्रिका के लिए कुछ लेख लिखे थे। बाद में मैंने भी उनकी पत्रिका के लिए लेख लिखे। उन लेखों में कुछ वास्तविक और कुछ काल्पनिक व्यक्ति-चित्र अधिक रहे। 'देह ज्योति' नाम से या किसी और उपनाम से कुछ लेख लिखे। 'चिक्क दोड्डवरू' (छोटे-बड़े) लेखमाला भी उसी में प्रकाशित हुई। 'सान' के सारे अध्याय उसी में प्रकाशित हुए। और भी ऐसे ही कई लेख प्रकाशित हुए। उस सम्पादक को सहायता देने हेतु मैं भी कभी-कभी सम्पादकीय लेख लिख देता था। आगे चलकर कुछ समय तक स्थानीय राजनीति पर समीक्षा-लेख लिखता रहा। यूरोप की राजनीति पर भी कुछ लेख लिखे। लगभग तीन वर्ष तक उस पत्रिका के साथ मेरा निकट का सम्बन्ध रहा। बाद में मुझसे प्रत्येक सप्ताह लिखना सम्भव न हो सका, पर बीच-बीच में उसके लिए लिख दिया करता था।

मैं जिन कन्नड़ पत्रिकाओं के लिए लिख रहा था उनकी अपेक्षाएँ ऊँची नहीं थीं। ऐसा लगा कि सबको हल्के-फुल्के लेख चाहिए। वास्तव में मेरी रुचि उनमें कम थी। विषयों के अध्ययन में ही ज्यादा रुचि थी। इसके लिए मुझे अँग्रेजी पत्रिकाएँ पढ़नी पड़ती थीं।

अँग्रेजी पत्रिकाओं में

यदि मैं यह कहूँ कि मेरी अँग्रेजी अपने ढंग की थी तो गलत नहीं होगा। फिर भी मैं अँग्रेजी में लिखा करता था। कर्नाटक से बाहर जाने पर अँग्रेजी में भाषण देना पड़ता था। इसलिए लिखने से डरता नहीं था। मुझे लगता था कि विषय मुख्य है चाहे भाषा कैसी भी क्यों न हो। मैंने यक्षगान पर एक लेख लिखा था, जो अमेरिका की 'एशिया' पत्रिका में प्रकाशित हुआ। उसके पारिश्रमिक के रूप में तीस डालर वापिसी डाक से मिले। लेख के अनुसार पारिश्रमिक 'इलस्ट्रेट वीकली' से भी मिलता था। अधिकांश पत्रिकाओं में लेख तो स्वीकृत हो जाते पर पारिश्रमिक नहीं मिलता था। यदि मिलता भी तो वह बहुत कम। कलकत्ता की एक पत्रिका ने मुझसे कई लेख लिखवाये। पैसे देने का वादा भी किया। पर देते समय उसने हरी झण्डी दिखा दी। 'हिन्दू' पत्रिका ने एक बार पाँच-पाँच सौ

पृष्ठों की दो पुस्तकों की समीक्षा करायी। उसे लौटाने में भी बारह आने खर्च हुए। मेरी समीक्षा के पारिश्रमिक के रूप में मनीऑर्डर का कमीशन काटकर एक रुपये दस आने मिले अर्थात् मेरा पारिश्रमिक केवल चौदह आने रहा। उनका लेखा-जोखा तो इंच और सेण्टीमीटर पर चलता था।

पहले मैं 'बम्बई क्रॉनिकल' नाम के वीकली को भी लेख भेजा करता था। अन्तिम एक घटना के बाद से मैंने उसे लेख देना बन्द कर दिया। 'मलेकुडियर' जीवन के बारे में मैंने एक लेख लिखा। उनके पहाड़ी स्थान में गया। आठ दिन वहाँ रहा। उनके फोटो लिये। बाद में लेख तैयार करके भेजा। उसके प्रकाशन पर उन्होंने चित्र और लेख पर केवल आठ रुपये दिये। इसमें कोई सन्देह नहीं कि पत्रकारिता से धन कमानेवालों को खाल उधेड़ने के लिए ऐसे लेखक ही उपयुक्त व्यक्ति हैं जो प्रायः दूसरे देशों के लेखकों के लेखों की चोरी करके ही अखबारों को भरते हैं। ऐसे काम करनेवाले को सौ, दो सौ देने से काम चल जाता है। दूसरों के परिश्रम को वे महत्त्व नहीं देते। हमारी कन्नड़ की हालत तो और भी खराब है। कन्नड़ में लिखनेवाले को केवल सेवा के लिए लिखना पड़ता है। एक बार लिखकर यदि उसने आगे लिखना बन्द कर दिया तो साथ में झिड़कियाँ भी खानी पड़ती हैं। मुफ्त में लिखते समय जितनी आपकी प्रशंसा होती है उसे बन्द करने के बाद उतनी ही निन्दा भी होती है। बैंगलूर की एक प्रगतिशील पत्रिका ने इस बारे में मुझे सबक भी सिखाया। फिर भी मेरा विश्वास है कि देश की पत्रिकाएँ और लेखक भूख की सीमा लाँघकर सुखद जीवन बिता सकेंगे। आज पाठकों की संख्या में वृद्धि हुई है। अतः लगता है कि सम्पादक अपनी अभिरुचि का विकास करेंगे और जनता से सम्पर्क स्थापित करके पत्रिकाओं के द्वारा ज्ञान प्रसार कर सकेंगे, करना भी चाहिए।

यहाँ भी हम एक विषय का परिशीलन कर सकते हैं। हमारी पत्रिकाओं का, खासतौर पर साप्ताहिक और मासिक पत्रिकाओं का कलेवर बढ़ा है। लेखकों की संख्या भी बढ़ रही है। ऐसा भी देखने में आया है कि अपने गाँव के कोने में पड़े रहनेवाले व्यक्ति ने भी 'अर्जेण्टीना के पेरू' के बारे में लेख लिखा है। आठवीं तक पढ़े-लिखे लड़के भी साहित्य, विज्ञान पर लेख लिखकर भेजने लगे हैं। ऐसे लेखकों का समुदाय बढ़ रहा है। उनमें कुछ के लिए कृतिचौर्य मुख्य वृत्ति बन चुका है। सम्पादक से ऐसा धन्धा नहीं हो सकता। परन्तु मुफ्त में मिलनेवाले लेख लेने में उसे भी खुशी ही होती है। इन अवांछनीय परिस्थितियों के कारण अपनी योग्यता से लिखनेवालों को प्रोत्साहित करनेवाले बहुत कम हैं।

रंगमंच

नाटक से समाज-सुधार

'वसन्त' को शुरू करते ही मुझे कुन्दापुर छोड़ना पड़ा। चाहे काँग्रेस का काम हो या पत्रिका का, वहाँ रहते हुए आगे नहीं चल पा रहा था। इसी बीच पत्रिका के लिए चन्दा देनेवालों की खोज में, और ब्रह्मचर्य के बारे में भाषण देते हुए गाँव-गाँव भटकनेवाले मुझे इस परिवर्तन से कोई विशेष अन्तर नहीं पड़ा। मुझमें एक नयी अभिरुचि पैदा हुई। मैंने एक-दो नाटक लिखे थे। उनके मंचन के लिए प्रयत्न कर रहा था। यह अभिरुचि विद्यार्थी काल में ही अंकुरित हो गयी थी। विद्यार्थी काल समाप्त होने तक मैंने किसी नाटक में भाग नहीं लिया था। अपने बम्बई के प्रवास काल में मैंने जो मराठी नाटक देखे उनके कारण नाटकों में अभिरुचि बढ़ी। कला की दृष्टि से उनके बारे में अलग से ही लिखूँगा। यहाँ कम्पनी के नाटकों और उनसे सिद्ध होनेवाले प्रयोजन के बारे में लिखूँगा। गडकरी के मराठी नाटक 'एक प्याला' का कन्नड़ में अनुवाद करने की इच्छा हुई। एक मराठी ज्ञाता को पास बिठाकर उसका अर्थ समझकर अनुवाद पूरा किया। शराब के दुष्परिणाम दिखानेवाले उस नाटक में दुखान्त नाटक के सभी लक्षण थे। अनुवाद का नाम मैंने 'निशा महिमे' रखा। तब से मुझे मराठी पढ़कर समझना सरल हो गया। महाराष्ट्र के रंगमंच पर उन दिनों सामाजिक नाटकों का जोर था। तभी मन में यह विचार आया कि क्या नाटक समाज-सुधार का साधन नहीं बन सकता? इसलिए मैंने अपने नाटकों को रंगमंच पर लाने का प्रयत्न किया। कई विद्यार्थियों और मित्रों की सहायता से 'निशा महिमे' के खेलने की तैयारी की। उसमें मैंने पियक्कड़ के मित्र तलीराम की भूमिका की। उस नाटक में पीने के विरुद्ध सलाह देनेवाला पात्र रामलाल था। उसका पार्ट शराब से दूर रहनेवाले मेरे एक संगीत के अध्यापक ने किया। उस नाटक को जिला राष्ट्रीय परिषद् के सम्मेलन के अवसर पर कुन्दापुर में खेले जाने का निश्चय हुआ। पर इसी बीच हमारे हैडमास्टर रघुनाथ राय ने अपने विद्यार्थियों को बुलाकर यह उपदेश दिया कि नाटकों में अभिनय करने से

नीच काम और कोई नहीं। इससे मेरे काम में बाधा पड़ी। मुझे गुस्सा आया। मैंने उन्हें कहला भेजा, ''नाटक तो जरूर खेला जाएगा। अगर आपके विद्यार्थी न मिले तो मैं गाँव के पाचकों से अभिनय करा लूँगा।'' वे चुप रह गये। उनके विद्यार्थियों को लेकर ही मैंने नाटक खेला। वह संगीत नाटकों का जमाना था। एक वार्तालाप और एक गीत की आवृत्ति होती थी। मैं जब स्वयं अभिनय करने लगा तब यह महसूस हुआ कि भावों के प्रवाह में गीत से बाधा पड़ती है। मुझे लगा कि गद्य नाटक ही श्रेष्ठ हैं।

व्यावसायिक लोगों से परिचय

उन्हीं दिनों अथवा कुछ पहले हमारे गाँव गदग के गुरुड़ सदाशिवराय की नाटक कम्पनी आयी थी। नाटकों से समाज-सुधार हो सकता है इस बारे में वे लम्बे-चौड़े भाषण झाड़ा करते थे। तभी मुझे पहली बार नाटकों से सम्बन्धित लोगों का जीवन देखने का अवसर मिला। उनके जीवन और समाज-सुधार में कोई समता दिखाई नहीं दी। पर मुझे यह आशा अवश्य थी कि नाटकों से समाज-सुधार हो सकता है। उस व्यवसाय के लोगों का ही सुधार करें तो उनके द्वारा समाज-सुधार हो सकता है। यह पागल कल्पना मेरे मन में बलवती हो उठी। सन् 1925 में मंगलूर की एक नाटक कम्पनी हमारे गाँव आयी। पहले बताये श्री रा—के भाई उस कम्पनी में थे। मेरा उनसे और दूसरे लोगों से परिचय हुआ। उस परिचय से जहाँ-जहाँ नाटक मण्डली ठहरती, वहाँ-वहाँ मैं भी जाता। उसी नाटक कम्पनी को अपना एक नाटक देकर तैयार कराया।

सुधार असम्भव

वे मेरे नाटक को तैयार करके खेलने लगे। बाद में अपना नाटक 'सती संयुक्ते' उनसे खिलवाया। इस काम से मुझमें अभिनय में भी अभिरुचि उत्पन्न हुई। परन्तु उस व्यवसाय के लोगों को सुधारने की आशा में उनके साथ बहुत दिनों तक सम्पर्क रखने पर भी कोई लाभ नहीं हुआ। उन्हें सुधारना, उनके द्वारा समाज को सुधारना एक सपना-सा ही लगा। एक बार उसके लिए बहुत प्रयत्न किया। वही कम्पनीवाले जब 'कोल्लेगाल' गये, तो वहाँ उन्हें पैसे की कमी पड़ गयी। तब वहाँ बसे मंगलूर के एक मित्र ने आश्वासन देते हुए कहा, ''अगर आप प्रबन्ध का ढंग बदलें तो मैं पैसा उधार दे सकता हूँ।'' मैं जब गया था तब मेरा उनसे परिचय हुआ था। उन्होंने कहा, ''अगर आप इसकी जिम्मेदारी लें तो मैं पैसा दे दूँगा।'' मुश्किल के समय कोई पैसा दे दे, कम्पनीवालों के लिए यही बहुत था। मैं उनका मित्र था। मुझ पर उन्हें विश्वास था। वे अपने गाँव की कम्पनी की

सहायता करना चाहते थे। इसके अलावा उनको और किसी प्रतिफल की आशा न थी। उनके पैसे के कारण कम्पनी मेरे नाम पर हो गयी। कर्ज उतरने तक मैंने उनके लिए कम्पनी का प्रबन्ध सँभाला। कम्पनी कोल्लेगाल से येलन्दूर गयी। जाते ही मैंने कम्पनी के सूत्र अपने हाथ में ले लिये। नये नाटकों का अभ्यास शुरू कराया। फालतू कलाकार हटा दिये। नयी योजनानुसार सही कलाकारों की खोज में उत्तर कर्नाटक का कोना-कोना छान आया। बीजापुर में हलसिंगी के मेरे एक मित्र श्री पी. धूला को इसी प्रकार का एक भ्रम था। वह मुसलमान था। हम दोनों की बड़ी मित्रता थी। मेरे लिहाज से वह मेरे साथ हो गया। उसकी सहायता से मैं उत्तरी कर्नाटक से कुछ कलाकार चुनकर ले आया। जब यह सब कुछ हुआ तब अधिकार का सूत्र अपने हाथ से खिसकते देखकर कम्पनी के पुराने मालिक को दुख हुआ। कम्पनी और भी दो-तीन गाँव गयी। तब उन्होंने महसूस किया कि उनकी इच्छा और रंग-ढंग में मेरी उपस्थिति एक बाधा है। ऐसे अविश्वास के वातावरण में मेरी कोई आशा पूर्ण नहीं होगी, यह निश्चित था। उनके रंग-ढंग सुधारने की शक्ति मुझमें नहीं थी। मैं कम्पनी जिस ढंग से चलाना चाहता था, उसमें उन्होंने सहयोग नहीं दिया। मुझे लगा कि ऐसी परिस्थिति में मेरा कम्पनी छोड़ देना ही ठीक है। इसलिए जिन्होंने कम्पनी का भार सौंपा था उन्हीं को उसे वापस सौंपना पड़ा। उस नाटक कम्पनी से मुझे थोड़ा-सा जो पैसा मिलना था उसे लेने का भी मन नहीं रहा। वहाँ से चला आया।

कुन्दापुर में दुकान तथा मासिक पत्र से जो कर्ज हो गया था वह भी मेरी प्रतीक्षा में था। उसके साथ यह निराशा भी मिल गयी। फिर भी नाटक द्वारा समाज-सुधार का भ्रम नहीं गया। इसलिए मैंने यह सोचना शुरू किया कि नये लोगों के सहयोग से मैं ही क्यों न एक संस्था खड़ी करूँ। यह स्वप्न बहुत दिनों तक मेरे दिमाग में चक्कर काटता रहा।

भालू मामा

उपर्युक्त नाटक कम्पनी जब चन्नपट्टण में थी तब उसे छोड़कर दावणगेरे में एक मित्र के पास जाने का निश्चय किया। उस समय घटी एक घटना बताता हूँ। चन्नपट्टण से चलते समय मेरे पास कुल दो रुपये भर थे। उस संस्था से मुझे बहुत नफरत हो गयी थी। इसलिए मेरी यात्रा के समय वे जो पैसे देने आये वे भी मैंने स्वीकार नहीं किये, हालाँकि मेरा ही पैसा उनकी तरफ था। खाली हाथ ही निकल पड़ा। रास्ते में एक परिचित मिला, उसका भी रेल का भाड़ा मैंने ही दिया। मुझे अपनी सीमाओं का पता था। मुझे दावणगेरे तक का टिकट खरीदना था पर मेरे पास बीरूर तक के पैसे ही बचे थे। किराये से अतिरिक्त केवल दो आने थे। चाहे

जो हो सोचकर मैं रेल में बैठ गया। मैं बीरूर पहुँच गया। अब आगे? अभी मुझे नब्बे मील और जाना था। मेरे पास एक थैला, एक एल्युमिनियम का लोटा और दो आने थे। उन दो आना में से एक आना मैंने अपने प्रिय भोजन के लिए खर्च किया। चने खरीदकर पानी के लोटे में भर लिये। बीरूर में गाड़ी से उतरकर पैदल दावणगेरे के लिए चल पड़ा। बीरूर से चार मील आगे निकल आया। वहाँ कुछ बच्चे खेल रहे थे। वे मेरी आकृति और रूप को देखकर, मुझे 'भालू मामा' 'भालू मामा' कहकर पुकारने लगे। मुझे भी हँसी आ गयी। कई बार बच्चों के साथ खेलते समय वही बात याद आने पर मैंने अपना नाम भालू मामा बताया है।

दान से नुकसान नहीं

धूप में चलते हुए अज्जमपुर नाम का गाँव पार करके दोपहर के बाद दो बजे मैं शिवनी स्टेशन पहुँचा। मैंने वहाँ नाश्ता किया। वहाँ के स्टेशन मास्टर ने "आप कौन हैं? कहाँ से आये हैं?" आदि बातें पूछीं। तब मैंने क्या जवाब दिया, आज याद नहीं। एक घण्टे बाद आयी मिक्स्ड गुड्स ट्रेन में बिठाकर उन्होंने मुझे दावणगेरे भेज दिया। गाड़ी में बैठकर मैंने हिसाब लगाकर देखा कि मैंने जो पैसे दिये थे और मेरी जो मुफ्त यात्रा हुई, उसका किराया बराबर था। शायद वह बारह-तेरह आने का हिसाब था।

मुसाफिर

आगे की यात्राओं में मेरा और भी कई नाटक मण्डलियों से परिचय हुआ। मेरे मन में उनके प्रति कोई गौरव न होने पर भी किसी सपने में बँधकर मैंने अपना कुछ समय उनके साथ बिताया।

लगभग सन् 1925 से अगले दो-तीन वर्ष उद्देश्यहीन घूमता रहा। नया कार्यक्षेत्र नहीं चुना। पुराने क्षेत्र में कोई काम जमा नहीं। कर्ज की चिन्ता मुझे खाये जा रही थी। मन को कुछ सूझा। कर्ज की याद बनाये रखने के लिए एक निशानी रखकर घूमने लगा। दाढ़ी बनाना छोड़ दिया। दाढ़ी खूब बढ़ गयी। उससे मेरी आयु बीस वर्ष अधिक लगने लगी। वे मेरे बड़े कष्ट के दिन थे। नाटक के प्रशिक्षण से जो थोड़े बहुत पैसे मिलते उनसे मैं गाँव-गाँव घूमता रहा। मैंने अपने प्रदेश का कई बार चक्कर लगाया। मेरे एक मित्र की पत्नी जब भी मुझे देखती तो 'कारन्त के पाँव में चक्र है।' कहकर मजाक किया करती, जिसे मैं कभी भूल नहीं सकता। उन दिनों मेरा जीवन संयम का था। अपना खाना मैं आप पकाता था। उसका स्वाद अपने ही ढंग का होता था इसलिए मैं ही खा सकता था। गेहूँ, दूध, मूँगफली और चने यही मेरे मुख्य खाद्य पदार्थ थे। अपने घुमक्कड़पन का चित्र खींचने से पहले

नाटकों से सुधार का भ्रम कैसे छूटा, पहले यह बताऊँगा।

हलगेरी का जट्टप्पा

राणेबन्नूर के पास हलगेरी नाम का एक गाँव है। वहाँ के जट्टप्पा (बड़ा) की श्रीहालसिद्धेश्वर नाटक मण्डली से परिचय हुआ। जट्टप्पा मेरा बहुत अच्छा मित्र बन गया। मैं कई महीने उसके साथ रहा। उन दिनों महाभारत का एक अँग्रेजी अनुवाद पढ़कर गदायुद्ध की कथा पर आधारित एक नाटक लिखा। जब वह मण्डली दावणगेरे में थी, तब 'प्राणी दया संघ' के एक मित्र की प्रेरणा से 'गो माता' नाम का एक नाटक लिखा था। उसे जट्टप्पा की कम्पनीवालों ने खेला। विजयनगर साम्राज्य के समय का एक नाटक खेलने की उनकी बहुत इच्छा थी। मैंने Sewel's Forgotten Empire नाम की पुस्तक पढ़कर तीन दृश्यों का एक नाटक लिखा। उसका नाम 'विजयनगर का सूर्य' रखा। उसमें मैंने दिखाया कि विद्यारण्य के समय से सूर्य का उदय होता है और कृष्णदेव राय के काल में उसकी कीर्ति आकाश को छूने लगती है। रामराय के काल में वह सूर्य डूब जाता है। वह नाटक रंगमंच तक पहुँचा ही नहीं। उन्हीं दिनों अपनी माँ के प्रति श्रद्धा के कारण मैंने एक और पुस्तक आरम्भ की। उन्हें भगवान पर अखण्ड विश्वास था। मेरी उन दिनों की मनोवृत्ति भी उसके अनुकूल थी। रामकृष्ण परमहंस मेरे आदर्श सन्त थे। आज भगवान और धर्म के बारे में मेरे विचार बदल तो गये हैं पर रामकृष्ण के प्रति गौरव की भावना जा नहीं सकती। इसीलिए मैंने उनकी जीवनी का सौ पृष्ठों में अनुवाद किया। जब घर गया तो वह अनुवाद माँ को पढ़कर सुनाया। नाटक कम्पनी में काम करने पर भी मैं अलग कमरा लेकर रहा करता था। नाटक का प्रशिक्षण देने भर को वहाँ जाया करता था। मैं उनका तालीम मास्टर था। उन्हें अभिनय सिखाना मेरा काम था। मैं जो कुछ सिखाता उसे समझने की शक्ति उन नटों में नहीं थी। उस जमाने में अच्छे गलेवाले ही नट कहलाते थे। गाने के अलावा उन्हें कुछ और आता ही न था। यहाँ तक कि उनमें कई पढ़ना-लिखना भी नहीं जानते थे। ऐसे नटों को लेकर अभिनय कला में भला क्या सफलता मिलती? जट्टप्पा जी तब मुझसे बीच-बीच में कहा करते, "मास्टर जी, बिना डण्डे के उन्हें विद्या नहीं आएगी। अगर आप मारने से हिचकिचाते हैं तो मैं उस काम के लिए एक आदमी देता हूँ। उसके हाथ में चाहे चाबुक थमाइए या दराँत। 'चार लगाओ' कहते ही वह अपना काम करने लगेगा। तभी जाकर ढंग की तालीम होगी।" ऐसी संस्कृति के स्तर तक मुझसे पहुँचना सम्भव था? उनकी तालीम अपने ही ढंग से चलती रही। वहाँ आये कोट्टूर के एक प्रसिद्ध हास्य कलाकार की कहानी सुनाता हूँ। वह गडरिया कालिदास के रूप में रंगमंच पर आया और अपना भाषण

यूँ शुरू किया। "अरे इसकी माँ की..." ऐसी सुन्दर-सुन्दर बातें उसने रंगमंच पर कह डालीं! उनके संस्कार इतने बढ़िया थे! बोलने में भी अल्पप्राण और महाप्राण ज, च, श, य, ल, ड का विपरीत उच्चारण कर डालते। रेगमार से रगड़ने पर भी उनकी जबान ठीक से घूमनेवाली नहीं थी।

जट्टप्पा की एक आदत मुझे बहुत पसन्द थी। वह जिस गाँव में जाता वहाँ कभी कर्ज नहीं लेता था। जैसे भी हो अपने गाँव जाकर अपने एक मित्र से उधार-सुधार लेकर कम्पनी चलाया करता। वह कपटी नहीं था। बहुत ईमानदार था। पर जल्दी गुस्से में आ जाता था। उसका सरल स्वभाव अनगढ़ हीरे जैसा था। उसे कोई बीमारी लग गयी थी। उसके मरने से दो महीने पहले गाँव में उससे भेंट हुई थी। वही उसके अन्तिम दर्शन थे।

जिन्ना से पहले के

हलगेरी नाटक कम्पनी जब दावणगेरे में थी तब की एक घटना सुनाता हूँ। वह नाटक कम्पनी खाडिलकर के 'राक्षसी महत्त्वाकांक्षा' का अनुवाद खेल रही थी। दावणगेरे के मुसलमानों को आकर्षित करने के लिए उन्होंने मूल नाटक का नाम 'खूबसूरत बला' उर्दू अक्षरों में जगह-जगह बोर्ड पर लिखवा दिया। उसका परिणाम उल्टा ही हुआ। गाँव के कुछ मुसलमान उनके पास आये, "अरबी लिपि हमारी है। आप लोगों ने हिन्दू होकर उसे क्यों लिखा?" कहकर उन्होंने सारे बोर्ड उतरवा दिये।

दावणगेरे में मराठी बोलनेवाले काफी संख्या में हैं। एक बार उन्होंने मुझे शिवाजी पर भाषण करने को बुलाया था। भाषण के एक मास के भीतर ही वहाँ भी हिन्दू-मुसलमान दंगे की नौबत क्यों आनी थी?

गुब्बी वीरण्णा

मेरी एक और परिचित कम्पनी गुब्बी वीरण्णा की थी। जब वह कम्पनी मंगलूर आयी तब मंगलूर ट्रेनिंग कॉलिज के विद्यार्थियों ने मेरा 'सती संयुक्ता' नाटक उनके थिएटर में खेला। वहीं से मेरा और वीरण्णा का परिचय आरम्भ हुआ। उन्होंने मेरा 'गदायुद्ध' नाटक खेलने को लिया। तीन-चार महीने उसका अभ्यास भी किया। पर बीच-बीच में कलाकार बदलते रहे, इस कारण वह नाटक रंगमंच पर आया ही नहीं। मुख्य पात्र दुर्योधन की भूमिका ही अनेक बार बदली गयी। उसे भल्लप्पा (दिवंगत) को निभानी थी। उसने कम्पनी ही छोड़ दी। बाद में कन्नड़ सिने-जगत् के प्रसिद्ध अभिनेता सुब्बय्या नायडू (दिवंगत) को अर्जुन की भूमिका का अभ्यास कराया। दुर्योधन के अभिनय के लिए वीरण्णा को ही अभ्यास कराया। उन्होंने

अपना सारा समय हास्य अभिनेता के रूप में बिताया था। चवन्नी की दुनिया को नचाने के लिए अपनी सारी शक्ति उसी में खर्च कर डाली थी। लेकिन मुझे ऐसा लगा कि उनमें गम्भीर अभिनय करने की क्षमता है। इसके लिए मैंने स्वयं उन्हें कुछ अभ्यास कराया और पाया कि उनमें सब प्रकार के रसों को चित्रित करने की शक्ति है। मुझे यह देखकर दुख हुआ कि एक गम्भीर कलाकार अपना सारा जीवन अर्थहीन भूमिकाओं में ही नष्ट कर रहा है। उन दिनों (1930) में उनके पास दो-दो कम्पनियाँ थीं। खूब आमदनी थी। कलाकारों के लिए लंगर चलता था। उन दिनों वे अपने कलाकारों को जितना वेतन देते थे उतना सारे कर्नाटक की रंगभूमि में और कोई नहीं देता था। परन्तु उनसे उन दिनों तीन सौ रुपये महीना वेतन पानेवाले कलाकार भी असन्तुष्ट थे। उन्हें खुद की कम्पनी खोलकर पैसेवाला बनने की लालसा थी। ऐसे कई कलाकार खुद की कम्पनियाँ बनाकर डूबे भी। एक अभिनेत्री को सात सौ रुपये महीना देनेवाले साहसी थे वे। उन्होंने लोगों को खुश करके अपना सम्मान बनाये रखा। एक कम्पनी चलाने की जितनी शक्ति उनमें थी उतनी दूसरों में नहीं थी। उस कम्पनी में रह रहे उनके बेटों की काम-लिप्सा देखकर मैं बहुत दुखी हुआ था। "पैसे के लालच में आप बच्चों का भविष्य बिगाड़ रहे हैं।" इस आशय का एक पत्र मैंने उन्हें लिखा था।

उस नाटक कम्पनी के लोग हर शुक्रवार को भजन किया करते थे। सबसे बड़ी विशेषता यह कि सभी के सभी संगीत जाननेवाले थे। उस भजन में भळ वाळेल के सुब्बण्णा सदा बेला बजाया करते थे।

भजन के समय उनका बेला बजाना अच्छा लगता था। परन्तु आसपास बैठे भजनीकों का जाँघ पर हाथ मारकर ताल देना और भजनों का खण्ड-खण्ड करके उनका गाना मुझे बहुत अखरता था। तब मुझे गाँधीजी के साबरमती आश्रम का शान्त वातावरण याद आ जाता था।

गुरु समर्थ

सन् 1930 के लगभग मंगलूर में 'गुरु समर्थ नाटक मण्डल' नाम से एक कम्पनी आयी। उनके लिए विजयनगर के साल्व तिम्मा की कहानी पाँच अंकों में लिखकर दी। उसका नाम 'कटारी भैरव' रखकर उसका अभ्यास भी कराया। वे लोग काफी समय तक उसका मंचन करते रहे।

बड़े-बड़े नाटक

उस अवधि में मैंने पाँच अंकों के कई नाटक लिख डाले। कुछ तो समाज-सुधार के लिए लिखे गये थे और कुछ अभिनय-कौशल के प्रदर्शन के लिए।

इस तरह लिखे गये करीब बीस नाटकों में 'कृष्णार्जुन', 'गर्भगुड़ी' प्रकाशित हुए। बाकी के भगवान ही जाने। उनमें 'जिम्मेदार', 'कौन सुख कहाँ', 'ज्वाला-बन्धन', 'विजयदशमी', 'बादल बिजली', 'गो माता' आदि के नाम याद हैं। 'विजयदशमी' एक बड़ा नाटक था। महल के प्रदर्शन से लेकर गरीबी तक का चित्रण उसमें हुआ था। नाटक की कथा के अन्त में विजयदशमी की शोभायात्रा के सामने से एक गरीब का शव निकलने का अभिनय किया जाता है। बाद में सुना कि जिस वर्ष मैंने यह नाटक लिखा उसी वर्ष मैसूर की विजयदशमी को शोभायात्रा के समय ऐसी ही एक दुखद घटना हो गयी थी।

कला की पृष्ठभूमि

नाटकों के द्वारा सुधार का मेरा भ्रम कैसे टूटा यह कहने के बाद यह अध्याय समाप्त करूँगा। व्यावसायिक नाटक मण्डलियों का जीवन पास से देखने के बाद, उनसे सुधार हो सकता है, यह आशा बाकी नहीं रही। उन्होंने भी दूसरों के समान ही इसे जीविका का एक साधन मात्र समझा था, यद्यपि उनमें कुछ को संगीत में अभिरुचि थी और अभ्यास भी किया था। किसी भी कला को भली प्रकार प्रकट होने में कलाकार का अपना संस्कार प्रमुख होना चाहिए। उसके संस्कार का आधार है इस जगत् का ज्ञान और अनुभव। भले ही वह सामान्य कलाकार क्यों न हो, विविध पात्रों का अभिनय करने के लिए उस मूल व्यक्ति के जीवन की कल्पना तो होनी ही चाहिए। चाहे रोना हो या हँसना या और किसी रस को अभिव्यक्त करना हो, एक ही तरह दूसरा नहीं करता। गली-गली आवारा घूमनेवाले का गुस्सा और दुर्योधन जैसे व्यक्ति का गुस्सा समान नहीं होता। दुर्योधन उच्च संस्कारों में पला होता है। उसका वर्चस्व उसके क्रोध के ढंग में व्यक्त होना चाहिए। क्या एक ही व्यक्ति हर परिस्थिति में रोते या हँसते समय एक ही जैसा रोएगा या हँसेगा?

पौराणिक नाटक खेलनेवाले हमारे कलाकारों में प्राचीन काल की हमारी संस्कृति की कल्पना नहीं होनी चाहिए? सामाजिक नाटक खेलना भी सरल नहीं। विविध स्तरवाले जन-जीवन के भीतर घुसकर देखनेवाली आँखों को ही अभिनय करने का रास्ता दीखता है। ऐसी चीजें पढ़कर समझी जा सकती हैं, पर पढ़े-लिखे कलाकार कम ही होते हैं। पढ़ने की आदत हमारे कलाकारों में बहुत कम है। संकुचित वातावरण और संकुचित ज्ञान के कारण समाज-सुधार की बात वे समझ ही नहीं सकते। एक और बात, हमारे उपदेश और हमारे जीवन में अगर कोई सम्बन्ध न हो तो हमारी बात की कोई कीमत नहीं रहती। हृदय से निकलनेवाली बात ही हृदय को छू सकती है। मुझे ऐसा नहीं लगा कि ऐसा हृदय व्यावसायिक कलाकार के पास हो सकता है। वह तो उसमें हो ही नहीं सकता। चार दिन के

मनोरंजन के लिए नाटक खेलनेवाले नाटक-प्रेमियों में भी मैंने यह बात नहीं देखी।

अपनी कम्पनी

कभी मुझे ऐसा लगा था कि मुझे अपनी ही एक मण्डली बनाकर यह काम करना चाहिए। आमतौर पर मेरे लिखे नाटक मेरे व्यावसायिक कलाकारों को पसन्द नहीं आते थे। वे सदा यही कहा करते थे कि हमारी कम्पनी के लोगों के लायक नाटक लिखिए। रोज कम्पनी छोड़कर चले जानेवाले कलाकारों में किसके हिसाब से नाटक लिखता ? इसके अलावा उनकी आँखें सदा कलेक्शन पर लगी रहतीं। भद्दे और बेहूदा मजाक, लोगों को आश्चर्यचकित करनेवाले रंगों की तड़क-भड़क और ट्रांसफर सीन नाटक में हों तो उनका काम चल जाता था। नाटक में आदि से अन्त तक संगीत होना चाहिए। स्त्री कलाकार होने ही चाहिए। स्त्री कलाकार रहें तो लोग पैसे देकर नाटक देखते हैं। पुरुष कलाकारों के पास चिल्लाने भर को गला हो तो काफी था। ऐसे में मेरी कौन-सी आशा पूरी होनेवाली थी? मैंने कुछ एमेच्योर संस्थाएँ भी देखी थीं। वहाँ भी कला पर श्रद्धा या जीवन की पवित्रता देखने को नहीं मिली। ऐसा होने पर भी मैं केवल अपने पागलपन के लिए मैसूर के एक नेता से सहायता लेकर एक नाटक कम्पनी बनाने चला। उसके लिए बैंगलूर से पूना तक चक्कर काटे। महाराष्ट्र के बाल-गन्धर्व से भी मिला। ऐसे कइयों के पास गया। मेरे नाटक के लिए गुब्बी वीरण्णा ने जो पैसा दिया था वह सब इसमें उड़ गया। अन्त में हाथ खाली हो जाने पर चुपचाप बैठ गया।

अनुराग का परदा

बैंगलूर में रहते (1927-30 में) अपने कुछ मित्रों के साथ मिलकर मैंने एक-दो नाटक खेले। वह काम करते समय मैंने देखा कि कला और प्रचार में बहुत अन्तर है। भावुकता में बहकर किसी एक बात से अनुराग हो जाता है तब नाटककार सबके मुँह से वही बात कहलवाना चाहता है। उन नाटकों में हमारी भावना में ईमानदारी भी हो और कथा का प्रसंग नाटक के उपयुक्त भी हो फिर भी पात्रों का निर्माण वास्तविक नहीं हो सकता। प्रत्येक पात्र को उसके ही दृष्टिकोण से देखकर उनका निर्माण करने में और अपनी आँखों से देखकर उसका निर्माण करने में बहुत अन्तर है। समय के अनुसार विषय जनप्रिय होते हैं। उदाहरण के लिए अस्पृश्यता निवारण, खादी प्रचार, दहेज का विरोध, बालविवाह का विरोध, देशभक्ति, ऐसे विषयों में भावुकता की बातें कहें तो लोग ताली बजाते हैं। इस विषय को, श्रमिकों के प्रश्न को, भूख के प्रश्न को उठाएँ तो वे नाटक प्रगतिशील हो जाते हैं। पर वह कला के अंग नहीं बन सकते। प्रचार भर हो सकता

है। कलाविद् जब एक प्रसंग का चित्रण करता है तब उसके मूल कारण बननेवाले व्यक्तियों को निष्पक्ष ढंग से चित्रित करना चाहिए। ताकि नाटक देखनेवाले उस बारे में अपना ही निर्णय कर सकें। नाटक में नाटककार यदि अपने पूर्व निर्णय के अनुसार रंगभूमि पर दस नमूने प्रस्तुत करे तो वह नाटक नहीं हो सकता।

समस्या नाटक

मंगलूर में आकर बसने के बाद मेरा मोलहल्लि शिवराय से परिचय हुआ। हमारे जिले में ऐसा कोई न था जो उन्हें न जानता हो। उनके बारे में विस्तार से आगे लिखूँगा। तब (1928-29 में) वे पुत्तूर तालुक बोर्ड के अध्यक्ष थे। उनके अधीन कई हायर सेकेण्डरी पाठशालाएँ थीं। उनके स्कूल के बच्चे सभी प्रकार के कार्यक्रमों में भाग लेते थे। एक बार उन्होंने अपने स्कूल के बच्चों के द्वारा समस्या नाटक कराने की इच्छा प्रकट की। मैंने उनके लिए दो नाटक लिखे। एक वर्ष उनके स्कूल के बच्चों ने मेरा 'डोमिगो' नाम का एकांकी नाटक अभिनीत किया। दूसरे वर्ष मेरा ही 'साबिर मिलियाँ' नाटक खेला। पहले वाले नाटक में एक हरिजन और ब्राह्मण लड़के की दोस्ती की कहानी थी। दूसरे में एक पियक्कड़ की कहानी थी। सात-आठ स्कूल के बच्चों ने उस नाटक का अभ्यास किया और अपनी क्रिसमस की छुट्टियों में अलग-अलग गाँवों में, अपना सामान सिर पर ढोकर ले जाकर वह नाटक दिखाया। इस प्रकार उन नाटकों को दस-बारह दिनों की छुट्टियों में उन सात-आठ स्कूलों के बच्चों ने पचास-साठ गाँवों में जाकर उसे प्रदर्शित किया।

आगे एक बार शिवराय की मित्रता से मैंने पुत्तूर के तैंतीस गाँवों का भ्रमण किया। उस भ्रमण का उद्देश्य गाँवों की आर्थिक स्थिति का अध्ययन करना था। चार मास के अपने प्रवास में मैं जिन गाँवों में गया वहाँ तीन-तीन दिन गुजारे। अपने साथ चार-पाँच युवकों को लेकर नाटक का सामान ढोकर ले गया और नाटकों के प्रदर्शन भी किये। तब मैंने 'हणेयवरा' (भाग्य का लेख) नामक नाटक भी लिखा। उसमें भाग्य पर विश्वास रखनेवाले एक व्यक्ति की कहानी थी। मेरा दूसरा एकांकी नाटक था 'अन्दु इन्दु' (आज कल)। उसे दो दिन खेलते और तीसरे दिन गाँववालों से ही यक्षगान करवाते थे। यह कहना चाहिए कि नाटकों के द्वारा प्रचार करने का मेरा प्रयास यहाँ समाप्त हो गया। यही अन्तिम प्रयास था।

बाद में मैंने नाटक के अलग-अलग भेदों के प्रयोग किये। इसलिए नाटक के बारे में मेरी कल्पना और दृष्टिकोण में परिवर्तन आने लगा।

घुमक्कड़ जीवन

हलसंगी में

यहाँ मैं अपनी कुछ यात्राओं की कहानियाँ बताना चाहता हूँ। यात्रा यदि लाभदायक बनानी हो तो कोई-न-कोई अभिरुचि या उद्देश्य होना चाहिए। दूसरों के यहाँ रोटी तोड़ना ही उद्देश्य नहीं होना चाहिए। पहले से ही मैं घुमक्कड़ था। 'वसन्त' पत्रिका के भिक्षाटन के समय मैंने कई गाँव देखे थे। उससे अलग-अलग क्षेत्र की कन्नड़ जनता के जीवन का परिचय हुआ था। एक बार मैं बीजापुर जिले के हलसंगी गाँव गया। वहाँ धूला, चेन्नमल्ल काप्से आदि मित्र थे। मेरा तो केवल कन्नड़ जिले से सम्बन्ध था। सदा अकाल पीड़ित बीजापुर का परिचय कैसे होता? वहाँ तो पेड़-पौधे केवल नाम भर के लिए थे। जब मैं वहाँ गया तब मेरी आँखें धूप से जलने लगीं। हलसंगी इसका अपवाद नहीं था। वहाँ के घरों का क्या कहना! मधुमक्खी के छत्तों के समान एक-दूसरे से सटे थे। चारों ओर धूल का साम्राज्य था। लगता था मानो गाँव का गन्दगी से निकट का सम्बन्ध है।

मैं वहाँ नागपंचमी के दिन गया था। धूला साहब के बड़े भाई गाँव के पटेल थे। मैं उन्हीं के यहाँ जाकर ठहरा। मेरे लिए आवश्यक मूँगफली और दूध का उस गाँव में अभाव नहीं था। उस दिन शाम को एक गोड़ा के घर के सामने नागपंचमी मनाने के लिए गाँव के सभी लोग इकट्ठे हुए। पहली बार मैंने उत्तर कर्नाटक के लोकगीतों का सौन्दर्य देखा। उस गाँव में किसी जमाने में खोजा साहब नाम का एक लोक कवि हुआ था। उसकी 'लावणी' उस गाँव के रामचन्द्र नाम के लावणीकार ने गाकर सुनायी। उसके पीछे ही एक मुसलमान दोस्त ने 'जीजी' गाया। कितने सुन्दर थे वे गीत! हलसंगी के रसिकों की कथाएँ, अभिमन्यु की कथा, कृष्णाष्टमी के दिन कृष्ण की खोज आदि गीत उन्होंने एक के बाद एक गाये। खोजा साहब द्वारा रचा गया 'शिव, तेरे बिना मेरा कोई नहीं' गीत भी सुनने को मिला। उस गीत को लिखनेवाले मुसलमान कवि को शिव पराया नहीं लगा। अब्दुल करीम जैसा उत्तर हिन्दुस्तान का ऐसा कौन-सा मुसलमान गायक है जो

'मेरे कन्हैया जुमना तीर', 'मेरे तो गिरधर गोपाल' आदि भक्ति के गीत गाने में हिचकिचाता है? कला के राज्य में मत और द्वेष का दखल नहीं होता; वैसे ही हलसंगी गाँव के जीवन में हिन्दू-मुसलमान पूरी तरह घुल-मिल गये थे। आज इन साम्प्रदायिक झगड़ों को देखने से लगता है कि हमारे नेता ही राजनीतिक स्वार्थ के लिए सौहार्द के दूध के प्याले में विष घोल रहे हैं। रामचन्द्र की लावणी सुनने हिन्दू-मुसलमानों का उस दिन का मिलाप मेरी याद में बहुत दिनों तक बना रहा। मैंने आगे एक बार उन्हें अपने गाँव बुलाकर, उनकी लावणी सुनी थी। एक बार उनसे हमारे स्कूल के लड़कों को सिखाने का प्रबन्ध भी हुआ था।

नविलरू (मोरगाँव)

हलसंगी गाँव की याद आने पर उस गाँव के मोरों को मैं कभी भूल नहीं सकता। उस गाँव के पास एक नाला है। उसके पास नीम के पेड़ों का झुरमुट है। सन्ध्या को सैकड़ों मोर वहाँ आकर इकट्ठे होते हैं; उनकी बोली का क्या कहना! एक बार जब मैं उस गाँव गया, उस दिन खूब काले बादल घिर आये थे। तब मोरों का मस्त नृत्य देखकर मैं मुग्ध हो उठा था। उसी याद में मैंने एक बार 'मेघ-मयूर' नृत्य की संयोजना की थी। उस हलसंगी को मैंने अपने एक उपन्यास में भी याद किया है।

निसर्ग का मोह

मैंने शुरू-शुरू में जो प्रदेश देखे उनमें उत्तर कन्नड़ ही मुख्य है। हमारे जिले के सौन्दर्य की वह बराबरी कर सकता है। उस प्रान्त के बटकल के पास समुद्र के किनारे के टीले पर खड़े होने पर जो दृश्य दीखता है वह अनुपम है। कारवार के समुद्र का किनारा, बीच के पहाड़ प्रत्येक निसर्गप्रिय को मोहित करते हैं। मलेनाड के सबसे आकर्षक स्थान को मैंने कई बार देखा है। वहाँ के सारे झरने मनमोहक हैं। शरावती नदी के किनारे बैठ भोजन पकाकर खाया है और उसकी रेत में खेला हूँ। पहाड़ की शीतल छाया तथा जामुनी रंग की काई को देखकर प्रसन्न हुआ हूँ। एक बार पैदल थे। वह नदी पार करने का मन हुआ। वहाँ के बड़े-बड़े पत्थर लाँघकर, पानी में उतरकर दूसरे किनारे तक जाने की इच्छा हुई। पत्थरों पर से छलाँग लगाकर पानी में उतरकर उसे पार करने का प्रयत्न किया। बहुत देर तक साहस करने के बाद, अन्त में किसी एक चट्टान पर आया तो ठाठें मारता पानी! उसके वेग को देखकर डर गया। उससे मैं बच गया। यही बड़ी बात थी। धड़कते दिल से और आधा घण्टा के श्रम के बाद होटल लौटा। तब सोचा कि ऐसे पागलपन के काम में हाथ नहीं डालना चाहिए।

बादामी

हाथ में कैमरा लिये हलेबिड, अब्बु, तंजावूर, बेलूरू आदि सब देख आया हूँ। शिल्प और वास्तुकला के मोह के कारण ऐसे स्थानों की स्मृतियाँ कभी मिट नहीं सकतीं। और एक बार मित्र धूला को साथ लेकर बादामी बनशंकरी देख आया। चालुक्यों की उस राजधानी में अब कुछ मन्दिरों के अलावा कुछ भी नहीं बचा है। वह प्रदेश चारों ओर से चट्टानों से घिरा है। सदा धूप भूनती रहती है। व्यक्ति चाहे कितना भी क्यों न थक गया हो, बादामी गुफाओं के भीतर जाते ही शीतलता पाने लगता है। वहाँ के जैन मन्दिर हमारे देश के गौरव की वस्तु हैं। वहाँ शिल्प कला ही नहीं, वास्तुकला के भी उत्कृष्ट नमूने हैं। प्राचीन चित्रकला के अवशेष भी वहाँ मिलते हैं।

वास्तुकला में ममता

एक बार मैं हनुगुन्द गया और वहाँ से पैदल ही ऐहोल गया। वहाँ के कई भग्न मन्दिर देखे। ई. बी. हासेल ने पट्टदकल्लु, एहोल को 'हिन्दू मन्दिरों का पालना' कहा है। यह बात बहुत सटीक है। ऐसी जगहें देखते समय न मुझे थकान लगती है न भूख-प्यास। एकमात्र आँख भरकर देख लेने की आतुरता रहती है। पाँच कोस पैदल चलकर ऐहोल पहुँचा था और उसे देखने के बाद 'पट्टदकल्लु' को चल पड़ा। रास्ते में छाया नाम भर को भी नहीं थी। धूप और धूल यही वहाँ की साथी रहीं। चाहे जहाँ तक चलो किसी गाँव या घर-द्वार का अता-पता नहीं, पीने को पानी का भी भरोसा नहीं। ऊपर से धूप आँखें चौंधियाने का दृश्य उपस्थित करती है। धरती पर के पहाड़ सरोवर में खड़े पहाड़ों से दीखते हैं। वह सब देखता पानी के बदले पानी की छाया पीता हुआ पट्टदकल्लु पहुँचा। चमड़े की डोंगी से कृष्णा नदी पार करके ही उस गाँव पहुँचा था। सबसे पहले मैं विरूपाक्ष मन्दिर देखने गया। वहाँ बड़ा-सा मन्दिर चालुक्य काल की वास्तुकला की घोषणा कर रहा था। पास ही दूसरे चार-पाँच मन्दिर हैं। एक ही स्थान पर दक्षिण और उत्तर भारत के मन्दिरों के नमूने वहाँ दिखाई दे जाते हैं। लगता है कि वे पाँचवीं या छठी शताब्दी के मन्दिर हैं। विद्वानों का मत है कि वहीं से उत्तर भारत को नागर वास्तु शिल्प गया होगा। वहीं से चालुक्य वास्तु-शैली का विकास हुआ और सारे कर्नाटक में फैल गया। मन्दिरों को देखते-देखते साँझ हो आयी थी। वहाँ रुकने का मन न होने से ऐहोल लौट आया। भूख और थकान लिये सात-आठ मील चलकर पहुँचने तक अँधेरा घिर आया था। उस गाँव की चौपाल खोजी। सोने को एक जगह चाहिए थी न! उस गाँव में क्या देखा, हर घर में शिकारी कुत्ते पले थे। लगा कि

लोगों की अपेक्षा श्वानों की संख्या अधिक है। मुझ अपरिचित को देखते ही भौंकने लगे। आखिर डरता-डरता चौपाल आ पहुँचा। मुझमें तब यह देखने की शक्ति नहीं रह गयी थी कि उस गाँव में कोई होटल भी है या नहीं। बहुत थक गया था। किसी तरह सो जाना चाहता था। मुझे यह भी ध्यान नहीं आया कि भूखे लेटने पर नींद नहीं आएगी। तभी वहाँ एक सज्जन आये। पूछने लगे, "तुम कौन हो? कहाँ से आये हो?" फिर उन्होंने ही मुझे जबरन अपने घर ले जाकर दूध और रोटी दी। इतने वर्ष बीत जाने पर भी उनकी करुणा और आतिथ्य की याद कभी भूल नहीं सकता।

मैंने कई बार हम्पी के खँडहर देखे हैं। जब पहली बार गया था तब वहाँ के एक साहूकार से परिचय हुआ था। तब उनकी लड़की से मेरे एक मित्र की शादी हुई थी इसलिए कमलापुरम् में भोजन की सुविधा रही। कुछ परिचित मित्र थे। वहाँ तीन दिन रहकर हम्पी और आनेगुन्द आदि स्थानों को छान मारा। उस हम्पी का विस्तार—वहाँ के पहाड़, उजड़े मन्दिर, भग्न मूर्तियाँ सब-के-सब कर्नाटक की आज की दुरवस्था का प्रदर्शन करते हैं। उसे देखकर सोचता हूँ कि ऐसे अरण्य को विजयनगर की राजधानी भला क्यों बनाया था। हम्पी रामायण की याद अवश्य दिलाता है। बन्दर के झुण्ड ही सबसे पहले वह याद दिलाते हैं। बाली की गुफा के भीतर जाना चाहता था, पर चिमगादड़ों की दुर्गन्ध के मारे घुस न सका। और वह पम्पा सरोवर! आज उससे तो हमारे गाँव का गन्दे-से-गन्दा तालाब भला। सारा जल काई और कमल के फूल-पत्तों से ढँका पड़ा है। राम के जाने के बाद वहाँ मच्छर बस गये होंगे, अब वे मलेरिया का प्रचार कर रहे हैं। त्रिपुण्डधारी एक मित्र ने, "बाली के जलने की जगह भी यहाँ है" कहकर राख भी दिखाई और क्या चाहिए था पुण्य कमाने को! उस भग्न हम्पी को देखकर लगा कि जब नागरिकता ही तहस-नहस हो जाती है तो भला नगरों की क्या बिसात! राज्य वैभव की क्या बिसात! उसके जाल में फँसकर मस्त होनेवाले मानव की क्या बिसात!

साबरमती में

आमतौर पर जब मैं किसी यात्रा पर जाता हूँ तो वहाँ के केवल मुख्य स्थान देखकर आ जाता हूँ। उस सन्तोष की कुछ समय तक जुगाली करता रहता हूँ। ऊब आने पर फिर चल पड़ता हूँ। वैसे मैं मुख्य रूप्र से वास्तुकला के लिए प्रसिद्ध स्थान देखने ही जाता था। और तब एक बार बादामी गुफाओं से प्रेरित हुआ मैं अजन्ता की यात्रा पर चल पड़ा। उन दिनों निराशा से मेरा मन दुखी था। गाँधीजी का अनुयायी होने के कारण मुझे साबरमती देखने की इच्छा हुई। पहले बम्बई गया।

वहाँ से बड़ौदा पहुँचा। सारा दिन बड़ौदा में चक्कर काटा। फिर वहाँ से रेल से अहमदाबाद गया; स्टेशन पर उतरकर जेब में हाथ डालकर देखा तो खरीदा हुआ टिकट ही गायब था। पता नहीं कहाँ गिरा दिया था। सीधा गेट पर जाकर टिकट चेकर से कहा, "मेरा टिकट गिर गया है।" उसने पूछा, "उसे खरीदने की याद है?" "बड़ौदा में इतने पैसे देकर खरीदा था। नड़ियड़ में उसकी चेकिंग हुई थी। पता नहीं आगे क्या हो गया?" मेरी यह बात सुनकर उसने फिर पूछा, "कहाँ जाना है?" "साबरमती" मैंने कहा। उसने "जाइए" कह दिया। उसने सोचा होगा कि गाँधीजी के पास जानेवाला यह व्यक्ति झूठ नहीं बोलेगा। वहाँ आश्रम में सिद्धय्या गौड़ा नाम के एक सज्जन थे। उनके नाम पर मैं एक परिचय-पत्र ले गया था। उनके साथ आश्रम में भोजन के लिए भी गया। वह मेरे लिए परिचित, बिना नमक का भोजन था। उन दिनों गाँधीजी और कस्तूरबा आश्रम में ही थे। उनके प्रिय मगनलाल गाँधी वहाँ की उद्योग संस्था की देखभाल करते थे। मैंने वहाँ कुछ दिन रहकर रुई धुनने का काम सीखा। आगे वर्षों बाद (1980 के लगभग) साबरमती से अपने गाँव पहुँचकर तहसीलदार के पद से निवृत्त हुए सिद्धय्या गौड़ा से मण्डया में भेंट हुई।

भजन

आश्रम के क्रमबद्ध जीवन को देखकर मुझे बड़ी प्रसन्नता हुई। प्रात:काल चार बजे सब जाग जाते। उठकर गाँधीजी के निवास के सामने के आँगन में इकट्ठे होकर भजन करते थे। पहले कुछ संस्कृत श्लोकों का पाठ होता, कोई भक्त कविता की कृतियों से कुछ भजन गाता। शेष जन शान्त होकर सुनते। तभी मैंने नरसिंह मेहता का लिखा गाँधीजी का प्रिय भजन 'वैष्णव जन तो तेने कहिए' सुना। भजन होने के बाद सब मिला कर 'रघुपति राघव' कीर्तन करते। बाद में गाँधीजी गीता के कुछ अंशों की व्याख्या करते। बड़ा प्रशान्त था वहाँ का वातावरण। भजन करना हो तो ऐसे करना चाहिए। संगीत प्रदर्शन से क्या लाभ? शाम के सात बजे प्रात: की ही भाँति भजन वन्दना का कार्य चलता। शाम का भोजन तो छह बजे से पहले ही समाप्त हो जाता था।

आश्रम के समीप ही पुराने राष्ट्रीय विद्यालय की इमारत है। जब मैं वहाँ गया तब वह खाली थी। वहीं समीप एक बड़ा पुस्तकालय है। अभ्यास करनेवालों के लिए वह बड़ा ही शान्त वातावरण है। जितने दिन मैं आश्रम में रहा, रोज शाम को साबरमती के स्टेशन तक घूमने जाया करता। गाँधीजी भी बच्चों का झुण्ड लेकर हँसते हुए उसी रास्ते जाते थे। एक दिन मैं अहमदाबाद पैदल गया था। वहाँ कुन्दापुर का एक मित्र था। उसे साथ लेकर एक पुरानी मसजिद भी देख आया।

पत्थरों को काटकर बनायी गयी उस मसजिद की खिड़कियाँ, दरवाजों और छतों पर की गयी कारीगरी बड़ी सुन्दर थी।

गलती पर सजा

आश्रम में निवास करते हुए कर्नाटक के सिद्धय्या गौड़ा से परिचय हुआ था। इसी प्रकार कुछ और लोगों से भी दोस्ती हो गयी थी। उनमें एक तमिलनाडु के सुब्बय्या थे। एक दिन गाँधीजी ने उन्हें बुलाकर गतवर्ष उन्हें सँभालकर रखने दी गयी मच्छरदानी के बाँस माँगे। पता नहीं सुब्बय्या ने उन्हें कहाँ रख दिये थे। उन्हें वे मिले ही नहीं। इस लापरवाही के लिए गाँधीजी ने उन्हें सजा दी कि सारी रात उनके पलंग के पास बैठकर उन्हें मच्छर भगाने होंगे। यह देखकर लगा कि कई बार गलती पर सजा देने में गाँधीजी से अधिक क्रूर और कोई नहीं, परन्तु यह नहीं भूलना चाहिए कि यदि स्वयं उनसे भी गलती हो जाती थी तो अपने लिए भी वे उतने ही कठोर और निष्ठुर हो जाते थे।

जब मैं वहाँ था तब एक चीनी भिक्षुक वहाँ आया था। गाँधीजी हर रविवार को मौन व्रत रखते थे। उसने भी छह मास का मौन रखा था। श्री एण्ड्रूज का मुझे प्रथम साक्षात्कार वहीं हुआ। वे खादी की धोती-कमीज पर हैट लगाकर आये थे। सफेद दाढ़ीवाले उस बूढ़े को देखने की इच्छा मुझे कई दिनों से थी। मन में जब से शान्तिनिकेतन जाने की लालसा उठी थी तभी से उन्हें देखने की इच्छा बनी हुई थी। गाँधीजी और एण्ड्रूज के बीच वार्तालाप सुनने में बड़ा आनन्द आता था। लगभग पन्द्रह दिन साबरमती में गुजारने के बाद मैं वापस कर्नाटक चल पड़ा।

अजन्ता को

सन् 1916 ई. के लगभग हमारे गाँव आलूर वेंकटराय मुदवीडु कृष्णराय आये थे। उन्होंने हम लोगों में कर्नाटक के प्रति अभिमान जगाया था। उन्होंने बताया था कि अजन्ता और ऐलोरा की गुफाएँ कर्नाटक वालों का कृतित्व है। 'कन्नड़' नाम का ग्राम अजन्ता के समीप है। मुझे पहले से ही चित्र और वास्तुकला के प्रति अभिरुचि थी। अत: उन दोनों को देखने का निश्चय करके निकल पड़ा। सूरत के रास्ते से ताप्ती नदी की घाटी पार करके भुसावल पहुँचा। वहाँ से जलगाँव आया। जलगाँव से बस पकड़कर करीब चालीस मील की दूरी पर पाहूर पहुँचा। हाथ के थैले में खाना बनाने का सामान आदि था। थोड़ा-सा गेहूँ का आटा, मूँगफली और गुड़ खरीदकर पाहूर से आगे चल पड़ा। वहाँ से करीब छ: कोस की दूरी पर अजन्ता की गुफाएँ हैं। राह पर धूप का ही साम्राज्य था, नाम को भी घर नहीं दीखा। राह में एक गाँव में थोड़ा-सा पानी मिला। लगभग तीन बजे अजन्ता के उस पहाड़ी-

प्रदेश में जा पहुँचा। सबसे पहले एक गाँववाला मिला। उससे गुफा दिखाने को कहा। उसने वहाँ जाने का रास्ता बतला दिया। मैं आगे चल पड़ा। रास्ते के दोनों ओर पारिजात के वृक्ष थे। हवा पारिजात की गन्ध से लदी हुई थी। और आधा मील आगे चलने पर घोड़े की नाल की आकृति की पर्वत श्रेणी दिखाई दी। चढ़ाई चढ़कर थोड़ा आगे बढ़ते ही एक-एक करके गुहालय दिखाई देने लगे। करीब तैंतीस विशाल गुफाएँ हैं। कुछेक चैत्यालय भी हैं और कुछ बुद्ध विहार हैं। एक जमाने में वहाँ बौद्ध भिक्षुओं का एक विश्वविद्यालय था। वहाँ जाकर खड़े होने के बाद यह याद ही नहीं रहता कि बाहर भी एक दुनिया है। वहाँ की गुफाओं का निर्माण, वहाँ का शिल्प, चित्रकारी अत्यन्त मोहक हैं। प्रकृति ने भी उस सौन्दर्य में एक पुट दिया है। उस भव्य पर्वत श्रेणी के नीचे एक छोटी-सी नदी बहती है। रात को वहीं सोने की इच्छा हुई। पर पहरेदारों ने कहा, ''यहाँ रात को कोई नहीं रह सकता। हम सब भी यहाँ से चले जाएँगे। दरअसल लोग यहाँ खाना आदि पकाकर धुएँ से यह जगह खराब कर देते हैं।'' उनकी बातों की सच्चाई यहीं दीख रही थी और कोई चारा न होने से वहाँ से चल पड़ा। काफी दूर चल चुकने के बाद अजन्ता की नदी में स्नान कर चूल्हा सुलगाया और आटा गूँधा। रात को वहीं सोने का विचार किया। मैं निर्जन पहाड़ी प्रदेशों में कई बार अकेला सोया था इसलिए मुझे उसमें कोई खास बात नहीं लगी। तभी वहाँ एक बैलगाड़ी आयी। वह पाहूर जा रही थी। मैंने गाड़ीवान से आग्रह किया, ''आधा घण्टा ठहर जाओ मैं भी साथ चलता हूँ।'' गाड़ीवान जल्दी में था। इधर भूख और थकान दोनों ही ज्यादा थीं। गाड़ी की सवारी का मोह भी नहीं छोड़ सकता था इसलिए थोड़ी-सी मूँगफली और गुड़ खाकर उसके साथ चल पड़ा। दूसरे दिन प्रातः पाहूर की नदी के किनारे अपना भोजन किया। पाहूर से चालीस गाँव तक रेल है। रेल से उसी रास्ते से मुलाड गया। वहाँ से मुड़कर ऐलोरा रोड पर चला। वहाँ पुलिस के लोगों ने मेरा नाम लिखकर ही आगे जाने दिया। मेरे खादी के कपड़ों ने निजाम की सी. आई. डी. पुलिस को आकर्षित किया होगा।

ऐलोरा

ऐलोरा अथवा बेरुल एक प्रसिद्ध क्षेत्र है। वहाँ अहिल्याबाई होलकर का बनवाया हुआ एक सुन्दर देवालय भी है। वहाँ पहुँचते ही वहाँ के पण्डों ने घेर लिया। मेरे जैसे पर्यटकों का श्राद्ध करने को वे तभी तत्पर थे। मैं मुँह भी नहीं धो पाया था। मैंने सोचा कि यहाँ के नाले में स्नान करके वहीं भोजन बना लूँ। उन्होंने मुझे वहाँ भी नहीं छोड़ा। लगा कि ऐसे क्षेत्रों में तो प्रेतों को ही जाना चाहिए, प्रेतात्माओं की सन्तति को नहीं। बिना स्नान किये ही दो मील दूर पर स्थित गुफाएँ देखने

चल पड़ा। वहाँ की पर्वत-श्रेणी में अजन्ता से भी बड़ी गुफाएँ बनी हुई हैं। वे राष्ट्रकूट राजाओं के समय की निर्मित हैं। बौद्ध गुफाओं के साथ, दस जैन गुफाएँ और दस ब्राह्मण देवालय भी बनाये गये हैं। उस अखण्ड शिला में लाखों लोगों ने परिश्रम करके मंजिल-दर-मंजिल पत्थर की कटाई करके उनपर अद्‌भुत वास्तु-कलाकृतियों का निर्माण किया है। बीच में भव्य कैलाश मन्दिर है। लगभग सौ फुट की गहराई तक चारों ओर काटकर देवालय बनाया गया है। हमारे पूर्वजों की महान आकांक्षाएँ, उनके भव्य सपने अजर-अमर हो शिलाओं में बस चुके हैं। एक से बढ़कर एक भव्य मन्दिरों पर हम गर्व कर सकते हैं।

वहाँ से उसी दिन चार कोस की दूरी पर स्थित दौलताबाद पैदल ही गया। मार्ग में बूँदाबाँदी होने लगी। सिर पर की गठरी और कपड़े सब भारी हो उठे। भूख और थकान का ठिकाना नहीं। कागदीपुर लाँघकर और भी आगे चलता गया। उस गाँव में एक मसजिद है। पता चला कि वह औरंगजेब का विश्रामस्थल है। दौलताबाद पहुँचने तक कहीं भी रुका नहीं। देवगिरि का किला और मीनारें देखीं। यदि थकान अधिक न होती तो देवगिरि का किला चढ़ने की इच्छा थी। संगीतज्ञ सारंगदेव यहीं के थे। पर मन का उत्साह शरीर में बचा नहीं था। आधे घण्टे के बाद रेल भी पकड़नी थी इसलिए स्टेशन पर जा बैठा। वहाँ से सीधा हुब्बल्ली पहुँचा। मेरी यह यात्रा चिरस्मरणीय है। अजन्ता तक फैला कर्नाटक आज शोलापुर को भी खो चुका है। यह हमारा दुर्भाग्य ही तो है।

कार्ले-चैत्यालय

कन्नड़ वालों की ऐसी ही एक और महान कृति कार्ले में है। वहाँ का चैत्यालय पहली सदी का हो सकता है। उसकी मूर्तियों को तराशनेवाले का उल्लेख उस मन्दिर के सामने ही है। कहा जाता है कि बनवासी के एक व्यापारी ने इसे बनवाया था। बौद्ध चैत्यालय का यह इतना भव्य और इतना सुन्दर नमूना! खण्डाला की पहाड़ियों के आँचल में है यह कार्ले पहाड़ी, जहाँ उन्होंने इस चैत्य को उकेरा है। बौद्धालय के पास ही पाँच-छः विहार हैं। हर्ष की बात है कि सृष्टि के सौन्दर्य का अनुकरण करने में हमारे पूर्वजों की आँखें अन्धी नहीं थीं। उस पहाड़ी पर मिलनेवाले रंग-बिरंगे पत्थरों से हमारे प्राचीन काल के चित्रकार चित्रकारी के लिए रंग तैयार करते थे। अजन्ता के चित्रों का रंग अब तक फीका न पड़ने का कारण उनका पक्कापन है। कार्ले से चार मील की दूरी पर लोनावाला है। वहाँ पहाड़ों की घाटी में बाँध बनाकर एक सुन्दर सरोवर का निर्माण किया गया है। सन्ध्या काल की वहाँ की रमणीयता अवर्णनीय है। चारों ओर छायी हरियाली आँखों को शीतलता प्रदान करती है। उस सबको देखता हुआ पहाड़ से उतरकर मैदानी रास्ते

से लोनावाला चल पड़ा। वहाँ से कैवल्यधाम को जाना ही मेरा उद्देश्य था। योगासन के लिए वहाँ जाने की अपनी बात मैंने पिछले अध्यायों में लिखी है। अब राह में घटी एक घटना भी सुन लीजिए।

दिखावे के प्रभाव में फँसे लोग

जब मैंने कार्ल छोड़ा तो सूरज डूबने को था। अँधेरा होने से पहले लोनावाला पहुँचने की जल्दी थी, पर पहुँचते-पहुँचते अँधेरा होने लगा था। एक ग्रामीण मराठी मुझे देख पीछे-पीछे आने लगा। वह मुझे पुकारे जा रहा था। मैंने मुड़कर देखा। सोचा कि वह शायद मुझे अपना परिचित समझकर बुला रहा है लेकिन ऐसी कोई बात नहीं थी। समीप आते ही झुककर नमस्कार करके उसने पूछा, ''आप साधु हैं?''

मेरे 'नहीं' कहने पर वह कहीं मानने वाला था? गुफा से निकलकर आनेवाला, वह भी दाढ़ीवाला, भला साधु नहीं होगा तो कौन होगा यह उसकी कल्पना थी। जब तक मैंने उस पर गुस्सा नहीं दिखाया तब तक मुझे वह साधु ही समझता रहा था। और तो और, मुझे वह अपने घर ले जाने का आग्रह कर रहा था। बड़ी मुश्किल से उससे छुटकारा मिला और इस तरह मैं लोनावाला पहुँचा।

दाढ़ी से साधु

मैंने अपना कर्ज याद रखने के लिए दाढ़ी बढ़ा ली थी। बाद में वह भी एक भार होने लगी। आकृति और वेशभूषा के भुलावे में आनेवाले कितने लोग नहीं हैं हमारे देश में? इस देश के लोगों को वश में करने के लिए संन्यास से बड़ा स्वांग और नहीं। जब मैं दावणगेरे में था तब एक गाँव का मित्र मुझसे कभी-कभी भेंट करने आता था। वह भी मुझे साधु ही समझ बैठा था। वह मुझसे देवत्व द्योतक केवल 'तू' कहकर एक वचन का प्रयोग करता था। तब मुझे दाढ़ी से विरक्ति हुई। उसे पूरा करने के लिए और एक घटना घटी। हुब्बल्लि में मैं एक बार 'दुर्गदबैल' से गुजर रहा था। वहाँ लोगों की बड़ी भीड़ थी। एक राहगीर ने मुझे रोका। मुझे कुछ समझ में नहीं आया। उसने मेरे मुख की ओर ध्यान से देखा और बिना कुछ बोले सड़क के बीच मेरे पाँव छूकर नमस्कार करके चला गया। मैं हैरान रह गया। मुझे डर लगा कि दाढ़ी ने जिस प्रकार दूसरों को धोखा दिया इसी प्रकार यह मुझे भी धोखा दे सकती है। हुब्बल्लि छोड़ने तक चुप रहा। वहाँ से नीलगिरि गया। वहाँ मैं तीन दिन रहा। वहाँ मेरा पहला काम था उस दाढ़ी से छुटकारा पाना। अब केवल मूँछ बची थी। विफल प्रयास के कारण वह भी छोटी-सी रह गयी। तब मुझे लगा कि कभी भी बाह्य सन्तपना नहीं होना चाहिए।

इस विषय में एक कहानी सुनाता हूँ। मोरिस फ्रिडमैन नाम के एक पोलिश गृहस्थ, सामान्यत: जाने-माने व्यक्ति थे। बैंगलूर में रहते समय मेरा उनसे परिचय हुआ। वे कभी-कभी रमण महर्षि के पास जाया करते थे। उन दिनों वे यूरोप का ही पहनावा पहिनते थे। एक-दो बार वे हमारे घर भी आये थे। एक बार जब आये तो काषाय वस्त्र धारण करके आये। लोग उन्हें 'भारतानन्द' कहकर पुकारते थे। मैंने उनके कपड़े देखकर पूछा, "आप पर यह पागलपन कब से सवार हो गया?" उन्होंने हँसकर कहा, "दो आने देंगे?" मैंने पूछा, "क्यों?" तो वे बोले, "ऐसे ही आप के कपड़ों को भी काषाय रंग में रँगवा देता हूँ। दो आने में संन्यास मिल जाता है।" बाद में हँसते हुए मुझसे कहा, "मुझे ये रंग और कपड़े आसान लगे इसलिए पहन लिये। हमारे दृष्टिकोण में इन सबका और कोई खास अर्थ नहीं है।" और एक बार, बल्कि कहना चाहिए दो-तीन बार, नन्द नाम का संन्यासी हमारे यहाँ आया था। उसका चाहे जैसा भी सत्कार करते, चाहे कितना भी अच्छा खाने को क्यों न देते, उसे कभी तृप्ति नहीं होती थी। खाने-पीने के बारे में, आतिथ्य के बारे में जहाँ भी गया, वहीं झगड़ा खड़ा कर देता था। जैसे काषाय वेश के अधिकार की स्थापना के लिए ही वह घूमा करता है। उसे मैंने स्वामी 'कोपिष्टानन्द' उपनाम दिया था। उसके नाम के साथ आनन्द जुड़ा होने पर भी उसमें कोई आनन्द नहीं था। बहुत क्रोधी था। भग्न मनोरथ होकर काषाय धारण करने पर भी दुनिया में जिन वस्तुओं का उसने त्याग किया था उसी के लिए लार टपकाता फिरता था। मैंने ऐसे कई लोगों को देखा है जो संन्यासी बनकर विरक्त हो जाते हैं और बाद में लोगों की पूजा-सत्कार के शिकार हो जाते हैं। फिर आश्रमों की स्थापना करके गृहस्थों से ज्यादा मोहमाया में फँस जाते हैं। अपने को बड़ा भक्त समझना भी अपने को नुकसान पहुँचाना होता है। बाद में जब ये 'राम' 'कृष्ण' के नाम से पूजे जाने लगते हैं तो यह अनुमान होने लगता है कि पूजा करनेवाले मूर्ख हैं या पूजा पानेवाले मूर्ख हैं।

रामकृष्ण परमहंस का जीवन साधु-सन्तों में एक आदर्श है उसे समझ लेनेवाला व्यक्ति कभी भी नकली साधुओं से धोखा नहीं खा सकता।

कुछ अन्य यात्राएँ

शास्त्र कला नहीं

इस अध्याय में अपने कुछ प्रवासों के अनुभव बताने के बाद दूसरे विषय लूँगा। प्राचीन वास्तुकला को देखने के मेरे पागलपन ने मुझसे उत्तर और दक्षिण भारत के कई चक्कर कटवाये। मुझे जगह-जगह पर चिड़ियाघर देखने की भी बड़ी इच्छा होती। तरह-तरह के जानवर देखने को मन होता। कलकत्ता आदि महानगरों के संग्रहालयों में एकत्रित प्राचीन शिल्प देखने में भी मुझे बड़ा आनन्द आता था। कैमरा हाथ में लिये उनके फोटो खींचकर ले आता था। यदि उनको ले आने की अनुमति मिल जाती तो शायद उन्हीं को उठा लाता।

शिल्प में आसक्ति रखनेवाले व्यक्ति को हलेबिड और बेलूर के मन्दिर आकर्षित करते ही हैं। बेलूर में कामदेव की मूर्तियों की नृत्य मुद्राएँ और श्रृंगार चमत्कारी हैं। अंग-विन्यास का सौन्दर्य दिखाने में भी वे अद्वितीय हैं। वे सूक्ष्म कारीगरी के नमूने हैं। शिल्प में ऐसी सूक्ष्मता से क्या मिलता है? हमारे लोग शिल्पकारिता में चमत्कार पसन्द करते हैं। हलेबिड या बेलूर की शिल्पकला यदि कला के दिखावे का शिकार न बनती तो और भी उत्कृष्ट स्तर तक पहुँच जाती। महाबलिपुरम् के समुद्र-तट के देवालय के सहज सौन्दर्य का वहाँ न दिखाई देना उसके दिखावे के भ्रम के कारण तो है। हमारी चित्रकला, संगीत, वास्तु आदि सबके अपनी शक्ति खोने का मुख्य कारण उनका अति शास्त्र-विन्यास है। कलाविद् को अपने उद्देश्य पर आँच न आने पाए इस ढंग से कला का निर्माण करना चाहिए। अपना पाण्डित्य प्रदर्शन करने की लालसा में तो वह अवनति की ओर चला जाता है।

हलेबिड के मन्दिर की दीवारें शिल्पों से पटी पड़ी हैं। पौराणिक मूर्तियाँ भी वहाँ दिखाई देती हैं। नजर की ऊँचाई से भी दूर बनी कई मूर्तियों का सौन्दर्य हम देख ही नहीं पाते। वहाँ ताण्डव करते शिवजी की एक मूर्ति बहुत मोहक है। अधिकांश मूर्तियाँ ऐसी लगती हैं मानो उन्हें एक ही ने बनाया हो। उन्हें बनानेवाले

ने जैसे अपना व्यक्तित्व ही खो दिया है। एकदम निचली पंक्तियों में वात्स्यायन के कामसूत्र के चित्र हैं, शिल्प और संस्कृति की दृष्टि से वे होय्सल युग के जीवन को सम्मान नहीं दिला पाते हैं।

पल्लवों का आदर्श

शिल्पकला का भव्य रूप महाबलिपुरम् में देख सकते हैं। वहाँ अर्जुन की तपस्या के बारे में इतना भव्य चित्रण हुआ है कि उसका वर्णन करना ही कठिन है। लगता है कि उन पल्लव राजाओं ने हमारे लिए शिला-शिल्प और वास्तुकला की आधारशिला रखी थी। वहाँ अखण्ड शिला से बने मन्दिर और गोपुरों के अच्छे नमूने हैं। समुद्रतट का वह शिवालय किसी को भी मोहित कर लेनेवाली कृति है। वह पत्थर पर नहीं खोदा गया बल्कि पत्थरों से ही बना है। एक जमाने में बंगाल की खाड़ी की लहरें वहाँ के विग्रह के पाँव धोती थीं। अब भी समुद्र का जल मन्दिर के भीतर जा सकता है लेकिन मन्दिर में विग्रह ही नहीं। उसके बनवानेवाले पल्लव राजाओं ने तीसरी और आगे की सदियों में मलाया, स्याम जाकर वहाँ भी हिन्दू संस्कृति के बीज बोये। उनके कृतित्व के अवशेष बोरोबुदर, देवालय, इण्डोचीन के अँकोरवाट देवालय में देखने की मेरी इच्छा अब भी बाकी है। महाबलिपुरम् के शिल्पियों को देवी-देवताओं से जितना लगाव था उतना ही प्रकृति से भी था। उनके बनाये हिरण, बन्दर, हाथी आदि किसी भी प्रकृति-प्रेमी कलाकार को आकर्षित करेंगे।

वास्तु दर्शन

एक बार मैं पुरी के जगन्नाथ मन्दिर गया था। नागर शिल्प का वह मन्दिर सदा यात्रियों से भरा रहता है। इस कारण वास्तुकला के प्रेमी के लिए आवश्यक शान्ति वहाँ नहीं मिल पाती। वहाँ का मन्दिर एक भव्य कृति है। विद्वानों का कथन है कि उस नागर शैली का प्रारम्भ हमारे कर्नाटक के 'पट्टदकल्लु' से आरम्भ हुआ था। लेकिन उस शैली का विकसित रूप भुवनेश्वर, कोणार्क और खजुराहो में है जो उन दिनों मैं देख नहीं पाया था। गोपुर और मन्दिर देखने की इच्छा केवल एक यात्री की दृष्टि से नहीं, वह तो कला-दृष्टि से प्रेरित होती है। विचार में जहाँ भव्य कला के दर्शन होते हैं वहाँ संस्कृति की महानता के भी दर्शन होते हैं।

शिल्प के बारे में

एक बार मैंने कलकत्ता के संग्रहालय में पाँच फीट ऊँची सूर्य की मूर्ति देखी थी। सूर्य हमारा पहला देवता है। आर्य संस्कृति में सूर्य के बाद विष्णु की मान्यता है।

उत्तर भारत में हमें अधिकतर सूर्य के ही विग्रह मिलते हैं। मैं शाम के समय वहाँ गया था। साँझ की सुनहरी किरणें उस विग्रह की लाल शिला पर पड़ रही थीं। उसका पार्श्व सिन्दूरी हो उठा था। और उसकी छाया में जामुनी रंग बिखर गया था। लग रहा था जैसे साँझ के सूरज ने ही मानवाकार ग्रहण कर लिया हो। मद्रास के संग्रहालय में भी मैंने काँसे की कुछ सुन्दर प्रतिमाएँ देखी हैं। उसमें एक शिव ताण्डव की मूर्ति है। शिव की उसी भंगिमा का नृत्यकारों ने अनुकरण किया है। ताण्डव नृत्य में चरमोत्कर्ष की भंगिमा है वह, परन्तु उसी विन्यास को सामने रखकर नृत्य-विन्यास दिखाने का प्रयत्न करते मैंने किसी को नहीं देखा। केवल फोटो खिंचवाते समय वह भंगिमा दिखा देने से ही चल जाता है क्या?

मद्रास में राम, लक्ष्मण और सीता की कांस्य प्रतिमाएँ भी हैं। काव्यों में जो देवत्व दिखाई नहीं पड़ता वह उनमें दिखाई दे जाता है। उन प्रतिमाओं को बनानेवाला शिल्पी भी महान रहा होगा।

एक बार मैं जोग से उतरकर घाटी के नीचे बसे गेरसोप्पा गया और वहाँ के भग्न पुरातन नगर को देखा। एक जमाने में जो भरा-पूरा था अब वह वीरान हो गया है। वहाँ के अनेक जैन मन्दिरों पर पेड़-पौधे उग आये हैं। उनकी रक्षा करनेवाले विभाग में भी उदासीनता ही है। देखनेवाली आँखों में भी कुतूहल नहीं बचा। वहाँ जैन तीर्थंकरों की कुछ बड़ी-बड़ी प्रतिमाएँ हैं। उनमें एक-दो बहुत ही उत्तम रचनाएँ हैं।

साँची

उत्तर भारत के प्राचीन स्मारकों में साँची बहुत प्रसिद्ध है। वह मध्य प्रदेश में भोपाल के पास है। वहाँ का रेलवे स्टेशन बहुत छोटा है। शायद ही वहाँ कोई गाँव है। वहाँ भोजन-पानी तक उपलब्ध नहीं हुआ। मैं वहाँ गर्मियों में गया था। तब सारे प्रदेश के पलाश के वृक्ष फूलों से लदे थे। हर वृक्ष अग्नि की आरती-सा दीख रहा था। स्टेशन से आधा मील दूर ही वे स्तूप हैं। वे ईसा से पूर्व पहली या दूसरी शताब्दी की कृतियाँ हैं। वे बुद्ध के स्मारक हैं। करीब सौ फुट से भी ऊँचे व्यास के अर्धगोलाकृति के लाल बलुये पत्थर से ये स्तूप बनाये गये हैं। उनके चारों ओर वृत्ताकार पत्थर के जालीदार जंगले बने हैं। चारों ओर पत्थर के ही तोरण बने हैं। उनमें बुद्ध की जातक-कथाएँ उत्कीर्ण हैं। थोड़ी दूर पर यदि हम ध्यान लगाकर खड़े हों तो ध्यानस्थ बुद्ध की-सी शान्ति हमें प्राप्त होगी।

मेरे मन में मुझे बुद्ध के जीवन के प्रति बड़ा आदर है। उसके नाम में ही एक आकर्षण है। 'कल को भूलकर, आज के जीवन का अच्छी तरह से निर्वाह करो।' कहनेवाले व्यक्ति के बारे में मुझे बड़ा ही गौरव है। एच. जी. बेल्स ने

अपने इतिहास में बुद्ध और अशोक को बड़ा ऊँचा स्थान दिया है। उसने लिखा है कि ये मानव नागरिकता के सर्वोत्तम उदाहरण हैं। साँची के स्मारक भी वैसे ही हैं।

सारनाथ

उसी बुद्ध के प्रति प्रेम मुझे काशी के समीपस्थ सारनाथ खींचकर ले गया। सारनाथ में प्राचीन स्तूप नष्ट हो चुका है। केवल ईंट-मिट्टी के निशान भर बचे हैं। वहाँ के मूर्ति-संग्रहालय में बुद्ध की कुछ प्रतिमाएँ हैं। कहा जाता है कि बुद्ध ने अपना प्रथम उपदेश सारनाथ में ही दिया था। महाबोधी संघवालों ने वहाँ एक मन्दिर बनवाया है। जब मैं वहाँ गया तब वह पूरा बन चुका था। उसके भीतर दीवारों पर एक जापानी चित्रकार चित्र बना रहा था। उनमें एक चित्र 'मार' (कामदेव) के बुद्ध को छेड़ने का था। अजन्ता चित्रों की-सी सौम्यता उसके चित्रों में दिखाई नहीं दी। वह बहुत ही भड़कीले रंग इस्तेमाल कर रहा था।

आबू की बारीक नक्काशी

मैं एक बार आबू पहाड़ गया था। राजस्थान की मरुभूमि में स्थित ये जैन मन्दिर बारहवीं या तेरहवीं शताब्दी के हैं। इन्हें दिलावर मन्दिर भी कहते हैं। जब मैं पहली बार वहाँ गया, मेरे जैन न होने के कारण मन्दिर देखने से पहले मुझे एक-दो रुपये कर के रूप में देने पड़े। बाहर से देखने पर ये मन्दिर इतने सुन्दर नहीं हैं। वास्तु रचना में विशेष महानता नहीं है। वहाँ का सारा सौन्दर्य भीतर का है। गर्भ मन्दिर, नवरंग और मण्डप सब संगमरमर के बने हैं। मोम की तरह संगमरमर की शिलाओं पर बहुत ही बारीकी से काम किया गया है। स्तम्भों और भीतरी छतों पर यह बारीक कारीगरी स्पष्ट दिखाई देती है। वहाँ की इस कारीगरी के नमूने की परिकल्पना देखने के लिए ही मैं वहाँ गया था। हलेबिड और बेलूर के समान ही यहाँ की कारीगरी बड़ी सूक्ष्म है। वहाँ स्लेटी पत्थरों पर कारीगरी की गयी है लेकिन यहाँ संगमरमर के पत्थरों पर उस नक्काशी का चमत्कार दिखाई देता है। आबू जलवायु के लिए भी प्रसिद्ध स्थल है। यहाँ एक सुन्दर सरोवर है। उस पहाड़ से स्टेशन तक पहुँचने के लिए उस मरुभूमि में जो सड़क बनी है वह भी अपने में एक अपूर्व है, मोहक है।

संगमरमर पर इसी प्रकार की सूक्ष्म कारीगरी और नमूने देखने के लिए हमें आमेर के राजमहल, आगरे में एतमादुद्दौला और फतेहपुर सीकरी में सलीम चिश्ती की मसजिद देखनी चाहिए।

दक्षिणा-पथ में

उत्तर भारत के कुछ मन्दिरों के समान दक्षिण भारत के भी कुछ मन्दिर देखने की इच्छा हुई। इसी उद्देश्य से पश्चिम समुद्र के कराबली से कन्याकुमारी तक गया। पश्चिम कराबली के कुछ मन्दिर तो बहुत ही साधारण हैं। उनके वास्तु सौन्दर्य को तो ताँबे से मढ़ी छतें निगल गयी हैं। कन्याकुमारी बहुत सुन्दर स्थल है। भरतखण्ड के अन्तिम छोर पर खड़े होकर पूर्व पश्चिम और दक्षिण के समुद्रों के संगम को देखकर ही स्वामी विवेकानन्द अपने आपको भूल गये थे। उस प्रदेश की रमणीयता ही ऐसी है कि हम भी अपने को भूल सकते हैं। वहाँ का निसर्ग ही एक यात्रा-स्थल है, दूसरे मन्दिर और गोपुरों की आवश्यकता ही नहीं। और एक बार मैं मदुरै तंजाबूर, चिदम्बरम्, तिरुकलिकुडू क्षेत्र देखकर आया। रामेश्वरम् भी गया था। रामेश्वरम् का समुद्री-तट भी एक सुन्दर स्थल है। पर वहाँ का मन्दिर मुझे पसन्द नहीं आया। वहाँ बिना किसी सही कल्पना के धन खर्च करके, अपनी भक्ति का प्रदर्शन करने का प्रयास स्पष्ट दिखाई देता है। सब जगह अनगिनत स्तम्भों का बेमेल निर्माण हुआ है।

महाबलीपुरम्

मेरे मन को सबसे ज्यादा आकर्षित करनेवाला स्थल तंजाबूर का वृहदीश्वर मन्दिर है। वहाँ के गोपुर, मदुरै, हम्पी के विमानों के ऊँचे दर्जे के न होने पर भी उसकी वास्तु-शैली का अपना ही महत्त्व है। उसका सौन्दर्य कुछ और ही है। कैसा ही वाचाल क्यों न हो, उसे देखकर मूक हो जाता है। मन वृहदीश्वर के मन्दिर पर केन्द्रित हो जाता है। लगता है जैसे वास्तु-शैली का सौन्दर्य यहाँ अपना सिर उठाये खड़ा है। आकार में भी यह मन्दिर बहुत बड़ा है। उसका गगनचुम्बी शिखर ही शिव की महानता का द्योतक है। मैं उस मन्दिर के भीतर गया ही नहीं। ऐसी इच्छा भी नहीं हुई। मुझे तो वह मन्दिर ही भगवान-सा लगा। खजुराहो के खण्डरिया महादेव के मन्दिर को देखकर मुग्ध हो गया था। वह नागर-शैली का है पर वह भी एक ऐसा ही भव्य लगा था। होय्सलों की वास्तु के समान वहाँ बारीक कारीगरी होने पर भी मन्दिर के विस्तार के कारण बाह्य रेखाओं का प्रभाव घटा नहीं है। ऐसे कल्पना करनेवाले वास्तु-शिल्पियों का मन उनके निर्माण के समय पता नहीं कितना उज्ज्वल रहा होगा!

फतेहपुर सीकरी

मेरे कुछ अन्य प्रवासों में मैंने हिन्दू सर्सनिक शैली की कुछ इमारतें देखीं। दिल्ली के महल, आगरा के महल और ताजमहल, एतमादुद्दौला का कुतुबमीनार, हुमायूँ

का मकबरा आदि देख आया था। ये एक-एक भारतीय संस्कृति के अनुपम उदाहरण हैं जो हमारे मन को आकर्षित करते हैं। फतेहपुर सीकरी देखने मैं अकेला ही गया था। वह एक गाँव है। पहले भी वह एक गाँव ही था। अकबर बादशाह पहले एक बार उसे अपनी राजधानी बनाना चाहते थे। अपने धर्मगुरु सलीम चिश्ती की याद में उन्होंने उसे बनाया भी। पर चिश्ती को राजधानी का शोरगुल रास नहीं आया तो अकबर ने उसे वैसा ही वीरान छोड़ दिया। वहाँ जाने के पहले बुलन्द दरवाजा मिलता है। उसके भीतर राज-वैभव के मुताबिक कई इमारतें हैं। वहाँ का 'पंच महल' बड़ा आकर्षक है। बड़ी सरल शैली में पाँच मंजिलों में बना है यह महल। वह शैली आज भी अनुकरणीय है। वहीं निकट ही, अकबर ने अपनी हिन्दू भार्या के लिए एक और महल बनवाया था। उसे महल कहने की अपेक्षा कैदखाना कहना उपयुक्त होगा। उसमें रोशनी का नाम नहीं है। हिन्दू रजवाड़े में जितनी रोशनी है। यहाँ उतना ही अँधेरा है। जो भी हो, अन्त:पुर जो ठहरा। सलीम चिश्ती का मकबरा भी वहीं पास में है। संक्षेप में, यह है कि यह नगर अकबर के काल की संस्कृति का प्रतिबिम्ब है।

केतकी-वन

आगरा का किला दर्शनीय है। उसके भीतर की बैठकें, मसजिदें विशाल सभा-भवन, बादशाह के शान के मुताबिक हैं। वहाँ मुगल दरबार का सारा वैभव दिखाई देता है। उनकी रसिकता, दम्भ दोनों एक साथ व्यक्त होते हैं। वहाँ के तहखाने और गुप्त मार्ग देखने से इस कथन की याद हो आती है कि केतकी-वन भी साँपों का घर हो सकता है। सिंहासन की आकांक्षा के लिए वहाँ कितनी हत्याएँ नहीं हुई होंगी? कितने निरपराधी बन्दी नहीं बनाये गये होंगे? वह भी भारत का ही एक चित्र है। वहाँ यमुना की ओर मुँह करके बनाया गया एक मण्डप है। वह भी संगमरमर का बना है। शाहजहाँ अपने अन्तिम दिनों में वहाँ से दूरस्थ ताजमहल को देखा करता था। इसी बात को लेकर मैंने एक गीत नाटक लिखकर मंचन कराया। डॉ. अवनीद्रनाथ ठाकुर ने शाहजहाँ के अन्तिम दिनों का बड़े सुन्दर ढंग से चित्रण किया है।

गर्व करने योग्य स्मारक

बहुत दूर जाने की जरूरत नहीं है। कर्नाटक में ही बीजापुर भारतीय इस्लाम संस्कृति का एक चित्र उपस्थित करता है। वहाँ का गोल गुम्बद कम महत्त्व का स्मारक नहीं है। ताजमहल संगमरमर का बना है तो यह पत्थर की ऐसी कृति है जो आँखों को तृप्त कर देती है। अठारह हजार वर्ग फुट जमीन पर यह बना सारी

दुनिया में इंजीनियरी चमत्कार का द्योतक एक महान गुम्बद है। आगरा का ताजमहल इससे एकदम भिन्न है। उसकी प्रेरणा शृंगार है, राज-शृंगार। दोनों पर खूब धन खर्च हुआ है। ताजमहल में बारीकी है पर वास्तु के लिए अपेक्षित एक सन्तुलन नहीं है। वहाँ की कारीगरी अद्‌भुत है। गोल गुम्बद में वैसी नजाकत नहीं है। हाँ, आदिलशाह के घराने की सारी शान उसमें दिखाई देती है। मुख्य इमारत की शान बढ़ाने को यहाँ अन्य छोटी इमारतें भी नहीं हैं। वहाँ शृंगार की स्फूर्ति भी नहीं है, पर उसकी जगह पर वह स्थान निश्चित ही बादशाह के अहम् का ऐलान करता है।

राजमहल

मुसलमानों के राजमहल हमें जैसे दिखाई देते हैं, वैसे विजयनगर, गुप्त, चालुक्य, पल्लव अथवा राजाओं के महल दिखाई नहीं देते। उन्होंने तो उन बादशाहों से भी ऊँची संस्कृति की प्रेरणा दी है। अपने महलों के निर्माण में उन्होंने पत्थर की जगह लकड़ी का प्रयोग अधिक कराया। उनके बनवाये मन्दिर, गोपुर आदि तो शेष बचे हैं पर महल तो उन्हीं के समान ध्वस्त हो गये। हिन्दू राजाओं के महल देखने के लिए हमें राजस्थान जाना चाहिए। आम्बेर, जयपुर, उदयपुर आदि नगरों में ऐसे भवन हैं। तेरह वर्ष पहले एक बार मैं आम्बेर गया था। पहले जब मैं जयपुर गया था तो पास ही आम्बेर नहीं जा पाया था। भले ही जयपुर के महल या सड़कें हों या आम्बेर के महल हों, वे मुगलों की वास्तुकला से कहीं भी कम नहीं हैं। राजपूतों ने बड़े ऊँचे स्तर का जीवन बिताया था। वे शृंगार-प्रिय थे, वीर और रसिक भी थे। गर्व और साहस से भरे हुए थे। उनके द्वारा बनवायी गयी इमारतें भी वैसी ही हैं। झूठे गर्व और दायादि मात्सर्य के कारण ही मोहम्मद गौरी को आमन्त्रित किया गया। उस समय शुरू हुआ हिन्दू-मुस्लिम वैमनस्य अन्ततोगत्वा पाकिस्तान के रूप में परिणत हुआ।

प्राचीन वैभव ही क्या पर्याप्त है ?

जब मैं स्कूल में पढ़ता था तब मार्सडेन का इतिहास पढ़ा था। भारत पर शासन करनेवाले राजाओं के जन्म और मृत्यु की तिथियाँ याद भी की थीं। पलासी के युद्ध में क्लाइव ने कहाँ तोपें रखी थीं, पानीपत में इब्राहिम लोदी ने कहाँ फिरंगियों से लोहा लिया था—यह सब पढ़ा तो था पर सब भूल गया था। ऐसे नीरस विवरणों से भला इतिहास की क्या कल्पना हो सकती है! राजाओं के श्मशान की सूची भी भला इतिहास है ? इतिहास केवल राजाओं की कहानी न होकर देश की जनता की कहानी होना चाहिए। वह तो जन-जीवन की कहानी होना चाहिए। मानव

नागरिकता की उन्नति और अवनति का सूक्ष्म चित्रण उसमें मिलना चाहिए। मेरे हर एक प्रवास का अनुभव मेरे अब तक पढ़े समस्त इतिहास के ज्ञान से अधिक था। शायद इसलिए स्कूल छोड़ने के बाद दुबारा इतिहास पढ़ना शुरू किया। स्मिथ, हाबेल, वेल्स, सिवेल, डार्सी डुराण्ट आदि की रचनाएँ पढ़ीं। अब इतिहास अच्छा लगने लगा। विश्व के इतिहासकारों में वेल्स और डुराण्ट पसन्द आये। मेरा भारत कैसा है ? किस-किस नागरिकता के आकर्षण और भँवर में फँसकर वह आगे बढ़ा है, यह तब पता चला। चीन और मिस्र का इतिहास भी हमारे जितना ही पुराना और महान है। एक ओर आज लोग उन्नति के पथ पर अग्रसर होकर सुख और सन्तोष का जीवन बिता रहे हैं, दूसरी ओर हम जैसे प्राचीन इतिहास की धरोहरवाले सो रहे हैं।

दूर और पास

हमारे गाँव में ही

अपने गाँव के प्रति अभिमान कोई अपराध नहीं। लेकिन वह यदि हमारे मन को गाँव की सीमा में ही बाँधे रखे तो व्यक्तित्व के विकास में बाधा आ सकती है। अन्यथा वह एक आवश्यक प्रवृत्ति है। जो अपने घर में ही सौन्दर्य नहीं पहचान पाए वह संसार का सौन्दर्य भला कैसे पहचान पाएगा? अब मैं यह कैसे बताऊँ कि मेरा घर कौन-सा है? यदि मैं दक्षिण कन्नड़ जिला कहूँ तो वह सृष्टि के सौन्दर्य की खान है। वहाँ से मुझे जो पालन-पोषण मिला वह अनुपम है। बाद में अपनी विद्या और प्रवासों से जो ज्ञान मिला उससे मैंने समझा कि दूसरे स्थानों में और अपने जिले में देखने को अनेक कला-स्मारक हैं। उनके बारे में मैं यहाँ मोटे तौर पर कहना चाहता हूँ।

वास्तुकला

हमारे यहाँ पर वास्तुकला के नाम पर केवल देवालय हैं। उनमें अधिकांश शिवालय हैं। कुछ जिनालय भी हैं। इस प्रदेश में अधिक वर्षा होती है इसलिए यहाँ के मन्दिरों की छतों की बनावट महाबलिपुरम् के रथों की भाँति अथवा चैत्यालयों के भीतरी भागों की तरह होती है। वे छतें भले ही ताँबे से मढ़ी हों या पत्थर से निर्मित हों, भीतरी शिल्पकला को भुला देती हैं। यह बात ध्यान में रखकर हमें वास्तुकला के सौन्दर्य का अध्ययन करना चाहिए। मूडबिद्री का जिनालय, वारंगा का जिनालय और कुछ शिवालय हमारे पश्चिम करावली के वास्तुशिल्प का वैभव दिखाते हैं। उनके भीतरी भाग की रचना के बारे में कहते समय 'गर्भगृह' के आगेवाले नवरंग अथवा मण्डप भी देखने होते हैं। ये कुछ मन्दिर अपनी छतों और स्तम्भों के कारण भव्य हैं। उडुपि, कोटेश्वर, बसरूर, मूडबिद्री आदि स्थान इनमें प्रमुख हैं। इन मन्दिरों के निर्माण का समय भी दसवीं शताब्दी के आसपास तक आँका जा सकता है। बारकूर के पुरातन मन्दिर-गोपुर हमें वास्तुकला की विशिष्ट

जानकारी दे सकते हैं।

शिल्प

उत्तम शिल्प के कुछ नमूने तो हमारे जिले में भी हैं। कोल्लूर और बसरूर की काँसे की बनी द्वारपालों की प्रतिमाएँ बहुत भव्य हैं। कदरी देवालय किसी जमाने में बौद्ध विहार था, बाद में यह शिवालय के रूप में परिवर्तित हो गया। वहाँ काँसे की बनी तीन भव्य प्रतिमाएँ जो आज तक बची हैं, कला के उत्कृष्ट नमूने हैं। कोल्लूर की मूकाम्बिका का विग्रह भी बहुत सुन्दर है। परन्तु हमारे अधिकांश देवालयों में भक्तों की कृपा से मूल विग्रह ही गायब हो चुके हैं।

इनके अतिरिक्त, वेणूर और कारकल में जैनियों द्वारा निर्मापित महाशिल्प कुछ ही शताब्दी पूर्व के हैं लेकिन उनके निर्माण में बहुत बड़े स्वप्न देखे गये हैं, उनमें कारकल की बाहुबली की प्रतिमा और उसके स्थापना-स्थल को याद करने पर उन लोगों की सौन्दर्य-प्रज्ञा के सम्मुख हमें नतमस्तक होना पड़ेगा।

अपने नजदीक की कला के बारे में इतना कहना ही काफी है। भारत के कई प्रवासों के बारे में मैं अब तक काफी लिख चुका हूँ। इन प्रवासों की बात समाप्त करने से पूर्व यदि अपने विदेशी प्रवासों के बारे में कुछ लिखूँ तो अप्रासंगिक नहीं होगा।

अति अभिमान

मैं और मेरे सहपाठी उस समय के हैं जिन्होंने परतन्त्रता से स्वतन्त्रता का युग देखा है। जब भारत परतन्त्र था तब हम अपनी प्रत्येक कमी के लिए अँग्रेजों को ही दोषी ठहराते थे और इसमें यह भी भावना काम करती थी कि भारतीय धर्म, मत, और शिक्षा जो भी है सब श्रेष्ठ है। अपने यौवन में पढ़ीं हरविलास शारदा जैसे लोगों की रचनाओं के अध्ययन से वह आत्म-गौरव मुझमें बेहद बढ़ गया था। मेरे भीतर अपनी संस्कृति के प्रति अभिमान लबालब भरा था फिर भी हमारे शिल्प, चित्र और वास्तुकला आदि का सौन्दर्य समझने में मुझे हेवेल, फर्गुसन जैसे विदेशियों की पुस्तकों से ही सहायता मिली; साथ ही एक सिंहली लेखक आनन्दकुमार स्वामी की लिखी पुस्तक से। ऐसे लेखकों की पुस्तकें ही मेरी आकांक्षा को विकसित करके मेरे विविध प्रवासों की प्रेरणास्रोत बनीं। उनसे मैंने अन्य देशों की शिल्प, वास्तु, चित्रकला के बारे में समझने का प्रयास किया। जब मैं 'बाल प्रपंच' लिख रहा था उस समय ऐसे विषयों पर पढ़ना अनिवार्य हो गया था।

बाहर का जगत

तब बाहर भी एक सुन्दर जगत है; कलाप्रज्ञा में; संस्कृति के बारे में जीवन्त लोग हैं, यह विचार पैदा हुआ। प्राचीन नागरिक संस्कृति के बारे में मैंने जब समझना शुरू किया तब इण्डोनेशिया, इण्डोचीन, चीन, जापान, मिस्र, ग्रीस, रोम आदि की पुरातन युग की महान साधनाओं का बोध होने लगा। यूरोप की चित्रकला तथा शिल्प का ज्ञान मुझे केवल पुस्तकीय था। उन मूक चित्रों और शिल्पों के बारे में और जानने का कौतूहल बढ़ चला। तब मुझे लगा कि हम उन क्षेत्रों में इतने आगे नहीं बढ़े हैं। चित्रकला में पाश्चात्यों के बाद चीन और जापान भी हमसे आगे हैं। इससे सम्बन्धित उद्योग और व्यवसायों में भी यही बात है। चीनियों के चीनी मिट्टी के बर्तन वेनेशियन काँच के सौन्दर्य के बारे में मुझे जानने की बहुत इच्छा हुई।

मैं अपनी वास्तुकला के बारे में पढ़कर दूसरों के मुकाबले 'यही महान है' समझा था। इस धारणा के कारण अबतक कूपमण्डूक ही बना हुआ था। पर जब मैंने बेबीलोन, सीरिया, ग्रीस, मिस्र, रोम के राजाओं द्वारा ईसा से पूर्व निर्मित अद्‌भुत इमारतों और चित्रों के बारे में पढ़ा तो मुझे अपने कला-गौरव के बारे में जरा नरम होना पड़ा। साथ ही, यह इच्छा भी हुई कि क्या कभी अवसर नहीं मिलेगा कि भारत से बाहर के जगत को कभी चार दिन को देख आऊँ। जापान, जावा, बाली आदि पूर्वीय देशों ने भी मेरे मन को आकर्षित किया। यूरोप देखने की मेरे मन में प्रबल लालसा हुई। पर उन दिनों इच्छा जितनी बड़ी थी, जेब उतनी ही खाली थी। चार बच्चों का परिवार मैं बड़ी कठिनता से चला पा रहा था। देश में मेरा नाम, कीर्ति खूब फैल चुकी थी पर उससे नाम का चौथाई पैसा भी नहीं मिलता था। कर्ज भी हो गया था। उन्हीं दिनों यूरोप में रूस और अन्य पाश्चात्य देशों के बीच द्वेष बढ़ रहा था। मुझे लगा कि यदि दूसरा महायुद्ध छिड़ गया तो मेरी यह इच्छा कभी पूरी नहीं हो पाएगी। इसलिए कर्ज लेकर भी यूरोप की यात्रा की योजना बनाने लगा।

मित्रों की प्रेरणा

मेरा एक बड़ा भाई और एक छोटा भाई सन् 1951 में यूरोप घूम आये थे। मेरे कलाकार मित्र हेब्बार भी एक-दो वर्ष पेरिस में बिताकर लौटे थे। इसी बीच मेरे बड़े भाई चुनाव के अखाड़े में भी उतर पड़े। उनके संसद स्थान की सहायता देने को मैं असेम्बली सीट के लिए खड़ा हुआ। मुझे गाँधीजी के बाद की काँग्रेस पर तनिक भी आस्था नहीं रही थी। उसी अनास्था को जताने का अवसर देख मैं उस चुनाव में उतरा था। हम दोनों भाई हार गये लेकिन मेरा आत्मविश्वास यह नहीं

मानता था कि मेरी हार हुई। वह एक कड़वा घूँट था।

उस चुनाव के बाद सन् 1952 में मैंने फिर एक बार यूरोप जाने का निश्चय किया।

पाश्चात्य देशों में

कर्ज-वर्ज करके आठ हजार रुपये के भीतर ही मुझे प्रवास पूरा करना था। आने-जाने का खर्च ही तीन हजार रुपये थे। बाकी के पैसे से मुझे अपनी सारी इच्छाएँ पूरी करनी थीं। इसलिए तीन मास से अधिक का भ्रमण सम्भव न था। मेरी अभिरुचियाँ चाहे जितनी भी रही हों, पर मैंने कुछ ही विषयों को लेकर प्रवास का निश्चय किया। मेरे प्रवास का मुख्य उद्देश्य ललित कलाओं का परिचय और थोड़ा-बहुत प्रकृति सौन्दर्य देखना भी था। उसी के अनुसार, यूरोप के कुछ देशों के भ्रमण का कार्यक्रम बनाया। कला-आराधकों के प्रिय इटली और फ्रांस में मैंने एक पखवाड़ा बिताया। इंगलैण्ड में कुछ मित्र थे अतः वहाँ भी बीस दिन काटे। शेष दिनों में नार्वे, स्वीडन, डेनमार्क, जर्मनी, बेलजियम, हालैण्ड और स्विट्ज़रलैण्ड में घूमता रहा।

इस प्रवास के दौरान यूरोप की प्रसिद्ध चित्रशालाओं को मैंने एक-एक कर देखा। मेरा सारा समय वास्तुशिल्प और चित्रकला देखने में बीता, वह भी पुरातन कला-संग्रहों में। उनके बारे में मैंने अलग ही एक पुस्तक 'अपूर्व पश्चिम' के नाम से लिखी है।

प्रकृति-प्रेमी लोग

मुझे अपने जिले पर बहुत अभिमान है। गाँव के आसपास के पहाड़, नदी, समुद्र, वर्षा ऋतु की हरियाली और आकाश जब नीलिमा से भर उठता, तब वह सब मुझे स्वर्ग-सा दीखता। तब मुझे अपना मलेनाड छोड़कर मैदानी इलाकों में जाने में उतनी खुशी नहीं होती। मेरा विचार था कि यूरोप में ऐसा सौन्दर्य कहाँ? पर मुझे वहाँ यह देखकर बड़ा आश्चर्य हुआ। यह कि बात एकदम ऐसी नहीं है, वहाँ के समशीतोष्ण वलय जैसा सौन्दर्य हमारे यहाँ भी नहीं है। जब मैं पश्चिमी यूरोप पहुँचा, उन दिनों वहाँ वसन्त के दिन थे। तब इंगलैण्ड में, उसके पहाड़ और जंगलों में हरियाली का साम्राज्य था। इटली के कुछ भू-भाग छोड़कर यूरोप में कहीं भी प्रकृति के सौन्दर्य का अकाल नहीं है। झीलों का देश स्वीडन, बर्फ, सरोवर, जंगल और पर्वतों से घिरा नार्वे तथा स्विट्ज़रलैण्ड आदि देशों का तो कहना ही क्या! वे तो मुझे अत्यन्त मनोहारी लगे।

एक और मुख्य अन्तर है। उन देशों के लोगों में प्रकृति के प्रति मोह है,

उसे पहचानने की क्षमता है। ऐसी बात क्या मैं अपने देश में देख पाऊँगा? सौन्दर्य के किसी स्थान पर जाकर छुट्टी का समय गुजारने की उनकी आदत-सी है। वे जहाँ जाते हैं वह स्थान गन्दा नहीं करते। लगता है, हममें ऐसे सौन्दर्य की भूख ही नहीं है।

गर्व की बात

इससे पहले मैंने अजन्ता, साँची और ऐलोरा के बारे में कितने अभिमान से नहीं लिखा! ऐसा समय भी था जबकि मैं यह समझता था कि आकार और भव्यता में ऐलोरा का गुहालय अद्वितीय है। परन्तु इस यात्रा में गीजा के पिरामिड, स्फिंग्स की मूर्ति देखकर गोमटेश्वर को भी भूल गया। रोमनगर के कोलिसियस जैसे प्रेक्षागृह देखने पर ऐलोरा पीछे रह गया। लुम्ब्रा का महल, बर्सले का महल, डागे महल, सेण्ट पॉल कैथेड्रिल जैसी वास्तुकला को देखने पर लगा कि मनुष्य जब तक दुनिया का भ्रमण नहीं कर लेता, तब तक उसका ज्ञान अधूरा ही रहेगा।

चित्रकार और शिल्पी

यूरोप में ग्रीकों के समय से आज तक कितने शिल्पी हो चुके हैं, चित्रकार हो चुके हैं। उन्होंने क्या किया, जनता उनको क्यों सम्मान देती है, यह बात वहाँ जाने के बाद ही समझ में आ सकती है। उनके बारे में हम दूर रहकर मात्र पढ़ सकते हैं। उनमें जिस प्रकार कला-स्मारकों को देखने की इच्छा बनी रहती है, उसी प्रकार स्मारकों की रक्षा करने का प्रयत्न भी वहाँ दिखाई देता है। ठीक इसके विपरीत है हमारे यहाँ! अमूल्य स्मारकों के बारे में ऐतिहासिक दृष्टि से या सौन्दर्य शास्त्र की दृष्टि से यदि हम कुछ जानना चाहें, पढ़ना चाहें तो ढंग की चार पुस्तकें भी नहीं हैं। ऐसे अभाव को हमारा झूठा अभिमान पूरा कर देगा?

'वाह ताजमहल! ओह साँची! अहा हलेबिड के क्या कहने!' यह सुनते ही हममें बिजली-सी दौड़ जाती है। पर इससे हमारा ज्ञान नहीं बढ़ता, हममें अभिरुचि नहीं बढ़ती। उन्हें समझने को हममें कलाशास्त्र का ज्ञान, ऐतिहासिक पृष्ठभूमि और आलोचनात्मक बुद्धि भी होनी चाहिए। यूरोप के कुछ देशों में इस हिसाब से विशेष काम हुआ है। हम लोग तो केवल बातों से ही पेट भर लेते हैं।

नाटक और नृत्य

मैंने अपने यौवन का अधिकांश भाग नाटक और नृत्यों के प्रयोगों में बिताया है। इसलिए वहाँ के नाटक और नृत्य देखने की बड़ी इच्छा थी परन्तु ऐसे प्रदर्शन देख पाना चार दिन के प्रवासी के लिए सम्भव नहीं। वहाँ ऐसे बहुत से नाटक-गृह

होने पर भी प्रसिद्ध थियेटरों में तो महीने-दो महीने पहले ही टिकट बिक जाते हैं। यदि मुझे अपने मित्र से सहायता न मिली होती तो कुछ भी देख पाना सम्भव न हो पाता। लन्दन पहुँचते ही स्टैफोर्ड में चल रहे शेक्सपीयर के एक नाटक के टिकट हासिल किये। लन्दन में ही सैडलरवेल्स द्वारा निर्देशित बैले भी देखा।

इसी प्रकार पेरिस में न्यूयार्क से आया एक बैले तथा स्पेन से आया एक बैले देखने का अवसर मिला। ऐसे नृत्य-नाटक तथा संगीत-नाटक देखकर अच्छी तरह परिचय प्राप्त करने के लिए मेरे पास समय ही नहीं था। यह भी कहा जा सकता है कि उसके लिए अपेक्षित पूर्व संस्कार भी मुझमें नहीं थे। पर मैं खुले मन से यूरोप गया था अत: वे सारी बातें मुझे अच्छी लगीं।

वहाँ के लोग

दूसरा महायुद्ध समाप्त होने के बाद ही मैं यूरोप गया था। युद्ध समाप्त हुए केवल सात वर्ष बीते थे। उस युद्ध का कितना प्रभाव पड़ा होगा यह देखने की मुझे बहुत इच्छा थी। मैं यही कल्पना लेकर यूरोप गया था मानो घायल होकर अस्पताल में पड़े व्यक्ति को देखने जा रहा होऊँ, पर वहाँ का चित्र एकदम कुछ और ही था। हजारों विमानों से आक्रान्त लन्दन, हेम्बर्ग, मिलान आदि चाहे बड़े नगर हों या छोटे—जिस समय मैं वहाँ गया तब वे, जैसी मेरी कल्पना थी, वैसे नहीं दीखे। जहाँ-तहाँ नयी-नयी इमारतें उभर रही थीं। यहाँ सचमुच 'युद्ध हुआ होगा?' यह सन्देह होने लगा। इतनी थोड़ी-सी अवधि में वहाँ के लोग न केवल युद्ध के घाव भर चुके थे, अपितु नयी चेतना और स्पर्धा से अपना नित्य का जीवन सँवारने में लगे हुए थे—यह देखकर मुझे महान आश्चर्य हुआ। उन्होंने दिखा दिया कि मानव में 'जीना चाहिए, अच्छी तरह जीना चाहिए' यदि यह संकल्प हो और उस संकल्प के अनुकूल श्रम करने की शक्ति हो तो क्या कुछ किया नहीं जा सकता। जब भी मैं अपने देश के वाग्वीरों और वेदान्तभटों को देखता हूँ तो मुझे उन देशों के लोगों की कार्यक्षमता की याद आये बिना नहीं रहती।

एक और मुख्य बात है। उपर्युक्त उदाहरण से यह स्पष्ट हो जाता है कि वहाँ के लोग आलसी नहीं हैं। अब यह देखना है कि सार्वजनिक जीवन में भी उनका व्यवहार अनुकरणीय है? पौर्वात्य संस्कृति की महानता और उसके बारे में जब आत्मश्लाघा की बातें सुनता हूँ, मुझे और भी आश्चर्य होता है। नित्य जीवन में, व्यापार और अन्य व्यवहारों में भी विशेष प्रामाणिकता उन लोगों में दिखाई दी। चोरबाजारी और धोखेबाजी बहुत कम है। मैंने अपने प्रवास के लेखों में अपने अनुभवों के कुछ उदाहरण दिये हैं। दूसरों के साथ भी उनका व्यवहार बहुत शालीन और सहयोगी है।

मेरे मन में यह डर था कि केवल इंगलैण्ड में ही अँग्रेजी से काम चल पाएगा परन्तु मुझे दूसरे देशों में भी कुछ लोग अँग्रेजी जाननेवाले मिले। अतः इटली और फ्रांस इन दो देशों के अतिरिक्त मुझे कहीं भी भाषा की दिक्कत नहीं हुई। मैं यहाँ से जाते समय कुछ लोगों के नाम परिचय-पत्र लेकर गया था। यह डर था कि आपात्-काल में कोई-न-कोई सहायता तो चाहिए ही। पर ऐसे कुछ ही पत्रों का उपयोग किया गया। अधिकांश पत्र वहाँ के विद्वानों के नाम पर लेकर गया था।

मेरे मित्र डॉ. आर्नाल्ड बाके लन्दन विश्वविद्यालय में प्राध्यापक थे। लन्दन जाने पर मुझे पुनः बाके दम्पती का स्नेह मिला। उनके कारण ही उनकी बहन और उनके अन्य मित्रों के परिचय ने मेरे हालैण्ड प्रवास को सुगम बनाया। सन् 1960 में वे हमें सदा के लिए छोड़कर चल दिये—यह समाचार सुनकर मुझे बहुत आघात लगा।

उसी लन्दन विश्वविद्यालय के प्राध्यापक डॉ. हाइमन डार्फ के लिए मैं डॉ. एम. एन. श्रीनिवास से परिचय-पत्र ले गया था। वे मानवशास्त्र के पण्डित थे। डॉ. और उनकी पत्नी बैट्टी को भारत के प्रति बहुत लगाव था। उन्होंने पहले भारत में काम भी किया था। मैंने उन्हें औपचारिकता से भारत आने का निमन्त्रण दिया। चार वर्ष बाद वह दम्पती पुत्तूर आये और मेरे साथ एक सप्ताह रहे। मैं उन्हें अपने मलेकुडी (एक विशिष्ट पहाड़ी जाति) के पास ले गया। उस महान विद्वान और सरल व्यक्ति से परिचय होना यूरोप में मेरे प्रवास की एक उपलब्धि थी।

इस प्रकार यूरोप में मेरा कई लोगों से परिचय हुआ। पर बाद में उनसे मेरी भेंट न हो सकी। पुनः जिनसे भेंट हो सकी उनमें जॉन बॉबर्स का नाम लिया जा सकता है। मैं जिन दिनों पेरिस देखने गया, वे युनेस्को में शिक्षा-विभाग के अध्यक्ष थे। उनसे परिचय हुआ। बाद में वे अपनी संस्था की ओर से भारत भी आये। मैसूर में यळवाल के पास उन्होंने शिक्षा सम्बन्धी एक कार्यशाला चलायी। उस समय मैं उनसे कभी-कभी मिला करता था और कुछ पुस्तकें लिखने में भी उनका सहायक रहा। तब मुझे ऐसा लगा कि केवल बातचीत की मित्रता की अपेक्षा समान रुचि के विषयों में एक साथ काम करने का अवकाश मिले तो मित्रता और स्निग्ध होती है।

धार्मिक विचार

वैदिक वातावरण

मैं गाँव का हूँ, यहाँ के लोग परम्परावादी हैं। उनके लिए 'कोट' ही एक अलग दुनिया है। धर्म में उनकी अधिक श्रद्धा है। उसे अन्धश्रद्धा भी कहें तो गलत न होगा। उसका एक उदाहरण देता हूँ। हमारे गाँव में सोमयाजियों का एक घराना है। यज्ञ करने से ही उस कुलवालों का यह नाम पड़ा है। यूँ ही नहीं आया यह नाम! इस सोमयाजी घराने के पूर्वजों ने कई पीढ़ियों से यज्ञ किये हैं। हमारी पीढ़ी के एक सोमयाजी ने अपने कुल को सार्थक करने का प्रयास किया। इसके लिए उन्होंने 'अज यज्ञ' करने की योजना बनायी। वैष्णवों के समान आटे का बकरा नहीं, एकदम चलते-फिरते बकरे की बलि देने की सभी प्रकार से तैयारियाँ की जाने लगीं। जब उस यज्ञ के लिए सामान जुटा रहे थे, हम भाइयों ने उसका विरोध किया। "ब्राह्मण भी कहीं बकरीद करते हैं?" कहकर मजाक भी उड़ाया। पर सोमयाजी ने अपना इरादा नहीं बदला, यज्ञ सम्पन्न करके ही छोड़ा। एक बकरे की बलि दे डाली। उन्होंने उसका मुँह कसकर बाँध दिया था। खून की एक बूँद तक गिरने नहीं दी और इस विधि से एक बकरे की हत्या कर डाली। इस प्रकार इन्द्रादि देवताओं की तृप्ति करायी गयी। इतना ही नहीं, सात-आठ दिन तक सैकड़ों लोगों को रोज अन्नदान भी किया गया। ऐसा बढ़िया खाना मिलने पर गाँव के लोग छोड़ देते क्या? हम तो केवल मजाक करते ही रह गये। गाँववालों का विश्वास था कि वह बकरा सीधा स्वर्ग गया है। मुष्टि-प्रहार से उसे मारनेवाले वीर का नाम 'अडिग' था। शतायु होकर ही मरा वह व्यक्ति!

अन्धश्रद्धा

हाईस्कूल पहुँचते-पहुँचते छुआछूत, सन्ध्या-वन्दन, आदि एक-एक करके मुझसे छूटने लगे। घर जाने पर ही बड़ों की आँखों में धूल झोंकने को तालाब के पानी में खड़े होकर नाक दबाकर स्मृति में बचे-खुचे मन्त्र बोला करता था। कॉलेज

को सलाम मारने के बाद से वह भी छूट गया। उसके बदले, गाँधीजी की बातों को अक्षरश: मानने की एक और अन्धश्रद्धा ने मेरे भीतर जन्म लिया। अब सोचता हूँ तो यह साफ दिखाई देता कि जब लोगों में अपनी विवेचना-शक्ति नहीं होती तब एक परम्परा को छोड़कर दूसरी एक अन्धश्रद्धा में फँस जाते हैं। यदि धार्मिक अन्धश्रद्धा छूट जाए तो उसकी जगह राजनीतिक विचारधारा हावी हो उठती है। आँख खुलने से पहले ही हम किसी न किसी वाद से चिपक जाते हैं। लगता है यह बात सदा ऐसी ही रहती है।

गीता की उलझन

गाँव के नियम, आचार-विचार मुझसे छूट जाने पर भगवान, आत्मा, कर्म, मोक्ष आदि विचार, जो पूर्वजों से दत्तक रूप में मिले थे, मुझसे चिपके ही रहे। आमतौर पर ऐसे विचार हमारे खून में आ जाते हैं। हम बड़े होते हैं। विचार करते हैं। ऐसी बातें तो वातावरण में रहती ही हैं, उन्हीं को लेकर हम चलते हैं। इस प्रकार भाग्य, भक्ति, मोक्ष, परमात्मा आदि ऐसी श्रद्धाएँ आरम्भ से मुझमें पैदा हुईं, मुझे समाज से मिलीं। गाँधीजी के प्रभाव से यह श्रद्धा और विकसित हुई। रामकृष्ण परमहंस की रचनाएँ पढ़ने के बाद मेरे भीतर भक्ति मार्ग में और अधिक आस्था हो गयी। उन दिनों मैंने बहुत पुस्तकें तो नहीं पढ़ीं, पर भगवद्गीता कण्ठस्थ किया करता था। अनुवादों के द्वारा उसे समझने का प्रयास करता था। एक दिन थोड़ी-सी संस्कृत जानने पर भी मुझे गीता का कन्नड़ अनुवाद करने की इच्छा हुई। उसका मुख्य कारण यह था कि हमारे देश के सभी आचार्यों ने गीता की अपने-अपने ढंग से व्याख्या की थी। शंकराचार्य ने गीता से अद्वैतवाद का प्रचार किया, तो मध्वाचार्य ने द्वैतवाद का; किसी और ने तो उससे विशिष्टाद्वैत का ही अर्थ निकाला। यदि इतना ही होता तो पर्याप्त था, पर गाँधीजी तो तर्क-शिरोमणियों से भी एक कदम आगे निकल गये। उन्होंने कहा कि गीता ने अहिंसा का उपदेश दिया, इससे मुझ जैसे की बुद्धि को भला क्या पल्ले पड़ता?

पता नहीं संस्कृत किस युग में बोलचाल की भाषा थी। गीता भी किसी और काल की थी। उसमें प्रक्षिप्त अध्याय भी बीच-बीच में मिलते गये। उस काल की एक भाषा को लेकर, उस जमाने के शब्दों का प्रयोग जब समझ पाना सम्भव न हो, तो लगभग दो हजार वर्ष पुरानी चिकित्सा करनेवाले लोग चाहे जो कहें; चल सकता है। जब गीता का सही अर्थ नहीं सूझता तब अपना ही एक अर्थ लगा लिया जाता है। बात केवल इतनी ही होती तो कोई बात न थी। अपने मन का एक धार्मिक निर्णय सिद्ध करने के लिए प्राचीन कृति को साक्षी के रूप में घसीटने का प्रयास अत्यन्त अन्यायपूर्ण है। अपने मन मुताबिक अर्थ लगाना बड़ा आसान

है। जो अंश ठीक नहीं बैठते इन्हें प्रक्षिप्तांश कह दिया जाता है। हमारा एक धर्मग्रन्थ होते हुए भी यह सब उसके नकारने का प्रयास है न?

कुछ संशोधकों का कथन है—उस युग के क्षत्रियों की निर्वीर्यता का खण्डन करने के लिए ही इसकी रचना हुई। ऐसी भगवद्गीता की, दूसरे अनुवादों की सहायता से मैंने कन्नड़ में भट्टी उतारी। उसका उद्देश्य यही था कि कम-से-कम मुझे उसका अर्थ ही स्पष्ट हो जाए। पता नहीं क्या-क्या अर्थ समझा और जो समझ में आया वह लिया। उसकी अनेक बातें मेरे मन को स्वीकार नहीं हुईं और ना ही समझ में आयीं। एक बात तो बहुत पसन्द आयी 'कर्मण्येवाधिकारस्ते मा फलेषु कदाचन'। आपको लगेगा कि परिश्रम करके थक गये व्यक्ति को ऐसे सिद्धान्त को स्वीकार कर लेना सहज है, कौन जानता है। शायद इसीलिए मैंने उस तत्त्व को स्वीकार किया। परन्तु आज जिन बातों में मुझे सफलता मिली है; केवल वह सफलता सन्तोष का विषय बनी हो ऐसी बात नहीं। मैं समझता हूँ जो काम हम करते हैं हमें उसी से सन्तोष मिलना चाहिए। जीत ही आपको सन्तोष दे, यह बात भी नहीं। हजारों में एक व्यक्ति इतना भाग्यशाली हो सकता है।

गीता के कृष्ण

जो भी हो, गीता से मेरे मन में कृष्ण के प्रति अभिमान पैदा हुआ। भागवत की कहानी मैंने बचपन में सुनी थी। महाभारत के चतुर कृष्ण के बारे में भी पढ़ा था; उन दोनों व्यक्तित्वों के प्रति ज्यादा अभिमान पैदा नहीं हुआ। मेरा कृष्ण मेरा ही होकर रह गया। इतिहास में यदुवंश का राजा वह कृष्ण पता नहीं कैसा व्यक्ति था! शायद चर्चिल के समान रहा होगा। गीता इस कृष्ण ने या ऐतिहासिक कृष्ण ने कही होगी या शायद न भी कही हो। परन्तु वह हमारे हाथ तक पहुँची है तो इसका कोई ग्रन्थकर्ता भी होगा। उसी ने मेरी कल्पना के कृष्ण को जन्म दिया।

कौन-सा भक्तिभाव?

रामकृष्ण परमहंस के भक्ति-भाव की पाँच साधनाएँ यानी वात्सल्य भाव, मधुरभाव, सख्यभाव, शान्तभाव आदि के बारे में पढ़ा था। उससे मैं भक्ति-भाव से प्रेरित हुआ। वात्सल्य और मधुरभाव मुझे जँचे नहीं। शेष किस भाव में देव और मानव के बीच सम्बन्ध हो सकता है? पर मन में यह द्वन्द्व अवश्य पैदा हुआ कि मेरा और कृष्ण का सम्बन्ध कैसा होना चाहिए।

साधु वासवानी

मद्रास में सम्पन्न हुए एक राष्ट्रीय काँग्रेस के 'भारत युवक सम्मेलन' में साधु

वासवानी आये थे। उनसे मेरा परिचय था। उन्होंने मंगलूर आने को कहा था। वे तीन दिन के लिए आये थे। उनके साथ रहते मैंने यह अनुभव किया कि भक्ति से प्रेरित एक जीव कैसे रहता है। साधु वासवानी तब पचास के थे। सामान्य काठी के व्यक्ति थे। बड़ा तेजस्वी मुख, मानो आँखों में सदा सपने भरे हों। वे जब बात करते या भाषण देते, एक विशिष्ट कोमलता-सी छायी रहती। कृष्ण की 'बाँसुरी' आदि कुछ पुस्तकें उन्होंने लिखी थीं। वे रहस्यावादी थे। वे आसपास के आवरण पत्थर, मिट्टी, लोग, जीव-जन्तु सभी में भगवान की छाया देखते थे। मानो वासवानी के कानों में सदा कृष्ण की मुरली सुनाई देती होगी। मैंने आज तक किसी व्यक्ति के व्यवहार में ऐसी मृदुता और भावुकता नहीं देखी। मानो कह रहे हों प्रेम ही जीवन है। उनका स्वभाव, उनका जीवन, उनके गुण, सब कुछ इतना सरल और नयपूर्ण था। एक दिन उनके भाषण का समय हो चला था। मैंने कहा, "चलें।" उन्होंने पूछा, "क्या समय है?" मैंने कहा, "अभी पन्द्रह मिनट बाकी हैं।" वे बोले, "तब तक जरा आराम कर लूँ?" मैंने कहा, "ठीक है। मैं ठीक समय पर बुलाने आ जाऊँगा।" उस दिन 'रघुनाथय्या मेमोरियल हाल' में भाषण होनेवाला था। उसके पास ही 'ब्रह्मा मन्दिर' था जिसमें वे ठहरे हुए थे। समय होते ही मैं उन्हें बुलाने गया तो वहाँ मैंने देखा वे उघरे वदन धूल भरे फर्श पर लेटे हुए थे। लम्बी यात्रा से कितने थक गये थे वे! उनके स्नेह ने मेरे भीतर का भक्तिभाव जगा दिया। बाद में वे आगे राजकोट गये। और फिर राजकोट से और कराची से उनके और मेरे बीच पत्र-व्यवहार चलता रहा। मैंने उनमें असली साधुपना देखा था।

साधक

अपनी लम्बी यात्राओं में मैं भक्ति की साधनाएँ करता रहा। मन की एकाग्रता के लिए प्राणायाम का अभ्यास किया। चाहे किसी भी गाँव में जाऊँ, प्राप्तःकाल या आधी रात में उठकर गाँव से बाहर जाकर कहीं बैठकर ध्यानमग्न हो जाता। कुछ वर्षों तक ऐसे ही भटकता रहा। मुझे कृष्ण में आस्था थी। पर मुँह से निकलनेवाले गीत राम सम्बन्धी होते थे। राम और कृष्ण की मूर्तियाँ मेरे मन में एक के बाद एक आया करती थीं। भगवान का ध्यान करने बैठें तो क्या ध्यान करें? उसके रूप का, गुण का अथवा उसके चरित्र का? चाहे कितना भी प्रयत्न करूँ, भगवान पर चाहे कोई रूप आरोपित करें उसमें मानव के गुण ही आरोपित हो पाते हैं। मैंने जिस सत्य को, दया को, प्रेम को, क्षमा को देखा उसी को तो मैं भगवान में आरोपित कर सकता हूँ। ऐसे गुणी व्यक्तियों के चित्र में ही मैं अपने कल्पना के कृष्ण को देख सकता हूँ। यदि रूप की कल्पना करूँ तो मेरी अपनी सीमाएँ ही

आड़े आती हैं। मनुष्य का रूप ही भगवान पर आरोपित होता है। काव्य में वर्णित नीलमेघ श्याम, मुरलीधर मानव बनकर रह जाते हैं। जब उस भगवान के रूप की याद करता हूँ तब जिस कृष्ण के रूप को मैंने देखा था वही रूप मेरे सामने आता है। दूसरा कृष्ण दिखाई ही नहीं देता। कुछ लोगों के लिए राजा रवि वर्मा का कृष्ण ही दिखाई दे सकता है। नन्दलाल वसु का कृष्ण मुझे दिखाई दे सकता है। एक बार मेरे लिए रोने का मौका ही आ गया। जब मैंने देखा कि मेरी इतनी साधना के बाद मेरे मन के सामने जो कृष्ण का रूप आ खड़ा हुआ वह किसी नाटक कम्पनी में देखे एक बाल कलाकार का रूप था।

अपना-सा ही भगवान

यूँ कहना चाहिए कि उस एक घटना से मेरे सारे ध्यान, चिन्तन समाप्त हो गये। तब मुझे लगा कि मानव जिस देवता की कल्पना कर सकता है या देवत्व के गुण देख सकता है वह उसकी कल्पनाशक्ति पर तो निर्भर होते हैं। जीवन में जिन महान गुणों को नहीं देखा, नहीं अपनाया क्या वे गुण हमारे ध्यान में आ सकते हैं? देखते समय भी वही सीमा रहती है। मानव के लिए भगवान विश्व का भगवान होने पर भी उसका रूप मानव का ही रहता है। भारतवर्ष के भक्तों के लिए कृष्ण भारतीय हैं। उसका वही सौन्दर्य है जो सौन्दर्य हम बच्चों में देखते हैं। उसी को आरोपित करते हैं। रही उसके रंग की बात, प्रकृति में हम उसे आरोपित करते हैं। इसलिए ऐसा लगा कि जब तक मानव महान नहीं बनता तब तक उसका भगवान महान नहीं बन सकता।

संस्कृति की सीमा

विश्व के इतिहास के पाठकों को यह स्पष्ट हो जाता है कि किसी काल के देवता और उनकी संस्कृति उस वातावरण की सीमाओं से प्रभावित रहती है। विश्व के भगवान को मानव का आका भला क्यों धारण करना चाहिए? भारत में ही विष्णु नाम के भगवान को दस अवतार क्यों धारण करने चाहिए थे। इसका कारण यह है कि भारतीय भगवान का निर्माण भारतीयों ने किया। वह भगवान हमारे बराबर ही उदार होता है। वह हमारे जितना ही कामी है और हमारे जितना ही प्रेमी है। जब मेरे मन में ऐसे विचार विकसित होने लगे तब मुझे धर्म के बारे में दूसरा ही दृष्टिकोण अपनाना पड़ा। इस संसार को चाहे जिसने बनाया हो, भले ही भगवान ने ही इसका निर्माण किया हो, या हम दुनिया को ही भगवान मान लें पर हमारा भगवान तो हमारे मन की कल्पना, बुद्धि और इन्द्रियानुभवजन्य है। गीता की एक बात यहाँ सटीक लगती है। 'भक्त मेरा जिस रूप में ध्यान करता है मैं उसी रूप

में उसे दर्शन देता हूँ।' कितनी सहज है यह बात! अपने भीतर ही हम जिस भगवान का सृजन करते हैं, अपने संस्कार के अनुसार ही हम उसे रूप देते हैं। उसका अन्य रूप भला कैसे आ जाएगा? अपनी ही दृष्टि का सदा ध्यान करते हुए उसी के साक्षात दर्शन पाने का प्रयत्न सदा भक्त करता है। कलाकार के सौन्दर्य-दर्शन का मार्ग भी ऐसा ही है। अतः मुझे भगवान से जीवन ही प्रमुख लगा। शायद इसीलिए गौतम बुद्ध ने भगवान का नाम उठाया ही नहीं। उन्होंने जीवन के बारे में ही कहा। वे न आस्तिक थे न नास्तिक। उस वाद का सार है—'जब तक जीओ तब तक विश्व के जीवन के साथ एक होकर जीओ। तब जाकर जीवन के मृत्यु, दुःख-दर्द और सुख-दुःख के अर्थ पूर्ण होते हैं।'

पहुँच से परे

इस वाद से भिन्न भगवान की व्याख्या का एक मार्ग और भी है जिसमें भगवान को निर्गुण और निराकार रूप देने का प्रयास है। हमारे मन, बुद्धि और इन्द्रियों की शक्ति सीमित है। उनसे सगुण और साकार की कुछेक बातें समझी जा सकती हैं। निर्गुण और निराकार की कल्पना तो पहुँच से परे की बात है। वहाँ तो हम उन्हें नाम भर दे सकते हैं।

जीवन मुख्य है

मेरे लिए जीवन ही मुख्य है अतः जीवन को समझने के साधन भी उतने ही मुख्य हैं। इन्द्रियाँ हमारी वैरी नहीं। उनसे विकसित होनवाली बुद्धि और मन भी हमारे वैरी नहीं हो सकते। वे हमारे जीवन के प्रमुख साधन हैं। ऐसे विचारों के कारण इस जगत, जीवन और जीवों के बारे में मेरा दृष्टिकोण ही बदल गया। 'बाळवेय बेळकु' (जीवन ही प्रकाश है) पुस्तक में मैंने इसकी विस्तार से चर्चा की है।

अपने जीवन में अपनी शक्ति और स्वभाव को पहचानकर उसी से, जितना विशाल जीवन बिता पाना सम्भव है उसी में मुझे तृप्ति है। मुझे कल की परवाह नहीं। मेरा ध्यान आज पर ही रहता है। ऐसा निर्णय करने से पूर्व मैंने 'बसन्त' पत्रिका में एक लेख लिखा था जिसका शीर्षक था 'मुझे मोक्ष नहीं चाहिए'। मैंने लिखा था कि जब जगत के इतने जीवों का माया में फँसकर छटपटाना सत्य है तो भला अकेले का स्वतन्त्र होने का प्रयास स्वार्थ ही है। आज भी ऐसा ही लगता है। आज मुझे मोक्ष आवश्यक नहीं लगता। लेकिन जो यह सोचते हैं—मुझे दूसरों के लिए बैठे रहना चाहिए—यह इच्छा भी मुझे स्वार्थ ही लगती है।

निसर्ग ही भगवान का मन्दिर है

मेरा भक्ति-भाव ही मुझे कुछ यात्रा-स्थलों पर ले गया। काशी-यात्रा के बारे में मैंने पहले बताया है। अपने मन के समाधान और असमाधान बने कुछ और प्रश्नों का यहाँ उल्लेख कर रहा हूँ। लोगों की भीड़ से खचाखच भरे मन्दिर मेरे मन में जुगुप्सा पैदा करते हैं। उसमें भी जब उस क्षेत्र के पण्डे पीछे पड़ जाते हैं तब रही, सही भक्ति भी अदृश्य हो जाती है। हम लोगों में भक्ति एक व्यक्तिगत भाव न होकर प्रदर्शन की वस्तु बन गयी है। शायद इसीलिए अधिकांश मन्दिर व्यापार-क्षेत्र बनकर रह गये हैं। मन के लिए अपेक्षित शान्ति ऐसी जगहों में कैसे पायी जा सकती है? प्रकृति के नदी, समुद्र, पहाड़, आकाश से जो शान्ति मुझे मिली वह मैंने मन्दिरों में नहीं पायी। फिर यात्रा-स्थल तो व्यापार-केन्द्र बन चुके हैं। कई मन्दिरों में तो विग्रह भी सुन्दर नहीं हैं। यदि मूर्तियों को भक्ति की प्रेरणा बनना हो तो उन मूर्तिकारों को भी भक्त होना चाहिए। ऐसे विग्रह तो हमें देश-विदेशों के वस्तु संग्रहालयों में ही मिल जाते हैं। जो प्रतिमाएँ हैं उन्हें हमारी भोली जनता अलंकारों से विकृत कर देती है। लोगों को शिल्पी के सपने में विश्वास नहीं, सोना, चाँदी, हीरे, मोती ही उनके मन को आकर्षित करते हैं। ऐसे अनुभवों ने ही मुझे 'गर्भगुडी' नाटक लिखने को प्रेरित किया।

मन्दिर जो सबके लिए नहीं

भक्ति से प्रेरित होने पर भी, एक और मुख्य कारण रहा आया जिससे मन्दिरों में जाना छोड़ दिया। एक बार मैं अपने जिले के धर्मस्थल नाम के स्थान पर गया। मेरे साथ जानेवाले मेरे वापस आने तक बाहर ही खड़े थे। पूछने पर पता चला कि वहाँ हरिजनों और वेश्याओं के कुलवालों को प्रवेश नहीं मिलता। उस बात से इतना दु:खी हुआ कि वहाँ भोजन के लिए भी नहीं ठहरा और वहाँ से तीन कोस पैदल चल बेलतगड़ी पहुँचा। उस दिन भोजन भी मुझे अच्छा नहीं लगा। उसके बाद से मैंने सभी प्रकार के मन्दिरों में जाना बन्द कर दिया।

अजन्ता और कार्ला के चैत्यालयों में खड़े होने पर जो मन को शान्ति मिलती है वह साधारण नहीं। एक-दो बार दूसरी जगहों पर भी गया। एक बार मैं मथुरा वृन्दावन गया था। तब मेरे साथ मेरे कुछ मित्र थे। पिछले अनुभव ही मन में जुगुप्सा पैदा कर रहे थे। मथुरा रेलवे स्टेशन पर ही एक पण्डा पीछे पड़ गया। मैं जहाँ भी जाता, वह मेरे पीछे-पीछे आता। दुकान से दूध पीने पर उसे दलाली मिली। हम जिस ताँगे पर बैठे उस ताँगेवाले से भी उसने दलाली माँगी। भगवान के नाम से लूटकर ही उनका जीवन चलता है। यमुना-घाट पर भी वह हमारे पीछे-पीछे पहुँच गया। उपेक्षा करने पर भी हमारे पीछे लगा रहा। हम वहाँ से आठ मील

दूर वृन्दावन गये। वहाँ एक की जगह दस पण्डे इकट्ठे हो गये। वहाँ का मन्दिर बड़ा वैभव-सम्पन्न था लेकिन उसे देखकर भक्ति की प्रेरणा नहीं मिली। "पण्डों को हम पैसे नहीं देंगे" कहकर फटकारा और हम वृन्दावन से चल पड़े। पास ही चमेली का एक बगीचा था। वहाँ जरा शान्ति थी। मनोहारिता न होने पर भी हमारे मानसिक संस्कारों के कारण कृष्ण की स्मृतियाँ जगने पर मन को सन्तोष हुआ।

इस सिलसिले में सांस्कृतिक दृष्टि से यदि कोई और स्थान प्रिय लगा तो वह था कलकत्ते का दक्षिणेश्वर मन्दिर। रामकृष्ण के जीवन के प्रति मेरे मन में आस्था होने से हुगली नदी के किनारे पर बने उस मन्दिर को देखकर मुझे बहुत ही सन्तोष हुआ। वहाँ ज्यादा भीड़-भाड़ भी न थी। वहाँ की काली की मूर्ति के सम्मुख खड़े होकर तनिक ध्यान लगाने का प्रयास किया। पर उस मूर्ति ने मेरे मन में कोई विशेष आकर्षण पैदा नहीं किया। साधारणतः काली के प्रति मेरे मन में कोई भक्ति या प्रेम की भावना पैदा नहीं हुई। मूर्ति ऐसी होनी चाहिए कि हमारा मन उसमें रम जाए।

मन्दिर के पास का पंचवटी वन भी देखा। वह राम-कृष्ण की साधना की ही भूमि है न! एक ओर निसर्ग और दूसरी ओर उसके प्रति गौरवभाव—इन दोनों के होने से मुझे वहाँ बड़ी शान्ति मिली।

यह ग्रामोद्धार

स्वतन्त्रता

अपने पुराने कर्जे मुझे पिताजी की सहायता से चुकाने पड़े। मैंने जो कमाया, वह रेल-यात्रा, पुस्तकें और फोटोग्राफी आदि में ही उड़ गया। आगे से कमाने के लिए कोई उद्योग शुरू करना चाहता था। पर अपनी अभिरुचि के विरुद्ध अथवा व्यक्तिगत स्वतन्त्रता बेचकर पैसा कमाने की इच्छा न थी। यदि ऐसा कोई काम कर भी लेता तो तीस-चालीस रुपये मासिक तक कमा सकता था। मैट्रिक पास करनेवाले बहादुर को उस जमाने में इससे ज्यादा और क्या मिल सकता था? इसलिए अपनी व्यक्तिगत स्वतन्त्रता की ही रक्षा करता चला। मैं अपना मालिक आप था, यह तृप्ति तो थी न!

अनचाही संगति

मंगलूर में रहते समय केनरा हाईस्कूल में एक-दो वर्ष तक पाँचवीं-छठी कक्षा को हिन्दी पढ़ाया करता था। बच्चे मुझे हन्दी मास्टर कहकर (हन्दी माने सुअर होता है)मजाक उड़ाते थे। एक ढंग से वह बात सही थी। क्या मुझे इतना भी समझना नहीं चाहिए था कि उन बच्चों को हिन्दी पसन्द नहीं थी। उनमें अधिकांश लड़कों की मातृभाषा कोंकणी थी, गाँव की भाषा तुलू थी और स्कूल में कन्नड़ और अँग्रेजी पढ़ाई जाती थी। उस पर हिन्दी का बघार लगाया जाता तो वे भला कैसे सह पाते? इतना ही नहीं, उस स्कूल के मुख्याध्यापक संस्कृत भी जोड़ना चाहते थे। चाहे जो भी हो, मुझे वह अवैतनिक अध्यापक का कार्य पसन्द नहीं आया। बच्चे एक भाषा सीखने के बाद यदि दूसरी भाषा सीखें तो उनके लिए अच्छा रहता है। अलग-अलग भाषा-व्याकरण वाली तीन-चार भाषाएँ यदि उनके गले में ठूँसी जाएँ तो उन्हें कोई भी भाषा नहीं आ सकती। तब से मैं जबर्दस्ती हिन्दी थोपे जाने का विरोधी हो गया। बच्चों को अपने प्रान्त की भाषा भली प्रकार आने के बाद ही चाहें तो वे राष्ट्रभाषा या अन्तरराष्ट्रीय भाषा सीख सकते हैं। उन

दिनों मैं वासवानीजी द्वारा स्थापित किये गये 'भारत युवक संघ' का मन्त्री था। मैंने मंगलूर में एक 'कर्नाटक संघ' स्थापित करने का भी प्रयत्न किया। हम लोगों में चार दिन हर काम का उत्साह रहता है। जैसे चींटियों को पर निकल आते हैं। 'आरम्भ शूर खलु दाक्षिणात्य:' यह कथन एकदम सत्य है। जो भी हो वे दोनों संस्थाएँ अधिक दिन चल नहीं पायीं।

भाषा-प्रशिक्षण के बारे में यहाँ एक बात स्पष्ट रूप से कही जा सकती है। छोटे बच्चे नित्य सुनाई पड़नेवाली भाषा को आसानी से सीख लेते हैं। लेकिन उसी प्रकार से वे पुस्तक से नहीं सीख पाते। हमारी भाषा शिक्षण की विधि ही दोषपूर्ण है। किसी भी भाषा को सिखाते समय, बोलकर, बुलवाकर और प्रयोग के द्वारा सिखाना चाहिए।

और फिर शिक्षा में भाषा ही सब कुछ नहीं। कभी-कभार जिस भाषा की आवश्यकता पड़े उसे बचपन से ही लादने की आवश्यकता नहीं। जिन चार भाषाओं को हमें सीखना है, उनमें एक के भली प्रकार आने के बाद दूसरी को लेना चाहिए। एक की ओर टीक ढंग से ध्यान न देकर कि एक-एक भाषा को हम कितना समय दे सकते हैं, उसके साथ तीन-चार भाषाओं की पुस्तकें लादने पर बच्चों का किसी भी भाषा पर अधिकार नहीं हो पाता। ऐसी बुरी स्थिति पैदा हो गयी है।

चलो पुत्तूर

बाद में मंगलूर में मेरा कोई काम ही नहीं रहा। पत्रिका बन्द हो गयी। उससे कर्ज हो गया। मेरी कुछ पुस्तकें भी बिक नहीं पा रही थीं। ऐसी परिस्थिति में मंगलूर में बैठे रहने में कोई अर्थ नहीं दिखाई दिया। शहर से मुझे कभी मोह नहीं रहा। मंगलूर की भीड़-भाड़ भी मुझे पसन्द नहीं थी। फिर अनुयायियों से अधिक संख्या नेताओं की थी। इसलिए वहाँ से पुत्तूर चला आया।

नया वातावरण

आते समय ही मैं नयी-नयी तरह के पागलपन लेकर आया था। वे थे फोटोग्राफी का पागलपन, चलचित्र का पागलपन, ग्रामीण जीवन के अध्ययन की इच्छा। पुत्तूर में मोळिळ्ळ शिवराय जैसे एक-दो बुजुर्ग मित्र थे। मेरी एक बहन का घर भी पुत्तूर में है। मंगलूर से पुत्तूर आ गया। यहाँ आकर बसे पचास वर्ष हो गये। यहाँ आने पर भी मेरा प्रवासी जीवन चलता ही रहा। फिर भी एक स्थायी डाक के पते ही जगह बन गयी। मेरा नाम लिखकर डाकखाना पुत्तूर या कुन्दापुर (दक्षिण कर्नाटक) लिखना काफी है, पत्र मेरे पास पहुँच जाते हैं।

शुरू में पुत्तूर हाईस्कूल के मुख्याध्यापक रामन नम्बियार के घर डेरा जमाया। उन्होंने रहने को एक कमरा दे दिया। दो जून का खाना भी वे दे ही देते थे। मेरी ही तरह उनको भी फीका खाने की आदत थी इससे लाभ ही हुआ। उन दिनों हम दोनों आदर्शवादी थे।

शिवराय

मोळळ्ळि शिवराय यहाँ वकालत करते थे। उनकी वकालत तो नाममात्र की थी। वे अपना सारा समय गाँव के लोगों की सेवा में बिताते थे, वही उनका मुख्य व्यापार था। जब मैं आया तब वे तालुक बोर्ड के प्रेसीडेण्ट थे। जिला पंचायत के भी प्रेसीडेण्ट थे। लगभग सत्तर वर्ष पहले ही इस प्रान्त में सहकारी संघ का जन्म उनके द्वारा हो चुका था। दस आदमियों के लिए काम करनेवालों में उनसे बढ़कर मैंने कोई नहीं देखा। जब तालुक बोर्ड था तब पता नहीं जिले में कितने स्कूल खुले। प्रत्येक गाँव के लिए सड़कें बनीं। वे प्रत्येक स्कूल में जाया करते थे। बच्चों के प्रत्येक कार्यक्रम में वे रुचि लेते थे। बच्चों के द्वारा चलायी जानेवाली हस्तलिखित पत्रिकाएँ भी वे देखा करते थे। वे जो भी कार्य करते उसकी हर बारीकी को अच्छी तरह समझते और ध्यान देते। बच्चों के जीवन को सुन्दर बनाने में उनकी विशेष रुचि थी। उनकी इस रुचि से शिक्षा सम्बन्धी कामों में मुझे बहुत प्रेरणा मिली। उस बारे में अथवा जो भी कार्य करता उसमें वे मेरे मुख्य सहायक बनते। मेरे जीवन में बड़े भाई का स्थान उन्हीं को जाता है। बाद में वे पुत्तूर छोड़कर मद्रास में रहने लगे। उनके बाद का पुत्तूर मेरे लिए वीरान हो गया। एक व्यक्ति के वर्चस्व से जनजीवन जितना सुधारा जा सकता था, उतना उन्होंने किया। मुझे कर्नाटक में दूसरा शिवराय दिखाई नहीं दिया।

शिवराय और रामन नम्बियार के कारण ही मेरा पुत्तूर से निकट का परिचय हुआ। नवयुवकों, ग्रामीणों तथा सैकड़ों गरीब स्कूल अध्यापकों का परिचय मुझे मिला। वहाँ के कई अध्यापकों के कारण ही मुझे अपने कुछ प्रयोग करने में सहायता मिली। ऐसे कुछ प्रयत्नों के बारे में मैं बाद में लिखूँगा।

गर्म-गर्म खिचड़ी

देश में जब दूसरा राष्ट्रीय आन्दोलन आरम्भ हुआ तब मैं पुत्तूर में था। तब मेरा मन ग्राम-सुधार के सपने देखा करता था। आगे क्या काम करना पड़ेगा यह अभी समझने की बात थी फिर भी मेरा मन उसी में रमा था। मंगलूर में जब नमक सत्याग्रह शुरू हुआ तब मैं मानसिक उलझन में पड़ गया। मैं पहले असहयोग आन्दोलन में भाग ले चुका था। अब चुप रहना उचित था? पर जोश में आकर

सीधा जेल जाने को भी मेरा मन न था। मैंने मंगलूर के मित्रों से तर्क किया, "अब गाँव चलेंगे, वहाँ कुछ काम करेंगे। बाद में जेल जा सकते हैं।" तब एक देशभक्त ने कहा, "जब गर्म खिचड़ी मिले तब बासी खाने की क्या जरूरत है।" मैं निराश होकर लौट पड़ा। पर चुप होकर बैठ न सका। यहाँ-वहाँ जाकर शराब के ठेकों का विरोध किया। उन दिनों मंगलूर में बीच-बीच में लाठीचार्ज हुआ करता था। उस लाठीचार्ज में सीधे-सादे बलसावर के मुकुन्द राव भी मार खा गये। जब मैं उन्हें देखने गया तो मैंने उनसे कहा, "इस तरह जेल के बदले कहीं और जाकर आन्दोलन को आगे बढ़ाएँ तो कैसा रहे?" उन्हें यह बात पसन्द आयी। उन्हें पुलिस की आँख से बचाकर मोटर में बिठाकर कोडग की सीमा पार करा आया। आगे उस आन्दोलन में मैंने अप्रत्यक्ष रूप से भी भाग नहीं लिया। मैं अपना अलग ही रास्ता खोजने लगा। सिर्फ जेल भरने की बात मुझे अच्छी नहीं लगी।

शान्ति-शिविर

पुत्तूर निवास के पहले वर्ष मैंने सोचा कि कुछ लड़कों को समाज-सेवा का प्रशिक्षण देकर तैयार करना चाहिए। गर्मियों की छुट्टियों में एक मास के लिए 'शान्ति शिविर' नाम से एक शिविर पाँच-छः वर्ष तक चलाया। रामन नम्बियार और शिवराय की सहायता से वह सम्भव हो सका। उस समय गाँव में जाकर एक जगह ठहरना और आस-पास के गाँवों की स्थिति का अध्ययन करना, ग्रामवासियों और शिविरवालों को कुछ शिक्षण देना हमारा उद्देश्य था। तब भी गाँधी का जीवन-दर्शन ही मेरे दिमाग में भरा था। हमारे शिविर का कार्यक्रम कुछ इस प्रकार था : सुबह चार बजे उठकर साबरमती के आश्रम के समान ही हम एक घण्टे प्रार्थना करते, बाद में व्यायाम होता, पश्चात शिविरवाले नाश्ता करके, कुदाल और सब्बल आदि लेकर कुएँ आदि साफ करने जाते। कुछ लोग बोर होल पाखाने भी तैयार करते। साँझ तक वही काम रहता। दोपहर को किसी-न-किसी विषय पर प्रवचन हुआ करता। साँझ को ग्रामवासियों के मनोरंजन को कोई-न-कोई कार्यक्रम और भाषण हुआ करता। ठीक सूर्यास्त के समय भोजन और बाद में प्रार्थना होती। इस प्रकार का कार्यक्रम प्रतिदिन ही हुआ करता था। भोजन आदि भी गाँधीजी की पद्धति पर हुआ करता था। बहुत से अध्यापक शिवराय की नजर में चढ़ने की खातिर हमारे शिविर में आते और अनमने ढंग से मेरी दी हुई पीड़ा सहन करते।

सांस्कृतिक, आर्थिक और राजनीतिक विषयों पर बाहर के लोगों से हम भाषण कराते थे। जब कोई न मिलता तो वह काम भी मुझे ही सँभालना पड़ता। सेवा-दल के एक शिक्षक हमारे शिविर में आते थे और शिविर निवासी और गाँव के लड़कों को लाठी चलाना, लेज़िम, जिमनाज़्म आदि सिखाया करते थे।

हमारे भाषण और प्रार्थना के समय थकान या निद्रा से जम्हाई लेनेवाले शिविर-निवासी भी होते थे। शिविर का भोजन पसन्द न आने के कारण चोरी-चोरी होटल में भोजन करके आनेवाले शिविर-निवासी भी थे। अपने-आप स्वीकार किये नियमों को तोड़नेवाले व्यक्तियों पर मुझे बहुत गुस्सा आता था। पर क्या किया जा सकता था। लेकिन इस बात की तसल्ली थी कि आनेवाले पन्द्रह-बीस में चार छः तो श्रद्धा से भाग लेते हैं। गुरुवायनकेरे के शिविर (1931) के समय उस गाँव में हमने दो पाखाने तैयार किये। एक बाजार भी बनाया। पुत्तूर के शान्ति गुडू ग्राम में हम लोगों ने दस दिन रहकर वहाँ के आर्थिक जीवन का अध्ययन किया। जब शंकर नारायण गाँव में ठहरे तब उस गाँव के तालाब को हम लोगों ने साफ किया। गाँव के लोग उसे बड़ी उदासीनता से देखते रहे। हम लोग भले ही उनके घर भी साफ करते तो भी वे उदासीन ही बने रहनेवाले लोग थे।

जल की पूर्ति

बेल्लारी के शिविर के समय हमें एक विशेष अनुभव हुआ। उस वर्ष मैंने पुत्तूर तालुक का काफी लम्बा दौरा किया था। तालुके की आर्थिक स्थिति का अध्ययन करना मेरा मुख्य उद्देश्य था। गाँव के होल्य (अछूत) लोगों के घर देखे थे। वहाँ एक भी घर को ठीक से पीने का पानी नहीं मिल रहा था। नाले और छोटे-छोटे पोखरों जैसे गड्ढे से जो पानी मिलता उसी से बच्चों को शौचाने और पीने के लिए भी प्रयोग में लाते थे। यह देखकर मुझे बहुत दुख हुआ। बीस-तीस फीट की गहराई में पानी मिल जाने की सम्भावना होने पर भी वे कुआँ खोदने के झमेले में नहीं पड़ना चाहते थे। ऐसे लोगों को पैसे देकर कुआँ खुदवाने का प्रयास किया। पर उनकी उदासीनता आड़े आयी। एक-दो गाँवों में जब ऐसा प्रयास किया तो उनके मालिकों ने उनसे "तुम लोगों को भी कुआँ चाहिए!" कहकर मजाक उड़ाया, जिससे चलता काम भी बन्द हो गया। हम तीस गाँव घूमे लेकिन एक में भी कुआँ न खुदवा सके।

जहाँ विश्वास पैदा न हो

इस निराशा के शमन के लिए बेल्लारे के शान्ति शिविर के समय, उस गाँव के अछूतों की बस्ती में हम लोगों ने स्वयं कुआँ खोदने का संकल्प किया। कुआँ खोदने को हम जो सब्बल, कुदाल आदि वहाँ छोड़कर आते, वे लोग उन्हीं को छिपा देते। उनका कहना था : बाहर के लोग हमारे लिए कुआँ नहीं, बल्कि हमारे लिए गड्ढा खोद रहे हैं। जैसे-तैसे कुआँ में पानी के दर्शन हुए। पर आश्चर्य कि

उस वर्ष वे लोग उस नये कुएँ के पास ही नहीं गये; हमारे परोपकार के काम के प्रति इतना अविश्वास और भय था गाँव के लोगों में। ग्रामीण जीवन में, एक-दूसरे को गड्ढे में डालने का प्रयास प्रायः अधिक चलता था। इसलिए मनुष्य की ईमानदारी में उनका आपस का विश्वास उठ गया था।

एक बार मैं नये प्रकार की खाद उपयोग में लाने का प्रचार करते समय पुत्तूर गाँव में लैम्प की रोशनी में भाषण दे रहा था। गाँव के मुखिया शिवराय वहाँ पधारे थे। मेरे उस भाषण सुनने के बाद एक गाँववाले की कही बात अभी तक याद है। उसने कहा था, ''इसमें शिवराय जी और इनका कुछ लाभ होगा, इनकी खाद की कम्पनी की एजेंसी होगी।'' शिवराय जी ने अपने जीवन के लगभग पैंतीस वर्ष पुत्तूर की सेवा में लगा दिये थे। जब उनके बारे में लोग ऐसी बात कह सकते थे तो मैं तो नया था, मेरी क्या गिनती? अथवा ग्राम-सुधार करने के लिए गाँव में जानेवालों का काम शायद ऐसे ही चलता होगा। 'गाँवों का उद्धार करो' आदि बड़ी-बड़ी बातें कहनेवाले प्रायः वही लोग हैं जिन्होंने गाँव देखे ही नहीं और केवल मोटर-कारों में घूमा करते हैं। उन्हें हम कैसे बताएँ कि लोगों का विश्वास जीतने के बाद ही गाँव में काम हो सकता है। और ऐसे विश्वास जीतने में ही हमारी जिन्दगी बीत जाती है। गाँव के झगड़ों में न फँसकर, उनके साथ कुछ दिन रहकर, उन्हें आश्वस्त कर दें कि हमारा मार्गदर्शन उपयोगी है तभी ग्रामोद्धार की बात सार्थक हो सकती है।

पर्वत-प्रवास

शान्ति-शिविर के समय हम करीब-करीब दस दिन प्रवास में ही काटा करते थे। एक बार, 'अमावस्ये बैल' गाँव से लकर जंगल लाँघकर, थक-थकाकर कुटचाद्रि पर्वत पर चढ़े। वहाँ से पैदल ही सागर, इक्केरी, जोग, गेरसोप्पा और बटकल भी गये। इस यात्रा की कठिनता और प्रकृति का सौन्दर्य चिरस्मरणीय हैं। शिविर के शुरू में हमारे साथ लगभग बीस लोग थे, पर अन्त में दस ही रह गये थे।

और एक बार हम 'गुरुवायनकेरे' से 'कुदरमुख' पर्वत की चोटी पर गये। हमारे साथ बाहर से भाषण करने को बुलाये गये एक-दो सज्जन भी थे। रामकृष्ण मठ के प्रियनाथ महाराज (दिवंगत स्वामी अलक्ष्य चैतन्य) आदि भी साथ थे। वहाँ पहुँचने का रास्ता तीस मील था। तीस मील आना तीस मील जाना; उसमें उन्नीस मील तो चढ़ाई ही थी। उस तीन-चार दिन की यात्रा में प्रकृति के प्रकोप के सब रूप हमने देख लिये। हमें पहाड़ की चोटी पर चढ़े आधा घण्टा भी नहीं बीता होगा कि अन्धड़ शुरू हो गया। साथ में बादल गरजने और बिजली चमकने लगी। हवा के साथ तीखी सर्दी। गाँव लौटते समय हवा के तेज झकोरों से पेड़ों

के तने और टहनियाँ टूट-टूटकर गिर रही थीं। इस हालत में उन्नीस मील भागकर ही पार करने पड़े। आगे के नौ मील तो वर्षा में भीगते हुए ही पार हुए। प्रकृति जब इस प्रकार पागल हो उठती है तो हमारे भीतर डर तो होगा ही, पर ऐसे दृश्य मन पर निश्चित ही विशेष छाप छोड़ जाते हैं।

इसी प्रकार एक बार हमें कुमार पर्वत पर चढ़ना पड़ा था। एक बार और हम लोग पैदल हलेबिड, बेलूर होकर आये। इस प्रकार यह शिविर हमने चार-पाँच वर्ष तक चलाया। शिविर के इन अवसरों पर भाषण करने आये अनेक लोगों से हमारी मित्रता हो गयी। उनमें प्रियनाथ महाराज का व्यक्तित्व भुलाया नहीं जा सकता। कोई भी ऐसा काम न था जो उन्होंने हमारे साथ नहीं किया हो। हमारे साथ पाखाने के गड्ढे खोदे, भंगी का काम किया, सब्बल और कुदाल भी उठाये; सब कामों में वे अगुआ रहे। सन् 1908 में बंगाल के विभाजन के समय वे टेरेरिस्ट दल के सदस्य थे। उनके शरीर पर गोलियों के दाग भी मौजूद थे। उन्हें सुन्दरवन में बन्दी बनाया गया था। सरकार से आँख बचाकर उन्होंने नेपाल के जंगल में कुछ समय बिताया था। उनके उत्साह और उनकी कार्य-पटुता का क्या कहना! उनके लिए काम ही भगवान था। शान्ति शिविर ने भले ही मुझे कुछ न दिया हो पर ऐसे लोगों की मित्रता पाने का सौभाग्य अवश्य दिया। अपने और दूसरों के स्वभाव की गहराई और छिछलापन मुझे ऐसे अवसरों पर समझने का अवसर मिला। बाद में धीरे-धीरे हमारा शिविर छुट्टियाँ काटने के सरल उपाय खोजनेवाले लड़कों से भर गया। इससे अनुशासन का पालन न हो सका। अन्त में, शिविर को आगे चलाये रखने का मन न होने से उसे बन्द कर देना पड़ा।

कुन्दापुर के शान्ति शिविर के समय ही, मैंने 'देवदूत' उपन्यास लिखना आरम्भ किया था। बेल्लारे के शान्ति शिविर के समय, 'गर्भगुडी' और 'रक्त काणिके' नाटक लिखकर उनका अभिनय कराया। 'बौद्धयात्रे' नाम का नाट्यरूपक बेल्लारे में ही लिखा और अभिनीत भी कराया।

घोर दरिद्रता

मुझे लगा कि 'शान्तिगुडु' के शिविर में ग्रामों के बारे में किये अध्ययन को और आगे बढ़ाना चाहिए। ग्रामोद्धार चाहनेवाला व्यक्ति यदि गाँवों का सुख-दुःख न जाने तो वह काम करना भला कैसे सम्भव होगा! इस प्रयोजन से एक लम्बे प्रवास का कार्यक्रम बनाया। उसके लिए शिवराय जी की प्रेरणा और सहयोग दोनों मिले। हम दोनों ने मिलकर एक प्रश्नावली तैयार करने का विचार किया। लोगों से किस-किस विषय से सम्बन्धित आँकड़े इकट्ठे करना चाहिए। खेती-बाड़ी, मनोरंजन, सहायक वृत्ति, विद्या अभ्यास, आर्थिक स्थिति, स्वास्थ्य—इन सबके बारे में

प्रश्नावली तैयार करके कुछ गाँवों के भ्रमण का निश्चय किया। हमने निश्चय किया कि एक-एक गाँव में तीन-तीन दिन ठहरकर प्रत्येक गाँव से पाँच भूमालिक, पाँच बटाईदार, पाँच मजदूर अथवा पाँच अन्य पेशेवालों से प्रश्न पूछे जाएँ। करीब चार मास के प्रवास में पुत्तूर जिले के तैंतीस गाँवों का भ्रमण करके यह कार्य पूरा किया। मेरे साथ नाटक खेलने के लिए पाँच-छः लड़के भी थे। पर्दे, बत्तियाँ आदि सारा सामान सिर पर उठाये, पैदल चलकर यह कार्य वहन करना होता था। इस प्रवास के दौरान गाँव के जिस किसी व्यक्ति को साथ लेकर घर-घर भटकता फिरा। इतना सब होते हुए भी लोगों से पूछताछ करके उनसे उत्तर लेना कठिन था। बहुत-से लोगों को अपनी आमदनी और खर्च का पता ही नहीं था। उन्हें तो आय-व्यय जैसी चीज मालूम ही नहीं थी। जिन्हें पता था वे छिपाना चाहते थे। बहुत-से लोगों के घरों में खाने को नहीं होता तो भूखे ही रह जाते हैं, जब होता है तभी खाते हैं। ऐसे लोग भला क्या हिसाब बताते?

जैसे लोग वैसे ढोर

हमने हर जाति के घरों के भीतर जाकर देखा। हरिजन, मुसलमान, ब्राह्मण सभी के जीवन को निकट से देखने का अवसर मिला। हमारे प्रयत्न से गाँववालों को लाभ हुआ कि नहीं, पर हमारी आँखें अवश्य खुल गयीं। वह सन् 1933 का वर्ष था। लोग आर्थिक मन्दी के कारण बहुत दुखी थे। निर्धनता का कोई ठिकाना न था। पुत्तूर तालुक में एक व्यक्ति की औसत आमदनी छत्तीस रुपये वार्षिक मात्र थी और कर्ज रुपये में पैंसठ पैसे। गाँव में तो आमदनी अट्ठाईस रुपये वार्षिक तक पहुँच गयी थी और कर्ज एक-सौ पच्चीस प्रतिशत था। खेतीबाड़ी के बारे में कहने को कुछ था ही नहीं। दस-बीस लोगों के खेतों में पानी की नालियाँ प्रायः मिट्टी से भरी रहती थीं जिससे खेती के काम में अड़चन पैदा होती थी। ढोरों की स्थिति तो अत्यन्त शोचनीय थी। चारे के अभाव और जंगली जानवरों के उत्पात से खरीदे हुए पशु भी मर जाते। उनके पालन-पोषण की स्थिति भी उतनी ही निकृष्ट थी। दुधारू पशुओं का औसत दूध उत्पादन एक दिन में एक औंस से भी कम पड़ता था। ऐसी हालत में लोग भला कैसे जीते होंगे! दूध का उपयोग दवा के रूप में होता था। वह भी कितने घरों में! मांसाहारी लोग तो मुर्गे आदि पाल लेते थे पर उनसे उन्हें विशेष लाभ नहीं मिल पाता था। उनका उपयोग वे प्राय भूत या मन्नत के लिए करते थे।

भाग्यवादी

लोगों का स्वास्थ्य बहुत ही दयनीय था। मृत्यु की दर का कोई अन्दाज नहीं था।

अधिकतर लोग मलेरिया के शिकार होते। अछूतों से यदि पूछा जाता कि अमुक कैसे मर गया तो वे यह नहीं कहते थे कि बीमारी से मर गया। वे तो यही कहते थे कि भूत के प्रकोप से मरा। इस तरह अत्यन्त शोचनीय था उनका जीवन। एक सन्तोष की बात यह थी कि कई दूसरी जातियों के घरों की अपेक्षा इनके घर साफ-सुथरे थे। साधारणत: लोगों के कुएँ खेतों के पास होते हैं। वे लोग साफ पानी की आवश्यकता समझते ही नहीं थे। उन्नत खेती क्या होती है यह उन्हें मालूम ही नहीं था। कुछ किसान उर्वरक और खली आदि का खाद इस्तेमाल करके अच्छी फसल उगा लेते थे। पर यदि उनके पड़ोस के खेतवाले से पूछा जाए कि आप वैसा क्यों नहीं करते तो उत्तर मिलता; ''यह तो भाग्य की बात है। हमारे भाग्य में कहाँ?'' यह बात ध्यान में रखकर हमने 'त्यांप्पण्णन हणेय वरह' (त्यांप्पण्णा का भाग्य) नामक नाटक खेला। वह नाटक देखने के बाद लोगों ने पूछा, ''क्या यह सच है?''

मेरा यह ग्रामीण-स्थिति का अध्ययन सन् 1933 में हुआ। आज स्वास्थ्य आदि की स्थिति वैसी नहीं है। युद्ध के बाद मलेरिया के प्रकोप से बचने के लिए डी. डी. टी. जैसी कृमिनाशक दवाओं का प्रयोग सब जगह बढ़ गया है। इसीलिए पुत्तूर जो सदा, 'बीमारी का घर' नाम से बजता था वह अब बीमारी से मुक्त हो चुका है। कहना चाहिए कि यह एक बड़ी सफलता है।

एक जगह मैं एक अछूत के घर गया था। वहाँ एक बूढ़ा बैठा था। उसके तीन-चार बेटे घास लाने गये थे। मेरे यह पूछने पर कि कल उसने क्या खाया था, उसने उत्तर दिया, ''कुछ नहीं।'' ''आज क्या करोगे?'' पूछने पर उत्तर मिला, ''मालिक के घर घास पहुँचाने के बाद यदि धान मिला तो उसका भात बनाकर खा लेंगे।'' ऐसे लोगों से यदि यह पूछा जाता कि तुम्हारी रोज की आमदनी क्या है तो उत्तर मिलता, ''जो मिल जाए!'' कुछ जगहों पर उनसे बात करने की गलती से दुखी होकर मैंने ही चावल आदि खरीदकर उन लोगों के पास भेजे थे।

गाँव में दूसरे पेशेवालों की यही दशा थी। चाहे कुम्हार हो, बढ़ई या कोई गाड़ीवान, सब बड़ी कठिनाई से जीविका चला रहे थे। यदि किसी के पास थोड़ी-बहुत खेतीबाड़ी या पेशा होता था, वह जिस किसी प्रकार से जी लेता था। ऊँची जाति के लोग मजदूरी पर नहीं निकलते, अवकाश का समय यूँ ही बिता देते थे। गरीबी या कर्ज इन दोनों में से कोई-न-कोई सिर पर सवार ही रहते। कई बार तो दोनों से उनकी जान नहीं छूटती थी।

आलसी वीर

सुब्रह्मण्य के साथ कुछ ब्राह्मणों के घर गया था। उन्होंने अपने घरों में चार केले

के पौधे भी नहीं उगा रखे थे। सब्जी वगैरा नहीं लगा रखी थी। जब मठ से मुफ्त में खाना मिले तो ऐसी जड़ता आ ही जाती है। उसी गाँव में मलेकुडियों के घरों में भी गया था, उन्होंने अपने घरों के पिछवाड़े खूब शकरकन्दी और सब्जी लगा रखी थी। एक ओर लम्बी-लम्बी फलियाँ भी बो रखी थीं। मैंने पूछा, "इनसे आप लोग क्या करते हैं ?" क्योंकि उनकी उपजीविका शिकार रही है। "उगा तो ली हैं, पर पता नहीं उसका क्या करना चाहिए। मालिक के घर दे देंगे।" उनका यही उत्तर था। स्वयं न खाने पर भी आलसी न बनकर दूसरों के लिए सब्जी बोनेवाले मलेकुडिय एक ओर थे और यूँ ही समय बरबाद करनेवाले ब्राह्मण दूसरी ओर। एक बार मैं कोडग ग्राम गया। वहाँ ब्राह्मण का केवल एक ही घर था। उन्होंने भी कोई सब्जी आदि नहीं लगा रखी थी। मुझे लगा कि हाथ के पास पानी होने पर भी शरीर झुकाकर श्रम न करनेवाले आलसी वीर थे वे।

लतें

मैंने यह भी अध्ययन किया कि ये लोग अपना अवकाश कैसे बिताते हैं और उनके व्यसन क्या-क्या हैं। ब्राह्मणेतर वर्ग में शराब और तम्बाकू की लत थी। ऊँची जातियों में तम्बाकू के विविध प्रकार से उपयोग करने की लत रही आयी। अछूतों की बात क्या कहें, वे तो लकड़ी बेचकर चावल खरीदने के बदले, लकड़ी शराब की दुकान में डालकर उसी से शराब पीकर लौटते थे।

प्रचार

हम प्रत्येक गाँव में दो नाटक खेलते थे। हमारा नाटक देखने के लिए चटाई साथ लेकर लोग आधी रात तक बैठे रहते थे। हमारे एकांकी नाटक के समाप्त होने को भला कितना समय चाहिए था ? वह देखने के बाद निराशा से "बस इत्ते से को देखने के लिए आना था क्या ?" कह उठते। नाटक शुरू करने से पहले मैं भाषण देता था। मैजिक लालटेन की सहायता से मैं उन्नत खेती के बारे में बताता था। उसी के साथ मैं अपने देश की सम्पत्ति और उन्नत देशों की सम्पत्ति की तुलना करके उन्हें समझाता था। दूसरे दिन स्वास्थ्य के बारे में बतलाता। तीसरे दिन उस गाँव के अध्ययन से जो निष्कर्ष निकलता उसकी चर्चा करता। इन सभी शिविरों में श्री शिवराय जी एक-न-एक दिन आकर अवश्य भाग लेते थे।

अवकाश

हमारे ये लोग अपना अवकाश कैसे बिताते हैं इसका उत्तर एक ही वाक्य में यह है—'एकदम आलस्य से।' एकाध जगह कुछ लोग यक्षगान खेलते। कुछेक

मुर्गेबाजी, भैंसादौड़ में समय काटते। दूसरे मनोरंजन बहुत कम हैं बल्कि एकदम नहीं हैं कहना चाहिए। साधारणत: हरिजनों में रोज ढोल बजाकर गाने और नाचने की आदत है। खाने-पहनने को न होने पर भी वे अपना अवकाश खुशी-खुशी बिता लेते हैं। यह उनका संस्कार है, सम्पत्ति नहीं।

विकराल समस्याएँ

इस प्रवास से मैंने यह अनुभव किया कि पुत्तूर तालुक में जो समस्याएँ हैं वह दूसरे तालुकों में भी पर्याप्त मात्रा में हैं। लगा कि अज्ञान, गरीबी, आलस्य, अन्धश्रद्धा के कारण हम इस स्थिति तक पहुँचे हैं। इसलिए उसका इलाज भी प्रयत्न की पहुँच से परे हो चुका है। स्वास्थ्य का प्रश्न भी ऐसा ही है, शिक्षा का प्रश्न भी ऐसा ही है, गरीबी का प्रश्न भी ऐसा ही है। कौन-सा प्रश्न सरल है और कौन-सा कठिन है यह विस्तार से बताना मुश्किल है। ज्यादा से ज्यादा हम जैसे लोग गाँव जाकर गला सुखा सकते हैं। कोई कारगर सुधार करना हो तो सरकार को ही चेतना चाहिए। गाँवों की समस्याओं से परिचित लोगों को चाहिए कि वे सरकार को बताएँ। लगता है कि आलस्य को भगाने के लिए चाबुक लेकर खड़े होनेवालों की आवश्यकता है।

इस प्रवास के फलस्वरूप ही मेरा 'चोमनदुडी' (चोमा) उपन्यास लिखा गया। इस प्रवास से मेरी आँखें खुल गयीं। उससे मैंने कई बातें सीखीं। बिना दीये के घर और बिना आग के चूल्हे देखने का मौका मिला। तब ऐसा लगा कि भले ही स्वराज्य आ जाए पर इन लोगों का जीवन सुधरने में युग बीत जाएँगे।

वार्षिक योजना

इतना सब देखने के बाद कुछ करना चाहिए, ऐसी इच्छा पैदा नहीं होगी? यह जानते हुए भी कि सारे प्रयत्न व्यर्थ हैं, कुछ कर गुजरने की इच्छा हुई। उन्हीं दिनों मैंने, 'मास्को हैज ए प्लान' नामक रचना पढ़ी थी। मैंने शिवराय जी को सूचित किया कि भले ही पंचवर्षीय योजना न सही, पर एक वर्ष की योजना क्यों न बनायी जाय। उन्होंने कहा, 'अच्छी बात है, करो।' मैंने अपनी कल्पना के अनुसार छ: मास तक सात ग्राम-केन्द्रों में खूब प्रचार करने की योजना बनायी। लोगों में विभिन्न प्रकार की रुचियाँ जाग्रत करने के लिए तीस विषयों पर भाषण माला की तैयारी की। विदेशियों का जनजीवन, प्रवास, उद्योग, कृषि, पशुपालन, मुर्गीपालन, फल संरक्षण ऐसे ही रोचक विषयों की सूची तैयार की। कई जगह जाकर उनके लिए आवश्यक विषय और चित्र आदि संग्रह कर लाया। मैजिक लैम्प के आवश्यक चित्र भी मैंने बनाये, फोटो आदि खींचे। पुत्तूर तालुक के सात हजार

एलिमेण्टरी स्कूलों को भाषण केन्द्रों के रूप में चुना। शिवरायजी पर वहाँ के अध्यापकों को अखण्ड विश्वास था। वे जो भी कहते, अध्यापक करने को तैयार हो जाते। इसलिए उस प्रचार की जिम्मेदारी वहाँ के अध्यापक उठाने को तैयार हो गये। एक भाषण और एक चित्रमाला का प्रदर्शन एक सोमवार को एक गाँव में होता तो दूसरे सोमवार को दूसरे गाँव में, ऐसी व्यवस्था की। साथ ही, हमने यह भी निर्णय किया कि भाषण के साथ एक नाटक हरिकथा या यक्षगान आदि का प्रदर्शन या मनोरंजन का प्रबन्ध भी रहे। और यह भी प्रबन्ध हुआ कि प्रत्येक केन्द्र में वर्षा ऋतु में निश्चित संख्या में फलों के पेड़ लगाने चाहिए और उसके लिए बढ़िया बीज भी लाने चाहिए। इस अन्तिम कार्य में कृषि विभाग से सहायता भी मिली। सभी स्कूलों में हम ही मैजिक लैम्प की व्यवस्था करते थे।

हमारा प्रचार तो चला। फलों के पौधे तथा बीज भी दिलवाये। पर उसका पैसा वसूल करना मुश्किल हो गया। अध्यापकों की सहायता से प्रचार कार्य जोरों से चला। शुरू-शुरू में भाषण सुनने को बहुत जनता आयी, बाद में लोगों का आना कम हो गया। स्कूल के बच्चों के सामने ही भाषण देने पड़े। इसलिए आपको भी लग रहा होगा कि हमारा भाषणों का कार्यक्रम शीघ्र समाप्त हो गया।

चलचित्र से प्रचार

मैंने सुना था कि रूस में चलचित्रों की सहायता से जनता में महान जागृति पैदा हुई है। प्रथम महायुद्ध के समय रूसी गाँव के लोग हमारे देश के गाँववालों की तरह आलसी, अज्ञानी और गरीब थे। वहाँ सिनेमा के द्वारा शिक्षा और मनोरंजन दोनों साथ-साथ दिये गये। लोग बच्चों के नाटक और मैजिक लैम्प से प्रभावित होकर अधिक दिन तक नहीं आएँगे, इसलिए मैंने सोचा यह कार्य चलचित्र द्वारा क्यों न किया जाए। मेरे मित्र एम. आचार्य तब बर्लिन में थे। उनसे कहकर रूस की शिक्षा सम्बन्धी बहुत-सी सामग्री मँगवायी। रूस की चित्र-निर्देशन सम्बन्धी पुस्तकें भी मँगाकर पढ़ीं। प्रसिद्ध सिने-निर्देशक पुडोविक की फिल्म-टेकनीक की पुस्तक पढ़ी। एसेन्सस्टिन की चित्र-निर्माण रीति किताब भी पढ़ी। मुझे भी उस ओर जाने की इच्छा थी। पैसों की चिन्ता पैदा नहीं हुई। साथ ही, मुझे लगा कि व्यावसायिक चित्रों से जो लाभ मिलेगा उससे हमारे प्रचार सम्बन्धी चित्र भी तैयार हो सकते हैं। मैंने शिवराय से अपनी पगली कल्पना की चर्चा की। उन्होंने कहा, ''ठीक है, आगे बढ़ो।'' तब मेरी आयु केवल तीस वर्ष की थी। चित्र तैयार किया गया।

चलचित्र का निर्माण

कर्ज लेकर सिने-कैमरा खरीदा। मैं फोटोग्राफी जानता था। इसलिए सिनेमा के चित्र लेने में कठिनाई नहीं हुई। आवश्यक सामग्री जुटाकर अस्पृश्यता निवारण सम्बन्धी अपनी लिखी कहानी 'डोमिंगो' पर सीनिरियाँ तैयार कीं। फिल्म मँगवायी। मैंने अपने मित्रों से अभिनय कराया और फिल्म तैयार की। उस फिल्म को गाँव में ही धोकर मुद्रण के लिए बम्बई भेजा, प्रिण्ट देखने पर डर-सा लगा। फोटो तो ठीक ही खिंचे थे। हमारे गाँव की हवा के कारण उसे धोते समय फिल्म में धूल के कण लग जाने से चित्र दिखाते समय तितलियाँ-सी उड़ती दिखाई देती थीं। दुबारा से वही चित्र खींचकर बम्बई भेजने पड़े। वहीं से उसे प्रिण्ट कराकर जोड़कर लाया। बाद में व्यावसायिक चित्र तैयार करने के लिए एक स्टुडियो बनाया और आठ अंकों का एक और चित्र तैयार किया। उसकी बात मैं बाद में लिखूँगा।

इससे पहले खींचे गये चित्रों के खराब होने के कारण दुख हुआ। आगे से ऐसा न हो, सोचकर बम्बई गया। कोडग कम्पनी के मैनेजर बेबर और चित्रशाला के मैनेजर सेन जैनिथ ने मुझे सहायता दी। उनकी सहायता से मैंने फिल्म प्रोसेसिंग सीखने का निश्चय किया। परेल की स्टैण्डर्ड लेबोरेट्री में जाकर वहाँ कुछ दिन रहा और आवश्यक जानकारी प्राप्त की।

खींचे गये चित्रों को दिखाने के लिए एक प्रोजेक्टर चाहिए था न! शिवरायजी ने जिला बोर्ड से कहा। जिला बोर्ड के अध्यक्ष ने आवश्यक सामान खरीदने के लिए एक हजार रुपये की स्वीकृति दी। केवल एक हजार रुपये से उसके लिए आवश्यक डाईनमा, इंजन और प्रोजेक्टर तीनों खरीदना कठिन था। केवल एक नये प्रोजेक्टर की कीमत एक हजार थी। अन्त में किसी से दोस्ती करके एक अमीर व्यक्ति से कम दाम पर एक प्रोजेक्टर खरीदा। बाकी उपकरण भी जुटाये। अब चित्र-प्रदर्शन का काम ही बाकी रह गया था।

चित्र-दहन

बेलतंगडी में 'मक्कल कूट' (बच्चों की सभा) नाम से एक सम्मेलन किया। तब मैंने सोचा कि उन्हें मेरा पहला तैयार किया गया चित्र दिखाया जाए। उसके लिए जिला-बोर्ड का प्रोजेक्टर मँगाकर उसमें अपना चित्र भरा। लेकिन बम्बई से लाते समय वह चित्र जरा खराब हो गया था इसलिए उसे दिखाया नहीं जा सका।

उसके साथ ही, एक और अनर्थ हो गया। मेरा एक मित्र सन्ध्या के समय पेट्रोमैक्स जला रहा था। उसके पास ही फिल्म के डिब्बे पड़े थे। उधार में ली गयी फिल्म के डिब्बे भी वहीं थे। पेट्रोमैक्स की लपट ने उन्हें छू लिया और कमरे

में आग लग गयी। कमरे के सामने एक बड़ा छप्पर पड़ा हुआ था। आग देखकर मैं खिड़की से भीतर कूदा। हाथ लगे फिल्म के डिब्बे बाहर फेंके। छत ऊँची होने से मकान बच गया। फिल्म के डिब्बे बाहर फेंक देने से आग भी बुझ गयी। अन्त में, जो डिब्बे बचे उन्हीं से तृप्त होना पड़ा। मेरे द्वारा निर्मित चित्र ही आग में स्वाहा हुए थे। उधार की फिल्म अगर जल जाती तो पता नहीं मुझे कितना दण्ड भुगतना पड़ता। आग लगने से न जाने कितना नुकसान हुआ होता। खैर, लगता था कोई शक्ति मुझे हर बात में रोकना चाहती थी लेकिन उस साहस को आगे बढ़ाने की जिद मुझे भी थी। एक व्यावसायिक चित्र तैयार करके उस हानि को पूरा कर पाऊँगा यह एक झूठा साहस मुझमें समा गया था। उसकी निष्फल कहानी फिर कहीं बताऊँगा।

शिक्षा सम्बन्धी प्रयोग

पुत्तूर में मोलहल्लि शिवरायजी गाँव के स्कूलों के बारे में बहुत अभिरुचि लेते थे। अध्यापकों को प्रोत्साहित करते और केवल 'स्कूल की लिखा-पढ़ी में ही शिक्षा समाप्त नहीं हो जानी चाहिए' कहकर, उसके साथ कई तरह के कार्यक्रम चलाने की प्रेरणा देते। स्काउट से लेकर लाठी चलाना, लेझिम जैसे व्यायाम, कोई मासिक त्यौहार, हस्तलिखित पत्रिका, बच्चों का सहकारी संघ, बाल-सभा आदि कार्यक्रमों के प्रति आसक्ति पैदा करते। मैंने कितनी ही बार उनके साथ स्कूलों में जाकर यह सब देखा था। एक बार उन्होंने पुत्तूर में अध्यापकों का सम्मेलन कराया था। उनकी ओर से मैं मैसूर के शिक्षा विभाग के डायरेक्टर एन. एस. सुब्बाराय को अध्यक्ष पद के लिए आमन्त्रित करने गया था। सुब्बाराय आये। जिस सम्मेलन में शिवरायजी का हाथ होता था उसमें गड़बड़ी के लिए कोई अवकाश ही नहीं होता था। खाने-पीने, और सभाओं की अन्य व्यवस्थाएँ भी सुचारु रूप से चलतीं। वे बड़े व्यवहार-कुशल थे। किसी भी बेकार की बात को मौका नहीं देते थे। जितना काम उतनी बात। जुबान की खुजली मिटानेवालों के लिए वहाँ जगह ही नहीं थी। उस सभा को देखकर मेरे मन में ख्याल आया कि एक बाल-सम्मेलन क्यों न बुलाया जाए। यह बात मैंने शिवरायजी से कही। उन्होंने तुरन्त स्वीकृति दे दी। हम दोनों जानते थे कि बच्चों के कार्यक्रम में प्रस्ताव और मसौदे आदि की जरूरत नहीं। इसलिए उन्होंने मुझसे यह योजना बनाने को कहा कि वह आयोजन कैसे चलाना होगा। आयोजन यानी बच्चों की सभा होनी चाहिए, पर एक खेल की तरह ही होनी चाहिए। हमारा भी यही विचार था। उसकी भूमिका के रूप में मैंने कुछेक प्रयोग भी किये।

क्रिया-शक्ति

इस कार्य की भूमिका के रूप में मैं कुछ गाँवों में गया और वहाँ बच्चों को इकट्ठा करके कुछ प्रयोग किये। मैंने यह परीक्षण करके देखा कि उन्हें लोकगीत आदि

आते हैं कि नहीं अथवा कोई चित्रादि बना सकते हैं या नहीं। स्कूलों में जो चित्रादि बनाना सिखाया जाता था मुझे उनकी आवश्यकता न थी। मैं चाहता था कि बच्चे आस-पास के वातावरण में मिलनेवाले फूल-पत्ते मिट्टी आदि को विषय बनाकर चित्र बनाना सीखें। एक जगह मैंने बच्चों से पूछा, ''यह बताओ, तुम्हारे गाँव में कितने प्रकार की मिट्टी है?'' एक अध्यापक का कहना था कि पाँच-छः रंग हो सकते हैं। पर एक लड़का दोपहर को स्कूल आते समय उन्नीस रंगों की मिट्टी ले आया था। पता नहीं उस लड़के को उस मिट्टी से कितना मोह था और उसमें वह कितना खेल चुका था! इन प्राकृतिक वस्तुओं से बच्चों ने धरती पर रंगोली बनायी, पशु-पक्षियों के चित्र भी बनाकर दिखाये। कुछ ही समय में ऐसे कुछ प्रयोगों के फलस्वरूप बाल-सभा का कार्यक्रम तैयार हो सका। जिले के सात-आठ हायर-एलिमेण्टरी स्कूलों में से दस-दस बच्चों का चुनाव कर एक सप्ताह एक साथ रखकर उनकी सृजनात्मक अभिरुचि का अध्ययन करने का यत्न किया। एकदम छोटे बच्चे सँभालना मुश्किल होने से लगभग बारह से सोलह वर्ष के बच्चों को ही प्रतिनिधि चुना।

व्यवस्था

हमारी पहली बाल-सभा (मक्कलकूट) नदी किनारे के उप्पिनाँगडी नामक एक ग्राम में सन् 1930 में हुई। उसमें लगभग साठ बच्चे आये थे। उनके साथ प्रत्येक स्कूल से एक अध्यापक और कुछ प्रेक्षक भी आये थे। इतने लोगों के भोजन का प्रबन्ध करना था। वहाँ आनेवाले कुछ अध्यापकों को शिक्षा की नयी पद्धति बताने के लिए भी कुछ लोगों को बुलाया गया था। पैसे की व्यवथा के लिए मुझे कोई चिन्ता नहीं थी। वह सब शिवरायजी के जिम्मे था। एक सप्ताह पहले हम दोनों उप्पिनाँगडी गये। शिवरायजी ने भी अपनी जान-पहचान के आठ-दस आदमियों को बुला लिया। आपको इतने पैसे देने हैं, इतना चावल देना है—यह कहकर ताकीद की गयी। उनके प्रभाव से सब कुछ जमा हो गया। वहाँ के स्थानीय अध्यापकों को बुलाकर और कामों की व्यवस्था सँभलवायी। अध्यापकों ने मिलकर एक छप्पर तैयार कर दिया। लंगर चलाया। आनेवालों को भोजन कराया। सी. पी. सी. बस कम्पनीवाले रियायती दर पर बच्चों को उनके गाँव से उप्पिनाँगडी लेकर आये और छोड़कर भी आये। मुझ पर बच्चों के कार्यक्रम की जिम्मेदारी थी जो कोई मुश्किल काम न था।

सुप्त शक्तियाँ

शिविर के दिनों में हम सुबह दो घण्टे और शाम को दो घण्टे बच्चों को इकट्ठा

करते थे। वहाँ रहते समय शान्त रहना पूर्णतः अनिवार्य है प्रतिबन्ध हमने नहीं लगाया। ऊब जाने पर बाहर जाने की छूट थी। इसी कारण सभा में शान्ति रहती। एक दिन सुबह कुछ बच्चों ने अपनी-अपनी भाषा में कहानियाँ सुनायीं। और एक बार लोकगीत गाये। फिर एक बार अपने-अपने बनाये गीत सुनाये, वैसे ही उन्होंने अपना नाच भी दिखाया। आशु नाटक खेले। इतिहास से सम्बन्धित नाटक भी खेले। चित्र भी बनाये। इस प्रकार अनेक सृजनात्मक शक्तियों का प्रदर्शन किया। कुछ अध्यापकों का ख्याल था कि जो बच्चे इस सभा में आये हैं उन्हें अपनी पढ़ाई में रुचि नहीं है। उनके विचार में पुस्तकों से चिपके रहने से ही विद्या आती है। जो बच्चे पढ़ाई-लिखाई में एकदम बेकार माने जाते थे उन्होंने भी अपने में कोई-न-कोई प्रतिभा होने का परिचय दिया। पाँच-छः वर्ष तक ऐसी सभाओं का कार्यक्रम कुछ परिवर्तन के साथ चलता रहा। अन्त में सौ बच्चों की जगह दो-दो सौ बच्चे सभाओं में आने लगे। पुत्तूर तालुक से बाहर की शालाओं के लोग भी उस सभा को देखने आने लगे।

बड़ों के काम

अध्यापकों के लिए आवश्यक भाषणों की व्यवस्था के बारे में बाहर के विशेषज्ञों ने हमें सहायता दी। मैसूर और बेंगलूर के विद्वान प्रतिवर्ष आया करते थे। पंजे मंगेशरायजी से मेरा निकट का परिचय तभी हुआ। शिक्षा के बारे में उनकी असाधारण लगन थी इसलिए बीच-बीच में वे अपने मित्रों को साथ लाकर हमारा काम दिखाया करते थे। सातों दिन शाम को बड़े लोग बच्चों को नाटक खेलकर दिखाते थे। नाटकों में वे इतिहास के कुछ अंश, किसी देश की वेशभूषा आदि प्रदर्शित करने का प्रयास करते। हमें इसमें भारत के इतिहास के कुछ अंश नाटक द्वारा दिखाने में सफलता मिली। नेपथ्य में कथानक गाते जाते और मंच पर उससे सम्बन्धित ऐतिहासिक पात्र आकर अभिनय करते जाते। प्रथम वर्ष एक नाट्य-रूपक 'परिवर्तित भारत' प्रस्तुत किया गया। उसमें भारत के परिवर्तन के मूल कारण सभी महापुरुष मंच पर से गुजरे। द्रविड़, आर्य, हूण, ग्रीक और अन्त में अँग्रेज तक हमने दिखाये। डेढ़ घण्टे के ऐतिहासिक दृश्य में साठ-सत्तर कलाकारों ने भारत में परिवर्तन के दृश्य दिखाये। और एक बार बौद्ध धर्म की यात्रा को इसी प्रकार दिखाया। बुद्ध की अहिंसा का सन्देश अशोक से लेकर गाँधी तक कैसे चला यह सब उस नाटक में प्रदर्शित किया गया था। और एक बार साम्राज्यों के समाधि-स्थल देहली का इतिहास हमने दिखाया। इस सबका उद्देश्य यह था कि इतिहास की पढ़ाई को किस तरह से सरस बनाया जा सकता है। अध्यापकों ने विविध देशों के प्राचीन और अर्वाचीन जन-जीवन को नाटक के रूप में अभिनय के द्वारा

प्रदर्शित किया। जापानी लोगों का जीवन, जुलू लोगों का जीवन, एस्कीमो लोगों का जीवन, आदि के दृश्य भी दिखाये गये। इससे यह दिखाना भी सम्भव हो सका कि भूगोल या इतिहास, एक रूखा विषय नहीं है।

समाज और समता

बाल-सभा के दिनों में हमारे गाँव के बच्चे ऐसा महसूस करते थे मानो कोई मेला हो। सैकड़ों बच्चों के साथ, खाने-खेलने का सुयोग उन्हें और कहाँ मिलता था? साम्प्रदायिक वातावरण में पलने पर भी 'बाल सभा' में सभी बच्चे बड़ों के सामने भी जाति-भेद छोड़कर एक साथ मिलकर भोजन करते थे। हिन्दू, मुसलमान, ईसाई और हरिजन सबका एक जगह बैठकर भोजन करना उन दिनों एक बहुत बड़े साहस की बात थी। हाँ, जैन जाति का लड़का ऐसा नहीं कर सका। वह आकर लौट गया। अन्तिम वर्ष जैन सम्प्रदाय का एक और लड़का आया था। वह पुराने विचारों को छोड़ने में समर्थ रहा।

व्यक्ति का प्रभाव

सूल्या में बाल-सभा होगी, यह पता चलते ही वहाँ के बच्चों और अध्यापकों ने स्कूल के पास के टीले को खोदकर समतल कर डाला। बड़ा-सा छप्पर डाल दिया। सभा होने से केवल एक दिन पहले मैं और शिवरायजी वहाँ पहुँच पाये। मुझे डर था कि इतनी जल्दी शिविर में सबके खाने की व्यवस्था हो पाएगी या नहीं। शिवरायजी के गाँव के चार आदमियों को बुलाकर कहते ही चौबीस घण्टे के अन्दर ही सब्जियाँ, अनाज, दालों आदि के ढेर लग गये। जनता के साथ उनका स्नेह ही इसका कारण था। उस शिविर में सैकड़ों रुपये लगान देनेवाले श्रीमन्त भी कमर कसकर खाना पकाने और परोसने आदि की व्यवस्था में लगे हुए थे। इससे पता लगता है कि शिवरायजी का उन पर कितना प्रभाव था। व्यक्तित्व के प्रभाव से ही ऐसे कार्य सफल हो पाते हैं। जो काम नहीं करते, केवल बातें करते हैं, उनसे ऐसा प्रभाव पैदा हो ही नहीं सकता।

अधिकारियों की आँखों में

यह बाल-सभा वहाँ पाँच वर्ष चली। इस बीच पाठशालाएँ तालुक बोर्ड के अधिकार से हटकर जिला बोर्ड के अधीन हो गयीं। आरम्भ में उन्होंने हमें पर्याप्त सहायता दी। पहले बालसभा में भाग लेनेवाले अध्यापकों को ड्यूटी पर माना जाता था। अन्त में एक नये डी. ई. ओ. साहब आये। वे शिवरायजी से खार खाते थे। उन्होंने एक एतराज उठाया कि बालसभा का शिक्षा की दृष्टि से कोई उपयोग नहीं।

उसमें भाग लेनेवाले अध्यापकों को ड्यूटी पर नहीं माना जा सकेगा। यहीं नहीं, उसमें भाग लेनेवाले अध्यापकों पर भी उनकी वक्र दृष्टि पड़ने लगी। एक डिप्टी इन्स्पेक्टर ऐसे अध्यापकों को तंग करने लगे। तब हमारे लिए बालसभा को बन्द करने के सिवा कोई चारा न रहा। इन्हीं एजुकेशन ऑफिसर ने, जब मैं कॉलेज में असहयोग आन्दोलन में भाग लेने का विचार कर रहा था, मुझसे पूछा था, ''इस विशेष शिक्षा से कोई लाभ भी है?'' बात तो सच है, विद्या के प्रतीक यदि ऐसे लोग हों तो यही कहना चाहिए कि इस विद्या से कोई लाभ नहीं।

बुजुर्गों का मजाक उचित नहीं

बाद में मैंने बैंगलूर आदि कई स्थानों पर अखिल कर्नाटक और अखिल भारत नाम की संस्थाएँ देखीं। उनमें बच्चों के लिए बड़ों की बातें, अध्यक्षीय भाषण मसौदे आदि सुनने पर ऐसा लगा कि वे बच्चों की शादियाँ भी वहीं करा डालेंगे। बैंगलूर की एक 'बाल सभा' में पारित एक प्रस्ताव बहुत मजेदार था। वह प्रस्ताव था कि बच्चों में से जन-प्रतिनिधि सभा में एक सदस्य का चुनाव होना चाहिए। बच्चों के सिवा और किसमें ऐसी अक्ल हो सकती है? यह सुनकर बुजुर्ग डी. वी. गुण्डप्पाजी ने हँसकर मुझसे कहा था, ''अब इसी प्रकार अन्धे, लँगड़े, पागल आदि के प्रतिनिधि भी चुनकर काउंसिल में भेजने चाहिए।''

तीन-चार वर्ष बाद हमारे यहाँ एक और शिक्षा अधिकारी आये। उन्होंने मुझसे कहा, ''आपने यह बाल-सभा क्यों बन्द कर दी? उसमें कितने अच्छे कार्यक्रम हुआ करते थे!'' तब मुझे कहना पड़ा, ''अफसरों की मर्जी पर जब चाहे सभा बुलाना और जब चाहे बन्द कर देना कैसे सम्भव है?''

पंजे मंगेशराय

हमारी बालसभा और शान्ति-शिविरों से परिचित मंगेशरायजी मुझसे आगे भी ऐसे काम करने के लिए आग्रह करने लगे। उन्होंने एक बार मुझसे कहा, ''तुम्हारा यह उत्साह पुत्तूर तक खतम हो गया क्या? हमारे मंगलूर में ऐसा कुछ नहीं हो सकता?'' इस पर मैंने कहा, ''वह तो कहीं भी किया जा सकता है। पुत्तूर में तो शिवरायजी हैं, मंगलूर में ऐसा कौन है, बताइए? उसकी व्यवस्था की जिम्मेदारी तो मैं ले सकता हूँ पर उसके लिए जेब खाली करनेवाला भी तो कोई होना चाहिए न?'' तो वे बोले, ''कितना चाहिए?'' मैंने कहा, ''पाँच सौ रुपये।'' उन्होंने विनीत होकर कहा, ''अच्छा, इतना तो मैं दे सकता हूँ।''

सन् 1932 की गर्मियों की छुट्टियों में एक 'एजुकेशनल वीक' का आयोजन करने की हमने योजना बनायी। अध्यापकों के लिए सात दिन के एक रिफ्रेशर कोर्स

की तरह के भाषणों की व्यवस्था की। बाहर के कई मित्र शिक्षा सम्बन्धी विषयों पर भाषण देने आये। मैंने तो दो मास बैठकर हर रोज शाम को एक मनोरंजन के कार्यक्रम की तैयारी करायी। वहाँ भी पुत्तूर के मेरे पुराने एक मित्र ने हर काम में मेरा हाथ बँटाया। तभी मैंने 'मुक्त द्वार' नाटक लिखकर अभिनीत कराया। तब वी. सीतारमैयाजी द्वारा उस नाटक की बड़ी तीखी आलोचना का मैं शिकार हुआ। 'नाटक एम्ब नाटक' (नाटक में नाटक), 'तिम्मप्पन वगरणे' (तिम्मप्पा का बघार) आदि नाटकों का मैंने तभी मंचन कराया। 'बौद्धयात्रे' (बौद्धयात्रा) का दुबारा मंचन भी किया। जापान, प्राचीन मिस्र आदि देशों पर नाट्य रूपक लिखकर उनका प्रदर्शन किया। वहाँ के सारे कार्य बड़े सुचारु ढंग से सम्पन्न हुए। श्री पंजेजी का विचार था कि उनके इस कार्य में कोई-न-कोई आर्थिक सहायता देगा। पर कहीं से घाटे की पूर्ति नहीं हो पा रही थी। पंजेजी ने हँसते हुए पाँच सौ रुपये का चेक काटकर दे दिया। शेष राशि का दशमांश मेरे सिर पर पड़ा। मुझे उनसे कहना पड़ा, ''देख लिया आपके मंगलूर वालों का उत्साह!'' वे हँस पड़े। उनकी हँसी कभी न भूल पानेवाली हँसी थी, मोती जैसी।

जैसे मालिक वैसे नौकर

जब बालसभाओं के प्रयोग चल रहे थे तो मुझे लगा कि ये प्रयोग तो त्योहार जैसे बन रहे हैं अत: शिक्षा का क्रम क्यों न इस ढंग से चलाया जाए। उसके लिए काफी पैसे की आवश्यकता तो पड़ेगी पर शिक्षा सरस बन जाएगी। उसके लिए मैंने कई तरह के और भी प्रयोग किये। भाषा सिखाने के कुछ उचित खेल तैयार किये। सिखाने के योग्य कई तरह के कार्ड और चित्र भी छपवाये। पर उनका प्रयोग कहाँ किया जाता? क्या मेरा कोई अपना स्कूल था? शिवरायजी यदि तालुक बोर्ड में होते तो कुछ किया जा सकता था। अब सारे स्कूल जिला-बोर्ड के अधीन हो चुके थे। पर मैं निराश होकर चुप नहीं बैठा। कुछ परिचित अध्यापकों पर विश्वास करके उनके स्कूलों में गया। मैंने उन्हें अपना पाठ्यक्रम समझाया। आवश्यक साधन तैयार करके दिये। ताश के पत्तों जैसे कार्डों की सहायता से गणित, अन्य विषय और भाषादि का शिक्षण दिया जा सकता है यह भी बताया। दो मास बाद जाकर देखा तो मेरे दिये उपकरणों का प्रयोग ही नहीं हुआ था। तब मुझे लगा, शिवरायजी अब जिला-बोर्ड के अध्यक्ष नहीं हैं अत: अध्यापक भी उनके मित्र के कहने के अनुसार क्यों चलें?

मन में बहुत असन्तोष हुआ। मेरे साथ शिक्षा में आसक्ति रखनेवाले एक-दो मित्र भी थे। उन दिनों में वे अपने घर तक बेचकर नये ढंग के स्कूल के लिए पैसे जुटाने को तैयार थे। मैंने और उन्होंने मिलकर थोड़ी-सी जगह तलाश की।

अन्त में मेरी व्यथा शिवरायजी तक पहुँच गयी। उन्होंने कहा, "उसके लिए जो चाहिए करेंगे।" पुत्तूर में ही मैंने एक जगह चुनी। वह एक पहाड़ी के पास जंगल से घिरी थी। देखने में बहुत रमणीय थी। मैंने उसे पट्टे पर ले लिया। शिवरायजी ने स्कूल तथा घर के लिए रूपरेखा तैयार करा दी। तब मेरा ज्यादा आना-जाना मंगूलर और पुत्तूर के बीच ही था। 'बाल प्रपंच' के छपने का काम शुरू हो चुका था इसलिए इस दौड़-धूप से मुझे आराम ही नहीं मिलता था।

बाल-वन

अब जिस घर में रह रहा हूँ वह किसी जमाने में स्कूल के लिए चुना गया था। किण्डर-गार्डन के अर्थ के रूप में हमने उस शाला का नाम 'बाल वन' रखा। इमारत का काम शुरू हुआ। शिवरायजी ने अपने तीन-चार मित्रों से लकड़ी, खपरैल और कुछ नगदी भी दिलायी। मैंने और मेरे मित्रों ने कर्ज लेकर और अधिक पैसे जुटाये। निर्माण कार्य के साथ-साथ कर्ज भी बढ़ चला। शिवरायजी की सहायता के अतिरिक्त और कोई सहायता नहीं मिली। मेरे मित्र भी पीछे हट गये। इस प्रकार आगे स्कूल के लिए जितने पैसे की आवश्यकता थी वह सब मेरे जिम्मे पड़ी। उन दिनों 'बाल प्रपंच' से थोड़ी-बहुत आमदनी थी। वह सारी-की-सारी उसमें लगा दी तो भी मकान पूरा करने और स्कूल खोलने को वह पूरी न हुई। जैसे-तैसे सन् 1935 में हमारी शाला का श्रीगणेश हुआ। पाँच-छः विद्यार्थियों की एक बड़ी-सी शाला। मैंने यह निश्चय कर लिया था कि वह जब तक अपने-आप बढ़कर लोगों को पसन्द न आए, मैं किसी से भीख नहीं माँगूँगा। शिवरायजी को बार-बार तंग करना जँचा नहीं। अब शाला को एक सही रूप देने और पैसा इकट्ठा करने के दोनों काम मैंने अपने ऊपर ले लिये।

एक बी. ए. तक पढ़े मित्र को मैंने अपनी रचनाओं की प्रतिलिपि तैयार करने के काम पर रख रखा था। उन्होंने ही अध्यापन का कार्य स्वीकार कर लिया। उनकी काम में बहुत श्रद्धा थी। स्वभाव से भी वे विनयशील व्यक्ति थे। उनका नाम नारायण राव था। उन्होंने इस कार्य की जिम्मेदारी तीन वर्ष तक बड़ी ईमानदारी से निभायी। मैंने उन्हें विविध प्रकार के पाठ्यक्रम का ढंग समझाया। बेलार्ड शिक्षण विधि से सम्बन्धित पुस्तकें भी लाकर दीं। हर विषय खेल की तरह लगे, इसके लिए आवश्यक सामान जुटाया। वाक्य पढ़ने से शब्द और अर्थ का ज्ञान कराने को आवश्यक चित्र और चार्ट लाकर दिये। बच्चों में प्रकृति और पशु-पक्षियों के प्रति रुचि उत्पन्न करने के लिए शाला के आँगन में ही एक छोटा-सा चिड़ियाघर बनाया। हरे तोते, मोर, हिरण, बन्दर, साँप, अजगर, वहाँ लाकर रखे। बच्चों के फिसलने को उतर-सीढ़ी रेल आदि भी बनवायीं। उनके लिए

छात्रावास की व्यवस्था की। नारायणराव गृहस्थ थे। वे एक-दूसरे घर में रहते थे। इधर बच्चों के साथ रहने के लिए एक आदमी की आवश्यकता थी इसलिए एक और व्यक्ति को निमन्त्रित किया। वे ट्रेनिंग फेल हो चुके थे। उनकी स्कूल की नौकरी भी चली गयी थी। पेट-दर्द से स्वास्थ्य भी खराब हो चुका था। साथ ही कर्ज से भी लदे थे। उन्हें बैंगलूर भेजकर उनका इलाज कराकर ठीक होने पर अपने छात्रावास में बुला लिया। कर्ज के बोझ से कहीं उनके काम में बाधा न पड़े, यह सोचकर कहीं और से कर्ज लेकर उनका कर्ज चुकता करवा दिया। अब विद्यार्थियों की कमी थी। शाला तो उन्हीं से चलनी थी। पहले तो उत्साह दिखानेवाले मित्रों ने भी अपने बच्चों के लिए वह जगह उचित नहीं समझी अथवा इस संस्था की जिम्मेदारी से बचने को ऐसा किया होगा। खैर उनके बच्चों के लिए यह संस्था दूर पड़ती थी। यह जगह प्रतिदिन सन्ध्या के समय बच्चों का यात्रा-स्थल बन गयी। बच्चे यहाँ खेलने, जानवर देखने और लोट-पीट करने को इकट्ठे होने लगे। आसपास के चार गरीब बच्चे इस शाला में पढ़ने आने लगे। वे एकदम निम्न स्तर की बुद्धि के बच्चे थे। पाँचवीं तक के यदि पचास बच्चे भी होते तो खेलों के द्वारा पाठ सिखाने का प्रबन्ध किया जा सकता था। हमारी शाला में बच्चों की संख्या तीन और दस के बीच झोंके खा रही थी। एक-एक कक्षा में दो-दो बच्चे लेकर कौन-सा प्रोजेक्ट चलाया जा सकता था? सरकारी करीक्युलम में मेरा विश्वास नहीं था इसलिए मैंने अपनी शाला के लिए सरकारी सहायता का प्रयत्न भी नहीं किया। तब प्राइवेट में पढ़कर सरकारी स्कूलों में चौथे फार्म में दाखिला लेने की सुविधा थी। बच्चों की वहाँ तक तैयारी कराने के लिए मुझे सरकार से स्वीकृति लेनी आवश्यक नहीं लगी। अब समझ में आया कि लोग तो बिना सरकारी मोहर के स्कूल को महत्त्व ही नहीं देते।

सदावर्त

खैर जो भी हो, जगह-जगह से अनाथ और भूखों को इकट्ठा किया। मेरे छात्रावास में सात-आठ लड़कों की भोजन-व्यवस्था हुई। उनके साथ हायर एलिमेण्टरी तक पढ़े एक लड़के को भी ले आया। उसे भी कोई धन्धा सिखाने का विचार था। स्कूल छोड़-छाड़कर गाँव में आवारा भटकते उस लड़के को लाकर होसूरू, कृष्णराजपुर में भेजकर मुर्गी-पालन का प्रशिक्षण दिलाया। उसकी खातिर लगभग पाँच सौ रुपये लगाकर मुर्गीखाना खोला। चिड़ियाघर के साथ-साथ लेगहार्न, टर्की मुर्गियों आदि की देखभाल करना भी उसका कार्य था। बाद में जरूरी दड़बे और बाड़े आदि बनवा दिये। मैं बीच-बीच में गाँव आकर निरीक्षण किया करता था। शाला के पूरे खर्च की जिम्मेदारी मेरी थी। इस सबके लिए हर मास डेढ़ सौ रुपये

की जरूरत होती थी। अपनी आय बढ़ाने के लिए कुछ पाठ्यपुस्तकें एक प्रकाशक को लिखकर दीं। जो भी आमदनी होती वह शाला के खर्च में लगा देता, बाहर किसी के पास भिक्षा माँगने नहीं गया। गाँववाले अपने बच्चे शाला भेज देते मेरे लिए तो यही बहुत था। उनसे खर्च को पैसे माँगने का मेरा मन नहीं हुआ।

लापरवाही

मैं गाँव में रहूँ या न रहूँ, स्कूल की रसोई का खर्च दिन-दिन बढ़ता गया। उसकी देखभाल को रखे अध्यापक महाशय अपने कर्ज के भार से मुक्त होते ही दूसरा काम खोजने को मेरी अनुपस्थिति में चलते बने। धन्धा सीखने आया लड़का कुछ और ही ढंग से काम करने लगा। उसकी देखभाल में मुर्गियाँ मरने लगीं और अण्डे भी कम होते गये। फिर भी हमारी पठोर मुर्गियाँ साधारण रूप से साल भर में डेढ़ सौ अण्डे दे ही देती थीं। चार पठोर मुर्गियों और टर्की मुर्गियों से लगभग सात सौ अण्डे मिलने चाहिए थे। हिसाब तो ऐसा था पर पन्द्रह मुर्गियों में से तीन वर्ष में कुल चार रह गयीं। सोचिए, उस लड़के की देखभाल भला कितनी बढ़िया रही होगी! दूसरे जानवरों की देखभाल भी उसने ऐसे ही की थी। चिड़ियाघर की भी यही दुर्गति हुई। हफ्ते में जब भी वहाँ पहुँचता तो मुझे यही सुनने को मिलता कि इस सप्ताह यह प्राणी मरा, उस सप्ताह वह प्राणी मरा।

फल चाहिए काम नहीं

उस लड़के के कुछ सहपाठी गाँव के हाईस्कूल में पढ़ते थे। उन मित्रों ने उसके पास आकर मजाक उड़ाया, ''अरे, तुम मुर्गी पालन जैसा काम कैसे कर रहे हो?'' अँग्रेजी पढ़ने के बदले मुर्गी पालना उन्हें घटिया काम लगा होगा। वह मुर्गी न पालने या न खानेवाले परिवार से तो था नहीं। एक दिन जब मैं गुस्से में आया तो वह बोला, ''क्या मुझे हाईस्कूल नहीं जाना चाहिए?'' मैंने कहा, ''जाना चाहिए, मना किसने किया?''

''मैंने समझा कि आप वेतन देकर एक नौकर के रूप में रखेंगे। ऐसा आपने अब तक भी नहीं किया।'' कहकर उसने अपनी निराशा व्यक्त की। तब मैंने कहा, ''मैं मुर्गी खानेवाला नहीं हूँ और अण्डे भी नहीं छूता। तुम्हें एक धन्धा सिखाने के लिए मैंने यह सब किया। तुम्हें काम में रुचि नहीं। केवल वेतन चाहिए। तीन वर्ष में सारी मुर्गियाँ निबटा देनेवाले वीर हो तुम। जहाँ भी सीखने जाओगे वहाँ ऐसे ही पैसे कमाने के बारे में सोचोगे? मुर्गियाँ मारकर पैसे माँगने का मन कैसे हुआ तुम्हें?'' यह मनोवृत्ति हमारे यहाँ अधिकांश लोगों में पायी जाती है। शिक्षा में रुचि नहीं। वेतन और नौकरी की ओर ही हमारी आँख गड़ी रहती हैं। युद्ध

के आरम्भ में कई स्थानों पर 'वार टेकनीशियन्स' तैयार करते देखे हैं। सीखते समय उन्हें पच्चीस रुपये प्रतिमास मिलते हैं। पर मैंने देखा कि शिक्षार्थी सुबह से शाम तक खेल-कूद में ही समय गुजारते थे, उनका ध्यान काम की ओर नहीं रहता था, नौकरी की ओर ही रहता था। एक हजार रुपये वेतन पानेवाले नौकरों की दशा भी ऐसी ही है। हमें किसी भी उद्योग में अभिरुचि नहीं। रुचि केवल वेतन में है। उसकी नींव हमारे विद्यालयों में ही पड़ जाती है। विद्यार्थी ज्ञानवृद्धि के लिए पुस्तकें नहीं पढ़ते। वे तो परीक्षा पास करने का एक साधन-मात्र हैं। उसके लिए जितनी आवश्यक हो उतनी ही पढ़ाई होती है, उनकी आँख उसके बाहर नहीं देखती। पढ़ाई समाप्त होने के बाद लगता नहीं कि उन्हें उस शिक्षा का कोई अंश याद भी रहता हो। काम में रुचि लेने की मनोवृत्ति कितने लोगों में होती है?

छुटकारा

तीन वर्ष तक यह पाठशाला चलाकर मैं थक गया। एक-दो मित्रों से जरा सहायता करने को कहा पर उनसे कोई उत्तर नहीं मिला। अध्यापक नारायण राव अकेले मेहनत कर-करके थक गये थे। बच्चे केवल भोजन की सुविधा के कारण ही आये लगते थे। किसी भी कक्षा में तीन से अधिक विद्यार्थी न हो पाये। नारायण राव ने बड़ी निराशा से पूछा, "क्या किया जाए, साहब?" मैंने भी सोचना शुरू किया। कर्ज सिर पर लदा था। केवल छ: लड़कों के लिए मेरे एक सौ पचास रुपये खर्च करने से क्या मिला? लगा कि शिक्षा का कोई महत्त्व नहीं और न ही मेरे पैसे का। नारायण राव को मैंने उनके घर भेज दिया। बच्चों को भी अपने-अपने घर भेज दिया। चिड़ियाघर में बचे-खुचे प्राणियों को स्वतन्त्र कर दिया। एक-दो प्राणी, जो केवल हम पर आश्रित थे, वहाँ रह गये। वह स्कूल बन्द करने से पूर्व ही मैं गृहस्थ बन चुका था। मन में यही निर्णय किया कि चलो रहने को एक जगह बन गयी। उस दशा में यही एक तृप्ति की बात थी।

शान्ति नहीं मिली

मंगलूर के एक स्कूलवालों ने मुझे उनके यहाँ आकर शिक्षा देने को आमन्त्रित किया। उनका कहना था कि पुत्तूर जैसे छोटे गाँव में भला क्या किया जा सकता है? हमारे यहाँ आकर कोई नया प्रयोग क्यों नहीं करते? चुपचाप पड़े रहने की अपेक्षा उसी को बेहतर समझकर मैंने वही काम स्वीकार कर लिया। वह एक हायर एलिमेण्टरी स्कूल था। वहाँ सप्ताह में दो-तीन दिन जाया करता था। अध्यापिकाओं को नयी शिक्षण पद्धति सिखाने लगा। देश के इतिहास को अपनी संस्कृति के रूप में दिखाने का प्रयास किया। उसके लिए आवश्यक चित्र और

पुस्तकों का प्रबन्ध किया। भूगोल, गणित, विज्ञान, भाषा आदि को नये ढंग से खेल के समान बच्चों को सिखाने के प्रयोग किये। उन प्रयोगों के लिए मुख्य रूप से अध्यापकों का श्रम और उत्साह अपेक्षित था। पाठ्यपुस्तकें मुख्य नहीं, विषय तो वही था। परन्तु विषय से सम्बन्धित अन्य साधनों को जुटाकर, बच्चों में ज्ञान के प्रति कुतूहल जगाकर शिक्षा देने का मार्ग दिखाया। इस काम के लिए एक-दो अध्यापिकाओं ने बड़ी लगन से आवश्यक वस्तुओं का निर्माण किया। उन्होंने यह अनुभव किया कि इस शिक्षण पद्धति से बच्चों में रुचि बढ़ती है। और एक-दो ने स्कूल के व्यवस्थापकों की रुचि देखकर, थोड़ा-बहुत काम किया। लगभग तीन वर्ष तक मैंने अधिक-से-अधिक उन पाठों को नये ढंग से सिखाने का प्रयत्न किया। अध्यापिकाओं को तो यह डर था कि पता नहीं इन्स्पेक्टर क्या कह दें। परन्तु कुछ इन्स्पेक्टर उनका काम देखकर बड़े खुश हुए। बाहर के अध्यापकों को भी यहाँ बुलाकर यह काम दिखाने लगे।

प्रतिवर्ष अप्रैल मास में, पाठ्यक्रम के बाहर के विषयों को सिखाने के एक-दो प्रदर्शन किये। उस काम में बच्चों को साथ लेकर अध्यापकों ने कई प्रकार की वस्तुएँ तैयार करके प्रदर्शित कीं। कुछ समय बाद वह स्कूल हाईस्कूल बन गया। उसी से हमारे काम की इतिश्री हो गयी। बी. ए. एल. टी. उत्तीर्ण अध्यापक को न केवल ऐसे प्रयोग बेकार लगे अपितु मेरे जैसे विश्वविद्यालय की डिग्री रहित व्यक्ति के मार्गदर्शन में काम करना कतई पसन्द नहीं आया। उन्हें यह सब एक पागलपन-सा लगा। इतना ही नहीं, जब कुछ लोग उसके लिए श्रम कर रहे हों तब स्वयं पीछे हटना ठीक नहीं महसूस करके काम करनेवालों के कान भरने शुरू किये। धीरे-धीरे वे भी पीछे हटने लगे। मेरा तीन-चार वर्षों का परिश्रम व्यर्थ ही गया। इसी प्रयोग को आगे चलाये रखने का साहस स्कूल के प्रबन्धकों में न था। ऐसे काम से छुटकारा मिलने पर काम करनेवालों को भी सन्तोष होता है। कम-से-कम मेहनत करके विद्यार्थियों को शिक्षित करके नाम कमाने का अवसर जब हो और काम से जब कोई प्रतिफल न हो ऐसे काम में सिर खपाने भला कोई क्यों जाएगा ? ऐसी परिस्थिति में मैंने भी सोचा कि अपना समय और परिश्रम व्यर्थ गँवाना पागलपन है। आगे धीरे से वहाँ से सम्बन्ध तोड़ने लगा। अब मेरे लिए एक ही काम बचा था। इन कामों के लिए लिये गये कर्ज को कोई और काम करके पटाना था।

दशहरे का उत्सव

पुत्तूर का मेरा एक और विशेष कार्य था, दशहरे के उत्सव में भाग लेना। धारवाड़ आदि प्रदेशों में ऐसे उत्सव दिखे थे। अन्य जगहों में भी दशहरे के मौके पर दस

दिन भाषण आदि के कार्यक्रम मुख्य रूप से हुआ करते थे। मुझे उतने से ही तृप्ति न हुई। मेरे मन में इच्छा हुई कि इस उत्सव के साथ एक प्रकार का सांस्कृतिक शिक्षण भी हो तो और भी अच्छा है। यह विचार शिवरायजी के सामने प्रकट करने पर उन्होंने उत्साह बढ़ाया। सन् 1931 से लगभग बारह वर्ष तक हर दशहरे पर वहाँ दस दिन का एक बड़ा त्योहार होने लगा। शिवरायजी के अनेक वकील मित्र उसकी व्यवस्था के लिए कमर कसकर खड़े हो गये। उत्सव की व्यवस्था, पैसे का प्रबन्ध और अन्य व्यवस्था में मुझे सिर खपाने की जरूरत नहीं थी। वे सब शिवराय और उनके मित्र सँभालते थे। मेरा कार्य तो साँझ को भाषण और मनोरंजन के कार्य देखना था। इसमें विद्यार्थी, मित्र और गाँव के अध्यापक सहायता देने को सदा तैयार थे। पूरे दस दिन का व्यस्त कार्यक्रम रहता। सुबह के समय स्पर्धाएँ चलतीं। शाम को कई तरह का व्यायाम प्रदर्शित किया जाता। हर दिन शाम को छः बजे किसी-न-किसी का भाषण और उसके बाद मनोरंजन का कार्यक्रम होता। कर्नाटक के दूर-दूर के गाँवों से कुछ मित्र आकर भाषण देते थे। भाषण का विषय हम ही सुझाते थे। साहित्य के बारे में भाषण देनेवाले तो बहुत थे पर कला, राजनीति, विज्ञान, धर्म प्रत्येक की चर्चा हमें चाहिए थी। गुप्त रोगों के बारे में भी हमने भाषण कराया। चलचित्र भी दिखाया। नवरात्रि के दिनों में आस-पास के गाँवों से लोग पुत्तूर आकर उन भाषणों को सुनते। श्री के. वी. अय्यर का व्यायाम प्रदर्शन और भाषण, श्री एम. आचार्य के उनके प्रवास के अनुभव डॉ. आर्नाल्ड बाँके के संगीत के बारे में भाषण, मौरिस फ्रिडमैन का धर्म के बारे में भाषण, श्री डी. बी. गुण्डप्पा की धर्म-चर्चा—इन सब लोगों से जिन-जिन विषयों पर चर्चा हो सकती थी, भाषण कराये। दशहरा निबटने के बाद भाषण देने आये मित्रों को साथ लेकर मैं उन्हें दक्षिण कन्नड़ जिले का प्राकृतिक सौन्दर्य दिखाता। लगता है कि मेरा ऐसा कोई मित्र नहीं जिसने दशहरे पर पुत्तूर आकर भाषणों में भाग न लिया हो।

दशहरा आने के दो-तीन माह पहले से ही उसकी तैयारियाँ शुरू हो जातीं। दस दिन के लिए दस नये मनोरंजनों का कार्यक्रम होना होता था। किसी भी कार्यक्रम को दोहराया नहीं जाना चाहिए था। यह कार्यक्रम मेरे लिए कला की एक प्रयोगशाला थी। विविध प्रकार के नृत्य, नाटक और दृश्यों पर प्रयोग करने का अवकाश मिला। प्रतिवर्ष गाँव का यक्षगान हमारे कार्यक्रम का एक अंग होता था। पढ़े-लिखे और अनपढ़ दोनों को दृष्टिकोण में रख हमें ये कार्यक्रम बनाने होते थे। इस कार्य में मेरे मित्रों की सहायता का तो हिसाब ही नहीं था। कला के बारे में अलग ही लिख रहा हूँ। अत: यहाँ एक ही कार्यक्रम का उल्लेख करता हूँ। एक बार प्राचीन मानव का जीवन दिखाने का प्रयास किया। वह एक दृश्यमाला

ही थी। पुरातन मानव के हिसाब से अभिनेता की सज्जा करके, प्राचीन काल के लोग जंगली भैंसों आदि का शिकार करके कैसे जीवन बिताते थे, इसका प्रदर्शन किया गया।

ऐसे अनेक मनोरंजन, अतिथि-सत्कार और भाषणों में कोई पाँच सौ रुपये ही खर्च होते थे। हमारे आठ-दस नाटकों के लिए कुल पचास-साठ रुपये का खर्च पर्याप्त था। वेशभूषा कागजों से ही तैयार करने की मितव्ययता से काम लेते थे। आगे सन् 1942 में मन्दी का दौर आया। इसके अलावा, इतने वर्षों तक यह कार्य एक संघ की तरह एकता से चला, पर उसमें अब बेसुरा सुर निकलने लगा। एक-दो ने मेरी उपेक्षा करके मेरी पीठ पीछे दशहरे का कार्यक्रम तैयार किया। मुझे बहुत दुख हुआ। अनचाही जगहों में नाक घुसेड़ने की मेरी आदत नहीं। संघ और संस्थाओं में मुझे कभी विश्वास नहीं रहा। मेरे उत्साह के सृजन-केन्द्र दशहरे में भी जब मित्रों ने उपेक्षा की तो मैं उससे सरककर दूर खड़ा हो गया।

अनचाही संगत में नहीं रहना चाहिए

मित्रों की सहायता से यह उत्सव हुआ करता था, पर लोगों ने समझा कि मैं अपने आपको आगे बढ़ा रहा हूँ। मुझे इस बात से असहनीय दुख हुआ। अगले वर्ष दशहरे के समय कार्यक्रम आरम्भ करने के लिए मैं आगे नहीं बढ़ा। दूसरे लोग मन्दी की बात कहकर आगे नहीं आये। स्वयं को कला के महारथी कहनेवाले मेरे ही मित्र इस फूट का कारण बने। मैं साधारणतः सार्वजनिक कार्यों में कम ही भाग लेता था। जहाँ गया वहाँ अनेक जगहों पर निराशा ही हाथ लगी। दशहरे का यह उत्सव भी उन्हीं की श्रेणी में जा मिला।

गाँव के लोगों के लिए तो दशहरे का उत्सव जाता रहा। दशहरे के उत्सव की हर वर्ष प्रतीक्षा करनेवाले आबाल-वृद्ध को अपने नीरस जीवन में केवल दस दिन को जो सन्तोष मिलता था वह हमारे कारण जाता रहा। यह व्यथा मुझे कचोटती रही। आगें कुछ वर्ष तक गाँववालों ने किसी प्रकार उत्सव चलाया पर पहले जैसा आकर्षण उसमें नहीं रहा। वह उत्साह भी नहीं रहा। वह प्रयत्न भी अधिक समय तक नहीं चला।

शिक्षा और भाषा

अपूर्ण इच्छाएँ

विद्वानों का कथन है कि बच्चों की सुप्त प्रतिभा को जाग्रत करना ही शिक्षा का उद्देश्य है। परन्तु वास्तविकता यह है कि शिक्षा की पद्धति तब यान्त्रिक हो चुकी थी। उसमें बच्चों की सद्बुद्धि सृजन क्रिया, विचारशीलता के विकास के लिए कोई स्थान ही नहीं रह गया था। मुझे ऐसा लगता था कि इसे आधुनिक ढंग से विकसित किया जा सकता है। बालसभाओं का आयोजन करके मैंने यह अनुभव किया था कि हमारे बच्चों में भी बहुमुखी प्रतिभाएँ हैं। उनके प्रकटन के लिए 'खेल' भी शिक्षा का एक साधन बन सकता है। उन खेलों को हमारे उद्देश्य की पूर्ति में सहायक बनाना हो, तो शिक्षकों को बड़ा परिश्रम करना पड़ेगा। यह काम कितने ढंग से किया जा सकता है, उन सबका प्रयोग करके देख चुका था, उससे क्या लाभ हुआ? मेरी शाला ही नहीं चल सकी। पाठ्य-पुस्तकों को ही सब कुछ समझनेवाली आम शालाओं में पाठ्य-पुस्तकों को भी बच्चों के लिए आकर्षक बनाकर पढ़ाने की विधि प्रयोगों से दिखाने पर भी अधिकांश अध्यापकों को वह बेकार का परिश्रम लगा। कोई भी बच्चों की शिक्षा के लिए परिश्रम करने को तैयार नहीं। पाठ्य-पुस्तकों से पहले आप पढ़ लेने या उनके साथ पढ़ाने का काम सरल है। उन पुस्तकों में लिखे प्रश्नों को ही पूछा जाए तो बच्चों को कोई भी लाभ नहीं होता। पर इस प्रकार के सरल साधन ही अध्यापक पसन्द करते हैं। बेकार परिश्रम करने के बदले जो वेतन मिलता है उसके लिए यही काम ज्यादा है, ऐसा कहनेवाले भी मेरे ध्यान में हैं।

कुछ पुस्तकें

मैंने कई विषयों में बच्चों के पाठ्यक्रम के बारे में विस्तार से सोचा था और प्रयोग भी किये थे परन्तु उस पर आम लोगों का अनादर देखकर चुप हो गया। अपने बालवन में ऐसे प्रयोग करने के लिए धन की आवश्यकता थी। वह भी मुझे अलग

से परिश्रम करके कमाना था। तब मैंने सोचा कि भाषा, विज्ञान और भूगोल जैसे कुछ विषयों पर कुछ पुस्तकें क्यों नहीं लिख डालूँ!

पाश्चात्य भाषा शिक्षण में कहते हैं कि अक्षर से शुरू करने से ग्रहण शक्ति को नुकसान होता है! इसलिए वाक्यों से पढ़ाना आरम्भ किया। बेलार्ड की पद्धति से मैंने भी वाक्य-बोधन के क्रम को ही अपनी शाला में अपनाया। उसके साथ परोक्ष ढंग से अक्षर ज्ञान भी कराना पड़ता है न। यह ध्यान आने पर कि कन्नड़ में दो सौ से ज्यादा अक्षर संकेत हैं अत: वाक्य-बोधन कठिन कार्य है। इसलिए, शब्द-बोधन को कनिष्ठ गुण के रूप में इस्तेमाल करना ठीक लगा। उसी क्रम को तत्कालीन मद्रास के शिक्षा विभाग के निदेशक श्री सबूर राम राय ने भी वहाँ के पाठ्यक्रम में सूचित किया था। इसलिए मैंने भी उसी को अपनाया। उसी क्रम को अपनाकर 'सिरिगन्नड पाठमाले' शीर्षक से सात पाठ्य-पुस्तकें तैयार कर उनमें भाषा सौन्दर्य और नाद-सौन्दर्य की ओर विशेष ध्यान दिया। वह पाठ्य की तरह का गद्य था। शिक्षा में रुचि रखनेवालों में कुछ लोगों ने उसे पसन्द किया। क्लिष्ट शब्दों के भूत को भगाकर भाषा के सुन्दर मुहावरों के प्रयोग की ओर विशेष ध्यान दिया। उन पुस्तकों के प्रकाशक मित्र को ऐसा लगा होगा कि लेखक कारन्त को इतना पारिश्रमिक देना मूर्खता है जबकि सस्ते में लिखकर देनेवाले कई अध्यापक हैं। इसलिए हमारा करार टूट गया।

मैंने और एक पाठमाला पहले के क्रम में लिखकर प्रकाशित की। परन्तु प्रकाशकों का अच्छी किताबें प्रकाशित करने से काम नहीं चलता, उन्हें शालाओं में लगाने के लिए अधिकारियों के दरवाजे भी खटखटाने आवश्यक थे। मैं वह काम कर नहीं सका। चुप हो गया। अध्यापकों को भी उनका भाग देकर पुस्तकें बेचने का एक तरीका है!

भाषा को शिक्षा के योग्य आकर्षक बनाने का मेरा प्रयास यहाँ आकर रुक गया।

और एक बार

इस बात को भूल बैठे बहुत समय के बाद मुझे एक और अवसर मिला। प्रौढ़ों के लिए किस शिक्षण क्रम को अपनाना चाहिए इस पर यूनेस्को ने कुछ प्रयोग करने का एक कार्यक्रम बनाया। सन् 1953 में उनके द्वारा नियोजित अनुसन्धानकर्त्ताओं का एक शिविर मैसूर के पास यलवाल में हुआ। उसके मुख्य निदेशक जॉन बॉवर्स से मेरा परिचय पहले ही पेरिस में हो चुका था जिसकी चर्चा मैंने पहले भी की है। युनेस्को वह अनुसन्धान कार्य जब मैसूर में कर रही थी तब उसका एक अंश कन्नड़ में करना था। उसके लिए बॉवर्स ने मेरी सहायता माँगी।

उस दल में देश-विदेश से आये शिक्षाविद्, मानव शास्त्री, रेडियो और चल-चित्र के प्रचार के साधनों के विशेषज्ञ और अध्यापक भी थे। इनमें नार्वे, डेनमार्क, जर्मनी, फ्रांस, वेलजियम आदि देशवासियों के साथ कुछ पौर्वात्य भी थे। भारत सरकार के आमन्त्रण पर यह कार्य हमारे देश में चल रहा था इसलिए कुछ भारतीय भी उसमें थे।

अनुसन्धान का दृष्टिकोण

उनके अनुसन्धान का विषय था कि किसी सामाजिक प्रश्न को लेकर उसे भाषा, चित्रों, रेडियो, सिनेमा के द्वारा किस प्रकार दिखाया जा सकता है। उनके द्वारा तैयार किये गये शिक्षण के साधनों को ग्रामीण लोगों के सामने रखकर और यह परीक्षण करके कि उनका उन लोगों पर क्या प्रभाव पड़ता है और उनमें क्या परिवर्तन आवश्यक है; वे लोग यह देखना चाहते थे।

यलवाल के आस-पास पेड़-पौधे बहुत कम हैं। पेड़-पौधों का अभाव वर्षा और फसल के लिए हानिकारक है, इस विषय को उन्होंने अपने प्रचार के रूप में लिया। मैंने उनके लिए रेडियो से प्रसार करने के लिए पद्य रूप में एक कथा तैयार की। मेरा मुख्य कार्य प्रौढ़ों के लिए पाठ्यपुस्तक तैयार करना था। मेरे वहाँ पहुँचने से पहले उन्होंने एक पाठ्यक्रम तैयार कर रखा था। उसका पहला पाठ गाँव के कुएँ के बारे में था। वह साधारण स्वास्थ्य विषय के पाठ के समान ही था। इस पर मैंने उनसे एक प्रश्न पूछा, ''आपकी पुस्तक का मूल उद्देश्य उपदेश है अथवा पढ़ने में पहले अभिरुचि पैदा कर बाद में पाठक को अपनी इच्छानुसार अपेक्षित विषय पढ़ने में सहायता करना है?'' वे मेरा संकेत समझ गये। उन्होंने मुझे पूरी स्वतन्त्रता दे दी और यह कहा कि प्रौढ़ों के लिए आकर्षक ढंग से रोचक विषय चुनकर केवल सौ अथवा डेढ़ सौ शब्दों में एक पाठ तैयार कर दें। शब्दों की पुनरावृत्ति होनी चाहिए।

वाक्यों द्वारा पढ़ाने की पद्धति के लिए यह एक चुनौती थी। उस उद्देश्य से यलवाल जैसे गाँव की हरियाली को लेकर मैंने एक कहानी लिखने का विचार किया। उसी के अनुसार एक पाठ भी तैयार किया। 'जोगी कण्डउरू' शीर्षक बनाकर लगभग बीस पाठों में एक सूखे गाँव की कहानी तैयार की। उसी का दूसरा भाग 'देव ओलिद उरू' (भगवान का प्रिय गाँव) लिखी। उसमें एक जोगी के उपदेश से प्रभावित होकर गाँववाले पेड़-पौधे लगाकर सुखी जीवन बिताते हैं, यह दिखाया। लेखन पर यहाँ कई प्रकार के प्रतिबन्ध थे। जैसे—

1. बहुत छोटे-छोटे शब्दों का प्रयोग करना चाहिए।
2. वे शब्द पाठकों के लिए परिचित होने चाहिए।

3. उनका बार-बार प्रयोग होना चाहिए।

4. वाक्य याद रखने लायक होने चाहिए।

5. कथा में रुचि और प्रवाह होना चाहिए।

6. शब्द 100-120 से ज्यादा नहीं होने चाहिए।

मेरे लिखे पाठों को शिविर की अध्यापिकाएँ ग्रामीणों में ले जाकर, उन्हें दिखाकर उनके परिणामों का अध्ययन करतीं। शब्दों की पुनरावृत्ति कम हो तो—जैसे एक शब्द जो एक से लेकर आठवें पाठ तक नहीं आया था—वे उस पर मेरा ध्यान दिलातीं। इन सब शर्तों को पूरा करने के लिए मुझे एक ही पाठ को कई बार लिखना पड़ा। उस कहानी को पाठकों के लिए सरल बनाकर लिखना था। पाठकों में कुतूहल और अभिरुचि पैदा करनी थी, उसके प्रति ममत्व पैदा करना था। मुझे यह अंश सबसे ज्यादा पसन्द आया। इस कार्य में हमारी भारतीय अध्यापिकाओं की अपेक्षा पेरिस की एक नीग्रो अध्यापिका की रुचि ने मुझे आश्चर्य में डाल दिया। यहाँ के वसु नाम के एक बंगाली अध्यापक ने भी उस पाठ में विशेष रुचि ली। यह कार्य मुश्ताक अहमद के नेतृत्व में दो वर्ष तक चला। मैंने उनके लिए कुल पाँच पुस्तकें तैयार कीं। मैं स्वयं कभी-कभी यलवाल जाता था। वे भी अक्सर मेरे घर आ जाया करते थे। पुस्तक प्रकाशित कराकर उसके शिक्षण के लिए अपेक्षित सारी सामग्री जुटाने तक सभी ने परिश्रम किया। उस पुस्तक के लिए चित्र बनाने के लिए चित्रकार हेब्बार को यलवाल निमन्त्रित किया गया था। उस प्रशिक्षण शिविर को समाप्त करते समय उस अवधि में जो चीजें उपयोग में आयी थीं, उन्होंने वे सब मैसूर के प्रौढ़ शिक्षा केन्द्र को दान कर दी थीं। पता नहीं उससे क्या कितना लाभ हुआ।

मेरा मन ऐसे क्रियाकलाप में बहुत कुतूहल रखता था। परन्तु शिक्षा-जगत् के लिए मैं एकदम परकीय था। जब तक नवीन संशोधन के लिए हमारा शिक्षा विभाग अन्धा बना रहेगा तब तक सब कुछ व्यर्थ है। शिक्षण क्रम में बच्चों की अभिरुचि बनाये रखकर, उसको विकसित करने की इच्छा उत्पन्न होने से पहले ही, राष्ट्रीयकरण का नशा हमारे लिए प्रमुख हो गया। तब तक गैर-सरकारी संस्थानों द्वारा प्रकाशित पुस्तकों की आलोचना करना आसान था। अब तो दैत्याकार सरकार पर टीका-टिप्पणी का कोई असर ही नहीं होता है। शिक्षा राजनीति के अधीन हो गयी है। उन पाठ्यक्रमों में चाहे जैसी अवांछनीय बातों के घुस आने पर भी किसी का उस ओर ध्यान ही नहीं जाता।

भाषा-शिक्षण

यह सब प्रयोग करते हुए मुझे अपने देश की पाठ्य-पुस्तकों की विशेष कमियाँ

दिखाई दीं। हम पाठ्य-पुस्तकों के निर्माण में कोई निश्चित पद्धति नहीं अपना रहे। कन्नड़ की पुस्तकें लिखनेवालों को भाषा पर अधिकार चाहिए। शब्दों का प्रयोग क्यों किया जाता है, उनकी पुनरावृत्ति का क्या कारण है, किस प्रकार की शैली भाषा को शक्ति प्रदान करती है, भाषा शिक्षण के विषय कैसे होने चाहिए, विज्ञान में और उसमें क्या सम्बन्ध है, आदि अनेक बातों के बारे में हम लोग सोचते ही नहीं। लोगों की बोल-चाल की जो भाषा है उसे, और मातृभाषा सिखाते समय हमें व्याकरण की सहायता लेनी चाहिए? यदि लें, तो किस तरह? यह प्रश्न भी उठता है। भाषा तो सुनकर सीखने की चीज है। व्याकरण भी अपने आप आ जाना चाहिए। कन्नड़ व्याकरण सिखाते समय वह संस्कृत अथवा अँग्रेजी व्याकरण का अनुवाद नहीं हो, इसका भी हमें ध्यान होना चाहिए। प्रकाशकों का ध्यान पाठ्य-पुस्तकों से मिलनेवाले लाभ पर ही रहता है। आजकल यही मनोवृत्ति कार्य कर रही है। पाठ्य-पुस्तकों का स्तर एकदम घटिया स्थिति में पहुँच चुका है।

अपने मन की तसल्ली के लिए पाठ्य-पुस्तकों की बात से मैंने अपने को दूर कर लिया। परन्तु छोटे बच्चों के लिए सात-आठ कहानियाँ और कविताएँ लिखकर प्रकाशित करायीं। बड़ों को उन्हें खरीदकर बच्चों को देना चाहिए न? बच्चों का अपना ही एक अलग जगत् होता है। उसके बारे में जानने के लिए उपयुक्त पुस्तकें हमारे यहाँ नहीं हैं। इस दिशा में कोई विशेष प्रगति भी नहीं हुई है।

बहुत दिनों बाद

बाल-सभा और बाल-वन आदि मेरे क्रिया-कलाप इस शताब्दी के चौथे दशक तक चले। उसके पन्द्रह वर्ष बाद मैंने प्रौढ़ों के लिए पुस्तकें तैयार करने का काम शुरू किया था। दस वर्ष बाद उन प्रश्नों की ओर मेरा मन फिर से उस ओर मुड़ा। जिन दिनों मैं बच्चों के लिए वैज्ञानिक विषयों के बारे में छोटी-छोटी रचनाएँ आकर्षक ढंग से तैयार करने में लगा हुआ था, उन्हीं दिनों दक्षिण भाषा संस्थावालों ने यूनेस्को की सहायता से एक विचार-गोष्ठी जून 1963 में आयोजित करने का निश्चय किया। उनके द्वारा मुझे निर्देशक रूप में आमन्त्रित करने पर आश्चर्य हुआ। इसके लिए मुझमें कोई गर्व या अहंकार नहीं था। इस बीच संयुक्त राष्ट्र संघ द्वारा प्रकाशित अनेक पुस्तकें देख चुका था। इससे पहले भी बहुत सारे साहित्य का निर्माण हो चुका है। अब तो विज्ञान के बारे में अद्भुत और आकर्षक पुस्तकें प्रकाशित हो रही हैं। उनके आकर्षण से प्रभावित होकर मैं वैसी ही पुस्तकों की रचना करना चाहता था। उस आमन्त्रण ने मुझे उसी विषय पर काम करनेवालों से परिचय करने का अवसर प्रदान किया।

दक्षिण के कन्नड़, तेलुगु, तमिल और मलेयाल प्रान्तों की बाल-पुस्तकों के

लेखक, चित्रकार, प्रकाशक और मुद्रकों का एक सम्मेलन बैंगलूर में हुआ। उसके संचालन का सर्वाधिकार दक्षिण भारत संस्थान ने मुझे सौंपा। वह काम बड़ी जिम्मेदारी का था।

वहाँ आये प्रतिनिधियों से पता चला कि इस बारे में हमारे यहाँ अब तक हुआ काम बहुत कम है। पहले की लिखी कथा-कहानियाँ अब दृष्टिगोचर ही नहीं होतीं। नये प्रयत्न करनेवालों को पर्याप्त प्रोत्साहन नहीं मिलता है। काम करनेवाले लोग भी कम हैं। बच्चों के लिए आवश्यक पुस्तकें और विषय बहुत आकर्षक होने चाहिए। इस बारे में दो मत नहीं थे। परन्तु ऐसी रचनाएँ कैसे लिखी जाएँ इस बारे में विस्तार से विचार-विमर्श हुआ। उसमें अधिक रुचि रखनेवाले हम ही लोगों को ऐसा लगा कि अब तक जितना कार्य हुआ है और जो विभिन्न क्षेत्रों में हो रहा है सबका ज्ञान प्राप्त करना अत्यन्त आवश्यक है।

यदि ऐसे कार्य को सफल करना हो तो उसे ऊँचे स्तर पर और बड़ी मात्रा में शुरू करना होगा। बच्चों का मानसिक स्तर, आयु और अभिरुचि देखकर हजारों की संख्या में पुस्तकें प्रकाशित होनी चाहिए। ऐसी प्रकाशित पुस्तकों का तुलनात्मक अध्ययन भी आवश्यक है। जो कार्य किया गया है उसमें यदि कहीं सफलता नहीं मिलती है तो उसके कारणों का परिशीलन करना होगा। उस सम्मेलन ने हमारे कार्य की गहराई और विस्तार को समझने में हमारी विशेष सहायता की।

शिक्षण की स्वायत्तता को अपने हाथ में लेकर सरकार ने पाठ्यपुस्तकों का राष्ट्रीयकरण करके अपनी संकुचित बुद्धि का परिचय दिया है। उसने स्वतन्त्र रूप से लिखनेवाले लेखकों और प्रकाशकों को दूर रखकर शिक्षा-क्षेत्र में एक गलत कदम उठाया है। लेकिन आजकल सब पर राजनीति का नशा सवार है। बुद्धि को नियन्त्रित करने का काम भी हमारे नेताओं ने शुरू कर दिया तो कोई आश्चर्य नहीं। हम तो प्रजातन्त्र के मार्ग पर चल रहे हैं, परन्तु हमारा काम तो मन को दासता की ओर ले जा रहा है।

शिक्षा और अन्य विषय

पढ़ने में आसक्ति

शुरू से ही मेरी पढ़ने की आदत सीमित थी। मैं कभी भी पुस्तक का कीड़ा नहीं रहा। विद्यार्थी-जीवन में तो कहानियों की किताबें खूब पढ़ता था। वे भी अधिकांश अँग्रेजी की हुआ करती थीं। बाद में कन्नड़ साहित्य में विहार किया। हाईस्कूल के बाद कॉलेज में प्रवेश पाने पर वहाँ के पुस्तकालय का यथासम्भव उपयोग किया। मेरे प्रोफेसर ने अँग्रेजी उपन्यास पढ़ने को कहा था पर मैंने तो अपने देश से सम्बन्धित किताबें ही अधिक उलट-पलटकर देखीं। आगे पत्रकारिता में कदम रखने तक, यानि असहयोग आन्दोलन में भाग लेने तक मैंने बहुत कम किताबें पढ़ी थीं। यदि यह कहूँ कि वह पढ़ाई गाँधी-साहित्य तक ही सीमित थी तो गलत न होगा। लेकिन जब मैं स्वयं पत्रिका का सम्पादक बना तो अपनी जिम्मेदारी समझने के बाद, मुझे बहुत-सी पुस्तकें पढ़नी पड़ीं। मेरी रुचि कला, विज्ञान और राजनीति में थी। अधिकतर मैं सामान्य ज्ञान से सम्बन्धित पुस्तकें पढ़ने लगा। कहानी, उपन्यास पढ़ने का अभ्यास कम हो गया। नाटक लिखने शुरू करने के बाद, मैंने अनेक पाश्चात्य नाटककारों की रचनाएँ पढ़ीं। बाद में मेरी पढ़ाई अधिकतर अँग्रेजी पुस्तकों तक ही रह गयी। विविध विषयों के ज्ञान के लिए लालायित होना मेरा स्वभाव बन गया तो कहानी जानने के लिए कहाँ से पढ़ पाता? उपन्यासकार होने पर भी मैंने दूसरे देशों के उपन्यास ज्यादा नहीं पढ़े। मुझे कहानी का स्वाद ही नहीं जान पड़ा। जहाँ मानव का चरित्र भली प्रकार चित्रित हुआ हो ऐसी रचनाएँ पढ़ने लगा। मनोरंजन अथवा समय काटने को मैं कभी नहीं पढ़ता था।

अँग्रेजी भाषा में विविधि विषयों पर लिखी पुस्तकों ने विशेषकर प्रभावित किया। विषय कोई भी हो, मुझे पसन्द आता। मनोविज्ञान, शिक्षा सम्बन्धी विचार, विज्ञान के विविध अंग, मानवशास्त्र, राजनीति आदि सभी तो चाहिए थे मुझे। मैं जिस संसार में हूँ वह कैसे नित्य बदलता है यह जानने का कुतूहल मुझमें सदा

बना रहता है। आज भी ऐसे विषय जानने के लिए अनेक विदेशी पत्रिकाएँ और पुस्तकें मँगाकर पढ़ा करता हूँ।

पढ़ने के बाद ?...

पढ़ाई से विशेष सम्बन्ध रहने से कन्नड़ भाषा का ज्ञान-दारिद्र्य देखकर बड़ा दुख हुआ। एक ओर पुराने साहित्य पर भरोसा रखकर बैठे लेखक, तो दूसरी ओर केवल कहानी, कविता, उपन्यास आदि शुद्ध साहित्य से खुश होनेवाले, कदम-कदम पर अधकचरे ज्ञान रखनेवाले या ज्ञान का दिखावा करनेवाले लोगों के दर्शन होते हैं। समाज उन्नति तभी कर सकता है जब चतुर्मुखी ज्ञान-वृद्धि हो। हमारा सीमित ज्ञान और थोड़े से प्रयत्न समाज को कितना मजबूत कर सकते हैं ?

बचपन से ही शुरू करना चाहिए

हम जो भी करते हैं वह मन में स्थिर होता जाता है। बाद में जब मन में कोई बात स्थायी रूप से बैठ जाती है और मन उसे बदलने को तैयार नहीं होता, तब चाहे जो भी यत्न किया जाए वह व्यर्थ ही जाता है। बचपन में ज्ञान की लालसा जाग्रत हो जाए तो आगे का मार्ग सुगम बन जाता है। परन्तु कर्नाटक में बच्चों को पाठ्य-पुस्तकों से बाहर झाँकने का अवकाश ही नहीं है। और विषयों की बात तो दूर रही, उनके लिए अच्छी कहानियों की पुस्तकें भी नहीं हैं।

अध्यापकों की हालत भी ऐसी ही है। अँग्रेजी से अभिज्ञ शाला के अध्यापकों को अपना ज्ञान बढ़ाने के लिए आवश्यक साधन नहीं हैं। बच्चों को पढ़ाने की पाठ्य-पुस्तकें मात्र ही उनके ज्ञान का भण्डार हों तो उससे क्या उपलब्धि हो सकती है ?

हमारे यहाँ की पाठ्य-पुस्तकें हों या बाल-साहित्य, सबका सब एकदम नीरस है। उनमें बच्चों की लालसा जगाने या कल्पना को विकसित करने का या मनोविज्ञान समझने का प्रयास कहीं दिखाई नहीं देता। भूगोल जैसे सरस विषय को भी नीरस रूप में प्रस्तुत किया जाता है। मैं अक्सर सोचा करता हूँ कि क्या परिस्थिति को बदलना नहीं चाहिए।

चित्रमय दक्षिण कन्नड़

मेरे जिले पर, मुख्य रूप से उसके प्राकृतिक सौन्दर्य पर मुझे बड़ा अभिमान है। परन्तु यहाँ के भूगोल पर लिखी पुस्तकें तो एकदम नीरस लगती हैं। इतने सुन्दर इलाके की कहानी लिखते समय उसे सरस बनाकर नहीं लिखनी चाहिए थी ? इसलिए मैंने वहाँ का सचित्र भूगोल लिखने का एक प्रयत्न किया। मैंने अपने जिले

के नदी, पहाड़, प्राणी, धर्म, व्यापार, वाहन, उद्योग, कुटीर-उद्योग आदि को चित्रों द्वारा प्रस्तुत करने की बात सोची। उसके लिए कुछ फोटो एकत्रित किये। उनमें से एक-सौ चित्र चुनकर यात्रा-विवरण के रूप में उन्हें तैयार किया। चित्र आदि अच्छे हों तो फिर छपाई भी बढ़िया होनी चाहिए। इसलिए बासेल मिशन संस्था द्वारा जर्मनी में उस पुस्तक के चित्रों के पृष्ठों को ग्रेव्यूर से छपवाने का प्रबन्ध किया। पुस्तक तो सुन्दर बन पड़ी पर अध्यापकों ने उसे इस्तेमाल नहीं किया।

दक्षिण भारत

ज्यादा खर्च न करके, पर्याप्त चित्र इकट्ठे कर एक चित्रमय दक्षिण भारत का भूगोल लिखा। उसके लिए विशाखापट्टणम् से लेकर कन्याकुमारी तक चक्कर लगा आया। वैसे सिंहल द्वीप भी देख आया। श्रीलंका एक सुन्दर द्वीप है। वहाँ साल भर हरियाली का साम्राज्य बना रहता है। वहाँ का समुद्र तट भी मालाबार (कन्नड़ जिले) के समान नदी और खाड़ियों से भरा है। मैं सीलोन में दस दिन घूमकर निगाम्बो, कोलम्बो, कैंडी, न्यू-आर-इलिया आदि नगर देख आया। कैंडी अति सुन्दर पर्वतीय नगर है। नगर के बीच एक मनमोहक सरोवर है। बुद्ध के दाँत के स्मारक के रूप में देवालय भी है। कहते हैं कि वह दाँत हाथी के दाँत जितना बड़ा था। कैंडी के समीप फर्डेनियाँ नाम का एक प्रसिद्ध सस्योद्यान है। वह तीन ओर से नदी से घिरा है। बीच में देश-विदेश के अनेक पेड़-पौधे उगा रखे हैं।

श्रीलंका मलय जाति के हमारे तमिल लोगों और मालाबार के मापिल्लों से भरा है। यहाँ के नगर के लोग आलसी हैं। इसके अलावा यहाँ रहनेवाले यूरोपीय लोगों की नकल भी करने लगे हैं। यह नकल दिनों-दिन बढ़ती जा रही है। आजकल श्रीलंका भारत के समान स्वतन्त्र है। वहाँ के जन-जीवन में भी परिवर्तन होने लगा है।

जो भी हो, इस घुमक्कड़पन से काफी चित्र एकत्रित करके उपर्युक्त पुस्तक लिखी। तब से मेरा मन एक और बड़ा साहस करने को उतावला हो गया।

बाल-प्रपंच

अँग्रेजी भाषा में सामान्य ज्ञान रखनेवाला व्यक्ति भी अपना ज्ञान बढ़ाना चाहे तो उसे प्रत्येक विषय पर पुस्तकें मिल सकती हैं। बच्चों के लिए भी सैकड़ों पुस्तकें हैं। कन्नड़ में प्रौढ़ों के लिए कुछ भी नहीं है। विद्यार्थी अपने आप भले ही न सही, अध्यापकों की सहायता से भी, कुछ पढ़ना चाहें तो नाम को भी पुस्तकें नहीं हैं। यदि एक भी विश्वकोष जैसी पुस्तक कन्नड़ में होती तो ज्ञानवर्धन की इच्छा रखनेवालों के लिए एक साधन बनता, यह विचार मेरे मन में आया। अब

मैं क्या कर सकता था? सपने देखना मेरा स्वभाव है। मैंने वह कार्य करने का निश्चय किया। वह दूसरों के लिए भले ही न सही, अपने लिए तो ज्ञानवर्धन का एक साधन होगा ही। जो विषय मैंने नहीं पढ़े थे उन्हें पढ़ने का एक मौका मिलेगा, मैंने सोचा।

पहले मैंने यह विचार किया कि उसमें क्या-क्या विषय लेने चाहिए। ऐसे काम के लिए मैं ही पहला व्यक्ति नहीं था। अँग्रेजी में आर्थर ने भी 'चिल्ड्रन्स इन्साइक्लोपीडिया' (Children's Encyclopedia) की रचना की। जार्ज न्यूम्स (George Newns) कम्पनीवालों ने 'पिक्टोरियल नॉलेज' (Pictorial Knowledge) नाम की एक पुस्तक प्रकाशित की थी। ऐसे अनेक ग्रन्थ हैं। मुझे अन्तिम पुस्तक पसन्द आयी। उसमें एक ही विषय को लेकर चलनेवालों को जो सुविधा है वह दूसरों में नहीं है। दूसरों में ज्ञान को ठूँस-ठूँस कर भर दिया गया लगता है। उनमें बच्चों के लिए अलग-अलग प्रश्नों के उत्तर हैं। एक ही विषय धारावाहिक रूप से अध्ययन करने की उनमें सुविधा नहीं है।

परन्तु मुझे यहाँ भी एक कमी दिखाई दी। उन्होंने भौतिक विज्ञान के बारे में जितना लिखा है उतना समाज विज्ञान के बारे में नहीं। राजनीति, मत, धर्म, अर्थशास्त्र आदि पर वहाँ चर्चा नहीं हुई है। मेरा तो कन्नड़ में यह पहला कार्य था। अतः मैंने उन विषयों का भी इसमें समावेश करने का विचार किया। मेरा अगला काम बड़ा विस्तृत था। उसे कैसे पूरा किया जाए? क्या मैं ही खुद को सर्वज्ञ समझकर सब विषयों पर लिखूँ या प्रत्येक विषय के विशेषज्ञों के पाँव पकड़कर विषय-संग्रह करूँ? दूसरा रास्ता ही मुझे ठीक लगा। परन्तु मैं कर्नाटक में रहता था। यह बात नहीं कि वहाँ विशेषज्ञ नहीं हैं, पर उस कार्य के लिए आवश्यक व्यवस्था, लिखने का संकल्प और उत्साह तो दुर्लभ है। कर्नाटक का तो मुझे अच्छा परिचय है। एक पत्र का उत्तर छः मास के बाद देनेवालों पर विश्वास करके मैं काम कैसे शुरू करता? यदि उन पर विश्वास करके काम शुरू करता तब मरने के दिन को भी एक हजार बार आगे बढ़ाना पड़ता, तो भी पूरा नहीं होता। आज भी वही विश्वास अपने लोगों पर बचा है। मैंने सोचा, चलो मैं अपना काम आप ही शुरू कर दूँ। अपने समय का मालिक मैं आप हूँ। मुझे लगा कि काम पूरा न हो तो बहाने की जरूरत नहीं पड़ेगी।

विषय-संग्रह

'चित्रमय दक्षिण कन्नड़' के हक को बेचने से लगभग एक हजार रुपये मिले। उसमें से अधिकांश भाग पुस्तकें खरीदने के लिए इस्तेमाल किया। बाकी को डाक खर्च के लिए सुरक्षित रखा। जिन-जिन विषयों की पुस्तकें चाहिए थीं उन्हें खरीद

लेना पुस्तकालयों की ओर भागने की अपेक्षा सरल है। बाद में लगातार दुनिया-भर के कुछ साइन्स म्यूज़ियम, चिड़ियाघर और सरकारी औद्योगिक क्षेत्र और अनुसन्धान संस्थाओं को पत्र लिखने लगा। अमेरिका की अनेक संस्थाओं ने मुझे साहित्य और चित्र भिजवाये। आस्ट्रेलिया की सरकार (तब की चीन सरकार) और अफ्रीका की सरकार तथा कुछ संस्थाओं ने मुझे इसमें सहयोग दिया।

यदि मुझे किसी से कोई सहायता नहीं मिली तो हमारे ही देश की औद्योगिक संस्थाओं और बाहर की भारतीय संस्थाओं से नहीं मिली। पत्र लिखने पर भी वे तटस्थ बनी रहीं। उन्हें हिलाया नहीं जा सका। अन्त में मुझे ही सबके पास जाना पड़ा।

काम शुरू करने के बाद आरम्भ में प्राकृतिक विज्ञान के बारे में कुछ अध्याय लिखे। आगे ऐसा लगा कि उससे काम नहीं बनेगा। वहाँ से कडब गया जिसका मैंने 'मुगियद युद्ध' में वर्णन किया है। वहाँ कई अध्यापक मित्र थे। वहाँ मुझे यह विश्वास था कि यदि मैं बुखार में पड़ जाऊँ तो वे लोग सँभाल लेंगे। आवश्यक पुस्तकें, मेरा एक लिपिक और एक कैमरा, यही मेरे साथ थे। इतना लेकर मैं वर्षा आरम्भ होने से पहले वहाँ पहुँच गया। वर्षा होते ही उस गाँव के चारों ओर नदियाँ होने से संचार ठप्प हो जाता है। वह मेरे चातुर्मास के लिए अच्छी जगह थी। वहाँ एक डाकखाना होने से रोज डाकखाने पहुँचने में कोई दिक्कत नहीं थी।

चित्रों के लिए

एक-एक विषय से सम्बन्धित पुस्तकें पढ़कर लिखने लगा। लिखने के दिन ही उसे फिर से ठीक करके अपने लिपिक को उसकी प्रति बनाने को दे देता था। प्रतिदिन दस घण्टे काम करके चार मास तक धैर्यपूर्वक मुख्य विषयों पर लिखकर काम पूरा कर सका। अगला कार्य था आवश्यक संशोधन। इस प्रकार छपवाने का काम समीप आया। लिखते समय ऐसा नहीं लगा था कि पुस्तक छप पाएगी। क्राउन एक-चौथाई आकार के छह सौ पृष्ठों के तीन भाग! मेरा यह काम मेरी शक्ति से बाहर का था। उन्हें मैं यदि पाश्चात्य ढंग से प्रकाशित करता तो लगभग पचास हजार रुपये चाहिए थे।

मेरे मंगलूर के एक मित्र दिवंगत वामन कुडुव एक भाग छापकर देने को तैयार हो गये। इसलिए पुस्तक के लिए आवश्यक चित्र-संग्रह में लग गया। विदेशों के अनेक संघों और संस्थाओं से चित्र मँगवाये। कई एजेन्सियों से पैसे देकर चित्र मँगवाये। फिर भी लेख में बहुत-सी जगहें भरनी थीं। हमारे ऐतिहासिक, भौगोलिक, औद्योगिक विषयों के लिए अपेक्षित चित्रों की आवश्यकता थी। कुछ विदेशी संस्थाओं की सहायता भी उसी भारत शाखा ने रोक रखी थी। इसके लिए

कैमरा बगल में लटकाये मैं फिर भारत भ्रमण पर चल पड़ा।

भारत–भ्रमण

गाँव से चलकर बम्बई, दिल्ली, काशी, सारनाथ, कलकत्ता, जमशेदपुर, मद्रास, कन्याकुमारी, मेट्टूर होते हुए मैसूर पहुँचा। इस यात्रा में लगभग तीन हजार चित्र इकट्ठे हुए। मैंने एक हजार से ज्यादा चित्र खींचे थे। अनेक इन्जीनियरिंग कार्य और उद्योगों को प्रत्यक्ष देखने के बाद, पाण्डुलिपि प्रकाशन के लिए भेजने से पहले और भी सुधारने का मौका मिला। यहाँ फिर से मेरी उस यात्रा की कहानी कहने की जरूरत नहीं है। विदेशी संस्थाओं की भारतीय शाखाओं से मिलकर ऊपरवालों से आये पत्र दिखाकर जरूरी जानकारी प्राप्त की। तब जाकर मुझे यह सन्तोष हुआ कि मैंने अपने हिस्से का काम पूरा कर लिया।

अब मैंने जो लिखा था उसे दूसरों को दिखाने का काम बाकी था। पाण्डुलिपि को ढोकर अपने विशेष मित्रों के घर गया, उनके साथ बैठकर, उनसे चर्चा करके, उन्हें बोर करके, आवश्यक सुधार करवाये। यह काम एक साल में पूरा हो गया। तब मैंने यह अनुभव किया कि जो रास्ता मैंने अपनाया था वही ठीक था। यदि मैं कइयों को मिलाकर यह काम शुरू करता तो अपनी आशा को तिलांजलि देनी पड़ती।

प्रकाशन का प्रयास

सबसे पहले मैंने अपने इस प्रयास के बारे में मैसूर के शिक्षा विभाग के निदेशक एन. एस. सुब्बराय से चर्चा की। मेरे कागजों के पुलिन्दे को देखकर उसमें क्या है यह भला वे क्या समझ पाते? कोई भी क्या समझ सकता था? फिर भी उन्होंने कहा, ''यदि आप उसे प्रकाशित कराएँ तो हमारा विभाग कुछ प्रतियाँ खरीद सकता है। इसका प्रबन्ध मैं कर दूँगा।'' मुझे इतना ही भरोसा चाहिए था। मद्रास और बम्बई प्रान्तों से भी मिलनेवाला सम्मान और सहायता इतनी ही थी। मैंने सोचा यदि पुराने मैसूर में सहायता मिल जाती है तो छापने का साहस किया जा सकता है।

ठीक उसी समय बैंगलूर के निट्टूर श्रीनिवास राय (सत्य शोधन मुद्रणालय) के मालिक ने इसमें बहुत अभिरुचि दिखायी। उन्होंने प्रकाशन के खर्च के अनुमान के बारे में मुझसे पूछा। उन्होंने कहा, ''यदि तुम मुद्रण, चित्रण, सम्पादन का खर्च वहन कर लो तो मैं प्रकाशन का भार उठा सकता हूँ।'' मैं वहाँ से मंगलूर गया। धर्म–प्रकाश छापाखाने की सहायता लेकर काम शुरू किया। निट्टूरजी ने तो केवल पैसों का जिम्मा लिया था। छापाखानेवालों का, ब्लॉकवालों का दायित्व मुझ पर

ही था। उस सबमें हजारों का खर्च था। मैंने जल्दबाजी की। श्रीनिवास राय ने भी खर्च का अन्दाज किये बिना ही जल्दबाजी की। पैसे का राज्य बड़ा निष्ठुर होता है। अतः निट्टूरजी मुझसे कटु हो गये। फिर भी, दोनों की मित्रता में कुछ अनबन होने पर भी, सुदैव से पाँच वर्ष की अवधि में मेरी पुस्तक तीन भागों में प्रकाशित हो ही गयी।

मुद्रण के समय मैं अधिकतर मंगलूर में ही रहा। अन्त में ब्लॉक्स तैयार कराने की व्यवस्था भी मैंने की। चित्र बनाये। मूल प्रति बार-बार ठीक करते-करते थक गया था। श्री बी. सीतारामय्या भी उसे ठीक करके भेजते जाते थे और अपनी अमूल्य सलाह देकर पुस्तक की उपयुक्तता को बढ़ाते जाते थे।

मेरा प्रयास पूरा हुआ। मेरा उससे ज्ञानार्जन तो हुआ ही, धन की सहायता न हुई हो यह बात नहीं। प्रकाशक शुरू के कुछ वर्ष तो अवश्य तंग रहे। चाहे कैसा भी भला व्यक्ति क्यों न हो उसे यह अवश्य महसूस हुए बिना नहीं रहा होगा कि हजारों रुपये के चक्कर में वह क्यों पड़े। पर इतना अवश्य कहा जा सकता है कि इतनी लम्बी अवधि तक कष्ट उठाने से उन्हें यश मिला और लाभ भी।

खैर जो भी हो, कम-से-कम एक प्रकाशक के इस साहसिक काम में आगे आने से मेरा सपना सफल हुआ। वे दिन थे कि बासेल जैसी बड़ी संस्था भी पीछे हट गयी थी।

पूर्णता की बात

यह सम्भव नहीं कि ऐसी पुस्तक अपने आपमें पूर्ण हो। उस पर मेरी सीमाओं का भी प्रभाव था। शुरू में यहाँ के लोगों ने भी उसके बारे में कोई सम्मान नहीं दिखाया। एक कन्नड़ प्रेमी ने तो यहाँ तक कह दिया, "जब मैसूरवाले इस पर पैसा लगा रहे हैं तो मंगलूर वाले से ही किताब लिखवानी थी? यहाँ क्या लिखनेवाले नहीं?" एक और मित्र का कहना था, "एक आदमी के लिखने पर क्या पुस्तक पूरी हो सकती है?" एक और सुर निकला, "इसका नाम बाल-प्रपंच क्यों रख दिया?" उनका आशय शायद यही रहा होगा कि जो पुस्तक बड़ों की समझ में नहीं आती उसे भला बच्चे क्या समझ पाएँगे? इस बारे में मैं एक-दो समाधान की बात कह सकता हूँ।

यदि किसी को एक भाषा का ज्ञान हो तो उसे यह नहीं समझना चाहिए कि उसे उस भाषा की हर पुस्तक समझ में आ जाएगी। अँग्रेजी में मैट्रिक पास करनेवाला अँग्रेजी साहित्य पढ़ तो सकता है पर समझ नहीं सकता। और उतने से ही वैज्ञानिक साहित्य को पढ़कर बिल्कुल ही समझ नहीं सकता। विषय प्रवेश करते समय व्यक्ति का मात्र स्कूली ज्ञान पर्याप्त नहीं होता है। उस विषय की

रूपरेखा भी कुछ पता हो तभी कुछ पल्ले पड़ेगा। एक तो हुई यह बात, दूसरी यह है कि अपने वातावरण में उससे सम्बन्धित वस्तुओं से तो उसका परिचय होना ही चाहिए। इन दोनों के न होने पर हाथ लगी किताब पढ़ते ही बात समझ में आ जाएगी—यह केवल भ्रम और कल्पना है। अँग्रेजी की चिल्ड्रन्स एन्साक्लोपीडिया (Children's Encyclopedia) बच्चों के लिए ही लिखी गयी है। पर वह इतनी सरल नहीं कि बच्चे उसे एकदम समझ लें। विज्ञान कहानी की तरह सरल नहीं। ज्ञान-प्राप्ति के लिए तत्सम्बन्धी पारिभाषिक शब्दों का परिचय भी आवश्यक है। परस्पर सम्बन्धित विषयों की जानकारी भी होनी चाहिए। यह बात नहीं है कि कन्नड़ जाननेवाला प्राथमिक शाला का छात्र 'बाल-प्रपंच' पढ़कर उसे सहज ही समझ लेगा। विषयों को पढ़कर उन्हें समझने की चाट रखनेवालों के लिए कन्नड़ में कोई ग्रन्थ नहीं था। ऐसी परिस्थिति में मैंने विषयों का स्थूल परिचय देने के लिए एक प्रयास मात्र किया था। सामान्य कन्नड़ जाननेवाले एक अध्यापक के लिए वह थोड़ा-बहुत सहायक हो ही सकता है। बच्चों के समझने और पढ़ने की बहुत-सी सामग्री 'बाल प्रपंच' में है। वह ज्ञान की बाल्यावस्था है, उसकी प्रौढ़ावस्था नहीं। यह तो एक विषय में प्रवेश करने का साहसमात्र है। 'बाल-प्रपंच' को इसी दृष्टि से देखना चाहिए।

दूसरा संस्करण

'बाल प्रपंच' के प्रकाशन का कार्य 1938 तक समाप्त हो गया। उसके प्रकाशकों की उसे हिन्दी में भी प्रकाशित करने की इच्छा थी पर वह प्रयास सफल न हुआ। उसका प्रथम संस्करण केवल दो हजार का था। उसकी बिक्री में आठ-दस साल लग गये। उन दिनों में भी तीन भागों का दाम छत्तीस रुपये थे। केवल स्कूल, संघ और शालाएँ ही खरीदतीं तो भी उस संस्करण की बिक्री में इतना समय नहीं लगना था। परन्तु हमारा तो कर्नाटक प्रदेश है, यहाँ तो दस वर्ष बीत जाने पर भी पुस्तक का पहला संस्करण नहीं बिक पाता, हमें यही सोचकर तसल्ली कर लेनी पड़ी।

ऐसी परिस्थिति में पहला संस्करण बिकते ही दूसरा संस्करण निकाल पाना एक कठिन कार्य है। कभी-कभार कुछ ग्राहक उसकी प्रतियाँ माँगा करते हैं। फिर पुराने संस्करण का पुनः संशोधन-परिवर्धन करना होगा। जो ब्लॉक खराब हो गये हैं उन्हें दुबारा बनवाना पड़ेगा। कागज की कीमत भी तब से तिगुनी हो चुकी है, छपाई का खर्च भी तिगुना बढ़ चुका है। इसलिए उसके प्रकाशक दूसरे संस्करण के चक्कर में नहीं पड़े।

विज्ञान-प्रपंच

इस दीर्घ अवधि में 'बाल-प्रपंच' के बहाने मैंने विज्ञान का जो अध्ययन शुरू किया था वह आत्मतृप्ति के लिए जारी रहा। इंग्लैण्ड और अमेरिका में जनसामान्य को विज्ञान का परिचय कराने के लिए हजारों पुस्तकें प्रकाशित होती हैं। हमारा देश भी आगे बढ़े—यह इच्छा होते हुए भी स्वतन्त्र भारत में वह प्रवृत्ति अभी कम दिखाई दी। हमारी स्थिति ऐसी रही मानो पाषाण-युग के एकदम बाद विज्ञान का युग आ गया हो। बेकार में बड़बड़ाते हुए बैठे रहने की अपेक्षा मैं ही क्यों न प्रयत्न करूँ, सोचकर मैंने एक योजना बनायी। केवल वैज्ञानिक विषयों को लेकर पाँच-पाँच सौ पृष्ठों की पाँच पुस्तकें लिखकर प्रकाशित कराने का प्रयत्न किया। वही मेरा 'विज्ञान प्रपंच' है। इस बार लेखन और चित्र एकत्रित करने का ही नहीं, छपाई और प्रकाशन का भार भी मैंने अपने ऊपर लिया। पर उसके एक-एक भाग पर अठारह से बीस हजार खर्च होने का अन्दाज था। पहला भाग तैयार होते-होते दूसरे भाग के लिए भी पैसा जुटाना था। जो भी हो उसका पहला भाग 'यह जगत्' प्रकाशित होते-होते जितनी भी निराशाएँ सम्भव हो सकती हैं, घिर आयीं। साथ ही, सिर से पाँव तक कर्ज से लद गया। चिन्ताओं ने घर कर लिया था और चारों ओर कष्ट मुँह बाये खड़े थे। मेरा ही एक छापाखाना था जिसमें केवल छह आदमी काम करते थे। वे भी असन्तुष्ट थे। यह देखकर मुझे बड़ा दुख हुआ और बहुत बुरा लगा। उनमें एक भावना दिखाई दी कि मैं उन्हीं के कारण जी रहा हूँ। तब मैंने सोचा, उनकी सहायता की मुझे जरूरत नहीं। तभी मेरी पत्नी का स्वास्थ्य खराब हो गया। मन में शान्ति न होने पर भी उसे भूलने के लिए मैं अपने काम में डूब गया। सन् 1939 में 'विज्ञान-प्रपंच' का प्रथम भाग छपकर आ गया। दूसरा भाग दूसरे वर्ष के अन्त में प्रकाशित हुआ। मेरे कुछ मित्र दस-बीस प्रतियाँ खरीदने को आगे आये। एक ने बिना ब्याज का कर्ज भी दिया। तब तक मैं कर्ज में गले तक डूब चुका था। कर्ज लेने के विचार से ही डर लगने लगा, इसलिए अपना छापाखाना बेच डाला। छपाई का काम बाहर से कराने लगा।

शासकीय सहायता

कर्नाटक विश्वविद्यालय वालों ने बहुत मेहरबानी करके पहले भाग के लिए भारत सरकार के वैज्ञानिक और शिक्षा मन्त्रालय से सिफारिश की। केन्द्र ने मैसूर सरकार की राय माँगी। मैसूर सरकार ने केवल पचास प्रतियाँ खरीदने की बात कही। शायद केन्द्र भी उतने से हाथ धो लेता। पर अन्त में उसने पहले और दूसरे भाग के लिए पाँच-पाँच हजार रुपये की सहायता के लिए अपनी स्वीकृति दे दी। मित्रों के कहने पर मैंने मैसूर सरकार को भी सहायता के लिए अलग से पत्र लिखा पर कोई उत्तर

तक न मिला। सरकार के माने वहाँ के सर्वशक्तिमान स्वतन्त्र अधिकारी ही होते हैं न? मैं उनके अनुग्रह की याचना करने नहीं गया। उस अवधि में लोगों ने मेरा काम केवल पसन्द ही नहीं किया, बल्कि कुछ प्रतियाँ खरीदने भी आगे आये। मैंने अपनी सीमित आर्थिक स्थिति देखकर पाँच खण्डों की मूल योजना छोड़ दी। उसके बदले चार खण्डों में काम पूरा कर डाला। सितम्बर 1964 में चौथा खण्ड भी प्रकाशित हो गया। पुस्तकें भले ही धीरे-धीरे बिकीं लेकिन यह विश्वास होने लगा कि लोग मेरा साथ नहीं छोड़ेंगे।

ग्रन्थ-ऋण

'विज्ञान-प्रपंच' का मेरा साहस 'बाल-प्रपंच' से भी बढ़कर था। उसके लिए मैं जितना पढ़ता वह कम था। जो बात समझ में न आती उसे बार-बार विशेषज्ञों से समझनी होती थी। उस पुस्तक को लिखने की अवधि में ही बहुत-सी वैज्ञानिक धारणाएँ बदलने लगीं। लिखकर जो छपने को भेज दिया जाता, उसे भी बदलना पड़ता। यह काम अन्त में मेरी अपेक्षा के अनुसार उतनी तेजी से नहीं हो पाया। लिखकर छपने के बीच की अवधि में मैंने इसे कहाँ पढ़ा था यह याद भी नहीं रहता था।

इस पुस्तक में मैंने एक नया ही रास्ता पकड़ा था। पहले तीन खण्डों में शुद्ध विज्ञान के ही बारे में लिखा। चौथे में विज्ञान से सम्बन्धित अनेक कार्यों पर लिखा। उसमें चिकित्सा भी एक महत्त्वपूर्ण साधन है इसलिए चिकित्सा-शास्त्र को भी उसमें जोड़ा। यह सब कुछ मेरे लिए नया था अत: सोच-समझकर लिखना था। फिर भी उसमें कुछ गलतियाँ रह जाना स्वाभाविक था। मेरे इस कार्य में आदि से अन्त तक मेरे एक मित्र सहायक रहे। उडुपि के प्रोफेसर यू. एन. आचार्य ने मेरी सारी पाण्डुलिपियाँ और मूल लेखन को ठीक करने में अथक परिश्रम किया। केवल इस कार्य के प्रति मोह के कारण ही उन्होंने मुझे इतनी सहायता दी। 'बाल-प्रपंच' लिखते समय स्वयं विद्वानों के पास जाकर उन्हें सुनाकर ठीक कराकर लाता था। इस बार ऐसा नहीं किया।

परन्तु

मेरा उद्देश्य केवल यह था कि लोगों में आधुनिक विज्ञान के प्रति रुचि पैदा की जाए और उसके बहुमुखी विकास का परिचय कराया जाए। इसी कारण से मैं उस काम में जुटा था। अपनी शक्ति और सीमाओं के अनुसार, सोलह-अठारह वर्ष के नवयुवकों और प्रौढ़ों के लिए मैंने ये ग्रन्थ लिखे थे। आज का विज्ञान दिन-प्रतिदिन विकास के पथ पर बढ़ रहा है। नये-नये परिणामों के कारण पुरानी

मान्यताओं को भूलना पड़ता है। इसीलिए अब अपनी इस पुस्तक को यदि मुझे उपयोगी बनाना है तो हर पाँच वर्ष में एक बार पुनरीक्षण करके इसे प्रकाशित कराना होगा। ऐसा करने पर ग्राहक कहाँ? उससे बढ़कर मुझे एक और प्रश्न तंग कर रहा है।

यदि बचपन से बच्चों में पढ़ाई के प्रति कुतूहल और अभिरुचि पैदा न की जाए तो क्या वे शाला छोड़ने के बाद आगे पढ़ेंगे? कितने लोग पढ़ सकते हैं? ऐसे लोग क्या पढ़ेंगे? पढ़ने के लिए भी कन्नड़ में भला है भी क्या? सैकड़ों विषयों और सैकड़ों लोगों के मन और अभिरुचि को छू पानेवाली पुस्तकें प्रकाशित करनेवाले हैं? दस पाँच कहानी उपन्यासों के अलावा कन्नड़-पुस्तकालयों में रहता ही क्या है? खाली पड़े रहते हैं। तीन अलमारियों में हमारी सारी कन्नड़ की पुस्तकें भरी जा सकती हैं। हमारे यहाँ किसी पुस्तक का पहला संस्करण निकलने के बाद दूसरा निकलता ही नहीं।

लोगों में पढ़ने की रुचि अंकुरित करनी हो तो उसके अनुसार लिखनेवालों की आवश्यकता है। कम-से-कम सात-आठ वर्ष के बच्चों में वह इच्छा जगानी होगी। उनका कौतूहल बढ़ाना होगा। इसी उद्देश्य से सुन्दर-सुन्दर किताबें छापनी होंगी। बुढ़ापे में दूसरा बचपन शुरू होता है। ऐसे बचपन की इच्छा अब मेरे भीतर जाग रही है। आजकल मेरे मन में दस-बारह वर्ष के बच्चों के लिए पुस्तकें प्रकाशित करने की इच्छा है। उनमें सुन्दर-सुन्दर वर्ण-चित्र भरकर कम दामों में बेचना हो तो कम-से-कम दस हजार प्रतियाँ एक बार में छपानी होंगी। तब जाकर कहीं क्राउन चौथाई आकार की 48 पृष्ठों की एक पुस्तक तीन रुपयें में बिक सकती है। तब यह समस्या है कि क्या ऐसे काम में सहयोग देने हमारी कन्नड़ जनता अपने बच्चों के लिए इतनी कीमत देकर पुस्तक खरीदेगी? खरीदे या न खरीदे पर यह काम करना था अतः इस दिशा में एकाध पुस्तक छपवाकर उसका भविष्य देखने का प्रयास किया। अत्यन्त साहस करके इतना खर्च उठाकर उसके दो भाग प्रकाशित भी किये। लेकिन फिर उसका तीसरा भाग प्रकाशित नहीं करा सका।

नाटक की दुनिया में

सपनों के सागर पर

चाहे साहित्य का क्षेत्र हो या कला का, सपनों के सागर पर नौका विहार का एक अपना आनन्द है; वहाँ अगाध सुख शान्ति होती है। परन्तु लोग जैसा समझते हैं, वैसा वह केवल कल्पना का राज्य नहीं है। उसे जीवन की पृष्ठभूमि में विकसित होना चाहिए, अनुभव के आहार का अन्त:करण में विधिवत् पाक होना चाहिए। जीवन को भूलनेवाले सपने या अनुभवों की मेरुदण्डहीन कल्पनाएँ बहुत दिन तक नहीं चलतीं। कई लोग रोज के काम में अपना जीवन घिसकर तृप्ति पा जाते हैं। मन में सपने बुननेवाले व्यक्ति को भी जीवन द्वारा प्रदान किये जानेवाले अनुभव से ही मानसिक सृष्टि का सृजन करना चाहिए। शरीर परिश्रम भले ही न करे, मन को तो करना ही पड़ता है। प्रेम से कोई भी काम किया जाए, चाहे वह शारीरिक हो या मानसिक, उससे आन्तरिक सन्तोष तो मिलता ही है। मैं स्वभाव से शारीरिक श्रम की दृष्टि से 'आलसी' रहा हूँ। भ्रमण करने पर भी आलसी बना रहा। फूलों का बगीचा देखकर आनन्द अनुभव किया है। बाग को फूलते-फलते देखने में सहायक बना हूँ। पर शारीरिक श्रम दूसरों का होता रहा है। मेरे अधिकतर काम मानसिक व्यापार से सम्बन्धित हैं। मैं स्वतन्त्र मनोवृत्ति का हूँ। अत: जो काम मेरे लिए प्रिय नहीं, उन्हें जबर्दस्ती कर नहीं सकता। इसलिए मेरा श्रम ही मेरे आनन्द की सामग्री है। उसे मैं श्रम नहीं मानता। श्रमपूर्वक लिखने की याद भी मुझे नहीं है। जिस काम को करते समय तल्लीन होकर मैं अपने आपको न भूल जाऊँ तो उस कार्य में मैं हाथ नहीं लगाता। ऐसे शुरू किये जानेवाले काम में श्रम का अनुभव कहाँ हो पाता है ? सोचते ही विषय अपने आप आ जाता है, कल्पनाएँ खुलती चली जाती हैं। उससे सहज आनन्द भी मिलता रहता है। हाँ, इसके लिए उस विषय का विशेष अनुभव होना चाहिए। मैंने संघर्ष करके जो अनुभव प्राप्त किया उसकी सहायता से विविध क्षेत्रों में प्रयोग करने का साहस भी किया है। पर्याप्त अभ्यास के बिना कोई भी साहसपूर्ण कार्य सफल नहीं होता। सफलता के

लिए अभ्यास की बहुत जरूरत होती है। यह अभ्यास जब प्रिय हो जाता है तब उसमें श्रम दिखाई ही नहीं देता। हमें अपनी सुप्त शक्ति का ज्ञान काम करते समय पता चलता है। मुझसे यह बन पड़ेगा या नहीं, यह सोचते बैठे रहना मेरा स्वभाव नहीं है। चाहे हो या न हो, कर डालना ही मेरा स्वभाव है। होगा कि नहीं होगा, सोचते बैठे रहनेवाले को यह कैसे पता चल सकता है?

मेरा बहिष्कृत क्षेत्र कोई नहीं है। मैंने सबमें हाथ डालकर देखा है। साहित्य के विविध अंग, कला के विविध रूप मेरे कवि-स्वभाव के शिकार बन चुके हैं। कुछ में यदि यश मिला है तो बहुतों में अपयश भी मिला। तो उससे क्या हुआ? मेरा सीखना व्यर्थ तो नहीं गया। अगले अध्यायों में अपने मन की इन क्रीड़ाओं के बारे में लिखूँगा। पहले नाट्य-जगत् के बारे में कुछ कहना चाहूँगा।

अभिनय की बातें

मैंने सबसे पहले गड्करी के मराठी नाटक 'एकच प्याला' का कन्नड़ में अनुवाद किया था। उसके मंचन होने का अवसर मिलने से अभिनय का मौका भी मिला। उसके एकदम बाद, 'सती संयुक्ते' नाम का पाँच अंकों का नाटक लिखा। उसके उपरान्त, सात-आठ नाटक घसीट डाले। यहाँ घसीटना शब्द ही ठीक है। इसका कारण यह है कि मन में जो आता है उसे घसीट डालना मेरा स्वभाव है। बातें और विचार बे-रोक-टोक आते रहने चाहिए। मैं अपने आपको विविध पात्रों में ढालकर अपने मनोराज्य में अभिनय करते हुए बैठकर लिखता चला जाता हूँ। सिर खुजलाते हुए सोच-सोचकर लिखने की बात ही नहीं उठती। एक दिन में कम-से-कम एक अंक तो लिख ही डालना चाहिए, एक विचार पूरा हो जाना चाहिए। पाँच छः अंकों का नाटक पाँच-छः दिन में पूरा हो जाना चाहिए। जब मैं नहीं लिख रहा होता, तब भले मैं बैठा रहूँ, सोया रहूँ या चलता रहूँ, मेरे नाटक के पात्र मेरी आँखों के सामने नाचते रहते हैं और कथा को आगे बढ़ाते रहते हैं। नाटक की स्थूल रूपरेखा या उद्देश्य मन में होना आवश्यक है। उसका सूक्ष्म विवरण अपने आप आ जाता है। वही सृजन की समाधि है। पात्रों का वार्तालाप सहज ढंग से अपने आप आते जाना चाहिए। केवल शब्द के मोह के लिए वार्तालाप नहीं चलना चाहिए। इतना होने पर भी एक नाटक लिखने के बाद उसके अभिनय के समय कलाकार के मुख से जब शब्द निकलते हैं, तब कई बार लेखन की कमजोरी पकड़ में आती है। गड्करी के नाटक का जब अभिनय प्रारम्भ हुआ तो उसकी कई असहजताएँ दिखाई देने लगीं। उसमें एक अन्धे का स्वगत कथन उन्नीस पृष्ठों में था। उसके वार्तालाप में पुनरावृत्ति बहुत थी और वह अनेक उपमाओं और अलंकारों से भरा था। जब हम उसका अभिनय करने लगे तब

लेखन को कमजोरी दीखने लगी। एक ही बात पाँच उपमाओं द्वारा कहनी हो तो प्रत्येक उपमा को उचित स्वर-भार और स्थायित्व देना पड़ता है। मन्द्र और मध्यम और तारक—इन तीनों स्थानों का उपयोग कर लेने के बाद यदि और भी उपमाएँ हों और उन्हें बार-बार उसी रीति से कहा जाए तो चीज पसन्द नहीं आएगी। ऐसे प्रयोगों के कारण मुझे श्रव्य काव्य और दृश्य काव्य का अन्तर स्पष्ट हो चला। स्पष्ट कहना चाहूँ तो नाटक में 'श्रव्य' और 'दृश्य' के कोई अर्थ नहीं हैं। नाटक है या नाटक नहीं है यही अन्तर है। श्रव्य नाटक लिखने की अपेक्षा सीधे उपन्यास लिखा जा सकता है। नाटक के लिए भावपूर्ण अभिनय की आवश्यकता होती है। प्रयासपूर्वक लाये गये चमत्कार उसमें काम नहीं देते। नाटक शब्द ही अपना अर्थ स्वयं स्पष्ट कर देता है। अभिनीत न हो पानेवाले शब्द यदि नाटक में आएँ तो वह काव्य हो जाता है, नाटक नहीं।

सत्य का अनुभव

मेरे शुरू के नाटक 'सेवा सदन', 'सुख वेल्लि' (सुख कहाँ), 'होणे यारू' (कौन जिम्मेदार) आदि में अभिनेता एक प्रकार का उपदेशक होता था। वह उदात्त तत्त्व को प्रस्तुत करनेवाला अथवा निन्दनीय विचारों का खण्डन करनेवाला एक व्यक्ति मात्र होता था। सज्जन और दुर्जन पात्रों को संघर्ष के अवसर देकर 'सत्यमेव जयते नानृतम्' जैसे नाटक से मैंने दूसरा रास्ता पकड़ा। स्त्री-पातिव्रत्य, देशप्रेम, पूँजीवाद की समस्याएँ, सत्य-अहिंसा—इन्हीं जनप्रिय विषयों को लेकर नाटक के मुख्यपात्र चलते थे। मेरे वे नाटक नये जमाने के 'विवेक विजय' के समान थे। मेरे प्रिय आदर्शों के लिए उनमें भावातिरेक रहता था। भावुक दर्शकों को ऐसे नाटक आज भी पसन्द आते हैं। उसके लेखक नाटक के पात्रों को मनुष्य के रूप में दिखाते अवश्य, पर वे पात्र वास्तविक मानव-से नहीं लग पाते। जीवन में मानव गुण-दोषों का पुतला होता है। उनके पात्र अपने वातावरण के आकर्षण में फँसते नहीं। आदर्श चाहे जो रहें यदि हम उसी वातावरण में बढ़ें तो हम भला कितने खराब या अच्छे हो सकते हैं, हमें यह ज्ञान होना चाहिए। तब जाकर नाटक जीवन का सहज प्रतिबिम्ब होता है, नहीं तो नाटक वास्तविकता से हटकर कल्पनालोक की वस्तु बन जाता है। वह कल्पनालोक लोगों के अनुभव के अनुकूल हो तभी वह उनमें संवेदना पैदा कर सकता है। जिन सुख-दुःखों का हम अनुभव नहीं कर सकते, क्या उन्हें हम दूसरों में प्रेषण कर सकते हैं? वाक्याडम्बरों और कृत्रिम पात्रों की रचना से हम इस प्रकार का आकर्षण तो पैदा कर सकते हैं पर सत्य और सौन्दर्य की अभिव्यक्ति नहीं दे सकते। कहा जाता है कि सत्य ही सौन्दर्य है। अपने अनुभव को जो सत्य छू नहीं सकता वह दूसरे का सत्य होने पर भी

अपने अनुभव का सत्य नहीं बन सकता।

नाटक के प्रयोग के रास्ते में मैं अपनी बातों की मोहकता का शिकार नहीं हुआ। पर अभिनय के पागलपन का शिकार अवश्य हो गया। कठिन प्रसंगों का चित्रण मुझे प्रिय था। उसके लिए उपयुक्त स्थान मैं अपने नाटकों में अवश्य देता। इससे पात्र का सृजन और सन्निवेश दोनों जीवन्त हो उठते हैं।

विदेशी नाटककार

इन प्रयोगों के समय मेरा मन दूसरे देशों के नाटकों की ओर विशेष रूप से गया। शेक्सपियर, शेरिडन्, शॉ, समरसेट मॉम, गार्ल्सवर्दी, मैटरलिंक, पिरेडलों, युजिन-ओ-नील आदि की कृतियाँ पढ़कर मुझे नाट्य रचना का पर्याप्त ज्ञान हुआ। शेक्सपियर कवि और नाटककार थे। उन्होंने प्राचीन इतिहास के बारे में बार-बार लिखा है। उन्हें मानव के स्वभाव का अगाध परिचय था। मैंने उनके 'हेमलेट' नाटक का मंचन की दृष्टि से अनुवाद किया। वह नाटक 'हेमन्त' नाम से सन् 1982 में छपा।

सामाजिक नाटककारों में इब्सन का अलग ही ढंग है। जनजीवन की मूलभूत समस्याओं को वह लोगों के सामने रखता है। उसके पात्र और वातावरण अत्यन्त वास्तविक होते हैं। वार्तालाप बहुत ही प्रभावशाली होता है। बर्नाड शॉ महान मेधावी है। वह जितना तीखा है उतना तीखापन उसके नाटकों में भी है। उसके पात्र वास्तविक जीवन के प्रतीक होने पर भी, वे मनोविज्ञान के विश्लेषण में सहायक होते हैं। जिन चीजों को साधारण लोग देख नहीं सकते वह उन्हें देख लेता है। उसके नाटक उसी के द्वारा सम्भव हैं। मानव के असंगत गुण, चरित्र, भिन्न-भिन्न व्यक्तित्वों को वह जिस तरह प्रस्तुत कर सकता है, वैसा दूसरा नहीं। पिरेडलों का और ही अद्‌भुत व्यक्तित्व है। वह हमारे सम्मुख चार राह चलनेवालों को खड़ा करके बातों में लगा देता है, बाद में नाटक को स्वाभाविक रूप से गति दे देता है। अमुक व्यक्तियों से अमुक प्रकार की घटना हो गयी यह कहने के बदले, अमुक घटना हो सकती है यह दिखा देता है। वह मनोविज्ञान का जादूगर है। ओ-नील और एक मेधावी नाटककार है। पुलित्जर पुरस्कार पानेवाले मेधावी ओ-नील ने स्वाभाविक चित्रण उपस्थित करने के लिए मनोवैज्ञानिक ढंग से सहज पात्रों का सृजन किया है। उसकी 'वियाण्ड द हॉरिजन' एक बहुत श्रेष्ठ कृति है। वह कवि नहीं केवल नाटककार है। उसका एक अपना मार्ग है। परन्तु लार्ड डन्सेनि, मैटर लिंक, टाल्सटॉय जैसे लोगों ने दूसरा ही मार्ग अपनाया। वे आदर्शवादी हैं। वास्तविक जीवन का बिम्ब प्रस्तुत करना उनका उद्देश्य नहीं। इसकी अपेक्षा शाश्वत मानवीय समस्याओं का समाधान उनके लिए मुख्य है। इसलिए उनके

नाटकों के पात्र राजा, देवता, पशु, पक्षी, चाहे जो भी वस्तु हों, मानव-जीवन के सत्य को ही प्रस्तुत करते हैं। कला में 'सत्य' और 'वास्तविकता' शब्दों को सीमित अर्थों में प्रयोग नहीं करना चाहिए। जो दीखता है वास्तविकता उससे भिन्न होती है। वह मृगतृष्णा है, वह दिखावा है, उसके भीतर जाकर देखने पर भ्रम उत्पन्न होता है। पर उस पर विश्वास कैसे किया जाए? प्रत्येक कलाकार को अपने स्वभाव के अनुसार मार्ग और शैली पसन्द आती है।

भास के नाटक

इन सबको पढ़ लेने के बाद मुझे हर ढंग को आजमाने की इच्छा हुई। लगा कि एक उद्देश्य के लिए अलग-अलग रास्ता अच्छा रहता है। मैं भावना-प्रधान नाटक लिखने का रास्ता छोड़कर नये रास्ते आजमाने लगा। पाश्चात्यों में प्रचलित एक अंक और एक दृश्य वाला ढंग अत्यन्त प्रभावशाली लगा। कई बार नाटक में काल की एकता को बनाये रखना कठिन होने पर भी नाटकों में आनेवाले असम्बद्ध प्रलाप और असंगत प्रसंग तथा अनावश्यक पात्रों के लिए वहाँ स्थान नहीं होता। नाटक के उद्देश्य में सहायक न बननेवाली सभी चीजें असंगत होती हैं। लोगों को केवल हँसाने के लिए ही विदूषक को या वैसा ही दूसरा काम करनेवाले दूसरे नामवाले व्यक्ति को भी उसमें लाने का अवकाश नहीं रहता। मैंने समझा था कि यह पाश्चात्य पद्धति है। परन्तु भास के एकांकी नाटक पढ़ने पर मेरी आँखें खुल गयीं। उनके कई एकांकी हैं और 'स्वप्नवासवदत्तम्' जैसे अनेक अंकों के नाटक हैं। भास के नाटकों में हमें वार्तालाप में मितव्ययता, पात्रों में औचित्य तथा प्रसंगों में गम्भीरता—ये तीनों गुण मिलते हैं।

अब तक मैंने तीस एकांकी नाटक लिखे हैं। विषयों में भी विविधता लाने का प्रयास किया है, वे भले ही नवरस युक्त न हों। ('नवरसयुक्त—यह भी एक अर्थहीन बात हो चुकी है। मुख्य रस के लिए जो भी रसपोषक न हो तो वह रसदोष हो सकता है।') कुछ रसों का चित्रण करके कुछ प्रश्नों का प्रतिपादन भी किया है। 'मूर्तिय मदवे' (मूर्ति का विवाह) नाटक में बेकार का आडम्बर, 'तिम्मप्पन वग्गरणे', (तिम्मप्पा का छौंक) नाटक में अनावश्यक वाचालता, 'नाल्कनेये पिशाची' (चौथा पिशाच) नाटक में गुप्तरोग का बहिरंग चित्र दिखाया है।

सरल रगले

'सरल रगले' (एक नाट्य रूप) लिखते समय मैंने विचार किया कि यदि समय के ऐक्य को परे रखकर नाटक लिखे जाएँ तो सुविधा रहेगी। नाटक खेलते समय मैंने अलग-अलग मार्ग ढूँढ़ने का प्रयास किया, इसलिए नयी-नयी शैलियाँ

अपनायीं। 'सरल रगले' में मैंने अज्ञान के परिणाम को लेकर लिखा। विषय को उपमेय के रूप में 'रक्त कणिके' में दिखाया है। स्त्री-पुरुष के दाम्पत्य जीवन के स्थान मान को 'देवि देहि' में चित्रित किया। मानव ही अपने भगवान का निर्माता है। यह भाव 'हिरिय देवरू' (महान भगवान) में चित्रित किया है। उनका मैंने छाया-नाटकों के रूप में प्रदर्शन किया। 'हैमलेट' का अनुवाद भी इसी शैली पर किया।

कुछ और नाटकों में अनुप्रासयुक्त, चरणों में बीस मात्राओं के पद्यों की रचना की। इस प्रास की हास्योत्पादक अवस्था के लिए कुछ व्यंग्य नाटकों में प्रयोग किया। दूसरे माध्यमों से भी व्यंग्य को मुख्य उद्देश्य रखकर कुछ कल्पना प्रधान नाटक लिखे। दूसरे महायुद्ध की कहानी को 'गेद्दवर सत्य' (जीतनेवालों का सत्य) नाम के नाटक में चित्रित किया। उसी प्रकार चूहे, घूस, सियार, कुत्ते आदि को मुख्य पात्र बनाकर आधुनिक प्रजातन्त्र पर 'निम्न वोट यारिगे' (आपका वोट किसको) नामक नाटक लिखा। मैंने कुछ ऐसे प्रयोग किये हैं जिनमें प्रास का विशेष प्रयोजन और विविध छन्दों की उपयोगिता स्पष्ट है। ये अँग्रेजी के हास्य नाटकों (Burlesque) जैसे हैं। इनका छोटे बच्चों द्वारा प्रदर्शन कराया। बच्चों को व्यंग्य भले ही समझ न आये होंगे परन्तु उनके प्रास और बेतुके वार्तालाप आदि से बच्चे प्रसन्न हुए, यह मैंने देखा। बच्चों के लिए यह माध्यम अत्यन्त सरल और उपयोगी है।

गीत नाटक

आदर्शवादी नाटकों में भावुकता को प्रमुखता देकर कुछ गीत-नाटक लिखने का साहस किया। हमारे यहाँ 'अपेरा' नहीं हैं। संगीत और गद्य दोनों को मिलाकर उन्हें बिगाड़ने की अपेक्षा उन्हें अलग-अलग ढंग से प्रयोग करना अधिक अच्छा लगा। ऐसा पहला प्रयत्न मैंने सन् 1931 अथवा 1932 में किया था। 'मुक्त-द्वार' नाटक भी उसी का फल है। वह एक आदर्शवादी नाटक है। उसमें ऐतिहासिक और भिन्न-भिन्न समय के पात्र होने पर भी एक ही समय पर लाने का प्रयास किया है। यह नाटक लगभग 'मार्ग' शैली पर है। संगीत के लिए यह नाटक सही बैठता है। आगे चलकर ऐसे ही कुछ गीत-नाटक लिखे, जिनमें 'किस्सा गौतमी', 'सावित्री-सत्यवान', 'बदुकबहुदु' (जी सकते हैं), 'लवकुश', 'बुद्धोदय' आदि प्रमुख हैं। इसी बीच लोकगीतों से भी परिचय पा लिया था। उसी गीत शैली के आधार पर ग्रामीण पात्रों का सहज चित्रण किया गया है। उनके प्रेम का चित्रण करते हुए 'सोवियत संघ' और 'यारो एन्दरू' (किसने कहा?) नामक दो नाटकों की रचना की।

गीत-नाटकों में छः वर्ष पूर्व लिखा 'कीचक सैरन्ध्री' नाटक ही मेरा अन्तिम

नाटक है। उसका मंचन हुआ है। उस नाटक का मंचन करते समय यह जानकारी रखना आवश्यक होता है कि मूल पद्य अमुक राग से सम्बन्धित है। केवल 'राग' जाननेवालों के गा देने से ही काम नहीं चलता, उसमें अभिनय भी रहता है। अभिनय में शब्दों का उतार-चढ़ाव, वेग-विरति, आकर्षण आदि का भी ध्यान रखना पड़ता है। यदि यह न हो तो नाटक एक संगीत-सभा हो जाता है। कुछ ऐसे नाटक भी हैं जिनमें सभी पात्र एक ही श्रुति में गला मिलाकर वृन्दगान गाते हैं। ऐसे नाटकों का मैंने अलग-अलग ढंग से प्रदर्शन करने का प्रयास किया। वे आकाशवाणी द्वारा भी प्रसारित हुए। ऐसे नाटक लोकगीत की लय पर भी लिखे हैं। वे गद्य-नाटकों से अधिक प्रभावशाली सिद्ध हुए। जहाँ बाह्य यथार्थ आवश्यक न हो और जहाँ भाव और रस सूक्ष्म होते हैं वहाँ गीतों का माध्यम प्रभावशाली रहता है।

यक्षगान गीत-नाटक

यह कहना चाहिए कि हमारे यक्षगान (प्रबन्ध नाटक) हमारे आदि गीत-नाटक हैं। उनमें एक-एक गीत एक-एक पूर्ण पद्य है। सभी तालबद्ध हैं। फिर भी भागवतर द्वारा कथासूत्र जोड़नेवाला वर्णन-गीत हटाकर उसके स्थान पर छोटे-छोटे गीत प्रयोग में लाकर उसका प्रदर्शन करना सम्भव है। एक बार यक्षगान का 'गय चरित्रे' को एक घण्टे के गीत नाटक के रूप में प्रदर्शन करने का भी प्रयत्न किया परन्तु इस माध्यम को सही प्रदर्शित करने का यत्न नहीं किया गया। वह नाटक रेडियो द्वारा प्रसारित करने हेतु तैयार किया गया था। रंगमंच पर उसके और भी प्रभावशाली बन सकने की सम्भावना है।

नाट्य-रूप चित्र (नाटक)

दशहरे के अवसर पर लगभग मेरे सारे नाटक खेले जा सकते थे। खेलने के उद्देश्य से ही वे लिखे गये थे। परन्तु कई बार पात्रों के लिए वार्तालाप रटकर नाटक करना सम्भव नहीं होता था। प्रत्येक दशहरे के अवसर पर आठ-दस नाटकों का प्रदर्शन होता था अत: उसके लिए आवश्यक कलाकार तथा रिहर्सल दोनों कठिन कार्य थे। इसलिए पाँच-छ: दिन कलाकारों को मूल अभिनय सिखाकर और नेपथ्य गीत द्वारा नाटक के प्रदर्शन का रास्ता निकाला। ऐसे नाटकों को मैंने नाट्यरूप चित्र (नाटक) नाम दिया। मुझे अपने गले पर विश्वास था। नेपथ्य-गीत मैं ही गाता था। कई बार अगले दिन के नाटक की कथावस्तु पहले ही दिन लिखकर पूरी कर लेता था। फिर भी रंगमंच पर उन्हें सरलता से यश-प्राप्ति हो जाती। प्रेक्षक का ध्यान नेपथ्य के संगीत पर लगा रहता था। पात्रों के अभिनय से उनकी

कल्पना-शक्ति जाग्रत हो उठती। नाटक के वास्तविक ढंग से यह ढंग अधिक सरल और प्रभावशाली होता। इसी तरीके को अपनाकर मैंने 'शाहजहान कोने' (शाहजहाँ का अन्त), 'बौद्धयात्रे', 'देहलीय दौर्भाग्य' आदि बीस-तीस प्रयोग कर डाले। अपने उद्देश्य की पूर्ति के लिए मैं लिखने में भी बहुत जल्दी करता था। आगे मैंने ऐसी रचनाएँ बचाकर नहीं रखीं। एक बार खेले जा चुके नाटक को दुबारा खिलवाने की इच्छा भी मुझे नहीं रह गयी थी। मैं तो सदा नये-नये सपने साकार करने के प्रयास में लगा रहता था।

चीनी नाटक

मेरे पहले के लिखे 'कृष्णार्जुन' और 'गर्भगुडी' नाटक ही मेरे अन्तिम गद्य-नाटक हैं, यह कहना चाहिए। बाद में बहुत दिन तक मुझे छोटे नाटकों में ही आसक्ति रही। बड़े नाटकों को सीखने लायक धैर्य हम लोगों में बहुत कम है। अपना पार्ट याद किये बिना ही अभिनय करने को कूदनेवाले वीरों की संख्या भी कम नहीं। इसलिए लिखने का उत्साह ही नहीं होता। एक बार मैंने एक चीनी नाटक 'नो' का कन्नड़ में अनुवाद किया। उसका अँग्रेजी अनुवाद 'लेडी प्रेशियस स्ट्रीम' था। मैंने चीनी रंगमंच को समझने के लिए यह काम किया और नाटक का अभ्यास भी शुरू करा दिया। पर खेलने के अन्तिम दिन तक पात्र अपना पार्ट याद नहीं कर सके इसलिए उसका अभिनय ही छोड़ देना पड़ा।

उस नाटक में प्रत्येक पात्र अपना परिचय आप देता है। मेरा विचार था कि उसका अच्छा मंचन हो सकता है। परन्तु उसके प्रदर्शन में मुझे तीस वर्ष बाद सफलता मिली। चीनियों की वेशभूषा तैयार कराकर, उस नाटक को मैंने बच्चों से रिहर्सल कराकर प्रदर्शित किया। वह नाटक बहुत सफल रहा।

आलोचना

मैंने एक गद्य नाटक 'बित्तिद बेले' (बोयी फसल) शीर्षक से लिखा। इस नाटक के बारे में बड़ी विचित्र प्रकार की आलोचनाएँ हुईं। नाटक पढ़ने के बाद एक ने कहा, "यह तो उपन्यास जैसा लगता है, नाटक नहीं। इसका अभिनय सम्भव होगा?" तब मैंने कहा, "आप अभिनय करना जानते हैं? कभी रंगमंच पर कदम रखा है?" रंगमंच के अनुभव के बिना ही हम आलोचना करने लगें तो कैसे काम चलेगा? कल्पनालोक में बैठकर लिखने का स्वभाव मेरा नहीं। एक अभिनेता के रूप में ही मैं कलम पकड़ता हूँ। इसका अभिप्राय यह नहीं है कि 'बित्तिद बेले' का सफल मंचन ही हो, उसमें बीच-बीच में कुछेक कमियाँ हो सकती हैं। ऐसी कमियाँ कहाँ हैं यह अभिनय करनेवाले और अभिनय जाननेवालों को ही पता रहता

है। आराम कुर्सी पर बैठकर आलोचना करनेवालों को नहीं।

इस हिसाब से तो शॉ के नाटक रंगमंच पर आने ही नहीं चाहिए। तब युजिन-ओ-नील तो उपन्यासकार बनकर रह जाएगा। लम्बे-लम्बे सम्भाषण लिखने के अपराध में शेक्सपियर को शायद रंगमंच से दूर ही रहना चाहिए था।

मेरा आशय यह नहीं कि आलोचना होनी ही नहीं चाहिए। मैं स्वयं एक कटु आलोचक हूँ। पर आलोचक का भी अपना एक संस्कार होना चाहिए। मेरे नाटकों में अभिनय के अनुपयुक्त कई अंशों को हटाने के प्रसंग भी आये हैं।

अभिनय के समय

रंगमंच पर

व्यावसायिक रंगमंच मैंने अच्छी तरह देखा है। उनके साथ हाथ-पाँव भी मारे हैं। बचपन में देखे ए. वी. वरदाचार्य और शिरहट्टी बैंकोबराय के कम्पनी नाटक कैसे चलते थे यह भी याद है। मेरे अपने जीवन के रंगमंच पर पदार्पण करने के बाद देखे रंगमंचों का तो बहुत अच्छा परिचय है। कई जगह अभिनेताओं का रंग पोत कर नृत्य करना भी देखा है। इन लोगों को देखने के बाद मुझे लगा कि हमारा अभिनय और हमारा रंग-निर्देशन बहुत ही निम्न-स्तर का है। लगता है हमारे यहाँ लोग नाटकों में लोगों को आकर्षित करनेवाले दृश्य, वेशभूषा और संगीत की सहायता से कुछ अभिनय दिखाकर समझते हैं कि अपना काम पूरा हो गया। प्रेक्षकों की मूर्खता के अनुकूल एक नाटक प्रस्तुत करके अपना काम पूरा हो गया सोच लेते हैं। नाटककार की दृष्टि प्रेक्षकों की अभिरुचि को परिष्कृत करने की ओर भी जानी चाहिए।

मराठी अभिनेता

पहली बार जब मैं बम्बई गया था तब मैंने 'बालगन्धर्व' के कुछ नाटक देखे थे। तब ऐसा नहीं लगा कि वहाँ के दृश्य, रंग-सज्जा हमसे कुछ ऊँचे स्तर की हैं। हमारे अभिनेता से वे कुछ ज्यादा रंग पोतते थे। हाँ, उनमें एक-दो का अभिनय विशेष अच्छा होता था। 'बालगन्धर्व' राजहंस नाम के चितपावन ब्राह्मण को बाल गंगाधर तिलक द्वारा दिया गया खिताब है। बालगन्धर्व प्रसिद्ध संगीतकार थे। वे रंगमंच पर लम्बे समय तक एक ही आलाप लिया करते थे। उस जमाने के सारे नाटक संगीत-प्रधान हुआ करते थे। उनमें गन्धर्व स्त्री पात्र की भूमिका निभाया करते थे। उनके गाने में कोई विशिष्टता नहीं थी परन्तु वे उत्तम दर्जे के अभिनेता थे। सभी रसों का स्त्री सुलभ सहज भाव से अभिनय कर सकनेवाले कलाकार थे वे। उनके साथ 'रानाडे' नाम का एक व्यक्ति भी स्त्री पात्र की भूमिका किया

करता था। उसका अभिनय भी बढ़िया होता था। उस स्तर के अभिनेता या अभिनेत्री मैंने कन्नड़ रंगमंच पर नहीं देखे। गन्धर्व की कम्पनी अथवा दूसरी मराठी नाटक मण्डलियों के अन्य अभिनेताओं के बारे में मैं ऐसी बात नहीं कह सकता। उनमें कई गद्य अभिनेता प्रसिद्धि पा चुके थे पर उनका अभिनय मुझे तो सामान्य ही लगा। कुछ लोग तो नाटक के वार्तालापों को चिल्ला-चिल्लाकर बोलने से ही अपने को बढ़िया कलाकार मानते थे। ऐसा लगता था कि उनमें प्रत्येक भाव की अनुकूल मुख-मुद्रा दिखाने की अथवा वार्तालाप के अनुसार उतार-चढ़ाव लाने की शक्ति थी ही नहीं। मुख भावों में रस का वैविध्य नहीं होता था। मुँह पर एक ही प्रकार का दुखी भाव अथवा रौद्र भाव बना रहता। इसके अतिरिक्त अधिकांश अभिनेता बात समाप्त होते ही खम्भे की भाँति खड़े हो जाते। बात करते समय ही वे अभिनय करते, शेष समय में वे जीवन्त शिला की तरह बने रहते। अच्छे अभिनेता का गुण उसके सुनते समय भी दिखाई देता है।

बाहर के अभिनेता

उन दिनों बोलते चलचित्र नहीं थे बल्कि मूक चलचित्र हुआ करते थे। विदेशी सिनेमाओं में जैनिग्स, व्हीट, गेब्रियल, गैब्रो, गार्बो आदि कुछ उच्च कोटि के अभिनेता और अभिनेत्रियाँ थे। हमारे यहाँ के अभिनेताओं पर ऐसे कलाकारों का शायद कोई प्रभाव ही नहीं पड़ता था। आज भी एक सामान्य विदेशी अभिनेता में जितनी अभिनय की योग्यता है वह हमारे सिने राज्य के श्रेष्ठ अभिनेता में भी दिखाई नहीं पड़ती।

1925-26 के लगभग मैं बम्बई गया था तब वहाँ के अपेरा हाउस में लन्दन की शेरिफ कम्पनी का 'जर्नीज़ ऐण्ड' (Journey's End) नाम का तीन अंकों का दो घण्टे का नाटक मैंने देखा। उन दो घण्टों तक रंगमंच से आँख हटाने का प्रश्न ही नहीं उठा। उसमें किसी प्रकार का बाह्य आडम्बर नहीं था। उसमें बातों की चतुरता और अभिनय की कला ही प्रधान थी। प्रेक्षकों का ऐसा अनुभव नहीं होता था कि वे एक नाटक देख रहे हैं। वे उसमें एकात्मक हो उठते थे।

कृष्णमूर्ति से कैलाशम् तक

कन्नड़ रंगमंच पर कभी-कभार एकाध व्यक्ति श्रेष्ठ अभिनय करते हुए भी देखा है। शेष विशेष सहारा न मिलने से मृतप्राय रहे हैं। अपने बुढ़ापे में भी कृष्ण-मूर्ति और लक्ष्मीपति शास्त्री को हास्य भूमिकाएँ निभाते मैंने देखा है। उन्होंने अपने पात्र का अत्यन्त सहज और स्वाभाविक अभिनय करके दिखाया था। उनका अभिनय अभिनय जैसा नहीं प्रतीत होता था बल्कि जीवन्त अनुभूति होती थी उनके

अभिनय से। और भी कुछ प्रसिद्ध अभिनेताओं को मैंने देखा है। उनमें अधिकांश ऐसे थे जो बड़े प्रयत्न से अभिनय कर पाते थे। उनके वार्तालाप और अभिनय में आवेश तो रहता था पर सहजता नहीं। हमारे राजा, मन्त्रीगण, देवगण तथा जनता रंगमंच पर आते ही एक दूसरा ही स्वर अपना लेते हैं। यक्षगान में गद्य की अपनी ही एक शैली है। हरि-कथा में भी अपनी ही एक शैली है। इसी प्रकार नाटकों के गद्य की भी एक शैली ने जन्म लिया है। इस क्षेत्र में प्रसिद्ध अभिनेता श्री राघवाचार्य और कैलाशम् को भी मैंने देखा है। राघवाचार्य बहुत ही गम्भीर अभिनय करते थे। वह गम्भीरता सभी पात्रों में समान रूप से दिखाई देती थी। स्वर में उतार-चढ़ाव, रस के अनुसार परिवर्तन दिखाई नहीं पड़ता था। पर कैलाशम् ऐसे नहीं थे। उनकी बातें दिल से निकलती थीं। पात्रों की कल्पना को भी समझते थे। परन्तु उनकी जबान जरूरत से ज्यादा तेजी से भागती थी। उनकी मुख-भंगिमा कभी भी न बदलती। लगता था कि उन्होंने एक विकृत मुखौटा पहन रखा हो। उनका कोई भी चित्र क्यों न देखें उसमें एक स्थायी विकृति दिखाई देती थी। उसे हटाकर उनकी मुख-मुद्रा में अपने मन की बात को स्पष्ट कर पाने की शक्ति न थी फिर भी उनके स्वर के कारण उनका अभिनय अधिक प्रभावशाली रहता था।

यह सब तो मैंने बाहरी अनुभव की बात कही। अब अपने ही प्रयास की बात कहता हूँ। विद्यार्थी अवस्था में मैंने नाटकों में भाग नहीं लिया। बाद में अपने नाटक 'निशा महिमा' का प्रदर्शन करते समय मुझे अभिनेता और निर्देशक बनना पड़ा। काम करते-करते सीख लेना मेरी आदत है। इसलिए यहाँ भी अपना गुरु और शिष्य आप ही था। 'निशा महिमा' की तैयारी कराते समय मैंने अनुभव किया कि उसमें कई बातें अभिनय के लिए उपयुक्त नहीं हैं। कारण इतना ही था कि नाटक में जो बातें बुद्धि के बल पर लिखी जाती हैं उन्हें अभिनेता सदा अभिनीत नहीं कर सकता। परन्तु जब नाटककार स्वयं को उस पात्र में ढालकर लिखता है तो वही बातें अभिनय के लिए उपयुक्त हो जाती हैं।

दर्पण ही गुरु है

नाटक के संवादों को सामने रखकर, एक ही सुर से कथा करने से ऊब पैदा हो और हर शब्द अर्थपूर्ण न हो तो वह बात व्यर्थ होती है। अभ्यास करते समय मन उसमें रम जाने पर स्वर का उतार-चढ़ाव समझ में आ जाता है। अधिकांश लोगों को तो सही-सही उच्चारण भी नहीं आता था।

नाटक सिखाने से पहले, मुझे स्वयं यह देखना था कि मेरे मुख पर ही अपेक्षित भाव-भंगिमा व्यक्त होती है कि नहीं। यदि मन में दुख का भाव या करुणा

है तो यह आवश्यक नहीं कि वह मुख पर भी फूटकर दीखे। अपने जीवन में आनेवाले अनेक सुख-दुख और उलझनें होने से बहुधा हम मन की बात भूलने का प्रयास करते हैं। कई बार, जीवन में ही अभिनेता बनकर मन की बात को दूसरे ढंग से बाहर निकालने का स्वाँग करते हैं। ऐसा मुख प्रत्येक भाव बिम्बित करने के बदले एक ही भाव व्यक्त करता है मानो मुखौटा पहन रखा हो। हमारी आँखें, गाल और होठ सबको मन के कहने के अनुसार चलना चाहिए। सामान्य नट भले ही यह समझे कि उसने सब कुछ कर दिया है पर दर्शक को वह दिखाई नहीं पड़ता। यह बात नटों को भी पता नहीं चलती; यदि पता चल जाए तो पता नहीं कितने नट आत्महत्या कर लें। अभिनय में यदि विविध प्रकार के रस प्रदर्शित न किये जा सकें तो क्या हम अभिनेता बन सकते हैं? इसलिए मुझे अपने लिए एक गुरु खोजना था। जो जैसा है वैसा ही दिखानेवाला गुरु चाहिए था। बेलिहाज दर्पण ही उसके लिए मुझे योग्य गुरु लगा।

मुझे कोई भी भूमिका करनी हो या सिखानी हो दर्पण के सामने बैठकर मैं बात को भावपूर्ण ढंग से कहना सीखने लगा। तब मुझे अपनी एक-एक कमी आँखों के सामने स्पष्ट दिखाई देने लगी। दर्पण के सामने अभिनय के अभ्यास ने ही मेरे मन में अभिनय के प्रति आसक्ति जगायी।

साधारणतया दुखद भूमिकाओं में ही मेरी रुचि रही है, मन की गहरी भावनाओं को व्यक्त करने का अवसर उसमें जितना मिलता है, उतना अन्यत्र नहीं। इसलिए कर्ण और काश्यप भूमिका जैसी कई भूमिकाओं का अभ्यास किया करता था। दूसरे पात्रों की भूमिकाओं को मैंने शिक्षण भी दिया है। उन सबका अन्तर मुझे अच्छी तरह मालूम है। लघु भूमिका में काम करने के बाद, उन्हें हम प्राय: उसी तरह भूल जाते हैं जिस तरह लघु कथाएँ पढ़कर भूल जाया करते हैं। बड़ी और गम्भीर भूमिकाओं की बात ऐसी नहीं है। कुछ दिन तक उन पात्रों का व्यक्तित्व हमें याद रहता ही है। ऐसे पागलपन से ही मैंने 'हैमलेट' का अनुवाद किया और हैमलेट की भूमिका का अभ्यास भी किया। कुछ कठिन भूमिकाओं के अभिनय की तैयारी भी की है। अभिनय भी क्रियात्मक कला-सृष्टि के समान ही मन को शान्ति दे सकता है। हम जिस पात्र का अभिनय करते हैं उसके संस्कार और गहराई का हमें बोध होना चाहिए। एक का दुख दूसरे का नहीं होता, एक का रोष भी दूसरे का नहीं होता, एक की हँसी दूसरे की नहीं होती। वे एक-एक काल में एक-एक सन्निवेश में अलग-अलग ढंग से व्यक्त होते हैं। स्टेनिलेवेस्की नाम का एक नाटककार रहा है। वह नाटक का अभ्यास कराने के लिए अपने कलाकारों को अलग ले जाकर शान्त वातावरण में रखता था। प्रत्येक को उसकी भूमिका समझा देने के बाद, पात्रों से समानता रखनेवालों को खोजकर

कलाकारों को उनके पास भेजा करता था। नाटककार के मन में क्या रहा होगा यह बात भी अभिनेता को समझनी चाहिए। उस नाटक के पात्र का जीवन कैसा रहा होगा, उसका स्वरूप कैसा होगा, वह किस संस्कार में पला होगा, कैसे-कैसे मौके पर वह किस प्रकार का व्यवहार कर सकता है; इन सबकी कल्पना कर सकने की सामर्थ्य अभिनेता में होनी चाहिए। नहीं तो अभिनय शब्द का भला अर्थ ही क्या है? चाहे हम महाभारत की कहानी उठाएँ या जीवन की कोई कहानी, व्यक्ति और संस्कार का पर्याप्त परिचय न होने से हम उनका सही अभिनय नहीं कर सकते।

इसीलिए मेरे मन में अभिनय के प्रति आदर उत्पन्न हुआ। किसी भी नाटक का अभिनय करने से बहुत दिन पहले से ही वह पात्र कर्ण हो या हैमलेट या कोई और—आँखों के सामने नाचता रहता और उसके साथ एक स्वप्न-लोक की सृष्टि-सी हो जाती। उस पात्र का सुख-दुख और अनुकम्पा मेरे भीतर जाग्रत होने लगती। उस अनुकम्पा से अभिनय सफल हो जाता। रंग लगा देने के बाद रंगमंच के बाहर रहें या भीतर उसी भूमिका का नशा हमें चढ़ा रहना चाहिए। नृत्य-नाटक सिखाते समय मैं बड़ा कठोर निर्देशक बन जाता था। मन की तन्मयता में विघ्न डालनेवाली किसी बात या शब्द से मैं आपे से बाहर हो जाता था। अभ्यास के समय में भी वही बात थी। अतः मेरे स्वभाव से परिचित मित्र मेरे साथ कभी अन्यथा व्यवहार नहीं करते थे।

कला-सृष्टि, विस्मृति

एक अभिनेता का अभिनय करते समय एकदम अपने आपको भूल जाना सम्भव है अथवा वह आधा होश में रहकर अपने अभिनय को देखकर प्रसन्न होता है? यह बात पाश्चात्य कलाविदों में चर्चा का विषय रही। उस बारे में अपने अनुभव की कुछ बातें कहना चाहूँगा। एक बार मैं कर्ण की भूमिका कर रहा था। कुन्ती और कर्ण का वार्तालाप समाप्त होने के बाद स्वगत भाषण का प्रसंग आया। उस घटना के अन्त में मैं बेहोश की भाँति नीचे गिर पड़ा। कैलाशम् नाटककार और अभिनेता सामने बैठे थे। उन्होंने आलोचना की, कि यह बहुत अति हो गयी। उनकी आलोचना को ध्यान में रखकर मैंने सोचना शुरू किया। और एक बार वही अभिनय करते समय यह निश्चय करके मैंने रंगमंच पर प्रवेश किया कि अन्त में मुझे मूर्छित नहीं होना चाहिए पर फिर भी पहले ही जैसा हुआ। उस पात्र की बातें और उनमें छिपा रसावेश मेरे मन पर पूरी तरह छाया हुआ था जिसके कारण मुझसे ऐसा हुआ होगा। उसका मुख्य कारण कर्ण के विषय में और उस प्रसंग में मेरा अपना लिखा नाटक ही था। कर्ण के दुख में पश्चात्ताप और उद्वेग था।

अपने ही भाई की पत्नी द्रौपदी के प्रति अपनी कही कटु बात के लिए वह पछता रहा था। उसके पश्चात्ताप में ऐसी तीव्रता आ गयी थी। अब प्रश्न उठता है कि क्या वास्तव में कर्ण ने ऐसा किया होगा? कर्ण ने चाहे जो किया हो, अभिनेता की कल्पना के कर्ण में वैसा परिणाम हुआ था। फिर वह तब की बात है जब मैं सत्ताईस वर्ष का था। मेरी भावुकता का शायद यह भी एक कारण रहा होगा।

एक बार मैं अपने नाटक 'कठारी भैरव' का अभिनय सिखा रहा था। भैरव विजयनगर के साल्व तिम्मा का प्रतीक था। वह बुढ़ापे में अपने राजा के व्यवहार से अत्यन्त दुखी और क्रुद्ध हो उठता है। ऐसी मानसिक स्थिति से वह गुजरता है। मैं एक कलाकार को उसका अभिनय सिखा रहा था। उसको एक प्रसंग सिखाने के बाद आधा घण्टे तक मैं अपने स्थान से हिल न सका। हाथों और मुख की शिराओं में रक्त का तनाव बढ़ जाने से मैं आवेग में अपने को भूल गया था। जब तक स्थिति ऐसी रहती है व्यक्ति अपनी प्रज्ञा में नहीं रह पाता। इसलिए मुझे ऐसा लगा कि एक व्यक्ति अपने अभिनय में पात्र की अवस्था में एकदम तल्लीन हो उठता है।

इसी प्रकार एक बार मैं अभिनय के विविध दृष्टान्त दे रहा था। अलग-अलग प्रकार की मानसिक अवस्थाओं को दिखाने का प्रयास कर रहा था तब भी ऐसी ही अवस्था हुई थी।

शुरू-शुरू के सन्दर्भों में अभिनेता का अपने को भूलकर अभिनय करना एकदम स्वाभाविक है। वह परिणामकारी भी होता है। वहाँ नट अपने व्यक्तित्व में नहीं रहता, जिस पात्र का अभिनय करता है वही बन जाता है। एक बार मैं 'सिडिलु मिंचु' (गर्जन और बिजली) नामक अपने ही एक नाटक का अभिनय कर रहा था। उसमें मैंने पहले आँखें खोकर अन्धे हो जानेवाले का अभिनय किया। उसमें बेटे की आवाज सुनकर उसे गले लगाने को, अन्धे पिता के भागने का प्रसंग आया। मेरी आँखें थीं फिर भी मैं अन्धा हो गया हूँ—ऐसी मानसिक स्थिति में पहुँच गया था। तल्लीनता में ऐसा ही होता है। बाद में बार-बार उसी भूमिका के करने पर वह तल्लीनता नहीं रही।

नृत्य में भी मैंने ऐसा ही अनुभव किया। नृत्य में पहली बार जो तादात्म्य रहता है वही बार-बार करने में कम हो जाता है। धीरे-धीरे वह यान्त्रिक हो जाता है। जितना वह यान्त्रिक होता जाता है कलाकार को उससे उतना ही कम सुख मिलने लगता है।

अभ्यास न करनेवाले

मैंने प्रशिक्षण देते समय कठिन भूमिका निभानेवाले दो-तीन छोटी आयु के

कलाकारों को देखा है। आमतौर पर सफल भूमिका का निर्वाह करने के लिए अपनी भूमिका को भली प्रकार समझ लेना चाहिए, उसे कण्ठस्थ कर लेना चाहिए। इसके लिए काफी समय अभ्यास करना पड़ता है। सुना है, जर्मनी में एक नाटक के प्रदर्शन से पूर्व कलाकार उसका पाँच-छः वर्ष अभ्यास करते हैं। हमारे यहाँ यदि चार मास भी श्रद्धापूर्वक सीख लिया जाए तो नाटक एक 'कला' बन सकता है। मंच पर आने तक भी यदि कोई कलाकार अपनी भूमिका याद न कर सके और प्राम्पटर के भरोसे वेशभूषा पहनकर रंगमंच पर उतर आने की जल्दी मचाए तो इससे तो यही अच्छा है कि वह जाकर मुहर्रम में हिस्सा ले ले। उसके लिए रंगमंच की आवश्यकता ही क्या है?

मैंने छाया-नाटक, गीत-नाटक, हास्य-नाटक—सब पर प्रयोग किया है। इनके अभिनय अलग-अलग ढंग के होते हैं।

छाया-नाटक

छाया-नाटकों में सहज रूप से खड़े होने और सहज अंग-विन्यास को स्थान नहीं होता। कलाकार को पर्दे के पार्श्व में खड़ा होना होता है। शरीर और मुख की रेखाएँ छाया द्वारा व्यक्त करनी होती हैं। उनके स्थान-मान से ही अभिनय छाया के द्वारा प्रेक्षकों को दिखाई देता है। मुख के भावों की सूक्ष्मता उसमें दिखाई नहीं जा सकती। इसके अतिरिक्त प्रकाश के सामने खड़े कलाकार की आकृति छाया में और बड़ी हो जाती है। इसीलिए अंग-संचालन की गति और वेगवान हो जाती है। अतः उसे अपनी गति ऐसे विकसित करनी चाहिए जिससे वह प्रेक्षक को स्वाभाविक लगे। उसका समस्त शरीर भाव-प्रदर्शन का साधन होने से वह होठ, आँख, गर्दन और हाथ के संचालन पर जितना ध्यान देता है उतना ही उसे पद-संचालन और अंग-भंगिमा पर भी देना पड़ता है।

गीत-नाटक

गीत-नाटकों का अभिनय आसान होता है। पर उसका वार्तालाप गीतबद्ध होता है। भाव जैसे मुख से व्यक्त होते हैं वैसे ही रागालाप से होने चाहिए। इस रागालाप में जैसे वाद्य में उतार-चढ़ाव, तार, मन्द्र, प्रवाह पर ध्यान देना होता है वैसे ही इन नाटकों में भी देना होता है। खुशी में हँसी की जैसे फुलझड़ियाँ छूटती हैं वैसे ही यहाँ आलाप में आनी चाहिए। दुःख, रोष आदि प्रमुख भावों में गद्य-वार्तालाप का नियम ही चलता है। इसका कारण यह है कि नाद भले ही गीत से निकले या गद्य से, मानव के संस्कार में भावना और बात के स्वर में जो सन्तुलन रहता है वही सन्तुलन यहाँ भी रहता है। काव्य गीतों में भी यही बात लागू होती है।

पृष्ठभूमि

हास्य-नाटकों में अभिनय प्रहसन की अपेक्षा कृत्रिम होता है। उसमें वास्तविकता नहीं होती। उद्देश्य के अनुकूल अभिनय होना चाहिए। उद्देश्य यदि व्यंग्य हो तो अभिनय भी व्यंग्य ही होता है। वार्तालाप भी व्यंग्यपूर्ण होता है। नाटक केवल अभिनय पर ही निर्भर नहीं होते। पृष्ठभूमि पर काफी निर्भर होते हैं। पृष्ठभूमि भी नाटक के अनुकूल होनी चाहिए। नाटक यदि यथार्थवादी हो तो पृष्ठभूमि भी यथार्थपरक होनी चाहिए। ऐतिहासिक नाटक हो तो पृष्ठभूमि इतिहास के अनुकूल होनी चाहिए। वैसी ही मुख-सज्जा, वेश-भूषा और प्रकाश व्यवस्था होनी चाहिए। नाटक में यथार्थ चित्रण के बदले भगवान, राक्षस या और ऐसे किसी को चित्रित करनेवाली फैण्टेसी हो तो उस कल्पना के अनुकूल ही पृष्ठभूमि होनी चाहिए। यदि हम अनुकूल पृष्ठभूमि तैयार नहीं कर सकते तो बिना पृष्ठभूमि के ही रहना भला है।

सुखान्त नाटक

यह अँग्रेजी के 'कॉमेडी' शब्द का स्थूल अर्थ है। परन्तु शेक्सपियर की कॉमेडी केवल सुखान्त नाटक नहीं हैं। वे तो समाज के वास्तविक नाटक हैं। उनमें अति हास्य और विडम्बना छिपी रहती है। शायद इसी कारण इंगलैण्ड में ऐसे नाटक खेलते समय वास्तविकता से जरा दूर हो जाते हैं। कॉमेडी नाटक के सभी पात्र अत्यन्त हास्य का अभिनय करते हैं। ऐसा करने पर नाटक के अभिनय का माध्यम सदा एक-सा दीखता है। 1964 में बैंगलूर आयी इंगलैण्ड की एक नाटक मण्डली ने 'टेमिंग आफ द श्रू' (Taming of the Shrew) नाटक को इसी पद्धति से अभिनीत किया। पूरे नाटक के माध्यम की कल्पना न हो तो उसके अलग-अलग भागों का अभिनय अलग-अलग ढंग से किया जा सकता है। इस दृष्टि से हमें कॉमेडी और सुखान्त नाटक को अलग-अलग मानना चाहिए।

मुख-सज्जा

केवल एक-दो बार, मेकअप में मैंने अतिमानव और अमानव व्यक्तियों को भावात्मक रूप से दिखाने का प्रयास किया है। शूर्पणखा के मुख का मेकअप करते समय क्यूबिज़्म (Cubism) के ढंग से मुख को त्रिकोणाकृति में चित्रित करके अलग-अलग रंगों का लेपन करके अद्‌भुत-सा दिखाने का प्रयास किया परन्तु मेरे ये सारे प्रयत्न वैयक्तिक ही थे। ऐसे प्रयास प्राय: अपने गाँव में ही करता रहता था। उसमें सबसे बड़ी कठिनाई यह आती थी कि ऐसी कल्पना को साकार करनेवाले और विकसित करने के लिए परिश्रम करनेवाले लोग नहीं मिलते थे।

एक बार काम करनेवाला व्यक्ति दुबारा नहीं मिलता था। अगली बार दूसरे ही लोगों की तलाश करनी पड़ती थी। हर बार नये सिरे से इसके लिए परिश्रम करना पड़ता था। पुराने श्रम से लाभ उठाकर उसे आगे बढ़ाने की बजाय, हर बार शुरू से चलना पड़े तो रंगभूमि का सुधार भला कैसे सम्भव है? मैंने अपने ही प्रयत्न से रंगभूमि की अपार सम्भावनाओं के सपने देखे हैं। कई बार मन में यह आशा भी जागी है कि विदेशों में जिस प्रकार प्रयोग चल रहे हैं उसी प्रकार हमें भी करना चाहिए, पर मेरी आशा केवल आशा ही बनकर रह गयी। प्राप्त अनुभवों का प्रयोग कर, कला को जीवन का रूप देने का अपेक्षित वातावरण मिल ही नहीं पाया।

संगीत में भी

राष्ट्रगीत

गीत-नाटकों के बारे में लिख चुका हूँ। अब जरा संगीत के बारे में न लिखूँ? कुन्दापुर में पढ़ते समय ही उसमें मेरी रुचि जाग्रत हो गयी थी। विद्यार्थी-जीवन में नाटकों में आनेवाले गाने सीखे थे। बाद में उसी शैली में गद्यात्मक कविताओं पर प्रयोग किये थे। 'शरधि शयन, परम पावन...' यह गीत एक नाटक कम्पनीवालों के नारद के मुँह से सुना था। उसी तर्ज पर एक गीत 'सुदर्शन यह सुनो...' की रचना की। इसी ढंग का एक पद्य-संग्रह बनाकर 'राष्ट्रगीत सुधाकर' शीर्षक से प्रक।शित भी कराया था। उन दिनों तो कर्नाटक में राष्ट्रगीतों की बाढ़-सी आ गयी थी। राष्ट्रगीतों की हवा भी उसी में बही। आज यदि कोई मुझे वे कविताएँ दिखाए तो मुझे उन्हें अपना कहने में शर्म आएगी। अगर मान जाऊँ तो आत्महत्या ही एक रास्ता रह जाएगा। फिर भी तसल्ली की बात यह है कि आज भी मेरे जैसे कवि-कुल-कुठार बहुत से हैं। मेरा मन कहता है कि समाज में ऐसा नियम होना चाहिए था कि कवियों को जेल में डाल दिया जाए या फिर पागलखाने भेज देना चाहिए। तब पता नहीं कितने लोग बाहर बच पाते!

चीख-पुकार

शुरू-शुरू में स्कूल के एक विद्यार्थी ने मुझे चीखना सिखाया। यानी सुर में चीखना। उससे वह सुर सीखा। अपने घर के पास के मैदान में जाकर पौ फटने या आधी रात को बैठकर चीखा करता था। यह स्थान गाँव के बाहर था। कितनी ही दफा, सियार प्रशंसा करने पास भी आये। एक बार तो एक सियार ने केवल दस गज की दूरी पर खड़े होकर स्पर्धा के लिए ललकारा भी। यह मजाक नहीं वास्तविक घटना है। आज भी मेरा आशय वैसा ही है। संगीत के अभ्यासी को उस समय गाँव से बाहर ही रहना चाहिए। इस अभ्यास से मुझे एक लाभ अवश्य हुआ। मेरा गला खुल गया। अब तो बेरोक-टोक गा सकता हूँ। पहले जब मैंने

गाना सीखना आरम्भ किया तो मुझे यह पता नहीं था कि ताल क्या बला है। धीरे-धीरे कुछ सामान्य रागों का ज्ञान मुझे हो गया था। संजीवराय नाम के एक सहपाठी ने मुझे गाना सिखाया। बाद में रामकृष्ण नाम के एक सज्जन ने रोज घर आकर श्रुति रखकर गाना सिखाया। उन्होंने सा-आ-आ-आ-आ-मि-इ-इ-इ शंकराभरण आदि रागों की आलाप-पद्धति बतायी।

वह हिन्दुस्तानी संगीत के अच्छे ज्ञाता थे। अत: उन्होंने अपनी शैली में खमाज़ वसन्त भैरव, कानड आदि रागों का परिचय कराया। बाद में उनका स्वर्गवास हो गया। फिर कुछ दिन बाद मैंने भी कुन्दापुर छोड़ दिया।

पश्चात् कुछ समय तक मैं नाट्य-मण्डलियों के साथ घूमता रहा। तब ताल भले ही ठीक न रही हो, राग के अनुसार गाने का प्रयास करने लगा। बाद में मुझे कम्पनी के लोगों के लिए गीत लिखकर देने का दायित्व मिला। तब मैं मराठी, हिन्दुस्तानी में प्रचलित गीतों की नकल पर, जैसा वे चाहते थे वैसा ही कन्नड़ में गीतों को पूरा करके देता गया।

बाद में मैंने स्वतन्त्र नाट्य-रूपक लिखे। 'मुक्त द्वार' जैसे गीत-नाटक लिखते समय ऐसी नकलों से काम नहीं चला। तब अपनी भावनाओं के अनुकूल रागों को चुनकर मुझे ही गीत लिखने पड़े। मैं साहसी था, व्यावसायिक संगीतकारों से डर जाता था ? मैंने अपनी आवश्यकतानुसार सैकड़ों गीत लिख डाले। उस पर भी मैं स्वयं गानेवाला था इसलिए मुझे किसी का डर नहीं था, कोई झिझक नहीं थी।

मोतीसिंह

'शील भंग' नाम की एक नृत्य-नाटिका के लिए मुझे एक गीत की रचना करनी थी। इसके लिए एक उपयुक्त अवसर भी मिल गया। सन् 1932 के बाद, मैं महीने में पन्द्रह दिन पुत्तूर और पन्द्रह दिन मालूर में गुजारने लगा। इसी बीच एक गुरु मिल गये। वे अब्दुल करीम खान के प्रथम शिष्य थे। उनका नाम था मोतीसिंह। वे प्राय: एक टाल पर बैठा करते थे इसलिए उनका नाम 'लकड़ी बुआ' पड़ गया था। लगभग तीन वर्ष तक, मास में दस-पन्द्रह पाठ के हिसाब से मैंने उनसे शिक्षा ली। उनके कण्ठ की खूबी और गाने का कमाल भला मैं कहाँ पा सकता था! मैं सीखने से अधिक सुनने में ही लगा रहता। वैसे पहले से ही मैं अब्दुल करीम खान के संगीत का प्रशंसक था। उनकी शिष्या हीराबाई बड़ोदेकर का गाना धारवाड़ में सुना था। बहुत अच्छा लगा था। इसीलिए मुझमें मोतीसिंह के प्रति बड़ा गौरव था। वे बूढ़े हो चुके थे, पियक्कड़ भी थे। अब उनमें गाना गाने की शक्ति नहीं रह गयी थी। एक दिन मैंने उनसे अब्दुल करीम खान साहेब का 'जमुना

के तीर' गाना सुनाने को कहा। वे एकदम गुरु की तरह ही गाने लगे। पर बीच में ही गाना रोककर रो उठे। मैंने कारण पूछा। वे बोले, 'ताकत नहीं रही जी!' और रो पड़े। गुरु की योग्यता याद करके अपनी शारीरिक दुर्बलता पर उन्हें रोना आ गया था। हमारे संगीतकार भले गर्व से फूले हुए क्यों न हों, अपने गुरु के प्रति उनमें अपार श्रद्धा होती है। मोतीसिंह उसके अपवाद नहीं थे। जब वे सिखाने आते थे तो कभी-कभी देर हो जाने पर वे व्यावसायिक संगीतकारों की तरह, दूसरे घरानों के गायकों की निन्दा में ही अपना समय बिता देते थे। संगीतकार कहाँ-कहाँ गलतियाँ करते हैं इसका भी ज्ञान कराते। एक अच्छा गुरु मिल जाने से मैंने काफी सीखा, यह कहने का साहस भी मुझमें नहीं है। वे मेरे लिए गुरु थे, पर उनके लिए मैं 'कारन्त महाराज' था। यही बहुत था। कम-से-कम एक ने तो मुझे 'महाराज' कहा। बेचारे वे वृद्ध सन् 1939 के आसपास घोर दरिद्रता में ही गुजर गये। मोतीसिंह पियक्कड़ होने पर भी गुणी और विद्वान थे। उनसे शिक्षा न पाता तो मेरे गीत-नाटक कभी जन्म ही न ले पाते। उनके कारण ही मुझे उस क्षेत्र में कदम रखने का साहस हुआ। बाद में मैंने कई नयी रचनाएँ लिखने का उपक्रम किया। इस कार्य में डॉ. बाके भी मेरे ज्ञानवर्धन में सहायक बने।

नृत्य का अभ्यास करते समय मुझे बढ़िया पार्श्व संगीत की आवश्यकता महसूस होती थी। पर मेरे भाग्य में तो केवल हारमोनियम ही बदा था। लगता था कि संगीत की साधना के लिए वही एक 'यमुना' है। इसलिए मैंने कुछ मित्रों को दिलरुबा, हार्प, बेसर फ़ोल्ड जैसे वाद्य मँगवाकर दिये। वे मुझसे भी ज्यादा कामचोर थे। उन्होंने कुछ भी करके नहीं दिया। और इस तरह पार्श्व संगीत रचने की कल्पना पूरी नहीं हो पायी।

फिर भी मन में संगीत-निर्माता होने की लालसा बनी रही। एक बार बैंगलूर में मुझे अपना नाटक 'लव-कुश' खेलने का अवसर मिला। उसके लिए पार्श्व संगीत की व्यवस्था करनी थी। तब आकाशवाणी के संगीतकार श्रीनिवास अय्यंगार को घर बुलाकर मैंने अपनी सारी पगली कल्पनाएँ एक-एक करके समझायीं। मुझे राग तो आते थे पर उसके लिए स्वर देने की योग्यता नहीं थी। आवेश आने पर कल्पना उड़ान भरने लगती, उसे स्वरों में बाँधने की योग्यता कहाँ से जुटाएँ? एक बार एक तरह गाता तो दूसरी बार दूसरी तरह। श्रीनिवास अय्यंगार ने मेरे जोश को बीच-बीच में बाँध लगाकर, एक मूर्तरूप दिया। मेरे कथनानुसार कौन-कौन-सी चीज कहाँ-कहाँ होनी चाहिए यह निश्चय करने के बाद उसके लिए आर्केस्ट्रा तैयार किया। बैंगलूर के 'फॉक आर्ट फैस्टिवल' के अवसर पर हमने यह नाटक खेलकर दिखाया। पता नहीं उसे देखनेवालों का अनुभव क्या रहा? मेरे अन्य गीत-नाटकों के अभिनय के समय मेरे तरुण मित्र श्रीनिवास उडुप, मेरे सारे पागलपन

में सहायक रहे।

कभी पूरी न होनेवाली आशा

तब से मुझे 'ऋतुसंहार' (Song of the seasons) जैसी एक कल्पना को केवल संगीत में ही रूप देने की इच्छा हुई। वह पूरी न हो सकी। जिस कला का निर्माण केवल एक आदमी पर निर्भर न हो उसमें ऐसी अड़चनें आती ही हैं। सही साथी नहीं थे। और फिर उनको जुटा पाने की शक्ति भी मुझमें नहीं थी।

डॉ. बाके

मेरे गीतों को निश्चित रूप लोकगीतों के अभ्यास से ही मिला। हलसंगी में मैंने पहली बार उत्तम कन्नड़ का लोक-संगीत सुना था परन्तु उनका सही परिचय बाद में मिला। मेरे गाँव में तुलु और कन्नड़ का लोक साहित्य पर्याप्त मात्रा में है। शुरू में मुझे इसका पता नहीं था, केवल यक्षगान ही सुन रखा था। इन सबका परिशीलन करने की अभिलाषा एक मित्र के कारण हुई। केरल के उस मित्र ने डच डॉ. अर्नाल्ड बाके दम्पती को मेरे पास आने की सलाह दी थी। उनके आने का उद्देश्य भी उस पत्र में लिखा था। बैंगलूर जाते हुए मडकेरी में मेरी उनसे भेंट हुई। डॉ. बाके मेरे परिचित महान विद्वानों में एक थे। मेरा उनसे परिचय सन् 1937 में हुआ था। वे हालैण्ड के निवासी थे। लन्दन के आक्सफोर्ड विद्यालय से हमारे यहाँ आये थे। मेरा परिचय होने से पूर्व ही वे दस साल यहाँ बिता चुके थे। पति-पत्नी दोनों यहाँ संगीत पर शोधकार्य कर रहे थे। श्रीमती बाके बहुत बढ़िया पियानो बजातीं और गा भी सकती थीं। उन्हें यूरोप के समस्त प्रान्तों के लोकगीत, मध्ययुगीन संगीत और अर्वाचीन संगीत का अच्छा अभ्यास था। हमारे देश में आकर उन्होंने शान्ति निकेतन में हिन्दुस्तानी संगीत का परिचय प्राप्त किया। सारे भारत का भ्रमण कर उन्होंने लोकगीतों को रिकार्ड किया था। वे जहाँ जाते वहाँ के गीत गानेवालों को बुलाकर उनसे गीत गवाकर उन्हें टेप कर लेते थे। तब तक उस यन्त्र का विकास हो चुका था। इस प्रकार वे गीतों का संग्रह करके उन पर शोध कर रहे थे। उन्होंने हमारे देश के संगीत और मध्ययुगीन यूरोप के संगीत का तुलनात्मक अध्ययन किया था। उन्होंने बताया कि गीत-गोविन्द की शैली टर्की, हंगरी, स्पेन में भी पायी जाती है। उनका कथन है कि यूरोप में भी हमारे देश के समान ही मैलोडी गान-पद्धति प्रचलित रही। बाद में समरख (हारमोनि) पद्धति विकसित हुई। इसके बाद में उनकी और हमारी पद्धति अलग-अलग दिशाओं में चल पड़ी। फिर भी जापान और यूरोप के गीतों में आज भी मैलोडी ही प्रधान है।

कार्य की लगन

डॉ. बाके एक भव्य व्यक्ति थे। दो-सौ साठ पौण्ड के भारी भरकम देहवाले आदमी थे। मुझे पास खड़ा करके 'सी दिस बेबी' (See this baby) कहकर मेरा परिहास करते। उनकी पत्नी भी उन्हीं के अनुरूप ही थीं। शारीरिक दृष्टि से वे दोनों जितने भारी-भरकम थे, मन से उतने ही उदार थे। उन दोनों को कई स्थानों पर ले जाकर यहाँ के लोकगीतों के संग्रह कराने में मैंने उन्हें सहयोग दिया। जब वे गीत-संग्रह कर रहे थे तब मैं उनके लिए लोकगीतों का साहित्य लिखकर सही उच्चारण और अर्थों का भी संग्रह करके देता रहा। उनमें अपने कार्य के प्रति कितनी लगन थी! उनके साथ अपने जिले का भ्रमण करके मैं बीजापुर भी गया। हलसंगी के मित्रों के गीत भी उन्हें संग्रह करके दिये। बाद में बम्बई में भी उनसे भेंट हुई। उस दम्पती ने पियानो बजाकर मुझे पाश्चात्य संगीत का विधान बताया। बाद में वे काश्मीर और लद्दाख भी गये। अपने इस शोधकार्य के लिए उन्होंने उन दिनों लगभग पाँच-सौ मील की तो पैदल ही यात्रा की थी।

स्वर्गीय

दूसरे महायुद्ध की समाप्ति होते-होते डॉ. बाके सपत्नीक यूरोप लौट गये। उसके तुरन्त बाद वे आक्सफोर्ड गये और प्राध्यापक बन गये। जब मैं लन्दन गया तब भी वे वहाँ प्राध्यापक थे। उनके अनुरोध पर मैं लाईडन नगर भी गया था। वहाँ मैं उनके सम्बन्धियों के साथ ठहरा था। जब मुझे डॉ. बाके के स्वर्गवास की बात पता चली तो मुझे मेरे एक आत्मीय के खो जाने के बराबर ही दुख हुआ।

गीत साहित्य

डॉ. बाके के साथ कार्य करते हुए एक तरह से मेरी आँखें खुल गयी थीं। उस कार्य से यह पता चला कि लोकगीतों में और गीत-रूपकों में कितनी निकटता है। मुझे लगा कि यदि संगीत को कला का रूप देना हो तो हमें उस उद्देश्य की पूर्ति करनी होगी। हमारे संगीत में शास्त्रीय पद्धति का विकास तो हुआ ही है, विविध वाद्यों का भी चमत्कार दिखाई देता है। लेकिन इस विकास के साथ कला शायद उसी प्रमाण में विकसित नहीं हो पायी। इसका मुख्य कारण यह है कि हम शास्त्र को ही 'कला' मानकर उल्टे रास्ते पर चल पड़े।

हमारी 'मार्ग पद्धति' के 'गीत प्रबन्धकारों' में अनेक सन्त थे। ऐसे लोगों ने रागों का परिचय देने को प्रबन्धों की रचना नहीं की। अपनी भक्ति और वैराग्य को व्यक्त करने के लिए ही वे गाया करते थे। सूरदास और तुलसीदास की अनेक कृतियाँ इसी कोटि की हैं। ऐसी कृतियों में साहित्य और संगीत का सुन्दर समन्वय

हुआ है। यह बात नहीं कि दक्षिण के पण्डितों ने ऐसा कार्य नहीं किया। अधिकांश प्रबन्धों में राग और ताल का चमत्कार दिखानेवाली रचनाएँ भी अनेक हैं। कइयों ने अनेक स्तुतियाँ और भक्ति सम्बन्धी पदों का ही संकलन किया है। कोई भी गीत लिया जाए, उसके पल्लवन और उठाव से पता चल जाता है कि उसकी स्फूर्ति कहाँ से आयी। वैसी स्फूर्ति के भाव के बिना केवल 'गिरिधर, ब्रजधर, मुरलीधर' कह देने से राग का परिचय हो सकता है क्या?

एक बात और है; हमारे 'मार्ग पद्धति' वाले उत्तम प्रबन्धकार भक्त ही थे। उन्होंने ज्यादातर भक्ति और विरक्ति के गीत गाये। उनके गीतों को यदि भाव-पूर्वक गाना हो तो क्या हममें उनकी श्रद्धा का सौवाँ हिस्सा भी नहीं होना चाहिए? इसलिए हमें सफल 'प्रबन्धकार' और गायक बनने के लिए अपने मनोनुकूल गीत गाने चाहिए। दैनिक जीवन में दीखनेवाले सुख-दुख, क्रोध आदि संवेग संगीत के द्वारा व्यक्त हो सकते हैं। ऐसी कृतियाँ अधिक क्यों नहीं दिखाई देतीं? मानवीय शृंगार के लिए क्या हमें दूसरों का ऋणी होना चाहिए? हमारे शृंगार भाव को प्रदर्शित करने के लिए, राधा की विरह भावना ही क्यों प्रतिबिम्बित करना चाहिए? फिर उसके जैसा मधुर भाव का बोध हममें कहाँ से आएगा?

क्या हमारी अपनी भावनाएँ नहीं हैं?

इतना ही नहीं, हमारा जीवन सैकड़ों सुख-दुखों से भरा है। तब उसमें निहित विविध रसों को संगीत द्वारा अभिव्यक्त होते क्या हम देख पाते हैं? हास्य, रौद्र, सन्तोष, वीर आदि अन्य रस गीतों में व्यक्त हो रहे हैं? कृतिकार क्या इन भावों का विधिवत् सृजन कर पा रहे हैं? इतना शास्त्रीय ज्ञान होने से उसका लाभ क्या होगा? सात-आठ वर्ष के बच्चों को, जिनका भक्ति से सरोकार नहीं यदि हम 'दासों' की कृतियाँ सिखाने लग जाएँ तो क्या उनको कला-सिद्धि हो पाएगी?

देशी गीत

इन विविध विचारों के परिणाम को और उस क्षेत्र में अपनी अपेक्षाओं को मैंने अपने उपन्यास 'मरलि मण्णिगे' (माटी की ओर) के राम के द्वारा व्यक्त करने का प्रयास किया है। उसके बाद का चित्रण 'मोग पडेद मन' में किया है। लोकगीतों को समझने के बाद 'यारो अन्दरु' (किसने कहा) और 'सोमिय सौभाग्य' नाम के दो गीत-नाटक लिखे। पहला प्रहसन है, दूसरा दुखान्त है। दोनों सामान्य जीवन के ही चित्र उपस्थित करते हैं। इन दोनों के निरूपण में मैंने दिखाने का प्रयास किया है कि देसी गीत की क्या भूमिका है। हमारे यक्षगान के कवियों ने इस क्षेत्र में बहुत काम किया है। परन्तु हिन्दुस्तानी, दाक्षिणात्य संगीत के मोह

में फँसे कुछ भागवतर उसके सौन्दर्य को नष्ट करके, यक्षगान का पुनरुद्धार यहाँ के जिलों में कर रहे हैं। हमारे जिले में यक्षगान के कुछ प्रसिद्ध भागवतर ऐसे अभ्यास कराकर इतना बड़ा नुकसान कर रहे हैं जो शायद कभी पूरा न हो सकेगा। सौभाग्य से उत्तर कन्नड़, मलेनाड क्षेत्र में यह अनर्थ नहीं हुआ। कोलार और चित्रदुर्ग में दाक्षिणात्य के प्रभाव ने वहाँ के बयलाट के गीतों को यक्षगान रहने ही नहीं दिया। यदि कोई सुधार करना हो तो पहले उसमें पूर्वरूप विकसित करके सुधार करना होगा। पर एक और पद्धति का समावेश करके पहलेवाली पद्धति को हटाने से ही काम नहीं चलता। हमें इस बात का भी ज्ञान होना चाहिए कि यह अलग है और वह अलग। प्रत्येक पद्धति में अपनी-अपनी खूबी होती है। केवल नवीनता का मोह कला की सृष्टि में सहायक नहीं होता। मैं इस बात का पक्षपाती नहीं कि जो पद्धति जैसी है उसे उसी रूप में बना रहना चाहिए, परन्तु अपनी परम्परा को बदलते और विकसित करते समय, किस उद्देश्य की पूर्ति के लिए हम परिवर्तन कर रहे हैं, यदि यह ज्ञान नहीं रहा तो हानि ही होगी।

यक्षगान

मैं पुत्तूर में दशहरे के अवसर पर नृत्य-प्रदर्शन के विविध प्रयोग कर रहा था। उस जमाने में, साल में एक बार यक्षगान की एक कथा नृत्य के द्वारा प्रदर्शित करने का प्रयास किया करता था। उसके गीत नृत्य के हिसाब से रचे जाते थे। मेरा विचार था कि 'मार्ग पद्धति' में केवल भक्तिपरक गीत होते हैं। पर पता चला कि उनमें भी हास्य, अद्‌भुत, शृंगार, क्रोध आदि के सैकड़ों गीत हैं। धीरे-धीरे जब यक्षगान पर अन्वेषण करने लगा तो पता चला कि उसके पुराने प्रबन्धों में सैकड़ों राग हैं। उनमें न केवल हिन्दुस्तानी, कर्नाटकी पद्धति के नाम थे अपितु दुर्धरी, पंचागति, कन्नड़, हूबु, कोरे, मेच्चु, मेचाली जैसे नये अथवा यक्षगान के विशिष्ट राग भी मौजूद हैं। यह मेरे लिए आश्चर्य की बात थी और हर्ष की भी। मैंने पुराने यक्षगान के भागवतरों को सामने बिठाकर, गवाकर, अनुसन्धान करना आरम्भ किया। मार्ग-पद्धति से परिचित मित्रों को भी साथ बिठाकर यह काम कराया। हमारे भागवतर तो पहले से चले आये रागों को जैसे भूल ही गये हैं। रागों का उन्होंने अभ्यास करना ही छोड़ दिया है। केवल उस शैली को लेकर रात भर गाने की परिपाटी को चलाते रहे हैं। बिना जानकारी के एक राग से दूसरा राग उठाते हुए मैंने उन्हें देखा। उनके साथ तीन-चार वर्ष के अनुसन्धान से मैंने लगभग नब्बे यक्षगान के रागों का पता लगाया। मैंने इसके बारे में यक्षगान बयलाट में विस्तार से लिखा है। खैर, इससे मुझे यह समझ में आ गया कि यक्षगान केवल लोकगीत की एक शैली नहीं है, अपितु एक स्वतन्त्र गान-शैली भी है। कई बार नृत्य सिखाते समय

मैंने भी भागवतरों के गले के साथ सुर मिलाकर और कभी-कभी उनसे भी ऊँचे सुर में गाया है।

संगीत-सृजन

आजकल अवकाश और अभ्यास न होने से मुझे अब तक जितना हिन्दुस्तानी संगीत आता था वह भी भूल चुका हूँ। अपने गीत-नाटक 'कीचक सैरन्ध्री' की रचना करते समय काफी परिश्रम करना पड़ा। बीच-बीच में हिन्दुस्तानी संगीत के जानकारों से पूछकर सुधारना भी पड़ता था। इतना होने पर भी, पाश्चात्यों की भाँति भाषा और साहित्य के बन्धनों में न पड़कर, गीतों द्वारा ही हमें कुछ भाव और कल्पनाओं का सृजन करने की इच्छा होती थी। परन्तु ऐसे प्रयोग के लिए आवश्यक प्रोत्साहन कहाँ?

एक बार बैंगलूर आकाशवाणी में नन्दी साहब निदेशक बनकर आये। मैं भी वहाँ सलाहकार था। उन्होंने मुझसे कहा, ''आप हमारे लिए कोई नयी कृति दीजिए।'' तब मैंने 'द मैटिक म्युजिक' (The matic music) बनाने की अपनी पुरानी इच्छा प्रकट की। वे बोले, ''ठीक है आप आरम्भ कर दीजिए।'' मैंने कहा, ''आपका आग्रह है तो मैं इस ओर प्रयास करता हूँ और अगर सफल रहा तो आपको सूचित करूँगा।'' वहाँ से मैं पुत्तूर लौट आया। मन में वही बात चक्कर लगा रही थी, कई दिनों तक गुनगुनाता रहा।

नदी-यात्रा

हमारा जीवन भी एक प्रवाह है यह नदी के रूपक में क्यों न दिखाया जाए, यह विचार मेरे मन में उठा। हवा, बादल, अन्धड़, बाद में बूँदाबाँदी, निरन्तर वर्षा, उससे पानी का प्रवाह, उन प्रवाहों का मिलकर छोटी नदी बनना, नदी का ठाँठें भरना, जगह-जगह पर वेग से गिरना, वहाँ से मैदान में बहाव का यौवन, फिर उसका आगे गमन और समुद्र से मिलन। इन कल्पनाओं को लेकर, हर एक स्तर को एक-एक गीत के रूप में गुनगुनाने लगा। सब-के-सब 'ऊकार' और 'आकार' में थे। मुलतानी राग में आँधी का आलाप निकाला, स्वर-ज्ञान पर्याप्त न होने से आलाप की स्वरलिपि बना नहीं सकता था इसलिए एक मित्र से वह काम कराया। मुलतानी, पटदीप, मालकोंस आदि अनेक रागों में मेरा 'आ, आ, आ...' गीत-प्रबन्ध निर्मित हुआ। मेरे एक मित्र वासुदेव नायक मेरे घर आते और मेरे द्वारा ली गयी तानों को सुनकर स्वर पहचानकर स्वयं दोहराते; तब जाकर मैं उन्हें अन्तिम रूप दे पाता था। उन तानों की गति, स्वर लालित्य और उतार-चढ़ाव के द्वारा नदी के जीवन का चित्रण करना था। इतनी तैयारी कर लेने के बाद, मैं बैंगलूर

आकाशवाणी पहुँचा। नन्दी साहब ने अपने वचन के अनुसार, आठ दिन के लिए दस-बारह वाद्यकारों को मेरे सुपुर्द कर दिया। कौन-कौन-सा वाद्य और कौन-कौन-सा गीतांश कहाँ इस्तेमाल करना होगा और स्वर-प्रसार कैसे होगा यह सब समझाकर, वह सब उनसे बजवाया। ऐसा करते समय स्वर का उतार-चढ़ाव कैसा होना चाहिए, यह सब मुझे ही गाकर समझाना पड़ा। जो भी हो, गीत तैयार हो गया। उस समय तो वादकों से पूरा सहयोग मिला, पर उन्हें तो अपनी-अपनी शैली ही पसन्द थी, उनको मेरा यह प्रयोग भाया कि नहीं, कह नहीं सकता। किन्तु उनमें एक-दो मेरा आशय समझकर, मैं जो नाद-तरंगें चाहता था, उन्हें बजा पाने में वे सफल रहे।

मेरे इस प्रयोग के लिए हमारे सामान्य वाद्यों की भी अपनी एक सीमा थी। हमारे वाद्य दिलरुबा, बेला और बाँसुरी आदि मध्यम तार सप्तक निकालने को तो पर्याप्त हैं पर मन्द्र के लिए उनकी उपयोगिता उतनी अधिक नहीं। मन्द्र निकालने को सैलो, सेक्सोफोन जैसे वाद्य चाहिए।

पर मैं इन प्रयोगों को और आगे तक नहीं चला सका। यह मेरे अकेले का काम भी नहीं था। अकेले बैठकर स्वर-लिपि तैयार कर किसी चीज का सृजन करने पर भी उसे सही रूप देने को बड़े-बड़े वाद्य वृन्दों की आवश्यकता पड़ती है, वह सब मुझे कहाँ मिल सकते थे?

खैर, वह एक इच्छा कभी पूरी न हो पानेवाली इच्छा ही बनकर रह गयी। फिर भी आशा बनी रही कि एक बार फिर से अनुकूल परिस्थिति मिले तो यह काम और आगे बढ़ाया जा सकता है।

दूसरी कलाओं में

चलचित्र के लिए

मैंने अपनी सिनेमा व्यवसाय की कहानी आगे न चलाकर वहीं रोक दी थी। अब शेष बात कहना चाहूँगा। प्रचार के लिए एक लघुचित्र तैयार करके अग्नि की भेंट चढ़ाने के बाद एक बड़ा चित्र बनाने का मन हुआ। इसी बीच पाँच-छः सीनरीज़ लिख डाली थीं। परन्तु अधिक दृश्योंवाले और अधिक कलाकारों वाले चलचित्र बनाने में पैसा अधिक लगता है। चार-छह कलाकार इकट्ठे करके, कम खर्च में होनेवाले काम में ही मैं हाथ डालता हूँ। इसीलिए 'भूत राज्य' नाम की एक कहानी लिखी। कहानी अद्भुत प्रसंगों से भरी थी। उसे और भी अद्भुत बनाने को दृश्य-निर्माण के लिए मेरे पास पैसा न था। पौराणिक कहानी का चलचित्र बनाने में यही दिक्कत आती है। 'विचित्र कूट' और 'भूत' उपन्यासों के समान ही 'भूत राज्य' की कहानी है। वह एक साधारण स्तर की प्रणय-कथा है। अधिकांश दृश्य उसमें प्रकृति के ही हैं। पुत्तूर के आसपास कुछ सुन्दर स्थान हैं। सस्ते में मिलनेवाला प्राकृतिक सौन्दर्य छोड़ने को मन न हुआ। उस कथा में पुरुष पात्रों की भाँति नृत्य के लिए स्त्री-कलाकारों की आवश्यकता थी। स्त्री-कलाकार का मिलना तब एक कठिन कार्य था। केवल एक चित्र के निर्माण के लिए बाजारू माल लाने से भला कला की सेवा हो सकती थी? इसके अतिरिक्त बम्बई के स्टुडियो में मैंने देखा था कि वहाँ कैसी-कैसी नर्तकियाँ थीं। इस सिने-कला की तृप्ति के लिए अपने परिचितों को उस विचित्र वातावरण में ढकेलने की मेरी इच्छा न थी।

निष्फल उद्योग

इस सिने-कथा का निर्देशक मैं स्वयं ही था, अभिनेता भी मैं ही था। साथ ही कैमरामैन भी मैं ही था। स्वयं अभिनेता होने के कारण जब मैं अभिनय के लिए खड़ा होता तो मेरे आटोमैटिक कैमरा का बटन दबाने के लिए मैंने एक मित्र को

चुना। यह सब साथ लेकर मैंने एक मास के लिए 'पंज' गाँव में डेरा डाला। वहाँ के पहाड़ों और जंगलों में, कथा में काम आनेवाले दृश्यों की तस्वीरें उतारीं। उतारे हुए इन चित्रों को मैं धुलाई के लिए बम्बई भेजता रहा। वहाँ से मुझे तार द्वारा उत्तर मिलता रहता। उसके पश्चात् एक मास के लिए पुत्तूर में ही एक स्टूडियो बनाकर भीतरी दृश्यों की शूटिंग निबटाकर बम्बई गया। वहाँ उन्हें भी प्रिण्ट कराया। फिर आडिट करने के काम में दो महीने लग गये। इस प्रकार लगभग आठ हजार फीट लम्बा एक चलचित्र तैयार हुआ। फोटोग्राफी का काम अच्छा हुआ था। प्राकृतिक दृश्य भी बहुत अच्छे बन पड़े थे पर कहानी कमजोर लगी। लेकिन अब और अधिक पैसा खर्च करने की स्थिति नहीं थी। दूसरा चलचित्र भी तैयार करने की हिम्मत नहीं थी। इतने सबके लिए साढ़े तीन हजार रुपये खर्च हो चुके थे। यह सारा खर्च कर्ज लेकर ही किया था और थोड़ा-बहुत घरवालों से भी खसोटा था।

चित्र की एक प्रति के लिए कलकत्ता से ग्राहक आये। उसी बीच बम्बई की इम्पीरियल कम्पनीवालों ने 'आलमआरा' नाम का सवाक् चित्र प्रदर्शित किया तो चलचित्रों की मार्किट में हलचल शुरू हो गयी। अब मूक चलचित्रों के खरीददार ही न रहे। ऐसी हालत में मुझे निराश होकर गाँव लौट आना पड़ा। मंगलूर में ही मैंने अपना चित्र प्रदर्शित किया। लोग बड़े उत्सुकता से आये लेकिन लोगों को पसन्द आनेवाले देवी-देवता उस फिल्म में नहीं थे और मारधाड़ भी कम थी। इसी कारण से बाहर के नगरों में भी यह फिल्म नहीं चली। मेरा एक मित्र इस फिल्म को लेकर एक नर्तक दल के साथ सारा दक्षिण भारत घूम आया। एक वर्ष बाद मेरा वह चलचित्र मेरे पास लौट आया। उन्हें मेरी दी हुई पेशगी और आमदनी दोनों उन्हीं के पास रही आयी।

चित्रोद्यम

बाद में मैंने वह फिल्म दिल्ली के एक फिल्म-वितरक को दी। एक वर्ष तक उसने मुझे कोई हिसाब नहीं दिया इसलिए मैं दिल्ली गया। हिसाब की बात तो अलग, उसने वह चलचित्र भी कहीं गिरवी रख रखा था। गिरवी का पैसा अपने हाथ से देकर अपना चित्र छुड़ाकर मैं घर लौटा। तब तक दो वर्ष बीत गये। देश में बोलते चलचित्र शुरू हो चुके थे। चलचित्र का क्षेत्र ज्यादा खर्चीला हो उठा। तब से मैंने चलचित्र की आशा छोड़ दी। अब भी चित्र बनाने की लालसा गयी नहीं। पर लगता है, जब तक अपना स्टूडियो न हो और पर्याप्त परीक्षण न हो उस काम में, चाहे वह कला की दृष्टि से हो अथवा व्यापार की दृष्टि से, कदम रखना बेवकूफी है। बाद में एक दिन दो-तीन मित्र दस-बीस हजार रुपये इकट्ठे करके

उसे बरबाद करने मेरे पास आये। ''कम-से-कम एक लाख रुपये हों तो यह काम करने की हिम्मत की जा सकती है।'' कहकर मैंने उन्हें लौटा दिया। लगा कि कन्नड़वालों को कम-से-कम व्यापार की दृष्टि से तो इस उद्योग में आना ही चाहिए।

मुझे चलचित्र की कला पर बड़ा अभिमान है। उसकी शक्ति अपार है। उसका रास्ता स्वतन्त्र है। उसके द्वारा पाश्चात्यों ने जो काम किया उसको देखकर मुझे भी इच्छा हुई। पर जब भी मैं देशी चित्र देखता हूँ, सिरदर्द हुए बिना नहीं रहता। हमारे यहाँ लोगों ने सिनेमा की मोहकता तो पहचान लिया, व्यापार के गुणों से लाभ भी उठाया है। अब अभिनेता निर्देशक को नचाने का तरीका सीख चुका है और निर्देशक भी अभिनेता को झाँसा देने का ढंग जान गया है। वे दोनों पैसा लगानेवाले को, और पैसा लगानेवाला इन दोनों को गड्ढे में ढकेलने का ढंग सीख चुके हैं। साथ ही, पैसे की शक्ति समीक्षा का मुँह बन्द किये है। विज्ञापनों के लिए मुँह बाये खड़े पत्रकार भला निर्भीक समीक्षा कर सकते हैं? परन्तु वाल्ट डिज़्ने जैसे महान व्यक्ति की, पुडोवूकिन, कोर्डा, पालरोता आदि की कृतियाँ देखने और पढ़ने के बाद लगता है कि हमारे देश में यह उद्योग बहुत पिछड़ा हुआ है।

विद्याभिरुचि

कहावत है—ऐसा कोई पौधा नहीं जिसे बकरी ने चरा न हो अथवा 'जैक ऑफ आल ट्रेडर्स'। उसी प्रकार मेरी इच्छाएँ और अभिरुचियाँ बहुत-सी हैं। मेरे बहुत से मित्रों का कहना है कि मैंने कोई भी काम पूरी तरह नहीं किया। यह सच भी होगा। एक चीज से ही चिपके रहने का स्वभाव मेरा नहीं रहा। अगर ऐसे ही चिपका रहता तो मुझे अपने भीतर की शक्तियों का परिचय भी न मिल पाता। एक छोटी-सी घटना सुनाता हूँ। जब मैं घर के बड़ों के साथ काशी गया तब वहाँ एक श्राद्ध का प्रबन्ध हुआ। हम लोग आगत वैदिकों के लिए तरह-तरह का भोजन बनाकर उनकी प्रतीक्षा कर रहे थे। चार आदमियों के लिए आठ के बराबर खाना पकाया गया था। पर आनेवाले भोजन-कला दक्ष थे। उनमें प्रत्येक एक-एक विद्या का विशेषज्ञ था। एक केवल मिठाई खाने में लगा रहा; दूसरा खीर माँगे जा रहा था, तीसरा एक और चीज माँगे जा रहा था। जो पकवान बने थे उनमें कुछ तो कम पड़ गये और कुछ खूब बच गये।

चित्रकारी

अब चलचित्र से आगे चित्रकला की बात कहता हूँ। मैं चित्र बनाता हूँ यह सुनकर शायद पाठकों को आश्चर्य हो, पर क्या किया जाए! मेरे भाग्य में तो चित्र, शिल्प,

वास्तुशिल्प सब कुछ लिखा हुआ है। बचपन में कागज पर रंग-बिरंगे चित्र बनाया करता था। वरदाचार्य के 'सुग्रीव सख्ये' नाटक को चित्रों के द्वारा दिखाया। पाठशाला छोड़ने के बाद, पिताजी की आज्ञानुसार उनके स्कूल के नाटकों के पर्दों पर चित्र बनाकर दिया करता था। आज भी अपनी पुस्तकों का सौन्दर्य बिगाड़ने के लिए मैं अपने बनाये चित्रों और फोटो को छपवाता रहता हूँ। कम-से-कम यह तृप्ति तो रहती है कि दूसरे को देने को पैसा बच गया। 'बाल प्रपंच' के लिए बहुत कुछ चित्र तो मुझे ही बनाने पड़े थे। कई बार 'कुमार धारा' जैसी नदियों के तट पर बैठकर प्रकृति के चित्र बनाये हैं। वाटर कलर और पोस्टर कलर का मैंने खूब बेड़ा गर्क किया है फिर भी इस क्षेत्र में मैं अभी शिशु ही हूँ। मनोनुकूल चित्र बनाने की शक्ति का विकास नहीं ही हो पाया। उसके लिए आवश्यक ज्ञान, या स्वतन्त्र शैली मुझे प्राप्त नहीं हुई। मैंने उतनी साधना भी नहीं की।

मेरे पसन्द न करने पर

एक समय देसी चित्रकारों में फ़ैज़ी, रहमान, चुगताई, शरद और रणदा उकील आदि लोगों की रेखाओं का कौशल मुझे बहुत पसन्द आता था। उनके मूल चित्र भी मैंने देखे हैं। उसी पागलपन के कारण शान्तिनिकेतन जाकर नन्दलाल बसु से मिला था। उन्होंने तब बहुत से चित्र दिखाये थे। उनके एक चित्र की अब भी याद है। चित्र का विषय कुरुक्षेत्र था। कुरुक्षेत्र के मैदान में, एक हाथ भर जगह में खड़े संजय और धृतराष्ट्र के केवल पाँव ही दिखाई देते थे, पर उतने में ही कुरुकुल के विनाश की दारुण वेदना उन्होंने उसमें व्यक्त कर दी थी। शान्ति निकेतन में रवीन्द्रनाथ ठाकुर के बनाये कई चित्र भी देखे। उन्हें देखकर कुछ लोगों ने पूछा भी था कि उनका कोई अर्थ भी है। मैं भी कह सकता हूँ कि मेरे पल्ले भी कुछ नहीं पड़ा। यदि मेरे पल्ले न पड़े तो क्या इससे उनके चित्रों का कोई अर्थ नहीं होगा? इस प्रकार की समीक्षा ठीक नहीं। राफेल, रूबिन्स, रेंब्राण्ट आदि पाश्चात्य चित्रकारों के चित्रों की फोटो देखी हैं। लन्दन म्यूजियम से चीनी और जापानी अनेक चित्रकारों के चित्रों की प्रतिलिपियाँ मँगाकर अभ्यास किया है। उनमें कितनी समानता है? कलाकार अपनी पसन्द की कोई भी शैली अपना सकता है। यदि हम उनकी शैली या उद्देश्य को पसन्द नहीं करते तो कला अर्थशून्य नहीं हो जाती।

एक और पागलपन की बात कहना चाहता हूँ। वह है—'कला' कहने से क्या वह सबको समझ में ही आनी चाहिए? क्या सबको एक ही तरह का आहार पसन्द आ सकता है? भला कौन-सी चीज सबको पसन्द आएगी? कला समझने को उचित संस्कार की आवश्यकता होती है। कला-समीक्षा के लिए भी एक

विशेष शिक्षण चाहिए, विशेष योग्यता चाहिए।

अवनीन्द्रजी

शान्ति निकेतन जाते हुए मैं कलकत्ता गया। वहाँ के डॉ. अवनीन्द्र नाथ ठाकुर से मिलना चाहता था। उनके घर पर गगनेन्द्र ठाकुर भी थे। अवनी बाबू तब खूब बूढ़े हो गये थे। हमारे देश में भारतीय चित्रकला को पुनर्जीवन उन्हीं से प्राप्त हुआ था। नन्दलाल बसु, वेंकटप्पा और असित कुमार हालदार आदि को उन्होंने ही सिखाया था। उनके घर में अजन्ता के चित्रों की कुछ प्रतियाँ देखीं। अवीन्द्र बाबू और गगनेन्द्र बाबू के बनाये कुछ चित्र देखे। गगनेन्द्र बाबू अपनी ही एक स्वतन्त्र शैली में चित्र बना रहे थे। लगता था उनमें क्यूबिज़्म था। मुझे उनसे मिलने की बहुत इच्छा हुई। मैंने पूछा, "क्या वे घर में हैं?" तब पास बैठे एक लड़के ने कहा, "हैं। पर वे बात नहीं कर सकते।" पता चला कि वात रोग के कारण उनकी वाक्-शक्ति जाती रही थी। उनको देखने से मेरा मन दुःखी होगा, सोचकर मैं यूँ ही चला आया।

चित्रकार की दुनिया

एक बार जब मैं बम्बई गया तब वहाँ के टाउन हाल में एक चीनी चित्रकार 'जान पू-कू' के चित्रों की प्रदर्शनी लगी थी। उसकी शैली में वैविध्य था। वह चीनी शैली थी। उसके चुने मुख्य विषयों ने मेरा ध्यान विशेष रूप से आकर्षित किया। एक घायल शेर का चित्र था, क्रूर पशु होने पर भी रोग से तड़प रहा था। इसका चित्रण चित्रकार ने बड़ी अनुकम्पा से किया था। कुछ और भी पशु और पक्षियों के चित्र थे। अन्धड़ में फँसी एक मक्खी का चित्र भी था। मक्खी का अन्धड़ में फँसकर पंख फड़फड़ाना, पानी में डूबते आदमी की छटपटाहट से भी अधिक दुखद होता है यह दिखाया था। साहित्यकार की भाँति ही चित्रकार की दुनिया भी बहुत विशाल है। उसे अपने सारे अनुभवों को केवल देवताओं के चित्र बनाने में या सुन्दर रूपों की आराधना में ही नहीं गँवा देने चाहिए।

कलाविद्

मेरे मन में धीरे-धीरे चित्रकला के प्रति जो प्रेम बढ़ रहा था उसने आरम्भ में मुझे भारतीय चित्रकला की ओर ही आकर्षित किया। राजा रवि वर्मा के और कैलेण्डरों के चित्रों की अभ्यस्त मेरी आँखों को दूसरा दृष्टिकोण समझने में जरा समय लगा। 'बसन्त' पत्रिका में लेख भरना अनिवार्य होने के कारण मैंने इस विषय में भी प्रवेश देना शुरू कर दिया। उन दिनों में विकासोन्मुख बंगाली चित्रकला ने मुझे पर्याप्त

आकर्षित किया। आगे चलकर मेरा मन पाश्चात्य चित्रकला जानने को उत्सुक हुआ। अँग्रेजी में चित्रकला के बारे में बहुत-सी पुस्तकें हैं। यूरोप के चित्रकारों और उनके चित्रों के बारे में अनेक सुन्दर पुस्तकें प्राप्त होती हैं। 'बाल प्रपंच' लिखते समय उन्हें एक-एक करके मँगाकर पढ़ने लगा। राफैल, माइकल एंजेलो, द विंसी, रेम्ब्रा आदि चित्रकारों की ओर मेरा ध्यान गया। उसके आगे यूरोप में हुई चित्रकला की क्रान्ति के बारे में जानने का प्रयास किया गया। सैजान, फ्रानगफ, लौट्रे आदि अनेक चित्रकारों के चित्र देखे। उनकी प्रशंसा करना भी सीखा। हुकुशीं, हिरोशिगे जैसे जापानी चित्रकारों की शैली पाश्चात्य चित्रकार की शैली से भिन्न होने पर भी मुझे सोचना पड़ा। यदि मैं यह कहूँ कि मेरी इसी इच्छा के कारण मैं यूरोप की हर एक चित्रशाला देखने को उद्यत हुआ तो कोई गलती न होगी। लन्दन, ब्रुसेल्स, अमस्टर्डम, पेरिस, फ्लोरेस, वेनिस, रोम आदि नगरों की प्रसिद्ध आर्ट गैलरीज़ देखने गया। इससे मुझे बहुत लाभ हुआ।

चित्रकला के मायने केवल वस्तुओं का बाह्य रूप तथा रंगों की कलाबाजी नहीं है अपितु चित्रकार द्वारा स्वतन्त्र रूप से सृजन की गयी नवीन सृष्टि है—यह बात मेरे मन में भली प्रकार बैठ गयी।

चित्रकार

हम लोग अपने देश की प्राचीन चित्रकला की परिपाटी को भूल गये हैं। अत: रूपानुकरण करनेवाले रवि वर्मा के चित्र ही हमें महान लगे तो इसमें आश्चर्य क्या है ? जब तक यह गलत धारणा हमारे दिलों पर से नहीं हटती तब तक हममें अच्छी चित्रकला पसन्द करने की योग्यता नहीं आ पाएगी। रंग-रेखा की सृष्टि करनेवाला यह माध्यम अपना एक अलग वैशिष्ट्य रखता है अत: एक चित्रकार की तरह का दूसरा चित्रकार नहीं होता। अपने यौवन के आरम्भ में मैं वेंकटप्पा जैसे चित्रकार के पास जाया करता था और उनसे बहुत प्रभावित भी हुआ था। पाश्चात्य चित्रकला देखने के बाद यह अनुभव हुआ कि वहाँ एक-से-एक बढ़कर कलाकार हैं। वहाँ के चित्रों से मेरा मन बरबस चित्रकार और उनकी चित्रकारिता की ओर आकर्षित हुआ।

माग्दा नांचूमन

इस शती के चौथे दशक में मेरे मित्र एम. आचार्य बम्बई में आकर रहने लगे। यूरोप में उन्होंने बहुत गरीबी से जीवन काटा था। वहाँ वे सदा अपने राजनीतिक चिन्तन पर लिखा करते थे। बम्बई में भी वे वैसा ही जीवन चलाने लगे थे। उनके आने के दो वर्ष बाद उनकी पत्नी माग्दा नांचूमन अपने गरीब पति के पीछे-पीछे

भारत आकर साथ रहने लगी थीं। आचार्य ने अपनी पत्नी के बनाये चित्र दिखाये। उन्हें जीव-जन्तुओं के चित्र बनाने का बड़ा शौक था। बम्बई आने के बाद भी किसी की सहायता न लेकर उन्होंने अपना चित्रकारी का यह शौक जारी रखा। तब वे करीब पचास वर्ष की होंगी। उनकी देह स्थूल थी और पति से उन्हें अत्यधिक प्रेम था। उनका गरीब घर मेरे लिए एक ठिकाना बन गया। मैं साल भर में चार-पाँच बार बम्बई जाया करता था और उनके चित्रों को देखकर आनन्दित हुआ करता था। भारत में आकर बसने पर भी यहाँ के लोगों ने उन्हें भारतीय नहीं माना। उन्होंने यूरोप की महिलाओं के साथ अधिक सम्पर्क नहीं बना रखा था। अपना सारा समय वे चित्र बनाने में ही लगाती रहीं। फिर भी उस आय से घर नहीं चल पाता था। सन् 1938 में उन्होंने मेरा भाव-चित्र बनाया। उन्हें गरीबी के चित्र बनाने बहुत पसन्द थे। उनके चित्रों में आँखों का रूप देखने योग्य होता था। मैं उन्हें देखते-देखते घण्टों बिता दिया करता था। उनके चित्रों की एक प्रदर्शनी सन् 1950 के बाद बम्बई में आयोजित की गयी थी। उस प्रदर्शनी के उद्घाटन के दस दिन पूर्व ही वे परमधाम पहुँच गयी थीं। आचार्यजी पहले से ही फेफड़ों की बीमारी से ग्रस्त थे। पत्नी के गुजर जाने के बाद उसकी याद में तड़प-तड़पकर उसकी ही राह पर चले गये। कलाकार की सिद्धि और गरीबी से घिरी माग्दा मेरे लिए कभी न भूल पानेवाली एक याद बनकर रह गयीं।

हेब्बार

माग्दा जब बम्बई में थीं तब मलबार हिल के बहुत पास हमारी तरफ के ही श्रीकृष्ण हेब्बार रहा करते थे। उनसे परिचय के बाद, जब भी मैं बम्बई जाता उनसे अवश्य मिलता। आजकल वे 'पद्मश्री' सम्मान पा चुके हैं और एक अन्तरराष्ट्रीय ख्यातिप्राप्त चित्रकार हैं। इस दीर्घकालीन परिचय और उनके सरल स्वभाव से मैं बहुत प्रभावित हुआ हूँ। जब-तब उनके चित्र बनाते समय मैं उस चित्र को देखता, उस पर टीका-टिप्पणी करता, हँसता, चर्चा तो करता ही रहता था, पर उस माध्यम को समझने में उनसे बहुत सहायता भी प्राप्त की। उन्होंने, पता नहीं, उस माध्यम से कितने प्रयोग किये! नित्य नये-नये तरीके अपनाकर चलनेवाले हेब्बार सा. को रंग और रेखाओं की इतनी सिद्धि हो चुकी है कि देखकर आश्चर्य होता है। उन्हीं जैसे कुछ कलाकार आधुनिक भारतीय चित्रकला में क्रान्ति पैदा कर रहे हैं। इस क्रान्ति से यह डर भी लगता है कि आधुनिक चित्रकला, पता नहीं किस ओर जाएगी। इसका विचित्र परिणाम हम यूरोप और अमेरिका के देशों में देख सकते हैं। 'अमूर्त चित्रकला' कई बार हमें आश्चर्य में डाल देती है। कई अंशों में तो 'तकनीक' ही कला बन जाती है। मैं इतनी दूर जा नहीं सकता। कोई भी माध्यम

क्यों नह हो, कोई भी शैली क्यों न हो, भले ही कोई शास्त्र क्यों न हो, वह चित्रकार के अन्तरंग को, विचारों और मन की गहराई को दिखाने में समर्थ होना चाहिए। उसके मनोभावों में गहराई नहीं होनी चाहिए? भाव क्या केवल रंग से ही चिपके रहने की चीज है अथवा जीवन से चिपकनेवाली चीज है? चित्रकार का चित्र यदि दर्शक के मनोभाव नहीं जगाता, और संवेदन उत्पन्न नहीं करता तो वह सार्थक नहीं कहा जा सकता। यह बात तभी सम्भव है जब वह चित्र जीवन से सम्बन्धित हो।

कला की सृष्टि से मन पर पड़नेवाला प्रभाव जितनी लम्बी अवधि तक रहता उतनी ही वह कला महान कहलाती है। उत्तम साहित्य को देखने का भी मेरा यही मापदण्ड है। किसी कलाविद् के महान होने से यह काम नहीं हो जाता। उसके साथ सहृदय भी होना चाहिए। उस सहृदय को इस विषय में आकर्षण हो सकता है पर उससे अनुकम्पा या संवेदना पैदा नहीं होती। उसके लिए माध्यम के प्रति संस्कार भी चाहिए। कइयों को यह कहते सुना है 'भला इस चित्र में क्या रखा?' इनमें ऐसे भी लोग हैं जो यह कहते हैं कि उन्हें चित्र की भाषा आती है, पर यह पता नहीं कि कितने लोगों में वह संस्कार है।

नाचता मन और थिरकती देह

नृत्य की ओर

मैंने 'मुक्तद्वार' नाटक मंचन के लिए लिखा था। इसकी कथा में युगान्तरों में याज्ञवल्क्य, बुद्ध, कृष्ण, ईसा आदि के उपदेश धीरे-धीरे कैसे बदले और भुला दिये गये यह दिखाने का प्रयास किया था। उसमें 'काल' एक पात्र है। वह 'काल-पुरुष' चन्द्र, अग्नि, साधारण व्यक्ति, पक्षी, सर्प आदि के अलग-अलग रूप धारण करता है। इन सबको मुझे नृत्य द्वारा ही प्रस्तुत करना था। वह नृत्य भी मुझे ही, जिसे नृत्य की विशेष जानकारी न थी, सिखाना पड़ा। अपने एक मित्र की पुत्री को नृत्य करने के लिए बुलाया और उसके लिए उपयुक्त पद्धति चुनकर उसे सिखाने लगा। मेरे उन विचारों के लिए नृत्य ही उपयुक्त था। मैंने प्रकृति में यह देखा था कि ताल, गति, रेखा किस प्रकार बढ़ती जाती है। यह बात वहीं से मेरे मन में उठी थी। नृत्य में वही प्रमुख है। इसलिए ताल की थाप पर सहज कदम रखते हुए, हाथ से, मुख मुद्राओं से, 'काल' के एक-एक भाव का सृजन करने लगा। इन सबका मूल मन की भावना ही थी, कोई शास्त्र-ज्ञान नहीं। इसलिए मेरी शिष्या भाव पकड़ नहीं पायी। वह पद-संचालन जानती थी लेकिन वह कार्य निभा नहीं पायी। मैंने स्वयं वह कार्य आरम्भ कर दिया। सात-आठ दिन के अभ्यास से अपने भावों को शरीर की भंगिमा से, अंग-संचालन से प्रदर्शित करने लगा। यह 1932 की बात है। तब से मुझे नृत्य भी प्रिय हो गया। मैं भाव में जितना अधिक तल्लीन होता गया उतनी ही सफलता मुझे नृत्य के सृजन में मिलती चली गयी। मैंने 'मुक्तद्वार' नाटक का प्रदर्शन बैंगलूर, मंगलूर और पुत्तूर में किया। दिवंगत श्रीकण्ठैया के आग्रह पर रायचूर में भी उसका प्रदर्शन किया। तब ऐसा लगा कि आम लोगों ने भी उसे बहुत पसन्द किया। इसका कारण शायद यह रहा होगा कि उनका नृत्य का ज्ञान मुझसे भी कम रहा होगा। 'अन्धों में काना राजा' यह कहावत ही सही लगी।

तरंग

पुत्तूर में दशहरे के अवसर पर मित्रों को साथ लेकर नृत्य-क्षेत्र में भी प्रयोग करने लगा। पाँव मेरे थे, अंग-विन्यास मेरा था, मुख मुद्राएँ भी मेरी थीं, इसलिए यह कहना चाहिए वह नृत्य-शास्त्र भी मेरा ही हुआ। अपनी समझ के अनुसार मैं उसे विकसित करता गया। 'मेघ मयूर' नाम से एक नृत्य की योजना बनायी। दो मोरनियाँ एक मोर की उपेक्षा करती हैं। यह भाव-प्रधान विषय था। इस सरल नृत्य को विविध तरंगों और विन्यासों से प्रदर्शित करने में आसानी हुई। तरंग के विषय में मेरे और दूसरों के विचार एक ही होंगे, ऐसा मैं नहीं सोचता था। बस, मेरे पागलपन को वही पसन्द था।

शीलभंग

एक बार और, बैंगलूर के एक मित्र के स्नेह ने ही मेरे भीतर की विचार लहरी को छेड़ा। मेरे मित्र श्री तिप्पय्या, जब भी मैं बैंगलूर जाता तब, अलसूर के सरोवर में मुझे नौका-विहार को ले जाते थे। एक बार जब मैं वहाँ गया तो मुझ पर स्नेह के कारण उन्होंने वहाँ लगे सुनहरे कमल तोड़कर दिये। मुझे फूल बहुत प्यारे लगते हैं। पर उसे तोड़नेवाले या तोड़कर बालों में लगानेवाले अच्छे नहीं लगते। पौधे पर लगे फूल का जो सौन्दर्य है वह बालों में लगने पर नहीं दिखता। तिप्पय्या के दिये स्वर्ण-कमल घर लाते-लाते मुरझा गये थे। वैसे फूलों का जीवन एक ही दिन का होता है। वह भी पौधे पर ही दीखता है। मुरझाये फूल देखकर मुझे बड़ी व्यथा हुई। जनसाधारण में फूलों के प्रति दीखनेवाली रुचि को फूलों का शीलभंग ही कहना चाहिए। मैंने इसी विचार को 'शीलभंग' नाम से नृत्य-नाटिका में व्यक्त किया है। फूल के स्थान पर एक कन्या रूपी फूल को देखकर प्रशंसा करनेवाले व्यक्तियों की कवि और सूर्य से तुलना करके, शीलभंग करनेवाले को पुजारी के रूप में आरोपित करके उसके लिए उपयुक्त गीत लिखकर एक बैले तैयार किया।

और एक बार रात-दिन का सौन्दर्य, विश्रान्ति, गम्भीरता, थकान, उल्लास को, निद्रा देवी और सूर्य की सरल क्रीड़ा के एक दृश्य में निरूपित किया। उस नृत्य को केवल गीत की पृष्ठभूमि दी। उसे 'शीलभंग' के समान साहित्यिक पृष्ठभूमि नहीं दी। इसी प्रकार बार-बार कई प्रयोग करके अनेक नृत्यों का सृजन करना सम्भव हो पाया।

मनोगति ही शरीर की गति

इस प्रकार काम करते समय एक और बात मेरे ध्यान में आयी। चाहे नृत्य हो या साहित्य का निर्माण, उसमें तल्लीन हो जाना मेरा स्वभाव है। यह तल्लीनता जितनी

बढ़ती जाती, नृत्य के भाव उतने ही अपने आप विकसित होते जाते हैं। मैंने यह भी देखा कि नृत्य में भाव-सम्प्रेषण के लिए एक और सहज सुविधा रहती है। उसकी गति जैसे-जैसे तीव्र होती जाती है वैसे ही तन्मयता बढ़ती जाती है। उसका कारण है नृत्य-व्यापार का मानसिक होने के साथ-साथ शारीरिक भी होना। शरीर-संचालन बढ़ने के साथ रक्त का वेग भी बढ़ जाता है। खून जैसे-जैसे दिमाग में अधिक पहुँचता है वैसे-वैसे मन में भावोद्रेक होता है। तन्यमयता और भी बढ़ जाती है। मूल में उत्पन्न कल्पनाएँ ताल और गति से और भी तीक्ष्ण हो उठती हैं। हमारे गाँव में होलेय (अस्पृश्य जाति के) लोगों के नृत्य—भूत-नृत्य से परिचित होने से मुझे इस बात की सचाई का अनुभव हुआ कि ऐसी सुविधा उन कलाओं में नहीं जिनमें शारीरिक संचालन कम होता है।

अलीबाबा

अपने इस प्रयोग-काल में नृत्य-नाटिकाओं पर प्रयोग करने का साहस भी मुझे हुआ। इसमें मैंने दो पद्धतियाँ अपनायीं। यहाँ उनके बारे में बताता हूँ। एक के लिए मैंने हिन्दुस्तानी संगीत की भूमिका अपनायी। मुझे लगा कि कल्पना-लोक में जहाँ काम करना होता है नृत्य केवल यथार्थ चित्रण के काम में नहीं आता। इसलिए मैंने अद्भुत और रम्य कहानियाँ चुननी आरम्भ कीं। अरेबियन नाईट्स कहानियों में से 'अलीबाबा चालीस चोर' की कहानी चुनी। उस कथा के सभी पात्रों को नृत्य द्वारा ही सारी कहानी प्रदर्शित करनी थी। कहानी भी उसके अनुकूल थी। अरबों की विशिष्टता भी दिखाई जा सकती थी। इसके अलावा चालीस चोरों का दल और उनके घोड़े थे, पर नृत्य में तो एक ही घोड़ा और एक ही सवार रखा था। इसमें गति होने के कारण मुझे प्रयोग को पुट देने में बहुत सहायता मिली। चोरों का गुहा का दरवाजा खोलना, तेल के ढोलों में छिपकर बैठना, मोची का काम, मरजीना का नृत्य, चोरों की हत्या—यह सब क्रिया के ही अंश हैं। इसलिए थोड़े से प्रयत्न से ही मैंने इस बैले का सृजन किया। वेशभूषा उसी के अनुकूल रखी। दो घण्टे तक इस सुन्दर कहानी को बिना बोले नृत्य के द्वारा प्रदर्शित करना सम्भव हुआ।

हसन परवीन

और एक बार बेसेण्ट स्कूल की दसेक लड़कियों से 'हसन परवीन' कहानी को नृत्य के द्वारा ही प्रदर्शित कराया। फिर से एक बार पुत्तूर में 'अलादीन और जादू का चिराग' कहानी नृत्य-नाटिका में दिखायी। जब चिराग के जिन्न द्वारा राजमहल को उठाकर दूसरी जगह रखने का प्रसंग आया, मैं स्वयं उसकी कल्पना में लग

गया। मेरे अनजाने में ही विचित्र गति से उस माया को नृत्य द्वारा प्रदर्शित करना सम्भव हो गया। इस सारी कल्पना के लिए एक-दो नहीं, दस-पन्द्रह नर्तकों की आवश्यकता थी। स्कूल के बच्चों को लेकर दो-तीन महीने तक अभ्यास कराकर ऐसे नाटक दिखाना सम्भव हो सका। वे भाव कुछ ऐसे विशिष्ट नहीं थे। उनके लिए कानों की और काव्य-कल्पना की आवश्यकता न थी। वे जनसाधारण की कल्पना और अनुभव की पहुँच के विषय थे।

हाव-भाव

मैंने कत्थक पद्धति के नृत्य देखे थे। बचपन में भरत-नाट्यम् भी देखा था। यक्षज्ञान के नृत्य से तो परिचित था ही। यदि नृत्य पर्याप्त तरंगबद्ध हो तो गति-विन्यास, ध्वनि-विन्यास, अंग-विन्यास सभी प्रेरक बन जाते हैं। प्रकृति में नित्य ही हम पक्षियों के उड़ने में, बादलों के तैरने में, नदियों के बहने में यह देख सकते हैं। उनकी गतियाँ हम पर अपने आप प्रभाव उत्पन्न करती हैं। भावों के साथ-साथ सामान्य संकेतों को विकसित करना सरल है परन्तु भाषा का सारा कार्य नृत्य नहीं कर सकता। एक शब्द साहित्य में जो कार्य करता है यदि उसी को हमें हाव-भाव द्वारा दिखाना हो तो एक कला का दूसरी कला की विशिष्टता के अनुकरण के समान होगा। कथकली, ओट्टन्तु, कत्थक, भरतनाट्यम शब्दों की एक भाषा को ही सामने रखकर हाव-भाव द्वारा व्यक्त करके अनुवाद करने के समान है। 'अनुवाद एक कला है' कहने पर भी उसमें स्वतन्त्रता नहीं है। विचारों को, वस्तुओं को, वस्तु-क्रिया के गुणों को, स्वभाव को प्रेरित करने का काम भाषा का होता है। क्या नृत्य उसे सम्पूर्ण रूप से अभिव्यक्त कर सकता है? संस्कृत काव्यों में आनेवाली उपमाओं, अलंकारों को नृत्य के हाव-भाव द्वारा व्यक्त करने पर वह एक बहुत दुर्बल भाषा होगी। कुछ आदिवासियों में हाव-भाव की ही भाषा है। क्या उसे हम नृत्य की संज्ञा दे सकते हैं? उसे समझने के लिए हर हाव-भाव को जानना होगा। उसमें उतनी ही कठिनाई होती है जितनी कि एक भाषा जाननेवाले को दूसरी भाषा समझने में। भरतनाट्यम् में अभिनय के अंग के रूप में, वार्तालाप के साथ-साथ नाट्य की आवश्यकता रहती है। नाट्य अलग है, नृत्य अलग है। नृत्य ताल और गति में बद्ध रहता है जबकि नाट्य अभिनय के क्षेत्र से सम्बन्धित है। भरतमुनि ने प्रत्येक बात के लिए एक संकेत निश्चित किया और उन्हें 'मुद्रा' नाम दिया। एक ही मुद्रा का कत्थक में अलग अर्थ और भरतनाट्यम् में कुछ और। कथकली में उसका कुछ और ही अर्थ है। एक शब्द के चार भाषाओं में अलग-अलग अर्थ निकलते हैं। मार्ग पद्धति के नर्तक नियमों में बँधकर हाव-भाव की 'भाषा' मुख्य रूप में रखकर नृत्यांश की उपेक्षा करते हैं। वे पद-संचालन

करते हैं, यह सच है। वे तालबद्ध भी होते हैं यह भी सही है। पृष्ठभूमि में वाद्य-वृन्द भी रहता है। उनके वाद्यों के अनुसार नर्तक नाचता है। उसकी पदगति और गीत में भाव की एकता नहीं आ पाती। उनके द्वारा मृदंग की आवाज पर यह तरकिट, तद्गिन के अनुसार भले ही दुख रहे या सन्तोष अथवा रोष, नर्तक नृत्य करके दिखाता जाता है।

केवल ताल, गति के चमत्कार की ओर वादकों का ध्यान जाता है उसी प्रकार नर्तकों का मन भी अनिवार्य रूप में उसी ओर जाने को विवश हो जाता है। नर्तक का मुख्य कार्य भाव-सृजन करना है पर उसके लिए यह पृष्ठ संगीत अड़चन पैदा करता है। वह एक प्रकार की यान्त्रिक गति-सी लगती है। सभी नर्तक स्वयं सृजन कर पानेवाले नर्तक नहीं होते। इसके अलावा बैले में आठ-दस व्यक्ति एक साथ नृत्य करते हैं। तब उन्हें एक निर्देशक की कल्पना के अनुसार नृत्य करना होता है। तब संगीत केवल पृष्ठभूमि भर बनकर रह जाता है। नर्तक को निर्देशक का उद्देश्य समझकर आगे बढ़ना होता है। हमें प्रायः जैसाकि दिखाई पड़ता है, नर्तक को मृदंगवाले की निरंकुश प्रवृत्ति का शिकार नहीं होना चाहिए।

स्थित मुद्रा, संचारी भाव

चाहे कोई भी कला क्यों न हो वह कलाकार के मनोभावों के बिम्बों को प्रकट करनेवाली होनी चाहिए। वह किसी का अनुवाद नहीं होनी चाहिए। इसका अभिप्राय यह नहीं कि सारी नाट्य पद्धतियाँ अर्थ-शून्य हैं। उनमें अर्थबोधक भाव है। उनमें हमारी संस्कृति के लोगों के द्वारा प्रयुक्त होने वाले संकेत हैं। जैसे हाथ जोड़ने से नमस्कार की सूचना मिलती है अथवा हाथों के आकार से कली का संकेत मिलता है। संस्कृति से हो या आकार अथवा क्रिया से व्यक्त होनेवाले अर्थ से ज्यादा भावों को यदि हम मुद्रा से व्यक्त करें तो वह भाषा के पण्डितों के अतिरिक्त दूसरों को समझ में नहीं आएगा। हाँ, भावों को चित्रित करने के लिए भरतमुनि ने अभिनय के अंशों का, मुख-मुद्राओं का खूब प्रयोग किया है। हास्य, दुख, रोष आदि की अभिव्यक्ति के समय नृत्य का अतिरेक स्थिर करके दिखाना होता है। इससे लाभ भी है और हानि भी। नृत्य की एक भंगिमा में खड़े होकर अतिरेक की मुद्रा दिखाते समय प्रेक्षक पर भाव का परिणाम होता है। नर्तक के अंग-संचालन में उसे समझना कठिन होता है। इससे वह सरल हो जाता है। परन्तु यहाँ नर्तक के ही स्वतन्त्र रूप से भावोद्दीप्त होने पर मुख-मुद्राएँ उसके अनुकूल होनी चाहिए अर्थात उसका क्रोध, दुख, आनन्द, जुगुप्सा आदि प्रसंग के अनुसार व्यक्ति के संस्कार के अनुकूल मुख पर व्यक्त होने चाहिए। तब वह मुद्रा स्थित होने की अपेक्षा मन के वेग के समान ही स्फूर्ति से दिखानी होगी। इस दृष्टि से

नाटक में अभिनेता के द्वारा दिखाया गया मुख-भाव और भी सहज हो जाता है।

एक और मुख्य विषय है। मार्ग नृत्य में शरीर के निचले भाग में रेखा-तरंगें (Rhythm in body-lines) कम प्रदर्शित हो पाती हैं। ऊपर के धड़ के अंगों को जो स्वतन्त्रता है वह परम्परागत पदगति से मेल नहीं खाती। नृत्य के लिए सदा शरीर की चलन-रेखाएँ मुख्य हैं। आरम्भ के दिनों में मैं सरल तालों की थाप अर्थात एक-दो-तीन, एक-दो-तीन-चार, एक दो—इन नियमों का अनुसरण करता था। तब एक विचित्र प्रकार की अड़चन, स्वतन्त्रता का अभाव-सा शरीर में महसूस होने लगता था। जब मैं दूसरे प्रकार के प्रयोग करने लगा तब कहीं मैं इस अड़चन से मुक्ति पा सका।

यक्षगान और किन्नर नृत्य

यक्षगान के गीतों को विकसित कराकर उन्हीं कहानियों पर नृत्य करने का निश्चय करके आगे बढ़ा। अब तक चुने गये गीत गाये जाते थे। इसी के लिए उनका निर्माण हुआ करता था। गीत और वाद्य दो यक्षगान की मुख्य शैली हैं। इन दोनों का प्रयोग नृत्य के लिए होता है। उनकी नाद-तरंग (Sound rhythm) नृत्य के लिए अत्यन्त अनुकूल होती है। उनमें सभी रसों को अभिव्यक्त करने की शक्ति होती है। रौद्र और लालित्य के लिए आवश्यक सभी गुण उनमें होते हैं। इसलिए उन गीतों पर नाचते हुए भाव-प्रदर्शन सरल होता है। इतना ही नहीं, मेरे पद-संचालन में पहले जो अड़चन मैंने अनुभव की थी वह यहाँ नहीं रही। हाथों और देह को जो स्वतन्त्रता मिली वह पाँवों को भी देने लगा। इसीलिए समस्त शरीर की रेखा-तरंगों में एक प्रकार से सन्तुलन दीखने लगा।

यहाँ अभ्यास करते-करते कुछ नये तोड़ों (पद-संचालन) की कल्पना करना सम्भव हुआ। रंगमंच पर पद-संचालन से व्यक्त होनेवाले प्रत्येक रूप से भाव प्रदर्शन में सुविधा दिखाई दी। लगा कि भाव के अनुकूल पद-संचालन की रीति भार और लघुता, दूरी और सामीप्य सभी काम में आने लगी। एक और काम भी करने लगा—पूरा तलवा रखकर नाचते हुए उसकी रेखाओं में शरीर और पाँव की रेखाओं के साथ कई बार सन्तुलन दिखाई पड़ा। तब एड़ी न लगाकर पंजों पर नाचने का अभ्यास किया। लघुत्व और मार्दव के प्रदर्शन के लिए ही वह रीति अनुकूल लगी। रौद्र भाव उत्पन्न करने के लिए एड़ी लगाकर नाचने की परिपाटी सहायक हुई। इस प्रकार मैंने यक्षगान के 'कीचक वधे', 'इन्द्र कीलक', 'पंचवटी' आदि सात-आठ नृत्य-नाटकों का प्रदर्शन किया। गीत भी यक्षगान के ही थे, पर नृत्य तो मेरे अपने ही ढंग का था। उसे मैंने अलग से किन्नर-नृत्य नाम दिया। उस नृत्य के प्रति हमारे गाँव के लोगों ने बड़ी अभिरुचि दिखायी।

पकड़ में आनेवाला भाव

यह नृत्य साधारण लड़के-लड़कियों द्वारा प्रदर्शित कराना था। जो बात उनकी समझ से बाहर होती और मैं उसे नाचकर दिखाता तो वे यान्त्रिक रूप से मेरे नृत्य का अनुकरण करने लगते, उनसे अपना निज का 'भाव प्रदर्शन' असाध्य हो जाता। नृत्य-निर्देशक भी एक सृष्टिकार होता है। उसके नियन्त्रण में रहते हुए भी प्रत्येक नर्तक को व्यक्तिगत रूप से भी सृजक होना चाहिए। उसे भी उससे आत्म-सन्तोष मिलना चाहिए। यदि हम छोटे बच्चों से कृष्ण, राधा, शिव ताण्डव आदि नृत्य कराकर उनकी कल्पना से परे की चीज की आशा करें तो वह कृति कभी कला का रूप धारण नहीं कर सकती। ऐसे कार्य मैंने कराकर भी देखे हैं और उनकी समझ की भूमिका भी देकर देखा है। मोर, हिरन, खरगोश आदि सरल विषयों में बच्चे जितना उत्साह दिखाते हैं उतना दूसरे विषयों में नहीं।

बच्चों के लिए भी मैंने कुछ नृत्यों का सृजन किया। पतंग, फूलों का हँसना, जुगनुओं का खेल—ऐसे सरल गति के नृत्यों को बड़े प्रभावोत्पादक ढंग से दिखाया जा सकता है। नाटक के अभिनय में यही बात है। अपरिचित जीवन को अभिनेता कैसे दिखा सकता है? बिना अनुभव के भाव और कल्पना को केवल लेख से वह कैसे समझ पाएगा? छोटे बच्चों से नृत्य में रास-क्रीड़ा, शिव-ताण्डव कराएँ तो वह नृत्य न होकर केवल नकल होगी। शृंगार के जीवन में पदार्पण करने के बाद ही उनमें वह बात आ सकती है। प्रलय की कल्पना मन में आने के लिए विशेष प्रकार की विनाशकारी घटनाओं का वास्तविक जीवन में परिचय होना चाहिए। अबाध प्रवाह, तूफान, दावाग्नि, इनसे किसी न किसी भूमिका से गुजरनेवाला ही थोड़ा-बहुत असली ताण्डव दिखा सकता है। केवल चिदम्बर की नटराज मूर्ति की अथवा एलिफैण्टा के नटराज की मूर्ति की नकल करने से ताण्डव हो जाएगा क्या?

अपने प्रयोग में किन्नर नृत्य के अलावा दूसरे नृत्यों के बारे में कह ही चुका हूँ। उन दोनों में कई प्रकार के प्रयोग किये हैं पर नृत्य-कला तो पार्श्व संगीत और नर्तकों के द्वारा पूरी होने की चीज है। कोई किसी कोने में बैठकर सब सुविधाएँ चाहे तो कैसे हो सकता है? पागलपन चढ़ने पर चार छोटे बच्चे इकट्ठे करके अपनी कला की इच्छा-पूर्ति मात्र कर लेना होगा।

कलाविद

मैंने कुछ पाश्चात्य कलाकारों के जीवन और कार्य को समझने का प्रयास किया। अमेरिका की नर्तकी इसाडोरा डंकन के नृत्य में बहुत नाम कमाया था। यह पढ़ा था कि प्राचीन ग्रीक शिल्पों को देखकर उसके मन में कैसे इच्छा जाग्रत हुई थी

और उसकी क्रिया-शक्ति कैसे स्वच्छन्द होकर कार्य करने लगी थी। एक बार उसका कार्यक्रम मास्को में था। उस दिन का कार्यक्रम पहले ही छप चुका था। जब वह मास्को पहुँची तब आधी रात बीत चुकी थी। रास्ते में उसने किसी कत्ल के सिलसिले में शव ढोये जाते देखे। सारे दिन वह भयंकर चित्र उसके दिमाग में चक्कर काटता रहा। उसने अपना नृत्य का कार्यक्रम शुरू करने से पहले, घोषित विषय को बदलकर चोपिन का 'मृत्यु यात्रा' गीत बजाने को कहा और बड़ी स्फूर्ति से मृत्यु-यात्रा का नृत्य किया। महान सृजन कलाकारों का ढंग कितना विचित्र है!

अन्ना पावलोवा एक और ख्यातिप्राप्त नर्तकी थी। अभ्यास और अभ्यास ही उसके जीवन का ध्येय बन गया था। उसके नृत्यों में हंसगीत (Swan Song) भी एक नृत्य था। कालान्तर में वह मरने लगी तो 'हंसगीत' नृत्य के परिधान मँगवाकर गले से लगाकर मरी। इस प्रकार कलाकार के जीवन में भाव और कला एक हो जाए तो महान कला की सृष्टि होती है। मैंने पुत्तूर में रहकर अपने गाँव के लोगों के सामने ऐसे बहुत से पागलपन के काम किये हैं। मेरे कई मित्र पुत्तूर आते और मेरी कला देखकर बड़े प्रभावित होते थे। एक बार मैं गाँव-गाँव घूमा हूँ। परम्परागत नृत्य-केन्द्र कल्लीकोट में मैंने अपना 'पतंग नृत्य' बच्चों से प्रदर्शित कराया। उसमें कथकली की मुद्राएँ न होने पर भी वहाँ की जनता को वह बहुत पसन्द आया।

प्रवास

एक बार मैंने रात्रिंदिवा नदी, चित्रांगदा, इन्द्रकीलक आदि नृत्यों की रचना करके यक्षगान नृत्य का एक दल लेकर सन् 1937 में बैंगलूर से बम्बई तक का दौरा किया। बैंगलूर कलाप्रज्ञों का नगर है; समीक्षाओं का मायका है। वहाँ बहुत से परिचित जन भी थे। मेरे वहाँ केवल दो प्रदर्शनों की आमदनी पचहत्तर रुपये हुई। जो भी हो, लोगों ने मेरी कला को पसन्द तो किया। दर्शकों ने दुबारा दिखाने का आग्रह किया। 'दण्ड भरने को पैसा नहीं' कहकर मैं वहाँ से भाग निकला। धारवाड़ और हुब्बल्लि के प्रदर्शनों में थोड़ा लाभ हुआ। बेलगाम गया तो वह मेरे लिए बंजर ही साबित हुआ। बम्बई में भी दो प्रदर्शन किये। पता नहीं लोगों को कैसे दया आ गयी! उन्होंने दो हजार का दण्ड भर दिया। तो भी बेलगाम और बैंगलूर के घाटे के कारण तीन सौ रुपये अपने हाथ से भरने पड़े।

नृत्य में पत्नी भी

मैंने आपको बताया नहीं कि इस बीच मेरा विवाह हो गया था। पति नाचे और

पत्नी न नाचे तो कैसे चलेगा? शायद नृत्य सिखाते-सिखाते ही एक दिन लीला नाम की लड़की ने मुझसे विवाह कर लिया। नृत्य से भले ही कुछ मिला हो या न मिला हो पर भार्या तो मिल गयी। मेरी दो शिष्याओं को भी नर्तक पति मिले थे। विवाह के बाद पति पत्नी को नचाता है या पत्नी पति को, यह तो अनुभव करने की बात है। मेरे बम्बई में नृत्य-प्रदर्शन के समय कुछ यूरोप के कला-प्रेमी जन नृत्य-गृह में आकर नृत्य देखने लगे। उनमें एक यूरोपियन टूर-कण्डक्टर भी था। 'रात्रिंदिवा' में मेरी पत्नी रात्रि की भूमिका कर रही थी। नृत्य समाप्त होने पर कण्डक्टर भीतर आया और बोला, "इनका नृत्य बहुत बढ़िया है।" मुझे इस पर गर्व का अनुभव हुआ। मैंने कहा, "यह मेरी पत्नी है।" वह कुछ बोला नहीं काश! वह कह बैठता, "हाउ डज़ इट मैटर?" (How does it matter) तो मेरा क्या हाल होता? अपनी पत्नी को मैंने यह बात नहीं बतायी।

दिव्य, भव्य, नव्य

बम्बई के दौरे में मेरी नृत्य-मण्डली को पर्याप्त सम्मान मिला। वहाँ के 'आर्ट सर्कल' वालों (दिवंगत कन्हैयालाल वकील मण्डली) ने हमारे प्रदर्शन और मेरे भाषण का प्रबन्ध किया था। जमुनादास मेहता उसके अध्यक्ष थे। मैंने अँग्रेजी में एक जबर्दस्त भाषण दिया। उस सभा में बम्बई के उच्च वर्ग के कुछ स्त्री-पुरुष आये थे। कुछ लोग रंगमंच के अभिनेताओं की तरह सज-धजकर आये थे। उनके सामने हमने अपने नृत्य और यक्षगान का प्रदर्शन किया। बहुत प्रशंसा हुई। उन लोगों की प्रशंसा और साधारण लोगों की प्रशंसा में केवल शब्दों का ही अन्तर होता है। भावनाएँ खोखली ही होती हैं। मैंने बैंगलूर में एक बार नृत्य का प्रदर्शन किया तो मेरे एक संस्कृत के ज्ञाता बुजुर्ग मित्र मेरे मेकअप धोने से पूर्व ही आये और हाथ मिलाते हुए अपने हाथों में रंग लगाकर बोले, "आपका नृत्य तो दिव्य था, भव्य था, नव्य था।" संस्कृत न जाननेवाले मुझको यह सब कैसे पता चलता परन्तु चार ही दिन बाद जब मैं धारवाड़ के एक मित्र से मिलने गया तो पता चला कि किसी ने मेरे नृत्य को देखकर कहा था, "या तो इस कारन्त में अक्ल नहीं है या फिर हम लोगों की अक्ल मारी गयी है।" इसलिए लोगों की प्रशंसा से कलाविद को अपना दिमाग खराब नहीं करना चाहिए।

गोपीनाथ

जब मैं कल्लीकोट गया था तब कथकली के प्रसिद्ध कलाकार गोपीनाथ से भेंट हुई। उन्होंने हमारे लिए कुछ नृत्य भी प्रस्तुत किये। अंग-संचालन में कथकली की कठोरता होने पर भी उनका नृत्य बड़ा प्रभावक था। वहीं एक और डच व्यक्ति

से परिचय हुआ। नाम था 'वेस्टर केम्प'। वह बम्बई में 'इन्द्रदेव' के नाम से प्रसिद्ध थे। वहाँ उन्होंने कुछ दिन तक एक नृत्यशाला भी चलायी थी। उन्होंने हमारी नर्तक-मण्डली को नाश्ते पर बुलाया था। तब तक उन्होंने कत्थक नृत्य सीख लिया था। उन्होंने कत्थक नृत्य के पद-संचालन का चमत्कार अच्छी तरह दिखाया। पश्चात् हमारे यक्षगान के नर्तकों ने भी उनके समक्ष अपना नृत्य प्रस्तुत किया।

रागिनी

बहुत पहले रागिनी देवी ने मैसूर में कुछ नृत्य प्रदर्शित किये थे, तब उन्हें देखने का अवसर मुझे भी मिला था। उनके 'राधा कृष्ण' आदि नृत्य सामान्य थे, लेकिन पाश्चात्य ढंग का 'स्प्रिंग' नृत्य बहुत उत्तम कोटि का था। उसमें वसन्त काल की हँसी, उमंग आदि भावनाओं की सुन्दर ढंग से अभिव्यक्ति हुई थी।

उदयशंकर

एक बार उदयशंकर का नृत्य देखने मद्रास गया था। वहाँ उनके नृत्य प्रदर्शन देखे। वे पाश्चात्य देशों में घूम आये थे। उन्होंने अन्ना पावलोना के साथ भी नृत्य किया था। इस प्रकार रंग-निर्देशन और उस कला के अध्ययन में उन्हें निपुणता हासिल हो चुकी थी। रंगभूमि में पग-कौशल और गीतों का सही चुनाव होने से उनका नृत्य बड़ा सुन्दर होता था। पर उनकी रौद्र भूमिका भी लालित्य-सी ही दीखती थी। सच तो यह है कि देह रौद्र के उपयुक्त ही नहीं थी। रौद्र की भूमिका में वह ललित ही दीख पड़ते थे। उनके संघ में एक नम्बूदरीपाद नाम का नर्तक था जो कत्थक शैली के नृत्य बहुत अच्छी तरह किया करता था। दस आदमियों के बेले में भी वह एकदम अलग दिखाई दे जाता था। उनकी मण्डली में अति उत्तम ढंग से नृत्य करनेवाली एक नर्तकी थी, फ्रेंच महिला मैडम सिमकी। उसका सारा बचपन नृत्य में कटा था। वह मंच पर क्षण-भर भी जड़-सी खड़ी नहीं रह सकती थी। जब उसकी कोई भूमिका नहीं होती थी तब भी उसके अंगों में थिरकन होती रहती थी। वैसे कई बार उदयशंकर को ही बिना हिले स्थिर खड़े देखकर मुझे आश्चर्य होता था। दृश्य पूरा होने तक यदि नर्तक यों खड़ा हो जाए तो उसके अंग विन्यास का रंगमंच पर नृत्य करनेवाले दूसरे लोगों के अंग विन्यासों से मिलना कैसे सम्भव है?

लोकनृत्य

हमारे गाँव में भी लोकनृत्य की एक परम्परा है, अच्छे लोक-नर्तक हैं। स्वयं को ऊँची जाति का कहनेवाले यद्यपि उनका अनादर करते हैं। लेकिन इन होलेय लोगों

का नाच, चैती का नाच, भूत का नाच, नाग-नृत्य, राणै लोगों का डाँडिया नाच, मलैकुडि लोगों का नृत्य, कोडग के लोगों का नृत्य—इस प्रकार के कई तरह के नृत्य कर्नाटक में प्रचलित हैं। वे एकदम सरल होते हैं। ज्यादातर वे स्थानीय ही होते हैं, पर ऐसे नृत्य जनजीवन का सन्तोष और उत्साह भली-भाँति व्यक्त करते हैं। एक बार बैंगलूर में मैंने लम्बाणी जाति (बंजारे) का नृत्य देखा। स्त्रियाँ वृत्ताकार में खड़ी होकर तरह-तरह से पद-संचालन करती आधे घण्टे तक नाचती रहीं।

जीवन का सुख-दुख व्यक्त करने में नृत्य एक सहायक शक्ति है, इसी दृष्टि से मैंने अपने प्रदेश की यक्षगान की कला को अपनाया और उसके प्रचार-प्रसार में रुचि ली।

नृत्य-सम्पदा

हमारे प्रदेश के विभिन्न भागों, जन वर्गों में लोकनृत्य प्रचलित हैं। उनके अतिरिक्त केरल की कथकलि के समान, आन्ध्र के कुचिपुडि नृत्य-परम्परा के साथ विकसित कुछ और भी नृत्य हैं। प्रत्येक की अलग 'मार्ग' पद्धतियाँ भी हैं। परन्तु उनकी समस्त पृष्ठभूमि सहित उनका अध्ययन करनेवाले विद्वान बहुत कम हैं। हाँ, साक्ष्यहीन पार्वती-परमेश्वर का पुराण लेकर चलनेवाले पण्डितों की कमी नहीं। इस दृष्टि से तो पाश्चात्यों ने अपनी संस्कृति से सम्बन्धित जितना अभ्यास किया है उतना दूसरों ने नहीं किया। ज्यादा क्या कहें, हम अपनी ही चीजें नहीं जानते।

सन् 1937 के आस-पास, संसार के नृत्यों पर काम करनेवाले विद्वान राल्फ-द-मारी हमारे गाँव आये थे। वे यक्षगान के बारे में जानना चाहते थे। उनके लिए मंगलूर में यक्षगान के कलाकारों को एकत्रित करके उन्हें चित्र-संग्रह करने में मैंने सहयोग भी दिया था। उन दिनों वे स्याम देश का दौरा करके लौटे थे। वे एक अन्तरराष्ट्रीय नृत्य-संस्थान के लिए काम कर रहे थे। उसके कोई पच्चीस वर्ष बाद, उनका एक पत्र आया। वे अपने एक और प्रतिनिधि के साथ यक्षगान की वेशभूषा एकत्रित करने आ रहे थे। उस पत्र-व्यवहार को स्टाकहोम के इण्टरनेशनल डांस आर्काइब्ज के निदेशक, बैण्ट हैगर ने आगे बढ़ाया। मैंने अपने मित्र की प्रेरणा से अपनी पुस्तक 'यक्षगान बयलाट' की एक प्रति उस संस्था को भेज दी थी। उसके छह मास बाद उनका पत्र आया। उनके साथ राल्फ-द-मारी भी आनेवाले थे पर आ नहीं सके। बैण्ट हैगर एकदम सीधे हमारे पुत्तूर आ पहुँचे। तब मेरी पत्नी का स्वास्थ्य ठीक नहीं था। घर आये विदेशी की ज्ञान-पिपासा देखकर मैं चुप नहीं बैठ सकता था। उनके लिए यक्षगान नृत्य दिखाने प्रवास पर

निकल पड़ा। इससे उनका अपेक्षित कार्य बहुत कुछ पूरा हो गया। यह जानकर आश्चर्य हुआ कि श्री राल्फ-द-मारी ने अपनी सारी सम्पत्ति लगाकर यह संस्था खड़ी की थी।

इसी आश्चर्य के साथ-ही-साथ श्री बैण्ट हैगर ने और आश्चर्य की बात कही तो मेरे मुँह से निकल पड़ा, "भला मैंने क्या किया है!" उन्होंने बताया कि वे अपनी संस्था की ओर से मेरे गाँव आकर मेरा सम्मान करना चाहते हैं। वे संस्था का गौरव-प्रतीक एक कांस्य पदक मुझे अर्पित करना चाहते थे। उसके लिए उन्हें पुत्तूर में एक छोटी-सी सभा आयोजित करनी पड़ी। उनके दिये इस सम्मान को मैंने अपने देश की कला के प्रति सम्मान माना। विश्व के विविध नृत्यों के प्रति उस संस्था का कौतूहल और सम्मान वास्तव में एक बहुत बड़ी बात थी।

और एक अवकाश

1958 के लगभग यक्षगान पर मेरी एक और पुस्तक प्रकाशित हुई। उसमें उस कला के बारे में सौन्दर्य-शास्त्र की दृष्टि से, इतिहास की दृष्टि से मैंने जितना अध्ययन किया था सब प्रस्तुत किया है। उसके प्रकाशित होते-होते दिल्ली संगीत नाटक अकादमी ने नृत्य पर एक सेमिनार आयोजित किया। उन्होंने यक्षगान के लिए मुझे प्रतिनिधि के रूप में आमन्त्रित किया। उस सेमिनार में अन्य नृत्यों के जानकार, विद्वान और नर्तक भी प्रतिनिधि के रूप में आये थे। मैं एक भागवतर, एक वादक और एक नर्तक साथ ले गया। नृत्य तो देखकर समझने का विषय है न? केवल मेरे भाषण से लोग यक्षगान की कल्पना नहीं कर पाते।

वहाँ एकत्रित लोगों के सामने हमने यक्षगान के वेष और नृत्य का प्रदर्शन किया। वहाँ मैंने कुचिपुडि, ओडीसी, नौटंकी नृत्य भी देखे जिनका मुझे अब तक परिचय नहीं था। तब तक 'मार्ग नृत्य' यानी कत्थक, भरत नाट्यम्, मणिपुरी और कथकलि तक ही सीमित थे। इस सेमिनार की कृपा से हमारे यक्षगान को कुचिपुडि और ओडीसी को भी सम्मान मिला। भारतीय कलाविदों का पहले से ही सम्मान किया जाता रहा है।

सन् 1964 में यक्षगान को भी मान्यता प्राप्त हुई। हाराडि राम गणिग का सम्मान किया गया। मैं समझता हूँ यह सम्मान यक्षगान की पुरानी परम्परा को प्राप्त हुआ है।

हमारी विचार-गोष्ठी

जब मैं दिल्ली गया था तब संगीत नाटक अकादमीवालों ने यक्षगान के लिए एक योजना तैयार करने को कहा। मैंने यह सोचकर कि यह काम अकेले नहीं करना

चाहिए, उत्तर और दक्षिण कन्नड़ जिले के प्रमुख कलाविदों को निमन्त्रण भेजा। दक्षिण जिले के कलाविदों को 'कारन्त का यक्षगान' एक अछूत-सी चीज लगी होगी। उन्होंने उसका पूर्ण बहिष्कार किया। खैर, जो विद्वान आये उनकी सलाह से उस कला के विकास के बारे में एक योजना बनाकर भेजी। मैं नहीं समझता कि उससे कोई लाभ नहीं हुआ होगा।

अनुसन्धान

जिन दिनों मैं यक्षगान के सौन्दर्य के सम्बन्ध में एक पुस्तक लिखने का विचार कर रहा था, उन्हीं दिनों भोजपत्र पर लिखी एक पुस्तक ने उसके इतिहास के बारे में मेरा कुतूहल जगा दिया। हमारे यहाँ प्रचलित रामायण के आठ प्रसंग, कण्वपुर के गोपाल कृष्ण की स्तुति वाली एक पुस्तक यहाँ के किसी पुराने कवि ने लिखी थी। कुछ लोगों का तर्क था कि उसका लेखक पार्ति सुब्बा ही है जिसका सन् 1802 में निधन हो गया था। पर मुझे उससे दो सौ वर्ष पूर्व के भोज-पत्र मिल जाने से उस तर्क का खण्डन करना पड़ा। इससे हमारे जिले के 'सुब्बा' के अनेक भक्त नाराज हो गये। तब विवश होकर मैंने सारे मलेनाड का भ्रमण किया और पुराने भोजपत्रों का संग्रह करके यक्षगान के साहित्य का इतिहास लिखने का साहस किया। उस इतिहास में मैंने यह सिद्ध किया कि उन रामायण के प्रसंगों का लेखक पार्ति सुब्बा नहीं, अपितु कोई अनाम कवि है जिसने सन् 1600 में उसकी रचना की थी।

मैंने यह काम करते समय उसके संगीत के बारे में भी अनुसन्धान किया। उसके विविध राग एकत्रित किये। उन्हें अपने बम्बई के मित्रों को भी भेजा। मुझे तब यह सोचकर दुख हुआ कि क्या यक्षगान भाषा-सीमा के कारण केवल कन्नड़वालों तक ही सीमित रहेगा?

सपना

मैंने पहले से ही यक्षगान के नृत्यों के बारे में कई प्रयोग किये थे। इसलिए यह विचार उठा कि इस नाट्य-रूपक का, जिसका संगीत इतना शक्तिशाली है, एक ऐसा बैले क्यों न तैयार किया जाए जिसे भाषा न आने पर भी लोग समझ सकें। उस काम को थोड़ा-बहुत उपयोगी बनाने के लिए, उसे आजीविका का साधन बनाकर चलानेवाले व्यवसायी भागवतर तथा नर्तकों की आवश्यकता महसूस हुई। गरीब ग्रामीणों से कला-सेवा के लिए मुफ्त में काम कराना गलत लगा। उन्हें वर्षा के दिनों में अवकाश रहता है इसलिए उन दिनों वे वह काम कर सकते हैं। एक बार मैंने अपने मन की यह बात बम्बई के मित्रों के सामने रखी तो उन्होंने कहा,

''आपको जो भी सहायता चाहिए हम करेंगे। आप अपना काम आगे बढ़ाएँ।'' अत: मैंने सोचा कि जब पैसे की जिम्मेदारी लेने मित्र आगे जा रहे हैं तो मुझे अब पीछे नहीं हटना चाहिए।

तैयारी

मुझमें विश्वास और गौरव रखनेवाले भागवतरों, वादकों और नर्तकों का उडुपि में दो मास का समागम रहा। वे अपने विषय में दक्ष लोग थे। तब मैं यह ध्यान न रखकर कि साठ पार कर चुका हूँ, मेरा यह शरीर मेरा साथ देगा या नहीं, इस काम में कूद पड़ा। दिन में चार घण्टे नाचकर नृत्य में उत्साह रखनेवाले युवकों को सिखाने लगा। बिना जबान का प्रयोग किये, नृत्य से ही पूरा कथानक प्रदर्शित करने का तरीका निकाला। कई नर्तकों को बीच-बीच में क्रमानुसार रंगमंच पर आने और जाने का ढंग सिखाया। भागवतर की सहायता से यक्षगान में आनेवाले रागों को बचाने का प्रयास किया। मैंने यह भी प्रयास किया कि गीत ऐसा होना चाहिए जिससे संगीत और साहित्य दोनों समझ में आएँ। पार्श्व संगीत का सौन्दर्य बढ़ाने को बेला, क्लैरिनेट, सेक्सोफोन आदि वाद्य भी जोड़े। दो मास के प्रयास से 'भीष्म-विजय' और 'अभिमन्यु-वध' नाम के दो नाटक तैयार किये। परम्परा से छूटे स्त्री वेष के अलंकारों और कुछ अन्य दोषों को ठीक करके प्रदर्शन की तैयारी की।

प्रवास

बम्बई, धारवाड़, बैंगलूर, मंगलूर आदि नगरों में उन नाटकों के प्रदर्शन का कार्यक्रम बनाया। हमारे इस प्रयत्न को बम्बई के कन्नड़ेतर तथा यूरोप के लोगों ने भी देखा और देखकर आश्चर्य और सन्तोष व्यक्त किया। उनके प्रोत्साहन से मैंने अगले वर्ष भी ऐसा प्रयत्न किया। रंग-निर्देश के बारे में बम्बई की प्रसिद्ध पत्रिकाओं ने मुक्त कण्ठ से प्रशंसा की।

इसका आर्थिक दायित्व मेरे मित्र संजीवराय, कलाकार हेब्बार और उनके अनेक बम्बई के कन्नड़ मित्रों ने उठाया। उन्होंने लगभग अठारह हजार रुपये एकत्रित किये। उन दो वर्षों में हमारे कलाकारों को सोलह हजार मिले।

यह कार्य करते हुए मैंने अनुभव किया कि यक्षगान में लुप्त हो चली वेश-भूषा और आभूषणों को फिर से लाना अनिवार्य और महत्त्वपूर्ण है। मुझे उसको शुरू करना भर ही था। मेरा संगीत वाला भाग पूरा करने में श्री कृष्णमाचार्य और श्रीनिवास उडुप की सहायता मैं याद किये बिना नहीं रह सकता। श्रीकृष्णमाचार्य ने अपनी कलाभिरुचि तथा विद्वत्ता से मेरे यक्षगान के अनुसन्धान में बहुत सहायता

दी। मैंने जब 'नदी-यात्रा' का प्रयोग किया था तब भी उन्होंने वादक के रूप में सहायता की थी।

एक ही अभाव

मेरे प्रयोग आशाजनक रहे। जिस सन्तोष से मैं यह कह सकता हूँ कि अनेक विदेशियों तथा कलाकारों ने उसे सराहा, उस सन्तोष से मैं यक्षगान की जन्मभूमि के लोगों के विचारों के बारे में नहीं कह सकता। मंगलूर व पुत्तूर में उसका प्रदर्शन किया तो ऐसा लगा कि लोगों में लाक्षणिक कला को समझने की वह शक्ति ही नहीं रही। उन्हें तो अभिनेता को सामने खड़ा करके—'देखो, यह धर्मराज है', 'इसका पिता ऐसा था', 'इसकी बड़ी-बड़ी मूँछें हैं', 'वह देखो! वह युद्ध में जा रहा है'—इस प्रकार खोल-खोलकर बताना पड़ता है। उस स्तर के वातावरण में पले लोगों को मेरे प्रयत्न ने तृप्ति नहीं दी होगी।

इसके अतिरिक्त तेरे-मेरे चक्कर में पड़कर जान-बूझकर पार्ति सुब्बा के कारण जो खटास पाल रखी थी उन्हें यह 'पुराना सम्प्रदाय' क्यों पसन्द आने लगा? सही रास्ता छोड़कर घटिया मनोरंजन और आलाप से वाह-वाही लूटने का रास्ता आसान होता जा रहा है।

हम अपना कर्तव्य भर कर सकते हैं। एक बहुत बड़ी सम्पत्ति छूटती जा रही है, कुछ-की-कुछ ही होती जा रही है यह सोच-सोचकर आँसू बहा सकते हैं, समझा सकते हैं। परन्तु वही जनता उसे बचा सकती है जिन्हें वह कला और सम्प्रदाय प्राप्त है। जब तक उनका संस्कार उन्हें यह काम करने को प्रेरित नहीं करता, इसका भविष्य नहीं सुधारा जा सकता। इच्छा मात्र रखने से तो कार्य की सिद्धि नहीं हो जाती। इस दिशा में पुरुषार्थ करना होगा।

गद्योद्यान में

शुरू की रचनाएँ

ललित कला के राज्य से गद्योद्यान में उतरूँ? जो भी हो, जो-जो काम मैंने किये हैं उनका वर्णन करने लग ही गया हूँ तो अब डरना क्यों चाहिए? उसमें भी गद्य लेखन से जितना लोगों के सामने आया हूँ उतना और किसी माध्यम में नहीं। जब मैं नौवीं में पढ़ रहा था, तभी 'वियोगिनी' नाम का एक उपन्यास लिखना शुरू कर दिया था। उसकी भूमिका लिखकर एक-दो अध्याय भी लिख डाले थे। वह श्रीमती तिरुमलाम्बा की 'विरागिणी' से एकदम भिन्न था।

बाद में 'वसन्त' पत्रिका का सम्पादन करते समय दो जबर्दस्त जासूसी उपन्यास लिख डाले। उन दोनों के सारे पात्रों को बंगाली नाम ही दिये थे। वेंकटाचार्य के उपन्यास पढ़नेवाले लोग कुत्ते, बिल्ली के नाम पर भी परिमल, विनीता रखते थे। इसलिए मुझे पुराने जमाने की वेंकम्मा, सुब्बम्मा नामों को कथा में लाने का मन होता था। वही कानों को नवीन से लगते थे। मेरे आरम्भ के नाटकों के बारे में एक मित्र ने उनकी आलोचना करते हुए लिखा था, "कारन्त गम्भीर विषयों पर ही लिख सकते हैं।" उस बात से बड़ा अपमान-सा लगा। यह सिद्ध करने की इच्छा हुई कि बात ऐसी नहीं है। तभी बुजुर्गों के साथ काशी-यात्रा करके लौटा था। उस समय तक मैं नाटक की दुनिया में काफी खप चुका था। नाटक-मण्डलियों, शिक्षा-संस्थाओं से सम्बन्धित होकर बहुत कटु अनुभव प्राप्त कर चुका था। उस दुख को हँसी का मुखौटा देकर लिखना चाहता था। उस प्रयत्न का प्रतिफल 'देवर दूतरु' है। यह मैंने देशाटन के समय ही लिखा था। उसमें देवदूतों की यात्रा का विवरण है। बाद में मैंने 'सुळेयर संसार' उपन्यास लिखा। जिन्होंने इस पुस्तक के अन्तिम अध्याय पढ़े हैं उन्हें यह कल्पना करना कठिन नहीं होगा कि उसके लिए मुझे प्रेरणा कहाँ से मिली। एक अभिनेता के साथ भागी लड़की रा—के बढ़ते प्रसंग ने उसकी प्रेरणा दी। उस रचना में एक प्रकार की भावुकता स्वाभाविक है। परन्तु आज मैं स्वयं यह शैली पसन्द नहीं करता।

चोम

जब मैं गाँवों में भ्रमण कर रहा था तब मैंने बहुत से अछूतों के घर देखे। उनके गाँवों से लेकर जिन कॉफी बगानों में वे काम करने जाते थे वहाँ भी हो आया। उसी अनुभव को लेकर पाँच दिनों में 'चोमनदुडी' (चोम) उपन्यास की रचना की। पहली बार उस रचना को प्यार करनेवाला कोई मानव नहीं था। पशु ने ही उसे पसन्द किया। मैं घर के आँगन में उसकी पाण्डुलिपि रखकर भीतर कॉफी पीने चला गया था। चारे के अभाव में एक गाय उसे मुँह में दबाकर बाहर चली गयी और आधे पन्ने चट भी कर गयी। हमारे मंगलूर के पशु वहाँ के लोगों से अधिक विद्याप्रेमी होते हैं—यह देखने के बाद 'विद्याविहीनः पशुभिः समानः' कहते समय शर्म आती है। मानव पढ़ने-लिखने के बाद शायद मानव-स्तर तक पहुँचेगा। मैंने उस गाय का पीछा करके, उसके मुँह से छीनकर जो कुछ बचा था उसकी रक्षा की। उसे फिर से ठीक-ठाक करके छपवाया। तब तक मैं अपनी कोई भी पुस्तक दो-तीन सौ से ज्यादा नहीं छपवाता था। मित्रों के पीठ ठोंकने पर उसकी एक हजार प्रतियाँ छपवा लीं। हमारे कन्नड़वालों ने इस कृति को बहुत पसन्द किया। उसकी हज़ार प्रतियाँ बिकने में बारह वर्ष बीत गये। इतना होने पर भी 'आपकी पुस्तक बहुत अच्छी है' कहनेवाले आज भी बहुतेरे हैं। पता नहीं वह अच्छी पुस्तक उन्होंने पढ़ी है या नहीं!

लघु कृतियाँ

बाद में मैंने बड़े उपन्यास लिखने की ओर ध्यान नहीं दिया। 'हसिवु' (भूख) शीर्षक से दस कहानियाँ, 'हावु' (साँप) नाम से दस कहानियाँ और 'तेरेय मरेयल्लि' (परदे के पीछे) नाम से दस कहानियाँ लिखीं। उनकी कथावस्तु गरीबी, बचपन, स्त्रियों की दारुण स्थिति आदि होती थी। उस समय 'स्वदेशाभिमानी' पत्रिका के लिए छोटी-मोटी लेखमालाएँ लिखा करता था जैसे—'हल्लिय हत्तु समस्तरू' (गाँव के दस प्रमुख), 'नगरद नायकरू,' 'चिक्कदोडड्वरू' (छोटे-बड़े), 'देह-ज्योति' आदि। 1932 में अथवा उससे कुछ पहले श्री मास्ति वेंकटेश अय्यंगार की सहायता के फलस्वरूप 'मुक्तद्वार' नाटक प्रकाशित हो सका। उसकी दो-सौ प्रतियाँ बेचने में पूरे चौदह वर्ष लगे। अयोध्या के राम को वनगमन व लंका-यात्रा से लौटने में जितना समय लगा लगभग उतना ही समय इस पुस्तक की बिक्री होने में लगा।

ज्ञान सरसम्मा की समाधि

मैंने स्टीफन लिकोक की एक-दो छोटी पुस्तकें इसी समय पढ़ी थीं। उसी ढंग

पर लिखने की इच्छा से ज्ञान के कई अध्याय लिखे। उसे पढ़कर मेरे मित्र वी. सीतारामय्या ने उसकी व्यंग्यपूर्ण भूमिका लिखी। उसका शीर्षक था : 'ऐन ऐस दैट किक्स ऑन ऑल साइड्स' (An ass that kicks on all sides)। मैंने उसी लहजे में उसका अनुवाद 'चारों ओर लात मारनेवाला गधा' किया और अपने विशेषणों में जोड़ लिया। 'सरसम्मा की समाधि' को सन् 1933 तक लिखकर प्रकाशन के लिए मनोहर ग्रन्थमाला को दिया। उसका मुख्य पात्र अव्यक्त रूप में लैंगिक मनोधर्मवाला व्यक्ति था। उसी को विभिन्न व्यक्तियों के जीवन में दिखाकर विकसित करता चला गया। इस प्रकार मेरा वह उपन्यास एक अलग ही रास्ते पर चला है। मेरे 'गर्भ गुडी' नाटक के 'काश्यप' के समान यहाँ भी नीलम्मा अपने गत जीवन की प्रेत रूप में तृप्ति पाने का प्रयास करती है। एक ढंग से यह कहानी अवास्तविक रूप से चलती है, फिर भी वास्तविक मनोधर्म का चित्र उपस्थित करती है। इस रचना पर अधिक लोगों का ध्यान नहीं गया। हमारे गाँव की एक पत्रिका ने लिखा 'ऐसे लोग जीवन में नहीं हो सकते।' यह लैंगिक जीवन का प्रश्न उठने पर आँखें मूँदकर नीति की बात कहनेवालों का रास्ता है। इसलिए मुझे ऐसा लगता है कि प्रत्येक को यह समझना होगा कि वह स्वयं कैसा है। किसी और ने लिखा था कि इस पुस्तक से जाति-द्वेष बढ़ सकता है।

मेरी 'गर्भ गुडी' और 'देवदूत' रचनाओं ने मुझे काफी अपयश दिलाया। साम्प्रदायिकों को मैं एक मूर्तिभंजक-सा लगा। मठ के संन्यासियों के भी कोप का भाजन बना। परन्तु अब मेरी रचनाएँ पढ़नेवाले महानुभावों ने मुझे बुलाकर मेरे प्रति सम्मान व्यक्त किया। खैर, मेरी रचनाओं का अर्थ अब तो उनके पल्ले पड़ा।

साहित्य की पृष्ठभूमि

धारवाड़ के मेरे मित्र श्री बिन्दु माधव बुर्लि ने, जो कर्नाटक के साहित्यकारों के आत्मवृत्त संग्रह कर रहे थे, मुझसे भी लिखने का आग्रह किया। मुझे लगा, भला आठ-दस पृष्ठों में ऐसे साहित्य का इतिहास मैं क्या लिख सकता हूँ। मैक्सिको के एक साधारण लेखक ने अपने लेख में प्रश्न उठाया है : क्या साहित्यकार को अपनी जीवनी लिखनी चाहिए? उसके साहित्य को पढ़ने के बाद उसके बारे में जानने की क्या चीज रह जाती है? साहित्य के लिए अनुभव ही जन्मभूमि है। उसके बिना वह अलग विकसित नहीं हो सकता। अगर हुआ तो बनावटी होता है; झूठा होता है। कुतूहल पैदा करनेवाली कहानियाँ लिखी जा सकती हैं। सैकड़ों सन्निवेशों की कल्पना की जा सकती है, परन्तु उनको प्रभावशाली बनाकर आँखों के सामने खड़े करने के समान लिखना है, उन्हें मूर्त रूप देना है—तो जीवन की पृष्ठभूमि में ऐसी कल्पनाओं का विकास करना होगा—यह मेरा दृष्टिकोण है।

साहित्य और कलाओं के बारे में मैं इस कसौटी पर खरा उतरना चाहता हूँ। मैंने बहुत से नाटक लिखे। मेरी कई पुरानी रचनाएँ खो भी गयी हैं पर अब मुझे उसका दुख नहीं है। उसका कारण इतना ही है कि वहाँ कल्पित कुछ व्यक्ति-चित्र केवल अनुराग के कारण निरूपित हुए। आगे के अनुभव उनका मजाक उड़ाते-से लगे। इस प्रकार कई उपन्यास, नाटक, कहानियाँ लिखने के बाद उनकी पृष्ठभूमि को भूलकर, साहित्य-सृजन के बारे में सात-आठ पृष्ठों का एक लेख लिखने से कोई लाभ नहीं—यह सोचकर मैं चुप हो गया। यहाँ उसके बारे में विस्तार से लिखना है, इसलिए लगता है कि उसके लिए एक अध्याय लिखना कोई कठिन नहीं है।

जल्दबाजी

मुझे जो लिखना होता है उसके लिए एक बेचैनी-सी हो जाती है। विलम्ब से कभी शुरू करके, विलम्ब से पूरा करने में मुझे विश्वास नहीं है। मेरा वह स्वभाव भी नहीं है। जल्दबाजी ही मेरा गुण है। इस आदत में दोष भी हैं, गुण भी हैं। जल्दी से काम करने से उसमें बारीकी नहीं आती है। परन्तु बीनने-फटकने के लिए मैं बैठा नहीं रह सकता। मेरे मन में एक कहानी का नाम, उसका स्थूल चित्र आते ही मैं चुपचाप बैठकर, लिखने लग जाता हूँ। मन के एक तरफ बहने में कोई रुकावट हो तो उस काम में मैं हाथ नहीं लगाता। अगर लिखने बैठ गया तो एक दिन में एक अध्याय तो लिखा ही जाना चाहिए। बीच में सोचकर, आगे क्या लिखना है—यदि ऐसी स्थिति हो तो मैं उसे शुरू ही नहीं करता। अनुभव की पृष्ठभूमि विशाल हो तो लिखते समय सिर खुजलाने की जरूरत नहीं पड़ती। स्पष्ट रूप से एक-एक करके चित्र आँखों के सामने खड़े होते जाते हैं और वही बढ़ने लगते हैं। नृत्य से भी यही अनुभव मिला। बहुत बड़े उपन्यास लिखते समय भी मेरा अनुभव ऐसा ही रहा है। मन में पैदा हुआ बीज मन के सामने ही विकसित होना चाहिए। विविध सन्निवेश अपने आप आकर मिलने लग जाते हैं। मूल व्यक्तियों का चरित्र भलीभाँति संचित होने पर ही लिखना शुरू करना चाहिए। लिखते समय, उद्देश्यपूर्वक लिखते समय भी, लेखनी के आगे बढ़ते-बढ़ते वह काम अपने आप होता जाना चाहिए। कई बार मुझे ऐसे रचना-कार्य ने आश्चर्य में डाला है। सृजन-कार्य में लगने के बाद विश्राम कहाँ? एक अध्याय लिखने के बाद दूसरा अध्याय बहुत दिनों के बाद लिखना हो तो वह काम मुझसे नहीं हो पाता। मुझमें विस्मृति कुछ ज्यादा है। अधिक याददाश्त वालों का भी यही हाल होता है। मेरे लिए तो वह असम्भव है। प्रथम अध्याय में आये व्यक्ति का चरित्र कुछ दिनों के बाद एकदम बदल जाता है।

इस प्रकार एक अध्याय लिखने के बाद दूसरा लिखने तक—हँसते समय,

खाते समय, सोते समय कहानी के विकास के सन्निवेशों के चित्र आँखों के सामने नाचते रहते हैं। उन अंशों को चित्रित करने का दूसरा दिन होता है। दूसरे दिन ही उसे पूरा हो जाना चाहिए। दूसरे दिन मिलनेवाले जल और खाद से कहानी अपने ढंग से आगे बढ़ने लगती है, विकसित होने लगती है। रचना के अन्त तक लेखन को अविरत जारी रहना चाहिए तब जाकर पात्रों के चरित्र और कथा के सन्निवेश स्वाभाविक रूप से बढ़कर खिलते हैं। लिखते समय, अभिनय करते समय, नृत्य करते समय, अपने आपको भूलने पर ही वह सृजन-कार्य अपने आप सुन्दर रूप धारण कर लेता है। कई बार उपन्यास का पात्र मैं स्वयं हो जाता हूँ। हँसता हूँ, रोता हूँ, क्रोध करता हूँ। मेरी मानसिक स्थिति से परिचित लोग, काम करते समय मेरे पास नहीं आते। मेरी बेटी मालविका जब छोटी थी, तब बीच-बीच में आकर तंग करती थी। कुछ समय बाद 'बापू लिख रहे हैं' कहने पर वह भी समीप नहीं आती थी। मैंने अपने उपन्यास 'चोमन दुडी' और 'सरसम्मन समाधि' को पाँच-पाँच दिनों में समाप्त किया था।

'मरलि मण्णिगे' (माटी की ओर) के तीस अध्यायों को तीस दिन में लिखा। 'मुगियद युद्ध' (समाप्त न होनेवाला युद्ध) को बीस दिनों में, 'औदार्यद उरुलल्लि' (उदारता के चक्कर में) को तेईस दिनों में पूरा किया। पाँच अंकों के नाटक को एक ही दिन में खतम किया है। पाँच दिन से ज्यादा कभी किसी नाटक लिखने में नहीं लगाये। मेरी इस जल्दबाजी से मुझे तन्यमता मिल जाती है। उससे सृजन-कार्य में भी सहायता मिली है। मुझे ऐसा लगता है कि जमकर बैठकर लिखने में विचार-लहरी में जो शक्ति आती है वह रुककर, बीच में छोड़कर, घूमते-घामते लिखने में नहीं आती। एक बार लिख देने के बाद, मन के परदे पर वह सब मिटने लग जाता है। पाँच-छह दिन तक एक खुशी और शान्ति रहती है, और बाद में मन स्वाभाविक स्थिति में पहुँच जाता है। लिखने का काम जितना आनन्ददायक है, ठीक करना और प्रतिलिपि बनाने का काम उतना ही ऊब पैदा करता है। मैं अपनी ही लिखाई ठीक नहीं कर पाता। प्रतिलिपि करने बैठूँ तो दूसरे ही विचार आने लग जाते हैं। यह काम दूसरे करें तो अच्छा है। इसके अलावा मेरी लिखाई साफ नहीं है। कई शब्दों की तो टेढ़ी-मेढ़ी रेखाओं से ही कल्पना करना पड़ती है। सचमुच ही, अपनी लिखाई पढ़ने में मुझे स्वयं कष्ट होता है। मेरे पिताजी की लिखाई भी ऐसी ही थी, पर लगता है कि इसमें मैं उनसे एक कदम आगे हूँ।

प्रसंग

लिखने के लिए सही मन:स्थिति अथवा 'अमुक विषय पर लिखना चाहिए' यह

विचार मेरे मन में कैसे आता है वह भी एक विचित्र स्थिति होती है। मन में कभी किसी कारण दुख होने पर, कटुता का अनुभव होने पर कई बार स्तब्ध रह जाता हूँ। कभी-कभी शान्ति भी मिलती है। प्रकृति के किसी दृश्य को देखते समय, कोई सुन्दर कलाकृति देखते समय, भावपूर्ण संगीत सुनने पर मन शान्त होता है और जिस वस्तु से प्रेरणा मिलती है उसी में मन खो जाता है। संगीत, प्रकृति सुख-दुखानुभव, मन की शान्त स्थिति में और कोई नवीन चित्र उस वातावरण से एकदम असम्बद्ध बात को जन्म देता है। तब केवल कहानी का नाम सूक्ष्म हो सकता है। एक नाटक की कथावस्तु आँखों के सामने नृत्य करने लग सकती है। कई बार आधी रात में उठकर, उस भाव को दो शब्दों में लिखकर फिर से सो गया हूँ। ऐसे बनाये गये संक्षिप्त नोटों से मेरी अधिकांश रचनाएँ तैयार हुई हैं। एक नयी रचना शुरू करने के लिए उसी प्रकार की मानसिक शक्ति भी चाहिए। जब वह शक्ति मिलती है तब जो लिखना है उसकी एक स्थूल रूपरेखा तैयार करके, काम शुरू किया है। उनके बिना भी एकदम सीधा लिखता चला गया हूँ।

विस्मरण से लाभ

लिखकर समाप्त करने के बाद उसे भूल जाने से मुझे काफी लाभ हुआ। उससे सहायता ही मिलती है। मनुष्य अपनी सारी यादों को सदा ढोकर जी नहीं सकता। नहीं तो जीना असहनीय हो जाएगा, नारकीय हो जाएगा। जीवन में यदि एक सुख हो तो हजार दुख होते हैं। सुख तो दुर्लभ ही होते हैं। अत: जीवन से मुकाबला करने के लिए दुख की विस्मृति आवश्यक है। मेरे जैसे लिखने के पागलपनवाले व्यक्ति का उससे और एक विशेष उपकार होता है। पुराने चित्र यदि विस्मृत हो जाएँ तो नये के सृजन में सहायता मिलती है। नहीं तो पुराने चित्र ही फिर उभर सकते हैं।

मरलि मण्णिगे (माटी की ओर)

अन्त में संक्षेप में अपनी कुछ रचनाओं की पृष्ठभूमि प्रस्तुत करता हूँ। 'मरलि मण्णिगे' की पृष्ठभूमि उसकी भूमिका में ही संक्षेप में दी है। समुद्र-तट पर स्थित कोट में आनन्द लेनेवाले लोगों का जीवन है वह। वहाँ के निसर्ग का सौन्दर्य देखकर मनुष्य सन्तोष अनुभव कर सकता है। यह निसर्ग तब से अब तक अथवा कल तक एक समान रह सकता है। उसमें चित्रित तीन पीढ़ियों की कहानी है जो मेरी दादी के जमाने से शुरू होती है। कालक्रम की दृष्टि से वह मेरी पीढ़ी तक पहुँचती है। पहली पीढ़ीवालों ने निसर्ग का सन्तोष प्राप्त नहीं किया। समुद्र के साथ, नदी के साथ संघर्ष करके, अपना पसीना बहाकर अन्न के लिए संघर्ष

किया। तब घोर गरीबी थी। उस गरीबी के संकट से बचने के लिए एक ही रास्ता था—भाग्य पर भरोसा रखना। उनमें औरतों ने बड़ा दुख भोगा। पैदल चलने के उस जमाने में तीज-त्योहार, शादी-ब्याह, रथयात्रा, बयलाट—यही सब उनके सुख के साधन थे। विलास के लिए वेश्याओं की संगति से ज्यादा सुख की कल्पना तब नहीं थी।

दूसरी पीढ़ी तक आते अँग्रेजी शिक्षा की हवा बहने लगती है। एक समुदाय गाँव छोड़कर शहर में चला जाता है। होटल उद्योग से धन कमाकर, गाँव में पैसा भेजता है। सम्पत्ति बढ़ती है। पैसे के बल से, बखेड़ों में मजा लेनेवाले लोग गाँव में पनपने लगते हैं और एक तरफ लच्चा जैसे व्यक्ति बाजार के मोह में फँसकर नये वातावरण में अपना दिमाग खराब कर लेते हैं। उनके भाग में भी निसर्ग केवल एक जड़ वस्तु होती है। तीसरी पीढ़ी में, अँग्रेजी शिक्षा सर्वमान्य हो जाती है। बेकारी का प्रश्न उठता है। देश में अशान्ति फैलने लगती है। तब ये सब राम जैसे लड़के को नचाने लगते हैं। अन्त में निराशा से वह गाँव की ओर मुँह मोड़ता है। वहाँ भी स्त्रियों की स्थिति वैसी रहती है। मेहनत करना और थककर चूर हो जाना। राम जैसे व्यक्ति को निसर्ग ज्यादा सुख का प्रेरक होता है। वह नये संस्कार का फल है। इस प्रकार उसमें जनता के आर्थिक और मानसिक जीवन का चित्रण हुआ है। उसे पसन्द करनेवाले भी हैं। उसके बारे में सब प्रकार की आलोचना भी हुई है। आज प्रशंसा करके कल निन्दा करनेवाले भी हैं।

उस पर 'देवराज बहादुर पुरस्कार' के अवसर पर मेरे मंगलूर के मित्रों ने मेरे सम्मान का प्रबन्ध किया और बड़ी प्रशंसा की। ऐसी प्रशंसा करनेवाले सात लोगों में पाँच ने पुस्तक भी नहीं पढ़ी थी। ऐसी प्रशंसा पर मेरा मन कैसे झूमता? आमतौर पर एक साहित्यिक कलाकार को मिलनेवाले सम्मान का अर्थ इतना ही होता है।

बेट्टद जीव (पहाड़ी जीव)

उसके बाद 'बेट्टद जीव' लिखा। इसमें नाटक के समान काल, स्थान और क्रिया के सन्तुलन की ओर ध्यान रखा। जंगल में भटकनेवाले मुझे उस प्रदेश का परिचय था। व्यक्ति भी नये नहीं थे। गाँवों में जाकर अनेक मित्रों के कृषि के साहसिक कार्यों को देखकर अच्छा लगा था। उस चित्र का वर्णन करने की इच्छा हुई। एक बार मैं कुछ लिखने के विचार से, जरा विश्राम करने के लिए अपने कोडग के मित्र श्री मंजुनाथय्या के घर गया। जाते समय कुछ लिखने को मन कर रहा था। वह 'क्या' होना चाहिए यह निश्चय मन में नहीं हो पाया था। सम्पाजे पट्टे की घाटी चढ़कर जब मडकेरी से चार मील दूर रह गया तब बस खराब हो गयी।

वहीं बैठे रहना सम्भव नहीं था। मडकेरी पैदल ही चल पड़ा। सामने खड़े पहाड़ों ने 'पहाड़ी जीवन' नाम सुझाया। मडकेरी पहुँचा तो मंजुनाथय्या की मोटर मेरे लिए इन्तजार कर रही थी। उस पर उनके घर पहुँचा। वह कॉफी के बागों से घिरा पहाड़ियों के बीच का प्रदेश था। उनके घर बैठकर छह दिन में हव्यक ब्राह्मणों की एक कहानी घसीट डाली। उसकी आंचलिकता को देखकर 'उसमें भला कहानी क्या है?' कहनेवाले लोग भी हैं। मैं कोई कहानी कहने नहीं बैठा था। मैं अपनी बेटी को बीच-बीच में नयी कहानियाँ सुनाया करता हूँ। लोगों को समझना चाहिए कि उपन्यास चरित्र-चित्रण के लिए हुआ करता है।

हेत्तला ताई (जन्म देनेवाली माँ)

बाद में 'हेत्तला ताई' उपन्यास लिखा। उसमें एक और तरह का चरित्र-चित्रण है। उसमें एक व्यक्ति में लघुता की भावना थी, पर वही लघुता किस प्रकार महानता और गर्व का विषय बन जाती है, यह दिखाया है। उसमें लैंगिक समस्या भी एक मुख्य विषय है।

मुगियद युद्ध (जीवन-युद्ध)

'मुगियद युद्ध' शाला के एक गरीब अध्यापक की कहानी है। पुत्तूर में मैंने उनके साथ दस-पन्द्रह वर्ष काटे थे। मैं उनके सुख-दुख से भली-भाँति परिचित था। 'कडब' कथा की पृष्ठभूमि है। वहीं एक अध्यापक के घर बैठकर उनका खाना खाकर मैंने 'बाल-प्रपंच' के तीन भाग समाप्त किये थे। उनके साथ आसपास की पहाड़ियाँ भी चढ़ा-उतरा हूँ। घने जंगल में चक्कर लगाये हैं। उनकी आशा-अभिलाषा को भी समझा है। जीवन की गहराई में उतरा हूँ। गरीबी के जंगल में भी चक्कर लगा आया। इस उपन्यास को पढ़कर श्री जागीरदार ने इसे यथार्थवादी उपन्यास कहा। किसी दूसरे ने इसे व्यक्ति सापेक्ष कहा। समीक्षकों के दृष्टिकोण कितने भिन्न होते हैं।

औदार्यद उरुलल्लि (उदारता के चक्कर में)

यह मेरा एक और उपन्यास है। उसकी रंगभूमि उत्तर कन्नड़ जिला है। अनेक राष्ट्रीय और सार्वजनिक आन्दोलनों का उसमें उल्लेख है। नेताओं की दुराशा, पैसा कमाने के हथकण्डे, पैसा खसोटनेवाला पात्र वर्ग, समाज में ईमानदारी के बदले दिखावा, झूठ, फरेब, किस प्रकार ऊँचे स्थान पर पहुँच जाता है आदि बातें चित्रित की हैं।

दो और रचनाएँ

कलाकार का मानसिक विकास चित्रित करने को 'मोग पडेद मन' उपन्यास लिखा। इसमें नृत्य के बारे में पर्याप्त विवेचना है। मेरे लिए तो कलाकार भी सबकी भाँति एक व्यक्ति है। उसका मन किसी और ही ढंग से बात करना चाहता है, यही उसकी विशेषता है। उसके बाद लिखा उपन्यास है 'संन्यासीय बदुकु'। इसमें गृहस्थ जीवन से भागनेवालों को यही बताया है कि संसार ही कर्मभूमि है। केवल विश्वास से क्या मिलता है? वह विश्वास कार्य-रूप में परिणत होना चाहिए तभी उससे लाभ है—यही उस उपन्यास की कथा-वस्तु है। कथा की 'रुक्मायी' ऐसा अपूर्व व्यक्तित्व नहीं। मैंने जीवन को उस रूप में देखनेवाले अनेक बूढ़ों को देखा है।

निबन्ध

कहानी, उपन्यास, नाटक लिखने के समान मैंने निबन्ध भी लिखे हैं। वहाँ भी मेरा स्वभाव जल्दबाजी का ही रहा है। आवश्यक विषय से सम्बन्धित सभी तथ्यों को एक बार निशान लगाकर बैठ गया तो बस घसीटता चला जाता हूँ। एक बार लिखने के लिए बैठने भर की बात है। 1200 पृष्ठों वाले 'बाल प्रपंच' को घसीटने में तीन मास लगे। परन्तु बाद में उसे ठीक करने में कुछ वर्ष लग गये। मुख्यांश तो एक बार बैठकर पूरा कर डाला।

मेरी और एक रचना है 'बालवेये बेलकु' (जीवन ही प्रकाश है)। एक बार मैं धारवाड़ गया था। वहाँ मेरे मित्र शंकरराव जोशी ने 'देवर इल्लिद बदकु' (ईश्वर के बिना जीवन) विषय पर भाषण देने को कहा। शायद उन्होंने मुझे नास्तिक समझा था। भगवान है या नहीं, मैं इस झंझट में पड़ना ही नहीं चाहता था। मैं न नास्तिक हूँ न आस्तिक। मेरे लिए ऐसे विषय पर भाषण देना प्रश्न-पत्र का उत्तर देने के समान था। उत्तर देने का प्रयत्न करता हूँ। उत्तर देते समय अनेक विचार-लहरें मन में उठती हैं इसलिए मैं भाषण देने को तैयार हो गया। उन्होंने कहा, 'उसी को लिखकर दे दीजिए'। उसमें जीवन, ईश्वर, आत्मा, कर्म-फल आदि विषयों के बारे में मैंने अपने विचार प्रकट किये।

यहाँ पर मैंने सन् 1950 तक लिखे उपन्यासों के बारे में संक्षेप में बताया। उसके बाद में भी लिखता रहा, लिखे जा रहा हूँ। यह बात सब जानते हैं। लेकिन लिखना ही चाहिए ऐसी हठ तो है नहीं। ग्रन्थों की संख्या बढ़ाने की जिद भी नहीं। चाहे उपन्यास हो या नाटक उसे अपने अनुभव की पृष्ठभूमि पर लिखने से ही मुझे तृप्ति मिलती है। लिखते समय मेरे पात्र और व्यक्तियों को ऐसे व्यवहार करना चाहिए मानो वे जीवन्त हों। मुझे उनका मुख दिखाई देना चाहिए; उनकी बातें सुनाई देनी चाहिए। लेकिन मेरे अनुभवों की भी तो एक सीमा है। उनसे जितना

सार निकल सकता है उससे ज्यादा कृषि का प्रयास करने पर फल फीका निकलेगा।

अनुरक्ति

एक जमाने में, वह भी यौवन के दिनों में, जब आदर्शवाद का भूत सवार था, दुनिया का उद्धार करने को निकला, तब कुछ उपन्यासों की रचना की। पर ज्यों-ज्यों मेरे जीवन का विस्तार हुआ, अनुभव बढ़ा, उस जीवन के बारे में जहाँ तक सम्भव हो सका निष्पक्ष होकर मैंने जो विचार किया तो मुझे लगा कि मेरे सृजन और जीवन में निकटता अनिवार्य है। 'चोमन दुडी' इसी दृष्टिकोण का पहला कदम कहा जा सकता है।

बाद में भी लिखता रहा हूँ। वैसे तो आज मुझे अपने लिखे उपन्यासों के नाम तो याद हैं लेकिन उनमें क्या-क्या है और किसने क्या किया यह पूछा जाए तो शायद उत्तर न दे पाऊँ।

साहित्य के इन प्रयोगों में आपको दो भिन्न लहरें दिखाई देंगी। एक : कुछ रचनाएँ वे हैं जिनमें मैंने दूर खड़े होकर दुनिया को देखा है जैसे, 'शनिश्वरनेरलल्लि' (शनि की छाया में), 'जरुव दारी' (फिसलन की राह) तथा 'समीक्षे'। कुछ कृतियाँ ऐसी नहीं हैं। जीवन की समस्याओं का दूसरों के द्वारा सामना किये जाने की बात कहते समय, मेरे तटस्थ रहकर देखने का ढंग कुछ और है। यदि समस्याओं ने मेरे जीवन को छुआ होता तो 'मैं' मूक होकर नहीं बैठता। कई बार स्वयं को झकझोरनेवाली समस्याओं ने मुझे उपन्यास लिखने को प्रेरित किया है। 'गोंडारण्य' ऐसा ही एक उपन्यास है। हमारे देश के एक राजनीतिक दलवालों को वह एकदम कटु लग सकता है। उस उपन्यास के कटु सत्य को मैंने प्रत्यक्ष भोगा है। जनता के नेताओं तथा राजनीतिक दलों की बातें और व्यवहार देखकर मुझे बड़ा आघात हुआ है। इस कारण मुझे कोई भी पक्ष दैवी-पक्ष नहीं लगा। यदि कोई पक्ष दानवी गुणों को आजमाने लगे तो मुझे लगता है कि जनहित के लिए उसके दनुजाकार को दर्शाना आवश्यक हो जाता है।

यह समस्या केवल राजनीति की ही समस्या नहीं, आजकल तो स्वतन्त्र भारत के वातावरण में अनेक बातों में मेरे जैसों का दम घुट रहा है। मैंने पहले अन्धश्रद्धा, अनाचार और साम्प्रदायिकता का खण्डन किया है। आज की राजनीति में वीर-पूजा, लूट-खसोट बड़े घटिया दर्जे तक पहुँच चुकी है। लेखक जिस समाज में जी रहा है वे उसे कलुषित करनेवाली शक्तियाँ हैं। अब प्रश्न यह उठता है कि मेरा कर्तव्य क्या है? 'गहरा और छिछला' नामक उपन्यास में अपने एक पात्र के द्वारा पूर्ण रूप से तो न सही, पर मेरे और मेरे जैसे लोगों के विचारों को

थोड़ी-बहुत आवाज देने का प्रयास किया है।

क्षीण स्वर

परन्तु मेरा यह विश्वास नहीं है कि साहित्यकार के स्वरों से संसार का उद्धार हो सकता है। भारत जैसे देश में सत्तर करोड़ जनता में से पैंतीस करोड़ वयस्क हैं। बिना कुछ समझे-बूझे ही वे अपने नेता चुनते हैं। साहित्यकार उनसे बहुत दूर हैं। पढ़ने-लिखनेवालों के लिए तो हजारों पुस्तकें हैं, सैकड़ों रास्ते हैं। क्या सभी के लेखक प्रभावित कर सकते हैं? वह प्रभाव राजनीति में भला कितना हो सकता है? मेरे लिखने से दुनिया उलट-पलट नहीं हो जाती। दूसरों के विचारों को समझकर क्या उनसे मैं पर्याप्त प्रभावित नहीं हुआ? पर मैं यह कैसे बता सकता हूँ कि वह प्रभाव किसकी बात या किसके लेख से हुआ है। अनेक रचनाओं की प्रेरणा ने मुझे बुद्धिजीवी बनाया। इसलिए मेरा यह कर्तव्य हो जाता है कि मैं साहित्य के द्वारा समाज को कुछ अर्पित करूँ। पर इससे एक शिष्य समुदाय जन्म नहीं लेता। यह शिष्य समुदाय तो 'दास समुदाय' बनता जा रहा है। इसलिए मुझे ऐसा समुदाय बनाने की इच्छा नहीं। आँखें मूँदकर किसी के मेरे शिष्य बनने की अपेक्षा समीक्षात्मक रूप से मुझे समझकर मुझसे भिन्न विचार रखनेवाले बुद्धिजीवी को मैं श्रेष्ठ समझता हूँ।

दुबारा राजनीति में

स्वतन्त्रता से पहले

जब महात्मा गाँधी के असहयोग आन्दोलन में मैं कूदा, तब जवान ही था। पाँच-छह वर्ष तक मैं काँग्रेस का सदस्य रहा; उसका एक स्वयंसेवक बनकर अपने आप कुन्दापुर में काम करता था। यह कहना गलत न होगा कि राजनीतिक भाषणों से मुझे अपनी ध्वनि का परिचय हुआ। उस समय की राजनीति का एकमात्र उद्देश्य अंग्रेजों को भारत से निकालना था। उसके लिए आवश्यक वाक्-बाण हमारे नेता प्रदान करते थे। गाँधीजी की 'यंग इण्डिया' पत्रिका मेरे लिए एक तरकस थी। उसके लेखों से ज्यादा समीक्षा कर पाने की अपनी शक्ति मेरे पास नहीं थी। उन दिनों देश के कुछ नेताओं के लेखों के अतिरिक्त और कुछ पढ़ने की आदत ही कम थी। कभी-कभी रामानन्द चटर्जी की 'माडर्न रिव्यू' पत्रिका पढ़ लिया करता था।

आगे चलकर, भाषण देना बन्द करके, 'खादी निर्माण' का काम अपने हाथ में लिया। उसकी कहानी आरम्भ में ही कही है। उसमें असफल होने के बाद मेरा मन साहित्य, नाटक, शिक्षा और ग्राम-सुधार जैसे विषयों की ओर गया। हवाई किले बनाने के बदले अपनी शक्ति के अनुसार काम करने लगा। अपने अध्ययन, भ्रमण और खोज से भारत की गरीबी और जड़ता की समस्याएँ मुझे असीम लगीं। स्वतन्त्रता-संग्राम के अगले दो वर्ष मैं केवल आसक्त प्रेक्षक मात्र बनकर बैठा रहा। दोनों वर्ष विशेष निराशा में ही कटे जिससे मेरा मन स्वयं को सालने लगा।

दूसरे महायुद्ध ने प्रत्यक्ष रूप से भारत का विशेष उपकार किया। जापान और बर्मा की घटनाओं से बर्तानिया को यह महसूस करना पड़ा कि अब साम्राज्य को बचाये रखना कठिन है। खैर, किसी प्रकार भारत को स्वतन्त्रता मिल गयी। काँग्रेसियों ने यह कहना शुरू कर दिया कि उन्हीं के प्रयत्नों से यह स्वतन्त्रता मिली। मेरा विचार है कि युद्ध के बाद की परिस्थिति ने बर्तानिया को झुकने को मजबूर कर दिया था। उन्हें यह समझ में आ गया था कि असन्तुष्ट लोगों पर अब

वे राज्य नहीं कर पाएँगे। कोई आन्दोलन न छेड़नेवाले बर्मा को भी उन्हें स्वतन्त्रता देनी पड़ी।

अभिमान जाता रहा

काँग्रेस के बारे में आरम्भ में मुझमें जितना अभिमान था, चौथे दशक में उतना ही कम हुआ। अहिंसा के नाम पर जेल जानेवाले कुछ लोगों के तौर-तरीके से मैं परिचित था। अनेक लोग ऐसे थे जो समय से स्फूर्ति पाकर सत्याग्रह करके जेल गये थे। हमारे कर्नाटक के दक्षिण जिले में काँग्रेस में घुस आये कई नेताओं के व्यवहार से मुझे बड़ी जुगुप्सा हुई। वंचक, अवसरवादी, लालची लोग यदि भगवद्गीता की भी दुहाई देते तो भी मैं धोखा नहीं खाता। दिवंगत श्री सदाशिव रायजी को हटाकर जब कुछ चालबाज लोग नेता बने, तो मुझे इस राजनीति के सामने सिर झुका लेना पड़ा।

स्वतन्त्रता तो मिली

सन् 1947 में भारत स्वतन्त्र हो ही गया। उसके साथ देश को चलाने की जिम्मेदारी भी आयी। इस उद्देश्य को लेकर राजनीति में भाग लेनेवालों की संख्या तो उँगलियों पर गिनी जा सकती है। मेरे बड़े भाई साहब ने काँग्रेस में रहकर काफी परिश्रम किया था। उसके अनुभव से मैं परिचित हूँ। मुझे लगा कि समय बीतने के साथ काँग्रेस स्वार्थियों का स्वर्ग बन गयी। गाँधीजी ने 'काँग्रेस तोड़ दो' कहा था। यह बड़ी दूरदर्शिता की बात थी। मेरे भाई ने अपने कटु अनुभवों के कारण ही काँग्रेस छोड़ी थी। वे प्रकाशम् के मन्त्रिमण्डल में कर-मन्त्री थे। उन्होंने जब ऐसा कदम उठाया तो अवश्य ही कुछ ठोस कारण रहे होंगे।

समय बीतते-बीतते जन-सेवा, देश-भक्ति आदि शब्द जनता को धोखा देने के अर्थ लगने लगे। पुराने राजाओं, सुलतानों को भगानेवाली जनता, उससे चौगुनी होकर उनकी छोड़ी जूतियों में पाँव रखकर नवयुग के राजा बनने के सपने देखने लगी। काँग्रेस संस्था पर मेरे मन में जो अभिमान पहले था वह मिट्टी में मिल गया।

गाँधीजी

देश के मार्गदर्शक गाँधीजी का जीवन बलिदान हो गया। उनके नाम पर लाभ उठाने के लिए देश में असंख्य नेता आगे आये। गाँधीजी के सत्य अहिंसा के मन्त्र सबकी जबान पर नाचने लगे। स्वार्थियों के लिए वह एक मुखौटा बन गया।

सन् 1952

सन् 1952 में चुनाव शुरू हुआ जोकि हमारे लिए एक महान घटना थी। मेरा मन देश की राजनीति को देखकर दु:खी था। उस तरफ रूस से आयात किया गया, वैयक्तिक, जीवन का गला घोंटनेवाला कम्यूनिज्म देश में फैलने लगा। उसके विरोध में प्रजातन्त्र की रक्षा करनेवाली संस्थाओं में बेईमानों का प्रभाव बढ़ने लगा। ऐसी परिस्थिति में मेरे जैसे का कर्तव्य क्या होना चाहिए ? मुझे राजनीतिक जीवन में कोई आकर्षण नहीं रह गया था। पर इस सन्दिग्ध स्थिति में तटस्थ होकर जीना भी सम्भव नहीं था। तब, व्यक्तिगत विरोध दिखाने के लिए मैं चुनाव में खड़ा हुआ। मैं कृपलानी के नेतृत्व में प्रजा समाजवादी पार्टी की तरफ से खड़ा हुआ था। तब मुझे यह भय भी हो रहा था कि 'समाजवाद' शब्द अस्पष्ट और अनिश्चित दिशा की ओर भाग रहा है। मैंने सोचा कि भले ही कुछ न हो, काँग्रेस का विरोध तो होगा। उसी पक्ष से मेरे बड़े भाई लोकसभा के लिए खड़े हुए। मैं असेम्बली सीट के लिए खड़ा हुआ था। तीन मास तक पुत्तूर के मतदाताओं के घर-घर जाने का अवकाश मिला। तब यह पता चला कि चुनाव कितना सत्य और अहिंसा के मार्ग पर होता है। जाति-विरोध करनेवाली काँग्रेस भी जातिवाद से दब गयी है। मेरे दोनों विरोधी ब्राह्मणेतर थे। मैंने जन्म से ब्राह्मण होने पर भी, ब्राह्मणेतरों में विवाह किया था। यह बात जाननेवाले मतदाताओं के लिए भी कारन्त ब्राह्मण ही ठहरे।

इस राजनीतिक संघर्ष में नेता और उनके अनुयायी अपने प्रचार में सबसे पहले सत्य की बलि चढ़ा देते हैं। पता नहीं धन किस-किस तरफ से आता है और उसका क्या-क्या प्रभाव पड़ता है!

चुनाव परिणाम

चुनाव तो मेरे और मेरे भाई के विरोध में ही गया, पर मुझे विश्वास नहीं हुआ। मैंने अपनी आँखों से देखा कि 150 मत-पेटियाँ खुली पड़ी थीं। सम्बन्धित अधिकारी ने लिखित रूप से यह स्वीकार करते हुए कहा, "ऐसा आपके साथ ही नहीं, दूसरों के साथ भी हुआ है।" न्यायाधीश के सामने तो वह साफ मुकर गया और कहा कि ऐसा हुआ ही नहीं। मतक्षेत्रों से आये फार्म ही गायब थे। एक गाँव से दूसरे गाँव में पहुँचकर मतपत्र ही गायब हो गये। मैंने इस पर मुकदमा लड़ा। न्यायाधीश के सामने यह सिद्ध किया कि मत-पत्र एक जगह से दूसरी जगह कैसे चले गये। इतना ही नहीं, मेरे क्षेत्र में बाँटे गये मतों की कुल संख्या में केवल 72 लोगों को छोड़ दें तो बाकी सब आये हैं।

उससे दुगुने मतपत्र मंगलूर की लोकसभा की पेटियों में दिखाये। परन्तु वे सब न्यायाधीश के लिए गम्भीर दोष दिखाई नहीं दिये। अत: उन्होंने मेरी अर्जी

खारिज कर दी। मेरे पास तो चुनाव लड़ने के लिए भी पैसे नहीं थे। यह मुकदमा भी मैंने मित्रों की सहायता से किया था। फिर से अपील करके धन कहाँ से लाता? शक्ति भी कहाँ से आती?

परन्तु मेरे अनुभव से कम-से-कम दूसरे तो लाभ उठाएँ, सोचकर वे सारे कागजात संसद सदस्य एच. वी. कामत को सौंपकर, सारी बातें बताकर चुनाव आयुक्त के ध्यान में लाने को कहा। वहीं मेरा काम समाप्त हो गया।

बाद में मैंने चुनाव में हाथ नहीं डाला, परन्तु कुशासन में निपुणता प्राप्त करके, अपने भार से जनता को तंग करके, व्यक्ति की उन्नति में बाधक बनी काँग्रेस के प्रति जो उदासीनता आयी वह अब तक भी मेरे मन से नहीं गयी है और शायद जाएगी भी नहीं।

मन की दासता

आजकल हम प्रजातन्त्र के रास्ते पर नहीं जा रहे हैं। हमने अपने नेताओं को देवता का स्थान दे दिया है। जनता तो सदा मूर्तिपूजक है ही। जब तक जनता अपने बारे में आप सोचने लायक नहीं बनेगी तब तक प्रजातन्त्र नहीं होगा। हमारे नेताओं का ध्यान तो जनता की समस्याओं की अपेक्षा अपने सपनों को पूरा करने की ओर है। अर्थशास्त्र की गन्ध तक उन्हें मालूम नहीं। दूसरे देश भी प्रजातन्त्र की रक्षा करने और व्यक्ति के विकास के रास्ते ढूँढ़ने में पूरी तरह सफल नहीं हुए। जनता का ओर-छोर जाने बिना ही, शासन के बल से, दल के बल से उनमें बस गद्दी को बनाये रखने की चपलता रहती है। अपने देश की सुरक्षा हेतु दुनिया के परस्पर विरोधी दो गुटों को बातों से तृप्त करने का आत्मविश्वास इनमें है।

दुनिया के भिखमंगों में हमारा स्थान सर्वप्रथम है। हम इतने कृतघ्न हैं कि भिक्षा देनेवालों को उसी क्षण भूल जाते हैं। ऐसे में यह बात हर कोई आसानी से समझ सकता है कि लेखकों की शक्ति इस देश में कितनी दुर्बल है। अनुरक्ति ही आहार बने ऐसे लोगों के बीच में प्रगतिशील कहलाने का जमाना है यह। यह सब काल-पुरुष की करामात समझकर, कर्तव्य से मुँह मोड़ने की हालत पैदा हो गयी है।

देश की रक्षा

विचारशील व्यक्ति के लिए हमारे देश का राजनीतिक वातावरण चित्रित कर देना सहज है। आन्तरिक प्रशासन बेईमानी और नालायकी से भरा है। लगता है, परिश्रम करना एक अपराध है। अपने से अच्छी स्थिति में रहनेवालों से द्वेष करना, उनसे खार खाना नया युग-धर्म बन गया है। इसी पर चलनेवाले ही हमारे मुखिया हैं।

तिब्बत पर चीन के आक्रमण के समय दलाई लामा को भारत में आश्रय देकर, उनका मुँह बन्द करके, आश्रितों की रक्षा की कर्मच्युति दिखायी। राजनीति बहसबाजी नहीं है। राजनीतिक चालाकी से अपरिचित हमारे नेताओं ने चीनियों पर विश्वास करके देश-रक्षा की उपेक्षा की। फिर भी अन्त तक उनमें देवत्व का आरोप करके, उनके नाम पर दीया जलाकर, उनसे शतांश भी योग्यता न रखनेवाले लोग नेता बनने में सफल हुए।

गत महायुद्ध ने यह सिखाया कि हिटलर जैसी शक्ति के सामने कोई देश अलग-अलग होकर लड़ नहीं सकते। हमारे नेता उस इतिहास से सबक नहीं सीख सके। पश्चिम के दो गुटों से अलग नेहरू जी एक तीसरे तटस्थ गुट के नायक बने। उसी का फल था : चीन का आक्रमण। फिर भी हमें अक्ल नहीं आयी। क्या हम अकेले देश की रक्षा कर सकते हैं जबकि चीन परमाणु बम बना रहा है?

यूरोप के प्रमुख राष्ट्र ही एकाकी होकर देश की रक्षा कर सकना असम्भव समझकर, गुटों में मिल-जुलकर अपनी शक्ति का विकास कर रहे हैं। ऐसी स्थिति में पुराने शस्त्रास्त्रों से अर्धसज्जित अपने देश की रक्षा करने की नीति से मुझे डर लगने लगता है कि इससे कहीं हम अपने देश की बलि तो नहीं चढ़ा देंगे।

एक बात और। युद्ध की तैयारी सदा शस्त्रास्त्रों के विकास से ही हो सकती है। इन शस्त्रास्त्रों का सदा नवीनीकरण करते रहना चाहिए और ऐसी बातें हर सम्भव गुप्त रखी जानी चाहिए। उन्हीं पर देश की शक्ति निर्भर रहती है। बाजार में पैसा देने से मिलनेवाले शस्त्रास्त्र ऐसे नहीं होते, इसीलिए यदि हम नये आयुध चाहते हैं तो हमारे सहायक बन सकनेवाले एक-दो राष्ट्रों से हमारी मित्रता बनी रहनी चाहिए। परस्पर विरोधी गुटवाले यदि हमारे सहायक बने भी, वे गुप्त शस्त्रास्त्रों को हमें कभी नहीं देंगे। अगर दे दें तो हमारे माध्यम से अमेरिका का रहस्य रूस को, उसका रहस्य अमेरिका को पता नहीं चल जाएगा? हमारे जैसे चिमगादड़ी नेताओं पर विश्वास करके अपने रहस्यों की बलि चढ़ाने वाले मूर्ख वे नहीं हैं।

वाक्‌बाणों से युद्ध करनेवाले हमारे नेताओं को देश की रक्षा जब इतनी आसान लग सकती है, तो ऐसा न हो कि कभी और एक नेफा का प्रसंग पैदा हो तो अपनी जल्दबाजी और अहंकार से देश को बलि-वेदी पर चढ़ाने का पाप हमें ही भोगना पड़े!

देश की इस संकट की स्थिति को सोचते-सोचते मन की शक्ति चली गयी है। पर मुझ जैसा लेखक क्या कर सकता है? भला उसकी शक्ति ही क्या है? मतदाताओं को खरीदने की शक्ति किस लेखक में है? ऐसा आभास होने लगा है कि उसका होना भी नहीं होने के बराबर है।

गृहस्थ

आरम्भ

मुझे गृहस्थ बने लगभग पचास वर्ष पूरे हो गये। अब मैं केवल गृहस्थ ही नहीं, व्यवहारी भी हो चुका है। मेरा पुराना आदर्शवाद बदल गया है, मेरे जीवन ने दूसरा ही रूप ले लिया है। इस परिवर्तन की कहानी मैंने काफी लिखी है। मेरा परिवार छोटा है। पत्नी आयी, घर भी बना, बच्चे भी हुए। पर क्या इतने से गृहस्थी बन जाती है? चूहे से बचने को बिल्ली, चोरों से बचने को कुत्ते, उनके पेट भरने को गाय, भैंस और उनकी और हमारी सेवा करने के लिए सेवक भी तो चाहिए। इस प्रकार विवाह के निमन्त्रण-पत्र में लिखने के समान सकुटुम्ब सपरिवार स्थापित हो गया हूँ। संस्था का पिता बन गया, संसार रूपी संस्था का पिता। बगल में थैला लटकाये, कच्चे चने चबाता, बाँहों का ही सिरहाना, समाचार पत्र ही बिस्तर बनाकर बिताये पुराने दिनों और इनमें अन्तर है। तब कोई अंकुश नहीं था। पर यह नहीं समझिए कि मैं घरवाली के कहने पर ही चलता हूँ। सुनूँ या न सुनूँ कहनेवाले तो हैं—यह गर्व है।

विवाह का विचार

मेरे जैसे घर-बार छोड़े, बुजुर्गों से दूर और निखट्टू व्यक्ति के लिए पत्नी मिल जाना कोई आसान बात नहीं थी। पहले तो मैं विवाह ही करना नहीं चाहता था, बाद में लगा कि हो जाए तो कोई बात नहीं। सो विवाह करने की इच्छा हुई। कोई भी काम शुरू करने से पहले उसके हानि-लाभ के बारे में सोचने बैठना मेरा स्वभाव नहीं है। यदि वह मेरे काबू का है तो हो ही जाएगा। यह सोचकर कन्यान्वेषण के कार्य में लग गया।

पता नहीं किस पुण्यात्मा ने यह नियम बनाया कि विवाह के लिए एक कन्या चाहिए। किसी घर में एक अनमोल आभूषण लाकर, एकदम 'यह मेरी पत्नी है' कहने का अहं पुरुष को होता है। हमारे यहाँ कन्या को लाने की पद्धति कुछ ऐसी

है जैसे भैंस, गाय, कुत्ता, बछड़ा लाया जाता है। लाने के बाद वह वस्तु हमारी हो जाती है। परन्तु लायी गयी कन्या का मन हमारा होने तक 'मेरी पत्नी' कहने का कोई अर्थ नहीं है। वह मात्र एक रूढ़ि है। पर मैं तो रूढ़ियाँ तोड़ चुका था। मुझे रूढ़ियों में बँधे विवाह की आवश्यकता नहीं थी। मेरा विचार था कि एक-दूसरे को पहचान कर विवाह करना चाहिए। लड़का लड़की को और लड़की लड़के को समझे। क्या हमारा समाज ऐसा बन पाया है? जन्मपत्री और जाति में मेरा विश्वास नहीं है। पर इसी प्रकार सोचनेवाला परिवार भी तो मिलना चाहिए था न? बाद में, लड़के लड़की का परिचय होना चाहिए। पहले दोनों में मित्रता होनी चाहिए। वैसे यह रास्ता है कठिन। इसे लोग जितना आसान समझते हैं यह उतना आसान नहीं है। बिना वजह एक लड़के और लड़की को एक साथ खड़ा कर, उनकी स्वीकृति लिये बिना ही, अपने खुद के खर्चे से विवाह करा देनेवाले हैं हमारे समाज के लोग। मेरे विवाह करने के निश्चय और विवाह होने के बीच तीन वर्ष गुजर गये थे। इस बीच मैंने ही अपने कुछ मित्रों के विवाह भी कराये थे। लेकिन मेरे लिए अपना विवाह करना कठिन लग रहा था।

खोज

बैंगलूर की निवासी एक पढ़ी-लिखी लड़की ने मन-ही-मन मुझसे विवाह करने का संकल्प कर लिया था। उसने मित्रों द्वारा मुझसे बात करने का प्रयत्न भी किया। पर इस अश्वत्थामा से बात करने का साहस मित्रों में नहीं था। अगर मैं अपनी दाढ़ी नहीं कटवाता तो किसी की कदापि हिम्मत नहीं होती। जो भी हो, मित्र ठहरे। उन्होंने सोचा कि समझदार होने पर भी यह लड़का ऐसे कर रहा है। उसे एक खूँटे से बाँध ही देना चाहिए। मुझसे उस लड़की का परिचय कराया गया। वह जैसी दीख रही थी (अगर आगे चलकर वह और मोटी न हो तो), मैंने सोचा कि हो सकता है। मैंने मन से स्वीकृति भी दे दी थी। एक-दो मास तक हमारे बीच पत्र-व्यवहार भी चला। एक दिन वह अपनी सारी जिम्मेदारी अपने पिता के सिर मढ़कर मूक हो गयी। मेरे मित्रों ने उसके पिता से बात की। उन्होंने कहा, "यह कैसे सम्भव है? अभी तो उसे तीन साल और पढ़ना है।" मैं यह सोचकर चुप हो गया। अच्छी बात, यदि भाग्य में हुई तो कम-से-कम परलोक में तो एक भार्या मिल ही जाएगी।

बाद में एक छोटी आयु की लड़की, मेरे सौन्दर्य को देखकर मुझ पर आसक्त हो गयी। मध्यस्थ लोगों द्वारा बातचीत भी शुरू हो गयी। एक सप्ताह बाद वह अपने आप उत्सुक होकर आगे आयी और फिर वह भी इस व्यक्ति को एकदम अयोग्य समझकर पीछे हट गयी। बाद में मेरे एक मित्र ने इस रिश्ते को जोड़ने

का यत्न भी किया था।

सन् 1935 में मैं कभी-कभी मंगलूर बेसेण्ट स्कूल जाया करता था। उनके यहाँ नाटक, नृत्य और अभिनय का निर्देशन किया करता था। उस स्कूल की सुपरिण्टेण्डेण्ट रमाबाई मेरा बड़ा सम्मान करती थीं। एक दिन उन्होंने मुझसे नृत्य सीखनेवाली एक लड़की के बारे में पूछा, ''इस लड़की के बारे में आपका क्या विचार है?'' मैंने कहा, ''क्या कहा जा सकता है। लड़की चुस्त है पर...उमर बहुत छोटी है। इस उमर में विवाह की बात उठाना ठीक होगा? फिर अभी एक अविवाहित बहन भी है। यह भी मालूम नहीं कि उसके घर में बड़ों के विचार कैसे हैं? उनके द्वारा बात कर सकती हैं तो कीजिए।'' वे बोलीं, ''अच्छी बात है।'' वह मेरे द्वारा निर्देशित नाटक, नृत्य और प्रदर्शनों में सदा भाग लेती थी। जिस लड़की का जिक्र पहले किया था वह भी उसी स्कूल में थी। वह आयु में भी थोड़ी बड़ी थी। उसने अपनत्व भी दिखाया था। यहाँ तक कि अभिनय सिखाते समय वह मुझसे झगड़ भी पड़ती थी। लेकिन इसने मेरे प्रति किसी तरह की कभी कोई आसक्ति भी नहीं दिखायी थी। वह और उसकी कुछ अन्य सखियाँ समय मिलते ही मेरे पास गप्पें मारने आ जाया करती थीं और गाँव के और मेरे पुराणों के बारे में सुन-सुनाकर चली जाती थीं।

गर्मी की छुट्टियों में एक दिन वे सब अपनी सुपरिण्टेण्डेण्ट के साथ एक दल बनाकर मेरे 'बाल-वन' आयीं। वहीं एक-दो दिन रहकर खुशी-खुशी वापस लौट गयीं। तब फिर से रमाबाई ने उस लड़की की बात उठायी। मैंने अपना पहलेवाला जवाब दुहराया। पता नहीं उनका क्या अभिप्राय था, वे मेरे प्रति उस लड़की के विचारों का बड़ी तत्परता से अध्ययन कर रही थीं। उन्होंने उस लड़की के पिता से बात करने का निश्चय किया। आगे तीन दिन बाद मैं भी मंगलूर गया। मेरे ठहरने की जगह पर वही लड़की आयी और बोली, ''मास्टरजी आप हमारे घर आइए।'' मैंने कहा, ''अच्छी बात है।'' उसके पिता का फूलों का एक बगीचा था। वह सारे मंगलूर में प्रसिद्ध था। पहले बम्बई में उनकी एक बड़ी-सी दवा की कम्पनी थी। बाद में वे मंगलूर में बस गये थे और वहीं अपना निवृत्त जीवन फूलों के बाग की देखभाल में काट रहे थे। उसे देखने की मेरी भी इच्छा थी इसलिए मैं उनके यहाँ चला गया।

निश्चय

उनके घर जाने पर, उसने मुझे अलग बुलाकर एक विचित्र बात कही : ''मैं आपसे विवाह करना चाहती हूँ।'' अब एकदम से उत्तर देने के लिए भी मुझे आगे-पीछे सोचना पड़ा। पहले उसके मन में वह विचार आया तो होगा ही और फिर ऐसी

बात कहना असाध्य-सा लगा होगा। मैंने धीरे से कहा, "यह बात उठाने से पहले तुमने इसके बारे में कुछ सोचा भी है? मेरा स्वभाव, मेरी स्थिति तुम्हारी जिम्मेदारी—इन सबके बारे में सोचे बिना ही ऐसी बात नहीं कहनी चाहिए।" वहाँ से वह मुझे अपने पिताजी के पास ले गयी।

तीन दिन पहले ही यानी हमारे गाँव से लौटने के दिन ही उसने अपने मन की बात पिताजी से कह दी थी। पता नहीं उनके मन में क्या-क्या सन्देह पैदा हुए होंगे। उन्होंने भी यही बात उठायी। कहा, "देखिए, पहले मेरी अच्छी आमदनी थी। अब वैसी स्थिति नहीं है। उन बातों की ओर ध्यान नहीं देना। और फिर जाति का प्रश्न भी है। यह सब आपको भली-भाँति सोचने के बाद ही निर्णय लेना चाहिए।"

विवाह

उस शाम को जब हम घूमने गये तब मैंने उसको सारी जिम्मेदारी के बारे में बताया। लगा,कि उसने अपने मन को पक्का कर लिया था अतः मैंने स्वीकृति दे दी। अगले पन्द्रह दिनों में हमारी रजिस्टर्ड मैरिज हो गयी। वह छह मई 1938 का दिन था, चित्रा पूर्णिमा का दिन। सिद्धार्थ के बुद्ध बनने का दिन। उसी दिन मैं गृहस्थी के बन्धन में बँध गया। वह ब्राह्मण-ब्राह्मणेतर का विवाह था, उससे हमारे समाज में हलचल शुरू हो गयी। पर समय ने उसे ठीक कर दिया। मेरे रिश्तेदार और मित्रों ने हमारे साथ अच्छा ही व्यवहार किया। पुरातनवादियों के मन में ऐसी घटना से अशान्ति पैदा होना स्वाभाविक भी था। लेकिन मेरा रास्ता कुछ अलग ही था और उनकी मानसिक स्थिति अपनी अलग थी।

सनातनियों का आक्रोश

उडुपि के एक पत्रकार ने तो इसी मौके पर अपना सारा विष उगला। उस प्रकार की असहनशीलता का विरोध करने के लिए मुझे उस पर मुकदमा चलाना पड़ा। यह मुकदमा हाई-कोर्ट तक गया। तीनों कोर्टों में वह दोषी पाया गया और उसे जुर्माना भुगतना पड़ा। पर उसने जुर्माना न देकर वीर सनातनी के रूप में जेल जाना ही पसन्द किया।

तब से लीला, लीला कारन्त बन गयी। उसकी आरम्भिक शिक्षा मराठी में हुई थी। मराठी सीखकर मंगलूर आने के बाद फिर से सारा काम कन्नड़ में ही करना पड़ा। विवाह के बाद भी उसने एक साल तक पढ़ाई जारी रखी। उसी समय मैं नर्तन-प्रवास पर चला गया। तब मेरी शाला चल रही थी। लेकिन अगले वर्ष ही वह बन्द हो गयी। अतः मैं पुत्तूर में ही रहने लगा। हमारे विवाह के एक वर्ष

बाद ही उसके पिता गुजर गये। माँ पहले से ही नहीं थी। इस प्रकार और कोई रास्ता न होने से, उसके लिए पति ही सर्वस्व हो गया। हमारे दीर्घ दाम्पत्य जीवन में कोई नवीनता नहीं है। दूसरों के समान ही हम भी गृहस्थ हैं। कोई ऊँच-नीच नहीं, मन-मुटाव भी नहीं; मित्रता से ही हमने गृहस्थी चलायी। गृहस्थी माने उसके सुख-दुख ही तो होते हैं। छोटे-मोटे झगड़े भी होते ही हैं। हममें कोई लुकाव-छिपाव न होने से गहरा स्नेह रहा है। किसी समय मैंने सोचा था कि विवाह से जीवन में एक प्रकार का सौन्दर्य आता है। मेरे अनुभव ने उस बात को सत्य पाया। यह भी मैं जानता हूँ कि बच्चों को हम जो स्नेह देते हैं वे उससे ज्यादा आनन्द हमें देते हैं। जीवन में सहनशीलता सिखाने में बच्चों से बड़ा कोई गुरु नहीं। मेरे जैसे सदा असहनशील के लिए तो यह पाठ अत्यन्त आवश्यक है। इससे पता नहीं मुझमें कितना सुधार हुआ है। यह बात तो दूसरे ही बता सकते हैं।

कष्ट में

हम दोनों का दाम्पत्य जीवन जब शुरू हुआ तब स्त्री-पुरुष के स्नेह में जितनी नवीनता थी उतनी ही चिन्ताएँ भी थीं। साथ ही, उसकी पढ़ाई रिहाइश की समस्या भी थी। पुराना कर्ज भी दो कारणों से बढ़ा था। पुस्तक-प्रकाशन से लेकर छापाखाने तक मैं कर्ज में डूबा था। इसके अलावा शाला के निर्माण का कर्ज भी जुड़ा था। बीच में 'बाल-प्रपंच' का भी बहुत कर्ज था। उसके प्रकाशकों को मेरा कष्ट मालूम नहीं था। उनके कष्ट की ओर से मैं भी अन्धा ही बना रहा। जीवन के अति कष्ट के दिनों में ही मुझ पर हमारी इस गृहस्थी का भार भी आ पड़ा।

विवाह के एक वर्ष में ही पत्नी ने आकर घर की जिम्मेदारी सँभाली। मेरा भ्रमण तो पहले की तरह ही जारी था। 1937 तक 'बाल-प्रपंच' के लिए मुझे मंगलूर में ही ज्यादा समय बिताना था। उस अकेली को ही घर में रहना पड़ता। शाला के बन्द हो जाने से विद्यार्थी भी न रहे। उधर मेरी पत्नी के पिता भी न रहने से उसकी बहन भी हमारे घर ही आकर रहने लगी। पैसा...पैसा एक भूत की तरह तंग करने लगा। मायके में मनमौजी से रहनेवाले एक छोटे-से जीव को मेरे जीवन के साथ जुड़ जाने के कारण किशोरावस्था की कई स्वाभाविक इच्छाओं को भी दबाना पड़ा। उन सबको मेरे प्रौढ़ मन ने महसूस ही नहीं किया होगा।

इसके अलावा, मैं एकदम उजड्ड हूँ। पहले से ही सदा विचारों में डूबा रहता था। बात करते ही गुस्से में आ जाता था। ऐसे व्यक्ति के साथ जीवन चलाना बड़ा कठिन रहा होगा। यह सब मेरी कल्पना है। मैं यह कह नहीं सकता कि वह भी ऐसा ही सोचती थी। उसने छोटी आयु से मेरी आशा-आकांक्षाओं के मुताबिक अपने को ढाल लिया था।

इसी बीच, हमारे स्नेह को सह न पानेवालों ने हमारे बीच विवाह-विच्छेद की बात भी फैलायी। बेचारे! जो होता नहीं यदि वह हो जाए तो, वह बिगड़ गया समझने में लोगों को सन्तोष होता है। परन्तु मेरा मन तो आत्म-भाव को और गहरा बनाने का निश्चय कर चुका था। इसी से हमें कई कठिनाइयों को पार करना सम्भव हुआ।

हमारे ज्येष्ठ पुत्र हर्ष के जन्म के समय बहुत ही कष्ट के दिन थे। तभी अपनी सुविधा के अनुसार घर बनाना शुरू किया था। जो मन में आता है उसे बिना आगा-पीछा सोचे शुरू कर देना मेरा स्वभाव है। कर्ज-वर्ज की चिन्ता में चुप नहीं बैठा रहा। उस शिशु के दूध, दवा आदि के प्रतिदिन के खर्च के लिए अपना कौर काटकर, उसे सुख देने का यत्न किया। आगे, दो-ढाई वर्षों के बाद, जरा अच्छे दिन आने लगे।

मुझे लगा कि इस सन्तान का भला क्या सुख! पता नहीं क्या बात थी, वह सारा दिन रोया करता था। शायद स्वास्थ्य ठीक न होने से ऐसा करता था। उसे मैं गोद में लेकर घूमने लगा तो मैंने अनुभव किया कि बच्चे ही इस दुनिया की सच्ची सुख-सम्पत्ति होते हैं।

बचपन में पूछा गया उसका एक प्रश्न मुझे आज भी अच्छी तरह याद है। हमारे घर का एक बछड़ा मर गया था। उसे दफनाने की जगह वह जानता था। एक बार मैं उसे वहाँ ले गया तो उसने पूछा, ''पिताजी, मेरे मरने पर आप क्या करेंगे?''

वह रोज कुछ प्रश्न पूछा करता था। उनसे मुझे 'बाल प्रपंच' लिखने में सहायता मिली। पर कई बातें ऐसी भी थीं कि उसे कैसे समझाता, पर वह कहता कि उसे सब समझ में आता है। आप बताइए तो सही, ऐसी बड़ी-बड़ी बातें ऐसे ही लड़के किया करते हैं! आगे, एक वर्ष बाद, हमारे घर में एक कन्या का जन्म हुआ। उसका नाम मालविका रखा गया।

बेटी का प्रश्न

एक बार मेरी बेटी मालविका ने बहुत तंग किया तो मैंने उसे डाँट दिया। उसने तुरन्त कहा, ''पिताजी मैं जंगल चली जाऊँगी।'' मैंने पूछा, ''क्यों?'' वह बोली, ''वहाँ शेर है, वह मुझे खा जाएगा।'' मैंने कहा, ''खा जाएगा तो क्या होगा?'' वह बोली, ''तब माला न आपकी रहेगी और न माँ की।'' तब मेरी समझ में आया कि बच्चों का मन कितनी आसानी से दौड़ता है।

मेरे दोनों बच्चों को घर में पूरा स्वराज्य मिला हुआ था। सदा घर में ही रहते थे। लड़के ने घर में ही एक-दो साल तक पढ़ाई की। हमारे छापाखाने के काँटे

जोड़कर पत्र लिखने लगा। उसके सारे बाह्य खेलों के लिए मैंने पूर्ण स्वतन्त्रता दे रखी थी। मेरी इच्छा थी कि शाला की कैद से उसके मानसिक विकास में बाधा न पहुँचे। एक दिन (1948 में) उसने शाला जाने की इच्छा व्यक्त की तो मैंने उसे शाला में दाखिल करा दिया।

मेरा पुराने जमाने का नाटक का पागलपन, प्राणियों पर का प्रेम हमारे बच्चे को भी जा लगा। मौका मिले तो सभी बच्चों को उससे मोह होता है।

मालविका धीरे-धीरे खूब बातूनी होने लगी। कहानी सुनना उसे बड़ा पसन्द था। उसके लिए झूठ-मूठ की कहानियाँ बुनकर सुनाता था। कई दिनों के बाद पूछने पर भी उन्हीं को वह थोड़ा और विस्तार से सुना देती थी। इन शक्तियों का विकास नहीं करना चाहिए?

सेवा में

शुरू में मुझे किसी प्रकार की चिन्ता नहीं थी। परिश्रम न करने पर भी मैं स्वतन्त्र था। पर लिये गये कर्जे कमाने को प्रेरित कर रहे थे। शाला की जिम्मेदारी पहले से ही थी। अब और पाँच-छह जीवों के पालन-पोषण का भार पड़ते ही पैसे की जरूरत और ज्यादा महसूस होने लगी। पैसा एक अनिवार्य पदार्थ हो गया जीवन के लिए। परावलम्बी व्यक्ति को समाज में सम्मान कहाँ? तब से केवल सेवा के लिए पुस्तकें लिखकर दूसरों के पेट भरने का काम बन्द कर दिया। 'यदि आप अपने लिए लाभ चाहते हैं तो लेखक को भी उसका हिस्सा दीजिए' कहकर मैं वास्तविक दुनिया में उतर आया। मेरे पुराने प्रकाशन खरीदनेवाले लोगों से प्रशंसा मिलती है, पर पैसे नहीं मिलते। दस वर्षों में यदि 260 प्रतियाँ बिकी हों तो उससे तो उसी का खर्च नहीं निकल पाता। इसलिए पाठ्य-पुस्तकें लिखकर, दूसरों से प्रकाशित करायीं। 'बाल प्रपंच' से भी मुझे सहायता मिलने लगी। परन्तु प्रकाशकों के हाथ में पड़ी रचनाओं का क्या हाल होता है, यह चार-पाँच लोगों से समझने के बाद, मैं खुद प्रकाशक बन गया। तब मुझे कुछ प्रकाशकों के मुँह से यह सुनने का सौभाग्य मिला : यह 'आदर्शवादी' लेखक नहीं रहे, पैसे के लिए लिखनेवाले लेखक बन गये हैं। सच तो है, उनकी इच्छा यही थी कि मैं उन जैसा रहूँ। क्या करता? इस नास्तिक को सरस्वती की पूजा का महत्त्व भला कैसे समझ में आए?

सन् 1938-40 सारी दुनिया के लिए बड़ा कठिन समय था। मुझे अपनी पुस्तकों की आमदनी पर भरोसा करके जीवन चलाना बड़ा कठिन लगा। तब तक साहित्य में अन्न देने की उतनी शक्ति नहीं आयी थी। इसलिए कन्नड़ अर्थकोश पर काम करना शुरू किया। लोगों पर विश्वास करके उन्हीं के खर्चे पर कन्नड़ के उन सारे प्रदेशों में घूम आया जहाँ कन्नड़ भाषा का प्रयोग होता है। उससे कन्नड़

का अर्थ समझ में आया। आर्थिक लाभ भी हुआ। कुछ ने कहना शुरू किया, "अरे कारन्त, इसमें भी घुस आये!" मैंने अपने जीवन में कोई सीमा नहीं रखी। अपने को पण्डित समझनेवाले सोये रहें तो मैं क्या करता? मैंने कन्नड़ का अर्थकोश तैयार करना शुरू कर दिया। कन्नड़ मेरी मातृभाषा है। मैं उसका शिशु हूँ। मुझसे ज्यादा जाननेवाले अच्छी कृतियाँ लिखकर जब तक देश की सेवा न करें तब तक मेरे जैसे नीम हकीम राज्य करते रहेंगे।

बढ़ईगिरी

फिर भी लिखने पर ही भरोसा करके जीने में विश्वास नहीं हुआ। दो वर्ष के साहस से मुँह बन्द करके, एक लकड़ी के काम का कारखाना खोला। खेल के सामान, फुट, रूलर आदि तैयार करने लगा। नौकरों के साथ लकड़ी चीर-चीरकर थक गया। तब दिमाग में केवल यन्त्र ही भरे थे। एक-दो उपकरण अपनी कल्पना से ही बनवाये। जरा धैर्य हुआ, लगा कि यह काम चला ले जाऊँगा। पर जापान के युद्ध में कूद पड़ने से, मेरे इंजिन के लिए आवश्यक थोड़ा-बहुत तेल मिलना बन्द हो गया। केवल वार सर्विस के लिए अथवा मुझसे पहले जिन्होंने काम शुरू किया था, उन्हीं को तेल मिलता था। भला मुझे क्या मालूम था कि युद्ध शुरू हो जाएगा? यदि यह मालूम होता तो गत शताब्दी में ही पैदा होकर अब तक यात्रा समाप्त कर देता।

भाग्य की राह में

तब क्या मैं उस युद्ध में सहायक हो जाता? एक-दो सुझाव युद्ध की सामग्री तैयार कराने के भी आये। परन्तु सन् 1942 में परोक्ष रूप से राजद्रोह का प्रेरक मैं स्वतः युद्ध में सहायक कैसे बनता? तब तो मुझे अपनी पत्नी से युद्ध करना पड़ता। उसके लिए तेल की जरूरत नहीं थी। सन् 1943 तक फिर से अँधेरा छा गया। लगायी गयी पूँजी और किया गया कर्ज कोई भी काम नहीं आया। युद्ध समाप्ति तक अपना कारखाना बन्द रखता तो मेरा हाल क्या होता? इसलिए जरा सही दाम मिलते ही मैंने कारखाना बेच डाला। आगे मेरा ध्यान मेरे पिछले धन्धे से सम्बन्धित छापाखाने की ओर गया। युद्ध के कारण मुफ्त का धन नाचने लगा। लोग पढ़ने लगे। पुस्तकें ज्यादा बिकने लगीं। सौ पृष्ठों की घटिया कागजवाली पुस्तक के डेढ़ रुपये दाम रखने पर भी लोगों को नोट से कहीं वह अधिक सस्ती लगने लगी। लगा कि मेरे जैसे कुछ लेखक तो उससे अपना जीवन चला सकते हैं। यों छापाखानों में काम ज्यादा होने लगा था। मैं पाठ्य-पुस्तकों का उपजीवी था। सौ पृष्ठों की पुस्तक को लगभग चार आने में बेचना होता था। गाँव के छापाखानों को ज्यादा

पैसे देकर छपाने की अपेक्षा काम ही छोड़ना बेहतर लगा। या फिर अपना ही छापाखाना खोलना चाहता था। वैसा ही किया। तब मैं अखण्ड रूप से साहित्य सेवा करने लगा। लिखकर, छापकर, प्रकाशित करके पढ़ने तक मैं स्वतन्त्र था। कुछ समय बाद उससे जीवन का संघर्ष जरा हल्का हुआ।

और दो

दस-बारह वर्षों के बाद, हमारे परिवार में और दो बच्चे पैदा हुए। उनमें बड़े का उल्लास और दूसरी का क्षमा नाम रखा। चार बच्चों के परिवार को चलाने की जिम्मेदारी काफी भारी थी। सन् 1959 तक तो पुस्तक-प्रकाशन से जीविका चलानी थी। केवल उपन्यास ही बिकते थे। कोश को तो स्वयं छापकर प्रकाशित करने पर भी सारी आमदनी पुस्तक-प्रकाशन में ही गल गयी, इसलिए कोई और आमदनी का रास्ता ढूँढ़ना पड़ा। प्रेस चलाना भी आसान काम नहीं रहा। लेखन और प्रवास में मेरा सारा समय लग जाता था अतः मैं प्रेस में ज्यादा बैठ नहीं पाता था। घर और बच्चों की देखभाल ही ज्यादा होने से लीला भी उसे देख नहीं पाती थी। बड़ी अव्यवस्था रही। अपना समझकर जिस लड़के पर वह जिम्मेदारी छोड़ी थी वह मौके से लाभ उठाकर अपना उल्लू सीधा करने लगा। लाभ की जगह हानि होने लगी। जाँच करने पर पता चला कि बाहर के कामों का बिल तैयार नहीं होता था। तीन वर्ष की अवधि में कुछ हजार रुपये खोकर अक्ल आयी।

हर्ष

बड़े लड़के ने हाई स्कूल की पढ़ाई पूरी की। उसे उडुपि के कॉलेज में पढ़ने के लिए बड़ी कठिनाई से भेज सका। यह पता चलने पर कि उसे कॉलेज की पढ़ाई पसन्द नहीं आयी, उससे घर ही आकर रहने के लिए कहा। सोचा कि जबरदस्ती की पढ़ाई उपयुक्त नहीं। छोटी आयु का होने पर भी कुछ वर्ष तक उसी ने प्रेस सँभाला। गाँव में और भी प्रेस खुलने लगे। प्रेस के बाहर की आमदनी जाती रही।

उसी जमाने में बेटे को स्वतन्त्र उद्योग करने की इच्छा हुई। तब मुझमें उसके लिए पूँजी जुटाने की शक्ति नहीं थी। उसके उत्साह को भंग नहीं करना चाहिए सोचकर कर्ज करके थोड़ी-बहुत पूँजी जुटायी। उसके अपने मित्र भी सहायता करनेवाले थे। उसने बिजली के सामान की एक दुकान खोली। वह भी एक कहानी बन गयी। तीन वर्ष तक बेचारे ने दिन-रात परिश्रम किया। वह उधार सामान मँगाकर बेचा करता था। पर सारे सामान का क्या हुआ, पैसे का क्या हुआ इस तरफ उसका ध्यान नहीं रहा। दुकान की देखभाल करने के लिए एक जान-पहचान के महानुभाव मिले थे। उन पर हम सबने विश्वास किया। वैसा विश्वास करने

पर धोखा ही होता है—यह ध्यान में आने तक काफी कुछ सफाया हो चुका था।

नुकसान

तीन वर्ष की अवधि में मूल से पन्द्रह हजार रुपये का कर्ज सिर पर चढ़ चुका था। बेटा कर्ज उतारने में असमर्थ रहा। अन्न-जल छोड़ बैठा। "अब व्यापार बहुत हो गया," कहकर मैंने उसे अज्ञातवास पर भेज दिया। मेरे लिए 'विज्ञान प्रपंच' का भार बहुत हो गया था। अकेले उसी का लगभग पच्चीस हजार का कर्ज हो गया था। अब बेटे का भी पन्द्रह हजार का कर्ज सिर पर आ गया। इतनी मुसीबत ही पर्याप्त नहीं थी, पत्नी का स्वास्थ्य भी खराब होने लगा। प्रेस के सात-आठ नौकर मेरे विरोधी हो गये। जैसी स्थिति थी उसी में कोई-न-कोई हल ढूँढ़ना था। तब प्रेस के कुछ यन्त्र बेचकर कुछ भार उतारा। एक मित्र ने उस समय मुझे बड़ा धैर्य बँधाया। उसी समय मेरा 'यक्षगान बयलाट' पुरस्कृत हुआ। बम्बई के मित्र ने एक निधि प्रदान की। उस सबसे बेटे का कर्ज उतारने में काफी सहायता मिली।

मेरा मन जब कुछ शान्त हुआ तब मैंने बेटे का हिसाब-किताब जरा उलट-पलटकर देखा। अब तक बड़े बेटे हर्ष के अविवेक पर दुखी हुआ था, गुस्सा भी किया था। उसके बही-खाते में उसके विश्वस्त मैनेजर के हाथ की करामात स्पष्ट दिखाई दी। मन थोड़ा हलका हुआ। समझ में आया कि विश्वास करनेवालों को धोखा देने पर ही कुछ लोगों को सुख मिलता है। लड़का बड़ा दुखी रहता था। उसे जरा शान्ति मिले सोचकर बम्बई में अपने एक मित्र के पास भेज दिया। मैंने सोचा था कि उनके साथ रहकर कुछ लोक-व्यवहार सीखेगा, बाद में गाँव में ही आकर अपनी इच्छा का कोई स्वतन्त्र धन्धा कर लेगा। वहाँ उसने अपने मालिक का विश्वास प्राप्त किया, यह जानकर मुझे बड़ा सन्तोष हुआ।

अब तक मुझ पर 'विज्ञान प्रपंच' का कर्ज था। साथ ही, उसके कर्ज का भार भी था। पढ़ने और लिखने का काम भी था। इतना काम था कि चिन्ता को भूलना ही पड़ा। पत्नी का स्वास्थ्य कुछ सुधरने लगा था, यही एक तसल्ली की बात थी।

बेटे का भविष्य

मैं एक बार दिल्ली गया। जब लौटते हुए बम्बई गया तो मेरा बेटा मुझे मिलने आया था। तब उसने बताया, कुछ दिन पहले छाती में अजीब-सा दर्द हुआ। 'उसकी उपेक्षा नहीं करनी चाहिए' कहकर कुछ घबराकर ही मैंने अपने मित्र से किसी हृदय-विशेषज्ञ से दिखाने को कहा। तब से उनके पत्रों की प्रतीक्षा करने लगा। तब तक लड़के को बम्बई में रहते एक साल बीत गया था। उसे माँ से

मिलने की इच्छा हुई। घर आना चाहता था। घर आया भी।

आते समय वह हृदय का एक एक्स-रे चित्र लाया था। उससे पता चला कि हृदय में कोई चीज बढ़ रही है। तब से हमें डर लगने लगा। फिर से उसे बम्बई भेजा डॉ. ए. वी. बालिगा के पास जाने को कहा। उन्होंने उसकी चिकित्सा की जिम्मेदारी ली। बम्बई अस्पताल में उसे परीक्षणार्थ रखा गया। परीक्षा से पता चला कि हृदय में अनावश्यक मांस (बदगोश्त) बढ़ रहा है। उसे तीक्ष्ण एक्स-रे चिकित्सा से भी हटाया नहीं जा सका। उस अवधि में बेटे के मित्रों ने सूचित किया कि यह हृदय की पीड़ा से तड़पता रहता है। मुझे लगा कि भविष्य ठीक नहीं। मैं और लीला बम्बई भागे। हमसे उसकी यातना दूर नहीं हो सकती थी। वह अत्यन्त दर्द से तड़पता हुआ भी हवाई अड्डे पर हमसे मिलने आया तो उसकी हिम्मत देखकर मैं हैरान रह गया।

बम्बई के एक अस्पताल में

डॉ. बालिगा और डॉ. एन. एम. शा ने उसके हृदय की शल्य-चिकित्सा की। शा ने कहा कि ऑपरेशन के समय ही उसकी मृत्यु हो सकती है। और कोई चारा नहीं था। खैर, पाँच घण्टे की शल्य-चिकित्सा के बाद हृदय का बढ़ा हुआ अनावश्यक मांस निकाल दिया गया। वह कोई चौदह रतल भार का था।

बाद में हम सबको अस्पताल में प्रतीक्षा करनी थी। उस अवसर पर हमारे कई मित्रों ने हमारी जो सेवा की, उसे याद करने पर सोचता हूँ कि क्या मैं कभी उनका ऋण चुका सकूँगा।

मृत्यु शैया

अस्पताल में पड़े उस बेटे को देखने में बड़ा कष्ट होता था। ऑक्सीजन के लिए एक, ग्लूकोज के लिए एक, रक्त चढ़ाने के लिए एक, कफ़ निकालने के लिए एक—इस प्रकार कई नलियाँ लगायी थीं। रात-दिन देखभाल के लिए नर्सें थीं। डॉ. बालिगा, डॉ. शा और उनकी नर्सों ने उसके लिए मृत्यु के साथ बड़ा संघर्ष किया। बेटा शल्य-चिकित्सा के सप्ताह के अन्तिम दिन 30 जनवरी 1961 की शाम को हमें छोड़कर चला गया।

तब अस्पताल परिचारिकाओं ने मिलकर उसकी हजामत करायी। उसके कपड़े बदले। वे सब उसके सामने पंक्ति में खड़ी होकर रो रही थीं। उसे देखकर विचार आया—बेचारी वे क्यों उस बच्चे के लिए आँसू बहा रही हैं?

प्रकृति ने हमें जो दिया था। वह प्रकृति वापस ले गयी। अब रह गया था बेटे का केवल पार्थिव शरीर। मित्रों ने उसे श्मशान ले जाने की तैयारी की। एक

मित्र ने मेरे हाथ में एक माला दी। वह मैंने उसके गले में डाल दी। मेरे दोनों हाथों ने अपने आप जुड़कर उसको नमस्कार किया। तब उसका बचपन में पूछा प्रश्न याद हो आया। वह प्रश्न था, 'पिताजी, मैं मर जाऊँ तो आप क्या करेंगे?'

एक वर्ष पहले उस बच्चे के व्यवहार-शून्य काम को देखकर, उस पर गुस्सा किया था। तीखी बातों से उसे दुखाया था। अगले वर्ष उसका वनवास देखकर दुखी भी हुआ था। अन्त में उसके असीम धैर्य, उदार स्नेह को देखकर आनन्दित भी हुआ था। बचपन में वह सदा रोया करता था। मैं उसे छाती से लगाकर घूमा करता था। उसी याद को लेकर अन्त में मैं श्मशान-यात्रा में गया। जब सब यादें एक साथ आती हैं तो जीवन का विस्तार, वैचित्र्य, माया, सौन्दर्य एक-एक करके याद आते हैं। पुरुष होकर मैं यह सब कह रहा हूँ, जन्म देनेवाली माँ के दिल का क्या कहें, उसे शान्ति कहाँ?

बाकी लोग

चार थे, तीन ही रहे गये। इस पुस्तक के प्रथम संस्करण के समय, केवल दो ही थे न? बाद में मेरी बेटी मालविका ने कॉलेज की पढ़ाई पूरी की। आगे पता नहीं क्यों उसे मनोविज्ञान पसन्द आया। उसी में एम. ए. करके आगे दो वर्ष तक और अध्ययन करती रही। बाद में वह अपने पाँव पर आप खड़ी होने लायक हो गयी।

इस अध्याय को जोड़ते समय बेटे उल्लास ने हाई स्कूल की पढ़ाई खत्म कर ली है। डेढ़ वर्ष बाद, उसके बादवाली क्षमा मैट्रिक कर लेगी। इस प्रकार बच्चों के बड़े होने का दृश्य बड़ों के लिए सदा सन्तोषप्रद होता है। पर वे बड़े होने के साथ बड़ों से चिपककर नहीं रहेंगे, अपने-अपने राज्य के सपने देखने लगेंगे। देखना ही चाहिए। तब बड़ों से दूर होना ही पड़ता है।

तब बच्चों के बिना घर एकदम वीरान लगने लगता है। बचपन के असम्बद्ध प्रलाप से मन को जो सन्तोष मिलता है, उनके प्रबुद्ध होने पर उनका तर्क, उनकी विद्वत्ता माता-पिता को उतना सुख नहीं दे पाते। उसका आकर्षण कुछ और ही होता है और इसका कुछ और।

याद आने पर

उडुपि में

सन् 1962 के वर्षाकाल में मैंने उडुपि में दो मास बिताये। तब मैं यक्षगान नृत्य का एक प्रशिक्षण चला रहा था। अधिकांश लोग उसी तरफ के थे। उनकी सुविधा की दृष्टि से ही मैंने वहाँ यह उद्यम किया था। मित्र कु.शि. हरिदास का घर ही मेरा मुकाम था। उस दम्पती के व्यवहार ने मुझे उनके घर को अपना घर समझने में मजबूर कर दिया था। मैं अपने कार्य में लगा था कि परोक्ष रूप से पता चला कि मेरे मित्र हरिदास भट्ट कुछ हिकमत कर रहे हैं। वे मेरी साठवीं वर्षगाँठ का आयोजन कर रहे थे। उसी सिलसिले में उडुपि के मेरे कई मित्र बड़े उत्साह से इस काम में जुटे हुए थे। एक बार रोंगटे खड़े हो गये। वास्तव में मुझे ऐसी औपचारिकताओं से तृप्ति नहीं होती। उस बहाने मैं अपने को अमर बनाना नहीं चाहता था। मेरे प्रति प्रेम और विश्वास के कारण वे वह आयोजन करने जा रहे थे। उनका उत्साह भंग करने का भी मेरा मन नहीं हुआ। स्नेह और प्रेम के आगे भला मेरी क्या बिसात! इस प्रकार उन्होंने यह याद दिला ही दी कि मैं साठ वर्ष का हो रहा हूँ। इधर इस आशय के पत्रिकाओं में लेख भी छपने लगे। दूसरे भी ऐसे समारोह मनाने का उत्साह दिखाने लगे। धारवाड़ के विद्यारण्य के हाईस्कूल वालों ने उडुपि से भी पहले यह आयोजन कर डाला। मुझे एक विद्यार्थी-सम्मेलन में बुलाकर उसी के साथ वह उत्सव भी मना लिया।

10 अक्टूबर 1902

मुझे याद है कि मेरा जन्म 1902 में दस अक्टूबर को हुआ था। गत साठ साल में पता नहीं क्या-क्या हो गया है! मुझे अपने जन्म दिन को याद करने का उत्साह ही नहीं है। साहित्यकार होकर जब से भ्रमण करने लगा, आमतौर पर अपने जन्म दिन पर गाँव में ही नहीं रहता था। कुछ वर्ष पूर्व मैं सतारा गया था। वहाँ एक मित्र ने मेरे लिए वहाँ के कुछ गृहस्थों को बुलाकर चायपान का आयोजन किया

था। तब मेरे साथ के एक मित्र मुझसे यों ही पूछ बैठे, "आपकी क्या उमर है?" उन्हें बताते समय याद आया कि मेरा जन्म दस अक्टूबर को पड़ता है। हँसते हुए बोला, "आज तो यह मेरा जन्म दिन ही मना रहे हैं आप।"

इस प्रकार अनजाने ही ये साठ वर्ष नदी के जल के समान बह गये। साठ कोई ज्यादा नहीं। मेरे ऊपर विश्वास और अभिमान रखनेवालों को वह बहुत लगे होंगे। उडुपिवालों ने वह दिन बड़ी खुशी से मनाया। हरिदास भट्ट और उनका मित्रवर्ग—पै बन्धु, डॉ. ऐताल सब मेरे पुराने परिचित हैं। उस दिन उनके द्वारा की गयी प्रशंसा सुनते हुए मैं बहरा ही बना रहा। मैं इतना ही कह सकता था, "मैं आप सबके विश्वास के लिए बहुत ऋणी हूँ।"

उडुपि के उदाहरण को कर्नाटक के कई नगरों ने दोहराया। मैं सारा साल सम्मान बटोरता शिवमोगा, अंकोले, कारवार, मैसूर, भद्रावती आदि स्थानों में जाकर उनके ऋण के भार से और अधिक दबकर लौटा। कई पत्रिकाओं ने, एक लेखक को जो सम्मान दिया जाना चाहिए, उससे भी ज्यादा सम्मान व्यक्त किया।

ऐसे लोगों में मेरे घनिष्ठ मित्र, साधारण परिचित, बाल्य मित्र, सभी हैं। कुछ लोगों ने घर में भोजन के लिए बुलाकर, आसन पर बिठाकर मुझे भेंटें भी दीं। तब मुझे यह सन्देह हुए बिना न रहा कि वाकई मैं उनके प्रेम और प्रीति का भाजन रहा हूँ।

एक ही याद

लेखक प्रकाशन-सुविधाओं के अनुग्रह से हजारों लोगों के सामने आता है। जो उसे प्रत्यक्ष नहीं देख सकते उनको भी वह मोहित कर सकता है। मेरे लेख और रचनाएँ आमतौर पर मनोरंजक नहीं होतीं। मेरी रचनाओं में मिठास से ज्यादा खटास रहती है। कुछ लोगों के दृष्टिकोण में मैं वास्तविक समाज से बहुत दूर हूँ। परम्परावादियों की दृष्टि में एक 'नास्तिक' हूँ पर वे ही लोग मेरी साठवीं वर्षगाँठ मनाने के बहाने मेरा सम्मान करने लगे तो मैं समझता हूँ कि उनकी उदारता महान है।

मंचिकेरी के गणपति भट्ट मेरे पुराने मित्रों में से एक हैं। उनके पास मैं एक बार गया था, पर उनका स्वभाव कुछ ऐसा है कि मुझे बार-बार उनके पास जाने की इच्छा होती है। जब मैं एक लम्बे दौरे पर था, मुझे पता चला कि वे हमारे घर आये थे। तब मैं यक्षगान के प्रदर्शन के लिए सागर गया था। वहाँ से मुझे चार दिन का अवकाश मिला था। मुझे फिर से सागर जाना था। हेग्गड़ेजी धारवाड़ का खेल देखने आये हुए थे। उन्होंने पूछा, "हमारे यहाँ नहीं चलना?" मैंने कहा, "आपके अपने गाँव पहुँचने से पहले दीवाली पर मैं आपके यहाँ पहुँच

जाऊँगा। दूसरे दिन घनघोर वर्षा रही। मैं उनके गाँव गया। वे मुझसे पहले गाँव पहुँच गये थे। उनके यहाँ त्योहार था। दूसरे दिन भी वर्षा ने घेर लिया। उस दिन धन लक्ष्मी की पूजा थी। मुझे लगा कि वे उस दिन एक साहित्यकार की पूजा करने का निश्चय कर चुके थे।''

मंचिकेरी में सभा हुई। वह मेरे सम्मान के लिए आयोजित की गयी थी। सैकड़ों जन घर से त्योहार छोड़कर, वर्षा में पैदल चलकर गाड़ी में बैठकर, वर्षा में भीगकर आये थे। बड़ी-सी एक छत पर लोग इकट्‌ठे हुए थे। मुझे भी उसी ऊँचे स्थान पर चढ़ाया गया। नौ सौ रुपये की दक्षिणा मिली। जब मैं वह सेवा याद करता हूँ तो सोचता हूँ कि उस अरण्य मध्य में निवास करनेवाले उन मेरे मलेनाड के बन्धुओं का प्रिय 'साहित्यकार' कैसा मृग नहीं होगा! वहाँ यह मेरा दूसरा सम्मान था। जब भी उनके असीम गौरव-दान को याद करता हूँ तो ऐसा लगता है कि उनकी कल्पना के कारन्त का चित्र मेरा नहीं रहा होगा।

और दो मधुर स्मृतियों का उल्लेख करना गलत न होगा। एक सागर का सम्मान था, दूसरा भद्रावती का। मुझे लगा था जैसे सागरवालों ने अपने शहर के सारे सुगन्धित चन्दन के हार मुझ अकेले को दे दिये। साठ साल पूरे करने के अवसर पर, साठ हार पहनाये गये। चन्दन के हारों से पता नहीं मैं कितना सुगन्धित हो उठा था।

भद्रावती के मित्र तो उनसे भी बाजी ले गये। उन्होंने तो गाड़ियों में फूलों के हार लाकर उनसे मुझे लाद दिया और खुशबू से नहला डाला।

ऐसे लोगों की प्रशंसा और स्तुति में मैं क्या कहता? मैं क्या उत्तर दे पाता? ''मैं आपका ऋणी हूँ, ऋणी हूँ, ऋणी हूँ'' बस इतना ही कह पाया।

शिवमोग्गा के लोगों ने उदारता से निधि देकर सम्मानित करते समय मेरे काम को बड़ा हलका कर दिया। मैं सोच में पड़ा था कि क्या कहूँ। उन्होंने मेरी जीवन-दृष्टि जाननी चाही। मुझे भूल गये थे। उन्होंने समस्त जीवन के बारे में विचार करने का अवसर दिया। जीवन के प्रवाह में मैं एक बूँद के अलावा और हूँ क्या?

बड़ों का आशीर्वाद

मेरे इकसठवें जन्म-दिन पर जब इतने कार्यक्रम चल रहे थे तब मेरा चुपचाप बैठे रहना उचित था? अपने आपको बड़ा समझने में किंचित् मात्र भी आकर्षण नहीं होता है। क्या मैं भी असंख्य जनता का ऋणी नहीं हूँ? बुजुर्गों, पूर्वजों और दूसरों का दिया ज्ञान-सरोवर न होता तो मेरी भूख, मेरी तृषा कभी तृप्त हो पाती?

इसी कारण आठ-दस वर्ष पहले, जब मुझे साहित्य परिषद् का अध्यक्ष चुना

गया था, वहाँ जाने से पूर्व तीन बुजुर्गों को पत्र लिखकर उनके आशीर्वाद माँगे गये। इस साठ की सन्धि में पत्र लिखना उचित नहीं लगा। चार दिन पहले मंजेश्वर जाकर श्री गोविन्द पै के दर्शन करके उन्हें नमस्कार किया था। उनकी प्रीति, उनका विश्वास मेरे लिए सदा स्मरणीय है। उस दिन भी उन्होंने मुक्त कण्ठ से आशीर्वाद दिया। पर मैंने यह नहीं समझा कि वह मेरी और उनकी अन्तिम भेंट होगी। प्रत्येक को अपना समय आने पर जाना ही पड़ता है। वह घटना इस चिर सत्य की एक साक्षी थी।

बम्बई

यह कहूँ तो गलत न होगा कि बम्बई मेरे लिए कन्नड़ जाननेवालों तक ही सीमित थी। यह बात नहीं कि दूसरी भाषा वालों से परिचय नहीं था। पर वहाँ के कन्नड़भाषियों का प्रेम संस्मरणीय है। अत: वे मेरे लिए बड़े प्रिय हैं। जब मैं पहली बार यूरोप गया तब उन्होंने सम्मान सहित विदा दी। मेरे लौटने पर स्वागत किया। जब मुझे केन्द्रीय साहित्य अकादमी का पुरस्कार मिला तब भी एक निधि देकर सम्मानित किया। उन्होंने ही फिर इकसठवीं वर्षगाँठ मनाकर पुनः सम्मानित किया। इस बार भी उन्होंने एक निधि प्रदान की।

इस प्रकार दस लोगों से दक्षिणा पानेवाले का कष्ट ज्यादा होता है। साठ पूरा हो जाने पर इस सबको पेंशन समझूँ? लोग यह आदर हमारे काम के लिए दिखाते हैं, क्योंकि वे समझते हैं कि हमारा काम उनका ही है। उन कामों का कोई अन्त नहीं होता है। जीवन-प्रवाह का जब तक अन्त नहीं आ जाता तब तक करने के लिए काम करना ही होता है। इसलिए उनका स्नेह इस बूढ़े शरीर में शक्ति भरने का एक प्रयास ही मानना चाहिए।

विश्वविद्यालय

एक दिन बैंगलूर के एक मित्र के घर में समाचार-पत्र से पता चला कि कर्नाटक विश्वविद्यालय ने मुझे और अन्य दो महानुभावों को मानद डॉक्टरेट की उपाधि प्रदान करने का निश्चय किया है। अन्य थे श्री सी. जी. देशमुख, एन. आर. गाडगिल, जो भारत भर में प्रसिद्ध थे। मैं कर्नाटक का था। उस समाचार ने मुझे आश्चर्य में डाल दिया। आगे उन्हीं से पत्र आने पर मैंने अपनी कृतज्ञता व्यक्त की। इस प्रकार डॉक्टरेट की उपाधि प्रदान करना एक परिपाटी तो है, पर मैंने इस बात की कल्पना नहीं की थी इसीलिए आश्चर्य हुआ। उसका मुख्य कारण यह था कि मैं विश्वविद्यालय का एक सामान्य उपाधि-धारी भी नहीं था।

उसी वर्ष (1963 में) प्रशस्ति स्वीकार करने के लिए मुझे बम्बई से वहाँ

जाना पड़ गया। उस प्रशस्ति-समारोह में उस दिन उस वर्ष के सैकड़ों स्नातक और अन्य अनगिनत प्रेक्षक एकत्रित थे। उस दिन की सभा धूमधाम से सम्पन्न हुई। तब के कुलपति श्री पावटे ने ही मेरे 'विज्ञान प्रपंच' की पहली बार केन्द्र सरकार को सिफारिश की। मेरे बारे में उन्होंने जो विश्वास दिखाया उसका मैं बड़ा कृतज्ञ हूँ। उस दिन तो हम तीनों अतिथियों को डिग्री प्रदान करने के बाद कई दिनों से गुस्से में बैठा देवराज इन्द्र एक घण्टे तक लगातार बरसता रहा।

उस दिन हमारे बाद के जिन सैकड़ों स्नातकों ने डिग्री को परिश्रम से ही प्राप्त किया था, वे बेचारे वर्षा में भीगते रहे। मलेनाड के एक साहित्यकार को बुलाकर सत्कार करने से ही उस दिन ऐसी वर्षा हुई होगी। बिना कुछ कहे हमें वह डिग्री लेनी पड़ी। हमारे बारे में विश्वविद्यालय वालों ने बड़ी उदारता से कुछ बातें कहीं। जिन्हें लेकर बाद में पत्रिकाओं में बड़ी टीका-टिप्पणी हुई। लेकिन उनकी बातों में भले ही कोई दोष रहा हो पर हमारे सम्मान को चोट करनेवाली कोई बात नहीं थी। अगर उसे याद करूँ तो मुझे रोज ही होनेवाली एक चीज याद आती है। किसी विशिष्ट मित्र के घर आने पर हम प्राय: कहा करते हैं, 'आपकी मेहरबानी है कि आप पधारे।' इसका यह अर्थ भी लिया जा सकता है कि 'कृपा करके चले जाइए।'

सम्मान के बाद

यह सम्मान लेने के बाद मैं जल्दी-से बम्बई पहुँचा। उसी दिन होनेवाले यक्षगान में मेरी उपस्थिति अनिवार्य थी। उसी मौके की ताक में बैठे मेरे मित्र श्री व्यासराय बल्लाल ने सभा को सम्बोधित करते समय 'डॉ. कारन्त' कहा तो मुझे चारों ओर देखना पड़ा कि 'वह कहाँ हैं'। इस उपाधि के मिलने से मैंने सोचा कि यह एक नयी मुसीबत शुरू हो गयी।

उसी वर्ष मैसूर विश्वविद्यालय ने भी अपने हिस्से का गौरव यानी एक और डॉक्टरेट की उपाधि प्रदान की। तब भी मुझे बम्बई से वहाँ भागना पड़ा था। उस समय भी बम्बई में यक्षगान-नृत्य के बदले जीवन एक दारुण नाटक ही हो रहा था। मेरी पत्नी पर जो विपत्ति टूट पड़ी थी उसके कारण मैं वहाँ था। उसके कैंसरग्रस्त गर्भकोश की उन्हीं दिनों शल्य-चिकित्सा हुई थी। उसे टाटा अस्पताल में ही छोड़कर उसकी चिकित्सा करनेवाले डॉ. बोरजी से जब अनुमति माँगने गया तब मैं अपने को चोर महसूस कर रहा था। उन्होंने तो उदारतापूर्वक "आप हो आइए, हम यहाँ हैं। आपको किसी बात की चिन्ता करने की जरूरत नहीं" कह दिया। मैं भी जल्दी से निकल पड़ा।

इस प्रकार कर्नाटक के दोनों विश्वविद्यालयों ने मेरे काम को देखकर जो

सन्तोष व्यक्त किया उसे मैं उनकी उदारता ही मानता हूँ। इस दूसरे अवसर पर श्री पावटेजी भी उस दिन के समारोह में मेरे साथ सम्मानित उपाधि लेनेवाले थे। तब सरदार पणिक्कर कुलपति थे। उस समय की एक दुखद घटना मैं बताये बिना नहीं रह सकता। प्रशस्ति प्रदान करते समय या बाद में श्री पणिक्कर को स्वयं आमन्त्रित किये गये मुझ जैसे व्यक्ति से बात करने की आवश्यकता महसूस नहीं हुई। इस याद से एक और घटना याद आ गयी। राजा हाथीसिंह की 'चीन यात्रा' पुस्तक का अनुवाद करते समय एक विषय मेरे ध्यान में आया था। हाथीसिंह जब चीन गये तब सरदार पणिक्कर चीन में भारत के राजदूत थे। नेहरू जी और राजा हाथीसिंह जीजा-साले थे ही। दूसरे राजनीतिक दल से सम्बन्धित होने के कारण पणिक्कर ने उनके साथ बड़ा अनुदार व्यवहार किया था—यह बात मैंने कहीं पढ़ी थी। मैं वैयक्तिक अनादर की स्मृति लादकर बम्बई जाने के लिए मंगलूर पहुँचा। तभी वहाँ की एक पत्रिका में श्री पणिक्कर के निधन का समाचार पढ़ा। तब मन को बड़ा बुरा लगा। यह सच था कि उनकी काफी आयु हो चली थी। पर हठात् उनके इस प्रकार चले जाने की बात पर विश्वास कर पाना भी कठिन था।

प्रशंसा

साठ वर्ष के अपने छोटे से जीवन में मैंने जीवन के बहुत से उतार-चढ़ाव देखे थे। उनका खूब अनुभव किया था। कर्नाटक की जनता ने मेरे प्रति जो आदर और मान दिखाया उसके कारण मुझे गर्व करने की कोई बात नहीं थी। सब में यह इच्छा रहती है कि लोग हमें पसन्द करें। हमारा काम दूसरों को पसन्द आए यह इच्छा होना बड़ा स्वाभाविक है। हम साहित्यकारों का लिखना भी इसी उद्देश्य से होता है कि दूसरों को कुछ समझा सकें। पर उनको भी हमारी तरह स्व-विचार-शक्ति विकसित करनी चाहिए और समीक्षात्मक दृष्टि से विषयों को स्वीकार करना चाहिए। हमें यह भी समझना चाहिए कि उनका मन हमारी ही तरह का होना आवश्यक नहीं।

यह तो हुई पाठकों की बात। अब प्रश्न यह है कि कुछ शहरों में जहाँ मेरा सम्मान किया गया वहाँ हजारों लोग एकत्रित हुए। मुझे मालाएँ पहनायी गयीं, प्रशंसा की गयी। क्या उन सबने मेरी पुस्तकें पढ़ी थीं और उन्हें पसन्द आयी थीं? यदि ऐसा हो तो मेरे जैसा लेखक स्वर्ग में उड़ सकता है। पर वास्तव में वहाँ एकत्रित लोगों में सौ में से दस ने भी मेरी किताबें छुई होतीं तो मैं अपने को भाग्यशाली मानता। चन्द लोगों ने ही उन्हें पढ़कर पसन्द किया होगा। उनकी प्रशंसा सुनकर शायद जनता ने भी—यह एक महान व्यक्ति है, समझकर उस उत्सव में भाग लिया होगा।

कर्नाटक में सहृदय पाठकों की संख्या कितनी होगी यह पुस्तकों की बिक्री से पता चल जाता है। पहले हजार प्रतियों के बिकने में दस वर्ष लग जाते थे। अब भी उसके लिए कम-से-कम तीन साल तो चाहिए ही। यदि वह दुबारा प्रकाशित हो जाए तो उसे बिकने में तो पूरे दस साल चाहिए। हमारे लेखकों में ऐसे कितने लोग हैं जो दूसरा संस्करण छपवाने का साहस करते हैं? यह ठीक है कि पहले से अब परिस्थिति में सुधार आया है।

साधारण जनता उपन्यास और कहानियाँ ही पसन्द करती है। यदि उन्हें अच्छे निबन्ध अथवा बौद्धिक स्तर की कुछ अन्य पुस्तकें दी जाएँ तो चार-पाँच प्रतिशत पाठक आगे आ ही सकते हैं।

इसलिए यदि लोग प्रशंसा करके सम्मान प्रकट करते हैं तो लेखक को अपने को बहुत ऊँचा समझने की जरूरत नहीं। वह जमाना अभी बहुत दूर है। कर्नाटक में कितने लोग अपनी लेखनी द्वारा अपनी जीविका चला रहे हैं? पाठ्यक्रम की पुस्तकें लिखनेवालों को तो वह सुविधा है। वह क्षेत्र ही दूसरा है। परन्तु इसके लिए हमें किसी को दोष देने से लाभ नहीं। देश की मन्द गति ही उसका कारण है। बौद्धिक क्षेत्र में परिश्रम करनेवाले केवल लेखक ही अपने लोगों से बहुत आगे जा सकते हैं। उनका मन कई ओर चल सकता है, चलना भी चाहिए। परन्तु उनकी लेखनी के आकर्षण से सारी जनता उनके पीछे चली आएगी, यह सोचना गलत है।

बीस वर्ष बाद

आगे की कहानी

मैंने अपनी यह आत्मकथा अपनी षष्ठिपूर्ति तक लिखकर बन्द कर दी थी। आगे उस ओर मेरा ध्यान नहीं था। इसके अतिरिक्त काल-क्रमानुसार हुई घटनाओं की ओर ध्यान न देकर अपने जीवन में जिन विषयों पर विशेष अभिरुचि थी उन्हीं को स्मरण कर मैंने 'स्मृतिपटल' शीर्षक से तीन खण्डों में एक पुस्तक लिखी थी। इसका अर्थ यह नहीं कि इस अवधि में मेरी अभिरुचियाँ, विविध विषयों के सम्बन्ध में जानने की चपलता और क्रियाकलाप समाप्त होते गये। वास्तव में एक-एक विषय पर मैंने जो काम किया उससे लोगों को लाभ होगा यह सोचकर ही मैंने 'स्मृतिपटल' के तीनों खण्ड लिखे थे। इसलिए फिर से उसे ही आत्मकथा के रूप में लिखूँ तो पुनरावृत्ति होगी, सोचकर मैं चुप रहा। लेकिन बाद में पता चला कि कुछ मित्रों को तो आत्मकथा में ही अभिरुचि है। अत: उन्हीं के आग्रह पर कालक्रम से आगे के दो दशकों की कहानी लिखकर जोड़ रहा हूँ। उमर बीतते-बीतते जीवन की यादें न चाहते हुए भी मिटती चली जाती हैं। जीवन में आकर्षण उत्पन्न करनेवाली कुछ ही घटनाओं की यादें जीवन के साथ चिपककर रह जाती हैं। अत: ऐसे विषयों पर लिखना सम्भव होगा सोचकर आगे के जीवन के अनुभवों को भी इस संस्करण में जोड़ रहा हूँ।

आगे का जीवन

जैसा कि मैंने अभी कहा, यह लगभग दो दशकों की कहानी है। इस अवधि में मेरी दैहिक क्रियाएँ घटने पर भी जीवन को जानने का कौतूहल, उपयुक्त जीवन निर्वाह के दैहिक और मानसिक क्रियाकलाप निष्क्रिय नहीं हुए। फिर भी कई घटनाओं के बारे में लिखते समय थोड़ा आगे-पीछे होना सम्भव है। इस अवधि में मेरे क्रियाकलाप कला-प्रपंच तक ही सीमित रहे। पहले से चली आ रही यक्षगान की आसक्ति तो एक थी ही। दूसरी है चित्र और शिल्पकला, जो मानसिक

अभिरुचि का कारण है। यह जानते हुए भी कि उसमें प्रवेश करने के लिए अपेक्षित योग्यता मुझमें नहीं है, जो कुछ जानता था उससे अधिक जानने का प्रयास किया। यक्षगान के प्रति मेरी आसक्ति उसके सृजन से सम्बन्धित है। दूसरी कलाओं के बारे में ऐसा नहीं। लेकिन इन दोनों आसक्तियों ने कला-सृष्टि और उनके बारे में ज्ञान-संग्रह के प्रयोजन से मुझे देश-विदेश घूमने को प्रेरित किया।

यक्षगान

यह आरम्भ से ही मेरा प्रिय विषय रहा है। गान माध्यम से भावाभिव्यक्ति की इच्छा कभी कम नहीं हुई। बहुत पहले कुछेक गेय नाटकों में हिन्दुस्तानी और लोक-गीतों की शैली का प्रयोग कर अपने मन की तरंगों को अभिव्यक्ति दी थी। इस विषय में मुझे प्रेरणा देनेवाले डॉ. अर्नाल्ड बाके के इंग्लैण्ड में निधन हो जाने के बाद भी वह आकांक्षा कम नहीं हुई। उन्हीं के समान लोक-गीतों का संग्रह करने की इच्छा मैंने आज भी सँजो रखी है।

रागों का अन्वेषण

मैंने रागों का संग्रह करनेवाले व्यक्तियों को देखा है। सन् 1958 के लगभग मेरे मन में यह प्रश्न उठा कि यक्षगान में सैकड़ों राग हैं। क्या उन सबका परिचय हमारे भागवतरों को है? ब्रह्मावर में मैंने एक यक्षगान की गोष्ठी का आयोजन किया था। तब पाँच-छह विस्मृत हो चले रागों को पहचान पाना सम्भव हुआ। उदाहरण के लिए पंचागति, ढवलार, तुज्झह्वावन्तु, मेचाली आदि रागों ने मेरा ध्यान खींचा। मेरी षष्ठिपूर्ति के समय, कर्नाटक के विविध नगरों ने मेरे सम्मान में धन के रूप में जो भेंटें दीं उससे इसके अनुसन्धान की सुविधा हुई। सन् 1962 के बाद मैंने उसी के लिए फिलिप्स टेप रिकार्डर खरीदा। मैंने ध्वनि-मुद्रण (Recarding) में निष्णात बैंगलूर के अपने मित्र श्री केशवमूर्ति और श्री राममूर्ति की सहायता ली। उस काम के लिए मुख्य रूप से भागवतरों की ही आवश्यकता थी। उन्हें आमन्त्रित करके उडुपि में एक प्रशिक्षण शिविर का आयोजन किया। मित्र श्री हरिदास भट्ट के घर के पिछवाड़ेवाले 'सौदेमठ' के भवन में तीन-चार दिन दो-दो बार बैठक करके काम किया। उस समय भागवतर शेष-गिरि किणी जीवित थे। उन्हें, अप्पार कृष्ण वैद्य और श्रीनिवास नायकर जो गा नहीं पाते थे, नारणप्पा उप्पूर, राम गाणिग और रामचन्द्र नाउड़—सबको बिठाकर उन्हें ज्ञात सारे गीत रिकार्ड कराये। यह काम कराते समय कर्नाटक संगीत के विद्वान श्री श्रीनिवास उडुप को साथ ही रखा था। उनकी सहायता से सैकड़ों गीतों को न केवल रिकार्ड किया अपितु राग और ताल के नाम भागवतरों से पूछकर लिख लिये गये। बाद में एक और विद्वान् मित्र

की सहायता ली। वे थे बेंगलूर आकाशवाणी के श्री ए. वी. कृष्णमाचार्य। उन सभी गीतों को सुनकर, भागवतरों ने भले ही उनका नाम कुछ भी बताया हो, उन्होंने खुद सबका नाम ठीक से निश्चित किया। इससे यह लाभ हुआ कि नाम भूल जाने पर भी भागवतरों को कण्ठस्थ गीतों के नाम पहचानने में सुविधा हो गयी। राग वृन्दावनी, वृन्दावनी सारंग हो गया था। राग कन्नड़ हिन्दुस्तानी हम्मीर राग बन गया था। द्विजावन्ती हिन्दुस्तानी का जय-जयवन्ती राग था। राग 'गुर्जरी' हिन्दुस्तानी की 'गूजरी तोड़ी' था। राग 'कोरवी' के बारे में थोड़ा-बहुत वाद-विवाद रहा। वह कर्नाटक का 'कुरूँजी राग' था। और भी नाम इस सूची में जोड़े जा सकते हैं।

बाद में, सात-आठ वर्ष उपरान्त, ऐसी ही एक और गोष्ठी की। तब जिले के दक्षिण भाग के भागवतर जोइसों को बुलाया था। वर्धन्ती मेला के घोटपड़े को भी बुलाया था। उस बार की गोष्ठी में राग कोरे का परिचय मिला। यक्षगान में कोरे ताल भी है और कोरे राग भी है। कोरे राग हिन्दुस्तानी राग मांड के समान ही है। इसके अतिरिक्त यक्षगान का मदुमाधवी हिन्दुस्तानी संगीत में मधुमाधव सारंग है। यह बात हिन्दुस्तानी संगीत के जानकार कुन्दापुर के संगीतकार मित्र वासुदेव ने बतायी।

विशुद्ध रागों के रिकार्ड

इन सब प्रयत्नों का एक फल निकला। हमारे भागवतरों को कुछ राग कण्ठस्थ थे; जिनके नामों का पता न था। उनको सही ढंग से गवाकर उनमें से चौंसठ रागों की रिकार्डिंग की। मेरा विचार था कि हमारे यहाँ लोगों में यदि यक्षगान के संगीत के प्रति लगन है तो हमारा यह प्रयास एक स्थायी कार्य सिद्ध होगा। पर यह मैं नहीं जानता कि कितने लोगों ने उससे लाभ उठाया। यक्षगान के व्यवसाय में निरत एक-दो व्यक्तियों ने ही उन टेपों की प्रतियाँ लीं। हमारी गोष्ठी में सहायक भागवतर श्री नारणप्पा उप्पूर ने अवश्य ही थोड़ा श्रम करके रागों का अभ्यास करने में अपनी तत्परता दिखायी।

बम्बई के मित्रों की प्रेरणा

यह मालूम ही था कि मेरे इस कार्य को यदि सार्थकता देना है, उसे बचाना, उसका संरक्षण तथा विकास करना है तो वह यक्षगान को व्यवसाय माननेवाले ही कर सकते हैं। उसके लिए मित्रों से आवश्यक आर्थिक सहायता पाने के लिए मैं उन टेपों को लादकर सन् 1961 में बम्बई भागा गया। वहाँ यक्षगान में अभिरुचि रखनेवाले चित्रकार हैब्बार, हमारे हर कार्य में सहायता देनेवाले व्यास बल्लाल,

गणेश भट्ट और उत्साह में इन सबसे बढ़े-चढ़े मूडबिदरे संजीवराय और उनके मित्र अमीन थे। उन सभी को एक जगह आमन्त्रित करके मैंने अब तक की दोनों गोष्ठियों में रिकार्ड किये गये राग सुनाये।

तब श्री हैब्बार तथा श्री संजीवराय ने यह कहकर मुझे भरोसा दिलाया, "आप इनसे जो भी आगे कार्य करना चाहें कीजिए, पैसों की चिन्ता करने की जरूरत नहीं।"

यक्षगान नृत्य-नाटक

मैं जानता हूँ कि वाक्प्रिय लोगों को यह बात पसन्द नहीं आएगी। मेरा सारा ध्यान, एक कला माध्यम अपनी सारी शक्ति से क्या-क्या कर सकता है और क्या नहीं कर सकता, इसी ओर था। राग के चमत्कार और ताल के वैविध्य का केवल प्रदर्शन कला का गुण नहीं। किसी भी कला के माध्यम का आदर्श नहीं है वह। इसलिए मैंने अपने मित्रों के सामने अपने मन की बात विस्तार से रखी। उसका सार यह है—

केवल गीतों की पद्धति, राग और तालों के वाद्यों द्वारा एक प्राचीन कथा दो घण्टों की अवधि में नृत्य के साथ प्रदर्शित करना मेरा उद्देश्य रहा है। गीत और नृत्य का सम्बन्ध होना चाहिए। गीत काव्य और उसमें भी सम्बन्ध होना चाहिए। गीत काव्य द्वारा जो कार्य होता है वह नृत्य और अभिनय से पूरा किया जाना चाहिए। हमें राग का जितना सम्भव हो सके उतना प्रयोग करना चाहिए। केवल स्वर में गाकर नाटक समाप्त करने की जो पद्धति है उसे मन्द सप्तक में दिखाने के बदले उस भाग को क्लेरनेट अथवा सेक्सोफोन वाद्य से पूरा करना चाहिए। संवाद और युद्ध के दृश्य भागवतर अपने गले से पूरा करे। भागवतर संगीत से विरति चाहें तो गीत के भाग को केवल गला पूरा नहीं कर सकता अतः उसके साथ वायलिन वादन मिलाना चाहिए।

रंगस्थल को और अधिक आकर्षक बनाने के लिए हमें युद्ध और दरबारों की शोभा तक सीमित रंग-संचालन का, जहाँ तक हो सके, विस्तार करना चाहिए। ये सब बातें मैंने उन लोगों के सामने रखीं।

उन सबने मुक्त कण्ठ से कहा, "चाहे जो भी व्यय हो चिन्ता करने की आवश्यकता नहीं, आप अपना प्रयोग करके दिखाइए।"

चार प्रयोग

मैंने यह काम उडुपि में आरम्भ किया था। मेरा विचार था कि मैं जो भी कार्य करता हूँ, उसका जो भी लाभ है या होगा और कल को यक्षगान यदि बचा रहेगा,

तो बयलाट को अपनी वृत्ति बनाकर चलनेवालों के द्वारा ही सम्भव हो पाएगा। इसलिए प्रथम वर्ष (1962 में) उडुपि में दो मास के लिए यह काम अपने हाथ में लिया। सप्ताह में एक दिन यानी इतवार को घर यानी पुत्तूर जाया करता था। मेरे जन्म-स्थान के पासवाले उस प्रदेश में चार व्यावसायिक मण्डलियाँ थीं। पुराना सम्प्रदाय उनमें काफी बचा हुआ था। वहाँ के भागवतरों को बीस-तीस साधारण प्रसंग (कथावस्तु) जबानी याद थे। उनसे मैं जो भी पूछता और जो भी अपेक्षा रखता उस सबका सही ढंग से कार्य रूप में परिणत होना इस कारण था कि उनमें मेरे प्रति गौरव और प्रेम था। मेरे चुने हुए अधिकांश लोग वहीं के कलाविद् रहे हैं। ऐसे प्रयोगों में प्रधान पात्र केवल गीतों पर ही निर्भर रहता है और वह भागवतर से ही होता है। परम्परागत पद्धति के पोषक नारणप्पा उप्पूर, आर. रामचन्द्र नाउड़ उसके सहायक थे। आठ-दस व्यावसायिक अभिनेता हमसे आ मिले थे। होन्नावर की तरफ से कैरेमने महाबल हेग्गडे और मृदंग-वादक किरिनीरू नारायण हेग्गडे को मैंने चुना। मृदंग बजाने हिरियडक गोपाल और चण्ड (एक प्रकार की ढोलक)-वादन के लिए केम्मण्णु आनन्द थे। इसलिए मैंने ऐसे वाद्य पसन्द किये जिससे गीत का महत्त्व न घटे। एक दिन अन्तिम दिनों बेला बजाने बैंगलूर के श्रीनिवास उडुप साथ देने आये। 'कोट' का कोरंग नाम का व्यक्ति क्लेरनेट बजाने में सहायक हुआ। और भी अनेक व्यक्ति समय-समय पर मेरे सहायक हुए जिनके नाम आज मुझे याद नहीं आ रहे हैं।

भीष्म-विजय

इस प्रकार अभ्यास करा, मैंने 'भीष्म-विजय', 'अभिमन्युकालग' (अभिन्यु-युद्ध) और 'सैन्धव-बधे' ये तीन कथानक चुने। उनके अनुकूल अभिनय योग्य गीत चुनकर उन्हें समय और अवसर के अनुसार काट-छाँट कर तैयार किया। एक-एक कथानक के लिए लगभग चालीस रागों का अभ्यास कराया। 'भीष्म-विजय' की कथा काशीराज की बेटियों के स्वयंवर से लेकर परशुराम के निर्गमन तक चलती है। इसके दृश्यों में अम्बा, अम्बिका, अम्बालिका की जल-क्रीड़ा का भी एक दृश्य दिखाना था। इन तीनों का आगमन, जलविहार को जल में उतरना, नदी का पानी, तैरना, डुबकियाँ लेना, स्नान के बाद शृंगार—यह सब अभिनय और नृत्य के द्वारा मंच पर दिखाना था। साधारण यक्षगान में जल-क्रीड़ा है पर उसकी कल्पना आँखों के सामने खड़ी नहीं होती। उसके लिए निर्दिष्ट रूप देने का निश्चय किया। इस अवधि में रंग-मंच पर फीके पड़े स्त्री-वेशों के लिए उचित अलंकार और आभरणों की व्यवस्था की। कथा-समाप्ति के समय भीष्म का अविवेक स्पष्ट हो जाता है। अतः उसे युद्ध के लिए खड़ा होना पड़ता है। समझ से परे की काल

लीला दिखाने के लिए अन्त में मैंने मंगलाचरण का एक नया पद्य जोड़ा।

और एक प्रसंग

एक और कथा थी 'अभिमन्यु युद्ध' जिसकी समाप्ति सैन्धव-वध में होती है। दो मास के निरन्तर परिश्रम से ये दोनों तैयार हुए। इनमें शब्दों का प्रयोग नहीं होता। केवल गीत, वाद्य, रंग-सज्जा और अभिनय द्वारा ही यह सम्पन्न होते हैं।

इन दोनों का प्रथम प्रदर्शन हमने बम्बई में किया। बम्बईवालों के लिए वह नया था। बम्बई निवासी कन्नड़वालों के लिए भी वह उतना ही नया था। वहाँ के मेरे मित्रों ने ही उन प्रदर्शनों की पूर्ण व्यवस्था की थी। कलाविद् हेब्बार के वहाँ होने के कारण उनके परिचित पत्रकार, विदेशी राजनीतिज्ञ वह प्रदर्शन देखने आये थे। यह एक महत्त्वपूर्ण बात थी। प्रदर्शन की व्यवस्था करनेवाले मित्रों से हमने उसकी प्रशंसा और प्रोत्साहन की अपेक्षा तो की थी लेकिन विदेशियों की भारतीय रंगमंच के प्रति रुचि और प्रशंसा भी उसके द्वारा मिली। श्रीमती अलकाजी ने उन खेलों को देखकर समीक्षा करते हुए उसकी रंगसज्जा के बारे में ब्रिलियण्ट कोरियोग्राफी (Brilliant Choreography) लिखा। यक्षगान में रंग सज्जा में क्या-क्या कर दिखाना सम्भव है, यह बात सूचित करने को उनका मत यहाँ व्यक्त करना पड़ा।

अगले वर्ष

उपर्युक्त दोनों यक्षगान नृत्यों को बम्बई, हुब्बली, धारवाड़, बैंगलूर, पुत्तूर और कुन्दापुर में प्रदर्शित करके लौटकर मुझे अपनी गृहस्थी और घर के काम-काज की ओर भी ध्यान देना पड़ा। बाद में, सन् 1963 में, और एक बार ऐसे ही दो नृत्य-नाटकों की योजना बनाकर पुत्तूर में ही उनका अभ्यास कराने लगा। अपने व्यक्तिगत सारे कामकाज छोड़-छाड़कर उडुपि में लम्बी अवधि के इस प्रशिक्षण के लिए ठहरना सुविधाजनक न होने से, पुत्तूर के वेंकट रमण मन्दिर के बरामदे में ही उनका अभ्यास कराने लगा। उस समय के कलाकारों में भी अधिकांश पहले वाले ही कलाकार थे। एक-दो जो ठीक नहीं बैठते थे उन्हें छोड़ना भी पड़ा। किसी प्रकार उन सबको लेकर दो मास निरन्तर प्रयास के बाद, उस वर्ष मैंने 'बभ्रु वाहन कालग' (बभ्रु वाहन-युद्ध) और 'रति-कल्याण' (रति का विवाह) पर कार्य किया। 'बभ्रु वाहन-कालग' बहुत समय से चली आयी एक अज्ञात कवि की रचना थी। 'रतिकल्याण' भी ऐसी ही कथावस्तु थी। इनमें कौतूहल उत्पन्न करनेवाले सन्निवेश, आकर्षक युद्ध और विविध भावाभिव्यक्तियों के लिए अनेक अवसर थे। प्रशिक्षण के आरम्भ में ही एक अभिनेता को सन्निपात ज्वर ने घेर

लिया। उसे घर भिजवाना पड़ा। राक्षस के पात्र के लिए चुना गया नया व्यक्ति मेरी कसौटी पर पूरा नहीं उतर पा रहा था इसलिए और दो नये लोगों को प्रशिक्षण देना पड़ा। इन कठिनाइयों के होने पर भी पहली मण्डली से इस मण्डली ने ज्यादा अभिरुचि से काम किया—यह देखकर मुझे प्रसन्नता हुई और सन्तोष भी हुआ।

भाव के लिए उपयुक्त स्थान

इस काम में जो अड़चनें आती हैं उनकी यहाँ थोड़ी-बहुत चर्चा कर देना आवश्यक लगता है। हमारे परम्परावादी भागवतर अपनी पद्धति से गा सकते हैं, उसमें मुझे कुछ मिलाना नहीं था। वह शैली केवल ताल और लय से सम्बन्धित हैं। लेकिन भाव से सम्बन्धित बातों की स्पष्टता एवं सुख-दुख की भावना व्यक्त करनेवाले आलापों की मुझे आवश्यकता थी। मैं, जैसी मेरी समझ में आया वैसा गाकर, उन्हें बता जाता था। उसका भाव और विषय का निरूपण अभिनय और अंग-विन्यासों से प्रकट होने पर ही, गीत व नृत्य के मेल से दिखाई देता है, यह बात भागवतर उप्पूर समझ गये। नावुड, जो गत वर्ष भी मेरे साथ थे, उस तरह से स्वयं को बदल न सके। दूसरे वर्ष के प्रशिक्षण में मैंने उनके स्थान पर रामगाणिग को लिया। मृदंग के बारे में भी यही बात हुई। पहले दल के एक-दो कलाकार भावों के अनुसार अपेक्षित सन्तुलन नहीं दिखा पाते थे। इसलिए हिरियडक गोपाल के साथ अर्डी तिम्मप्पा को लिया। यही नहीं, पुत्तूर आने से एक और सुविधा हुई। क्लेरनेट बजानेवाला अभी निष्णात नहीं हो पाया था। पुत्तूर के ही गोपाल कृष्ण याने डोग्रा को क्लेरनेट और सेक्सोफोन बजाने में कौशल प्राप्त था। मन्द सप्तक स्वरों को पुष्ट करने के लिए तथा गीत को कर्णप्रिय बनाने के लिए मैंने सेक्सोफोन तथा क्लेरनेट जैसे वाद्य ही उत्तम समझे।

मेरे चुने दोनों कथानकों में कुछ विशिष्ट सन्निवेश और पात्र थे। उनमें एक मेदोहूत नाम का एक राक्षस पुरोहित था। उस राक्षस पुरोहित के अनुरूप नृत्य, अभिनय, वेशभूषा की कल्पना करके उन्हें जुटाना भी अनिवार्य था। उस प्रसंग के अन्त में, मंच पर चित्रांगदा और उलूपी का प्रवेश होता है। वे महाशेष के निवास पाताल की ओर जाती हैं। इसमें अभिनय और कल्पना को पुष्ट करनेवाले प्रसंग हैं। उस वर्ष कुछ नये लोगों को प्रशिक्षण दिया। उत्तर जिले के कलाकारों की सहायता से प्रशिक्षण का वह काम पर्याप्त सन्तोषजनक रहा।

अनासक्ति

इस प्रशिक्षण की अवधि में एक खास बात मेरे ध्यान में आयी जिसे मैं कभी भूल नहीं सकता। उडुपि में प्रशिक्षण के समय, गाँव के लोग जितनी लगन और कुतूहल

से तालीम देखने आते थे, इतना कुतूहल पुत्तूर में देखने को नहीं मिला, जहाँ मैं दस-बीस वर्षों से नाटकों पर अनेक प्रयोग करता आ रहा था। तालीम के दौरान गाँव का एक भी आदमी वहाँ नहीं दिखाई देता था। जबकि दूर से उडुपि के कुछ लोग बीच-बीच में आकर तालीम देखा करते थे। इसका कारण भी मुझे मालूम था। अपने यहाँ के लोगों का स्वभाव बताने के लिए वह कारण बताता हूँ।

पार्ति सुब्बा

मैंने सन् 1956 के लगभग यक्षगान के लिए रामायण का कथानक लिखनेवाले पार्ति सुब्बा के बारे में अपना सन्देह और अभिप्राय बता दिया था। दक्षिण जिले वालों का मत है कि वह कुडम्बल का पार्ति सुब्बा ही है। मैंने कहा था कि उत्तर भाग में भी एक सुब्बा नाम का व्यक्ति था। वही उस कथा-विशेष का लेखक है। आगे प्राप्त सामग्री से भी मेरी ही बात सिद्ध हुई। इससे दक्षिण जिले वालों के अहं को ठेस लगी। जब से वह वाद-विवाद शुरू हुआ, यक्षगान कला की दृष्टि केवल उत्तर जिले का ही हो गया। निःसन्देह मैंने वहाँ के सम्प्रदाय और वेशभूषा को पसन्द किया था। वहाँ के कलाकारों ने मुझ पर विश्वास रखकर मेरे सभी कामों में हाथ बँटाया था, यह भी सच है। परन्तु कला के लिए जाति या क्षेत्र नहीं होता है। उसे जानने का अधिकार सबको समान है। इस दृष्टिकोण को न सह पानेवाले स्वाभिमानी ग्रामीणों के असहयोग और द्वेष का मैं पात्र ही नहीं बना, अपितु उन्होंने मेरी यक्षगान सम्बन्धी गोष्ठियों का भी बहिष्कार कर दिया।

प्रवास

सन् 1963 के प्रवास में हम लोगों ने फिर एक बार बम्बई में अपने यक्षगान का प्रदर्शन किया। बाद में धारवाड़, शिर्सी, सागर, हेग्गोडु, शिवमोग्गा, भद्रावती, बैंगलूर, पुत्तूर, कुन्दापुर में भी इसके प्रदर्शन किये। बम्बई में कन्नड़ के आम लोगों ने उसे विशेष नहीं सराहा, परन्तु विद्वज्जन को और उन लोगों को भी जो यक्षगान में वार्तालाप को प्रधान मानते थे, हमारे प्रयोग बहुत अच्छे लगे। वहाँ के प्रदर्शनों को सफल बनाने के लिए मेरे मित्रों ने जो कष्ट उठाये और जो-जो कार्य किये, उनकी मैं जितनी भी प्रशंसा करूँ वह कम है। उन दो वर्षों में जो भी धन एकत्र हुआ वह सब मैंने अपने साथी कलाकारों में बाँट दिया। वे खेती-बाड़ी करनेवाले लोग थे। वर्षा के समय उनकी कोई आमदनी भी नहीं होती, इसलिए उन्हें तो इससे बहुत तृप्ति हुई।

विदेशियों की प्रतिक्रिया

बम्बई में प्रदर्शन देखने आये कुछ यूरोप के कला-प्रेमियों ने हमारे वाद्य सुनकर नेपथ्य में आकर, सेक्सोफोन की वाद्य-तरंग को देखकर आश्चर्य और प्रशंसा व्यक्त की। परन्तु ऐसी भावना हमारे दक्षिण और उत्तर कन्नड़ के यक्षगान प्रेमियों में कभी दिखाई नहीं दी। मेरा 'वार्तालाप' का बन्द करा देना उनके लिए मेरा एक महान अपराध-सा था। दूसरा अपराध था विदेशी वाद्य बेला और सेक्सोफोन का प्रयोग में लाना। वैसे कर्नाटकी संगीत वाले इस शताब्दी के आरम्भ से बेला और तीन-चार दशकों से सेक्सोफोन का प्रयोग करते आ रहे हैं। उसे तो उन्होंने पसन्द किया, विदेशी कहकर अवहेलना नहीं की। यक्षगान के महत्त्व को जाननेवाले हमारे यहाँ के लोगों ने तो उन दोनों वाद्यों के प्रयोग के बारे में आक्षेप किया ही, साथ ही, यक्षगान में वार्तालाप को ही महत्त्व देकर तथा उसके नृत्य, वेशभूषा, या अभिनय पर विशेष ध्यान न देकर, ताल मदले (मृदंग) को ही महत्त्व देनेवालों ने अपनी अन्धश्रद्धा से यक्षगान को नुकसान ही पहुँचाया—यह बात उन्हें समझ में नहीं आयी, यह आश्चर्य है।

निराशा

मेरे मित्र संजीवराय और हेब्बार चाहते थे कि इस प्रकार के प्रयत्न, प्रोत्साहन के अभाव में रुकने नहीं चाहिए, उन्हें आगे बढ़ाना चाहिए। यह मण्डली अपने दूसरे आम व्यवसाय के समान, इन नये प्रयोगों को भी जारी रखे। उसके लिए मण्डली को खूब मेहनत करनी होगी। उन्होंने यह प्रश्न भी सामने रखा कि उसके लिए क्या करना होगा। उस पर हमारे अनुभवी कुछ बुजुर्गों ने कहा, "बाहर से सहायता मिले तो अच्छी बात है।" उसके लिए साल में एक बार ऐसा एक आयोजन करने के लिए 18-20 हजार रुपये की जरूरत पड़ती थी। इतना पैसा तो किसी प्रकार जुटाना ही पड़ता था। साधारणतः यक्षगान मण्डलियाँ अब पैसा कमाने की मण्डलियाँ बन चुकी हैं। हमारे मित्रों की इच्छा के अनुसार नये प्रयोग करने के लिए इतना दण्ड भुगतने की जरूरत नहीं, सोचकर, मैंने कहा, "इस विषय को यहीं भूल जाइए।"

आगे मुझे ऐसे नृत्य-नाटकों के प्रयोग में हाथ लगाने में काफी वर्ष लग गये।

आजीविका के झमेले

प्रकाशक के रूप में

सन् 1962 तक पुत्तूर में मैंने अपना छापाखाना लगा रखा था। अपनी पुस्तकें स्वयं ही छापकर मैं अपनी जीविका चला रहा था। मुद्रण और प्रकाशन दोनों कामों से बहुत कर्जदार हो गया था। मेरा साठवाँ वर्ष पूरा होने पर कर्नाटक के अनेक भागों में मेरे सम्मान में जो समारोह किये गये उससे मेरी पुस्तकों की बिक्री पहले से काफी बढ़ गयी थी। मेरी प्रकाशित पुस्तकों की संख्या भी काफी थी। साल में एक उपन्यास प्रकाशित करने के साथ-साथ बिक चुकी किताबों का दूसरा संस्करण निकालना बड़ा कठिन कार्य था। उन दिनों एक नये उपन्यास की एक हजार प्रतियाँ बिकने में पाँच साल लग जाते थे। दूसरा संस्करण निकालने पर तो उसके बिकने में पहले से दुगुना समय लग जाता। इन कारणों से पुस्तकों से जो पैसा मिलता वह पुरानी पुस्तकों के नये संस्करण निकालने में खर्च हो जाता। इस अवधि में साल के अन्त में मैंने हिसाब लगाकर देखा। छापाखाने में पड़ी सारी पुस्तकों की अंकित कीमत (कुल पुस्तकों की कीमत का एक-तिहाई) यानी कागज और छपाई का खर्च साठ हजार से अधिक हो चुका था। यह प्रतिवर्ष बढ़ ही रहा था, कम होने की नौबत नहीं आती थी। सन् 1958 तक मैं 'विज्ञान-प्रपंच' का चौथा भाग समाप्त करके छपवाने के काम में लग गया था। उस एक पुस्तक के लिए ही बहुत खर्च हो गया था। इससे बहुत कर्ज हो गया। इस पुस्तक की बिक्री भी धीमी गति से चल रही थी, इसलिए आँखों के सामने कर्ज का एक गट्ठर ही दीख रहा था। इस कर्ज का एक बड़ा हिस्सा कन्नड़ के क्षेत्र में विशेष रुचि रखनेवाले व्यक्तियों द्वारा समय-समय पर प्रेमोपहार के रूप में भेजी गयी धनराशि से मैंने पूरा किया।

एक वर्ष बाद यानी मेरे बासठवें वर्ष में, मैंने आयकर का हिसाब दिया तो देखा कि लोगों से भेंट के रूप में प्राप्त धन करीब तीस हजार रुपये हो गया था। सम्बन्धित आयकर अधिकारी ने उस पर भी साढ़े तीन हजार रुपये आयकर लगा

दिया और आदेश भेजा कि पन्द्रह दिन में उसे जमा कराकर प्रमाण-पत्र प्राप्त कर लें। उसी अवधि में मुझे अपने गुजर गये बेटे का कर्ज भी चुकाना था। अब कुछ भी हो, कर्ज करके भी कर का भुगतान तो करना ही था। उधर इसी समय मेरे बेटे उल्लास ने इंजीनियरिंग कॉलेज में दाखिला ले लिया था। बेटी मालविका मैसूर में मनोविज्ञान पढ़ रही थी। उन दो खर्चों के अलावा, 'विज्ञान-प्रपंच' के अन्तिम भाग को भी प्रकाशित करना था।

कर का भुगतान

आय-कर का भुगतान करके, चिन्तित मन से मैसूर चला गया। जाते समय रास्ते में मित्र मंजुनाथय्या के घर ठहरा। 'विज्ञान-प्रपंच' के कागज आदि मँगवाने में वे ही मेरी सहायता करते थे। तभी उनके यहाँ एक प्रसिद्ध न्यायाधीश आये थे। मैंने मजाक में उन्हें अपने आयकर की कहानी सुना दी। आयकर अधिकारी ने अपने लगाये गये कर के समर्थन में तर्क देते हुए बताया था, ''यह धन गुरु-शिष्य की परम्परा के अन्तर्गत ही आता है। केरल के एक शिष्य ने अपने गुरु को एक धन-राशि भेंट की। वह धन आय के रूप में माना गया क्योंकि वह उसकी वृत्ति के अन्तर्गत आता था। आपकी षष्ठिपूर्ति पर दिया गया धन भी उसी श्रेणी में माना गया है।'' उसके इस तर्क पर न्यायाधीश हँस पड़े और बोले, ''उसे अक्ल नहीं। गुरु-शिष्य के सम्बन्ध में और इसमें कोई समानता नहीं। आप इनकम टैक्स कमिश्नर से अपील कीजिए। यदि वे नहीं मानते तो ट्रिब्यूनल से अपील कीजिए। वहाँ भी यदि आपको असुविधा हो तो सीधे हाईकोर्ट जाइए।'' मैंने वैसा ही किया। इनकम टैक्स कमिश्नर ने अपने अधीनस्थ के आदेश का समर्थन करते हुए मेरी अपील खारिज कर दी। तब मैंने इनकम टैक्स ट्रिब्यूनल से अपील की। अगले वर्ष उन्होंने फैसले में कहा कि यह आयकर के अन्तर्गत नहीं आता। भाग्य की बात कि सरकार ने उसके विरुद्ध अपील नहीं की।

दुर्भाग्यपूर्ण वर्ष : सन् 1963

इसी वर्ष कन्नड़ प्रदेश की जनता ने शायद मेरी योग्यता से बढ़कर मेरा सम्मान किया। इस सम्मान से कहीं मैं फूल न उठूँ इसलिए एक ओर से नहीं बल्कि चारों ओर से मेरे भाग्य ने मुझ पर मुसीबतें ढालीं। उनमें से एक संकट मेरी जमीन से सम्बन्धित था। उस अवधि में मैं उसी जमीन पर रहता था जो बच्चों की पढ़ाई के लिए ली गयी थी। बहुत पहले ही वह शाला बन्द हो चुकी थी। वह जगह तब मेरे पुस्तक-प्रकाशन और छापेखाने का केन्द्र थी। छः एकड़ भूमि में पानी की कमी के कारण कुछ भी नहीं उगता था। पाँच-छह कुएँ खोदकर भी पानी

के लिए बहुत कष्ट उठाया और अन्त में उससे हताश होकर मैंने पुत्तूर के राजमार्ग के पास नौ एकड़ जमीन का एक टुकड़ा खरीद लिया। वहाँ आम आदि के छोटे-मोटे पेड़ लगाये। उस बाग की रखवाली के लिए एक-दो झोंपड़ियाँ भी बनवायीं, पर उससे भी मुझे कोई लाभ नहीं मिला। सन् 1963 में, एक दिन मैसूर सरकार ने मुझे सूचित किया कि वहाँ सरकार की ओर से 'प्रवासी-मन्दिर' (पर्यटक निवास) बनाया जाएगा। इसलिए मैं वह जमीन छोड़ दूँ। वह विज्ञप्ति भी मुझे गजट से ही पता चली। सरकार की इस आज्ञा को मैं चुनौती नहीं दे सकता था। चुनौती से लाभ भी नहीं था। इसलिए सही मुआवजा देने की बात कहकर मैंने वह जमीन उनके सुपुर्द कर दी। अब यह उम्मीद करना कठिन था कि वह मुआवजा कब मिल पाएगा। मैंने यह आशा की थी कि कल को मेरा अपना घर और छापाखाना आदि यदि चला भी जाए तो एक टुकड़ा जमीन अथवा उसकी कीमत मेरे बच्चों को मिल सकती है। परन्तु सरकार के प्रतिनिधि पुत्तूर के कमिश्नर ने कीमत आँकने में ही तीन वर्ष लगा दिये। उसके लिए दूसरे ग्राहक आने पर भी मैं उसे बेच नहीं सकता था। मेरा कहना था कि मुझे उससे कोई पैंसठ हजार रुपये मिलने चाहिए। जब मैं यह पत्र-व्यवहार कर रहा था तभी उस जमीन के पास की जमीन के मालिक ने झगड़ा खड़ा कर दिया कि सब नम्बर गलत हैं, इसमें से चार एकड़ जमीन उसकी है। यह बात भी कोर्ट तक जाने का एक विषय बन गयी। कमिश्नर साहब ने उस विवादग्रस्त जमीन को छोड़कर शेष जमीन का मुआवजा पन्द्रह हजार रुपये देने का निश्चय किया।

अब कोई और चारा न रहने से मैंने जिला कोर्ट में अपील की। अपनी जमीन के पास की जमीनों की कीमतों का ब्यौरा देना पड़ा। बिना हक के अपनी जमीन कहनेवाले उस मालिक के खिलाफ भी सबूत में कागजात जुटाने पड़े। इस झगड़े के निबटने में और तीन वर्ष बीत गये। जिलाधीश ने अपना हक जताने आये उस व्यक्ति की अपील खारिज कर दी और मेरा माँगा मुआवजा सही ठहराया। तब सरकार ने हाईकोर्ट में अपील की। इस प्रकार सरकार द्वारा जमीन अपने अधीन कर लेने के दस वर्ष बाद, जब मैं पुत्तूर छोड़कर सालिग्राम पहुँच चुका था, हाईकोर्ट का फैसला मेरे हक में हुआ। तब तक मेरी अन्तिम आशा रूप उस जमीन की कीमत शीशे में दीखनेवाले बटुए जैसी रह गयी थी।

मुद्रण और प्रकाशन

अपने बड़े बेटे के नाम पर चलाया 'हर्ष मुद्रणालय', उसी के कष्ट और दु:ख का कारण बनकर उससे भी कम आयु में बन्द हो गया। उससे थोड़ी-बहुत जो आय हो जाया करती, वह थी साल में तीन मास शादी-विवाह सहालग के दिनों में

निमन्त्रण-पत्रों की छपाई से। वह भी तब से, जब मैंने उसके बेईमान मैनेजर को हटाकर स्वयं काम सँभालना शुरू कर दिया। उससे मुझे एकमात्र सुविधा यह थी कि मेरी पुस्तकें मेरे सामने छपतीं और मैं दो बार उनके प्रूफ ठीक कर लेता था। महीने में पन्द्रह दिन इधर-उधर घूमने से छापने का काम तभी देख पाता जब मैं घर में रहा करता था। मेरी अनुपस्थिति में कामगारों को कोई काम नहीं रहता था। बहुत से बहुत उनके पास कागजों की तहें लगाने का काम रहता था। उन दिनों उनका वेतन भी बहुत कम हुआ करता था। इसके अलावा मैं वेतन बढ़ाना भी नहीं चाहता था। बाहर से काम जुटाना मुझसे होनेवाला नहीं था। जो वहाँ स्वयं आते मैं उन्हीं का काम कर पाता था इसलिए गाँव से दूर रहनेवाले सहालग के दिनों में ही मेरे पास आते, अन्यथा नहीं। मेरी अनुपस्थिति में होनेवाला काम केवल गाँव के छोटे-मोटे बीड़ी उत्पादकों के लेबल छापने का काम था। उसमें विशेष कम्पोजिंग की जरूरत नहीं पड़ती थी। तब कागज की कीमत भी ज्यादा न थी। चार-छह ब्लाक जोड़कर छाप देने पर लोग स्वयं आकर ले जाते। उसमें आदमी कम होने पर भी झमेला झंझट नहीं था। मेरे सारे कामगार मेरे ही सिखाये हुए थे। एक छापेवाला जब से मैंने छापाखाना खोला तभी से, मेरे पास था और छापने तथा बाइण्डिग का काम करता था। वह थोड़ा-बहुत इंजन मरम्मत और पम्प मरम्मत का काम भी जानता था अतः फुरसत के समय वह वह काम भी कर लिया करता था। मेरे पास दो ही लड़कों को सही ढंग से कम्पोजिंग करना आता था। उन्होंने मेरे साथ पाँच-छह वर्ष काम किया। एक वृद्ध भी था जो आँखें कमजोर हो जाने से, और कहीं काम न मिल पाने से मेरे पास ही पड़ा था। और दो लड़के थे जिन्हें पूरे साल का अनुभव भी प्राप्त नहीं था। इस तरह प्रेस में सात जन काम करते थे।

सहयोग की नीति

एक दिन बाहर से एक मजदूर नेता की सवारी आयी। उन सबके कान भर कर उसने उन्हें अपने अधिकार के लिए हड़ताल करने को उकसा दिया। यह स्वाभाविक था कि ऐसी बातें उन्हें जम गयीं। और मुझे?...मैं गाँव में ही बहुत कम दिन रहता था। अगर मैं अपनी पुस्तकें मंगलूर के छापाखाने में दे देता तो खर्च की दृष्टि से अपने यहाँ छापने से अच्छा ही रहता। ऐसी परिस्थिति में एक को छोड़कर सब कामगारों ने, यहाँ तक कि जिन्होंने एक साल भी पूरा नहीं किया था, अपनी माँगें मेरे सामने रखीं। मुझे आश्चर्य हुआ। उससे चार दिन पहले सार्वजनिक सभा भी हुई थी। यह मुझे अच्छा ही लगा। मुझे अपने परिश्रम से मिले पैसे ही पूरे मिल जाते तो बहुत थे। उससे ही अपना पेट भर लेता। चार-छह

आदमियों के पसीने की कमाई खाकर उनका ऋणी बनने की इच्छा मुझे न थी। ऐसे आन्दोलन मैं मंगलूर में बहुत समय से देखता आ रहा था।

छापाखाने की समाप्ति

इन कारणों से मैंने खुद ही प्रेस बन्द कर दिया। कामगारों से कहा, ''आज से प्रेस बन्द कर दिया गया है। वे जब चाहे मुझसे तीन मास का वेतन ले जा सकते हैं।'' ऐसे में उन्हें मुआवजा देना होता तो मुझे उन्हें डेढ़ हजार रुपये देना पड़ता। इसके अलावा उन्होंने मुझसे काफी कर्ज भी ले रखा था। मैंने सोचा खैर कोई बात नहीं। उनमें एक क्रिश्चियन हरिजन था, वह दूसरों से नहीं मिला। उससे मैंने कहा, ''तुम कोई छोटा-मोटा काम करते रहो, कुछ भी न हो तो कम-से-कम बाहर भेजनेवाली पुस्तकों के बण्डल आदि ही तैयार कर दिया करो।''

आगे कामगार खुद उस विवाद को कोर्ट में ले गये। वहाँ मैंने बताया कि अमुक-अमुक ने मुझसे इतना कर्ज ले रखा है। उनमें से एक को कर्ज के अलावा रहने को मकान भी दिया था। वे तो कर्ज लेने की बात साफ मुकर गये। तब मैंने लेबर कमिश्नर से कह दिया, ''कोई बात नहीं, आप जैसा उचित समझें; निर्णय दीजिए।''

उन्होंने अपने फैसले में ''तीनों कामगारों को मुआवजे के रूप में केवल तीन सौ रुपये दिये जाएँ,'' कहकर उस विवाद को बन्द कर दिया।

मैंने अगले वर्ष छापेखाने के लिए सही ग्राहक ढूँढ़ निकाले, प्रेस की सारी सामग्री ले जाकर बम्बई में 'सर्वेण्ट्स ऑफ इण्डिया सोसायटी' को बेचकर अपने कर्ज के भार को जरा कम किया। बाद में कुछ वर्षों तक अपनी सारी पुस्तकें बाहर ही छपवाने लगा। केवल प्रकाशन और विक्रय अपने हाथ में रखा।

अपने सुख-दुख

व्यक्ति के सुख-दुख के लिए जिस प्रकार उसकी आर्थिक स्थिति मुख्य कारण होती है, उसी प्रकार उसका समाज भी कारण हो सकता है। व्यावहारिक अपयश भी कारण हो सकता है, अपना परिवार भी कारण हो सकता है। मेरे साठ साल पूरे होने पर कर्नाटक के विविध नगरों में मेरा सम्मान किया गया, सहायता की गयी, तब मुझे यह सन्तोष हुआ कि जिस उद्देश्य को लेकर लिख रहा हूँ, वह जनता तक पहुँच रहा है। इससे मेरा आत्मविश्वास दृढ़ हुआ। परन्तु उसके पीछे प्रकाशन कार्य कितना जोखिम से भरा है, यह दूसरे समझ नहीं सकते। कन्नड़वालों में पढ़ने की रुचि का विकास नहीं हुआ है, साहित्य के अभाव से वे चिन्तित भी नहीं होते।

मेरे समाज ने वैयक्तिक रूप से मुझे कोई दुख नहीं दिया। उसके विश्वास रीति-नीति के बारे में मैंने ही कटु बातें कहीं। फिर भी उन्होंने मुझे प्रेम से ही देखा। मैं यह नहीं कह सकता कि मेरी तीखी आलोचना को उन्होंने क्षमा कर दिया, पर इतना जरूर है कि सहन अवश्य किया। उनके विचार में यह सब कहनेवालों की आवश्यकता थी। जनता की ऐसी सहनशीलता का मैं कृतज्ञ हूँ। परन्तु मेरी वृत्ति, चिन्तन, इच्छा, क्रिया-कलाप आदि के लिए मेरे घर का वातावरण ठीक रहे और निश्चिन्त रहे तो जीवन सरलता से आगे चल सकता है। लेकिन वह केवल मुझ पर निर्भर नहीं और वह मेरे बूते की बात भी नहीं। मेरा हाथ थामकर जीवन चलाने आयी पत्नी ने इतने वर्ष बिना कुछ बोले बड़बड़ाये, और गरीबी से डरे बिना तथा उसके पास जो नहीं था उसकी चिन्ता किये बिना, जीवन को सहनीय बना लिया था। परन्तु उसका जीवन तो उसके हाथ का जीवन नहीं रहा।

वह अपने बचपन में ही अपनी माँ को खो बैठी थी। उसके पिता ने दूसरा विवाह कर लिया था। बच्चों की माँ के मरने के बाद बच्चों को ननिहाल चले जाना चाहिए, सौतेली माँ की यही इच्छा थी। उस परिस्थिति में पिता के उसको अपने पास रखने पर भी उसे अपना बचपन सदा अनाथ ही लगा। तब उसकी और उसकी बहन की ममतापूर्वक रक्षा करनेवाली थी उसकी दादी।

उसके पिता के निधन हो जाने के बाद, उसकी बुढ़िया दादी हमारे यहाँ आकर रहने लगी। वह अट्ठानवें वर्ष की होकर गुजरी। उसकी मृत्यु मेरी पत्नी के लिए एक गहरा आघात रही। उससे पहले उसे अपने पिता की आत्महत्या के दुख से भी बहुत आघात लगा था। इसलिए बीच-बीच में उसकी मानसिक स्थिति काफी खराब रहा करती थी। इतना ही नहीं, तभी हमारा बड़ा बेटा सन् 1961 में कैंसर से मर गया। यह सब उसके मानसिक उतार-चढ़ाव का कारण बन गये। उसे कई बीमारियाँ लग गयीं।

इस तरह मेरे घर की और मन की शान्ति जाती रही। तभी एक और विपत्ति आन पड़ी। एक दिन सन् 1963 में मुझे पत्नी को गर्भाशय के कैंसर के कारण बम्बई अस्पताल में दाखिल कराना पड़ा। विशेषज्ञ डॉ. बोरजस की शल्य-चिकित्सा से वह उस संकट से मुक्त हुई। लेकिन तब से मानसिक अस्थिरता के साथ दैहिक पीड़ा भी उसे बीच-बीच में सताने लगी। इस प्रकार सातवें दशक के सारे आधे भाग में मेरे लिए सुख नाम को भी नहीं रहा। आगे का वर्ष भी उस दृष्टि से कोई सुखद नहीं रहा। उस वर्ष काम छोड़-छाड़कर भाग्य को कोसने का खूब अवकाश मिला। ऐसे समय में मैं यदि अपने को किसी काम में न लगाये रखता तो मेरा जीवन बंजर हो जाता, व्यर्थ हो जाता।

बेटी का विवाह

इस अवधि में मेरी बेटी मालविका एम.ए. उत्तीर्ण कर बैंगलूर में मनोविज्ञान का अध्ययन कर रही थी। आर्थिक दृष्टि से उसे वहाँ रखना मेरे लिए बहुत कठिन था। उसी अवधि में डॉक्टर की पढ़ाई समाप्त करके मनोचिकित्सा सीखने को आये एक पंजाबी तरुण से उसका परिचय हुआ। उसका नाम है रवि कपूर। उसके पिता भारत-विभाजन के समय लाहौर में अपना सब कुछ खोकर बम्बई में कुछ साल डॉक्टर की नौकरी करके निवृत्त होकर अमृतसर में रहने लगे थे। एक दिन मेरी बेटी रवि कपूर से विवाह करने का निश्चय करके मेरी अनुमति लेने उसके साथ घर आयी। वह दूर का लड़का है, भिन्न संस्कृति वाला है, यह चिन्ता मेरे मन में उठी। पर मैंने सोचा कि छोटों को अपने भविष्य का निर्माण स्वयं करना है, हमें नहीं।

सन् 1965 में उनका विवाह दूर अमृतसर में सम्पन्न हुआ। वह आर्यसमाजी ढंग से हुआ। उसका कारण रवि के पिता डॉ. मोहनलाल कपूर की अस्वस्थता थी। उन दिनों मैं कैसा था? अपने समाज की इच्छानुसार शानदार विवाह करने की स्थिति में मैं नहीं था। अपनी बेटी को केवल पाँच हजार रुपये का सोना दे सका। बराती बनकर मैं ही, अपनी पत्नी, बच्चे और अपने तीन मित्रों को लेकर अमृतसर गया। आने-जाने और शादी में कुछ मिलाकर पाँच हजार ही खर्च कर पाया। तब 'आप सब सकुटुम्ब सपरिवार अमृतसर पधारिए' किसी को भी औपचारिकता के नाते मैंने ऐसा पत्र नहीं लिखा। सातवें दशक के जीवन के उस अँधेरे में इस घटना से हम दोनों को वास्तव में सन्तोष मिला। इसे गरीबी में मिला सन्तोष कहें तो अतिशयोक्ति न होगी।

शिवरायजी

इसी दौरान मैंने एक और दुख देखा जिसका उल्लेख किये बिना नहीं रह सकता। शिवरायजी मेरे जीवन की एक प्रेरक शक्ति थे। पुत्तूर में मेरे बसने का कारण यही एक आकर्षण था। मेरे प्रत्येक कार्यकलाप में मेरी पीठ ठोंककर सहायता देनेवाले वही थे। वे मेरे शिक्षण तथा रंगमंच के क्षेत्र में किये गये प्रयोगों और इस तालुका की आर्थिक परिस्थिति के अध्ययन और जनजीवन की जागृति में सहयोग देनेवाले प्रमुख व्यक्ति थे। वे हमारे जिले के सहकारी क्षेत्र के मूल पुरुष थे। वे पंचायत राज्य के जन्मदाता थे। शिक्षणालयों के मार्गदर्शी थे। पुत्तूर कभी भी उनका ऋण चुका नहीं सकता। वे अपना बुढ़ापा काटने मद्रास चले गये थे जहाँ उनके पुत्र का घर था। वहीं वे एक दिन गुजर गये। मैंने अपने जीवन में उन जैसा मार्गदर्शी, साहसी, सार्वजनिक सेवक दूसरा नहीं देखा। उनकी याद बनाये रखने को पुत्तूर

में उनके नाम पर शिवसदन नाम से एक स्मारक बनाने का विचार किया गया। उसमें भी आगे आनेवालों की होड़ थी। हाँ, उस काम में उन्हीं के द्वारा स्थापित कुछ सहकारी संस्थाओं से सहायता नहीं मिली। फिर भी उसी गाँव के कुछ मित्रों की, जिन्हें नाम कमाने की इच्छा नहीं थी, सहायता से शिवसदन का निर्माण हुआ।

इस आशा से कि उस काम के लिए आर्थिक सहायता मिलेगी सोचकर, मैंने और एक बार यक्षगान नृत्य नाटक का प्रशिक्षण शुरू किया। उसके लिए 'गय चरित्र' नाम का एक सुन्दर कथानक चुना। उसे उत्तर जिले के कलाकारों से एक 'बेले' के ढंग पर तैयार कराया। फिर बम्बई आदि नगरों में जाकर उसका प्रदर्शन किया। उससे अधिक लाभ न होने पर भी मन को कुछ शान्ति अवश्य मिली। बम्बई के मित्र संजीवराय ने इस शिवसदन के लिए ध्वनिवर्धक यन्त्र भेंट किये।

शिवरायजी के गुजर जाने के बाद, जिस पुत्तूर में मैं बहुत वर्षों से रह रहा था वहाँ का वातावरण क्रमशः बदलता दिखाई दिया। वहाँ उनके नेतृत्व में जो-जो काम हो रहे थे सब बन्द होते जा रहे थे। कुछ नये ढंग के नेता आगे आने लगे।

साहित्य

इस दशक में 'विज्ञान-प्रपंच' का अन्तिम भाग प्रकाशित हो गया। बड़े साहस और परिश्रम से विषय संग्रह करके जो 'यक्षगान और बयलाट' लिखा था उसका संशोधित संस्करण भी निकल गया। मैंने अनेक घरों की सहायता से ताड़पत्र एकत्रित किये। उसी गाँव के बुजुर्ग साहित्यकार उग्राण मंगेशराय की सहायता से 'बेतालेश्वर रामायण' का सम्पादन करके प्रकाशित करना सम्भव हो पाया। मेरी यक्षगान के बारे में लिखी पुस्तक स्वीडन की एक संस्था के ध्यान में आयी। 'इण्टरनेशनल डांस आरक्वाइब्ज' के क्युरेटर बेंट हेगर पुत्तूर आये। उस संस्था के संस्थापक राल्फ-द-मारी का परिचय मुझसे सन् 1935 में हुआ था। इस बार उनके प्रतिनिधि ने अपनी स्टॉकहोम संस्था की ओर से मेरे यक्षगान से सम्बन्धित कार्य के लिए एक कांस्य पदक प्रदान किया।

शायद इससे हमारे देश की आँखें खुली होंगी। साहित्य अकादमी ने उसी पुस्तक पर सन् 1967 में अकादमी पुरस्कार प्रदान किया।

तीन-तीन यात्राएँ

युनेस्को

दो दशक पहले जब मैं यूरोप गया था, तब मैं पेरिस में चार दिन ठहरा था। वहाँ मेरा कोई परिचित नहीं था। हाँ, श्री ईगलटन से परिचय था जो लम्बे अर्से तक मैसूर में प्रोफेसर थे। मैसूर में उन्होंने स्थानीय मित्रों को साथ लेकर प्रौढ़ शिक्षा के बारे में विशेष प्रयत्न किया था। जब मैं पेरिस गया तब वे युनेस्को संस्था में काम कर रहे थे। उनसे भेंट करने से उस संस्था के शिक्षा विभाग के प्रमुख जॉन बावर्स से मित्रता हुई। आगे 1954 के आस-पास श्री जॉन बावर्स ही मैसूर के समीप यलबाल में प्रौढ़ शिक्षा हेतु कुछ अनुसन्धान करने के लिए दो साल तक रहे। उस अवधि में मैंने उन्हें प्रौढ़ शिक्षकों के लिए पाठ्यपुस्तकें, सहायक पुस्तकें तथा शिक्षण की अन्य सामग्री तैयार करके दी। उस मित्रता से युनेस्को संस्था को मेरे कार्य का परिचय मिला होगा। इसलिए उस संस्था के पौर्वात्य विभाग ने सन् 1967 में तेहरान में जब प्रौढ़ शिक्षा पर एक गोष्ठी का आयोजन किया तो उसमें भाग लेने के लिए मुझे भी आमन्त्रित किया गया। केन्द्रीय शासन ने शिक्षा विभाग से डॉ. शर्मा को उसमें भाग लेने के लिए भेजा था। उस गोष्ठी में नेपाल, पाकिस्तान और सिंगापुर से भी चार-पाँच प्रतिनिधि आमन्त्रित थे। इससे बहुत समय के बाद मुझे फिर से तेहरान जाने का अवसर मिला।

खाली हाथ यात्रा

वहाँ जाने का अवकाश तो मिला। आने-जाने का खर्च और वहाँ ठहरने का खर्च संस्था वहन कर रही थी। पर खाली हाथ वहाँ जाने पर काम कैसे चल पाता? मुझे यह चिन्ता सताने लगी कि पर्शिया के इतिहास प्रसिद्ध पार्से पोलिस, सिराज, इस्पाह जैसे स्थान देखे बिना वापस आना सम्भव होगा? उसके लिए हाथ में काफी पैसे की जरूरत थी। इसके अलावा, तेहरान में टैक्सी और नाश्ता-पानी के लिए भी पैसे चाहिए थे। मैंने सरकार से विदेशी मुद्रा माँगी तो उसने केवल 20 पौण्ड

(360 रुपये) की मंजूरी दी, इसलिए पर्शिया देश को देखने की मेरी इच्छा जाती रही। और फिर जब मैं जा रहा था तब एयर इण्डिया के इंजीनियरों की हड़ताल चल रही थी, इसलिए हमारा विमान तेहरान के बजाय लेबनान के बेरुत में उतरा। मेरे प्रवास का एक दिन व्यर्थ गया। हाथ के पैसे उस दिन घूमने में काफी खर्च हो गये। खैर, दूसरे दिन और किसी कम्पनी के विमान से तेहरान पहुँचकर गोष्ठी में सम्मिलित हुआ। उस दिन सभा में चर्चा का विषय था—प्रशिक्षण के बाद भी प्रौढ़ों में शिक्षा लाभदायक क्यों नहीं हो रही है? मैंने सुझाव दिया—''प्रशिक्षण पाने के बाद प्रौढ़ यदि आगे अपने आप पढ़ना चाहते हैं तो उनके मानसिक स्तर के अनुकूल पर्याप्त पाठ्य-सामग्री मिलनी चाहिए।'' यह सुझाव न केवल पसन्द किया गया, अपितु उसके लिए क्या-क्या करना होगा, उस पर भी काफी चर्चा हुई।

नया परिचय

उस गोष्ठी में नेपाल के प्रतिनिधि श्री कमल दीक्षित से न केवल परिचय ही हुआ अपितु गहरी दोस्ती भी हो गयी। उन्होंने भारत में शिक्षा प्राप्त की थी। बाद में वे नेपाल के एक राणा परिवार की सम्पत्ति की देखभाल कर रहे थे। उनका अपना प्रेस था इसलिए वे मेरे ज्यादा समीप आये। भारत के प्रतिनिधि डॉ. शर्मा ने गोष्ठी का सारा समय अपनी कारगुजारी के बखान में और हिन्दी भाषा की महिमा के गुणगान में ही बिताया। बीच-बीच में पाकिस्तान के प्रतिनिधि उन्हें टोक देते थे। वहाँ हमारे तीन दिन के प्रवास में घूमने-घामने और बातचीत करने में श्री कमल दीक्षित ही मेरे अधिक निकट रहे। उन्होंने मुझे नेपाल आने का निमन्त्रण दिया। हम दोनों ने मिलकर नगर का भ्रमण किया। हमारे आतिथ्य में किये गये राज-वैभव के समारोहों में हम दोनों ने साथ-साथ भाग लिया। टेलीविजन पर एक लड़की का पर्शियन गीत भी सुना। मैंने अपने हिन्दुस्तानी संगीत और वहाँ के संगीत की निकटता का अनुभव किया। इसके अतिरिक्त, वहाँ और कुछ भी नहीं देखा। हमें वे लोग नगर के समीप के एक पहाड़ी प्रदेश पर ले गये थे। मैंने अपने होटल की खिड़की से ही एलब्रुच पर्वत श्रेणी को देखा। बस, वही एक सन्तोष था। विमान की हड़ताल के कारण मैं इसी चिन्ता में डूबा रहा कि किसी प्रकार एक बार बम्बई पहुँच जाऊँ। किसी प्रकार तेहरान आये और बेल्जियम के 'सेबेना' विमान से बम्बई पहुँच गया। इतिहास प्रसिद्ध पर्शिया देश मेरे लिए एक सपना ही बनकर रह गया।

काबुल के मित्र

मेरी तेहरान यात्रा की बात काबुल में रहनेवाले मेरे एक मित्र श्रीश आचार्य को पता चली। उन दिनों वे काबुल में अध्यापक थे। इससे पहले वे उडुपि के एम. जी. एम. कॉलेज में गणित विभाग के अध्यक्ष थे। उन्होंने 'आप तेहरान से लौटते समय काबुल में दो दिन के लिए मेरे पास ठहरिएगा', कहकर निमन्त्रण दिया। उस समय मेरे लिए वहाँ जाना सम्भव नहीं था। एयर इण्डिया की हड़ताल के कारण मुझे अपने घर पहुँचना ही एक समस्या थी। फिर भी अफगानिस्तान मेरे लिए एक नया देश होने से उसे देखने की बड़ी इच्छा थी। इसलिए मैंने अपने आप अगले साल काबुल जाने की योजना बनायी। श्रीश आचार्य ने वहाँ की सारी व्यवस्था की। उन्होंने लिखा था कि काबुल से 150 मील की दूरी पर बौद्ध युग का 'बामिया' है और वहाँ से 100 मील आगे जाने पर 'बुन्दे अमीर' नाम का एक जलाशय भी है।

काबुल को

इस प्रकार दूसरे वर्ष मैं दिल्ली पहुँचा और वहाँ से विमान द्वारा काबुल गया। वहाँ का सारा प्रबन्ध मेरे मित्र आचार्य पर था। यात्रा पर जानेवाले भारतीय खर्च के लिए अपने पैसे नहीं ले जा सकते। उन्हें परदेश में दूसरों के सहारे रहना पड़ता है। चार-पाँच दिन मैं उनका अतिथि बनकर रहा। काबुल नगर घूम आया। उनकी पत्नी, बेटे और उनके एक मित्र के साथ काबुल से 150 मील दूर स्थित 'बामिया' देखने गया। पूरा रास्ता बंजर है और पर्वतों के बीच से सँकरे रास्ते से जाना पड़ता है। उसके एक तरफ काबुल नदी बहती है जो आगे चलकर सिन्धु से मिलती है। इस नदी का उद्‌गम दस हजार फुट ऊँचे पर्वत से होता है। उसके पास की घाटी के रास्ते में मोटरों का शक्ति-परीक्षण हो जाता है। आस-पास के पहाड़ भय उत्पन्न करते हैं। बाद में उतराई आती है। वह आक्सस (आमूर) नदी की दूसरी घाटी है। वहाँ दोनों ओर हरियाली रहित विविध रंगों के भयानक पर्वत और पर्वत-शिखर दिखाई देते हैं। उस रास्ते से होते हुए हम बामिया नगर पहुँचे। वहाँ भी चारों ओर सैकड़ों रंगों के राक्षसाकार पर्वत और उनकी प्राकृतिक दीवारें हैं। इसी नगर में तीसरी या चौथी शताब्दी में राजा कनिष्क के जमाने में बामिया में एक महान बौद्ध सम्मेलन हुआ था। यहाँ के पर्वतों की दीवारों के कृतक गुहाघरों में आज भी लोग बसते हैं। दुनिया की सबसे बड़ी बौद्ध प्रतिमाएँ वहीं हैं। उनमें एक 125 फुट की और दूसरी 175 फुट की दैत्याकार बौद्ध-मूर्तियाँ हैं। आगे उस देश पर सोना लेकर आये इस्लामी मूर्ति-भंजकों के आक्रमण से ये प्रतिमाएँ कितनी विकृत हो चुकी हैं, मानव की धर्मान्धता के साक्षी के रूप में वे आज भी बची हैं।

उसी बामिया में एक बार मंगोल नेता चंगेज़ खान की सेना को हार खानी पड़ी थी। आगे उसके बेटे ने दुबारा उस नगर पर आक्रमण करके उसका बदला लिया और वहाँ जन-संहार किया। बामिया नगर के चैत्यालयों और प्रतिमाओं को देखकर मरुभूमि के समान पहाड़ों के रास्ते से और 100 मील यात्रा करके 'बुन्दे अमीर' सरोवर देख आया। वहाँ के पहाड़ों का सौन्दर्य और ही प्रकार का है। उन सबके बारे में 'पूर्व से अत्य पूर्व' यात्रा-पुस्तक में विस्तार से लिखा है।

मित्र श्रीश आचार्य की कृपा से काबुल का दर्शन हो सका। काबुल में मुगल बादशाह बाबर की समाधि देखने का अवकाश भी मिला। इन सबने श्रीश आचार्य के आतिथ्य की स्मृति की अमिट छाप छोड़ी। काबुल से मैं और एक बार सुलेमान पर्वत देखकर स्वदेश लौट आया।

नेपाल की यात्रा

नेपाल के दूतावास में मेरे परिचित बाग्लोडी देवराय 'चार्ज-डी-अफेयर' थे। उन्होंने मुझे नेपाल आमन्त्रित किया। तेहरान में श्री कमल दीक्षित ने भी नेपाल आने का आमन्त्रण दिया था। बहुत दिनों तक वे दोनों आमन्त्रण स्मृति में रहे। उन्हीं दिनों मुझे दिल्ली जाना पड़ा। एक बार मैं कुन्दापुर गया था तो शाम के समय हमारे जिले के कमिश्नर श्री नागेगौड ने फोन से सूचित किया, "हमारी सरकार ने आपको पद्मभूषण प्रदान किया है। कृपया आप उसे स्वीकार करें।" उस समाचार से मुझे बड़ा आश्चर्य हुआ। मैंने वह खबर किसी को नहीं बतायी। मुझे यह आश्चर्य हुआ कि सरकार ने मेरे सिर पर इस प्रकार का सम्मान क्यों लादा। मैं पहले से काँग्रेस सरकार की आलोचना करता आ रहा था। यह ख्याल आया कि उस समय की निजलिंगप्पा सरकार ने अथवा किसी मित्र ने मेरा राजनीतिक दृष्टिकोण ध्यान में न रखते हुए केन्द्र को मेरा नाम सुझाया होगा। फिर भी मन-ही-मन मैंने उनके प्रति कृतज्ञता व्यक्त की। खैर, तब मैंने सोचा कि इससे नेपाल की यात्रा के लिए सुअवसर मिलेगा।

एक यात्रा के साथ दूसरी यात्रा

मंगलूर से सीधे दिल्ली जाने में कोई दिक्कत नहीं है। पर मेरी बुद्धि सीधी चलने को तैयार नहीं थी। दिल्ली पहुँचने से पहले अपनी अन्य अभिलाषाओं को तृप्त करने की चपलता से मैंने निश्चय किया कि पहले हैदराबाद में रहनेवाले अपने भाई के घर जाना चाहिए। वहाँ से विमान से भुवनेश्वर जाकर अपनी आँखें तृप्त करनी चाहिए। फिर विमान से ही कलकत्ता जाकर अपने भतीजे रामानन्द के घर एक दिन बिताकर बाद में नेपाल की राजधानी काठमाण्डू जाना चाहिए।

भुवनेश्वर मन्दिर के समीपवाले खारवेल के समय के खण्डगिरि, उदयगिरि के गुहालय और कोणार्क की अद्भुत वास्तुकला ने मुझे स्वप्नलोक में विहार कराया। वे सब भारत की वास्तुकला और शिल्प के बारे में उत्साह पैदा करनेवाली कृतियाँ हैं। उन सबको देखा। कलकत्ता में दो दिन ठहरने के बाद, सीधा उड़ा तो बंगाल का मैदानी प्रदेश लाँघते ही भव्य हिमालय के दर्शन होने लगे। बहुत वर्ष पहले, मुझे शिमला नगर में दूर से, हिमालय की एक झाँकी के दर्शन हुए थे। अब ऐसा नहीं था; हजारों मीलों तक फैली पर्वतावली तथा एवरेस्ट और कांचनजंगा के शिखरों पर विहंगम दृष्टि डालने का अवसर मिला।

देवराय तथा दीक्षित

काठमाण्डू में विमान से उतरते ही दोनों मित्र मेरी प्रतीक्षा में खड़े थे। मैं देवरायजी के घर में ठहरा। उनकी सहायता से पाटन, भाटगाँव, काठमाण्डू के पशुपतिनाथ, स्वयंभूनाथ के मन्दिर देखने का अवसर मिला। मित्र कमल दीक्षित के आतिथ्य का सौभाग्य भी मिला। इतना ही नहीं, देवरायजी ने तो मुझे भारतीय संस्कृति का दूत ही बना दिया था। भारत-नेपाल मैत्री संघ की ओर से एक सभा का आयोजन करके मेरा सम्मान किया गया और उसकी स्मृति के रूप में मेरे सिर पर एक नेपाली टोपी भी पहनायी गयी।

बहुत पहले श्री देवराय मंगलूर में अँग्रेजी के प्राध्यापक थे। तब उन्होंने एक साहित्यकार के रूप में अच्छा नाम कमाया था। उनकी उदारता और स्नेह का मैं बखान नहीं कर सकता। उन्होंने भारत और नेपाल की मैत्री और घनिष्ठ करने के लिए जो परिश्रम किया वह प्रशंसनीय है, ऐसा काम एक ईमानदार राजदूत ही कर सकता है।

काठमाण्डू में मुझे पता चला कि हिमालय और काठमाण्डू के बीच महाभारत नाम की एक पर्वत-श्रेणी है। यह दिवंगत पण्डित नेहरू की राजनीतिक सूझबूझ थी कि नेपाल के मन्त्री राणा खानदान की मुट्ठी से निकलकर राज्य वर्तमान राज-घराने के हाथ आया। बाद में नेपाल के राजा को यह गलतफहमी हो गयी कि वही नीति भारत-नेपाल राज्य में स्वतन्त्रता जगाकर कोइराला जैसे व्यक्तियों को उकसाकर वहाँ के राजघराने को गिराने के प्रयत्नों में सहायक हो रही है। तब नेपाल ने अपने उत्तर के विशाल राष्ट्र चीन की ओर हाथ बढ़ाये और हमारे देश की मैत्री की ओर सन्दिग्ध दृष्टि से देखने लगा। चारों ओर से बड़े राष्ट्रों से घिरे छोटे राष्ट्रों की दशा ऐसी ही होती है।

जब काबुल गया था तब ऐसी ही एक विचित्र परिस्थिति देखने को मिली थी। काबुल में एक के बाद दूसरे राजा गद्दी पर बैठते गये और गिरते गये। उसे

रिझाकर अपने पक्ष में करने के लिए रूस आगे आया। उसने काबुल तक राजमार्ग बना डाला। अमरीका, फ्रांस, इंग्लैण्ड भी उसकी सहायता को आगे आये। इन उदार राष्ट्रों में होड़-सी लग गयी। आज अफगानिस्तान रूस की मुट्ठी में फँसा है। अफगानियों की स्वतन्त्रता आज कठपुतलियों की स्वतन्त्रता रह गयी है।

दिल्ली

चार-छह दिन काठमाण्डू में ठहरने के बाद, दिल्ली में आयोजित राष्ट्र प्रशस्ति वितरण समारोह में पहुँचा। उस वर्ष कर्नाटक से मुझे जैसे पद्मभूषण मिलनेवाला था वैसे ही नेत्र-विशेषज्ञ डॉ. मोदी को भी मिलना था। हमारी ही तरह उसी दिन पद्मविभूषण, पद्मभूषण और पद्मश्री उपाधियाँ प्राप्त करने कोई बीस-तीस लोग आमन्त्रित थे। राष्ट्रपति जाकिर हुसैन हम लोगों को वह सम्मान प्रदान करनेवाले थे। इन्दिरा गाँधी भी उस समारोह में उपस्थित थीं। उस दिन समारोह से काफी पहले प्रशस्ति प्राप्त करनेवालों को एक रिहर्सल कराया गया था। बाद में शाम को निश्चित समय पर विधिवत् समारोह हुआ। उससे कर्नाटक के लोगों को मैं अपनी ऊँचाई से कोई छह इंच अधिक बड़ा दिखाई दिया हूँगा। आखिर मैं उस दिन पद्मभूषण का विजेता जो बना था, 'विजेता' शब्द का अर्थ न जाननेवालों के लिए। पता नहीं, किसे जीतने से वह विरुद मिला? सरकार द्वारा दिये गये सम्मान को 'विजय' किस अर्थ में कहा जाए? वह कोई स्पर्धा है?

इस विषय को समाप्त करने से पहले एक-दो मजेदार घटनाएँ बताना चाहता हूँ। उस समारोह के बाद कर्नाटक से आनेवाले यानी मुझे और डॉ. मोदी को डॉ. महिषी (उपमन्त्री) ने रात्रि-भोज पर आमन्त्रित किया था। वहाँ कुछ और भी कन्नड़वाले आमन्त्रित थे। जब हम साथ बैठे तो नेत्र-विशेषज्ञ डॉ. मोदी ने मेरे कान में एक बात कही। उस दिन उन्हें सम्मान स्वीकार करते समय राष्ट्रपतिजी के काला चश्मा पहने मुँह की ओर देखकर कृतज्ञता से नमस्कार करना ही था। मोदी जी ने उस काले चश्मे को बड़े ध्यान से देखा होगा। अतः उस दिन के समारोह के बारे में बातें करते हुए उन्होंने मुझसे कहा, "राष्ट्रपति जी की एक आँख एकदम नहीं है।" खैर उन्हें ऐसा नहीं कहना चाहिए था। राष्ट्रपति जी अन्धे नहीं थे। प्रधानमन्त्री के लाये पत्रों पर हस्ताक्षर करनेवाली यह तो उनकी गान्धारी वृत्ति होती है।

और एक खोज

उस दिन के अतिथियों के बारे में डॉ. महिषी को चार बातें कहनी ही थीं। उन्हें मेरा परिचय रहा ही होगा। वे बेलगाँव के ला कॉलेज की छात्रा थीं। एक वर्ष

कॉलेज के वार्षिकोत्सव में मैं अध्यक्ष बनकर गया था। उस दिन मैंने अपने हाथों से एक स्वर्ण पदक (कॉलेज की ओर से उनकी किसी सफलता के लिए) उन्हें प्रदान किया था।

उसके बदले उन्होंने उस दिन रात्रि-भोजन के समारोह में आगन्तुकों को मेरा परिचय कराते हुए फरमाया, ''इन्होंने 'कानूर सुब्बम्मा हेगडती' जैसे महान उपन्यास की रचना की है।'' यह खबर यदि के. वी. पुट्टप्पा को मिल जाती तो वे मुझ पर कृतिचौर्य का दावा कर सकते थे। इतना ही नहीं उससे यह अर्थ लगाने का भी अवकाश था कि मैंने उनके 'पद्मभूषण' विरुद को तो नहीं चुरा लिया क्योंकि कुछ वर्ष पहले ही वह उन्हें भी प्राप्त हुआ था।

मानसिक तृषा

जो भी हो, मैं बुद्धिजीवी रहा, श्रमजीवी नहीं। यह इस अर्थ में कि दैहिक बल से किसी चीज की साधना नहीं की। अपने पचासवें वर्ष पूरा होने तक भी, जैसा मैंने शारीरिक श्रम किया वह उस श्रम का फल अनुभव करने के लिए नहीं था। वह फल भी मानसिक ही था। जहाँ तक दैहिक श्रम की बात है, मैंने अपने यौवन में सात-आठ वर्षों तक योगाभ्यास करके, कर्नाटक के कई गाँवों में भ्रमण करके, वहाँ के तरुणों को प्रशिक्षित भी किया था। चौथे दशक में तरुणों का दल एकत्रित करके, शान्ति-शिविरों का आयोजन भी किया था। कुएँ आदि खुदवाये, तालाब साफ करवाये थे। पर वह सब मैंने खुद कम किया था। परन्तु उस दौरान प्राकृतिक सौन्दर्य देखने या और कुछ देखने की चपलता से पाँवों को खूब थकाया था। कई बार पहाड़ की चढ़ाई-उतराई की थी। ऐसा श्रम व्यायाम का अर्थ नहीं ले सकता। पहाड़ों और जंगलों में आँखों की भूख मिटी। शारीरिक थकावट के बिना वैसा हो पाना कठिन है। उसके लिए अनिवार्य पैदल भ्रमण दूसरे प्रकार का होता है। तब आँखों को तृप्त करने की उस अभिलाषा में देह का वह श्रम महसूस ही नहीं होता।

मैंने अनेक बार ऐसे प्रवास किये हैं। उमर बढ़ते-बढ़ते मेरे पाँव मेरा शरीर ढोने में कमजोर पड़ते जा रहे हैं। एक ऐसी घटना बताता हूँ। मैंने कौशिक रामायण का सम्पादन करके उसे प्रकाशित कराने का विचार किया था। तब उस कवि की अधिष्ठात्री देवी कौन है, कहाँ है—यह खोजने का अवसर आया। उसका मन्दिर उत्तर कन्नड़ जिले की घाटी की दीवार के बीच 'याण' नामक स्थान पर था। उसे देखने की इच्छा से शिर्सी गया। वहाँ से बी. एच. श्रीधर जैसे मित्रों को साथ लेकर शिर्सी से बारह मील दूर हेग्गडेकट्टे गया। वहाँ एक घर में आतिथ्य का आनन्द लेकर, अगले दिन, उनके दिये वाहन से आठ-दस मील की यात्रा की। उस वाहन

का हमें वहाँ तक पहुँचा आना ही बड़ी बात थी। आगे, पहाड़ के पास वाहन से उतरकर पैदल जाना था। वहाँ उतराई और चढ़ाई दोनों ही थीं। वह पहाड़ के पास का सँकरा रास्ता है। मुझे अपने साहस पर यह विश्वास था कि मैं वहाँ चल सकूँगा, पर कुछ ही देर चलने के बाद इससे पहले का वह कुटचाद्रि, पुष्पगिरि, कुदरेमुख की पहाड़ी आदि पर चढ़ने-उतरने का सारा घमण्ड जाता रहा। एक-दो मील चलने के बाद मुझे कहना पड़ा, ''आप सब आगे जाकर देख आइए, मैं यहीं आपकी प्रतीक्षा करूँगा।'' पर क्या वे लोग मुझे छोड़कर जाते? जैसे-तैसे पाँच-छह मील चलकर अनादि काल के चूना-पत्थर के बने उस मन्दिर को देखा। बाँबी की-सी आकृति वाले उस टीले पर एक गुफा है। वह गुफा प्राकृतिक है। उसमें पानी रिसता रहता है। उस प्रकार रिसते पानीवाली दीवार ही भैरव कहलाती है। बूढ़े-पुराने उसे भैरव मानते थे। 'चन्नबसव पुराण' में कहा गया है : 'अँधेरी गुफा में बैतलेश्वर विराजमान है।' आँखों से न दीखनेवाले भैरव की तो मैंने कल्पना कर ली और उस दीवार की फोटो भी खींच ली। उसी प्रकार का दैत्याकार चींटियों के बिल जैसा दीखनेवाला टीला निचलीवाली घाटी में है। वह चण्डी का मन्दिर है। सुना है, वहाँ उसके भीतर छह फुट की एक काँसे की प्रतिमा थी। वह कुछ दिन पहले तक थी। हाल ही में उसकी चोरी हो गयी थी। बहुत थक जाने के कारण मैं उस देवी को देखने न जा सका। खैर, उस यात्रा से इतना तो समझ में आ गया कि आगे से मुझसे शारीरिक श्रम का कोई भी काम नहीं हो पाएगा। उसमें एकमात्र अपवाद होगा—मन की मस्ती की धुन का शिकार होकर काल्पनिक भावों में बहकर नृत्य करने का काम। उससे शारीरिक श्रम की कल्पना की बात ही नहीं उठती।

गुरु बिन विद्या

मेरे नृत्य का ढंग, उसका आकर्षण, उसका दुख-सुख जो भी है वह सब मुझमें ही पैदा हुआ है और वह सब कार्य मैंने सन् 1940 तक किये हैं। पुत्तूर का दशहरा उत्सव बन्द हो जाने के बहुत दिन बाद तक मैं नृत्य के चक्कर में नहीं पड़ा। लेकिन फिर से 1958 में उसमें कूद पड़ा। तब मैं ब्रह्मावर में एक यक्षगान गोष्ठी चला रहा था। उस गोष्ठी में आये कुशल नर्तकों के सामने अपने मन का उफान निकालने के लिए लगातार दो घण्टे तक नाचा। उसके दो दिन बाद कदम उठाना भी मुश्किल हो गया। लेकिन नृत्य के समय किसी भी प्रकार की थकान नहीं महसूस हुई थी। उपर्युक्त एकमात्र प्रसंग यदि छोड़ दें तो सातवें दशक में मैंने अपने पाँवों को कभी थकाने की कोशिश नहीं की।

उस अवधि की भूख

मुझे अपने देश की वास्तुकला का सौन्दर्य देखने की लालसा सदा जाग्रत रहती है। इसी कारण मैंने भुवनेश्वर की यात्रा की थी। उस यात्रा में ईसा पूर्व की कुछ गुहाएँ देखीं। आठवीं शती और तेरहवीं शती के रचित दैत्याकार देवालय और भव्य मूर्तियाँ भी देखीं। इस प्रकार मैंने समस्त उत्तर और दक्षिण भारत के अधिकांश मन्दिर देख डाले। यह तसल्ली भी थी कि कम-से-कम एक बार राजस्थान जाकर अम्बेर, अजमेर, जयपुर की वास्तु और चित्रकला भी देख सका था। फिर भी कुछ ऐसे स्थल मुझे सदा याद आते थे जिन्हें अब तक देख लेना चाहिए था, पर किसी कारण देख नहीं पाया था। उनमें मुख्य हैं खजुराहो के देवालय। वसन्त मासिक पत्रिका के सम्पादन के समय मैं सन्त निहालसिंह की पुस्तक पढ़कर और उसमें दिये चित्रों को देखकर मुग्ध हुआ था। बाद में मार्टिन हर्लिमैन द्वारा प्रकाशित खजुराहो पर एक पुस्तक में वहाँ की वास्तुकला के सौन्दर्य को देखने का मौका मिला था। पर वह स्थान देख नहीं पाया था। मैंने पढ़ा था कि वह झाँसी से इलाहाबाद जानेवाली लाइन पर पड़ता है। बीच के स्टेशन पर उतरकर जंगल के रास्ते साठ से अस्सी मील तक पैदल जाना पड़ता है। वहाँ किसी प्रकार की सुविधा नहीं है। इस डर से मैंने कुछ दशक तक अपनी इच्छा को दबा रखा था। भुवनेश्वर की यात्रा ने उस लालसा को भड़का दिया। सौभाग्य से पता चला कि दिल्ली से खजुराहो तक विमान सेवा शुरू हो गयी है। इसलिए पुनः एक बार जब दिल्ली गया तो वह लालसा भी पूरी कर ली।

खजुराहो

मध्य प्रदेश में स्थित इस स्थान ने दसवीं और ग्यारहवीं शताब्दी में चन्देल राजघराने के शासन के समय बड़ी उन्नति की थी। उनके शासन के डेढ़ सौ वर्ष के समय में ही खजुराहो स्थान पर लाल पत्थर से एक नहीं, सौ से भी ज्यादा मन्दिर बनाये गये। वास्तु और शिल्प के सौन्दर्य से युक्त वे मन्दिर एकदम दायें-बायें स्थित राजस्थान, बिहार अथवा दक्षिण के प्रभाव के बिना कैसे बन गये यह एक आश्चर्य की बात है।

वहाँ मैं थोड़ा समय ही बिता पाया। उस स्थान को देख आये मित्रों से सुन रखा था कि वह जन संचारहीन स्थान है परन्तु जब मैं वहाँ गया, तब वहाँ ऐसा नहीं था। वहाँ प्रवासियों के लिए आवश्यक सुविधाएँ उपलब्ध करायी गयी हैं, मार्गदर्शक भी हैं। वह कला का ऐसा अगार है कि कलाप्रेमी वहाँ महीनों बिता सकते हैं। वहाँ मैं थोड़ा ही समय बिता सका, पर उस अवधि में मैंने विष्णु, ईश्वर, दुर्गा आदि पौराणिक देवताओं के सैकड़ों अवतार, और विविध रचनाओं को देखा।

वहाँ के पुरातन शिल्पों में जीवन के शृंगार को रूप प्रदान करने के असंख्य तरीके देखे। पुरी और कोणार्क में दिखाई देनेवाले और एक प्रकार के शिल्पों को अद्भुत प्रमाणों में देखा। कामशास्त्र ही नहीं, काम के विकृत रूप के अनन्य माध्यम देखे। हम लोग मिथुन शिल्प का प्रयत्नपूर्वक चाहे कोई विश्लेषण दें और वहाँ दिखाई देनेवाले शिल्पों पर उसे आरोपित करें, परन्तु मन में समाधान लाने की स्थिति तक हम पहुँच नहीं सकते। उन्हें देखकर मैं यह सोचकर लौटा कि जीवन में सुख भी है, दुख भी है, रस भी है, विरस भी है, वैसे ही सौन्दर्य भी है जुगुप्सा भी है।

नर्मदा का तट

और एक बार मैं (अब समय और प्रसंग भूल चुका हूँ) नर्मदा तट पर बसे जबलपुर गया। वहाँ एक प्राकृतिक जलाशय है जो नर्मदा ने अपने प्रवाह से संगमरमर को छेदकर निर्मित किया है। वह दृश्य देखकर लौटते समय मुझे वहाँ ले गये सज्जन ने कहा, ''यहाँ भी एक प्राचीन मन्दिर है, चलिए देखें।'' वह एक टीले पर निर्मित एक वृत्ताकार मन्दिर है। उस वृत्त के चारों ओर चार-पाँच फुट ऊँची सेलखड़ी की चौंसठ स्त्री-मूर्तियाँ बनी हैं। मातृ-देवियों के चौंसठ अवतारों को वहाँ एक विशिष्ट शैली में उकेरा गया है। मानव की सबसे पुरानी देवी उसकी माँ है। बाद में माता-पिता के सम्बन्ध से उसके मन पर छाप डालनेवाला एक और देवता है—लिंग रूपी शिव। वहाँ के मन्दिर को चौंसठ योगिनियों का मन्दिर कहते हैं। मध्यप्रदेश में चन्देलों के बाद कलचुरी घराने की एक रानी ने वह मन्दिर बनवाया था। कर्नाटक में राष्ट्रकूट की शक्ति कम करनेवाले कलचुरी राजा ही थे। राष्ट्रकूट के वैभव के साक्षी यदि ऐलोरा गुहालय और औरंगाबाद हैं तो कलचुरी राजाओं के वैभव का एक सुन्दर नमूना यह मन्दिर है। वहाँ की प्रत्येक प्रतिमा मूर्तिभंजकों के हाथ चूर-चूर हो चुकी है फिर भी अब तक प्राप्य अवशेषों से ही उनके नष्ट हो चुके रूप सौन्दर्य की कल्पना की जा सकती है। उनकी शैली अत्यन्त सरल, सुन्दर, स्वतन्त्र और गम्भीर तथा उन्नत है। ऐसे प्रवासों से अपने मन को तृप्त करना मेरा सदा का स्वभाव है। मैंने केवल वही एक ही काम नहीं किया फिर भी उससे मेरी अभिरुचि को पोषण अवश्य मिला है। पाश्चात्य शिल्प और चित्रों का सौन्दर्य देखकर आने के बाद भी मेरे मन को सन्तोष देनेवाली और अपने पूर्वजों के प्रति मेरे मन में गर्व जाग्रत करनेवाली अगर कोई चीज है तो वह है हमारा वास्तु और शिल्प।

हमारी साधना क्या है ?

मानव के जी-भर देने योग्य किसी-किसी द्वारा बनायी चीजें देखकर या परोक्ष

में सुनकर 'वाह वाह' कर देने से ही क्या हमारा काम खत्म हो जाता है? यह प्रश्न मुझे सदा सालता है। मेरी आयु का बहुत बड़ा भाग अब समाप्त हो चुका है। मैं किसी का नौकर नहीं रहा अतः अब भी जड़ जीवन चलाना असाध्य है। घूम-घूमकर देखना चाहिए, विविध साहित्य पढ़-पढ़कर ज्ञान प्राप्त करते रहना चाहिए, जीवित रहने तक कोई न कोई सार्थक काम करते रहना चाहिए—यही बात सदा मेरे मन में बनी रहती है। मेरे विचार से, हम तभी यह महसूस कर सकते हैं जबकि हम जीवन को जीवन की तरह जी रहे हों। इसलिए प्रयासपूर्वक कई प्रकार के कामों का भार अपने सिर पर लादकर परिश्रम करके मैंने वर्षों बिताये हैं। छह-सात वर्ष तो 'बालप्रपंच' में काट दिये। तीन वर्ष 'अर्थ-कोश' के निर्माण में लगा दिये। पाँच वर्ष 'विज्ञान-प्रपंच' में लगाये। लगाये या काटे, यानी समय इस ढंग से बीता कि इस बात का बोध ही नहीं हुआ कि कैसे बीत गये। उसी गुण से कौशिक रामायण के सम्पादन जैसा नीरस काम भी मुझे उबाऊ नहीं लगा। लगन से करनेवाले काम में श्रम नजर नहीं आता।

सातवें दशक के जीवन में फिर से प्रश्न उठा कि अशान्ति के दिन कैसे बिताये जाएँ। छापाखाना बन्द कर दिया। केवल प्रकाशक बन गया। पर तब यह भय हुआ कि यदि मैं उसी काम को करता बैठा रहा और गोदाम में पड़ी पुस्तकें कीड़ों से नष्ट हो गयीं तो परिश्रम से कमाया थोड़ा-बहुत पैसा भी स्वाहा हो जाएगा। तब पुस्तक प्रकाशन की जिम्मेदारी भी मैंने बैंगलूर की ए. बी. एच. संस्था को सौंप दी। तब सोचने लगा कि चलो अब आराम से बैठा जा सकता है।

आराम से बैठ नहीं सकता

अब तक जो कभी चुपचाप बैठा नहीं रहा उससे आगे ऐसा करना सम्भव है? यह एक बड़ा प्रश्न है। करने के लिए कोई काम न होने पर भी, किसी-न-किसी आवश्यक या अनावश्यक काम में डूब जाना मेरा स्वभाव हो चुका है। आगे के लगभग मेरे सारे काम ऐसे ही हैं। दूसरे लोग चाहें या न चाहें, जो विषय मुझे पसन्द है उसमें मन लगा देने की आदत आगे भी जारी रही। ऐसे ही कुछ उदाहरण आपके सम्मुख रखता हूँ।

चालुक्य वास्तुशिल्प

इस अवधि में मैं कर्नाटक सरकार की संगीत-नाटक, ललित-कला और साहित्य—तीनों अकादमियों का सदस्य रहा। उनकी साल में दो या तीन बैठकें होती थीं। एक बार ललित-कला अकादमी की बैठक में मैंने कहा, "हम जनता में कलाओं के प्रति अभिरुचि पैदा करने के लिए क्या कर रहे हैं? दूसरे देशों में चाहे

अकादमियाँ हों या म्यूजियम चुपचाप बैठे नहीं रहते, वे अपने यहाँ की कला-सम्पदा का परिचय कराने के लिए विशेष प्रयत्न करते रहते हैं। हम क्या कर रहे हैं? सभाएँ करते हैं, ज्यादा से ज्यादा हम जिनको कलाकार समझते हैं इनका सम्मान कर देते हैं, बस। जनता को कला के बारे में जानकारी देने के लिए हम कुछ भी नहीं कर रहे हैं। हम जिनको सम्मानित करते हैं वे कलाकार कहलाने लगते हैं। उससे पहले हमें स्वयं समझना चाहिए कि कला क्या है और किन लोगों को कलाकारों के रूप में सम्मानित करना चाहिए? क्या हम ऐसा वातावरण पैदा कर रहे हैं?''

तब एक सदस्य ने पूछा, ''इसके लिए क्या प्रयत्न किया जाए?''

उस पर मैंने व्यथित होकर कहा, ''देखिए, कर्नाटक का एकीकरण हुआ। उसकी स्मृति में एक बृहद ग्रन्थ की रचना की गयी। उसे खोलकर देखें तो ऐसा लगेगा जैसे कि पुराने मैसूर के अलावा और कहीं वास्तुकला जैसी कोई चीज ही न हो। मैसूर से सम्बन्धित कृतियों के अलावा और कुछ है ही नहीं। ऐहोल को भारत की वास्तुकला का पालना कहते हैं। ऐहोल, पट्टदकल्लु, बादामी और इट्टगि, लक्कुण्डी जैसे स्थानों का उस पुस्तक में जरा-सा भी उल्लेख नहीं होना चाहिए था?''

उस उद्‌गार ने किसी को चकित नहीं किया। उसने मुझे ही जाग्रत किया। मेरा पहले से सीखा पाठ यह था—'हमें वह चाहिए, यह चाहिए' कहकर दूसरों पर भरोसा रखो तो काम नहीं चलता। मन सदा यही कहता, यदि तुम कुछ चाहते हो तो जो तुम्हें समझ में आता है वह करो। मेरे 'बाल-प्रपंच' का जन्म भी ऐसे ही हुआ था। 'अर्थ कोश' भी ऐसे ही बना, 'विज्ञान-प्रपंच' के सम्बन्ध में भी यही बात कही जा सकती है।

उसी कारण मैंने कर्नाटक के वास्तुशिल्प के बारे में स्थूल परिचय देनेवाली एक सचित्र पुस्तक लिखने का निश्चय किया। अब सोचने लगा कि कर्नाटक में कहाँ-कहाँ क्या-क्या नहीं है? उसमें मैंने मैसूर के हलेबीड, बेल्लूर, सोमनाथपुर देखे ही थे। उन्हें देखने से पहले मैं पट्टदकल्लु, ऐहोल, बादामी देख चुका था। कुक्कनुरु, इट्टगि, लक्कुण्डी तलकाडु, डँवल, गलगनाथ, बल्लिगावि आदि का मैंने नाम भर सुना रखा था और क्या था? बेकार रहने की अपेक्षा एक अच्छा काम तो मिला सोचकर कैमरा कन्धे पर लटकाकर और एक बार घूमने चल पड़ा। जहाँ पहले गया था वहाँ भी गया, नये स्थानों पर भी गया। उनमें पट्टदकल्लु, ऐहोल, महाकूट, बादामी आदि नाम विशेष उल्लेखनीय हैं। उन्हें देखकर कुछ ही वर्ष बीते थे। जल्दबाजी के कारण कुछ ऐसे स्थल थे जो उस समय मैं नहीं देख पाया था। अब उन सबको कैमरे में कैद करने गया। उपर्युक्त सभी स्थानों की दो बार यात्रा

की। वहाँ दुबारा जाने का और एक कारण था। अनेक मन्दिरों के भीतरी भागों के फ्लेश लाइट फोटो खींचे थे। ऐसी फिल्मों को जब धोकर देखा तो चित्र एकदम साफ़ नहीं आये थे। सिर खुजलाया। फोटो खींचने में कोई तकनीकी गलती हो गयी थी। दूसरी बार खींचे गये फोटो साफ थे। खैर, तीन महीने दौड़-धूप करके, कई फिल्में बरबाद कीं। उन सारे चित्रों का संवर्धन करके उन्हें उनके सौन्दर्य, शैली और कालक्रम से छाँटा।

छपाने की तैयारी

आगे और कुछ दिन तक वास्तुशिल्पों के अच्छे चित्रों की कापी तैयार की। उन सारे मन्दिरों पर विद्वानों की लिखी पुस्तकें पढ़ीं। बाद में अपना लेखन-कार्य शुरू किया। चित्र-संग्रह का काम भी पूरा हो गया। मैं जानता था कि अच्छे छापाखाने में हजार प्रतियाँ छपवानी हों तो उस जमाने में आठ-दस हजार रुपये लगते थे। कुल 73 के लगभग चित्र चुने थे। मणिपाल छापाखाने में उसके प्रकाशन का प्रबन्ध किया।

बाद में ललित-कला अकादमी की अगली बैठक में मैंने बताया, ''आप लोगों के सामने मैंने ऐसा एक काम करने के बारे में कहा था। अब उस पर काम कर रहा हूँ। एक हजार प्रतियों की कीमत इतनी बैठ सकती है। दो हजार प्रतियाँ छपवायी जाएँ तो एक प्रति दस रुपये में बेची जा सकती है।'' वहाँ उपस्थित सदस्य मेरे मुँह की ओर देखने लगे। शायद उनका मतलब यह था कि इस सबके लिए पैसे कहाँ हैं। तब मैं बोला, ''आपको डरने की जरूरत नहीं है। उसके लिए सारा खर्च करके, चित्र एकत्रित करके, ब्लाक खरीदकर छपवाने की सारी तैयारी करके उसका नमूना यहाँ लाया हूँ। मेरा काम व्यर्थ नहीं जाएगा। अब आपकी सहमति हो तो उसे मैं अपने ही नाम से छपवा सकता हूँ।'' तब लाचार हो उन्हें सहमति देनी पड़ी। अगले दो-तीन महीनों में पुस्तक प्रकाशित होकर बाहर आ गयी। उन्होंने उसका खर्च उठाया। मेरी खुशी का कोई ठिकाना न था। मैंने सोचा इस खुशी से मैं और भी काम पाऊँगा। पर उस खुशी में एक ही डर था। अकादमी द्वारा प्रकाशित पुस्तकों की बिक्री की कोई व्यवस्था नहीं थी। ग्राहक या व्यापारी को चालान से पैसे दे अकादमी से मिलनेवाले थोड़े से कमीशन पर पुस्तकें खरीदकर बेचने की जिम्मेदारी लेनी पड़ती है। उसके लिए उसे अकादमी के कार्यालय में चार-पाँच चक्कर लगाने पड़ते हैं। इस कारण छपी पुस्तकें अकादमी के कार्यालय में ही सुरक्षित पड़ी रहती हैं।

नया सुझाव

जिन दिनों मण्ड्या के शंकरेगौडा कर्नाटक के शिक्षामन्त्री थे उनसे यह प्रश्न पूछना ही पड़ा, "प्रकाशित पुस्तकों की बिक्री की आपके यहाँ कोई व्यवस्था नहीं है? अकादमी वालों ने कहा कि प्रतियाँ बिकीं ही नहीं।" तब श्री गौडा ने फरमाया, "उन्हें खरीदकर हमारी शालाओं में बाँटने की व्यवस्था करेंगे।" दूसरे दिन ही मैं उनसे मिलने गया। मैंने कहा, "महोदय, अकादमी सरकार के पैसे से पुस्तकें छापती है और आप भी सरकारी पैसे से ही शालाओं में बाँटने को खरीदते हैं! पुस्तकें तो जनता तक पहुँचने के उद्देश्य से ही छापी जाती हैं। ऐसी व्यवस्था यदि नहीं की जा सकती तो पुस्तकें छपवाकर सरकारी पैसा व्यर्थ नहीं करना चाहिए।" पता चला कि आगे उसी ललित कला अकादमी ने मैसूर के किसी एक ही व्यक्ति के—फोटो का अनुकरण करके चित्रकार बननेवाले साहसी के—चित्रों को पचास हजार रुपये खर्च करके छपवाया था। मैंने ऐसी अकादमी के सदस्यों के सामने कहा, "दिल्ली की ललित-कला अकादमी भारत तथा विविध देशों के और विविध कालों के चित्रों को छापकर प्रकाशित करती है। हम भी उन चित्रों को खरीदकर उनके शीर्षकों का अनुवाद कराकर अपने लोगों तक पहुँचाने की व्यवस्था क्यों न करें?" पर हमारा वातावरण ही कुछ और था। हमारी अकादमी के कलाविद कहलानेवाले सदस्य अकादमी का अधिकांश पैसा अपनी शालाओं और मेहनत के वास्ते पाने की ओर ध्यान रखते हैं। कला हमसे बड़ी है। कला का क्षेत्र भी बड़ा है। उससे सम्बन्धित ज्ञान लोगों में फैलाना चाहिए—यह उदार बुद्धि उनमें नहीं है। 'हमारे चित्र खरीद लीजिए, हमारी कृतियाँ खरीदिए' लोग इसी चिन्ता में लगे रहते हैं। चित्रकला क्या है? दूसरों के चित्रों की अनुकृतियाँ बनाना हमारी सृजनशीलता है? ऐसे लोग अपनी स्वतन्त्र संस्थाएँ चलाते हैं, मन्त्रियों और उनकी पत्नियों की प्रशंसा में अपने दिन काटते हैं। किसी-न-किसी बहाने ऐसे लोग सहायता प्राप्त करते चले आ रहे हैं। पुराने जमाने में कवियों ने राजाओं की प्रशंसा में काव्य-रचना करके क्या अपने जीवन नहीं चलाये? वह कला की सेवा है या सेवा की कला है?

प्रयोग और कृतियाँ

पुरानी यादें

जिन्होंने मेरा 'मरलि मण्णिगे' उपन्यास पढ़ा है उन्हें उसमें आनेवाले ऐताल के पोते राम की याद होगी। उस उपन्यास में आनेवाली तीन पीढ़ियों की कहानी में पहले मेरी दादी के जमाने का परम्परावादी चित्र आता है। दूसरी में नयी शिक्षा प्राप्त करने, उससे लाभ न उठानेवाला लच्चा आता है। ये दोनों पीढ़ियाँ निसर्ग से संघर्ष करती हैं। तीसरी पीढ़ी के पोते राम की आँखें निसर्ग से आकर्षित होती हैं। इससे मैंने यह चित्रित किया है कि कला के माध्यम पर क्या प्रभाव हो सकता है।

हमारे देश का संगीत चाहे वह शास्त्रीय हो या लोक-परम्परा पर आधारित, भाषा से पैदा होकर व्यक्ति के मन को बिम्बित करता है। इससे साहित्य में मानसिक सुख-दुख तो दिखाई दे सकते हैं पर ऐसा नहीं लगता कि निसर्ग उसके द्वारा अपने को प्रतिबिम्बित कर सकता है। बिथोवन्, शुबर्ट, क्रास जैसे पाश्चात्य गीत-प्रबन्धकारों ने यह कर दिखाया है। इस प्रश्न को मैं अपने 'मुक्तद्वार' नाटक में—काल को जब विविध पात्रों के रूप में चित्रित करने लगा तब नृत्य के माध्यम से प्रकट करने को विवश हुआ। उस नृत्य के अनुकूल चलनेवाले गीतों के चक्कर में मैं नहीं पड़ा। काल के बारे में मेरे लिखे गीत साहित्यिक हैं। काल पक्षी बनकर, अग्नि बनकर, सर्प बनकर, चक्र बनकर वहाँ दिखाई देने लगा। उस नृत्य को संगीत कैसे पुष्टि देगा, यह मैंने सोचा नहीं था। पर वह कल्पना एक भ्रम या धुन की तरह मन को तंग किये जा रही थी। तब तक हिन्दुस्तानी नाटकों के गीत और कुछ चीजों से परिचय हो गया था। मैं साहित्य-विरत बैले बनाने लगा और अलीबाबा अलादीन जैसी कहानियों का प्रयोग करते समय मैंने हिन्दुस्तानी संगीत की उन चीजों का प्रयोग किया था। उससे मुझे अगले प्रयोगों के लिए उत्साह मिला।

इस बात की मैंने पंजे मंगेशरायजी से चर्चा की। उसे स्पष्ट करने के लिए मैंने उनसे कहा, "अब एक नदी है, उसकी विविध गतियों को चित्रित करने के लिए ऐसे किया जा सकता है।" मैंने तब राग भैरवी में आलाप लेकर पानी के

उतार-चढ़ाव की कल्पना को दिखाने का प्रयास किया। वे बड़ी खुशी से मेरी ओर देखते रह गये।

और एक बार 'मेघ मयूर' नाम का नृत्य तैयार करते समय मैं मेघ-मल्हार की एक चीज उठाकर आलाप लेने लगा। वह प्रयत्न वहाँ समाप्त हुआ। उसकी सम्भावना मेरे मन में आयी थी जब 'मरलि-मण्णिगे' उपन्यास का नायक राम समुद्र के सामने बैठकर कल्पना करता है।

वासुदेव नायक

मेरे इस पागलपन को विकसित होने में और दो दशक लगे। यक्षगान बैले के प्रयोग में उसकी सम्भावनाएँ दिखाई दीं। उसे विकसित करने की चाह अभी मिटी नहीं थी। कुछ दिनों तक मेरे मन में 'नदी-यात्रा' के ध्वनि रूप का सपना दीखता रहा। तब मैंने अपने यौवन के मित्र कुन्दापुर के वासुदेव नायक को घर बुला भेजा। उनके हिन्दुस्तानी संगीत के पाण्डित्य से मैं परिचित था। उनसे मैंने अपना उद्देश्य बताते हुए कहा, ''देखिए, मुझे नदी के जन्म और मृत्यु को गीतों के माध्यम से सृजन करने की इच्छा है। आलापों के द्वारा उसका गर्जन कर सकता हूँ। परन्तु बीच-बीच में मेरे मुँह से निकलनेवाले आलापों को निश्चित और नियन्त्रित करने की शक्ति मुझमें नहीं। एक बार जो आलाप लेता हूँ वह दूसरी बार नहीं आता। उसके लिए आवश्यक स्वर-ज्ञान मुझमें नहीं यह आप जानते ही हैं।'' यह बताते हुए मैंने अपने मन की सारी पागल कल्पनाएँ उनके सामने रख दीं।

''आँधी आती है उसका गर्जन-तर्जन ऐसा है। बादल घिरकर बूँदें पड़ने लगती हैं उनका गिरना इस प्रकार है। बूँदों से बुलबुले बनते हैं और यह जल यूँ रिसता है। उस जल की धार दूसरी धाराओं से मिलकर पत्थरों पर से गिरकर आगे बढ़ती है। वहाँ से जल-प्रपात बनकर आगे कूदती है। बाद में यही मैदानी प्रदेश में पहुँचकर आराम से टेढ़ी-मेढ़ी होकर हवा के साथ बल खाती इठलाती हुई बहती नदी बन जाती है। इसके बाद नदी समुद्र में मिल जाती है। समुद्र उसे पीछे ढकेलता है। समुद्र की लहरों और नदी में संघर्ष होता है। अन्त में किसी प्रकार नदी समुद्र में लीन हो जाती है।''

इसीलिए राग मुलतानी में आँधी की प्रचण्डता दिखायी; राग पटदीप में बूँदों का गिरना, उसका वेग दिखाकर भैरवी या किसी और राग में नदी का अहंकार दिखाया। जल-प्रपात के लिए फिर से वही राग प्रयोग में लाकर लाचारी से रोक दिया। नदी का मन्द प्रवाह राग काफी से दिखाया। समुद्र का गर्जन दिखाने को राग मालकोस का प्रयोग किया और समुद्र और नदी का संघर्ष राग काफी और मालकोस से दिखाया। अन्त में राग मालकोस को काफी पर अधिकार करते

दिखाया।

दो-तीन दिन तक मेरी गुनगुनाहट, गर्जन का आलाप नायकजी हारमोनियम पर बजाते रहे। इस तरह मेरे मुँह से निकले हर राग का विस्तार करके स्वरों का निश्चय कर दिया गया।

रेडियो-प्रसार

अब मुझे यह याद नहीं है कि उस जमाने में बैंगलूर आकाशवाणी के अधिकारी कौन थे। मैंने अपनी यह कल्पना उनके सामने रखी। उन्होंने बड़ी खुशी से सहयोग दिया। मैं अपने साथ वासुदेव नायक को भी ले गया था। मैंने ही उन्हें याद दिलाया कि पहले किस राग का आलाप मैंने किया था अतः मुझे उनकी आवश्यकता थी। आकाशवाणी के वाद्यवृन्द के संचालन के लिए मेरे वहीं के मित्र श्री वी. वी. कृष्णमाचार्य मेरे सहायक हुए। कहीं वायलिन, एक-दो जगह वीणा, गिटार, चल्लो, आर्गन, ऐसे आठ-दस वाद्यों की सहायता से 'नदी-यात्रा' नामक आधे घण्टे का एक गीत-प्रबन्ध तैयार किया। रेडियो से वह आगे दो-तीन बार नये प्रयोग के रूप में प्रस्तुत किया गया। इस काम ने मुझे सन्तोष तो दिया पर पूरी तृप्ति नहीं मिली। उसका कारण था मन्द्र स्थायी स्वरों को पुष्टि और तीव्रता देने में हमारे तन्त्री वाद्यों की अपनी सीमाएँ। उन्हीं दिनों लय का प्रयोग करते हुए, वाद्य-वादकों को शाबाशी देते हुए, एक-दो-तीन-चार कहते हुए, बिना उँगलियों पर गिने, निकलनेवाले मेरे काल्पनिक प्रवाह में सन्तुलन लाने का काम कष्टकर था। उस अवधि में मेरे लिए कृष्णमाचार्य और वासुदेव ने जो श्रम और सहायता की थी वह भुलायी नहीं जा सकती।

इस कल्पना के मेरे भीतर जन्मने के बाद से और एक गीत-प्रबन्ध का दुर्बल रूप लेने के बीच वह एक मास मेरे लिए, स्वप्न का गन्धर्व-लोक बना रहा।

प्रयोग और गोष्ठियाँ

आगे जब भी अवकाश मिलता, यक्षगान की सम्भावनाओं और असम्भावनाओं के सपने मुझे घेर लेते। मैं अपने मन में महाभारत के अनेक सन्दर्भों की कल्पना करता रहता। सैकड़ों पात्रों को आँखों के सामने खड़ा करके कुरुक्षेत्र के कदम चलवाकर देखता। वार्तालाप के बिना ही केवल वाद्य-वृन्द की पृष्ठभूमि से उसे खिलवाता।

इस अवधि में हमारे यहाँ के लोगों को यानी हमारे व्यावसायिक यक्षगान भागवतरों और नर्तकों को, उनकी क्या कमियाँ हैं, दिखाने की इच्छा हुई। इसलिए संगीत नाटक अकादमी की सहायता से उडुपि में चार-पाँच दिन की एक गोष्ठी की। उस गोष्ठी में यक्षगान के गीत, नृत्य, वार्तालाप और अभिनय में तथा भाव

में जो सम्बन्ध है, उसकी चर्चा करने को, जितने लोगों को मैं जानता था और जितनों का दूसरों के द्वारा परिचय पाया था उन सबको और उत्तर तथा दक्षिण कन्नड़ दोनों जिलों के प्रसिद्ध अभिनेता, वादक और भागवतरों को आमन्त्रित किया। उस गोष्ठी का सारा प्रबन्ध उडुपि के महात्मा गाँधी कॉलेज के प्रिंसिपल ने किया। आमन्त्रित सभी जनों का आने-जाने का खर्च और भत्ता देने की जिम्मेदारी संगीत नाटक अकादमी ने उठायी। इसी अवसर पर हर रात उत्तर के खेल, दक्षिण के खेल, कठपुतली का नाच, चर्म-पुतली के खेलों के अलावा दिन में कुछ प्रतिस्पर्धाएँ और कुछ विषयों पर चर्चाओं का आयोजन भी किया गया था। उस गोष्ठी की विशेष उपलब्धि यह थी कि गीत से भावों (सुख, दुख, हर्ष, उल्लास, रोष, भय आदि) की अभिव्यक्ति में तथा उसके लिए पृष्ठभूमि के वाद्य और भागवतरों की ताल में सामंजस्य कैसे हो तथा पद-संचालन और गति में और भावों में भी सम्बन्ध कैसा होना चाहिए—इन विषयों पर चर्चा हुई। उदाहरण की आवश्यकता पड़ने पर मैंने उसे स्वयं करके दिखाया। भाग्य से वह सारी कार्यवाही वकवाडी श्रीनिवास भट्ट ने लिखकर रख ली थी अतः उसे प्रकाशित करना भी सम्भव हो गया।

इस गोष्ठी में भी उत्तर-दक्षिण जिले की बात भले ही न सही, पर पाति सुब्बा का प्रेत छाया था। एक भी अभिनेता या भागवतर दक्षिण से नहीं आया। उसमें अपवाद यह रहा कि दक्षिण के कुछ प्रसिद्ध ताल और मृदंग के कलाविद् आये। उनमें देराजें सीतारामय्या ने हमें पूरा-पूरा सहयोग दिया। समय, स्फूर्ति, वार्तालाप में कितने भाव और रसों का ध्वनि के द्वारा प्रदर्शन किया जा सकता है इन सब पर सफल प्रयोग किये। हमारी गोष्ठी में भाग लेने दिल्ली संगीत नाटक अकादमी वाले और कुछ विदेशी भी आये थे।

सहयोग

इस तरह की गोष्ठी का सारा श्रेय उसकी व्यवस्था का भार उठानेवाले मित्र और धन की सहायता करनेवाली संगीत नाटक कला अकादमी (कर्नाटक) को मिलना चाहिए। उससे ज्यादा मेरे जन्मस्थान के व्यावसायिक कलाविदों को मिलना चाहिए। मेरे प्रयोग के बारे में आसपास के प्रदेश के उदार समीक्षकों ने कई प्रकार के आक्षेप किये परन्तु स्थानीय व्यावसायिक कलाविदों का व्यवहार ऐसा नहीं रहा। वे तो निरन्तर अपनी शक्ति भर सहायता देते आ रहे थे। कालक्रम से यहाँ भी एक छोटी-सी फाँस आ लगी।

बाल–साहित्य

सातवें दशक में बाल–साहित्य की दो गोष्ठियों से मेरा सम्बन्ध रहा। मद्रास के 'सदर्न लैंगवेज बुक ट्रस्ट' ने मेरे निर्देशन में बैंगलूर में कन्नड़, तमिल, तेलुगु, मलयाली भाषाओं के लेखकों की गोष्ठी का आयोजन किया था। तब बच्चों के साहित्य के लिए मेरे समान परिश्रम करनेवाले कुछ लेखकों का परिचय हुआ। उनमें चित्रकार और प्रकाशक भी थे। वहाँ मुझे ऐसा लगा कि आधुनिक युगीन पाश्चात्यों की रचनाओं का अध्ययन करके उनसे प्रेरणा पानेवालों की संख्या अभी बहुत कम है। उस गोष्ठी के कुछ मास बाद उसी संस्था ने दिल्ली में अखिल भारतीय बाल साहित्य गोष्ठी का आयोजन किया। उसके लिए भी मुझे निर्देशक के रूप में आमन्त्रित किया गया था।

दिल्ली की गोष्ठी

उसमें सरकार की ओर से एन. सी. ई. आर. टी. के प्रतिनिधियों ने भी भाग लिया। उसकी कुछ चर्चा व्यंग्य चित्रकार श्री शंकर मेनन के भवन में भी हुई। शंकर मेनन ने बच्चों के लिए कुछ सुन्दर सचित्र पुस्तकें प्रकाशित की हैं। वे सभी दृष्टिकोणों से प्रशंसनीय थीं।

उस गोष्ठी में मुझे यह कमी दिखाई दी कि वे सब बच्चों के लिए लिखना चाहते थे; पर आधुनिक विज्ञान को बच्चों की कहानियों में ठूँसना चाहते थे। उनका उद्देश्य तो अच्छा था परन्तु वे चन्द्रलोक की यात्रा के विषय में सामने आनेवाली वैज्ञानिक समस्याओं के ज्ञान के बिना ही अन्तरिक्ष प्रक्षेपणों का पुष्पक विमानों के रूप में सरलीकरण करने का प्रयास कर रहे थे। तेहरान में मेरे साथ गये भारत के प्रतिनिधि डॉ. शर्मा प्रत्येक क्षण विज्ञान की बातें किये जा रहे थे। तब मैंने अनुभव किया कि 'वैज्ञानिक' कल्पना उनमें एकदम नहीं थी।

और एक बात! एन. सी. ई. आर. टी. के प्रतिनिधि अपने सरकारी पद के उच्च स्तर से नीचे उतरने को तैयार न थे। भाषा शिक्षा के विचार से हिन्दी में उन्होंने जो प्रयोग किये हैं वे अब भी 'ककाशि' वर्णमाला से जूझ रहे हैं। लिपि सिखाने के लिए, लिपि के आकार और उसी से मिलने–जुलनेवाली वस्तुओं की कल्पना करनेवाले प्रो. लुबेकर की दृष्टि एकदम अर्थ–शून्य लगी। मुझे आश्चर्य हुआ बेलार्ड जैसे व्यक्ति के यह कहने पर कि वाक्य से शब्द–ज्ञान और शब्द से अक्षर ज्ञान अपने आप हो जाता है। जब इस पद्धति का प्रचार होने लग गया है तब फिर 'अनादि लिपि देवी' द्वारा ये नन्हे–मुन्ने बच्चे क्यों सताये जाना चाहिए? भाषा की कल्पना के लिए अर्थ देने को शब्द एक घटक होते हैं। लिपि अर्थरहित होती है; शब्द उसमें अर्थ भरते हैं। आश्चर्य की बात है कि यह अज्ञान आज भी हमारे देश

के शिक्षाधिकारियों और शोध-संस्थानों में दिखाई दे रहा है।

क्षुद्र विषयों में

मुझे उपर्युक्त उदाहरण इस कारण देना पड़ा क्योंकि आत्मकथा लिखते समय मैंने जिन क्षेत्रों में श्रम किया है वे जितने मुख्य और आकर्षक हैं उतने ही महत्त्व के हैं; मेरे जीवन को भरनेवाले विषय भी हैं। मुझे उस बारे में इसलिए कहना पड़ा कि हमारे देश का शिक्षा-क्षेत्र नीरस और अनाकर्षक होने से बच्चों में ज्ञान का कौतूहल नहीं जगाता। इसका कारण ऐसे विपर्यास ही हैं। हमें चाहे कैसा भी ज्ञान किसी को देना हो उसमें दो बातें मुख्य हैं। पहली बात है कि यह ध्यान रखना चाहिए कि हम किसे समझा रहे हैं? उसकी आयु क्या है? उसकी नैसर्गिक रुचि किसमें है? उसमें कौन-कौन से संवेदन जाग्रत किये जा सकते हैं? हम इस बात को भूल जाते हैं कि बिना रुचि जगाये हम विषय को चाहे जितना भी विद्यार्थियों में भरें वह ज्ञान शिक्षा न होकर दण्ड हो जाता है। शिक्षा उनके कान और आँख द्वारा होनी चाहिए। थोड़ी बहुत स्पर्श द्वारा भी। हमें जगत् का परिचय इन इन्द्रियों द्वारा ही होता है। देखकर, छूकर और सुनकर हम इस जगत् को समझने का प्रयास करते हैं। जिसे हम देख नहीं सकते उसके बारे में सुनकर समझते हैं। ऐसी जो बातें बच्चे सीखते हैं उन्हें दुबारा व्यक्त कर सकने का उत्साह उनमें आना चाहिए। बिना किसी शिक्षक के ही बच्चे अपनी मातृभाषा सीख लेते हैं। इसलिए हमें इस प्रश्न का उत्तर देना होगा कि क्या दूसरी भाषाएँ सीखने में बच्चों को अपनी आयु के दस-बारह वर्ष देने चाहिए?

दूसरी बात यह है कि जब तक अभिरुचि उत्पन्न न हो तब तक कोई भी उपदेश लाभकारी नहीं। किसी विषय में रुचि उत्पन्न करने के लिए उसके प्रति आकर्षण पैदा करना ही एकमात्र रास्ता है। यदि वह आकर्षण हो और हम पुस्तकें उपलब्ध करा दें तो विद्यार्थी बड़ी रुचि से उन्हें पढ़ेंगे। जबरन अथवा कभी होनेवाले लाभ के लालच में पढ़ाने से कोई फायदा नहीं होता। हमारा पाठ्यक्रम ही ऐसा होना चाहिए। साथ ही, अध्यापक को विषय का उत्साह और पूरा ज्ञान हो तभी यह सब सम्भव हो सकता है। विद्यार्थियों के सामने आनेवाली पुस्तकों में यह गुण होने चाहिए।

दो-एक प्रयत्न

इस दिशा में मैंने बहुत पहले दो-एक प्रयत्न किये थे। भूगोल के लिए मेरी लिखी 'चित्रमय दक्षिण कन्नड़' और 'दक्षिण भारत' इसके उदाहरण हैं। भाषा की शिक्षा के सिलसिले में मेरी 'सिरि गन्नड पाठमाले' और 'हू गन्नड पाठमाले' एक और

उदाहरण हैं। वहाँ भाषा का महत्त्व वस्तु-निरूपण के लिए है। भाषा ऐसी होनी चाहिए जो वस्तु के बारे में रुचि उत्पन्न करे। मुझे लगता है कि शब्दों की संख्या बढ़ाने से पाठ्य पुस्तकों के ग्रेड और वर्गीकरण में सहायता मिलती है। मैंने 'बाल-प्रपंच' और 'विज्ञान-प्रपंच' इसीलिए लिखे। बच्चों को ध्यान में रखकर और एक बार मध्य वय के बालकों के लिए खगोल और भूगोल के बारे में दो सचित्र पुस्तकें प्रकाशित कीं। उन चित्रों के लिए और प्रकाशन में मैंने दस हजार रुपये खर्च किये। यदि दूसरी भाषा के लोग उससे लाभ उठाते तो उसे कम कीमत में भी छापने का प्रयास किया जा सकता था। लेकिन उन दोनों पुस्तकों की बिक्री चींटी की गति से चली। तब हाथ जलाने की भी अपनी एक सीमा होती है—सोचकर मैंने वह योजना वहीं छोड़ दी।

उपन्यास

भले ही उपर्युक्त रचनाएँ रही हों अथवा उससे पहले बतायी चालुक्य वास्तुशिल्प जैसी कृतियाँ हों ये सब अभ्यास से और उसी प्रकार की दूसरी रचनाओं का अध्ययन करके लिखी जाती हैं। लेकिन साहित्य की बात ऐसी नहीं है। उपन्यास या नाटक लिखने का हठ पकड़कर, जब जी चाहे बैठकर नहीं लिखा जा सका। उसे लिखने के लिए ऐसा समय चाहिए जब कोई और चिन्ता न सताती रही हो। किसी अनुभव से प्रेरित होकर, किसी स्फूर्ति अथवा अनुभव की स्मृति आने पर किसी घटना या समस्या ने जब मन को झिंझोड़ डाला हो तब उसे लिखने के दिनों में उसी अनुभव को लेकर मुझे दस-बीस दिन झूमते रहना पड़ता है तब कहीं जाकर मेरे द्वारा सृजनात्मक साहित्य का निर्माण हो पाता है। इस प्रकार साल-दो साल में एक उपन्यास लिख पाता हूँ। मेरी ऐसी रचनाएँ ही जनप्रिय हुई हैं। भले ही कितनी धीमी गति से उनकी बिक्री क्यों न हो मेरा पेट उन्हीं से भरता है। इतना सच होने पर भी अँग्रेजी की हाट बायलर जैसी चीजें मैंने नहीं लिखीं। दीर्घकाल तक पेट के लिए मैंने साहित्य और कला के क्षेत्र को अपनाया है, पर साहित्य सदा मेरे लिए एक गम्भीर विषय रहा है। वह मेरे और जगत् के सम्बन्धों के ज्ञान को याद दिलाने के फल के अतिरिक्त और कुछ नहीं। कोई भी मुझसे यह पूछे कि आपने ऐसा उपन्यास क्यों लिखा तो उसके पात्र, उसकी घटनाएँ, उसके सन्निवेश, उसकी धरती, गाँव, सारे के सारे सन्दर्भ काफी समय बीत जाने पर भी मैं बता सकता हूँ। इसके लिए मुझे एक काम करना पड़ता है क्योंकि किसी भी उपन्यास के लिखने के एक-दो महीने बाद मुझे उसकी याद नहीं रहती। उसकी पाण्डुलिपि ठीक करते समय पुनः उसकी याद आ जाती है अथवा दूसरे संस्करण के समय जबकि पहले संस्करण में पुनः संशोधन करना पड़ता है मेरी पूर्व स्मृतियाँ

लौट आती हैं।

समीक्षकों के आक्षेप

इस लम्बी अवधि में लिखे गये उपन्यासों पर काफी समीक्षा हो चुकी है। कुछेक के बारे में एक-दो बातें यहाँ कही जा सकती हैं। 'कारन्त ऐसी ही बातें कहते चले आ रहे हैं। इन्हें ऐसी ही चीजें पसन्द हैं', 'वे अमुक के प्रति उदार हैं; उन्होंने अमुकों के प्रति उदारता नहीं दिखायी' 'एक उपन्यास में अमुक पात्र ऐसा कहता है', 'जीवन को जब गरीबी और शोषण चूसे जा रहा है तब वे इधर-उधर की बात कहे जा रहे हैं।' इस प्रकार की समीक्षाएँ हुई हैं। ऐसी समीक्षाएँ मैंने स्वयं बहुत कम पढ़ी हैं। उनमें से अधिकांश तो मित्रों ने लाकर सुनायी हैं। कुछ लोगों ने पत्र लिखकर भी पूछा है कि मैंने ऐसा क्यों लिखा? मैंने उन्हें उत्तर भी दिये हैं। पर ऐसी समीक्षाएँ मुझे विचलित नहीं करतीं।

एक साहित्यिक कृति को जनता के सामने रख देने के बाद, समीक्षक उसके बारे में जो कुछ कहते हैं या जो सुधार चाहते हैं उसे हम उपन्यास के अगले संस्करण में ला नहीं सकते। एक चित्र बना देने के बाद, एक शिल्प के निर्माण के बाद समीक्षकों की टीका देखकर उसमें पुनः परिवर्तन नहीं लाया जा सकता। साहित्यिक कृति की यही बात है। आगे अगली किसी कृति के निर्माण के समय वह समीक्षा याद आ सकती है। ग्राहकों की इच्छानुसार लिखा जा सकता है, बाजार की रुचि के अनुसार लिखा जा सकता है। जो उनको चाहिए वह हम अपनी रचनाओं में दे सकते हैं परन्तु अपने जीवन की जिम्मेदारी को पूरा करने के प्रयत्न में मैं अपना उत्तरदायी आप हूँ। मैं इसी दृष्टिकोण से लिखता हूँ। समीक्षक जैसा चाहते हैं स्वयं उसका सृजन कर सकते हैं, परन्तु उन्हें एक लेखक को लेकर 'आप ऐसा लिखिए और ऐसा मत लिखिए' कहने का अधिकार नहीं दिया जा सकता। अपने जीवन को चलाने का अधिकार केवल मेरा है। वह अधिकार मुझे जन्म देनेवाले ब्रह्मा को भी नहीं। मेरे जीवन के प्रति मेरे अनुभव का ज्ञान ही उत्तरदायी है। ऐसा अनुभव दूसरे का नहीं हो सकता। समान अनुभव होने पर, अपने अनुभव को नाप-तोलकर यह मुख्य है, यह गौण है, यह अच्छा है, यह बुरा है, यह कहने का अधिकार केवल मुझे ही है। यहाँ स्व-दृष्टि और पर-दृष्टि मुझे तंग कर सकती है, हम भले ही कितना प्रयत्न करें दूसरों की दृष्टि को समझने की हमारी एक सीमा होती है। उसी सीमा में मैं दृष्टि को समझता हूँ और चित्रित करता हूँ।

आज मैं जब अपने अनुभवों के बारे में सोचता हूँ, तो इस पचास वर्ष की लम्बी अवधि में भी और उसके बाद भी उनका स्तर एक ही जैसा नहीं है। अपनी अनुरक्ति और आवेश उतर जाने के बाद, मानव-स्वभाव और उसकी समस्याओं

के बारे में यह जान जाने के बाद कि विविध ज्ञान-क्षेत्रों का प्रभाव भी उन तक पड़ता है, अपने अनुभवों के मूल्यांकन में भी अन्तर आ जाता है। इस दृष्टि से मेरी मानसिक प्रगति जिस दिन रुक जाएगी या मन्द पड़ जाएगी उस दिन यह समझना चाहिए कि मेरा जीवन भी स्तब्ध हो जाएगा।

पक्षपात

एक ही उपन्यास के विभिन्न पात्रों को चित्रित करते समय मेरे पक्षपात की बात कहनेवाले समीक्षकों से एक बात कहनी है कि उपन्यास में आनेवाले सभी पात्र मेरे अनुभवजन्य हैं। वह अनुभव उनकी चाल-ढाल और व्यवहार देखने पर ही हुआ है। मैं अपनी संवेदना—सज्जन, दुर्जन, चोर और झूठे को समान उदारता से नहीं बाँट सका हूँ। यदि सबको एक ही ढंग से आँका जाए तो वे एक-दूसरे से भिन्न नहीं दीखेंगे। यदि वे मुझे सभी समान रूप से मूर्ख या ईमानदार दीखें तो व्यक्ति के चरित्र और समस्याओं की भिन्नता का कोई अर्थ ही नहीं रह जाएगा।

हमारे कुछ समीक्षक जिन मूल्यों को नया मानते हैं अथवा जिन्हें उन्होंने बाहर से उधार लिया है उन्हीं सिद्धान्तों के आधार पर वे टीका करते हैं। उनके लिए जो उन्होंने पढ़ा है (कहना चाहिए जिसे उन्होंने खोजा नहीं) वही अत्यन्त आधुनिक तकनीक है, सही मापदण्ड है। मैंने तकनीक के दिखावे के लिए कुछ भी नहीं लिखा और लिखूँगा भी नहीं। मेरी रचना मेरे अनुसार ही चलनी चाहिए, नहीं तो नहीं। मेरे प्रत्येक उपन्यास की अपनी-अपनी शैली है। उस दृष्टि से समीक्षकों की समीक्षा अथवा उनके द्वारा दिये जानेवाले अंकों के जोड़ में अन्तर आ सकता है।

सातवें दशक के उपन्यास

सातवें दशक में मैंने 'आल-निराल', 'इद्दरू चिन्ते', 'इन्नोददारी', 'स्वप्नद होले', 'मूकज्जिय कनसुगलु' और 'उक्किद नोरे' उपन्यास लिखे। उनमें भी अब मुझे एक-दो उपन्यासों की कथावस्तु याद नहीं है और एक-दो की थोड़ी-बहुत याद बची है।

'आल-निराल' में एक परिक्रमा रेल में बैठकर यात्रा करनेवाले विविध मनोधर्म के यात्रियों का दृष्टिकोण है। उसके मुख्य प्रेरक एक बुजुर्ग मित्र रहे हैं। वे हैं दिवंगत नर्तक शम्भु शर्मा। वे अपने जमाने के महान विद्वान और दार्शनिक थे। उन्होंने आशावादी दृष्टिकोण से जीवन को देखा था और साफ-सुथरा जीवन बिताया था। एक दिन वे ईंधन के एक ट्रक की चपेट में आ गये। उनके पाँव पर से लारी का पहिया गुजर गया। तब निःसहाय देखते खड़े राहगीरों से उन्होंने कहा,

"खड़े-खड़े क्या देख रहे हो! पाँव को काटकर अलग करके देह को बाहर निकालो।" मैं उन्हें अस्पताल में देखने गया था। मुझसे उन्होंने गम्भीरता से कहा, "अवश्यमनुभोक्तव्यम् कृतं कर्म शुभाशुभम्।" वह था उनका विश्वास। उनका वह व्यक्तित्व ही मेरे इस उपन्यास की प्रेरणा थी।

'स्वप्नद होले' (स्वप्न की नदी) उपन्यास में कला से सम्बन्धित बातें आती हैं। साथ ही आदि मानव की एक कल्पना भी है। रास्ता भटक जाने से संकट में पड़ी एक लड़की की कहानी इसकी मुख्य कथावस्तु है। उसके लिखने की प्रेरणा भी एक विचित्र ढंग से मिली।

एक शिक्षणालय की अध्यापिका अभी कन्या ही थी। वह वहाँ के एक अध्यापक के प्रेम में फँसकर गर्भिणी हो जाती है। दोनों अलग-अलग जाति के होने से उनका प्रेम, विवाह के बन्धन को समीप नहीं ला सकता। और फिर वह व्यक्ति तो पहले से ही विवाहित था, बाल-बच्चे भी थे। यह बात उस लड़की के एक सम्बन्धी के कान में पड़ने से वह गुस्से में आ जाता है। वह उस अपराधी से बदला लेना चाहता था। वह मेरी सलाह लेने आया। मैंने उसे समझाया कि इससे स्थिति और बिगड़ सकती है और लड़की का जीवन और दुखमय हो जाएगा। पहले लड़की के भविष्य के बारे में सोचना चाहिए था। किसी वैद्य से उसका गर्भपात करा देना था। उस संकट से पार होने के बाद ही कोई बात सोची जा सकती थी। उस भाग्यहीन कन्या का मुझसे परिचय करानेवाला भी वही अध्यापक था। उस लड़की पर अनुकम्पा होने से ही वह उसे मेरे पास लाया था। मैंने देखा कि हमने जो रास्ता सोचा उससे उन्हें कोई राहत मिलती दिखाई नहीं दी। मैंने उन्हें सचेत किया कि उससे वे और संकट में फँस जाएँगे। बाद में उस अध्यापक ने उस लड़की से विवाह कर लिया। मैंने देखा कि उनका जीवन आनन्द से बीत रहा है। उस अध्यापक के प्रति मेरा आदर सौ गुना बढ़ गया। यही घटना 'स्वप्नद होले' उपन्यास की कथावस्तु की आधारभूमि बनी।

इसके बाद मैंने और दो उपन्यास 'मूकज्जी' और 'उक्किद नोरे' लिखे। दूसरे में उत्तर और दक्षिण कन्नड़ जिलों की स्वतन्त्रता पूर्व की राजनीतिक स्थिति का स्थूल चित्रण है। तब के कलुषित राजनीतिक वातावरण में सज्जनता और ईमानदारी के लिए कोई स्थान न होने से दुर्गन्ध को ही श्रीगन्ध (चन्दन) बताने की नीच वृत्ति उत्पन्न हो गयी थी। 'मूकज्जी' एक गहरी लैंगिक समस्या से सम्बन्धित है। इसमें आनेवाली मूकज्जी (मूक आजीमाँ) का व्यवहार, बातें, परम्परा से आया भगवान, अवतार, पाप-पुण्य इत्यादि विषयों पर का उसका विश्वास हमारे अन्तस् को झिंझोड़कर रख देता है।

अमीरों के दुर्व्यवहार पर आँखें बन्द कर लेनेवाले तथा साधारण जन की

समस्याओं को बढ़ाकर बतानेवाले समाज में, स्त्री–पुरुष की समस्या भी एक प्रमुख विषय है। इसे चित्रित करती मूकज्जी के मुँह से निकलनेवाली अनेक बातें परम्परावादियों को हिला सकती हैं। उस पुस्तक के प्रकाशन के बाद कुछ मित्रों ने केवल इतना ही कहा कि उन्होंने उसे पढ़ा है; और कोई बात नहीं की। दस वर्ष बाद उसी को 'ज्ञानपीठ पुरस्कार' मिला। बाद में उसकी बड़ी प्रशंसा होने लगी। उसमें हमारे समीक्षकों के लिए एतराज की बात मूकज्जी की अतीन्द्रिय शक्ति थी। प्रश्न यह उठा कि ऐसी शक्ति है या नहीं। करिश्मे, अवतार, पुनर्जन्म इत्यादि पर विश्वास करनेवालों को मूकज्जी में दिखाई देनेवाली शक्ति अनर्थकारी लगी। उसमें स्त्री–पुरुष की अनादि काल की समस्या का निरूपण है यह मुख्य विषय ही ओझल हो गया। मैंने लैंगिक प्रश्न को लेकर गत तीन हजार वर्षों से चले आये दृष्टिकोण को प्रागैतिहासिक साक्षियों के साथ कुरेदकर दिखाने के लिए, सत्तर–अस्सी वर्ष की एक वृद्धा को माध्यम बनाया। परम्परागत जीवन के साथ-साथ, प्राचीन ऐतिहासिक ज्ञान उसके द्वारा दिये जाने के लिए मैंने उसे अतीन्द्रिय दृष्टि दी। उसका मुख्य कारण स्त्री–पुरुष की अनादि काल से चली आयी एक सृष्टि है। मानवकुल उस स्तर का अन्तिम सोपान है। उसके बारे में विविध धार्मिक दृष्टियों को व्यक्त करने के लिए मुझे मूकज्जी को 'सपने' देखने की शक्ति देनी पड़ी। ऐसे सपने देखनेवाली वह मूकज्जी अपने ही सामने कड़ी मेहनत करके जीविकोपार्जन करनेवाली, तथा अपने हुई किसी रिश्तेदार द्वारा शीलभंग की गयी और इसी कारण पति से बिछुड़ी हुई एक स्त्री और उसके पति दोनों को करुणा की दृष्टि से समीप लाती है। जातक, पुराण, चमत्कार सबको पचाकर चलनेवालों के विश्वासों की नींव को यदि गरीब मूकज्जी की शक्ति हिलाने लगे तो उसका कौन जिम्मेदार है? हमें तो चमत्कार और पुराण आदि अवास्तविक नहीं लगते। सत्य देखने की एक दृष्टि अवास्तविक लगती है। साईं बाबा जैसों के समक्ष घुटने टेकनेवालों की प्रतिभा को मेरा उपन्यास 'मूकज्जी' अवास्तविक दीख सकता है।

दशक उत्साह

अभिमानियों का परिवार

बीसवीं शती के सातवें दशक में मुझे एक बात स्पष्ट दिखाई दी; वह यह थी कि कन्नड़ में भले ही पाठकों की संख्या कितनी भी रहे; लेखन-वृत्ति अपनाकर जीवन चलानेवाले का आर्थिक रूप से निश्चिन्त हो पाना असम्भव है। यदि ऐसा न हो तो स्वेच्छा प्रवृत्तिवालों के लिए कला के माध्यम द्वारा जीवन चलाना बड़ा कठिन हो जाएगा। जनता में लोकप्रिय हो जाने के बाद यह बात सिनेमा क्षेत्रवालों के लिए तो सम्भव हो सकती है पर कलम के वीरों के लिए नहीं। लेखक बनकर जीने के लिए मुझे प्रकाशक भी बनना पड़ा और मुद्रक भी। उन दोनों के छूट जाने के बाद जीवन चलाना कठिन ही हो गया। साठ के बाद तो कष्टों ने और भी घेर लिया। अनपेक्षित रूप से कई हानियाँ भी उठायीं। परन्तु उन आघातों से उभरने में कन्नड़ जनता का अभिमान मेरा सहायक बना, यह बात मैं भूल नहीं सकता। जो मेरी समझ में आया वह मैंने लिखा। उससे मैंने उन्हें दुख भी पहुँचाया। किसी को उद्देश्यपूर्वक दुख देने को तो मैंने नहीं लिखा था। अत: वे उसे स्वीकार करते आये। मैं अपने समाज से अलग नहीं, होना भी नहीं चाहिए। मेरी समीक्षाएँ और खण्डन जो भी रहे हों, मैंने समाज की अवहेलना करके एक उपदेशक की जगह खड़े होकर कुछ नहीं किया। यह बात धीरे-धीरे विकसित हुई। पिछले सात-आठ वर्ष में मेरे अभिमानियों की संख्या बढ़ी है। उनके इस परिवर्तन का मैंने अनुभव किया, वरना बैंगलूर में रहनेवाले मेरे केवल एक परिचित यह पता लगाकर कि कु.षि. हरिदास भट्ट मेरे घनिष्ठ मित्रों में से एक हैं, उनके द्वारा मुझे बैंगलूर में आमन्त्रित करके मेरे सम्मान में समारोह न करते। उन्होंने अपनी मित्र-मण्डली इकट्ठी की और काफी समय और पैसे खर्च करके मुझे 1967 में एक दिन बैंगलूर बुलाया।

तब मैं पैंसठ वर्ष का था। पर उस संख्या का कोई विशेष महत्त्व न था। उसी व्यक्ति ने दो वर्ष पूर्व एक जोरदार आयोजन करके उपन्यासकार अ.न.

कृष्णराय का सम्मान किया था। उसी प्रकार उन्हें मेरा भी सम्मान करने का हठ था। इससे पहले मेरा और उनका कोई विशेष सम्पर्क नहीं था। वे होटल उद्योग में लगे हुए थे। हाँ, मेरे गाँव के अवश्य थे। उनके दैनिक जीवन और साहित्य में क्या सम्बन्ध हो सकता है यह मेरी समझ से बाहर था। पर कृष्णराय का उनके द्वारा सम्मान किये जाने की बात सुनकर मुझे इतना अवश्य स्वीकार करना पड़ा कि सम्बन्ध कहीं है। मित्र रामकृष्ण ऐताल ने बैंगलूर नगर के अनेक साहित्य-प्रेमियों को एकत्र करके मेरे सम्मान में एक समारोह की व्यवस्था की। उस समारोह में एकत्रित प्रेक्षकों को देखने पर मुझे यह मानना पड़ा कि उसमें मेरी रचनाएँ पढ़नेवाले सैकड़ों अभिमानी हैं। इसके अलावा मेरे पुराने मित्र और प्रशंसक श्री वी. सीतारामय्या और डॉ. शिवराम जैसे व्यक्तियों द्वारा मेरी प्रशंसा भी करायी। ऐसा लगा कि उस दिन उन्हें मेरे लिए वहाँ फाँसकर लाया गया था। समारोह की अध्यक्षता के लिए उस दिन मुख्यमन्त्री हनुमन्तय्याजी आमन्त्रित थे। एक समारोह जितनी शान से किया जा सकता है उतनी शान से उन्होंने किया। उस दिन मैंने क्या कहा, आज मुझे याद नहीं। अपनी प्रसन्नता मैंने जाहिर नहीं की। अभिनन्दन-पत्रों में सदा दिखाई देनेवाली उत्प्रेक्षापूर्ण बातों पर मैंने कान देना बन्द कर दिया था। ऐसी बातें मुझे सदा अति महसूस होती हैं। जो भी हो, उस दिन के उत्तर के अन्त में मुझे स्वतन्त्र भारत की याद हो आयी। स्वतन्त्र भारत 'सत्यमेव जयते' के आदर्श को लेकर चला था। परन्तु वही प्रशासन जनता की स्वतन्त्रता के लिए पहले के पाँच सौ राजाओं को चार करोड़ रुपये प्रतिवर्ष मुआवजे के रूप में देने की बात से मुकर गया था। इसीलिए उन शासकों की पीठ ठोंकनेवाले भारतीयों की तब मुझे याद आयी। इस देश की जनता के प्रमुख जब राजाओं को दिये वचन से ही मुकर गये तो वे जनता को दिये गये वचन कहाँ तक निभाएँगे? शायद यही दुख उस दिन मैंने व्यक्त किया था। कर्नाटक के मुख्यमन्त्री की उपस्थिति से मेरे मन में यह बात जाग उठी होगी। हो सकता है कि उस भाषण के कुछ अंश उस सभा के संयोजक श्री रामकृष्ण ऐताल के पास हों। सभा के अन्त में उन्होंने अध्यक्ष के हाथ से सात हजार रुपये भेंट दिलाये। वह पैसा बैंगलूर के मेरे अभिमानियों ने एकत्रित किया था।

सावधान

इस अवसर पर मैं बैंगलूर में श्री रामकृष्ण ऐताल का अतिथि रहा। मैंने उन्हें पहले भी देखा था, शायद उनके विवाह के अवसर पर। उस विवाह और उस समारोह के बीच काफी वर्ष बीत गये थे। फिर भी उनका मेरे प्रति स्नेह मैं भूल नहीं सकता। मैं जब घर जाने लगा तो उन्होंने एक बात कही, ''आप से एक बात कहना चाहता

हूँ। वह इसलिए कि आपके स्वभाव के बारे में एक सन्देह है। आपको लोगों ने पहले भी पैसे भेंट किये थे। हम जानते हैं, आपके हाथ में पैसा रुकता नहीं। यह पैसा आप बैंक में जमा कर दीजिए।'' पैसे का मुँह देखने के पहले ही खर्च के सपने देखने लगनेवाले मुझे यह बात चेतावनी-सी लगी। इसलिए गाँव पहुँचते ही, वह सात हजार रुपये बैंक में रख दिये। इस प्रकार मैं भी जीवन में एक बार धनी लेखक बन गया।

एक और बड़ा समारोह

यह बात हुए कोई दो वर्ष बीते होंगे, उडुपि नगर के मेरे अभिमानियों को लगा कि किसी की आयु पैंसठ हो या सड़सठ, क्या फर्क पड़ता है। उन्होंने भी एक समारोह करने की योजना बनायी। मेरी साठवीं वर्षगाँठ उडुपि के हरिदास भट्ट और मणिपाल के पै बन्धु ने बड़े जोर-शोर से मनायी थी। तब भी उनकी योजना मुझे बहुत देर बाद पता चली थी। फिर इस आयोजन की बात सुनकर मुझे लगा कि इन्हें इतनी जल्दी करने का हठ क्यों है। इसके अतिरिक्त वे इस आयोजन पर पहले से तिगुना पैसा खर्च करते नजर आये। शायद वे महीनों पहले से ही उस काम में जुट गये थे। शायद इसकी प्रेरणा उन्हें भारत सरकार द्वारा 'पद्मभूषण' प्रदान किये जाने से मिली थी, नहीं तो मुझे इसका कोई नया कारण दिखाई नहीं दिया। उडुपि के उत्साही जन और बुजुर्गों को यह एक आदत-सी बन गयी है। उनकी सारी तैयारी के बाद मैं सोच रहा था कि पता नहीं इसकी अध्यक्षता के लिए किस मन्त्री को बुलानेवाले हैं। तभी पता चला कि कलकत्ता के विद्वान अखिल भारतीय ख्यातिप्राप्त डॉ. सुनीतिकुमार चटर्जी की वे स्वीकृति ले चुके हैं। चटर्जी कन्नड़वालों के विशेष परिचित न होने पर भी उत्तर भारत में काफी प्रसिद्ध थे। वे अनेक भाषाओं के जानकार थे। उन्होंने भाषा और संस्कृति के बारे में काफी काम और शोधकार्य किया था। उनके बारे में मेरी जानकारी बहुत कम थी।

उडुपि में यह उत्सव तीन दिन चला। कर्नाटक में, कन्नड़ की सेवा में लगे बहुत से साहित्यकारों को बुलाया गया था। गोष्ठियों पर गोष्ठियाँ हुईं। भोजनादि का जबर्दस्त प्रबन्ध था। लगभग एक मेले का-सा ही आयोजन था। उस अवसर पर मेरे अनेक मित्र तथा कर्नाटक के बाहर के भी लोगों को देखकर मुझे बड़ा आश्चर्य हुआ। उस अवसर पर मेरी कल्पना से बाहर की मेरे ही एक प्रपंच की उन्होंने वहाँ मेरे लिए रचना कर दी थी। उस कल्पना का कारण भी मैं ही था। इससे पहले मैंने 'बाल-प्रपंच' लिखा था। बाद में मैंने 'विज्ञान-प्रपंच' लिखा। मेरे मित्रों ने इसी अवसर पर छह-सात सौ पृष्ठों का 'कारन्त-प्रपंच' नाम से एक अभिनन्दन ग्रन्थ मुझे भेंट किया।

इस उत्सव से मुझे सबसे अधिक प्रसन्नता इससे हुई कि मेरा स्नेह याद करके मेरे मित्र और अभिमानी वहाँ आये थे। इतने लोगों के सामने मैंने अपने को बहुत छोटा महसूस किया। मेरे लिए एक और सन्तोष की बात थी, उस निमन्त्रण पर अध्यक्षता करने आये डॉ. सुनीति कुमार का परिचय। बाद में जब एक बार कलकत्ता गया तो उनके घर भी गया था। उन्होंने मेरे 'मरलि मण्णिगे' उपन्यास के बंगाली में अनुवाद का कलकत्ता में विमोचन किया था। उडुपि के उत्सव में जब मुझे पण्डाल में ले जाया जा रहा था तब का देखा एक दृश्य आज भी मुझे दुःख देता है। यहाँ उसका उल्लेख करना गलत नहीं होगा। मेरे स्वागत के लिए पण्डाल के फाटक से मंच तक दोनों ओर यक्षगान के कलाकारों को यक्षगान की वेशभूषा में सज्जित करके खड़ा किया गया था। यह देखकर मुझे बड़ा ही दुःख हुआ। कला चाहे जो भी हो वह सदा बड़ी होती है। उसकी वेशभूषा मुझे प्रिय है, वह यक्षगान की एक बड़ी सम्पत्ति है। हम अतिमानव व्यक्तियों को एक काल्पनिक वेशभूषा देकर एक नयी सृष्टि का सृजन करके उसमें रम जाते हैं। ऐसे वेशों का और उस कला का मैंने अभ्यास किया है। मैं उसका भक्त भी रहा हूँ। अतः मेरे स्वागत के समय कलाकारों को दोनों ओर खड़ा करना मेरे लिए एक अविस्मरणीय दुःख है। वह औचित्य की सीमा के परे की बात थी। पर वह मुझ पर के अभिमान के कारण ही किया गया काम था। मैं जानता हूँ कि उन्होंने मेरे यक्षगान के प्रति दृष्टिकोण को समझ न पाने के कारण ही ऐसा किया था। यह घटना हुए करीब पन्द्रह वर्ष बीत चुके हैं। मैंने अपना दुःख आज जाहिर किया है। हम चाहे कितने भी बड़े क्यों न हों, हम अपने जीवन के किसी आदर्श के प्रतीक देव को भक्ति और आदर देकर स्वीकार कर लेते हैं। उसमें यही आशय रहता है कि वह जहाँ है हमें ही वहीं पहुँचना है। हम जहाँ रहते हैं उसे वहाँ नहीं बुलाना चाहिए और उसे वहाँ आना भी नहीं चाहिए। हमें ही उसके स्थान पर जाना चाहिए।

केवल अभिमान से काम नहीं चलता

केवल अभिमान से काम नहीं चलता। यक्षगान पर तो मुझे बहुत अभिमान है। उसके लिए अपनी ओर से परिश्रम करने में आगा-पीछा नहीं सोचता। पर उस क्षेत्र में यहाँ के देवालयों से सम्बन्धित कुछ मण्डलियाँ सक्रिय हो चुकी हैं। ऐसी मण्डलियाँ संचारी-नाटक कम्पनियों की वेशभूषा का अनुकरण करके, नृत्य की उपेक्षा करके, यक्षगान दिखाने लगी हैं। उनके विचार में तम्बू तानकर, टिकट लगाकर खेल दिखाना लाभदायक है। यह प्रवृत्ति दो-तीन दशकों से दिखाई देने लगी है। परन्तु उन्हीं मण्डलीवालों ने 1958 में आयोजित यक्षगान की प्रथम गोष्ठी

में मुझे यह सूचित किया कि बच्चों को उसके लिए प्रशिक्षित करने का कहीं भी कोई प्रयत्न नहीं हो रहा है। उस कमी को पूरा करने के विचार से मैंने कर्नाटक संगीत अकादमी को, उसकी आवश्यकता समझायी। बम्बई के मित्रों से प्रार्थना की और गाँव के चार-छह लोगों से बात करके उस प्रशिक्षण के लिए एकशाला खोलने का विचार किया। अपने मित्र बी. वी. आचार्य के गाँव ब्रह्मावर में एक घर निश्चित किया और वहाँ ऐसी एक शाला खोली। नीलावर के रामकृष्णय्या भागवतर का काम करने लगे; प्रसिद्ध यक्षगान अभिनेता हाराडि कृष्ण नृत्य-शिक्षक बन गये; गोपालराय मृदंग सिखाने लगे। सीखने की इच्छा रखनेवालों को सिखानेवाले तीन अनुभवी कलाकार मिले।

तीन वर्ष उस शाला के चलाने की अवधि में मैंने अनुभव किया कि केवल यक्षगान सीखने के लिए विद्यार्थी नहीं आना चाहते। शाला की पढ़ाई के बाद शाम को वे यक्षगान सीखना पसन्द करते हैं। उसमें भी पहले वर्ष जैसा उत्साह अगले वर्ष नहीं रहा। ऐसी परिस्थिति में तीन वर्ष तक वह शाला चलायी गयी। बी. वी. आचार्य और गणपय्या अल्से की सहायता से किसी प्रकार यह काम चला। यह अनुभव करके कि इससे न कोई व्यावसायिक लाभ है और न ही कोई विशेष प्रयोजन। अत: तीसरे वर्ष वह शाला बन्द कर देनी पड़ी।

सौभाग्य से अपनी वृत्ति को छोड़कर मेरे सहायक बने भागवतर और मृदंग वादक आगे एक समय मेरे काम आये। वह समय है आठवें दशक का आरम्भ।

दिल्ली अकादमी द्वारा सम्मान

पिछले दिनों, पहली बार सन् 1957 के आसपास दिल्ली में एक नृत्य गोष्ठी हुई, जिसमें दिल्ली की संगीत नाटक अकादमी ने यक्षगान, ओडिसी, कुचिपुडि नृत्यों को भी स्वीकृति प्रदान की। हाराडि राम, शिवराम हेग्गड़े, इन दोनों को यक्षगान कलाविदों के रूप में सम्मानित किया गया। तीसरी बार श्री वीरभद्र नायक सम्मानित किये गये।

साथ ही श्री वीरभद्र नायक को केन्द्रीय अकादमी से और एक सहायता मिली। वह यह थी कि उन्हें इस क्षेत्र में काम करने के लिए पाँच-छह वर्ष तक के लिए पाँच सौ रुपये की मासिक वृत्ति दी गयी। तब मैंने सोचा कि यक्षगान में रुचि रखनेवाले उनसे लाभ उठाएँगे। मैंने उडुपि के मित्र श्री हरिदास भट्ट और बी. वी. आचार्य से इस विषय पर चर्चा की। वे मणिपाल अकादमी की सहायता से 1981 के लगभग वहाँ एक यक्षगान शिक्षणशाला प्रारम्भ करने में सफल हुए। इस प्रकार तीन शिक्षक और बारह विद्यार्थियों से एक यक्षगान केन्द्र का जन्म हुआ। शायद भोजन और शिक्षा की सह-व्यवस्था होने के कारण जगह-जगह से अभ्यर्थी

आने लगे थे। उनमें केवल दस-बारह व्यक्तियों को चुनना भी बड़े संकोच का कार्य था। इसके लिए हमने केन्द्र और कर्नाटक सरकार से सहायता माँगी। वे तो सहायता देते ही आ रहे थे, परन्तु रोज यह चिन्ता सता रही थी कि एक प्राथमिक शाला के अध्यापक से भी कम वेतन पर तीन अनुभवी कलाकारों की सेवाएँ लेना हमारे लिए कहाँ तक शोभनीय है? दूसरी बात यह थी कि कर्नाटक सरकार द्वारा विद्यार्थियों को दी जानेवाली सहायता से उनका सारा खर्च कब तक चलाया जा सकता है? एक यह भी चिन्ता हमें सता रही थी कि यह केन्द्र और विकसित करने के लिए संगीत वाद्य और नृत्य—इन सबके प्रशिक्षण हेतु केवल तीन शिक्षक काफी नहीं हो पाएँगे।

रंगमंच और बाहर

यक्षगान केन्द्र

उडुपि प्रसिद्ध यात्रा-स्थल है; मणिपाल की अनेक शिक्षा-संस्थाओं का केन्द्र भी है। इसलिए वहाँ लोगों का आना-जाना लगा रहता है। वहाँ के महात्मा गाँधी कॉलेज के प्रिंसिपल श्री हरिदास भट्ट थे। कॉलेज के आश्रम में ही हमारा यक्षगान केन्द्र आरम्भ हुआ। उन दिनों मैं पुत्तूर में रहता था अत: बीच-बीच में वहाँ जाकर विद्यार्थियों का थोड़ा-बहुत मार्गदर्शन भी कर सकता था।

दिल्ली नाट्यशाला के निदेशक श्री अलकाजी मेरे विचारों से प्रभावित हुए। वे विविध प्रकार के नाटकों के प्रयोगों में लगे हुए थे। वे यक्षगान देखने उडुपि भी आये। यक्षगान के कुछ कथानकों को वे हिन्दी में अनुवाद करके उसे अपने विद्यार्थियों द्वारा अभिनीत कराना चाहते थे। उन्होंने वह कार्य मुझे तीन मास के भीतर कर देने को कहा। तब मेरे पास मेरे पहले खेले जा चुके 'भीष्म विजय' के कथानक का रिकार्ड था। उसके गीतों को उसी शैली में उन्होंने दिल्ली के हिन्दी कवि से अनूदित कराया। हमारे केन्द्र के नाट्य-शिक्षक हेरंजाल वेंकटरमण ने उनके विद्यार्थियों को पारम्परिक नृत्य-पद्धति सिखायी। राम गाणिग भागवतर हिन्दी जानते थे। उन्होंने वहाँ के भागवतर का काम निभाया। उस राष्ट्रीय नाट्यशाला के तीस विद्यार्थी उसमें प्रशिक्षण लेने लगे। तीन मास तक, मैं महीने में दस बार दिल्ली जाता-आता रहा। वहाँ के विद्यार्थियों से एक बैले शैली का नाटक तैयार कराया। वहाँ के कुछ विद्यार्थी बहुत उत्साही थे। प्रतिदिन के शैक्षणिक अभ्यास की व्यवस्था की जिम्मेदारी श्री बी. वी. कारन्त पर थी। अभिनय और रंग-संचालन और निर्देशन का भार मैंने अपने पर लिया।

यक्षरंग

इन प्रयत्नों से हमारी राजधानी दिल्ली में कर्नाटक के यक्षगान का हिन्दी रूपान्तर प्रदर्शित हुआ। उस जमाने में वहाँ की एक छात्रा रोहिणी वोका ने अम्बा के पात्र

को बड़े ही सन्तोषजनक ढंग से निभाया। वैसे ही दो अन्य तरुणों ने भीष्म और परशुराम के पात्रों का बड़ा सफल निर्वहण किया। मुझे लगा कि उस बैले ने दिल्ली के विद्वानों को भी तृप्त किया। इससे हमें आगे कदम रखने को एक रास्ता मिला। केन्द्रीय सरकार के सांस्कृतिक और शिक्षा विभाग की डॉ. कपिला वात्स्यायन उडुपि आयीं। तब उन्होंने इस नये प्रयोग को स्थायी रूप से प्रदर्शित करने के लिए अपेक्षित आश्वासन दिया। इसलिए यक्षरंग नाम से एक नये विभाग ने हमारे केन्द्र में जन्म लिया।

रोहिणी वोका बाद में रोहिणी हट्टगण्डी हो गयीं। उन्होंने एटिनवरो के चलचित्र गाँधी में कस्तूरबा की भूमिका निभायी जो मेरे लिए एक बड़े सन्तोष की बात थी। उनमें नृत्य और अभिनय की क्षमता को मैं बहुत पहले ही पहचान गया था।

'यक्षगान' पर एक पुस्तक

इस अवधि में मैसूर विश्वविद्यालय की प्रेरणा से सौन्दर्यशास्त्र की दृष्टि से यक्षगान कैसा होना चाहिए, उसकी पारम्परिक सम्पदा क्या है, उसकी सीमाएँ क्या हैं, आदि के बारे में मैंने अँग्रेजी में एक पुस्तक लिखी। उसके प्रेरणा-स्रोत डॉ. ह. मा. नायक हैं। वे मैसूर विश्वविद्यालय में कन्नड़ अध्ययन संस्थान के निदेशक हैं। वह पुस्तक कन्नड़ और हिन्दी में भी प्रकाशित हुई। उससे भी पहले मैंने उनसे कहा था, "कन्नड़ में चित्रकला पर कोई पुस्तक नहीं है। मेरा विचार इस देश की चित्रकला के बारे में लिखने का है।" तो वे बोले, "उसे हमें लिखकर दीजिए।" तब मैंने कहा, "वह पुस्तक सचित्र होगी, उस पर बहुत खर्च आएगा।" तब वे बोले, "कोई बात नहीं, आप लिखिए।"

कर्नाटक की चित्रकला

आठवें दशक का शुरू का वर्ष मैंने उसी काम में बिताया। मैंने पहले यह पता लगाया कि कर्नाटक की चित्रकला कहाँ-कहाँ शेष है। मैंने पहले उसे बहुत कम देखा था। मैंने पहले सुना कि अजन्ता की शैली पर बादामी की दूसरी गुहा की ओलती के नीचे कुछ चित्र हैं। वहाँ जाकर देखा तो उसकी रक्षा के लिए पोती गयी वार्निश सहित सारे चित्र अदृश्य हो गये थे। उनकी कल्पना मिणजिगी की बनायी प्रतिकृतियों से और दिल्ली ललित-कला के विद्यार्थियों की प्रतिकृतियों से करनी पड़ेगी।

मैंने सुन रखा था कि हमारे यहाँ के भित्ति-चित्र बीजापुर के राजमहलों के पास ही कम्मतगी में और अथणी, निप्पाणी आदि जगहों में हैं। मैं उन्हें देखने गया।

ऐसे दो-तीन बार जाकर उनके रंगीन फोटो खींच लाया। वे सब भित्ति-चित्र धुँधले पड़ चुके थे, खराब हो चले थे और एकदम नष्टप्राय स्थिति में थे। उसी प्रकार पहले के बनाये चित्रों पर फिर से कूची फिराकर बिगाड़ डाला गया था। ऐसे चित्र हम्पी के विरूपाक्ष के मन्दिर के पास के मण्डप की छत पर भी हैं और कुछ चित्र श्रीरंगपट्टण, सिबी और श्रवणबेलगोल में भी हैं।

लघु-चित्र भी इस प्रदेश में हैं। मूडबिद्री के धवलत्रय चित्र लगभग बारहवीं और तेरहवीं शती के हैं। मैंने उनके फोटो संगृहीत किये। बीजापुर के श्री नारायण राव कुलकर्णी के पास दक्षिण हिन्दू और इस्लामी शैली के काफी सुन्दर लघुचित्रों का संग्रह था। बीजापुर के ही म्युजियम में अमीर खुसरो की लिखी पुस्तक में परशियन शैली के कुछ उत्तम चित्र देखे थे। वह पुस्तक तब अत्यन्त जीर्णावस्था में थी।

चित्रों के लिए यात्रा

मैं एक-दो मित्रों को साथ लेकर निप्पाणी हो आया। वहाँ एक बाड़े से भित्ति-चित्र संगृहीत करके लाया। यही नहीं, हिरेवेनकल की गुफाओं में आदि काल के लोगों द्वारा बनाये गये चित्रों का भी संग्रह किया। इस प्रकार तीन वर्ष के इस परिश्रम के बारे में मैंने अँग्रेजी और कन्नड़ में एक सचित्र पुस्तक लिखी। कन्नड़ अध्ययन संस्थान के डॉ. नायक के उत्साह से वह प्रकाशित भी हो गयी। इस प्रकार की इतनी मोटी रचना के लिए तीस-चालीस हजार रुपये का खर्च आ सकता है। केवल भ्रमण और चित्र-संग्रह में ही मैंने आठ हजार रुपये खर्च किये थे। इस पुस्तक की बिक्री कैसी हो रही है, यह मुझे पता नहीं चला।

भारतीय शिल्प

इस पागलपन के बाद, अपने देश के शिल्प के बारे में लिखने की इच्छा हुई। उसके लिए मैं ऐसे कई भागों को देखने गया जो अब तक नहीं देख पाया था। बहुत पहले मैंने ऐसे शिल्प के लिए प्रसिद्ध कुछेक स्थान देखे थे। तब मेरी नजर इतनी विकसित नहीं थी, कला की भी पर्याप्त समझ नहीं थी। अजन्ता, ऐलोरा और औरंगाबाद में अपने मित्र हेब्बार के साथ चक्कर लगाकर चला आया था। दुबारा ऐलोरा के शिल्प देखते समय मैं तो दंग ही रह गया। दिल्ली, कलकत्ता और मद्रास के वास्तु-संग्रहालयों की काँसे की प्रतिमाओं के संग्रह का अध्ययन किया। उनके फोटो प्राप्त किये। इस प्रकार दो वर्ष के अथक परिश्रम से मैंने अपने इस देश के शिल्प के बारे में अपना ज्ञान या अज्ञान दर्शाने को एक पुस्तक मणिपाल मुद्रणालय में छपवाकर बैंगलूर विश्वविद्यालय को अर्पित की। वहाँ के कन्नड़ अध्ययन

संस्थान के डॉ. शिवरुद्रप्पा की सहायता से मेरा यह परिश्रम सार्थक हुआ।

शक्ति से बाहर का भार

उसके बाद यह विचार आया कि विश्व की शिल्प, वास्तु और चित्रकला से सम्बन्धित एक पुस्तक कन्नड़ में क्यों न लिखी जाय। दुनिया के दूसरे देशों के चित्र, शिल्प और इतिहास से सम्बन्धित ग्रन्थ मैं पहले से पढ़ता आ रहा था। चित्रकला और पाश्चात्य कलाकारों के अनेक ग्रन्थ मेरे पास हैं। यह सब देखने पर मुझे लगा कि मेरा देश और यहाँ के लोग इस विषय के बारे में इतने अनभिज्ञ क्यों रहें।

इस अध्ययन के साथ, इससे पहले सन् 1952 में मैं यूरोप की भव्य कलाकृतियों को सरसरी नजर से देख आया था। 1972 में अमेरिका के मैट्रोपोलिटन, गुगनहाइम, स्मित्लेनियन, वोस्टन आदि के म्यूजियम के चित्र और शिल्प भी सरसरी तौर पर देख आया था। उनकी प्रेरणा से 1973-77 की अवधि में इस विषय का अध्ययन करके, लेखन-कार्य पूरा कर तथा चित्र चुनकर—इस तरह पाण्डुलिपि तैयार कर लेने के बाद मैंने मणिपाल मुद्रणालय से उसकी छपाई के खर्च का अन्दाज पूछा। उन्होंने बताया, एक हजार प्रतियों के लिए करीब साठ हजार रुपये खर्च आ सकता है। उसमें पाँच सौ काले-सफेद और चौबीस रंगीन चित्रों का खर्च नहीं लगाया गया था। तब मैंने मैसूर के कन्नड़ अध्ययन विभाग से चर्चा की। वहाँ की नयी व्यवस्था से वहाँ के निदेशक डॉ. ह. मा. नायक जरा निरुत्साहित हुए। उसी समय कर्नाटक विश्वविद्यालय के वाइस चांसलर डॉ. हिरेमठ ने कन्नड़ पर अधिकार एवं आत्मगौरव के कारण कहा, "वह हमें दे दीजिए।" मैंने उनकी बात शिरोधार्य कर एक साल की अवधि में उसे छपवाकर उन्हें सौंप दिया। वही रचना मेरा 'कला प्रपंच' है। उस पर मुझे दो प्रकार का गर्व है। पहला, मुझे उस काम से मिला सन्तोष और उसी से मेरे ज्ञानवर्धन का सन्तोष। दूसरा यह कि भारत की समस्त भाषाओं में ऐसा समग्र ग्रन्थ अभी दूसरा नहीं आया।

विहंगम दृष्टि

उस पुस्तक के आरम्भ में, दुनिया-भर में चित्र और शिल्प-कला के विविध रूपों का किस प्रकार विकास हुआ और उनके मुख्य लक्षण क्या हैं इसका सविस्तार वर्णन है। उसके बाद आदि-नागरिकता से लेकर विश्व के प्रमुख राष्ट्रों ने चित्र, शिल्प और वास्तु के क्षेत्रों में क्या योगदान किया, इसका उल्लेख है। वह सब बताने से पहले, शुरू के सात-आठ अध्यायों में उन कलाओं के परिचय के लिए

अनिवार्य और प्रस्तुति के लिए आवश्यक सिद्धान्तों को सोदाहरण समझाने का प्रयत्न किया है।

प्रवास

इस शतक के आरम्भ में पाश्चात्य देशों में प्रसिद्धि प्राप्त, हाल की दो ही शताब्दियों में सम्पदा, साहस, शोध-खोज आदि क्षेत्रों में उन्नत, संयुक्त राज्य अमेरिका को देखने का अवकाश मिला। सन् 1972 में विमान कम्पनीवालों ने तीस से एक-सौ-बीस दिन की अवधि के लिए भारत से अमेरिका होकर आने को पाँच हजार रुपये की रियायत दी थी।

उसके साथ ही मिनिया पोलिस नगर के गणितज्ञ डॉ. गोपीनाथ कल्याणपुर ने, जो मेरे बड़े पुराने मित्र थे, मेरे सारे प्रवास की जिम्मेदारी अपने ऊपर ले ली थी, यह कहूँ तो गलत नहीं होगा। वे स्वयं न्यूयार्क आये और मुझे सारा न्यूयार्क दिखाकर अपने यहाँ ले गये। मेरे यक्षगान की विद्यार्थी मार्था एस्टेन, सानफ्रान्सिस्को में सिकोया के जंगल और कोलराडो के गह्वर दिखाने को तैयार हो गयी। आगे डॉ. कल्याणपुर डेनर नगर आये। वहाँ से मुझे ग्राण्ट एटन पर्वतावलि, यल्लो स्टोन उद्यान, बैड लैण्ड आदि दिखाते हुए कार से दो हजार मील की यात्रा करायी। उसके उपरान्त विमान द्वारा मुझे वाशिंगटन ले जाकर वहाँ से मेंसेच्यूट्स के एमहरस नगर पहुँचाया। आगे वहाँ से मेरी साली के बेटे कुलकर्णी ने बोस्टन नगर दिखाकर न्यूयार्क पहुँचाने का काम किया।

इस प्रकार एक मास के भीतर मुझे संयुक्त राज्य अमेरिका का थोड़ा-बहुत परिचय प्राप्त हो गया। उसका वर्णन मैंने अपनी पुस्तक 'पातालक्के प्रयाण' (पाताल की यात्रा) में किया है। उस यात्रा में हरे-भरे जंगलों, प्रकृति, साहसी उद्यमों, उनकी चित्रशालाओं और वैज्ञानिक संस्थाओं ने मुझे अचरज में डाल दिया। उनके साहस से मैं पुलकित हो उठा। मैंने उनके कुछ नाटक भी देखे। सान फ्रान्सिस्को नगर में आयोजित एक नाटक-गोष्ठी में मैंने भी हिस्सा लिया।

इस प्रवास ने मुझे प्रकृति और मानव के सम्बन्धों की सीमाओं के बारे में सोचने को विवश किया।

फिर से रंगमंच का मोह

न्यूयार्क में मैंने 'ब्राडवे रिव्यू' शूबर्ट जयन्ती के अवसर पर आयोजित संगीतोत्सव देखा। बाद में सान फ्रान्सिस्को में रंगमंच सम्बन्धी गोष्ठी पर एक चीनी ऑपेरा और जापान का कबूकी नाटक का थोड़ा-बहुत भाग देखने का अवसर भी मिला। यह सब देखने पर मुझमें अपने काम के बारे में और अधिक आस्था बढ़ चली।

1969 में मेरे पास डॉक्टरेट के मार्गदर्शन को आयी मार्था एस्टेन तब मेरे साथ रही। यक्षगान सीखने को जब वह मेरे पास आयी थी तब मैंने उसे अपने ही घर रखकर अपनी 'यक्षगान बयलाट' पुस्तक का अँग्रेजी अनुवाद करके बताया था। बाद में उसके लिए हिरियकडक गोपालराय और नीलाम्बर रामकृष्णय्या से संगीत-शिक्षण का प्रबन्ध भी करके दिया था। मैं उसे कई बार अपने प्रवासों में साथ ले गया था। घर में ही दो मास तक मैंने अपने ढंग का ही नृत्य सिखाने का प्रयास किया था।

विद्रोहिणी शिष्या

उसने बड़े परिश्रम से अनेक बार दशावतार खेल देखाकर उसका विस्तार से अध्ययन करके अपनी डॉक्टरेट की थीसिस तैयार की। उससे उसे डॉक्टरेट भी मिली। उसमें एक कमी देखी, वह नृत्य पद्धति यान्त्रिक ढंग से सीख रही थी। भाव-विभोर होकर पात्र की तन्मयता उसमें नहीं आती थी।

आगे भी वह दो वर्ष के लिए हमारे देश की भूताराधना के अध्ययन के लिए मेरी शिष्या बनकर आयी। उसके पुन: आने के बारे में कर्नाटक सरकार का विरोध था। उसे मित्रों के माध्यम से किसी प्रकार अनुमति दिलायी और उसके आगे के कार्य का मार्गदर्शन भी किया। बाद में वह जिस रास्ते पर चली वह कुछ और ही था। वह डॉक्टरेट जो पा चुकी थी। गोरी जाति की थी। गोरी जाति के लोग हमारी कला सीखने आएँ तो यहाँ लोग यह समझने लगते हैं मानो देवता ही उतर आये हों। ऐसे लोगों की सहायता से गुरु को ही गुरुमन्त्र सिखानेवाली शिष्या बन गयीं थी वह।

मैं चुप नहीं रहा

उस अवधि में उत्तर कर्नाटक के सण्ण आटा (छोटा खेल) और दोड्ड आटा (बड़ा खेल) की एक गोष्ठी हेग्गोडी में आयोजित की। उसमें उस ओर के पारिजात, राधाकृष्णा, संग्या बाल्या और एक बड़े खेलवालों को बुलाकर, उनका खेल देखकर, उनके बचे वैभव को आँकने का प्रयास किया। उसके बारे में कर्नाटक संगीत नाटक अकादमी को एक रिपोर्ट भी भेजी।

कठपुतली का खेल

अगले एक वर्ष कुन्दापुर, हुलुवागलु, अन्तरवल्लि, अरेमल्लापुर, हादर गेरी आदि गाँव से कठपुतली का खेल दिखानेवाली सात-आठ मण्डलियाँ हेग्गोडी में बुलायीं। वहाँ के श्री के. बी. सुब्बण्णा की सहायता से उनके खेल देखकर उन पर भी विचार किया।

उन मण्डलियों में भी बड़ों से चली आयी सम्पदा को आगे बढ़ानेवाले नहीं दिखे। पता चला कि वे उस ओर ध्यान देनेवाले भी नहीं हैं। हम उनके लिए क्या कर सकते हैं अथवा क्या करना चाहिए इस आशय की एक योजना मैंने ऐसी गोष्ठियों के लिए धन की सहायता देनेवाली संगीत नाटक अकादमी को भेजी। कठपुतली के माध्यम से हम बच्चों का खूब मनोरंजन कर सकते हैं यह तथ्य उसमें काफी मात्रा में है। इसके अतिरिक्त विदेशों में लोग कठपुतलियों से और उँगलियों से नचानेवाली पुतलियों से कैसे-कैसे चमत्कार नहीं दिखाते! क्या हम भी वैसा नहीं कर सकते? हमारे यहाँ पुतलियाँ केवल यक्षगान के पात्रों की नकल उतारती आ रही हैं। हम लोगों ने उन्हें स्वतन्त्र रूप से प्रयोग करने की सम्भावनाओं की ओर ध्यान नहीं दिया। इन्हीं कारणों से कठपुतली के लिए जो उत्साह मिलता था वह जाता रहा। आजकल कर्नाटक, आन्ध्र, राजपूताने में यह खेल नष्टप्राय स्थिति को पहुँच चुका है।

यक्षरंग का उदय

मेरे अपने दृष्टिकोण और प्रयत्न को व्यक्त करनेवाले यक्षगान श्री अलकाजी के प्रयत्नों से दिल्ली में प्रदर्शित हुए। लोगों ने काफी पसन्द भी किया। वहाँ के कई रंगकर्मियों को उसने आकर्षित भी किया। कइयों की प्रशंसा में मुँह पर की तारीफ भी काफी मिली हुई थी। कइयों ने उसे उदात्त दृष्टिकोण से भी देखा। उनका सारा प्रशिक्षण दिल्ली संगीत नाटक अकादमी के तत्त्वावधान में होता रहा। उन्हें देखने को नाटक अकादमी के अधिकारी ही नहीं, बाहर के लोग भी कौतूहल से जाते थे। कार्य समापन के बाद घर लौटते समय मैं संगीत नाटक अकादमी के सचिव डॉ. सुरेश अवस्थी से मिलने गया। उन्होंने मेरा बड़े उत्साह से स्वागत किया। मेरे कार्य की प्रशंसा करते हुए उन्होंने कहा, "हम सब इतने दिनों से लोक-कलाओं के बारे में लम्बी-चौड़ी बातें करते चले आ रहे हैं। पर आपने इसी अवधि में उसमें छिपी शक्ति का बोध करा दिया।" यह बात किसी के भी मन में खुशी भर सकती थी। मुझे भी बहुत खुशी हुई। परन्तु उन्हीं अवस्थी महोदय ने तीन वर्ष बाद किसी और सन्दर्भ में कथकलि और यक्षगान के क्षेत्रों की समीक्षा करते हुए फरमाया कि हमारे आधुनिकीकरण के सारे प्रयत्न परम्परागत शैली को नष्ट कर रहे हैं। मैंने यह बात एक अँग्रेजी पत्रिका में पढ़ी। तब मुझे ऐसा लगा, केवल राजनीति में ही नहीं कला-क्षेत्र के व्यवहार में भी कितना छल-फरेब भरा है!

सन् 1974 में श्री अलकाजी और डॉ. कपिला वात्स्यायन उडुपि के एक उत्सव में आये थे। वे विशेष रूप से मुझसे मिलने भी आये। तब उन्होंने मुझसे कहा था, "आपको जो सुविधा और सहायता चाहिए हम उसका प्रबन्ध करेंगे,

आप अपना काम जारी रखिए।'' तब मैंने उन्हें बताते हुए कहा था, ''आपके इस काम के लिए दस-बारह आदमियों का खर्च उठाना पड़ता है। अनुभवी व्यवसायियों को ही इस काम पर नियुक्त करना पड़ता है।'' यह बताकर मैंने उनसे वाद्यों से सम्बन्धित बेला, सेक्सोफोन आदि का जिक्र किया। मेरे और उनके सम्भाषण के समय उपस्थित मार्था के मुख से आश्चर्य से निकला, ''बेला चाहिए!'' मैंने उसे टोका, ''बेकार की बात मत करो। वाद्य परकीय होने से संगीत परकीय नहीं हो जाता। मेरा अनुभव है सेक्सोफोन और बेला से हमारे नृत्य और नाटक के संगीत को बल मिला है।''

उसके बाद यानी 1976-78 में हमने अपने केन्द्र से ही लगी यक्षरंग नाम की संस्था चलानी आरम्भ की। उसके लिए व्यवसायी कलाकार ही लिये। प्रतिवर्ष दो मास उन्हें मूक नृत्य नाटक का प्रशिक्षण दिया। पहले वर्ष 'नल-दमयन्ती' और 'भीष्म-विजय,' और दूसरे वर्ष 'कनकांगी कल्याण' तथा तीसरे वर्ष 'चित्रांगदा' आदि नृत्य-नाटकों के अभिनय का प्रशिक्षण दिया गया।

इस तालीम की अवधि में हमारे ये मूक यक्षगान दो वर्ष तक सालिग्राम में, जहाँ मैं रहता था, और तीसरे वर्ष उडुपि में तैयार कराये गये। हमारी तालीम का केन्द्र गाँव के कुतूहल रखनेवाले प्रेक्षकों के लिए खुला था। गाँव के लोग केवल परम्परागत यक्षगानों से, जिसमें भाषा का महत्त्व होता था, परिचित थे। वे लोग भी दोनों वर्ष मूक और विस्मित होकर हमारे मूक यक्षगान को देखने आते रहे।

इस प्रकार तैयार कराये गये नृत्य-नाटकों को श्री हरिदास भट्ट ने भारत के अन्य प्रदेशों में भी प्रदर्शित करने की जिम्मेदारी ली। उन्हें प्रतिवर्ष कर्नाटक में ही नहीं, भारत के अन्य नगरों में भी प्रदर्शित किया गया। इस प्रकार वे देश के अन्य प्रदेशों में तमिलनाडु, केरल, आन्ध्र, मध्य प्रदेश, बम्बई, पूना, असम, पंजाब हो आये। कन्नड़ भाषा से अनभिज्ञ दूसरे प्रान्तों के सभी नाटक-प्रेमी लोगों ने उन नृत्य-नाटकों को पसन्द किया जिससे हमारा आत्मविश्वास और बढ़ गया। पर अकादमी के एक नियम का पालन करना हमारे वश की बात न थी। उसके अनुसार प्रतिवर्ष पचास प्रदर्शन कर्नाटक के दूसरे भागों में होने चाहिए थे। इसके लिए व्यवस्था करनेवाले चाहिए और हमें आमन्त्रित करनेवाले भी तो चाहिए न? उस कष्ट की कोई सीमा नहीं। वह हमारे कार्यकर्ताओं के बूते की बात न थी। इसलिए हमें अपना यक्षगान तीसरे वर्ष में ही बन्द करना पड़ा।

गाँववाले

मैं जिस दिन से इस काम में लगा उसी दिन से हमारे कुछ स्थानीय बन्धुओं को लगा कि हमें दिया जानेवाला प्रोत्साहन, वास्तव में यक्षगान के बिगाड़ने के लिए

दिया जा रहा है। यह अन्याय है। ऐसी शिकायतें लोगों ने केन्द्र सरकार को भेजीं। मेरे वह काम करने से पूर्व ही ऐसे पत्र मेरे पास भी आये थे। उस द्वेषी दल में हमारे कुछ मित्र भी शामिल थे। पता चला कि मेरी शिष्या मार्था एस्टने भी उनके सरगने में एक थी। उसने एक दिन मेरे घर ही आकर कृतज्ञता से यह कहा, ''आप जो दिखा रहे हैं वह यक्षगान नहीं है।'' बाद में वह ऐसा प्रचार भी करने लगी। मानव-स्वभाव पर विश्वास नहीं करना चाहिए, ऐसी शिक्षा हेतु मेरे लिए तो वह एक घटना थी।

मैंने उसका चित्रकार हेब्बार से भी परिचय कराया था। उसने अपने लेख के लिए एक चित्र भी बनवाया था। इसलिए उन्होंने उससे कह ही डाला, ''आप विदेशी हैं। क्या आप यह चाहती हैं कि इस देश की कलाएँ केवल म्यूजियम भर के तमाशे को ही रहें?'' रंगमंच की विद्यार्थी होने के नाते यूरोप में उसके देश के चित्र, शिल्प वास्तु, नृत्य, संगीत और रंगमंच आदि के विषय में क्या-क्या किया जा रहा है और कैसे विकसित हो रहे हैं, उनकी परम्परा की मान्यता क्या है—यह तो उसे पता ही होगा। हमारे यहाँ के असहिष्णु लोगों के उकसाने पर चार दिन को यहाँ आयी उसे इस देश की रीति-नीति पर इतनी उद्दण्डता की बातें कहना मुझे सभ्यता का लक्षण दिखाई नहीं देता।

आभूषणों की सजावट

यक्षरंग की योजना हाथ में लेने के बाद मुझे और भी बहुत कुछ सोचना पड़ा। तब गाने के भाग को पुष्टि देने के लिए बेला और सेक्सोफोन जैसे वाद्य साथ जोड़े। इससे भागवतर के काम को अधिक सहायता मिली। दिल्ली में हिन्दी यक्षगान के प्रदर्शन में इसके महत्त्व का अनुभव हुआ। आकाशवाणी के विद्वान मेरे मित्र ए. वी. कृष्णमाचार्य बेला बजाने वहाँ गये थे। उन्होंने बिना गायकी के नृत्य और दूसरे वातावरण के लिए वाद्य की जो पृष्ठभूमि प्रदान की, वह मैं कभी भूल नहीं सकता। यह बात बताने का एक और भी कारण है। यक्षरंग बन्द हो जाने के बाद मेरे मित्रों ने उन वाद्यों को छोड़ ही दिया। यह देखकर मुझे असीम व्यथा हुई थी।

केवल वाद्यों की ही बात नहीं, तब मुझे रंगमंच की एक-दो और बातों की ओर भी ध्यान देना पड़ा। पहली वेशभूषा से सम्बन्धित है। मैंने देखा कि स्त्री वेष के लिए आभूषणों की कमी लगी। सही वेशभूषा की ओर भी ध्यान नहीं गया था। पुरुष-पात्रों के लिए उपयुक्त आभरण-वेशभूषा से ही स्त्री-पात्रों के लिए काम चलाना पड़ता था। पुरुष-पात्रों के आभरणों की अति को जरा कम करके उनकी

वेशभूषा के अनुकूल उसमें सन्तुलन लाना था। इसके अतिरिक्त, वे आभरण काष्ठ के होते थे। भारी किरीट और आभरण धारण करना एक कठिन कार्य था। उनके आकार और आधिक्य के कारण नृत्य में कई बार गति और भंगिमा में अवरोध उत्पन्न हो जाता था। इन सब कारणों से पूर्व परम्परा के काष्ठ के बदले अल्युमिनियम जैसी हल्की वस्तुओं से आभरण तैयार करने का प्रबन्ध किया। उनका आधिक्य भी घटाकर, कपड़े-लत्तों के रंगों में समरसता लाने का प्रयास किया। हमारे प्रदेश के रसिक आभरणों का आधिक्य ही पसन्द करते हैं। स्त्री-पात्र की भूमिका करनेवालों की मुख-सज्जा और आभरणों का तो कोई हिसाब ही नहीं रहता। उन सबको एक सीमा में लाने की अनिवार्यता मुझे महसूस हुई।

आपात स्थिति

इस दशक की मध्यावधि में स्वतन्त्र भारत को उस महान संकट का अनुभव करना पड़ा जो उसने कभी नहीं देखा था। यानी प्रधानमन्त्री इन्दिरा गाँधी में वंश परम्परा से साम्राज्य करने की इच्छा जाग्रत हुई। उन्होंने सब नियम एक तरफ रखकर हमारे संविधान का अपमान करके उसमें परिवर्तन लाकर न्यायांग को भी नकार कर देश पर आपात स्थिति लाद दी। अनगिनत देशप्रेमियों को जेल में ठूँस दिया गया। असहयोग आन्दोलन के बाद, मैंने राजनीति में कोई विशेष काम तो किया नहीं था फिर भी यह सोचता था कि भारत की स्वतन्त्रता जनता की स्वतन्त्रता है। इन्दिरा गाँधी के दादा मोतीलाल नेहरू ने कहा था, ''जन स्वातन्त्र्य का जहाँ सम्मान न हो वह संविधान जनतन्त्र का नहीं हो सकता।'' उनके बेटे जवाहरलाल नेहरू जब तक रहे तब तक काँग्रेस संस्था और अपने मन्त्रिमण्डल के सदस्यों के साथ ऐसा व्यवहार करते रहे जैसे कि एक अध्यापक स्कूल के बच्चों के साथ करता है। पर उन्होंने संविधान को कभी नहीं तोड़ा। संविधान लागू होने के पाँचवें वर्ष में ही उसमें संशोधन अवश्य किया था। उनकी बेटी ने ऐसे किसी लिहाज की जरूरत नहीं समझी। उन्होंने जनता के मूलभूत अधिकारों को ही जड़ से उखाड़ने का काम कर डाला।

खिताब क्यों?

मुझे दिया गया पद्मभूषण हमारी जनता की सरकार द्वारा मुझे दिया गया खिताब था। उस जनता के अधिकार का ही सम्मान न रखनेवाली सरकार के विषय में अपना अभिप्राय स्पष्ट रूप से व्यक्त करने का एक उचित रास्ता था—उस खिताब को अपने विचारों सहित राष्ट्रपति को लौटा देना। निम्नलिखित पत्र लिखकर मैंने

तत्कालीन राष्ट्रपति श्री फखरुद्दीन अली अहमद के पास भेज दिया। यह बात मैंने बहुत दिन तक किसी को नहीं बतायी। यह मैंने प्रचार के लिए नहीं किया था। यह सोचा था कि उसका परिणाम खराब भी हो सकता है। उस घटना से एक लेखक के द्वारा भला क्या हो सकता है? इससे अधिकार-सूत्र हाथ में लेनेवाली प्रधानमन्त्री चुप भी रह सकती है?

सालिग्राम (द.क.)
दिनांक 2.10.1975

सेवा में,

हिज़ एक्सीलेन्सी फ़खरुद्दीन अली अहमद साहब,
राष्ट्रपति, नयी दिल्ली

आदरणीय

आपकी सरकार की ओर से सन् 1969 में तत्कालीन राष्ट्रपति द्वारा प्रदत्त पद्मभूषण प्रशस्ति को आज मैं सखेद आपको लौटा रहा हूँ। ऐसा करने का कारण क्या है, यह बताने के लिए आपकी अनुमति चाहता हूँ।

सन् 1922 में दूसरों की ही भाँति मैंने भी गाँधीजी के असहयोग आन्दोलन में भाग लिया था। तब अंग्रेजों के अधीन भारत की सेवा के लिए ही मैंने ऐसा किया था। स्वतन्त्रता संग्राम में अपना कर्तव्य निभाने के लिए मैंने ऐसा किया था। सन् 1947 में भारत के स्वतन्त्र होने पर हम सबको अपार हर्ष हुआ। हमारे देश में प्रजातन्त्र की स्थापना हुई। इसके संविधान ने मुझे सन्तोष दिया, लेकिन वह सन्तोष दीर्घकाल तक टिका नहीं। समय बीतते संविधान में प्रदत्त मूलभूत अधिकारों में संशोधन लाने के बहाने उसे घटाने लगे। जिन्होंने संविधान की रक्षा के लिए हाथ उठाकर प्रतिज्ञा ली थी, उन्हीं ने यह काम किया।

इस तरह अन्तिम आघात इस रूप में लगा कि हम पर शासन करनेवाले एक व्यक्ति की इच्छा ने न्यायांग के अधिकार को छीन लिया, इससे प्रजा के अधिकारों की रक्षा का वह भरोसा ही मिट गया। भारत के संयुक्त राष्ट्र संघ का सदस्य होने पर भी उस संस्था द्वारा घोषित प्रजा के मूलभूत अधिकारों का यहाँ अपहरण हो गया।

यह परिस्थिति देखकर मुझे इस चौहत्तर वर्ष की आयु में भी सिर झुकाना पड़ रहा है। मैं यह समझने को तैयार नहीं कि किसी व्यक्ति को किसी भी अन्य प्रजा जन की व्यक्तिगत स्वतन्त्रता छीनने का अधिकार है।

कई दशकों से मैं राजनीतिक क्षेत्र से दूर हूँ; फिर भी लेखक के नाते भारत की जनता के साथ हुए अन्याय का विरोध करना ही पड़ रहा है। यदि कुछ भी न हो तो भी इससे मेरी आत्मा को शान्ति मिलेगी! यही सोचकर यह प्रशस्ति लौटा रहा हूँ।

असत्य पर सत्य की विजय हो।

सम्मान सहित
के. एस. कारन्त

परन्तु संविधान में संशोधन करते समय उन्होंने अपने गम्भीर स्वर में कहा था : जनता अपना अभिप्राय व्यक्त कर सकती है। उस जमाने में पत्रिकाओं पर सेंसरशिप लागू थी। सरकार का कोई भी अप्रिय समाचार नहीं छपता था फिर भी संविधान में संशोधन के बारे में समाचार छपते रहे। पुत्तूर और बैंगलूर में इसके लिए ही आयोजित दो सभाओं में गया था। जब पुत्तूर गया तब सभा के आयोजक को ही बन्द कर दिया गया था। अत: उसकी अनुपस्थिति में ही सभा हुई। मंगलूर में आयोजित सभा में काफी लोग आये थे। उस दिन के वक्ताओं में सर्वोच्च न्यायालय के निवृत्त न्यायाधीश श्री सदानन्द हेग्गड़ भी आनेवाले थे। जिला कमिश्नर की अनुमति लेकर ही सभा हुई थी। फिर भी ऐसा उपाय किया गया कि वे अवसर पर आ न सकें। उस दिन की सभा में मैंने और मेरे एक मित्र ने निर्दाक्षिण्य होकर आलोचना की। स्वतन्त्र व्यक्ति का एक सभ्य रास्ता—अपनी लेखनी, मुँह के द्वारा अपने मन के विचार व्यक्त करना है।

आपातकाल के दो वर्षों में अनेक बुजुर्ग और नवयुवक जेल में ठूँस दिये गये। उनके अनुयायी भूमिगत होकर विरोध करते ही रहे। मैंने किसी भी संघर्ष में सीधे भाग तो नहीं लिया, पर रात या दिन में समय-समय पर कुछ लोगों के मेरे पास आने पर सलाह अवश्य दिया करता था। मैं उन लोगों का अपने ढंग से मार्ग-दर्शन करता और सचेत भी करता।

आगे एक दिन, पता नहीं देव की किस प्रेरणा से अथवा किसी भूत की प्रेरणा से, इन्दिरा जी ने आपात् स्थिति हटा दी और इस विश्वास से कि भारत की जनता उनके पीछे है, चुनाव की घोषणा भी कर दी। उसका फल दुनिया जानती ही है। पदच्युत हो गयीं। जनता सरकार अधिकार में आ गयी।

जनता सरकार

इन्दिरा जी की निरंकुश नीति और उनके पुत्र की उद्दण्डता के विरोध में उत्तर हिन्दुस्तान की सारी जनता एक हो गयी। लेकिन बुद्धिमान अथवा अति बुद्धिमान

समझनेवाले दक्षिण के लोगों ने ऐसे व्यवहार किया मानो उससे उनका कोई नाता ही नहीं। दक्षिण के प्रान्तों से इन्दिरा गाँधी के अनेक अनुयायी चुने गये। तब आश्चर्य हुआ। ऐसी एक निरंकुश स्वार्थी और किसी का भी मुलाहिजा न रखनेवाली राजनायिका के अब भी इतने अनुयायी हैं तो आगे पता नहीं हमारे लिए कौन-सा संकट मुँह बाये खड़ा है। हमारे लिए कभी भी खुश रहने का मौका नहीं बचा। अन्त में ऐसा ही हुआ।

जनता सरकार बहुत दिन टिकी नहीं। दूसरे लोग इस बारे में कुछ भी कारण बताएँ, मेरा विश्लेषण यह है—

जनता के चुने हुए अनेक प्रतिनिधि जनता के द्वारा उन्हें दिये गये अधिकारों का दायित्व भूल गये। जीतकर आये प्रमुख लोगों में कइयों को मन्त्री पद और मुख्यमन्त्री पद से क्या-क्या स्वार्थ सिद्ध होंगे और कितनी सम्पत्ति जुटायी जा सकती है, पहले से ही यह स्वाद अच्छी तरह पता था। चुनकर आये सभी को मन्त्री-पद की ही लालसा थी। मेरा विचार है कि जिन्होंने पहले शासन किया उनमें कोई भी ईमानदार, भला और साफ-सुथरा नहीं था। ऐसे ईमानदारी से शासन चलानेवालों की संख्या हम उँगलियों पर गिन सकते हैं। इसी एक कारण से प्रधानमन्त्री मोरारजी देसाई, चौ. चरणसिंह, श्री जगजीवनराम और कुछ अन्य नेताओं ने भारत से अपने को बड़ा समझा और स्वार्थ के लिए जनता पक्ष में फूट शुरू हो गयी। इसलिए इन्दिरा देवी के चित्रकार हुसैन की अभिनव दुर्गा पुनः प्रधानमन्त्री के पद पर आसीन हो गयी। हमारी जनता की बेईमानी, देशद्रोह, स्वार्थपरता का कलंक भारत के इतिहास में सदा के लिए एक उदाहरण के रूप में रह जाएगा।

अप्रत्याशित दो सम्मान

बेटी का विवाह

आठवाँ दशक समाप्त होते, मेरे जीवन में व्यक्तिगत उतार-चढ़ाव, सुख-दुख पहले जैसे ही साथ-साथ आते रहे थे, वैसे ही अब भी साथ-साथ दिखाई देने लगे। उनमें था एक मेरी छोटी बेटी क्षमा का विवाह। उसने बी. एस-सी. पूरी कर ली थी। एम.एस-सी. करना चाहती थी पर वह हो नहीं सकी। मैसूर विश्वविद्यालय में उसे स्थान मिलते-मिलते रह गया। दूर बड़ौदा में उसे आसानी से प्रवेश मिल गया परन्तु वहाँ का वातावरण उसके लिए ठीक न होने से उसे घर लौटना पड़ा। इसी अवधि में उसने अपना भावी वर चुन लिया था; वह दूर का नहीं था। मित्र हरिदास भट्ट की पत्नी का भाई पद्मनाभ था। उसका जन्म मद्रास में हुआ था। वहीं बड़ा हुआ था। वहीं वकालत कर रहा था। उसके लिए मेरी और मेरी पत्नी की भी सहमति थी, परन्तु मुझे यह विश्वास नहीं था कि लड़के के रिश्तेदारों को यह सम्बन्ध पसन्द आएगा। उसकी वयोवृद्ध माँ परम्परागत वातावरण में पली विधवा थीं। वे मेरी बेटी को जानती थीं। उन्होंने उदार मन से उस सम्बन्ध को स्वीकार कर लिया।

पर मेरी ही आर्थिक स्थिति ठीक नहीं थी, इसलिए यह विवाह कहाँ हो, उसकी जिम्मेदारी कौन लेगा? इसी की चिन्ता सताने लगी। पुत्तूर में मेरे लिए स्थान की सुविधा थी पर स्वजाति मित्रों से स्नेह ज्यादा नहीं था। इसीलिए दोनों ओर के लिए बैंगलूर को ही सुविधाजनक स्थान माना गया। वहाँ मेरे लिए एक सन्तोष की बात यह थी कि वहाँ मेरे मित्र उसे सँभाल सकते थे। वहाँ मेरी बेटी का विवाह होना था पर सब कार्यों में मैं केवल एक अतिथि ही रहा। अपनी बड़ी बेटी की शादी भी मैं केवल सात-आठ मित्रों को लेकर अमृतसर में सम्पन्न करा आया था। यह उतनी दूर की जगह नहीं थी, मेरे लिए बैंगलूर समीप था। विवाह का समस्त भार उठाने के लिए मेरे दो मित्र आगे आये। अत: मुझे काम का कोई भार दिखाई नहीं दिया। मित्र श्री रामकृष्ण ऐताल उसके लिए आगे आये। मेरे सम्बन्धी, कहना

चाहिए उससे बढ़कर मेरे आदरणीय मित्र श्री आनन्दराम होल्लूर भी आगे आये। वहाँ का सारा प्रबन्ध उन्होंने ही सँभाला। मुझे अतिथि मानकर विवाह के सारे काम खुद किये। उस कारण मेरे ऊपर उनके ऋण का जो भार चढ़ा, वह मैं भूल नहीं सकता।

पुत्तूर को विदा

एक लम्बी अवधि यानी लगभग चार दशक तक आश्रय देनेवाला वह नगर कालक्रम से अपना आकर्षण खोता चला जा रहा था यानी मेरे लिए जो आकर्षण था उसका प्रधान कारण था मेरे समस्त क्रियाकलापों को प्रेरणा तथा अवकाश प्रदान करनेवाले मोल्लहल्लि शिवराय बुढ़ापे में मद्रास जाकर अपने बेटे के साथ रहने लगे। उनके पुत्तूर छोड़कर जाने के बाद, मैं पुत्तूर का निवासी तो था, पर मेरा आना-जाना, मित्रवर्ग, व्यवहार आसपास के ग्रामों से सम्बन्धित था। पुत्तूर केवल डाक के पते भर को था। घर में रहते समय मैं अपने घर से रोज दो बार शहर होकर आता था। सुबह किसी वाहन द्वारा शहर जाता और रोज की डाक लेकर आता। शाम को व्यायाम तथा गप्पों के लिए पैदल जाता। वहाँ मेरे एक मित्र की छत हमारी बैठक का स्थान थी। श्री ए. पी. सुब्बय्या, जो अब नहीं रहे, रोज मेरा साथ देते थे। उनके साथ ही साँझ का समय गप्पों में बीत जाया करता। बाहर से आनेवालों के लिए भी मेरी मुलाकात की जगह वही थी। अब उस नगर में मेरे सार्वजनिक क्रिया-कलाप नहीं रहे थे। इधर मेरी पत्नी का स्वास्थ्य खराब चल रहा था। वह सब भूलने के लिए मैं सोचने लगा कि पुत्तूर छोड़ दूँ तो कैसा रहे? मुझे अपने सुख-दुख को यहाँ लिखने की इच्छा नहीं।

ऐसी मानसिक स्थिति में बैंगलूर के मित्र श्री रामकृष्ण ऐताल ने अपने कुछ मित्रों की प्रेरणा से मुझे एक सलाह दी। श्री ऐताल की मेरी जन्मभूमि कोट के समीप सालिग्राम में थोड़ी-सी जमीन थी। वह उन्होंने हाल ही में खरीदी थी। आगे एक घर बनाकर बुढ़ापा वहाँ काटना चाहते थे। कुछ लोगों ने उन्हें सलाह दी, "कारन्त अब बूढ़े होते जा रहे हैं अब वे पुत्तूर में क्यों रहें? आप अपनी जमीन पर एक मकान बनवा दें तो हम उन्हें वहाँ रहने को आमन्त्रित कर सकते हैं। यदि वे अपने गाँव आ जाएँ तो हमें खुशी होगी। हम भी अपनी सेवाएँ दे सकते हैं।" मैं पुत्तूर छोड़ना ही चाहता था कि तभी उनकी तरफ से यह सलाह मुझे मिली। मैंने उसे स्वीकार कर लिया। बहुत समय से जहाँ रहता था उस बाल-वन को बेच-बाचकर सालिग्राम में रहने को तैयार हो गया। यह प्रस्ताव आने के एक ही वर्ष के भीतर, सालिग्राम के मुख्य मार्ग के ही निकट अपनी जमीन पर ऐतालजी ने एक भारी कोठी ही बनवा दी। इस तरह 1973 के अन्त में अपने गाँव 'कोट'

पहुँच गया। जनवरी सन् 1974 बीतते-बीतते उनके बनवाये 'सुहास' में मैं निवास करने लगा। कुछ समय बाद मेरा पुत्तूर का घर बिक गया। उससे जो पैसा मिलेगा वह, मैंने सोचा, मेरे बच्चों के काम आएगा। वहाँ से चलते समय मुझे लगा कि सालिग्राम में अब मेरा अज्ञातवास होगा। मेरा बचपन उसी परिसर में बीतने पर भी इन सात दशकों की अवधि में मैं अपने गाँववालों के लिए एक अपरिचित ही था।

ग्राम का निवासी

'सुहास' में रहना आरम्भ करने के बाद मेरे लिए वह घर और स्थान अज्ञातवास नहीं रहा। मेरे पहले के सभी क्रिया-कलापों और प्रवासों का वह केन्द्र बन गया। श्री ऐतालजी द्वारा दूर-दृष्टि से जी खोलकर खर्च करके वह घर बनवाकर मुझे सुपुर्द कर देना एक आश्चर्य की बात थी। सुननेवाले मित्रों को भी ऐसा ही लगा। स्वयं को भले ही कोई लाभ न हो, जिस व्यक्ति के प्रति अपना अभिमान हो उसके लिए इतना त्याग करनेवाले बिरले ही होते हैं।

बाल-वन

मैं चार दशक पुत्तूर में बिता चुका था, पर अपने उस बाल-वन को छोड़कर जाने में मुझे कोई व्यथा नहीं हुई। पर वहीं जन्मे और पले बच्चों को वह अच्छा न लगा। मेरी इच्छा थी कि मेरा बेटा उल्लास वहाँ खाली पड़े घर में कोई उद्योग आरम्भ कर सकता है। मैंने छापेखाने और प्रकाशन से हाथ धो लिये थे। इसका कारण यह था कि कल मेरे बच्चे वह काम नहीं करेंगे। इसलिए वह जगह छोड़ने से पहले मैंने बच्चों से भी पूछा। उन्होंने मेरा विरोध नहीं किया। परन्तु छह एकड़ का विस्तृत वह बाल-वन, उसमें रहनेवाले पशु-पक्षी तथा बीच-बीच में आनेवाले नये पक्षी, उनके बचपन से लेकर अब तक के साथी सभी आकर्षण के केन्द्र थे। मैंने अपने बच्चों को प्राथमिक शालाओं में पढ़ने नहीं भेजा था इसलिए उनका सारा बचपन वहीं बीता था। उन्होंने वहाँ एक छोटी-सी झोंपड़ी भी बना रखी थी; उन लोगों के हाईस्कूल जाने के बाद भी वे अपने मित्रों को लाकर उन्हीं पेड़ों की छाया में खेला करते थे। बाद में, वह जगह छोड़कर सालिग्राम में बसने के बाद, बालवन की याद उन्हें सताती ही रहती थी। वहाँ के पेड़-पौधे, पशु-पक्षी, फल-फूल! जब तक वे एक-दो दिन को वहाँ जाकर न रह आते, उन्हें तृप्ति नहीं मिलती।

हस्तान्तरण

वह जगह छोड़ने के बाद, मैंने उसे बेचने का प्रयास किया। वह खबर सुनकर एक महोदय ने कर्नाटक सरकार पर जोर डालते हुए लिखा कि वह जगह मेरी यादगार के रूप में सुरक्षित रखनी चाहिए। तत्कालीन मुख्यमन्त्री श्री देवराज अर्स ने उसे खरीद लेने की घोषणा की। असेम्बली में भी घोषणा हो जाने से मुझे ग्राहक खोजने की बात ही छोड़नी पड़ी। तीन वर्ष वैसे ही बीत गये। सन् 1979 में सरकार ने मेरा 'बाल-वन' अपने अधिकार में लेने की आज्ञा जारी की। उसी वर्ष मई 19 को मैंने वह जगह विधिवत् सरकार के अधिकार में दे दी। आगे उसकी कीमत लगाने आदि का काम होना था। इस पुस्तक के लिखे जाने तक भी वह काम पूरा नहीं हुआ।

मेरे उस स्थान को छोड़ते समय बच्चों में ज्ञान-पिपासा बढ़ाने के लिए वहाँ क्या-क्या किया जा सकता है, इसके बारे में कन्नड़ और संस्कृति विभाग को निर्देश दिये गये थे। घर छोड़ते समय अपने एक परिचित को उसकी रखवाली के लिए वहाँ छोड़ आया था। फिर भी सरकार के उसको विधिवत् अपने हाथ में लेने तक, उस घर में बहुत-सी चीजें आसपास के लोगों ने खिसका ली थीं। बाद में सरकार ने वहाँ एक पहरेदार नियुक्त किया, उसका नाम है मन्मथ कुमार। उसे साँप पालने का बहुत शौक है। पहले मैंने बच्चों के लिए पशु-पक्षी पाले थे इसलिए वह मुझे अच्छा ही लगा। मन में यह आशा जागी कि मन्मथ की सहायता से वहाँ बच्चों के लिए एक सर्पालय खोला जा सकता है।

बेटे का विचार

मेरे एकमात्र दूसरे बेटे उल्लास ने सूरत में अपनी इंजीनियरिंग की पढ़ाई पूरी कर ली। बाद में बैंगलूर में उसने मैको में दो वर्ष तक नौकरी की। आगे उसका कोई स्वतन्त्र इंजीनियरिंग उद्योग करने का विचार था, पर वह हो न पाया। इसके बदले वह पेरिय पट्टण के पास थोड़ी-सी जमीन लेकर तम्बाकू की खेती करने लगा। उसकी आन्तरिक इच्छा पक्षी और वन्य प्राणियों पर अन्वेषण की थी। उसकी खेती नागर हौले अभयारण्य के पास है। इसीलिए उसे अपनी आन्तरिक इच्छा की पूर्ति के लिए वह जगह बहुत सहायक हुई। वह अब विवाह करके मैसूर में रहता है। वह कृषि और वन्य-पक्षी के संरक्षण में रुचि ले रहा है। चाहे कोई भी हो अपनी ऐच्छिक प्रवृत्ति के विकास का अवसर मिलने पर जो तृप्ति मिलती है, वह केवल धनार्जन से नहीं मिलती।

अनिरीक्षित सम्मान

सन् 1974 के आरम्भ में मैं अपने गाँव कोट से दो मील दूर स्थित सालिग्राम में अपने मित्र द्वारा मेरे लिए ही बनाये मकान में रहने लगा था। उसी वर्ष एक दिन आधी रात को वहाँ डाकखाने से यह खबर आयी कि मेरे नाम बैंगलूर से एक टेलीफोन है। उस टेलीफोन का अर्थ समझने में मुझे जरा देर लगी। उत्तर प्रदेश के राज्यपाल श्री चन्ना रेड्डी ने मेरे ठिकाने का पता लगाकर मुझे एक सन्देश भेजने को कर्नाटक सरकार से अनुरोध किया था। उससे पता चला कि मेरठ विश्वविद्यालय वाले मुझे कुछ दिन बाद डॉक्टरेट की पदवी प्रदान करना चाहते हैं अतः मुझे वहाँ निमन्त्रित किया गया है। इस समाचार के दो-तीन दिन बाद मेरठ विश्वविद्यालय के उपकुलपति का तार भी मिला, साहित्यकार के रूप में मुझे डी. एस. सी. की पदवी ग्रहण करने वहाँ जाना था। यह तार मुझे कुछ अजीब-सा लगा। मैं वैज्ञानिक नहीं हूँ। विज्ञान के बारे में कन्नड़ में लिखा अवश्य है। इसके अलावा दूर के मेरठ का मुझसे कोई सम्बन्ध ही नहीं था। फोन समस्त विश्वविद्यालयों के कुलपति चन्ना रेड्डी से आया था। मेरी समझ में नहीं आया कि क्या करूँ। उनका निमन्त्रण आँखें मूँदकर स्वीकार करके इतनी दूर मेरठ जाऊँ या नहीं। इसलिए दिल्ली में मेरे मित्र शारदा प्रसाद को यह पत्र लिखकर पूछा, "इस प्रकार का एक तार आया है। मेरा और मेरठ का कोई सम्बन्ध ही नहीं। पता नहीं वे मेरे बारे में क्या जानते हैं! उनका निमन्त्रण स्वीकार करना कहाँ तक ठीक है?" उन्हें पत्र लिखा था या तार दिया था यह अब मुझे याद नहीं। उन्होंने लिखा, "आपको सोचने की जरूरत नहीं, आप चले आइए।" मैं निश्चित समय से दो दिन पहले ही दिल्ली जा पहुँचा। वहाँ पर मैं हमेशा शारदा प्रसादजी के घर ही ठहरता हूँ। दिल्ली से मेरठ अस्सी मील के करीब होगा। उस दिन उसमें भाग लेने दिल्ली विश्वविद्यालय के श्री मल्होत्रा भी आमन्त्रित थे। श्री शारदा प्रसादजी के एक भाई उस विश्वविद्यालय के शस्य-शास्त्र के प्राध्यापक हैं। उनके द्वारा श्री शारदा प्रसादजी ने श्री मल्होत्रा से सम्पर्क स्थापित किया। इससे प्रशस्ति-वितरण के दिन ही मैं श्री मल्होत्रा के साथ मेरठ चला गया। कुलपति चन्ना रेड्डी उस समारोह में आये थे। वहाँ जैसाकि मैंने सोचा था कोई धूमधाम दिखाई नहीं दी। मल्होत्रा जी को डी. एस. सी. की डिग्री प्रदान की गयी। आन्ध्र के एक तरुण कवि और मुझे डी. लिट्. की पदवी दी गयी। उससे पहले मेरे कौतूहल का कारण एक और बात पता चली। उस विद्यालय में कुछ कन्नड़ के प्राध्यापक थे। पता चला कि उनसे उस विश्वविद्यालय के सिण्डिकेट वालों को मेरे बारे में जानकारी मिली। समारोह की समाप्ति के बाद, उस रात के रात्रि-भोज में भाग लेने के बाद, श्री मल्होत्रा के साथ ही वापस लौट आया। रास्ते में मुझे मोदी नगर ने बड़ा आकर्षित किया। मोदी उद्योग बहुत से

हैं। बिरलाजी ने जिस प्रकार दिल्ली में एक मन्दिर बनवाया है, उसी प्रकार इन्होंने भी मोदीनगर में एक भव्य मन्दिर बनवाया है। गाड़ी से उतरकर उसे देखने का समय मिला। आगे एक नगर और मिला जिसके नाम ने मेरा कौतूहल जगाया। वह था 'साकेत' नगर। उस नगर ने रामायण के काल की याद दिला दी।

ज्ञानपीठ पुरस्कार

सन् 1974 में मैं सालिग्राम में था। तभी श्रीमती रमा जैन द्वारा संस्थापित भारतीय ज्ञानपीठ ने मुझे 1978 के 'ज्ञानपीठ पुरस्कार' के लिए चुना है, यह समाचार मिला। यह एक ऐसी संस्था है जो भारत में साहित्यकारों को सबसे बड़ी प्रशस्ति प्रदान करती है। उन्होंने वह प्रशस्ति नौ वर्ष पूर्व प्रकाशित मेरे 'मूकज्जी' उपन्यास पर दी थी। उस घोषणा के एक सप्ताह के भीतर देश के कोने-कोने से सैकड़ों तार और हजारों शुभकामना-पत्र प्राप्त हुए। इससे मुझे पता चला कि कन्नड़ के पाठकों में मेरे प्रति कितना गौरव है। यह कन्नड़ के लिए तीसरी प्रशस्ति थी। मैं यह जानता हूँ कि जिस उपन्यास पर यह प्रशस्ति मिली उससे अनेक लोग बहुत प्रभावित हुए थे। यह नियम है कि एक भाषा को एक बार प्रशस्ति मिलने पर तीन वर्ष तक उस भाषा को वह प्रशस्ति नहीं मिलती। यह प्रशस्ति पहली बार श्री के. वी. पुट्टप्पा को उनके काव्य 'रामायण दर्शनम्' पर मिली थी। उसी वर्ष एक और भाषा के लेखक को यह सम्मान मिला था। वे थे गुजराती के श्री उमाशंकर जोशी। आगे यही प्रशस्ति कन्नड़ कवि बेन्द्रे के 'नाल्कु तन्ति' कविता-संग्रह को मिली। तब भी उनके साथ एक और भाषा के लेखक उसके हिस्सेदार बने। इससे उस प्रशस्ति के साथ मिलनेवाले एक लाख रुपये दो-दो व्यक्तियों में बँटे। मेरे समय में तो इस एक लाख का भागीदार और कोई नहीं था। इससे जनता में जरा गलतफहमी फैली। मैंने कन्नड़ पत्रिका में एक जगह टिप्पणी पढ़ी। इससे पहलेवालों को तो आधी-आधी प्रशस्ति मिली थी पर कारन्तजी को तो पूरी मिली।

दुनिया में नोबल पुरस्कार सबसे ज्यादा प्रसिद्ध है। विज्ञान, साहित्य और शान्ति के लिए भी प्रतिवर्ष पुरस्कार देने को स्वीडन के नोबल नाम के महाशय ने अपने नाम से ही इस पुरस्कार की घोषणा की थी। कई वर्षों से ज्ञान-विज्ञान में शोध करनेवालों को यह पुरस्कार दिया जा रहा है। उस पुरस्कार की रकम भी बहुत मोटी है। उसे यदि दो-तीन लोगों में भी बाँटा जाय तो भी उसे कोई 1/3 या 1/4 प्रशस्ति नहीं कहता। प्रशस्ति के साथ मिलनेवाले उस धन से सम्मान का सम्बन्ध नहीं होता। अत: चाहे पुट्टप्पा जी हों या बेन्द्रे जी उनके बारे में ऐसा नहीं सोचना चाहिए कि आधी प्रशस्ति मिली। विविध भाषाओं का मूल्यांकन करते समय यदि दो-तीन व्यक्ति समान योग्यता के दिखाई दें तो क्या किया जाए! तब

पुरस्कार की राशि बाँटनी ही पड़ेगी, पर प्रशस्ति को फाड़कर बाँटा नहीं जा सकता।

सम्मान और सत्कार

खैर, इस प्रशस्ति के कारण कर्नाटक के उत्साही तथा अभिमानियों ने जहाँ-जहाँ बुलाया, वहाँ जाना मेरे लिए अनिवार्य हो गया। तीन मास तक तो मुझे और कोई काम ही नहीं था। केवल यही एक काम था। मेरे साहित्य के पाठक और अभिमानी, जिन्होंने मेरा लिखा कुछ पढ़ा भी नहीं था, उन्होंने मुझे अपने-अपने यहाँ बुलाया। मेरी प्रशंसा की झड़ी लगा दी। अनगिनत मालाओं से लादा, शाल ओढ़ाये। अभिनन्दन-पत्रों में तो संस्कृत के सारे शब्द लुटा डाले। यह बात तो जहाँ-जहाँ मैं गया वहाँ हुई। ऐसा लगा कि ऐसे समारोहों में सार्वजनिक होड़ भी थी। मुझे कभी-कभी यह विचार भी कचोटता कि यह प्रशंसा सीमा लाँघती जा रही है। प्रशंसा की भी एक सीमा होनी चाहिए न? मैंने कई बार अपनी प्रशंसा में आयोजित सभाओं में आयोजकों से मजाक में कहा भी था कि ज्ञानपीठ प्रशस्ति कहीं 'ज्ञानपित्त' न बन जाए। दावणगेरे में आयोजित सम्मान समारोह किसी को भी नशा चढ़ाने को काफी था। दस हजार से भी ज्यादा लोग वहाँ इकट्ठे हुए थे।

पहले मेरी षष्ठिपूर्ति के अवसर पर भी बैंगलूर में एक ऐसा आयोजन हुआ था। ज्ञानपीठ-प्रशस्ति की प्राप्ति के समय भी बैंगलूर में नागरिक अभिनन्दन का समारोह हुआ था। उसी के साथ विद्वानों की एक द्विदिवसीय गोष्ठी भी हुई थी। तब उन्होंने गुजरात के श्री उमाशंकर जोशीजी को अध्यक्षता के लिए आमन्त्रित किया था। इन सज्जन और सत्कवि को अध्यक्षता के लिए आमन्त्रित देखकर मुझे वही प्रसन्नता हुई जो उडुपि में सुनीति कुमार चटर्जी को आमन्त्रित देखकर हुई थी।

यह प्रशस्ति समारोह साहू जैन संस्थावाले साधारणतया दिल्ली में किया करते थे। पर उस वर्ष उन्होंने यह समारोह बम्बई नगर में किया। मैं अपने परिवार के साथ बम्बई गया और तीन दिन श्री साहू जैन के घर अतिथि रहा। उस दिन का उत्सव बिरला भवन में हुआ। उसकी अध्यक्षता को सर्वोच्च न्यायालय के न्यायाधीश श्री चन्द्रचूड़ आमन्त्रित थे। उस समारोह के दूसरे दिन ही यह निर्णय करना था कि अगले वर्ष यह पुरस्कार किसे दिया जाए। उसकी बैठक श्री जैन के घर पर ही हुई। उसमें हिन्दी कवि श्री स. ही. वात्स्यायन 'अज्ञेय' को यह पुरस्कार देने का निश्चय हुआ। हिन्दी साहित्य के बारे में मेरी जानकारी बहुत कम थी, फिर भी अज्ञेयजी से परिचित था। उन्होंने लगभग पन्द्रह वर्ष पूर्व इलाहाबाद में सम्पन्न एक साहित्य गोष्ठी में मुझे बुलाया था। तब मैं उनके घर पर अतिथि रहा था।

प्रशस्ति–समारोह के दिन श्री श्रेयांस प्रसाद जैन के घर एक सहभोज हुआ। उसमें आये कई विद्वानों से मेरा परिचय हुआ। इस प्रकार तीन दिन बम्बई में बिताकर मैं सालिग्राम लौटा।

इस अवधि में

इसी अवधि में, श्रीमती इन्दिरा गाँधी लोकसभा चुनाव में हार गयी थीं जिससे उनके पक्ष को बड़ा धक्का पहुँचा था। उन्हें प्रधानमन्त्री पद भी छोड़ना पड़ा था। यह खबर भी फैली थी कि वे कर्नाटक के चिक्कमंगलूर क्षेत्र से चुनाव लड़ेंगी। तब श्री देवराज अर्स उन्हीं के पक्ष में थे। उन्होंने चिक्कमंगलूर के संसद सदस्य श्री चन्द्रे गौडा से त्यागपत्र दिलाकर उस खाली स्थान से श्रीमती इन्दिरा जी के चुनाव लड़ने का प्रबन्ध किया था। उस चुनाव की ओर सारे भारत की आँखें लगी थीं। उनके विरोध में किसे खड़ा किया जाए यह बात जनता और सी. पी. एम. पक्षवालों के लिए एक सिरदर्द थी। ऐसी परिस्थिति में दूसरे पक्षवाले उनका मुकाबला करने में अपने को असमर्थ पा रहे थे। नहीं तो राजनीति से दूर रहनेवाले व्यक्तियों के पास वे नहीं जाते। उन्होंने पहले सिने–अभिनेता राजकुमार से सम्पर्क किया। उन्होंने मना कर दिया। उसी समय मेरे सिर पर ज्ञानपीठ पुरस्कार का मुकुट रखा गया था। इसलिए जनता पक्षवालों ने मेरा नाम अभ्यर्थी के रूप में सुझाया। यह बातें पत्रिकाओं में छपीं। दूसरे लोगों ने भी मुझसे कहा। मुझे वह जँचा नहीं। इन्दिरा के विरुद्ध प्रचार कार्य करने को तो मैं तैयार था, पर स्पर्धा के लिए नहीं। पर यदि कोई स्पर्धा के लिए न खड़ा होता तो फोकट में उन्हें जगह देने की अपेक्षा मैं चुनाव लड़ने को तैयार था। राजनीति के लिए चुनाव–स्पर्धा करने की आयु मेरी नहीं थी। राजनीतिक वातावरण ने मेरे भीतर जुगुप्सा पैदा कर दी थी। उस समय मित्रों ने पूछा, "आपका नाम आया है; क्या कर रहे हैं?" मैंने कहा, "साहित्यकार के रूप में मुझे कर्नाटक में स्थान मिला है; पर मेरे अभिमानी तो समस्त कर्नाटक में फैले हैं। फिर भी ऐसे लोग चिक्कमंगलूर में सौ से ज्यादा नहीं होंगे।"

10 अक्तूबर को मैं अपने जन्मदिन के समारोह में भाग लेने जब बैंगलूर गया, तब वहाँ जनता पक्ष की ओर से यह प्रस्ताव सचमुच आया था, यह बात पता चली। इसी उद्देश्य से भी श्री जार्ज फर्नांडीस दिल्ली से मुझसे भेंट करने आये थे। मैंने उस बारे में अपने भाई से सलाह माँगी। उन्होंने "इस उम्र में तुम इस चक्कर में मत पड़ो" कह दिया। श्री जार्ज फर्नांडीस से मैंने कहा, "यह राजनीतिक दलों का आपसी संघर्ष है, अत: आप विपक्ष के किसी उम्मीदवार को ही खड़ा कीजिए। हार–जीत का प्रश्न तो बाद की बात है। यदि कोई ऐसा न मिले तो मजदूर पक्ष के श्री नम्बूदरी पाद को ही खड़ा होना चाहिए। किसी भी

राजनीतिक दल से सम्बन्ध न रखनेवाले मुझ जैसे को नहीं।'' दिल्ली में उसका निर्णय तुरन्त होना था। उसी दिन उस बात के निर्णय के लिए बैठक होनेवाली थी। जार्ज फर्नांडीस ने मुझे बताया कि श्री वीरेन्द्र पाटिल को खड़ा करने का प्रयत्न किया जा रहा है। मैंने कहा, ''ठीक है।'' तब, ''मैं फिर से शाम को आऊँगा, पाटिल यदि नहीं माने तो आपको ही मानना होगा'' कहकर वे चले गये। भाग्य से इस बात के चार घण्टे बाद पता चला कि श्रीमती इन्दिरा गाँधी के विरुद्ध पाटिल जी खड़े हो रहे हैं। मेरे सिर का भार उतर गया।

प्रचारक

मैंने जॉर्ज से कहा था कि मैं जनता पक्ष की ओर से चुनाव-प्रचार के लिए तैयार हूँ। इसलिए चुनावों के दौरान मैं कर्नाटक की जनता पक्ष की सभाओं में बोलने गया। चिक्कमंगलूर क्षेत्र में दक्षिण जिले का कारकल भी शामिल होने के कारण मैंने वहाँ के प्रचार में भाग लिया। इस प्रकार आठ-दस जगह गया। तब का एक दृश्य तो चिरस्मरणीय है। इन्दिरा गाँधी से अनेक कारणों से नाराज कई दलों के लोगों ने तमिलनाडु, केरल, राजस्थान, बम्बई आदि प्रदेश से चिक्कमंगलूर आकर इन्दिरा के विरुद्ध प्रचार किया। उस आन्दोलन में बेलतंगड़ी में पुलिस की गोली की शिकार एक छात्रा हुई। श्री देवराज अर्स ने उस गोलीकाण्ड के लिए सरकारी जाँच के आदेश दिये। उस जाँच के दौरान अँग्रेजी अखबार के एक संवाददाता ने गोलीबारी के समय लिये गये फोटो की प्रति प्रस्तुत की। पर उस जाँच का निर्णय क्या हुआ, यह अन्त तक प्रकट नहीं हुआ।

ऐसे प्रसंगों से पता चलता है कि हमारे देश के हुक्मरानों को अपना किया अन्याय भी अन्याय जैसा नहीं लगता। नित्य जीवन में भी ऐसा ही है, नहीं तो 1982 में बैंगलूर में विषैली शराब से 350 जानें यों ही नहीं जातीं। सरकार ने उस पर जबर्दस्त जाँच करायी, पर विरोधी पक्ष के सरकार सँभालने तक उसकी रिपोर्ट गुप्त ही रहनी चाहिए थी? किसी भी सभ्य देश में ऐसा हो नहीं सकता। केवल हमारे देश में ही चाहिए है। अमेरिका के वाटरगेट प्रकरण से इसकी तुलना करें तो ऐसा लगेगा कि हमारी जनता को प्रजातन्त्र की गन्ध तक मालूम नहीं। यहाँ की जनता के अधिकार और अहं को कुचलना सम्भव है। कैसे भी भयंकर अपराध यहाँ अधिकार और पैसे के बल पर इठला सकते हैं। संसार को धर्मबोध करानेवाले भरत मुनि के पुनर्जन्म को जाननेवालों के लिए ही वह सम्भव है।

मुझे इस सन्दर्भ में हुई एक घटना की याद आ रही है। बेलतंगड़ी के गोली काण्ड के अगले दिन ही प्रात:काल मैं सालिग्राम से कोक्कड नामक ग्राम जा रहा था। वहाँ पिछले दिन ही इन्दिरा गाँधी का आगमन हुआ था। वह महामाया कैसी

है यह देखने हजारों लोग इकट्ठे हुए थे। उस सभा में आये हमारे जिले के एक नेता ने जो उस समय मन्त्री भी थे, जो फरमाया उससे मैं बड़ा चकित हुआ। उन्होंने कहा, ''इस जनता पक्षवालों में इन्दिरा गाँधी की जूतियाँ उठाने की भी योग्यता नहीं।'' मैंने वह बात अपने भाषण में बताते हुए कहा, ''यह सच है, उस बात को कहनेवाले महाशय में ही वह योग्यता हो सकती है। दूसरे लोग इतने नीचे नहीं उतर सकते।'' हमारे राष्ट्रधुरीणों का मन कितना निचले स्तर तक पहुँच गया है, यह इस बात का साक्षी है।

चलचित्र

उपन्यासों की कथावस्तु

सन् 1975 के लगभग पता नहीं क्यों, फिर से मेरा मन चलचित्र की ओर जा मुड़ा। इससे पहले सन् 1935 की अवधि में अवाक् चलचित्रों के जमाने में अस्पृश्यता के सम्बन्ध में 'डोमिगो' नाम से एक लघु चित्र और 'भूत राज्य' नाम से एक बड़े चित्र का निर्माण करके उस कार्य से हाथ धो चुका था। उन दिनों मैं अधिक समय मंगलूर में बिताया करता था। तब मैंने वहाँ कुछ पाश्चात्य चलचित्र देखे। इससे पहले भी बैंगलूर और बम्बई प्रवास के समय भी एक-दो उच्च कोटि के पाश्चात्य चलचित्र देखे थे। उस जमाने में मेरे मन में देशी चित्रों के प्रति कोई अभिमान नहीं था। सिने-कला के प्रति भी मेरे मन में कोई आकर्षण न था। व्यवसाय की दृष्टि से भी उसके लिए आवश्यक पैसा, प्रयत्न, तकनीकी अनुभव आदि मेरे बूते से बाहर की बातें थीं। इसलिए लगा कि इस बारे में सोचना ही व्यर्थ है। तब भी और बाद में भी एक-दो सज्जनों ने जो इस कला से परिचित थे, मेरे उपन्यासों के बारे में रुचि ली थी। परन्तु यह सोचकर कि वे मूल कथा को अपनी घटिया रुचि के अनुसार तोड़ें-मरोड़ेंगे, मैंने इनकार कर दिया था। उन दिनों में भी, "आपकी इच्छा अनुसार ही हम चित्र तैयार करेंगे", कहकर एक प्रोड्यूसर ने एक हजार रुपये पेशगी दी थी। पर वे दुबारा लौटे ही नहीं। एक और सज्जन ने मेरे 'सरसम्मा की समाधि' उपन्यास की कथा लेने के लिए पेशगी देकर अधिकार तो ले लिया पर आगे चलकर उन्होंने उसे बनाया ही नहीं था। मेरा 'चोमन दुड़ी' उपन्यास चित्रित करने के लिए एक महाशय स्क्रिप्ट तैयार करके लाये। उसे देखकर मैंने पूछा, "महाराज, यह कहानी तो आपकी ही दिखती है, कहीं से भी मेरी नहीं। आप उसे फिल्मा लीजिए पर मेरा नाम मत दीजिएगा।" उन्होंने 'भूदान' नाम से उसका चलचित्र बनाया। यह पता नहीं चला कि उन्हें उससे लाभ हुआ कि नहीं, पर मुझे उससे कोई नुकसान नहीं हुआ।

चोमन दुड़ी

बाद में श्री मुद्दु सुवर्ण ने, जिन्होंने हमारे जिले में 'कोटि चन्नय्या' नाम का तुलु चलचित्र बनाया था, चोमड़ दुड़ी को फिल्माने की इच्छा व्यक्त की। मैंने उनको पटकथा लिखकर दे दी। उससे कुछ पेशगी भी मिल गयी। बात वहीं समाप्त नहीं हुई, उन्होंने कहा, ''मैं आपके कहने के अनुसार ही निर्देशन कराऊँगा।'' तब मैंने उन्हें उस काम के लिए बी. वी. कारन्त का नाम सुझाया। श्री सुवर्ण ने उनको निर्देशन करने के लिए मना लिया। मैंने बी. वी. कारन्त को कथा के वार्तालाप टेप करके दे दिये। साथ ही कुछ तुलु गीतों की धुनें भी दीं। बाद में, उस कथानक के लिए आवश्यक विविध स्थान और दृश्य भी दिखाये।

आगे एक दिन अपने जिले में बेलतंगड़ी कय्यूर में आयोजित चित्र के मुहूर्त पर भी मैं गया। परन्तु ऐसा नहीं लगा कि उन निर्देशक महोदय को, कलाकारों के चुनाव के समय अथवा चित्र तैयार करते समय बीच में कहीं मेरी आवश्यकता महसूस हुई हो। मेरे ही द्वारा परिचय कराये मेरे कुछ मित्रों की सहायता लेकर उन्होंने वह चित्र पूरा कर डाला। एक दिन पता चला कि वह चित्र बैंगलूर में तैयार हो चुका है। मैं जब बैंगलूर गया तो वे मुझसे मिलने आये और उन्होंने मुझसे कहा, ''आप चित्र देखने चल सकेंगे?''

मैंने कहा, ''नहीं।''

वे बोले, ''आप बुरा मान गये हैं?''

मैंने कहा, ''जी हाँ।''

मैंने आगे कहा, ''जब फिल्म बनाते समय मेरी जरूरत नहीं थी तो अब मेरा वहाँ क्या काम? जब चित्र पर्दे पर आएगा तब कहीं भी देख लूँगा।''

आगे बहुत से मित्रों ने पूछा था, ''आपको इस फिल्म से सन्तोष हुआ?'' मैं झूठ नहीं बोल सका। मैंने कहा, ''नहीं, मुझे उससे सन्तोष नहीं हुआ।'' कथानक में मेरे लिए 'दुड़ी' (ढोलकी जैसा बजाने का उपकरण) प्रमुख वस्तु रही है। उसकी आवाज और चोमा के संकट का निकट का सम्बन्ध है। चित्र में मुझे वह नहीं दीखा।

मलेय मक्कलु (मलेय सन्तान)

आगे चोमन दुड़ी को राष्ट्रपति पुरस्कार मिला। उसकी पटकथा-लेखन के लिए मुझे भी सम्मान मिला। पर उस प्रसंग की व्यथा दूर करने के लिए मेरे मन में यह विचार उठा कि मैं ही क्यों न चित्र तैयार करूँ! मैं उसी के बारे में सोचने लगा। मेरे छोटे भाई परमेश्वर ने उस बात में बड़ा उत्साह दिखाया। उसके लिए मैंने अपनी 'कुडियर कूसु' उपन्यास की कथा को आधार बनाकर पटकथा तैयार की।

उपन्यास लिखते समय मैं अपने जिले की पश्चिमी घाटी में रहनेवाले मलेकुडिय लोगों का जीवन देख आया था। उनका सरल जीवन और उनकी वह सामाजिक व्यवस्था मुझे फिल्म के लिए जँच गयी। उसे चलचित्र में आसानी से दिखाया जा सकता था। कथावस्तु भी आकर्षक थी। जब मैं इंग्लैण्ड गया था तब उनकी समस्याओं के बारे में मेरी डॉ. हाईमनडार्फ से चर्चा हुई थी। वे अगले एक-दो साल के लिए अपनी पत्नी सहित हमारे यहाँ आये थे। मैं उन्हें 'मलेकुडिय' लोगों के प्रदेश में ले गया था। तब लगा था कि कम-से-कम खर्च में श्याम-श्वेत (ब्लैक ऐण्ड व्हाइट) में एक चित्र तैयार किया जा सकता है। मैंने अपने छोटे भाई के साथ साठ हजार रुपये की पूँजी लगायी। मेरे तीन मित्रों ने भी उतना ही पैसा लगाया। उनमें एक ऐसे भी थे जिन्होंने मुझसे बात भी नहीं की थी। चित्र-निर्माण के समय ही मैंने उन्हें देखा था। इसी काम के सिलसिले में मैं एक बार फिर से उस जगह हो आया था। इस बीच यानी पिछले तीन दशकों में उन लोगों की वेशभूषा में काफी परिवर्तन आ गया था। अतः अपनी फिल्म में उन्हीं को कलाकारों के रूप में लेने की सम्भावना नहीं थी। उस कथा की पृष्ठभूमि प्राकृतिक स्थल—जंगल और पहाड़ थे। उस कथा के सारे दृश्य 'हल्लिहोले' नामक स्थान पर उपलब्ध थे। केवल एक-दो दृश्यों के लिए वहाँ से दस-बीस मील आगे जाते तो काम चल जाता।

इस कथा का मुख्य विषय था मले-कुडियों के जीवन की दाम्पत्य समस्या। वहाँ पुरुषों की अपेक्षा स्त्रियाँ कम हैं। तो भी उनमें एक ने तीन स्त्रियों से शादी कर रखी थी। मैंने जिसे वास्तव में देखा उसका नाम था सुब्बा। वह एक भालू मारकर अपने समाज में 'वीर' बन गया था। वही मेरे चित्र का नायक 'तुक्र' है। उन लोगों के यहाँ न केवल स्त्रियों की संख्या कम है, बल्कि उनके मालिकों और मालिकों के परिवारों के आ जाने से उन लोगों के परिवारों में अनबन हो जाती है।

इस चित्र का निर्देशक मैं ही था। गिरीश कासरबल्लि ने भी मेरे आग्रह पर मुझे सलाह दी। श्री एस. रामचन्द्र छायाकार थे। एक स्त्री कलाकार के अतिरिक्त, सभी पात्र 'हव्य कलाकार' थे। उनके घर की बोली दक्षिण कन्नड़ जिले की थी। इसलिए इसी जिले की, चलचित्र जगत् में प्रसिद्ध कल्पना नाम की एक लड़की से 'केम्पी' का अभिनय करने को अनुरोध किया। उसने खुशी से स्वीकार कर लिया। चित्र बनाने से पहले, सभी दस कलाकारों को इकट्ठा करके तालीम दी। बाद में तीन सप्ताह शूटिंग करते रहे। 'हल्लिहोले' के कुछ बुजुर्गों ने उस समय जो सहायता दी उसे कभी नहीं भुलाया जा सकता।

विशिष्टता

यह चित्र मेरे लिए तो एक तरह से साहस का काम था। हमारे यहाँ संवादों को डबिंग करने की प्रथा है। मैंने यहाँ संवादों का शूटिंग के साथ ही अंकन किया। चलचित्र के संस्करण का काम बैंगलूर की चामुण्डी लेबोरेटरी में हुआ। बाद में उसका पृष्ठ-संगीत जोड़ने के लिए मुझे सबने मद्रास जाने को कहा। मैंने वह भी बैंगलूर में ही पूरा किया। आकाशवाणी के श्री एम. बी. कृष्णमाचार्य ने उसके लिए आवश्यक पृष्ठ-संगीत की व्यवस्था की। बैंगलूर के चामराजेन्द्र टेकनालाजिकल प्रिंसिपल राममूर्तिजी ने अपनी संस्था में ही ध्वनि-संयोजन की व्यवस्था करा दी। मैंने बाहर से अपने चलचित्र के लिए यदि कोई सहायता ली तो वह थी बम्बई फिल्म डिविजन से चार-सौ फुट लम्बी वन्य-जीवन की रील। मद्रास से दो-सौ फुट लम्बे दो दृश्य भी लिये। मेरा एक और प्रयास था। लोग चित्र के अलग टुकड़ों की प्राय: तीन-तीन बार फोटो लेते हैं पर मैंने एक ही बार लेकर वह काम पूरा कर डाला। इस प्रकार बिना किसी अड़चन के 22500 फुट लम्बे निगेटिव से बारह हजार फुट लम्बा चलचित्र तैयार हो गया। यह सब एक तरह से मेरे लिए सन्तोष की ही बात थी। इस चलचित्र के काम में तथा आगे भी मेरे मन में कभी यह भाव नहीं उठा कि यह चित्र कहीं खराब हो गया हो तो।

मौन समीक्षा

पत्रकारों को बुलाकर मैंने वह चलचित्र दो-दो बार दिखाया। मैंने सुना था कि पत्रकारों को खुश करने के लिए हजारों रुपये खर्च किये जाते हैं, मैंने ऐसा नहीं किया। उन्हें एक साधारण जलपान से अधिक का आतिथ्य नहीं दे सका। अत: चित्र के समीक्षकों ने पूर्णरूप से मौन समीक्षा करके मेरी सहायता की।

मैंने चित्र तैयार करने से पहले ही बैंगलूर की एक चित्र-वितरक संस्था के मालिक से बात की और अपने चित्र के वितरण में सहायता माँगी। मेरा उनका चालीस वर्ष से भी पुराना स्नेह था। वे चित्र-वितरण के काम में पर्याप्त अनुभवी थे। पता नहीं उन्होंने क्या समझा और वे बोले, "मैं पैसा नहीं लगा सकता। रहा सहा पैसा कर्ज देकर लाचार हो गया हूँ।" तब मैंने उनसे कहा, "मैं पैसे की सहायता के लिए नहीं आया। आप केवल उसके वितरक बन जाइए।" इसे उन्होंने खुशी-खुशी स्वीकार कर लिया। इस तैयार चित्र को बिना किसी अड़चन के सेंसर ने भी पास कर दिया। वितरक की सलाह के अनुसार, मैंने उसकी चार प्रतियाँ बनवायीं। तब के सूचना-मन्त्री श्री के. एच. श्रीनिवासराय सरकार की ओर से सहायता धन देने आगे आये। अनन्तर प्रदर्शन के लिए 'कर रियायत' पाने का प्रयत्न किया। उसके लिए मेरे एक मित्र ने विधानसौध की दौड़-धूप शुरू की। उससे

केवल समय सरकता गया, कोई लाभ नहीं हुआ। एक दिन मेरे मित्र सूर्यनारायण अडिग ने मुझसे पूछा, ''आपके चलचित्र का क्या हुआ?'' मैंने कहा, ''टैक्स फ्री कराने के लिए कोशिश कर रहा हूँ।'' उन्होंने कहा, ''मैं वित्तमन्त्री से बात करूँगा।'' चित्र एक महीने के लिए 'टैक्स फ्री' हो गया। तब विधान-सौध से सम्बन्धित अधिकारीगण तथा अन्य लोगों ने भी मेरे मित्र को ऐसे दिखाया मानो वह उन्हीं की मेहरबानी हो।

चित्र के प्रथम प्रदर्शन के लिए बैंगलूर में थियेटर भी तो मिलना चाहिए था। एक संस्था ने अपने हाल का एक सप्ताह का किराया बारह हजार रुपये माँगा। वह भी चार भाग काले धन और दो सफेद धन के रूप में। वह बात मुझे पसन्द नहीं आयी। मैंने फिल्म चेम्बर के सदस्य भक्तवत्सलम् से इस दिशा में सहायता माँगी। उन्होंने एक थियेटर की व्यवस्था करा दी। उनके लिहाज के कारण एक थियेटर के मालिक ने सप्ताह में बारह हजार रुपये किराये पर चित्र प्रदर्शन की स्वीकृति दे दी। पहले सप्ताह में उन्नीस हजार की आमदनी हुई। लेकिन दूसरे सप्ताह मेरा चलचित्र लगाया नहीं, क्योंकि मेरे पैसे में काले धन का हिस्सा नहीं था। उन्होंने दूसरे सप्ताह दूसरा ही चलचित्र प्रदर्शित किया। आगे एक-दो वितरकों की सहायता से एक-दो जगह और भी वह प्रदर्शित हुआ। एक सज्जन ने तो मेरा चलचित्र प्रदर्शित करके मुझे सूचना तक नहीं दी। इस प्रकार उससे हुई आमदनी से तो मेरा विज्ञापन का खर्च भी नहीं निकल सका। मेरे चलचित्र की चार प्रतियों में केवल एक की ही जरा माँग रही। केरल की कुछ कला-प्रेमी संस्थाओं ने स्वतन्त्र रूप से मँगवाकर उसे देखा। खैर, कुछ ही महीनों में पता चला कि मेरे चलचित्र में वितरकों की कोई रुचि नहीं। सरकार की दी एक लाख रुपये की सहायता से मेरा आधा खर्च हाथ लगा।

थोड़ा असन्तोष

मेरे प्रयत्नों के लिए और उससे हुए नुकसान से मुझे दुःख नहीं हुआ, परन्तु मुझ पर भरोसा रखनेवाले जिन मित्रों को जो नुकसान हुआ उसका मुझे दुख है।

यह चलचित्र होकर भी न होने जैसा हो गया। अगले कुछ ही दिनों में मेरे चित्र की प्रधान अभिनेत्री नहीं रही। यही उसका अन्तिम चलचित्र था। वह एक नाटक मण्डली में काम कर रही थी। वहाँ सन्देहास्पद स्थितियों में बेचारी मौत का शिकार हो गयी। उसे न्याय नहीं मिला। जब भी अपने उस घाटे के चलचित्र को याद करता हूँ तब उस भाग्यहीन अभिनेत्री की बरबस याद हो आती है।

बैंगलूर में एक थियेटर में मैं अपने एक प्रिय मित्र को साथ लेकर दूसरी बार अपना वह चलचित्र देख रहा था। वे मेरे बड़े ही गहरे मित्र थे फिर भी मेरे

पात्रों के संवादों का प्रत्येक शब्द उनके मन में असन्तोष पैदा कर रहा था, यह उनके उद्‌गारों से पता चला। चलचित्र की संवाद-शैली से भी वे असन्तुष्ट हुए होंगे। उसका जिम्मेदार तो मैं था, मेरे पात्र नहीं। अभिनय और संवाद के बारे में मेरे विचार स्पष्ट थे। चाहे अभिनय हो या संवाद, केवल तात्पर्य व्यक्त कर देने से ही काम नहीं चल जाता। मुँह से निकलनेवाले प्रत्येक शब्द में बोलनेवाले के मनोभाव और शब्द का अर्थ श्रोताओं को स्पष्ट रूप से ध्वनित होना चाहिए। इसके लिए तो मैंने एक-दो दशक परिश्रम भी किया है। जल्दी-जल्दी पुस्तक पढ़ने के समान यदि संवाद बोल दिये जाएँ तो बहुत-से लोगों को वही स्वाभाविक लगते हैं। मेरे विचार से मुँह से निकलनेवाले हर शब्द से बोलनेवाले के मनोभाव और अर्थ श्रोताओं तक उसी रूप में पहुँचने चाहिए।

देश-विदेश में

साहित्यकार के रूप में

मेरे हँसने-खेलने की भूमि, साँस लेने की भूमि कन्नड़नाडु है। मेरी भाषा कन्नड़ है। मैं अपनी इच्छा, अनिच्छा, अपेक्षा, चिन्ता, सन्तोष, सुख-दुख कन्नड़ में ही व्यक्त कर सकता हूँ और करता चला आ रहा हूँ। तात्पर्य यह कि मैं केवल कन्नड़वालों को ही ध्यान में रखकर लिखता हूँ। भारत उससे बड़ा है। जगत् उससे भी पता नहीं कितना बड़ा है! इतने बड़े जगत् के बारे में कुछ भी कहने के लिए मेरी भाषा पर्याप्त नहीं, मेरी योग्यता भी पर्याप्त नहीं। परन्तु दुनिया के कुछ देशों का भ्रमण कर लेने के बाद, वहाँ की जनता की क्या-क्या उपलब्धियाँ हैं, इसकी थोड़ी-सी जानकारी मुझे मिली है। जल्दी-जल्दी में एक-एक देश को एक-एक दो-दो दिन देख पाने पर भी मेरी आँखें उसे भूल नहीं सकतीं।

कल और आज

रोम जैसा पुरातन नगर देखकर आगे चला; तो इटली के वेनिस, फ्लोरेंस जैसे पुरातन नगरों के दर्शन करने पर, इटली के प्राचीन इतिहास की एक झाँकी मिली। जिन देशों को देख नहीं पाया था उनका इतिहास पढ़ा था। इसलिए प्राचीन लोगों की साधना का ज्ञान मुझे था। इसी दृष्टि से मैंने कई बार भारत का भ्रमण किया और अपने पूर्वजों की साधना को भी पहचाना है। अपने देश के बारे में ज्ञान होने से, उसके प्रति मुझमें गर्व भी है। उन्हीं के साथ दुखद ऐतिहासिक घटनाओं तथा गत करोड़ों लोगों के आँसुओं की भी याद है। यह सब तो विगत काल की यादें हैं। इतिहास के अध्ययन में, इस निष्कर्ष पर पहुँचा हूँ कि प्रत्येक महान राष्ट्र ऐसे ही आँसुओं में डूबकर उभरा है। कोई भी ऐसा देश नहीं जिसने मानवकुल की क्रूरता की चरम सीमा न देखी हो। वह सब सहकर ही आगे की पीढ़ियाँ अपने भविष्य का निर्माण करती आयी हैं। वह सब हर देश की जनता का सामूहिक कर्म-फल है।

अपने यूरोप प्रवास में मुझे यह देखने को मिला कि वहाँ के प्राचीन लोगों

का कर्मफल कैसा था। मेरे जन्म के बाद हुए विश्व के दो महायुद्धों ने और जापान का मांचुको विजय, मानवकुल की क्रूरता, और आधुनिक शस्त्रास्त्र की साधना ने यह दिखा दिया कि करोड़ों लोगों की कितनी भयंकर हानि हो सकती है।

अद्भुत में भी अद्भुत

अपने उन्हीं प्रवासों से मैंने एक और विचित्र अनुभव किया। वह है इन विश्वयुद्धों से मानव की क्रूरता के शिकार हुए देश के देश युद्ध की रुद्र-भूमि बने। फिर भी वे बचे रहे और उस डरावने प्रेत से बचकर वे कैसे आगे बढ़े हैं यह भी मैंने देखा। करोड़ों जीवों में; उनमें भी विचार और बुद्धि से विकसित मानव में भी जीने की इच्छा ने यह दिखा दिया कि कैसी-कैसी साधना की जा सकती है। उसी से वह रुद्र-भूमि नन्दन-वन बन गयी।

ऐसा ही एक सपना

ऐसी ही साध्यता का सपना मैंने छुटपन में तब भी देखा था जब मैंने सन् 1922 में असहयोग आन्दोलन में कदम रखा था। लगभग पच्चीस वर्ष बाद, यानी सन् 1947 में भारत को परतन्त्रता से मुक्त होते देखा। पर उसके आगे क्या देखने मिला? जीवन की सफलता विदेशों में देख आने के बाद, मुझे स्वतन्त्रता के बाद हुई भारत की प्रगति ने जो दुःख दिया वह और किसी घटना ने नहीं दिया। महात्मा गाँधी के बाद हमारे राजनीति के आकाश में उतर आये कई नेताओं और उनके अनुयायियों का व्यवहार आज तक भी मुझे यातना दे रहा है।

यह यातना दिन-दिन बढ़ती ही जा रही है, कम नहीं हुई है। जब से बेईमानी, धोखाधड़ी, सार्वजनिक लूट-खसोट हमारे नेताओं का उद्देश्य बना और जब से चिकनी-चुपड़ी बातें और सब्जबाग उनकी जबान पर नाचने लगे और ऐसे लोगों के अनुयायियों की संख्या जब गाँव-गाँव में नारे लगाने लगी तभी से मेरे भावी भारत का सुनहरा सपना चूर-चूर हो गया। आज मुझमें भारतीय होने का गर्व लेशमात्र भी बाकी नहीं। मुझे स्वयं को भारतीय कहने में शर्म आती है। स्वतन्त्रता के बाद के वातावरण को कलुषित करने में मेरा कोई हिस्सा न होने पर भी मुझे शर्म आती है।

अपने सुख से बढ़कर

मेरी आर्थिक स्थिति में कुछ सुधार आया। कन्नड़वालों ने मेरी योग्यता से भी बढ़कर मुझे सम्मान दिया। परन्तु लगता है कि हमारे जीवन के प्रत्येक क्षेत्र में गन्दगी भर गयी है। साहित्यिकों का क्षेत्र भी उसमें अपवाद नहीं।

जब भी मुझे अपना असन्तोष व्यक्त करने का अवसर मिला, मैंने व्यक्त किया। सन् 1978 के चुनावों में और बाद के चुनावों में भी राजनीतिक क्षेत्र को कलुषित करनेवाली नेहरू की बेटी के प्रति मैंने अपना असन्तोष व्यक्त किया ही है।

स्वतन्त्रता-प्राप्ति के बाद, मेरे लिखे 'गोंडारण्य', बाद के 'मूजन्म,' 'अदेऊरु अदे मरा' (वही गाँव और वही पेड़), 'नावुकट्टिद स्वर्ग' (हमारा बनाया स्वर्ग) आदि उपन्यास मेरे मन के दु:ख की प्रतिक्रियाएँ ही हैं।

इस प्रकार की प्रवृत्तियाँ हमारे जीवन के सभी क्षेत्रों में दिखाई दे रही हैं। इसे कला का बाना पहनाकर, साहित्य का मुखौटा लगाकर, साधु-सन्तों की भक्ति का दिखावा करके अथवा मन्दिर तथा अन्य अनेक पुण्य-क्षेत्रों के उत्सव कराकर, सार्वजनिक सम्मेलनों का आयोजन करके दिखाना यह सब अपनी बेशर्मी और स्वार्थी जीवन की दुर्गन्ध छिपाने को अगरबत्ती जलाने की तरह है। आगे कभी अच्छा जमाना आया तो हमारे पोते-पड़पोते जो इतिहास लिखेंगे, वे इसका वर्णन दु:खी लेकिन निडर होकर करेंगे।

आठवें दशक का लेखन

साहित्य और कला मेरे लिए अपना दु:ख भूलने के साधन हैं। उसके पूरक के रूप में अध्ययन और संचार मेरे जीवन को शक्ति प्रदान करते चले आ रहे हैं।

साहित्य से सम्बन्धित तथा प्रत्यक्ष एवं परोक्ष रूप से मेरी पहुँच में आनेवाले मूल्यों को मैं बनाता चला आ रहा हूँ। ऐसे मूल्यों के मानदण्ड पर बनी विचारधारा और संगृहीत ज्ञान जगत् में खूब विकसित हो रहे हैं। उनमें प्रत्येक अनुभव ने मेरी दृष्टि को अपनी प्रबल भँवर की ओर खींचा है। इसीलिए मेरे लेखन के मानदण्डों पर मेरे नव-प्राप्त ज्ञान ने प्रभाव डाला। आधुनिक विज्ञान की चकाचौंध से दूर खड़े होकर, तब से अब तक एक ही पथ पर चलनेवालों को तथा अपने अथवा दूसरों से उधार लिये मापदण्ड अपनाकर चलनेवालों को मेरे दृष्टिकोण असमाधान पैदा कर सकते हैं। मेरा वैयक्तिक आदर्श और मापदण्ड जो भी हो, वह मेरे जीवन तक सम्बन्धित है। परन्तु मेरे उपन्यासों में आनेवाले पात्र मुझसे पृथक् व्यक्तित्व रखते हैं—यह बात ध्यान में रखकर ही उनका व्यवहार जानने और मापने का प्रयास करता आ रहा हूँ।

मनगल सुलियल्लि (तन-मन)

आठवें दशक में मैंने खूब लिखा है। कहना चाहिए कि हर वर्ष एक उपन्यास लिखा गया है। उनमें यहाँ एक-दो के बारे में कहना उपयुक्त होगा। हमारे जीवन पर

सबसे अधिक प्रभाव डालनेवाली यदि कोई समस्या है तो वह है स्त्री-पुरुष का सम्बन्ध। यह समस्या जितनी बड़ी है उतनी ही जटिल है। पेट भरने की समस्या से भी अद्‌भुत आकार है इसका। इसके बारे में मैं पहले से ही बड़ी सतर्कता से लिखता आ रहा हूँ। पाठकों की चपलता को बढ़ाने का मैंने कभी प्रयत्न नहीं किया। स्त्री-पुरुष की शृंगार प्रवृत्ति के पीछे निसर्ग का क्या उद्देश्य है, उसकी पकड़ कितनी है, वह मनोदैहिक प्रवृत्ति है इसलिए मानव में उसने कितने रूप धारण किये हैं, उनमें कौन-सा अंश जुगुप्सा पैदा कर सकता है, कौन-सा नशा पैदा कर सकता है, कौन-सा जीवन के सौन्दर्य में वृद्धि कर सकता है—इन सबको बिम्बित करने के लिए मैंने 'तन-मन' उपन्यास लिखा। उसमें मैंने यह चित्रित किया है कि एक ही स्त्री पात्र उपर्युक्त सभी बातों पर कैसी प्रतिक्रियाएँ व्यक्त करती है। उपन्यास के एकदम अन्त में सार्थक दाम्पत्य के उदाहरण के लिए अपनी आँखों देखे अस्पृश्य परिवार के वृद्ध दम्पती का चित्रण किया है।

मेरे पाठकों को अभी तक अधिक आकर्षित न करनेवाला उपन्यास है 'इलेयेंब'। यह शब्द नाट्य साहित्य से सम्बन्ध रखता है। साहित्यकार दूसरों को समझने के प्रयास में लगा रहता है, इसलिए उसका अनुभव ज्यादा होना चाहिए। उसे जीवन का अर्थ समझना चाहिए। तब हमारे समक्ष जो प्रश्न उठता है वह है कि 'हम दूसरों को कितना समझ सकते हैं।' उसकी सीमा को जताने के लिए रंगमंच में अभिरुचि रखनेवाले कुछ तरुण-तरुणियों को लेकर उनके द्वारा खेले जानेवाले नाटक और उनके जीवन के बीच का अन्तर व्यक्त करने का प्रयास किया।

यहाँ दूसरों को समझने के प्रयत्न की सीमा मुझ साहित्यकार की सीमा को व्यक्त करती है। मैं दूसरों से अलग नहीं।

स्मृति-पटल से

इस अवधि में लगभग तीन साल लगाकर तीन भागों में अपने जीवन की स्मृतियाँ लिखकर 'स्मृति-पटल' नाम दिया। इसमें मैंने अपने गत 75 वर्ष की दीर्घावधि की बातें याद करके लिखीं। बहुत-सी बातें तो स्मृति से छूट भी गयी हैं। इसमें मैंने प्रत्येक विषय का वर्गीकरण करके लिखा है। उस प्रयत्न में पुनरावृत्ति हो सकती है। मेरा उसे लिखने का उद्देश्य यह है कि मैंने जो प्रयोग किये और जो ज्ञान प्राप्त किया उससे ऐसे कार्य में अभिरुचि रखनेवालों को लाभ हो। अपने जीवन तथा कार्यों में मैं जिन-जिन का ऋणी हूँ उनका भी अपनी इस रचना में मैंने उल्लेख किया है। मेरा यह आभार प्रत्यक्ष और परोक्ष दोनों रूपों में मेरी सहायता करनेवालों के प्रति है। बहुतों को मैंने देखा भी नहीं पर उनकी पुस्तकों

से मैंने लाभ उठाया है। मैं उनके प्रति भी आभारी हूँ। मैं तो एक छोटा-सा साहसी हूँ, पर मुझ पर प्रभाव डालनेवाले व्यक्ति और विषय असंख्य हैं। मेरी आत्मकथा इस 'स्मृति-पटल' से भिन्न है। इसमें 'मैं' शब्द का प्रयोग बहुत हुआ है। उसमें कालक्रम के अनुसार जीवन का चित्रण है।

कोशकारों के साथ

अपने ही भाषा कार्य के लिए और कन्नड़ के अध्यापकों की आवश्यकता को ध्यान में रखकर मैंने पाँचवें दशक में 'सिरि गन्नड अर्थ कोश' तैयार किया। उसका दूसरा संस्करण थोड़ा परिवर्धित करके निकाला। आगे ऐसा ही एक काम मैसूर विश्वविद्यालय के 'डीन' श्री जवरे गौडा ने मुझे सौंपा। वह विश्वविद्यालय के तत्त्वावधान में तैयार होनेवाला 'इंगलिश-कन्नड़ कोश' के नये संस्करण का कार्य था। उसके पहले संस्करण का कार्य ऑक्सफोर्ड के शब्दकोश के आधार पर किया गया था। उन्होंने मुझे उस कार्य में सहयोग देने को कहा, इसलिए शब्दकोश के संस्करण-मण्डल का सदस्य बनकर पाँच-छः वर्ष तक, महीने में चार-पाँच बार समिति में भाग लेने मैसूर जाता रहा। बैठक से पूर्व वे लोग विचारार्थ जो शब्द-सूची भेजते थे उसे ध्यान से पढ़कर मैं उसके पर्याय सुझाता था। समिति के उद्घाटन के दिन उसके अध्यक्ष प्रो. रंगण्णा ने कहा, "यह कार्य हमें तीन वर्ष में पूरा करना है।" यह सुन मुझे थोड़ा डर-सा लगा, क्योंकि पहलेवाले विद्वानों ने कई वर्ष लगाकर बड़े श्रम से उसे तैयार किया था। उस कार्य में मुझे जो सबसे बड़ी कठिनाई दिखी वह थी—मूल ऑक्सफोर्ड में शब्द, उनके प्रयोग सरल भाषा में सरल एवं उचित ढंग से सूचित करते हैं। अँग्रेजी में दैनिक प्रयोग में आनेवाले शब्दों का उदाहरण देते हैं। वह 'अँग्रेजी' पता नहीं, अमेरिका के लोगों को कैसी लगी परन्तु उसमें सूचित पर्याय और अर्थ सामान्य लोग भी समझ सकते हैं। पर मुझे ऐसा नहीं लगा कि हमारे यहाँ लोग पदों के ऐसे सरल अर्थ दे पाएँगे। उसके बदले वे एक-दो वाक्यों में अर्थ व्यक्त करने का प्रयास करेंगे। एक कमी यह भी थी कि एक शब्द के लिए समानार्थ व्यक्त करते समय कर्नाटक के विविध प्रान्तों में उसके लिए प्रचलित सभी शब्दों का बोध नहीं था। सारा कन्नड़ प्रदेश एक होने के बाद भी वह प्रयत्न नहीं हो पा रहा था; अतः मुझे लगा कि मैसूर विश्वविद्यालय का यह कोश केवल पुराने मैसूर वालों के लिए ही उपयोगी होगा।

इस बीच आधुनिक वैज्ञानिक शब्दों को चुनकर उनके लिए समान पारिभाषिक शब्दों के निर्माण का कार्य भी हमारे यहाँ लोगों ने उठाया। एक शब्दकोश में भले ही कोई शब्द रहे वह अर्थ-द्योतक तभी होता है जब दूसरे ग्रन्थों में उसका प्रयोग हो। लेकिन हमारे मित्रों का दृष्टिकोण था कि हम जिन शब्दों

का निर्माण करेंगे जनता उन्हें प्रयोग में लाए। कर्नाटक में प्रचलित सरल वैज्ञानिक पुस्तकों में प्रयुक्त अँग्रेजी शब्दों के अलग-अलग प्रदेशों में अलग-अलग पर्याय दिये गये थे। अब हम अँग्रेजी वैज्ञानिक शब्दों के संस्कृत भाषा की सहायता से पर्याय सुझाने लगे। अब तक जो वैज्ञानिक पुस्तकें नहीं लिखी गयी हैं और जो लिखी जा रही हैं, उनमें उन पारिभाषिक शब्दों को भी जोड़ने लगे। मुझे वह प्रयास पसन्द नहीं आया। यदि ऐसा करना ही हो तो जिस शब्द का हम प्रयोग करते हैं वह अर्थ का बोधक होना चाहिए।

यह कार्य पाँच वर्ष तक चला फिर भी कोश का तिहाई भाग भी पूरा न हो पाया। इस अनुभव के बाद, बैठक में प्रत्येक शब्द पर चर्चा की पद्धति छोड़कर सदस्यों से आग्रह किया गया कि वे घर से ही पर्याय सुझाएँ। यह काम भी सात-आठ वर्ष तक चला। तब भी वह काम दो-तिहाई तक ही पहुँच पाया।

ऐसा क्यों होता है

इस कार्य में सबसे बड़ी दिक्कत यह होती है कि कोश के इस बृहत् कार्य को सम्पन्न करने के योग्य अनुभवी लोग कम हैं। अँग्रेजी भाषा की शब्द सम्पत्ति बहुत विकसित है। हमारी भाषा इतनी विकसित नहीं है। यदि हो भी तो आसपास के कन्नड़ प्रदेश में अँग्रेजी पद के लिए कौन-सा अँग्रेजी पर्याय है, यह बताने की विद्वत्ता की कमी है। शुरू के मण्डल के सदस्यों में भी बैठक में आकर मात्र कार्य-सूची की प्रति खोलकर देख लेनेवाले लोग ही अधिक थे। उनमें अधिकांश कार्य के प्रति उदासीन थे। डॉ. शिवप्पा जैसे पहले से तैयारी करके आनेवालों की संख्या बहुत कम थी। इसलिए बैठक में ही चर्चा करके सही पर्याय खोजने पड़ते थे। इस विधि से कार्य के सम्पादन में तो विलम्ब होना ही था। बीच-बीच में कुछ परिवर्तन भी होते रहे। कोश के कार्य से अनभिज्ञ लोगों के द्वारा ऐसा होना सम्भव भी था।

इस प्रकार कार्य के शुरू में अध्यक्ष का दिया आश्वासन कि काम तीन वर्ष में पूरा हो जाएगा, झूठा रहा। अध्यक्ष महोदय भी कार्य की व्यापकता को समझे बगैर ही ऐसा आश्वासन दे बैठे थे। तेरह वर्ष तक इस पर काम करने पर भी कार्य पूरा न हो सका। स्वयं देखनेवाले और उसे मूर्त रूप में लानेवालों में कितना अन्तर होता है!

राजनीतिक वातावरण

यह दशक राजनीतिक दृष्टि से देश के लिए अत्यन्त कलुषित दशक था। इन्दिरा गाँधी के पदच्युत होने के बाद, जनता पक्ष अधिकार में आया। लोगों का विश्वास

था कि ये ईमानदारी से और प्रभावशाली ढंग से राज्य का संचालन करेंगे, पर ऐसा नहीं हुआ। जनता पक्ष के प्रमुखों के दुरभिमान और दुराशा के फलस्वरूप यह स्वार्थ और कुतन्त्र की बलि हो गया। विविध पक्षों के शकुनि प्रभावशाली हो उठे। ऐसे में सौ में पचास लोग प्रधानमन्त्री पद की ओर आँखें गड़ाने लगे। यही नहीं, उनमें कुछेक वयोवृद्ध अपने आपको भीष्माचार्य के समान मेधावी और इच्छामरणी भी समझने लगे। उन प्रमुखों में भी कुछ ईमानदारों को मैंने दूर से देखा है।

सरकार का आमन्त्रण

इस अवधि में केन्द्र सरकार के सूचना-मन्त्री श्री आडवानी ने सिने-उद्योग के बारे में सरकार की क्या नीति होनी चाहिए, इसकी एक रूपरेखा बनाने के लिए एक समिति की स्थापना की। पता नहीं, किस कारण आपातकाल के बाद मेरा और उनका परिचय हुआ था। इसलिए उन्होंने मुझे उस समिति का अध्यक्ष नियुक्त किया। उस क्षेत्र से सम्बन्धित कुछ कलाविद् और कुछ उद्योग-विशेषज्ञों को सदस्य नियुक्त किया गया। सूचना मन्त्रालय के सचिव श्री शर्मा को उस समिति का कार्यनिर्वाहक नियुक्त किया गया। जब श्री आडवानी बैंगलूर आये तब मैं उनसे और सचिव महोदय से मिला और उनसे समिति के कार्यकलापों की चर्चा की। उन्होंने मुझसे कहा, ''एक वर्ष के भीतर जहाँ तक हो सके एक सर्वसम्मत रिपोर्ट तैयार कीजिए।'' मैं उस क्षेत्र के लिए नया था। वह भार मेरी क्षमता से कुछ ज्यादा ही था परन्तु उसकी विविध समस्याओं से परिचित विशेषज्ञ उसमें अवश्य होंगे, इस विश्वास से मुझे उनकी बात स्वीकार करनी पड़ी। घर लौटते ही समिति की पहली बैठक बम्बई में बुलाने की विज्ञप्ति जारी की गयी। पहले यह निश्चय हो चुका था कि उसका कार्यालय बम्बई में ही होगा। तब तक पहले के सचिव बदल गये थे। उनकी जगह पर श्री कपूर की नियुक्ति हो चुकी थी। उन्होंने हमारे काम की सहायता के लिए आवश्यक सभी प्रशासनिक सुविधाएँ प्रदान कीं।

इसी प्रकार जनता सरकार ने 'फिल्म डिवीजन' के पुनरुज्जीवन के लिए एक समिति की नियुक्ति की थी। श्री हृषिकेश मुखर्जी उसके अध्यक्ष थे। मैंने तो अपनी समिति के सदस्यों को पहली बैठक की तिथि सूचित कर दी थी। पर इसके कुछ ही दिनों में जनता सरकार गिर गयी। उसके पतन के बाद, उसके द्वारा नियोजित समितियों का क्या होगा, यह प्रश्न मुझे सताने लगा। मुझे लगा कि मुझे अपने अध्यक्ष पद से त्याग-पत्र दे देना चाहिए। तभी इन्दिरा सरकार के सूचना-मन्त्री श्री वसन्त साठे ने फिल्म डिवीजन के लिए बनायी गयी समिति को रद्द कर दिया। इससे मेरा विचार और पक्का हो गया। पर तब तक मैंने अपनी समिति की पहली बैठक बुला ली थी। मैं सोच रहा कि उसे भी रद्द कर दिया जाएगा।

परन्तु जब मैं मन्त्री महोदय श्री साठे से मिला तो उन्होंने कहा, ''आप अपना काम जारी रखिए।'' तभी मुझसे वह कार्य आगे बढ़ाना सम्भव हो सका।

जटिल समस्या

इस समिति का अध्यक्ष-पद स्वीकार करते समय ही मैं जानता था कि काम कितना जटिल है। उसमें कच्ची फिल्म के उत्पादन के प्रश्न से लेकर, चित्र बनाने, प्रदर्शन, व्यापार, व्यवहार आदि समस्त प्रश्न जुड़े हुए थे। चलचित्रों के विभिन्न उद्देश्य, उनका वितरण, लाभ-हानि, थियेटर, उनके खर्च आदि के प्रश्न भी जुड़े थे। साथ ही, आयात-निर्यात कर आदि के प्रश्न भी उठते हैं।

इससे पहले श्री एस. के. पाटिल के नेतृत्व में एक रिपोर्ट तैयार हुई थी और उनके बाद श्री खोसला की अध्यक्षता में एक और रिपोर्ट तैयार हुई थी। वे दोनों रिपोर्ट हमारे सामने थीं। उनके द्वारा की गयी कई सिफारिशों की ओर ध्यान ही नहीं दिया गया था। ऐसे विषयों की चर्चा करके एक सर्वसम्मत रिपोर्ट तैयार करना शायद सम्भव नहीं होगा—यह डर मुझे सता रहा था। जो भी हो, डेढ़ वर्ष की अवधि में आठ-दस बैठकें करायीं और उससे सम्बन्धित सारे विषय संगृहीत करके परिशीलन किया।

समिति के एक दल ने सिने-उद्योग के और उसके प्रत्येक यन्त्रादिक के बारे में यदि स्वतन्त्र होना हो तो हमें क्या करना होगा—इस बारे में पूरी छानबीन की। सिनेमा को कला के रूप में विकसित होना चाहिए, उसके द्वारा जनता को शिक्षित करना, जनता को मनोरंजन प्रदान करना चाहिए आदि परस्पर विरोधी बातें भी उसमें थीं। सरकार के करों की नीति भी इसमें जुड़ी हुई थी यानि सरकार की आमदनी और उसके अधिकारों की सीमा के बारे में भी हमें सलाह देनी थी।

सदस्य

इस समिति के सदस्यों में अधिकांश लोग उस क्षेत्र से सम्बन्धित ही थे। उनमें ऐसे भी थे जो चलचित्र को एक उत्तम कला के रूप में विकसित करना चाहते थे। कुछेक ऐसे भी थे जिनका कहना था कि जिस चलचित्र से ज्यादा आमदनी होती है वही जनप्रिय चलचित्र होता है। कुछ लोग अपने स्वार्थ के ही आधार पर अपना तर्क प्रस्तुत कर रहे थे। उनमें एकता लाना बड़ा कठिन था।

यदि सारी बातें कहने बैठूँ तो एक पुराण ही बन जाएगा। यहाँ केवल एक-दो प्रसंग ही रखे जा सकते हैं। उनमें श्याम बेनेगल और अडूर गोपाल कृष्ण जैसे कलानिष्ठ लोग थे, तो दूसरी ओर जनता के लिए मनोरंजन ही मुख्य है, कहनेवाले रामानन्द सागर और बड़जात्या भी थे। इस उद्योग से सम्बन्धित प्रत्येक पहलू को

देखना था। समिति के सदस्यों के अतिरिक्त, सिने-क्षेत्र से सम्बन्धित विशेषज्ञ, तकनीशियन, कलाकार, शिक्षक आदि से भी सलाह लेनी थी। ऐसे विषय में कर्नाटक के भक्तवत्सलम् जैसे वाक्-पटु और तीक्ष्ण बुद्धिवाले लोग बहुत कम मिले। जो भी हो, एक सर्वसम्मत रिपोर्ट तैयार हुई। उसमें किसी ने अपना विरोध नहीं उठाया। मैंने वह काँग्रेस सरकार के सूचना-मन्त्री श्री वसन्त साठे को सौंप दी। तब जाकर मेरी जिम्मेदारी पूरी हुई। सरकार प्रायः ऐसी रिपोर्ट तैयार कराती रहती है। उन्हीं के साथ इसे भी लम्बी अवधि तक दबाकर रख दिया जाए तो यह उसकी जिम्मेदारी है, मेरा दोष नहीं। मुझे इस कार्य में जिन सदस्यों और सरकार के अधिकारियों ने सहायता दी उन्हें मैं कभी नहीं भूल सकता। मैं सदा उनका आभारी रहूँगा।

इस क्षेत्र में अपार धन खर्च होता है। वह आँखों को दीखता नहीं। ऐसा एक उदाहरण हमारी समिति ने प्रस्तुत किया। हमारे देश की जितनी फिल्म हर वर्ष प्रयोग में लायी जाती हैं उससे साढ़े बारह करोड़ रुपये की विदेशी मुद्रा प्राप्त हो सकती है—यह बात हमने अपनी रिपोर्ट में दिखायी थी, पर इस ओर सम्बन्धित मन्त्री और सरकार का ध्यान ही नहीं गया। इस तरह की एक बात ही अपनी सारी कहानी बता सकती है।

आगे

इस भार से मुक्त होकर गाँव लौटने के बाद लिखने, पढ़ने, या अपनी कोई-न-कोई इच्छा पूरी करने का अवकाश मिला। मैं अपने देश की राजनीतिक स्थिति देखकर निराश हो चुका था। उसे दर्शाने के लिए मैंने 'नावु कट्टिद स्वर्ग' (हमारा बनाया स्वर्ग) नाम से एक उपन्यास लिखा।

हांगकांग से बुलावा

मेरे मित्र श्री हरिदास भट्ट ने मुझे बताया कि हमारी सरकार के सांस्कृतिक विभाग द्वारा उन्हें पता चला है कि हांगकांग से हमारे यक्षगान को चार दिन के प्रदर्शन का आमन्त्रण मिला है। तत्काल सारी बात तो विस्तार से पता नहीं चली, फिर भी पहली बार हमारे केन्द्र के कलाकारों को देश से बाहर जाने का मौका मिल रहा है, सोचकर दो कथानक चुनकर तैयार करने पड़े। हांगकांग जाने-आने का व्यय तो सांस्कृतिक विभाग उठाएगा ही पर उसकी तैयारी, कलाकारों का वेतन, उनके लिए आवश्यक वेशभूषा की सामग्री के लिए भी तो धन चाहिए था न? वह व्यय कौन वहन करेगा? इसकी चर्चा मैंने तत्कालीन मुख्यमन्त्री श्री देवराज अर्स से की। वे तुरन्त उसकी व्यवस्था में लग गये।

वहाँ प्रदर्शन के लिए 'पंचवटी' और 'अभिमन्यु-वध' दो कथानक चुनकर मैंने उनकी तैयारी करायी। जब अभ्यास चल रहा था, मेरे एक मित्र ने सुझाया, "इतने परिश्रम की आवश्यकता नहीं, उन्हें तो हमारी परम्परा का एक खेल चाहिए।"

अब तक मैं एक स्पष्ट उद्देश्य से परिश्रम करता आ रहा था। उनकी बात सुनकर मुझे आघात से अधिक विस्मय हुआ। मैंने सोचा अच्छी बात है मैं तो अपनी तरफ से पूरा परिश्रम किये देता हूँ, पर अब मैं वहाँ नहीं जाऊँगा। मैंने यह निश्चय कर लिया था, परन्तु तभी हांगकांग में हमारे भारतीय राजदूत के कार्यालय से तार आया कि आप यदि न आए तो बड़ी निराशा होगी। अन्ततः मुझे अपने मित्रों के साथ जाना ही पड़ा।

वहाँ जाने पर यह पता चला कि वहाँ की हांगकांग कला संस्था ने हमें आमन्त्रित किया था। वहाँ के चीनियों ने भी हमारे प्रदर्शन की सराहना की।

हांगकांग में भारत के मित्र भी थे। उनका आतिथ्य और सौजन्य हम कभी नहीं भुला सकते। इसमें मैंने अनुभव किया कि दोनों ओर के लोग सन्तुष्ट हुए हैं यानी बुलानेवाले भी और बुलाये गये भी।

जापानियों की अभिरुचि

सन् 1979 में 'जापान फाउण्डेशन' नाम की सांस्कृतिक संस्था ने भारतीय परम्परागत रंग माध्यम के अध्ययन के लिए कलाकारों का एक दल हमारे देश भेजा। पता चला कि उस दल में नृत्य-गीत रंगमंच में अभिरुचि रखनेवाले और विशेषज्ञ भी थे। वे दिल्ली की संगीत नाटक अकादमी की सलाह पर भारत के अलग-अलग प्रान्तों की कलाओं का अवलोकन करते हुए उडुपि भी आये। हमारे यक्षगान केन्द्र में भी आकर उन्होंने वहाँ का काम देखा। साथ ही, व्यावसायिक यक्षगान का भी अध्ययन किया। उनके चित्र भी लिये। उडुपि में उस समय मेरी भी उनसे भेंट हुई थी। दूसरे वर्ष भी उसी संस्था ने एक बार फिर से यहाँ की कला का अध्ययन करने के लिए एक दूसरा दल भेजा। उन्होंने आसपास के सभी प्रकार के यक्षगान के प्रदर्शन देखे और उस विषय से सम्बन्धित अपेक्षित सामग्री संग्रह करके अपने देश लौटे। लौटने से पहले उन्होंने हमें उनके देश में यक्षगान के प्रदर्शन का आमन्त्रण दिया। उत्तर भारत के 'चो' नाटक के दो दलों को भी आमन्त्रित किया था। नेपाल के 'महाकाली व्याख्यान' के दल को भी आमन्त्रित किया गया था। इन तीनों दलों के प्रदर्शन में कहीं भी संवाद नहीं थे। 'चो' मुखौटे पहनकर वाद्यों के पृष्ठ-संगीत पर नृत्य करके प्रदर्शन करने की एक कला है। हमारे यक्षगान में हांगकांग में किये गये प्रदर्शन के समान संवाद भी तो थे। पर

वहाँ जाते समय हमें तैयारी के लिए सिर्फ चार ही दिन मिले। हमें तो पूर्व प्रदर्शित नाटक ही वहाँ दिखाने थे अथवा हमारे कलाकार बड़े चतुर थे, शायद इसीलिए इतनी कम तैयारी में प्रदर्शन हो पाया। उस तैयारी के समय मैंने संवाद से व्यक्त न हो पानेवाले कुछ अंशों को रंग-लेखन द्वारा निरूपित किया था।

तो यह थी पन्द्रह दिन की जापान की यात्रा। हम अठारह आदमी जापान हो आये। इस यात्रा का व्यय यदि कर्नाटक सरकार न उठाती तो शायद हमें बहुत अधिक आर्थिक हानि उठानी पड़ती।

जापान फाउण्डेशन

यह संस्था कला के लिए परिश्रम करनेवाली जापान की सबसे बड़ी संस्था है। उसे न केवल सरकार से मदद मिलती है अपितु व्यापारी संस्थाओं से भी सहायता प्राप्त होती है। साथ ही, विश्वविद्यालयों के कला-विभागों के विशेषज्ञ भी अपना पूरा सहयोग देते हैं। उस संस्था ने हमारे यहाँ से चलने से पहले ही, हमारी अठारह दिन की यात्रा के प्रत्येक घण्टे का कार्यक्रम, कहाँ-कहाँ जाना है यह विवरण, होटल आदि का निश्चय कर लिया था। उनकी व्यवस्था एकदम आश्चर्यजनक थी।

जापान पहुँचकर उनका देश छोड़ने तक उनके निदेशक, विशेषज्ञ और मार्गदर्शक हमारे साथ ही बने रहे। उनकी व्यवस्था, आतिथ्य, स्नेह, समय की पाबन्दी कला-प्रेम—सभी बातें हमें आश्चर्यचकित करनेवाला एक अनुभव था।

गोष्ठियाँ

हमारे देश में भी विद्वानों और विशेषज्ञों की बहुतेरी गोष्ठियाँ होती हैं। उसमें अनेक विद्वानों को आमन्त्रित किया जाता है, पर सारे विद्वान गोष्ठी के आरम्भ में ही दिखाई पड़ते हैं, बाद में उनमें से अधिकांश गायब हो रहते हैं। जापान फाउण्डेशन द्वारा आयोजित उस गोष्ठी में उस संस्था के कार्यकर्त्ताओं के साथ विविध विश्वविद्यालयों से आये रंगमंच, नृत्य, संगीत, भाषा आदि से सम्बन्धित लगभग साठ विशेषज्ञ भी थे। वे लोग तीन दिन तक लगातार पाँच-छः घण्टे अपने आसन पर बैठे रहे, कार्यक्रम को बीच में छोड़कर नहीं गये। वे सब हर प्रसंग को ध्यान से सुनते थे और गहराई तथा बारीकी के प्रश्न भी पूछते थे। इससे उन्होंने यह अनुभव कराया कि वहाँ कला में आसक्ति रखनेवाले लोग भी हैं। मुझे तो यक्षगान के अनेक पक्षों के प्रदर्शन के साथ, भाषण देने का अवसर भी मिला। उसके अध्यक्ष श्री यामागूचि ओसावो मेरे वहाँ पहुँचने से पहले ही मेरा परिचय—मेरा कार्य-क्षेत्र और मेरी कृतियों की जानकारी प्राप्त कर चुके थे। वे स्वयं अपने यहाँ

के संगीत के विशेषज्ञ भी थे।

हमारे जापान पहुँचने के अगले दिन सुबह उन्होंने हमें वहाँ के सारे कार्यक्रमों का विवरण दे दिया। इतना ही नहीं, अब तक उनके द्वारा तैयार किया गया रंगीन चलचित्र भी देखने का हमें अवसर प्राप्त हो गया। हमारी ही तरह आमन्त्रित 'चो' और 'महाकाली' से सम्बन्धित सुन्दर वर्ण-चित्र की एक प्रति भी उन्होंने हमें भेंट की।

सहयोग

वे हमें राज्यातिथि के रूप में प्रमुख नगरों में ले गये। वहाँ भी हमने अपने खेल का प्रदर्शन किया। उनके सात-आठ सहायक हमारे जापान पहुँचने से लेकर वहाँ से प्रस्थान करने तक हमारे सारे कार्यक्रम में सहायक रहे। व्यवस्था के इस दायित्व को उन्होंने बड़े प्रेम से निभाया। ऐसी कर्त्तव्यनिष्ठा मुझे अन्यत्र देखने को नहीं मिली।

जापान के प्रेक्षकों ने हमारे प्रदर्शन बिना शोर मचाये, यहाँ तक कि बिना पलक झपकाये देखे कहूँ तो अतिशयोक्ति न होगी।

हमने अपनी यात्रा के दौरान वहाँ के टोकियो, कणजावा, गीपू, सफारो, कोबे, ओसाका आदि नगर देखे। हम लोगों को वहाँ के सुन्दर रंगमण्डपों में अपने प्रदर्शन करने का अवसर प्राप्त हुआ। सन्देह नहीं कि जापानियों में कला की तृष्णा बहुत ऊँचे दर्जे की है।

अपने देश लौटने के कुछ माह बाद, हमारे प्रदर्शन के बारे में उनका अभिप्राय मालूम हुआ। वह यह था कि जापान की रंगभूमि की संस्था ने सन् 1981 में हुए प्रदर्शनों में हमारे प्रदर्शन को वर्ष का श्रेष्ठ प्रदर्शन माना था।

वहाँ के लोग और प्रकृति-सौन्दर्य

लगभग तीन हजार मील की यात्रा में हम वहाँ का प्राकृतिक सौन्दर्य देखकर बहुत आनन्दित हुए। उन्होंने कणजावा का उद्यान, प्राचीन राजधानी क्यूतो का महल, स्वर्ण मन्दिर आदि के दर्शन कराये। जापान की दस्तकारी और उद्योगों की सफलता, उनका शिष्ट व्यवहार आदि की जितनी भी प्रशंसा की जाए वह कम है। उनका पुरातन संस्कृति के प्रति मोह हमने सफारो नगर में देखा। जब हम उस नगर में पहुँचे तब वहाँ शिण्टो मतावलम्बियों का एक बहुत बड़ा उत्सव चल रहा था। उस शाम जुलूस में सैकड़ों शिण्टो मतावलम्बी भाग ले रहे थे। उनमें राउत, पदाति, सवार, रथी, वाद्यकार आदि विविध स्तर के गुरुओं को हमने देखा। उनकी वेशभूषा तीन सौ वर्ष पुरानी संस्कृति का जीवन्त चित्र उपस्थित कर रही थी।

इस प्रकार हांगकांग आर्ट सोसायटी और जापान फाउण्डेशन की कृपा से हमें न केवल पौर्वात्य देशों के दर्शन हुए, अपितु हम एक अमिट स्मृति लेकर लौटे। लौटते समय हमें एक दिन थाइलैण्ड की राजधानी बैंकाक का प्राचीन वैभव भी देखने का अवसर मिला।

अस्तु, बहुत दिनों से मेरे मन में अंकुरित, पर सुप्त पड़ी, पूर्व देशों की यात्रा की लालसा मेरे प्रिय यक्षगान ने पूरी करा दी। देश लौटने के बाद मैंने उस यात्रा की स्मृति के साथ अन्य पूर्वी देशों की स्मृति मिलाकर 'पूर्व से अत्य पूर्व' के नाम से एक प्रवास-लेख लिखा।

अस्सी वर्ष पूरे हुए

स्वास्थ्य

प्रकृति की कृपा से आयु के वर्ष तो सराग भरते जाते हैं; पर क्या जीवन भी भरता है? वह भी भरता है पर काहे से? इस प्रश्न का उत्तर प्रत्येक मनुष्य को देना नहीं है? उदरपूर्ति का संघर्ष जिस प्रकार हर प्राणी से जुड़ा है; उसी प्रकार मानव के भी साथ है। उससे सम्बन्धित सुख-दुःख किसी से छूटे नहीं हैं। उसमें एकदम हमारे वश से बाहर की बात है आरोग्य। वह अनियन्त्रित बाह्य कारणों से हमें कंगाल कर सकता है। हम स्वयं देह के साथ अत्याचार करके कंगाल हो सकते हैं। इस दृष्टि से कभी-कभी मैं शारीरिक पीड़ा का शिकार हुआ हूँ, पर उससे मेरा जीवन खराब हुआ यह शिकायत नहीं कर सकता। जब मैंने साठ साल पूरे किये तब विचार आया, ''भला अब कितने दिन और रहूँगा?'' फिर भी बिना प्रयास के अस्सी वर्ष पूरे गये। अब उसे भी पार कर गया। अब मुझसे पहले जैसा देह-श्रम नहीं हो पा रहा है, पर मैंने अपना कोई क्रिया-कलाप बन्द नहीं किया है। ऐसी स्थिति पैदा भी नहीं हुई।

इस अवधि में मेरी सहचरी बनकर आयी पत्नी हाल के पच्चीस वर्षों से जो शारीरिक कष्ट उठा रही है उससे मुझे वास्तव में मानसिक दुःख रहा है। वह उसकी लापरवाही नहीं, बल्कि ऐसी कई अज्ञात चीजें हैं जो उसकी समझ के बाहर हैं। सही चिकित्सा न हो पाना भी सम्भवत: इसका एक कारण है।

गृहस्थी

अब मेरे सारे बच्चे स्वतन्त्र हैं। वे अपना-अपना साथी पा चुके हैं। अपनी अभिरुचि और प्रवृत्ति के अनुसार जीवन चला रहे हैं। उन्होंने अपने-अपने घर बना लिये हैं। अपनी वृत्ति से वे तृप्त हैं। यह सच है कि उनका बचपन, जवानी मेरी गरीबी को बाँटते हुए बीता है, उनके वे दिन कष्ट में ही बीते हैं। आज मेरी स्थिति ऐसी है कि मैं उनका सहभागी बनकर खा सकता हूँ। मुझे इस स्थिति में लाने का श्रेय

मेरे पाठकों को, महामनों को और भारतीय ज्ञानपीठ संस्था को है। मैं उन सबके प्रति अपनी कृतज्ञता व्यक्त करता हूँ।

आस-पास की जनता

मैं अपने आसपास के मित्रों को और दूर के दुखी लोगों को भी देखता चला आ रहा हूँ। जिन दिनों मेरे पास कुछ भी नहीं था, तब मैं अपनी शक्ति भर उनकी सहायता करता रहा हूँ। अब स्थिति ज्यादा सुविधाजनक है। थोड़े-बहुत पैसे देकर तृप्त होने की अपेक्षा, कष्ट में रहनेवाले मित्रों की कुछ अधिक ही सहायता करने का प्रयास करता हूँ। उसे सहायता कहना गलत है। क्या मैंने अपने पिता और कुछ मित्रों से सहायता नहीं पायी? उस ऋण को ऐसे कर्तव्यों से चुका रहा हूँ।

इतना ही पर्याप्त है

विदेशों के कलाकारों, विद्वानों, वैज्ञानिकों की साधनाएँ देखने के बाद मुझे अपने देश की बौद्धिक दरिद्रता अपार दिखाई देती है। इसे मैं दार्शनिक और धार्मिक दरिद्रता नहीं कह सकता। ऐसे तत्त्व हमारे पूर्वजों ने काफी मात्रा में हमें दत्तक रूप में दिये हैं। उन्हें हम विदेशों में भी निर्यात कर रहे हैं। ऐसे निर्यात के लिए हमारी आध्यात्मिक सम्पत्ति बे-हिसाब है, कहकर शायद हम अपनी आत्म-प्रवंचना में लगे हुए हैं।

मैंने कुछ और ही समझा था

मैं अपने चौथे दशक में 'बाल-प्रपंच' के साहसिक कार्य में नहीं कूदता, तो मेरा काम शायद साहित्य के निर्माण तक ही सीमित रहता और उसी में तृप्त रहता। कुछ नहीं तो थोड़ा-बहुत रंगमंच पर भी काम कर लेता। इस 'बाल-प्रपंच' के कार्य ने मुझे दुनिया के ज्ञान प्रपंच को झाँककर देखने की दृष्टि दी। उसने उस भूख को पर्याप्त रूप से भड़काया। तब से अब तक चाहे मुझे अच्छी तरह समझ में आए या न आए, मेरे ज्ञान की सीमा चाहे कितनी भी कम क्यों न हो, विविध विषयों से सम्बन्धित अँग्रेजी पुस्तकें मँगवाकर पढ़ता ही रहता हूँ। उस दृष्टि से जब तक जीऊँगा, ज्ञान-प्राप्ति की लालसा बनी ही रहेगी। वह कहाँ तृप्त होगी? मैं सदा ऐसा एक विद्यार्थी ही बना रहूँगा। प्रत्येक क्षेत्र में जो खोजें हो रही हैं और जो ज्ञानवृद्धि हो रही है वह मुझे आश्चर्य में डाल देती है। विदेशों में एक नहीं, हजारों विशेषज्ञ अथक परिश्रम कर रहे हैं। यह विश्व क्या है, इस विश्व के लोग कैसे हैं? यह विश्व कैसे आगे बढ़ रहा है? इस बारे में उनके काम को देखता हूँ तो मुझे अपने यहाँ का ज्ञान-दारिद्र्य याद आ जाता है। उसमें भी कन्नड़ को

एकमात्र विचार-विनिमय का साधन रखनेवाली मेरी कर्नाटकी जनता की याद हो ही आती है। तब मुझे लगता है कि यदि अपना प्राप्त ज्ञान उनको समझ में आनेवाली भाषा में न बताऊँ तो मेरा यह एक अपराध होगा।

साहित्य के द्वारा मेरा काम कुछ और ही प्रकार का है। मेरा इतना भ्रमण उसके लिए तनिक भी पर्याप्त नहीं। लगता है, मेरे अनुभव भी बहुत सीमित हैं। क्योंकि हमें अनिवार्य रूप से जो अनुभव होते हैं वे एक प्रकार के हैं और उनका मुकाबला करने का ढंग दूसरे प्रकार का है। इस तरह अपने और पराये अनुभवों को समझ पाना अत्यन्त कठिन कार्य है। उसके लिए अवसर तो मिलते हैं लेकिन इतने नहीं जितने कि हम चाहते हैं। उन्हें समझना भी इतना सरल नहीं। हमारे अति निकट के मित्र अथवा बन्धुओं के शील और अनुभवों को, यदि हम थोड़े समय को मान लें कि हमने समझ लिया; फिर भी जीवन में उनके सम्पर्क की अवधि बहुत दूर तक नहीं चलती। इसलिए हमारे सामने आनेवाले चित्र टुकड़ों-टुकड़ों में होते हैं। वे परस्पर असम्बद्ध दृश्य होते हैं। फिर भी उन्हीं पर विश्वास करके, दूसरों के अनुभवों के भागीदार बनकर अपने मनोधर्म के प्रयोजन के लिए साहित्य के हेतु उन्हें प्रयोग में लाया जा सकता है। ऐसा काम मैं यथाशक्ति करता चला आ रहा हूँ। ऐसी रचनाओं पर हुई समीक्षाएँ भी मैंने पढ़ी हैं।

वैसे मैं दूसरों के अनुभव तथा व्यवहारों के वास्तविक चित्रण ही दूँ तो क्या पर्याप्त रहेंगे? मैं जैसा उन्हें समझ पाता हूँ मेरे पाठकों को भी वैसे ही समझ में आएँ इस प्रकार लिखना नहीं चाहिए? यह समस्या भी मेरे सामने है। जब-जब भी मैंने ऐसे प्रयत्न किये तब-तब लोगों का यह आक्षेप सुना कि 'कारन्त के अपने विचारों का भार उपन्यास की कलात्मकता के लिए एक दोष है।' मेरे पाठकों को कलादृष्टि का प्रयोजन अथवा मोहकता न दीखने पर भी मेरे द्वारा बिम्बित अनुभव पर विचारों का प्रकाश पड़े तो कैसा रहेगा—यह समझ पैदा करने का भी मैंने प्रयास किया है, भले ही इस पर 'यह उपन्यास नहीं निबन्ध है' यह टीका रही हो। मेरा प्रयत्न जीवन का अनुभव और उसका विश्लेषण होता है। उस विश्लेषण से कौन-सा अर्थ निकलता है? मैंने कुछ ऐसे अँग्रेजी उपन्यास भी पढ़े हैं। एनरैण्ड का 'एटलस श्रग्ड' में ऐसा ही एक निदर्शन दिखाई देता है। उसकी विस्मृति और विषय अलग होने पर भी विषय से सम्बन्धित साक्षी और विचार-प्रणालियों को प्रस्तुत करने की रीति उसकी है। इससे यह समझने का कोई कारण नहीं कि यह समीक्षकों का कोई आक्षेप है। कुछ पाठकों को भी ऐसा लगा है।

कर्नाटक से बाहर भी

अगर यह कहें तो गलत न होगा कि मेरे विचार और क्रियाकलाप का केन्द्र कर्नाटक

ही रहा आया। साहित्य से सम्बन्धित अथवा शिक्षा से सम्बन्धित कुछ गोष्ठियों में भाग लेने के लिए मैं कर्नाटक सीमा से बाहर भी गया था। मेरे उपन्यासों के अनुवादों से अथवा मेरे बारे में लिखे गये लेखों के कारण मुझे बाहर के लोग निमन्त्रित भी करते थे। एक बार मुझे कर्नाटक के दक्षिण-केरल से निमन्त्रण आया। गत दशक में एक बार त्रिचूर की साहित्य अकादमी ने मुझे निमन्त्रित किया था। और एक बार, शायद ज्ञानपीठ पुरस्कार मिलने के कारण, अखिल भारतीय ऑथर्स गिल्ड ने त्रिवेन्द्रम में आयोजित वार्षिक सम्मेलन में मुझे अध्यक्ष चुना था। उस सभा में एक विशिष्ट कार्य के लिए आये जनता पार्टी के शासनकाल के प्रधानमन्त्री श्री मोरारजी देसाई से मिलने का अवसर भी मिला। उस बारे में मुझे कुछ कहना नहीं है। वे गाँधी-दर्शन के एकमात्र प्रतिनिधि समझे जाते हैं। परन्तु उनके बारे में मुझे पहले से ही कोई उत्साह नहीं था। जनता सरकार के पतन के लिए जैसे चरणसिंह, राजनारायण आदि नेता कारण बने वैसे ये भी एक कारण रहे; मेरा यही विचार है। मुझे लगता है कि हमारे बुजुर्ग राजनीतिक नेताओं ने अपने में बड़प्पन का कोई गुण दिखाया नहीं।

कम्युनिज्म का प्रभाव

आपातकालीन स्थिति में और उससे पहले भी मैं एक बार केरल हो आया था। केरल के एक देशाभिमानी दल ने जनता में साहित्य प्रचार-प्रसार तथा अध्ययन की अभिरुचि बढ़ाने की दृष्टि से एक सम्मेलन एर्नाकुलम् में आयोजित किया। उसके एक प्रतिनिधि ने मेरे गाँव सालिग्राम आकर मुझे उस सम्मेलन के उद्‌घाटन के लिए आग्रहपूर्वक निमन्त्रित किया था, इसलिए मुझे वहाँ जाना पड़ा था। केरल के उत्तर-दक्षिण से लगभग पचास प्रतिनिधि वहाँ एकत्रित हुए थे। वे साहित्य-प्रचार के उद्देश्य से गाँव-गाँव में अपने सिद्धान्तों का प्रचार कर रहे हैं—मैंने यह पहले सुन रखा था। मैंने अनुभव किया कि सी. पी. एम. के नेता श्री नम्बूदरीपाद की उस कार्य में महत्त्वपूर्ण भूमिका है। मुझे आमन्त्रित करनेवाले बुजुर्ग ने बताया कि जिस होटल में मैं ठहरा था वहीं आकर श्री नम्बूदरीपाद मुझसे स्वयं मिलेंगे। इससे मुझे जरा आश्चर्य भी हुआ। मैंने उनके सम्मेलन का उद्‌घाटन करते हुए कहा, "मैं किसी वाद को लेकर नहीं लिखता। मैं अपने अनुभवों और आत्मसाक्षी से बद्ध हूँ।" परन्तु उनके सारे कार्यक्रमों पर कम्युनिज्म की ही छाप थी। वहाँ जाते ही संयोजकों ने श्री नम्बूदरीपाद से मेरा परिचय कराया। आगे जैसा मैंने सोचा था, मेरी उनकी भेंट न हो सकी, उसका कारण शायद मेरा भाषण ही था। वहाँ मुझे जो बात सबसे ज्यादा पसन्द आयी वह थी कि उन्होंने साहित्य के द्वारा अपने राजनीतिक सिद्धान्तों का प्रचार कर प्रान्त के कोने-कोने में जागृति पैदा कर दी थी।

विज्ञान और कम्युनिज्म

और एक बार ऐसे ही एक और सम्मेलन में गया था। वह बाल-साहित्य से सम्बन्धित था। वह कालडी नाम के स्थान पर सम्पन्न हुआ था। मैंने सुना था कि कालडी शंकराचार्य की जन्मभूमि है इसलिए वहाँ जाने का कुतूहल भी था। वहाँ जाकर मैंने विविध प्रदर्शन और चर्चाओं में भाग लिया। उस सम्मेलन के आरम्भ में कई मन्त्रियों ने भी हिस्सा लिया। हम चाहे कैसे ही सम्मेलन क्यों न करें, मन्त्री, महामन्त्रियों को बुलाकर उनसे भाषण कराकर लाभ उठाने की भावना कर्नाटक में भी है; वही बात मैंने केरल में भी देखी। स्वयं को साहित्यकार समझनेवाले भी उन काल्पनिक दाताओं पर साहित्य की निष्ठा से अधिक भक्ति दिखाये बिना नहीं रहते। इसी के कार्यकर्त्ता विज्ञान से सम्बन्धित पत्रिका चला रहे थे, पुस्तकें प्रकाशित कर रहे थे। उसे देखकर मुझे लगा कि इस क्षेत्र में आधुनिक इंगलैण्ड और अमेरिका कितने प्रकार का आकर्षक साहित्य ला रहे हैं उसे देखे बिना ही और देखने की कोई इच्छा भी न रखते हुए, लड़खड़ाकर कदम रखने की हमारी प्रवृत्ति है। बाद में, वहाँ आये लोगों से चर्चा करने पर पता चला कि उन्हें विज्ञान की आवश्यकता केवल अपने कम्युनिज्म के प्रचार के लिए है। उसी के लिए वे यह सब कर रहे थे। विज्ञान का मुद्दा न होने पर भी उसके बहाने कम्युनिज्म का प्रचार उनका मुख्य उद्देश्य था। इस प्रवास के बाद भी केरल की कुछ अन्य संस्थाओं के बुलाने पर मैं और दो-तीन बार वहाँ हो आया था।

महाराष्ट्र साहित्य-सम्मेलन

महाराष्ट्र उत्तर की ओर हमारा पड़ोसी प्रान्त है। उसने आधुनिक साहित्य में काफी नाम अर्जित किया है। भाषावार प्रान्तों के निर्माण के बाद, पुराने बम्बई के प्रशासन के अन्तर्गत मराठी बोलनेवाले सारे इलाके और पुराने हैदराबाद और आसपास के छोटे-मोटे राज्यों के अधीन मराठी बोलनेवाले हिस्से उसमें मिल गये। गुजरात से अलग होने के बाद भी वह प्रान्त एक वृहद् महाराष्ट्र के रूप में उभरकर आया। वहाँ वर्षों से साहित्य-सम्मेलन का आयोजन होता आ रहा है। आपातकाल की स्थिति में भी वहाँ साहित्य-सम्मेलन हुआ। उसमें दुर्गाबाई भागवत जैसी साहसी साहित्यकार महिला ने उस समय की राजनीतिक गुण्डागर्दी का विरोध किया था, भले ही उसके परिणामस्वरूप उसे जेल जाना पड़ा था। साहित्य-सम्मेलन का एक आयोजन सन् 1980 में शोलापुर जिले में बार्सी में भी हुआ था। बार्सी के तीन-चार प्रमुख सालिग्राम में मेरे घर आये और मुझे उस साहित्य-सम्मेलन का उद्घाटन करने का आमन्त्रण दिया। उनकी बात से मुझे आश्चर्य हुआ। 'बाहर का

एक साहित्यकार उनकी भाषा के साहित्य-सम्मेलन का उद्‌घाटन करे' मुझे उनका यह विचार बड़ा उदार लगा। उस वर्ष के फरवरी मास में मैं अपने फिल्म कमीशन का काम पूरा करके, बम्बई से बेलगाँव होता हुआ बार्सी पहुँचा। बार्सी एक जमाने में एक कन्नड़ प्रदेश था। मुझे अपने घर में ठहरानेवाले सज्जन किसी जमाने में सिर्सी से व्यापार के लिए बार्सी में जाकर बस गये थे। वे 'काश्यपी' घराने के थे। उस सम्मेलन की अध्यक्षता के लिए पूना से एक विद्वान आये हुए थे। एक मन्त्री महोदय भी उस अवसर पर आये थे। उन्होंने पहले से ही मेरा भाषण मँगवाकर उसका मराठी में अनुवाद करके प्रतिनिधियों में बाँट दिया था। उसमें मैंने क्या-क्या कहा था यह तो मुझे याद नहीं, पर सम्मेलन के अधिकारियों ने मेरे बारे में जो आदर और सम्मान व्यक्त किया वह चिरस्मरणीय रहेगा। उस समय के मेरे भाषण का सार महाराष्ट्र की सभी प्रमुख पत्रिकाओं में आया था।

वहाँ मुझे सबसे अधिक आकर्षित करनेवाली चीज थी उन लोगों का काव्य-पाठ के प्रति मोह। जिस दिन मैं गया था उस रात, और दूसरे दिन भी, शाम के आठ बजे से रात के दो बजे तक बहुत से कवियों ने, भले ही उनका गला बढ़िया रहा हो या न रहा हो, काव्य-पाठ करके लोगों खूब का मनोरंजन किया।

संगीत

यह भी मेरे प्रान्त के बाहर का अनुभव है इसलिए बता रहा हूँ। कर्नाटक से बाहर जाने पर मुझे सदा अँग्रेजी में बोलना पड़ता है। ऐसा ही एक अवसर आया। बम्बई आकाशवाणी के संगीत-निर्देशक मंगेश नाडकर्णी से मेरा तब से परिचय था जब वे बेंकीकोडल में अध्यापक थे। बाद में वे बम्बई आकाशवाणी में चले आये। एक दिन उन्होंने आग्रहपूर्वक मुझसे कहा, ''बम्बई विश्वविद्यालय के 'म्यूजिक सर्कल' के सदस्यों के सामने हम आपका एक भाषण कराना चाहते हैं।'' उनके इस प्रस्ताव के पीछे क्या उद्देश्य था यह मुझे पता नहीं चला। उसमें अधिक सदस्य नहीं रहे होंगे। उस दिन के लिए उन संगीत-प्रेमियों का ही एक विषय मैंने चुना। वह विषय था—'संगीत का प्रवाह और अर्थ'। मैंने यह विषय पत्र द्वारा अपने मित्र को सूचित कर दिया और निश्चित दिन बम्बई पहुँचकर एक-दो सहयोगियों को साथ ले उस बैठक में उपस्थित हो गया। मेरी इच्छा अनुसार मुझे रागों की याद दिलाने को उन्होंने मुझे एक वादक की सहायता की व्यवस्था की। उसमें केवल बीस-तीस श्रोता रहे होंगे। मुझे यह पता नहीं कि वे संगीतज्ञ थे या संगीत के रसिक। उन लोगों के सामने, जो जानता था मैं उसी को संगीत मानकर व्याख्यान देने लगा। उसे भाषण न कहकर निदर्शन कहना चाहिए। आरम्भ में मैंने साहित्य

रहित नाद संचार के बारे में निदर्शन देते हुए एक समय अपने 'नदी दर्शन' में कल्पित आँधी की कल्पना मुलतानी राग में आलाप लेकर दिखायी। बाद में अपनी परिचित तीन-चार हिन्दुस्तानी चीजों का उदाहरण देकर यह बताया कि गीत-प्रबन्ध के साथ उनका क्या सम्बन्ध है। उसके बाद, कन्नड़ के भी दो-तीन उदाहरण दिये। उन गीतों के साहित्यिक अर्थ बताकर, उनमें गीत-संचार और भाव में किस तरह का सन्तुलन है यह समझाया। मेरा यह व्याख्यान लगभग एक घण्टे तक चला। बैठक की समाप्ति पर जब बाहर आया तो मुझे पता चला कि वहाँ एकत्रित सभी व्यक्ति संगीत-शास्त्र के मर्मज्ञ थे। वे लोग संगीत के बारे में मुझसे सौ गुना अधिक जानते थे। कुछ दिन बाद कला-समीक्षक श्री ध्यानेश नाडकर्णी ने अँग्रेजी की एक पत्रिका में मेरे उस भाषण की चर्चा करते हुए उसकी बड़ी प्रशंसा की। मेरे किसी एक मित्र ने मुझे वह पत्रिका दिखायी। मैंने सोचा, चलो जान बच गयी।

बड़ौदा में

इस घटना के एक वर्ष बाद बड़ौदा विश्वविद्यालय ने मुझे भाषणमाला के अन्तर्गत तीन भाषण देने को आमन्त्रित किया। एक भाषण में मैंने अपने में विकसित साहित्यिक दृष्टि के विषय में चर्चा की। दूसरे भाषण में 'संगीत का प्रवाह और अर्थ' पर मेरा अपना चिन्तन था। तीसरे में टेपों की सहायता से यक्षगान के संगीत की चर्चा की। मुझे पता था कि बड़ौदा की भाषा गुजराती है। मेरे मित्रों ने वहाँ के दक्षिण के विद्वानों और हिन्दी के विद्वानों से मेरा परिचय कराया।

अगले वर्ष गुजरात विश्वविद्यालय के एक विभाग वालों ने कन्नड़ साहित्य के बारे में भाषण देने को मुझे और डॉ. अनन्तमूर्ति को आमन्त्रित किया। वहाँ भी मैंने साहित्य-प्रेमी श्रोताओं के सामने एक भाषण दिया। उस अवसर पर वहाँ के कवि श्रेष्ठ श्री उमाशंकर जोशी ने उस संगोष्ठी की अध्यक्षता की जिससे मुझे और भी सन्तोष हुआ।

आन्ध्र में

आन्ध्र प्रदेश का एक साहित्य-सम्मेलन वारंगल में सम्पन्न हुआ। मेरा तेलुगु क्षेत्र का अनुभव बहुत कम था; एकदम नहीं था कहूँ तो गलत न होगा। बहुत पहले यानी निज़ाम के शासन के समय जब मैं हैदराबाद गया था तब वहाँ के कुछ कन्नड़ भाषी लोगों से परिचय हुआ था। सन् 1926 से पहले अपनी मासिक पत्रिका 'वसन्त' के लिए वहाँ गया था। तब कन्नड़ प्रदेश का भाग कोप्पल हैदराबाद के निज़ाम के अधीन था। वहाँ के कन्नड़वाले अपनी भाषा की रक्षा के लिए

बहुत समय से संघर्ष कर रहे थे। हैदराबाद के प्रमुख श्री बी. जी. चिम्मलिगी और श्री भीमसेनराय की, जो अब नहीं रहे, आज भी मुझे याद है। उनके द्वारा वहाँ की कन्नड़ जनता द्वारा स्थापित नृपतुंग विद्यालय, निज़ाम कॉलेज, उस्मानिया कॉलेज आदि स्थानों पर मैंने भाषण दिये थे। लेकिन अब का निमन्त्रण ऐसा नहीं था। अब हैदराबाद आन्ध्र की राजधानी है, अब वहाँ के साहित्य-बन्धुओं द्वारा आयोजित एक भाषा-सम्मेलन के उद्घाटन के लिए जाना था।

पहले जब एक बार गया था तो हैदराबाद से नब्बे मील दूर वारंगल भी गया था। यह नगर पूर्वकाल में चालुक्यों की राजधानी रहा आया। उस यात्रा में मैं मल्लिक काफ़ूर द्वारा विध्वस्त मन्दिरों और अन्य अवशेषों को देखकर लौटा था। इस बार का कार्यक्रम ऐसा न था, इस बार मैं साहित्य संगोष्ठी के लिए गया था। मई मास होने से 110 फारेनहाइट गर्मी पड़ रही थी। वहाँ एकत्रित, तेलुगु भाषा के लिए काम करनेवाले तीन-चार सौ तेलुगु-भाषियों के सामने मैंने भाषण दिया।

तमिलवालों का बुलावा

करीब तीन वर्ष पूर्व मद्रास में 'चिदम्बर चेट्टियार ट्रस्ट' ने अपने वार्षिक पुरस्कार समारोह में मुझे निमन्त्रित किया था। नाटक, कहानियाँ, उपन्यास आदि साहित्यिक विधाओं पर वे प्रतिवर्ष पुरस्कार देते हैं। उस पुरस्कार को एक साहित्यकार के हाथ से दिलाने के विचार से उन्होंने मुझे आमन्त्रित किया था। मेरी बेटी मद्रास में ही है। उससे मिलने मैं साल में एक बार जाता ही रहता हूँ। फिर भी तमिल लेखकों से मेरा घनिष्ठ परिचय नहीं था। इस बार मैं ज्ञानपीठ पुरस्कार विजेता श्री अखिलन के घर भी गया। वयोवृद्ध संशोधक श्री त्रिविक्रम का दर्शन-लाभ भी हुआ।

कलिंग देश

इसी प्रकार सन् 1981 में उड़िया के प्रमुख उद्योगी पण्डा दम्पती ने उड़िया भाषा के साहित्यकारों के सम्मान और पुरस्कार के अवसर पर मुझे भुवनेश्वर बुलाया था। तब वहाँ के साहित्यकारों, पत्रकारों से परिचय और स्नेह प्राप्त करने का सुअवसर प्राप्त हुआ। वहाँ के प्राच्य वास्तु-संग्रहालय के क्यूरेटर श्री नीलमणि मिश्र ने मेरे मूकज्जी उपन्यास का हिन्दी से उड़िया में अनुवाद किया था।

इन सब बातों को याद करते समय, तीन दशक पूर्व मुझे कलकत्ता प्रवास की बात याद आ रही है। राजपूताने के आबू पर्वत से असम के बराम ग्राम तक यात्रा की थी तब। तब मैं कलकत्ता में नेशनल लाइब्रेरी के प्रमुख डॉ. केशवन के घर ठहरा था। पहले वे मैसूर महाराजा कॉलेज में अँग्रेजी के प्राध्यापक रहे आये।

जब मैं कलकत्ता गया तब वे नेशनल लाइब्रेरी के निदेशक पद पर थे। आगे भी उन्होंने इस क्षेत्र में बहुत काम किया और ख्याति अर्जित की है। कलकत्ता में हिन्दी साहित्यकारों का दल मुझे अपनी संस्था में ले गया था। उन्होंने यह कहते हुए, कि आगे चलकर हिन्दी भाषा सारे देश की भाषा बननी हो तो सबको उसे सीखना चाहिए, उसके लिए काम करना चाहिए, मुझसे भी उसकी अपेक्षा की। उन्होंने कहा, ''कारन्तजी आगे से राष्ट्रभाषा हिन्दी में ही लिखेंगे।'' तब मैंने कहा, ''मुझसे ऐसी अपेक्षा बिलकुल ही नहीं रखियेगा। मेरी मातृभाषा कन्नड़ है, मैं अपना सुख-दुःख उसी में व्यक्त कर सकता हूँ।'' यही प्रवृत्ति मैंने तेहरान में युनेस्को सभा में प्रतिनिधि के रूप में आये डॉ. शर्मा में देखी थी। वे हिन्दी भाषा के कट्टर अभिमानी थे। यह बात नहीं कि मैंने हिन्दी नहीं सीखी। जब मैं मंगलूर में विद्यार्थी था तब वहाँ के आर्य समाज के प्रचारक से हिन्दी सीखी थी। वह मुझे बहुत आसान लगी थी। उसमें 'ऐसे' 'कैसे' आदि कुछ शब्द छोड़कर अन्य सारे शब्द संस्कृत के ही हैं। जो भी हो, वे वैदिक धर्म के प्रचारक स्वामी दयानन्द के शिष्य थे न! संस्कृत शब्दों में हिन्दी का प्रत्यय लगाकर उन्होंने अपनी भाषा का निर्माण किया। शायद इसलिए महात्मा गाँधी ने यह इच्छा प्रकट की थी कि हिन्दुस्तान की राष्ट्रभाषा 'हिन्दुस्तानी' होनी चाहिए। उसमें उर्दू और अरबी शब्दों का प्रयोग भी होता है। उनके समय के बाद उत्तरापथ में यह भावना जोर पकड़ने लगी कि समस्त भारत की भाषा हिन्दी होनी चाहिए। पहले के प्रशासकों की भाषा को उखाड़ देने पर ही यह हो सकता है। इस विवाद में कन्नड़वालों ने विशेष भाग नहीं लिया पर तमिलवाले तो कट्टर विरोधी बन गये। वह विरोध केवल हिन्दी तक ही सीमित नहीं रहा, आर्यों द्वारा भारत में लायी संस्कृति तक को भी उखाड़कर फेंक देने का उनका प्रयास है। वे सब कुछ शुद्ध तमिल में ही कहना चाहते हैं। साथ ही उन्हें ऑल इण्डिया रेडियो ही पसन्द है, आकाशवाणी शब्द सुनना ही नहीं चाहते।

खैर, हमारे यहाँ लोगों का भाषा व्यामोह अद्‌भुत है। लगता है, प्रत्येक प्रान्तवासी में यह भाव कूट-कूटकर भरा है कि वह अपनी क्षेत्रीय भाषा से ही सब कुछ साध सकता है। अपने भाषणों में भी हम वही रट लगाये जाते हैं। पर कार्य रूप में उसे परिणत नहीं करते। लगता है, साहित्य को छोड़कर देसी भाषाओं में आधुनिक ज्ञान के क्षेत्र की हवा तक नहीं लगी। यदि वह प्रयत्न किया जाता, तो भारत की आज की स्थिति में, हमारी योग्यता और हमारे परिश्रम से हमारी प्रान्तीय भाषाएँ अँग्रेजी का स्थान लेने के कितनी योग्य हो गयी होतीं! हमें यह भी समझ आ जाती कि केवल अभिमान से ही जीवन नहीं जिया जा सकता, भले ही संस्कृत हो या तमिल, या तमिल मूल की अन्य भाषाएँ, वे सब इसी देश में

जन्मी और विकसित हुई हैं। इन दोनों भाषाओं की जननी भारत में द्रविड़ों और आर्यों से आयी, यह तो सत्य है ही।

हिन्दी राज्य में

मध्य प्रदेश हिन्दीभाषी प्रान्त है। 1983 के आरम्भ में जबलपुर विश्वविद्यालय ने अपने पच्चीस वर्ष पूरे होने का समारोह आयोजित किया। उसमें उन्होंने ज्ञानपीठ पुरस्कार विजेता सात-आठ साहित्यकारों को आमन्त्रित कर उन्हें डाक्टरेट की उपाधि से सम्मानित किया। उसमें कन्नड़ भाषा वाला मैं भी था। गुजराती-भाषी भाई उमाशंकर जोशी भी थे। बंगाली और असमी के साहित्यकार भी आमन्त्रित थे। दिल्ली से पंजाबी कवयित्री और लेखिका अमृता प्रीतम भी आयी थीं। मैं समझता हूँ कि एक हिन्दी क्षेत्र के विश्वविद्यालय ने दूसरी भाषा वालों को आमन्त्रित कर सम्मानित किया जो एक बड़प्पन का लक्षण है। वहाँ चार-पाँच दिन रहा और खूब हिन्दी सुनी। कुछ पल्ले पड़ी और कुछ नहीं भी पड़ी। मैं तो उनसे अँग्रेजी में ही बात कर रहा था। उसे उन्होंने खूब पसन्द भी किया। उसमें भाषा आड़े नहीं आयी।

जब तक जीएँ

अविस्मरणीय

यह मेरे जीवन का अन्तिम पहर होने से आयु, बुढ़ापा, मृत्यु की याद करने का समय तो है ही। ये यादें ही जीवन की विकृत इच्छाओं की सही लगाम होती हैं। बुढ़ापा आने पर भी मानव की अभिलाषाएँ, इच्छाएँ समाप्त नहीं होती हैं। और की इच्छा करने पर जो मिलता है उससे सन्तुष्ट न होनेवाले जीव भी हैं, तृप्त होनेवाले जीव भी हैं।

डी. वी. गुण्डप्पा

मेरे जीवन में कुछ ऐसे लोग अवश्य आये हैं, जो मेरे जीवन के मार्ग में सहायक हुए हैं, जिनसे मैंने प्रेरणा और स्नेह पाया है, सन्तोष का अनुभव किया है। ऐसे लोग मुझसे आयु में बड़े भी हैं और छोटे भी। यह लिखते समय हमसे सदा के लिए दूर हो गये कुछ लोगों को यहाँ स्मरण किया जा रहा है। उनमें वयोवृद्ध ज्ञानवृद्ध श्री डी. वी. गुण्डप्पा एक हैं। उनके और मेरे दृष्टिकोण, अभिरुचि और आदर्शों में भले ही कितना ही अन्तर क्यों न रहा हो, उनके स्वतन्त्र और प्रामाणिक जीवन को मैं कभी भूल नहीं सकता। उन्होंने मुझे जो स्नेह और आदर दिया वह सदैव अविस्मरणीय रहेगा। मुझे आशा है कि जनता में प्रजातन्त्र और संस्कृति के तत्त्व को समझाने के लिए उनके द्वारा बनाया गया 'गोखले विचार मंच' उनके आदर्शों को आगे भी जारी रखेगा।

दिनकर देसाई

भारत के महान व्यक्तियों में एक, श्री गोपालकृष्ण गोखले के आदर्शों से आकर्षित होनेवाले उत्तर कन्नड़ जिले के दिनकर देसाई मेरे दूसरे एक मित्र थे। अपने यौवन के दिनों में जब मैं उत्तर कन्नड़ जिले की शालाओं, कॉलेजों में घूम रहा था, मुझे उनका परिचय प्राप्त हुआ था। बाद में वे 'सर्वेण्ट सोसायटी ऑफ इण्डिया' के

सदस्य बन गये थे। उन्होंने उत्तर कन्नड़ जिले में आर्थिक और बौद्धिक विकास के लिए कई शैक्षणिक संस्थाएँ स्थापित कीं। वे आरम्भ से ही परिश्रम और प्रामाणिकता से अपना काम चलाते आ रहे थे। अन्तिम बार उनके दर्शन उन्हीं के द्वारा स्थापित अंकोले के 'गोखले कॉलेज' के परिसर में हुए। तब तक उनकी देह दुर्बल हो चुकी थी और दृष्टि भी मन्द हो गयी थी। हम अपने जीवन के व्यंग्य को उनके 'चुटक' संकलन में पढ़ सकते हैं। उत्तर कन्नड़ जिले में सदियों तक चलनेवाली उनके द्वारा स्थापित अनेक शैक्षणिक संस्थाएँ उनकी देन हैं।

अनन्तकृष्ण शर्मा

दिवंगत श्री अनन्तकृष्ण शर्मा मैसूर में रहते थे। मेरे मन में उनकी याद चिरकाल तक रहेगी। वे संगीत और साहित्य के महान पण्डित थे। उस साहित्यकार में गर्व की गन्ध भी नहीं थी। वे बड़े साफ-सुथरे व्यक्ति थे। जब मैं अपने देश के पूर्वजों की ज्ञानतृषा, विद्वत्ता और सादगीपूर्ण जीवन को याद करता हूँ तब मेरी आँखों के सामने यह आदर्श व्यक्तित्व आकर खड़ा हो जाता है।

राजरत्नम्

आयु में मुझसे जरा छोटे तथा अपनी कृतियों और साहसिक जीवन से आधुनिक कन्नड़ साहित्यकारों में अत्यन्त प्रभावशाली व्यक्तित्व के थे श्री जी. वी. राजरत्नम्। वे निष्ठा, प्रामाणिकता और आत्मविश्वास की मूर्ति थे। बिना श्रम और चिन्तन के वे कभी चुपचाप नहीं बैठते थे। उनके निधन पर उनकी याद में मैंने पत्रिका में एक लेख लिखा था। तब कर्नाटक के एक साहित्यकार ने मुझे एक पत्र लिखा था, "आपके द्वारा ऐसे लोगों की प्रशंसा कुछ जँची नहीं।" उस आलोचक का मन कितना निम्नकोटि का है, यह इतने से ही स्पष्ट हो जाता है।

स्वामी बी. जी. एल.

मुझसे काफी छोटे, अपने विद्यार्थी जीवन से ही मेरे परिचित श्री डी. वी. जी. के पुत्र बी. जी. एल. स्वामीजी को मैंने अपनी आँखों के सामने बड़े होते देखा। अपने प्रिय विषय सस्य-शास्त्र के बारे में उन्होंने पर्याप्त अनुसन्धान किया था। उस शास्त्र को नीरस कहकर पढ़नेवालों को वे ' अरे, आपको उसमें रस दिखाई नहीं देता?" कहते थे। उनका मन भी वैसा ही उदार था। ऐसे अच्छे व्यवहार और स्नेहशील व्यक्ति का जीवन अपने छठे दशक में ही समाप्त हो गया, यह देखकर मुझे अत्यन्त दुःख हुआ।

संजीवराय

वैसे तो मेरे परिचित बहुत कम हैं जिनके बारे में मुझे याद करके लिखना है। उनमें मूडबिद्रि के श्री संजीवराय एक थे, जो आयु में मुझसे छोटे थे। वे पण्डित या साहित्यकार नहीं थे, एकदम सामान्य व्यक्ति थे जो बम्बई के कन्नड़वालों में घुलमिल गये थे। परन्तु उनके समान उदारता, परोपकार और त्याग बहुत कम लोगों में पाया जाता है। मूडबिद्रि के लोग उन्हें जानते हैं। मेरे प्रति उन्होंने जो विश्वास और गौरव दिखाया तथा मेरे कार्यों में उन्होंने जो सहयोग दिया वह बड़ा महत्त्वपूर्ण था। इस दृष्टि से मैं उन्हें दिवंगत मोलवल्लि शिवराय की पंक्ति में रखता हूँ।

ये सभी महानुभाव एक-एक दृष्टि से हमारे जीवन के आदर्श बन सकते हैं। वे अब नहीं हैं, हम भी नहीं रहेंगे। शेष रह जाता है केवल जीवन का प्रवाह। उस प्रवाह के भँवर में फँसे हम लोगों को अपना जीवन सुधारने में ऐसे महापुरुषों के जीवन सहायक हो सकते हैं।

कभी समाप्त न होनेवाला काम

तीसरे दशक से ही मैं रंगमंच से प्रभावित होकर कई प्रकार के प्रयोग करता आ रहा हूँ। इसका मुख्य कारण इसका आकर्षण है। उसकी सम्भावनाओं और असम्भावनाओं को समझने का प्रयास किया। प्रयोग से कितनी साध्यताएँ और असाध्यताएँ हो सकती हैं यह बात समझ में आ सकती है। वही एकमात्र उद्देश्य नहीं रहा। नाटक ही साहित्य का उद्देश्य नहीं है। जीवन के अनुभवों, प्रेरणाओं को नाटकों के द्वारा व्यक्त करना ही उसका उद्देश्य होता है। यह जीवन चिरन्तन रूप से चलनेवाली एक शक्ति है। अत: उसका हर स्थान पर और हमेशा एक जैसा अपरिवर्तनीय होकर रहना सम्भव नहीं है। जीवन के रूप, प्रेरणाएँ प्रत्येक जनसमुदाय में, प्रत्येक काल में, अपनी परम्पराओं को लेकर चलने पर भी तत्कालीन प्रेरणा, आघात, दृष्टि, अभिरुचियों में परिवर्तन आते रहते हैं। विभिन्न माध्यमों से युक्त रंगमंच उसका अपवाद नहीं हो सकता।

पुराने समय से लेकर अब तक आये सम्प्रदाय चाहे कितने ही नियमों में क्यों न बँधे हों, आजकल के लोगों की मनोलहरियाँ हमारे जीवन और अभिलाषाओं पर अपनी-अपनी छाप अवश्य डालती हैं। उनसे परम्परा का विकास हो सकता है। आज के लोग पुराने अंशों को घटा सकते हैं, उद्देश्यपूर्वक उन्हें बदल सकते हैं। बिना उद्देश्य केवल जनरंजन के लिए, नवीनता की चपलता के लिए, इधर-उधर दिखाई देनेवाली एकाध चीज में परिवर्तन लाने के सपने देखने से वे ठीक न बैठकर विकृत भी हो सकते हैं।

यक्षगान परम्परा

समय परिवर्तन के साथ, मेरे मन को आकर्षित करनेवाला यक्षगान सम्प्रदाय इसी प्रकार का था। सम्प्रदाय ने हमें क्या-क्या दिया यह जानने का प्रयत्न मैं सदा करता रहता हूँ। कला से हमें प्राप्त पारम्परिक वेशभूषाएँ, संगीत, नृत्य के अंश कौन-कौन-से हैं यह जानना पहला काम है। पहले से चली आयी सम्पत्ति को यदि हम खो दें तो आज के सम्भाषण के लिए आवश्यक सारे शब्दों की नयी दृष्टि से सृष्टि करना हमारे लिए सम्भव नहीं होगा न! इसलिए हमारे इस यक्षगान सम्प्रदाय के पारम्परिक नृत्यों को, उनकी पद्धतियों को संगीत से सम्बन्धित सारे राग और तालों को सीखकर उन्हें सुरक्षित बनाये रखना हमारा परम कर्तव्य होना चाहिए। यह रंगमंच की अन्य बातों से यानी वेश, अलंकार, मुख-सज्जा आदि से भी सम्बन्धित काम है। इसीलिए उडुपि में महात्मा गाँधी कॉलेज के आश्रय में एक यक्षगान केन्द्र स्थापित करके विद्यार्थियों को पारम्परिक प्रशिक्षण देना शुरू किया गया है। उसका भार श्री हरिदास भट्ट और श्री प्रभाकर जैसे मित्रों ने सँभाला है।

परम्परा का सद्योग और कठिनाइयाँ

पुरानी परम्परा के कई अंश नष्ट हो चुके हैं, फिर भी कुछ तालें तो अभी भी सुरक्षित हैं। रागों में कई प्रयोग में नहीं आते। उन्हें ढूँढ़कर प्रयोग में लाना चाहिए। वेश और अलंकारों की पद्धति में भी इस शताब्दी के आरम्भ से ही स्त्रीवेश में जन-सामान्य की वेशभूषा का अनुसरण करते देखा है। मैंने उन कमियों को पूरा करने का काम भी किया।

परन्तु परम्परागत कथानकों को रंगमंच पर लाने पर हमारी पारम्परिक नृत्य-सम्पदा, गीत-सम्पदा, वेश-सम्पदा से हमारा काम चल जाएगा, यह सोचने की बात है। भावाभिव्यक्ति के लिए अभिनय में भी कमियाँ हैं। मुख-भंगिमाओं की कमियाँ हैं। गाने में, नृत्य में, भावाभिव्यक्ति और उनमें भी सम्बन्ध है, इस ओर ध्यान दिये बिना ही हम सम्प्रदाय का विकास कर रहे हैं? ऐसी कमियों को दूर करने का प्रयत्न मैं बहुत समय से करता आ रहा हूँ। मैंने यह भी अनुभव किया कि प्रयास करते रहने पर इस दिशा में सफलता भी मिल सकती है।

एक की सीमा

चित्र, साहित्य, कला के समान यह एक व्यक्ति से पूरा होनेवाला काम नहीं है। गाने और नृत्य के लिए दूसरों की सहायता चाहिए ही। वेशभूषा, मुख-सज्जा के बारे में किसी-न-किसी निश्चय पर पहुँचकर, पात्रों के अनुकूल वेशभूषा तैयार

करके उपलब्ध करायी जा सकती है, की भी है। बाकी के काम ऐसे काम से जुड़े लोगों को ही समझकर करने पड़ते हैं। ऐसे समझने-समझाने का काम तो मैं अपने जीवन में कर ही सकता हूँ।

कुछ वर्ष पूर्व न्यूजीलैण्ड के एक कला-प्रेमी श्री केन रे हमारे घर आये थे। तब उन्होंने पूछा था, ''आपके बाद क्या होगा?'' मैंने जवाब दिया था, ''मुझे अपना कर्तव्य पूरा करना है।'' अलग-अलग ढंग से मेरे कर्तव्य को दिखाते चले आने पर भी, कम-से-कम एकाध को यह काम समझकर इसे बढ़ाने के लिए आगे आना नहीं चाहिए? यक्षगान कला के बारे में केवल प्रेम या यक्षज्ञान अभिमान दिखा देने से काम चल जाएगा? सम्प्रदाय से आप कितने बद्ध हैं? क्यों बद्ध हैं? उसे छोड़ रहे हैं तो क्यों? यदि उसे और भी सुन्दर किया जा सकता है तो क्यों नहीं किया जाता है? ऐसे प्रश्नों का उत्तर उस क्षेत्र में काम करनेवाले मार्गदर्शक न दें तो कैसे काम चलेगा? इस माध्यम की सर्वांगीण साध्यताओं को देखकर और जान लेने के बाद भी कि कन्नड़ भाषा से अपरिचित दूसरे लोगों को भी यह प्रिय हो सकता है, बचे-खुचे को सँभालकर आगे बढ़ाने की जिम्मेदारी कौन लेने को तैयार होगा? यह ध्यान आने से लगता है कि जो काम मैं करता चला आ रहा हूँ, मेरे बाद वह आगे नहीं बढ़ पाएगा। वह केवल भक्ति और विश्वास से बढ़ जानेवाली चीज नहीं, वह माध्यम, परिचय और ज्ञान से ही आगे बढ़ सकता है। यह सब ध्यान में आने पर बड़ी निराशा होती है। किसी भी माध्यम की सम्भावनाओं को समझने तक उसके जानने का कौतूहल ही हमें दबाये रखता है। उसके आगे के विकास के प्रति तो मुझसे छोटों को उसमें अपनी अभिरुचि दिखानी चाहिए। वह रुचि केवल प्रदर्शन भर को नहीं होनी चाहिए, उसमें कला माध्यम से सन्तृप्ति लानेवाली लगन होनी चाहिए। बाहर की दुनिया उसे मान्यता दे या न दे हमें उससे तृप्ति मिलनी चाहिए। यह संकल्प, विश्वास और साधना होनी चाहिए तभी कुछ सम्भव है।

उपयोगी जीवन

मैंने जीवन के कल की यानी परलोक की चिन्ता नहीं की। आत्मा, भाग्य या परलोक पर विश्वास रखकर इस संसार की अवहेलना नहीं की, करूँगा भी नहीं। इहलोक ही मेरी साधनाओं की रंगभूमि है। इस इह में मैं अपने चारों ओर की प्रकृति को, उसमें जीनेवाले समस्त जीवों को देखते हुए अपने जीवन से जो सम्बन्धित हैं उन्हें और भी अधिक आत्मभाव से देखने का प्रयत्न करता हूँ। यह मुझ अकेले से कभी पूरा होनेवाला कार्य नहीं। ऐसे सम्बन्धों को मैं वैज्ञानिकों के विचारों को पढ़कर समझने का प्रयास करता चला आ रहा हूँ। क्योंकि निसर्ग और

जीव का सम्बन्ध बहुत पुराना है। वह अगली पीढ़ियों से भी सम्बन्धित है, ऐसा समझकर हमें अपना जीवन जीना चाहिए।

मनुष्य होने के नाते, अपने चारों ओर के परिवर्तनशील व्यक्तियों के समाज के साथ मुझे भी जीना है। ऐसे सामाजिक चाल-चलन, विश्वास व व्यवहारों में मात्र किसी व्यक्ति विशेष का हित नहीं होता है। उसके साथ तो सभी का हित-अहित जुड़ा होता है। कल के लोगों के सामूहिक व्यवहार का परिणाम आज हमें भोगना पड़ता है। हमारा आज का सामूहिक व्यवहार आनेवाले कल के लोगों को प्रभावित करेगा ही। कर्मफल अकेले जीव का हिसाब-किताब नहीं है, वह तो सामूहिक जीवन का हिसाब-किताब है। उनमें हमारा कर्तव्य कितना है, यह समझकर व्यवहार करना हमारा काम है।

मनुष्य केवल अन्य-भक्षी प्राणी नहीं है, वह बुद्धिजीवी भी है। उसे अपने सामूहिक जीवन में ऐसा व्यवहार करना चाहिए ताकि अपने और अपने चारों ओर के लोगों का हित हो। उसमें मेरा हिस्सा मेरी शक्ति का समर्पण भाव है—ऐसी दृष्टि से प्रयत्न करते हुए जीने का प्रयास करना पर्याप्त नहीं। ब्रह्माण्ड जन्म लेते हैं, मिट जाते हैं। जब तक शरीर में चेतन है तब तक वह काम करे तो काम पर्याप्त नहीं होगा! ब्रह्माण्ड पैदा होते हैं और नष्ट हो जाते हैं; सागर, पर्वत पैदा होते हैं और नष्ट हो जाते हैं। उनमें रहनेवाले जीवों का भला क्या महत्त्व है? चिरजीवी होने की इच्छा जैसी बड़ी और मूर्खता नहीं। यदि ऐसी सम्भावना की कल्पना करें भी तो कोई पूछे, "इतने समय तक क्या करेंगे?" तो उसके उत्तर देने की शक्ति भी तो चाहिए। हम सीमित आयुवाले हैं। अपने व्यवहार-ज्ञान से जब हम सही उत्तर नहीं दे सकते हैं तो हम किसे सद्गति कह सकते हैं?

●●●